Demokratie in Deutschland

Demokratie in Deutschland
Chancen und Gefährdungen im 19. und 20. Jahrhundert

Historische Essays

Herausgegeben von
Wolther von Kieseritzky
und Klaus-Peter Sick

Verlag C. H. Beck München

Gefördert durch die Friedrich-Ebert-Stiftung

Die Deutsche Bibliothek – CIP Einheitsaufnahme

Demokratie in Deutschland: Chancen und Gefährdungen im 19. und 20. Jahrhundert ; historische Essays / hrsg. von Wolther von Kieseritzky und Klaus-Peter Sick. – München : Beck, 1999
ISBN 3 406 45336 8

ISBN 3 406 45336 8

Umschlagentwurf: Bruno Schachtner, Dachau

Gesamtherstellung: C. H. Beck'sche Buchdruckerei, Nördlingen
Gedruckt auf säurefreiem, alterungsbeständigem Papier
(hergestellt aus chlorfrei gebleichtem Zellstoff)
Printed in Germany

Heinrich August Winkler
zum 60. Geburtstag

Inhalt

III. Demokratisierung in Deutschland nach 1945

Der lange Weg zur Demokratie in Deutschland. Zur Einführung

Wolther von Kieseritzky und Klaus-Peter Sick

Demokratie ist zu einem geradezu inflationär gebrauchten politischen Schlüsselbegriff geworden. Das Wort hat zwar eine der längsten Traditionen überhaupt. Es wurde aber erst in der Französischen Revolution popularisiert, indem es seine auf Aristoteles zurückgehende negative Bedeutung als Verfallsform der «Politie» verlor, aufgewertet wurde und als Tendenz-, ja Kampfbegriff für ein weites Feld von Emanzipations- und Partizipationsforderungen stand. Der Siegeszug der demokratischen Idee seit der Epochenwende von 1789 war kaum kontinuierlich, sondern durch Brüche und Widerstände charakterisiert. Heute allerdings bleiben Konzeptionen politischer Verfassung meist innerhalb des demokratischen Paradigmas und werden kaum mehr als ausdrückliche Alternativen formuliert.

Zum Begriff der Demokratie

Angesichts der zahllosen Ansätze und verschiedenen Betrachtungsebenen ist es fast unmöglich, eine allgemeine Definition von «Demokratie» zu geben. Geht es um die politische Ordnung oder den historischen Entwicklungsprozeß? Nähert man sich der Demokratie, ihren Strukturen oder Wirkungsmechanismen normativ oder deskriptiv? Eine Vielzahl der mit der Idee verknüpften Begriffe wie Freiheit oder Gleichheit sind wertbehaftet; andere, wie die Fähigkeit zum Kompromiß, erfordern die Diskussion der ihnen angemessenen Verhaltensweisen. Das Wesen demokratischer Ordnung läßt sich einerseits als Zusammenwirken von Methoden fassen, bei unterschiedlichen Interessenlagen auf friedlichem Weg – entweder durch Konsens oder Mehrheitsentscheid – zu Entscheidungen zu gelangen. Andererseits bezieht sich die Demokratie auf die Begründung von Herrschaft: Die Legitimation der Regierenden beruht hier weder auf faktischer Macht oder Usurpation noch auf göttlichem Recht, sondern auf der Zustimmung des Volkes, ausgedrückt in allgemeinen, gleichen und geheimen Wahlen.

Was Abraham Lincoln 1863 auf die häufig zitierte Formel brachte – *government of the people, by the people, for the people* – kann aber als zentral für die Substanz, Funktionsfähigkeit und Anerkennung der Demokratie gelten: die Legitimation der Herrschaft aus dem Volk, die Partizipation der Gesellschaftsglieder am politischen Entscheidungsprozeß, die inhaltliche Ausgestaltung im Interesse des Volkes. Mit dem Volk und dem Volkswillen als Basis legitimer Herrschaft wird einerseits die Frage nach dem Inhalt des «Volks»-Begriffs wichtig. Gerade in Deutschland mit seiner starken Tendenz, «Volk» und «Staat» in eins zu setzen, war sie bei der Auseinandersetzung um demokratische Ordnung wesentlich. Andererseits wird das Problem aufgeworfen, wie aus der Interessenvielfalt und der individuellen Differenz zu einem einheitlichen Willen gelangt werden kann.

Zwei Grundmuster lassen sich erkennen: die repräsentative und die direkte Demokratie. Die auf Jean-Jacques Rousseau zurückgehende direkte Demokratie zielt auf die uneingeschränkte Volkssouveränität, den «unverfälschten Volkswillen». Mit Rousseau wurde das Verhältnis des Bürgers zum Staat von dem eines Untertanen zu dem freier und gleicher Glieder des souveränen Volkes verwandelt, die nur einem Zwang unterworfen sind: der freien und gemeinsamen Willensausübung, der *volonté générale*, und dem darauf basierenden Gesellschaftsvertrag. Rousseaus Ansatz postuliert die Identität der Regierten mit den Regierenden, indem die Vielheit den Volkswillen mittels Abstimmung als Einheit konstituiert. Kritisiert man die *volonté générale*, diesen sich als homogen gebenden Volkswillen, und die erforderliche Permanenz der Volksversammlung nicht pauschal als wirklichkeitsfremd, sondern fragt nach den Bedingungen, derartige Vorstellungen zu verwirklichen, so gelangt man zu Elementen direkter Demokratie. Für stärker im Angelsächsischen wurzelnde Demokratieansätze ist der zentrale Legitimationsgrund von Herrschaft nicht die maximale Identität von Volk und Regierung, sondern die maximale (Regierungs-)Verantwortlichkeit und deren Kontrolle. Das Wesen der Demokratie besteht hier im vom Volk gebilligten Regierungshandeln, wobei, so Edmund Burke, die Eingrenzung auf die Verfahrensweisen der Politik, der Herrschaftsbegrenzung und -kontrolle entscheidend ist. Wesentlich ist hier die Widerspiegelung der gesellschaftlichen Interessenvielfalt über Akte der politischen Willensbildung. Emanzipative und partizipatorische Forderungen orientieren sich insofern am Prinzip der repräsentativen Interessenvertretung. Dieser Ansatz liberaler, pluralistischer, repräsentativer Demokratie ist eng mit der Entwicklung von Parlamentarismus, Gewaltenteilung und Verfassungsstaat verknüpft. Für die Entwicklung der Demokratie in Deutschland war er stärker Bezugspunkt als das Prinzip der direkten Demokratie.

Die repräsentative Demokratie wiederum birgt zwei Tendenzen: Erstens bilden sich zur pluralistischen Willensbildung Parteien, die selbst demokratischen Prinzipien folgen. Mit der Durchsetzung des allgemeinen Wahlrechts entstand die Massendemokratie, in der Parteien um die Macht konkurrieren. Sie kann sich zur Parteiendemokratie, ja zum Parteienstaat wandeln, indem Parteien im politischen Entscheidungsprozeß dominieren. Dies kann als Funktionsnotwendigkeit der Demokratie interpretiert werden. Es kann aber auch bedeuten, daß sich das schon von John Locke konstatierte Spannungsverhältnis zwischen individueller Freiheit und Handlungsfähigkeit der politischen Körperschaften derart verstärkt, daß sich die Frage nach der Partizipation des Volkes erneut stellt. Zweitens stellt sich das Problem der Auswahl der Repräsentanten: Die Struktur der politischen Auswahl, die Frage von Kompetenz sowie die Wirkungsmechanismen der Parteiorganisationen und der Bürokratie bedingen die Ausbildung politischer Oligarchien, wie Robert Michels schon früh dargelegt hat. Diese Tendenz steht nicht nur im Gegensatz zum direkten, sondern auch zum repräsentativen Prinzip der Demokratie. Partizipationskrisen können zur Infragestellung der Demokratie führen, wenn die Repräsentanten nicht mehr als «Vertreter des ganzen Volkes», die dem «Gesamtinteresse» dienen, wahrgenommen werden. Um solchen Legitimationsproblemen entgegenzuwirken, können die Partizipationsmöglichkeiten erweitert werden, womit Mischformen der repräsentativen und der direkten Demokratie erzeugt werden. Neben der Zahl von Wahlen und den konkreten Wahlrechtsformen dienen diesem Ziel beispielsweise direkte Abstimmungen in Sachfragen und die Errichtung weiterer politischer Ebenen, etwa eines föderativen Systems, die kommunale Selbstverwaltung mit der Verlagerung von Entscheidungen in kleinere und autonome Gremien sowie der Ausbau innerparteilicher Demokratie.

Die Frage ist, ob die Demokratie ein Organisationsprinzip des Staates ist, oder ob sie alle gesellschaftlichen Teilbereiche durchdringen soll. Es dürfe, wie schon Eduard Bernstein forderte, keinen Bereich geben, in dem die der Herrschaft Unterworfenen nicht Verfahren zur Einflußnahme besäßen; sozioökonomische Strukturen und Entscheidungen müßten, wie die politischen, demokratisch legitimiert werden. Um einer Krise, die die politische Ordnung gefährden könnte, entgegenzuwirken und zudem die gesellschaftliche Demokratisierung voranzutreiben, werden also demokratische Prinzipien über die politische Ebene hinaus erweitert. Politische Freiheit und Legitimation werden mit der Zielbestimmung der sozialen Gleichheit verbunden. Damit können zwei grundsätzliche Ebenen unterschieden werden: ein enger Demokratiebegriff, der sich auf die politische Organisation bezieht, sowie ein weiter, der sich als Gestaltungsprinzip für gesellschaftliches Zusammenleben überhaupt begreift.

Zwei besonders für die deutsche Entwicklung entscheidende Grundprobleme einer demokratischen Verfassungsordnung sind die Legitimation der Herrschaft und die Vorstellungen über die Gestaltungsprinzipien der politischen Willensbildung: Legitimiert sich eine demokratische Ordnung über ihre Problemlösungskapazität in der Machtausübung oder über die Willensbildung selbst, indem sie das Volk möglichst umfassend und direkt beteiligt? Weil bei der repräsentativen Demokratie letzteres immer nur begrenzt möglich sein kann, rückt bei ihr die Auswahl der Eliten ins Zentrum: Sie soll mit der Leistungsfähigkeit auch die Legitimität der Demokratie garantieren; das Risiko der «Politikverdrossenheit» bei der Diagnose von Leistungsmängeln liegt auf der Hand. Dagegen mißt der plebiszitär-demokratische Ansatz den Erfolg in der potentiellen Mitwirkung aller Bürger und in einem radikaldemokratischen politischen Entscheidungsprozeß. Mit diesen unterschiedlichen Auffassungen vom Wesen des demokratischen Prozesses hängt die Frage nach den Vorstellungen über die Gestaltungsprinzipien der politischen Willensbildung eng zusammen: Folgt die Entscheidungsfindung, also die Bildung eines Mehrheitswillens, einem konfliktorientierten Modell der miteinander konkurrierenden Interessen, oder folgt man dem idealtypischen Modell eines mittels Konsenses herzustellenden Gesamtwillens? Für die Struktur und die Praxis demokratisch organisierter Politik sind diese Grundeinstellungen von prägender Bedeutung.

Wie setzten sich die erwähnten Elemente demokratischer Ordnung in Deutschland um? Auf welche Weise wurden politische Freiheit und soziale Gleichheit miteinander vermittelt, und welchen Gefährdungen sah sich das demokratische Projekt in Deutschland ausgesetzt? Im folgenden werden wesentliche Weichenstellungen kurz angedeutet; dabei wird gleichzeitig gezeigt, wo die Beiträge dieses Bandes genauere Einblicke ermöglichen.

Von der Französischen Revolution zur Revolution von 1918/19. Demokratisierung vor der Demokratie

Vergleicht man Deutschland am Ende des 18. und zu Beginn des 19. Jahrhunderts mit den älteren Nationalstaaten Westeuropas, wird seine relative Rückständigkeit in politischer, gesellschaftlicher und wirtschaftlicher Hinsicht deutlich. Die hieraus entstandenen Eigenheiten der deutschen Entwicklung in und seit der formativen Periode der politischen Moderne werden in einer Reihe der Beiträge zum vorliegenden Band deutlich: die starke Rolle des Staates, die großen regionalen Unterschiede und die maßgeblichen Impulse von außen. So war neben dem amerikanischen Unabhängigkeitskrieg, wie Elisabeth Botsch aufzeigt, besonders die oft über das Elsaß als intellektuelle Drehscheibe vermittelte Auseinandersetzung mit der Französischen Revolution relevant. In Frankreich wurde, nachdem 1789 das Besitz- und Bildungsbürgertum an die Macht gekommen war, 1791 der erste demokratisch legitimierte Nationalstaat mit einer Repräsentativverfassung auf der Grundlage der Volkssouveränität und der Gewaltenteilung errichtet. Die Revolutionskriege und die Napoleonische Herrschaft führten die Ideen von 1789 – Gleichheit vor dem Gesetz, Freiheit der Person und des Eigentums – nach Deutschland ein und beseitigten in einer regelrechten territorialen Revolution Hindernisse, die Reformen bislang erschwert hatten: Schon im aufgeklärten Absolutismus war der Staat der Einzelterritorien wegen der Schwäche des Bürgertums und der Unfähigkeit des Alten Reichs, sich zum modernen Flächenstaat fortzuentwickeln, die Kraft, die Reformen vorantrieb. Besonders im westlichen und südlichen Deutschland wurde er zum «Revolutionär von oben», der die Feudalgesellschaft in eine bürgerliche umzugestalten begann: Gegenüber dem Adel und anderen Konkurrenten wie Kirche oder Korporationen setzte er seinen Herrschaftsanspruch und seine Richtlinienkompetenz durch. Sie wurden zur Ausbildung eines Programms modernen Staatshandelns genutzt, das sich durch Plan- und Kontrollierbarkeit, aber auch durch Allgemeingültigkeit und Gleichförmigkeit auszeichnete.

Dieses «Programm» erforderte ein Zusammenwirken der einzelnen Reformschritte: Beispielsweise implizierte die unter dem Aspekt höherer Leistung angestrebte Demokratisierung der Armee grundsätzlich Schritte von Staat und Gesellschaft in derselben Richtung: Heeres-, Verfassungs- und Bildungsreformen mußten ineinandergreifen. In allen Bereichen war die Kritik der Aufklärung an der herkömmlichen Führungsrolle des Adels unter den Vorzeichen von Menschenwürde und Gleichheit relevant. Doch führte die «Revolution von oben» dann in der Summe zum Machtgewinn der Bürokratie und zur Stabilisierung der Landaristokratie, die gemeinsam Schritte in Richtung Liberalismus und Demokratie zu verhindern wußten. Diese beiden gesellschaftlichen Gruppen prägten nach dem Ende der napoleonischen Herrschaft die Verfassungsbestrebungen im «konstitutionellen Deutschland», in Baden, Württemberg, Bayern und Hessen: Für eine «nur» durch den Zensus begrenzte Demokratie war die Gesellschaft noch nicht bürgerlich genug, zumal es an einem nationalen Zentrum und Parlament fehlte, in dem derartige Forderungen artikuliert werden konnten. Eine Rückkehr zur altständischen Ordnung aber war ebenso unmöglich. So suchten sich Bürokratie wie Adel an die ungebrochene Autorität von Fürsten zu binden. Diese waren im Rahmen des «monarchischen Prinzips» nicht mehr «von Gottes Gnaden», sondern Staatsorgane, die aber Träger der Souveränität blieben. Ihre Macht war nun durch Verfassungen beschränkt, die den Untertanen Grundrechte und im Rahmen eines Zweikammersystems Mitwirkung bei der Gesetzgebung einräumten. Von der französischen *Charte constitutionelle* von 1814 ausgehend, ohne aber deren Ausgestaltung in Form der parlamentarischen Mehrheitsherrschaft mitzuvollziehen, entstand im Rahmen der Verfassungskompromisse eine Auffassung von Rolle und Stellung des Parlamentes, die, wie im Beitrag von Klaus-Peter Sick deutlich wird, das 19. Jahrhundert hindurch bestimmend blieb.

Erst im Vormärz, angestoßen durch die französische Julirevolution von 1830, gelangen weitere Schritte in Richtung Konstitutionalisierung und parlamentarischer Mitbeteiligung: Sachsen, Kurhessen, Braunschweig und Hannover wurden zu konstitutionellen Verfassungsstaaten, Parlamente und Presse verzeichneten einen beträchtlichen Einflußgewinn; eine regelrechte Welle politischer Vereinsbildung (Preß- und Vaterlandsverein) und organisierter Öffentlichkeit (Hambacher Fest) belegte die Fundamentalpolitisierung der Gesellschaft. Die Überwindung des «monarchischen Prinzips» aber wurde kaum angestrebt, sie wäre zudem an der Intervention des Deutschen Bundes, seit dem Wiener Kongreß das wirksamste Instrument gegen verfassungspolitische Erneuerung, gescheitert. So verlagerte sich die Hoffnung auf Fortschritte in die liberale und demokratische Richtung von den Einzelstaaten – neben Baden blieb hier, worauf Thomas Schnabel verweist, Württemberg vorbildlich – auf den Nationalstaat als demokratischen Verfassungsstaat: Dieser erschien nicht mehr als Ziel an sich, sondern als Mittel zur Durchsetzung der staatsbürgerlichen Freiheits- und Gleichheitsrechte, weshalb die nationale Parole als Parole des Fortschritts auch Liberale und Demokraten, die sich zunehmend ausdifferenzierten, bis in die vierziger Jahre noch einte. Als die Verfassungsdiskussion auf Preußen übergriff, unter dem Eindruck der Schleswig-Holstein-Frage und der Rheinkrise eine beträchtliche nationale Massenpolitisierung entstanden war und die Idee der Einheit unter der Führung eines reformierten Preußen bis in konservativere Kreise vordrang, wie Rüdiger von Treskow anhand eines Beispiels beschreibt, war die Gesellschaft von der Dynamik des inneren Nationsbildungsprozesses erfaßt.

Die Stärke dieser national-demokratischen Bewegung wurde offensichtlich, als im Frühjahr 1848 die Revolution von Frankreich auf das westliche Deutschland übersprang. Mit dem Anfangserfolg vom März übernahm das liberale Bürgertum vor allem der süddeutschen Verfassungsstaaten die Führung auf dem Weg zur parlamentarischen und demokratischen Nationalstaatsgründung, der jetzt offenzustehen schien. Mit seiner reform- und legalitätsorientierten Überformung der Revolution bestimmte es die Schritte bis zu den gesamtdeutschen Wahlen vom Mai 1848 zum ersten nationalen Parlament. Die Politisierung durch das vergleichsweise demokratische Wahlrecht setzte sich in einem Schub der Partei- und Vereinsbildung fort. Die Annahme der Verfassung im Frankfurter Parlament im März 1849 wurde durch einen Kompromiß zwischen Liberalen und Demokraten möglich: Preußisches Erbkaisertum und demokratisches Wahlrecht sollten verbunden werden. Die Liberalen erhofften sich von der Monarchie die Sicherung gegen eine Umwälzung der bürgerlichen Gesellschaftsordnung, die Demokraten sahen im allgemeinen Wahlrecht einen entscheidenden Schritt zu einer Gesellschaft von gleichberechtigten Staatsbürgern.

Der liberal-demokratische Kompromiß wirkte bis in die Reichsgründungszeit fort, auch wenn der preußische König das demokratisch legitimierte nationale Kaisertum ablehnte und die Revolution am Druck der gleichzeitig aufgeworfenen Probleme, dem der nationalen Einheit, der größeren politischen Freiheit und dem der sozialen Gleichheit, scheiterte. So hat es seine Berechtigung, das Jahrzehnt der Reaktion, das Preußen die Revision seiner Verfassung von 1848 unter anderem mit Dreiklassenwahlrecht und Herrenhaus brachte, auch als Zeit des Aufbruchs zu interpretieren. Die Auseinandersetzung zwischen einer konservativ-autoritären und einer liberalen Auslegung des Konstitutionalismus spitzte sich in Preußen dann im Verfassungskonflikt 1862 zu. Die Mehrheit der oppositionellen Liberalen stimmte unter dem Eindruck der preußischen Kriegserfolge von 1864 und 1866 nicht nur einem Kompromiß in diesem Konflikt zu, sondern auch der von Bismarck entworfenen, auf dem allgemeinen Wahlrecht aufbauenden konstitutionellen Verfassung des Norddeutschen Bundes. Bismarck gelang, was die Liberalen sehnlichst gewünscht hatten, ihnen 1848 aber mißlungen war: die Einheit herzustellen. Überdies brach der Kanzler auch den für die Liberalen günstigen Konnex von National- und Verfassungspolitik auf.

Im Gegensatz zur Verfassung von 1867 wurde die Reichsverfassung von 1871 nach dem Krieg gegen Frankreich ohne konstituierende Nationalversammlung in Kraft gesetzt. Das Deutsche Reich wurde ein nationaler Verfassungsstaat mit allgemeinem und gleichem Männerwahlrecht und reagierte insofern auf liberale und demokratische Forderungen sowie den Nationsbildungsprozeß vergangener Jahrzehnte. Der Konstitutionalismus unter preußischer Hegemonie wurde festgeschrieben, die Chancen auf weitere Parlamentarisierung waren damit eher zweifelhaft, von einer Umsetzung des Gedankens der Volkssouveränität ganz zu schweigen.

Dennoch bot die Verbindung von autoritärer Herrschaft und parlamentarischer Mitbeteiligung Entwicklungsmöglichkeiten, zumal die Stellung bürgerlich-liberaler Kräfte stark war: In der Zusammenarbeit mit Bismarck setzten die Nationalliberalen in den 1870er Jahren eine Reihe von Reformen durch, die Rechts- wie Wirtschaftsordnung in erheblichem Umfang in ihrem Sinne gestalteten. Dies galt sowohl für die nationale als auch für die regionale und kommunale Ebene. Das Parlament nahm bis zum Ende des Jahrhunderts trotz des geringen verfassungsmäßigen Spielraums an Gewicht zu. Budgetgewalt und die Verabschiedung von Gesetzen gaben ihm Einfluß, auch wenn das Initiativrecht und die Ministerverantwortlichkeit auf Dauer fehlten. Amt und Mandat waren weiterhin unvereinbar. Auf die konkrete Formulierung von Politik besaßen die Reichstagsfraktionen und – kommissionen, in denen die nötigen politischen Kompromisse ausgehandelt wurden, aber erheblichen Einfluß. Ein Verfassungswandel zum Parlamentarismus fand wegen des fortdauernden Widerstands der gouvernementalen Kräfte und der Uneinigkeit der politischen Eliten nicht statt.

Daß der Kurswechsel 1878/79, mit dem Bismarck neuen politischen Handlungsspielraum gewinnen wollte, für die Demokratie in Deutschland eine Zäsur mit ambivalenten Folgen bedeutete, wird in mehreren Beiträgen belegt. Die von Rüdiger von Treskow am Beispiel der Sammlung der Großagrarier analysierte Wende zur Protektionspolitik und zum Sozialistengesetz stärkte die Tendenz zum Interventions- und Anstaltsstaat. Auch in der von Siegfried Weichlein untersuchten Schlüsseldebatte um Nation und Nationalität schlug sich die «konservative Umgründung» des Kaiserreichs nieder: Während zuvor in der deutschen Debatte die individuell verstandene Willensnation fest verankert war, gewann danach eine Auffassung die Oberhand, die auf «objektiven», kulturellen oder ethnischen Faktoren beharrte. Zusätzlich schwächte die Spaltung des Nationalliberalismus in der Folge des Bruchs mit Bismarck diejenigen, die auf Reformen und eine Entwicklung zur parlamentarischen Monarchie auf demokratischer Grundlage drängten: So diente den gouvernementalen Liberalen auch der kritische Blick auf Frankreich nach dem Verfassungskonflikt von 1877 dazu, das Zurücktreten der eigenen Parlamentarisierungsforderungen zu rechtfertigen. Die

Chancen der Liberalen hatten sich zudem durch die Verringerung des Handlungsspielraums aufgrund neuer Themen und Herausforderungen geschmälert.

Daß in der Folge Parlament und Parteien, die sich allmählich zu Massenorganisationen fortentwickelten, wie auch die Reichstagswahlen, an denen sich immer mehr Bürger beteiligten, an politischer und integrierender Kraft nach und nach zulegten, stand nicht im Widerspruch zum Bedeutungszuwachs von Regierung und Bürokratie, wie er mit der steten Ausweitung der an den Staat herangetragenen und von ihm zu lösenden Aufgaben einherging. Gleichzeitig ließen sich die Forderungen nach regulierenden Staatseingriffen, zuerst auf wirtschafts-, dann auf sozialpolitischem Gebiet, auf dem entstehenden politischen Massenmarkt nur dann mit Erfolg artikulieren, wenn entsprechende Interessenorganisationen geschaffen wurden. Deren Einfluß auf die Parteien nahm zu, wie Rüdiger von Treskow am Beispiel des Konservatismus mit der Mobilisierung der Agrarier und deren Integration über den Antisemitismus zeigt. Die staatliche Sozialpolitik milderte mit den Arbeiterversicherungen soziale Risiken ab, griff aber nicht in die Einkommensverteilung ein. Der demokratisierende Ausbau des Arbeitsrechts oder von Selbstverwaltungsorganisationen wurde dagegen, wie Wolther von Kieseritzky zeigt, viel langsamer entwickelt oder höchstens wider Willen in Kauf genommen. So führte der Aufstieg des intervenierenden Staates zu widersprüchlichen Entwicklungen: Dem beginnenden Ausbau des Sozialstaates standen Möglichkeiten zur Festigung des Machtanspruchs des monarchischen Konstitutionalismus und zur Umsetzung konservativerer Politik nach der Wende der 1870er Jahre gegenüber: Die «Modernität» traditioneller Eliten konnte zur Modernitätsverhinderung im Sinne demokratischer Fortschritte führen.

Gleichzeitig setzten die Entwicklungen zum Interventionsstaat und politischen Massenmarkt den monarchischen Konstitutionalismus unter Druck: Wenn der bestehende Staat Schwächen bei der Lösung der anstehenden Aufgaben zeigen sollte, konnten Reformen im Sinne von Parlamentarisierung und Demokratisierung ein Ausweg sein. Dagegen bot sich auch der Exekutive, deren Kompetenzen aufgrund der Entwicklung zum Leistungsstaat zunahmen, die Möglichkeit, den bestehenden «starken Staat» zumindest konzeptionell neu zu legitimieren. Beide Varianten wurden, wie Klaus-Peter Sick zeigt, im Kaiserreich angewendet. Allerdings überzeugte das politische System nach dem Rücktritt Bismarcks 1890 immer weniger. Entscheidende Schritte in Richtung Parlamentarisierung wurden aber auch in den schärfsten Krisen der Monarchie, der Daily-

Telegraph-Affäre von 1908 und nach dem Aufstieg der Sozialdemokraten zur stärksten Reichstagsfraktion 1912 nicht unternommen. Erst am Ende des Ersten Weltkrieges verlangte die Reichstagsmehrheit (Mehrheitssozialdemokratie, Zentrum und Fortschrittspartei) die Regierungsübernahme durch ihre eigenen Repräsentanten. Das Kaiserreich wurde mit den Oktoberreformen 1918 per Verfassungsänderung zur parlamentarischen Monarchie. Auch in Preußen gelang ein überfälliger Schritt zur Demokratie: Das Dreiklassenwahlrecht wurde aufgehoben.

Die Reformen kamen zu spät, um angesichts der drohenden militärischen Niederlage die Legitimitätskrise der Monarchie noch beheben und ab November 1918 den Umsturz verhindern zu können. Daß Seekriegsleitung und Armee in den Tagen nach der Verfassungsreform die parlamentarische Regierung Max von Badens ignorierten, zeigte, wie wenig wesentliche Kräfte des Staates demokratisiert worden waren. Neben dem Militär gehörten dazu auch die Bürokratie, die Herrschaft in den Gemeinden, die Universitäten oder die Justiz und nicht zuletzt die weiterhin von paternalistischen Konzepten beherrschten Arbeitsbeziehungen (Kieseritzky). Nicht nur prinzipielle, sondern tatsächliche Parlamentarisierung und Fortschritte bei der Demokratisierung waren damit die Ziele der Revolution, die mit dem Aufstand der Matrosen gegen den Befehl, nach England auszulaufen, am 1. November 1918 begann. Daß in den kommenden Wochen wirklich tiefe Schnitte weder bei der Armee noch bei der Verwaltung oder den Schlüsselindustrien gesetzt wurden, lag am Entgegenkommen der Mehrheitssozialdemokraten gegenüber Kräften des alten Regimes. Wer eine parlamentarische Demokratie auf dem Weg über eine möglichst bald zu wählende Konstituante erreichen wollte, tiefe Reformen ohne demokratisches Mandat ablehnte und gleichzeitig die anstehenden, schwierigen Aufgaben bei Versorgung und Demobilmachung lösen wollte, der kam um Kompromisse mit den bestehenden Institutionen und ihrem Personal nicht umhin – ohne daß hierfür die Vertrauensseligkeit Eberts gegenüber den reaktionären Militärs oder die Brutalität Noskes gegenüber den radikalisierten Aufständischen notwendig gewesen wären.

Von der Weimarer Republik zur nationalsozialistischen Herrschaft. Demokratie in der Krise

Auch nach den Wahlen zur Verfassunggebenden Nationalversammlung am 19. Januar 1919 verfolgte die als stärkste Kraft hervorgegangene SPD einen Kurs, der im Konflikt um die zukünftige

Ordnung die Reform mit den bürgerlich-demokratischen Kräften favorisierte und sich damit gegen radikalere Forderungen stellte, wie sie in großen Streiks und Umsturzversuchen zwischen Januar und Mai 1919 erhoben wurden. Auch wenn diese Forderungen kaum mehrheitsfähig waren, so gehörte beispielsweise die 1918/19 stekkengebliebene Demokratisierung der Wirtschaft doch zu den Hypotheken der Weimarer Republik, ebenso wie das schnelle Aufrükken des Militärs, der Reichswehr, zum Garanten der inneren Ordnung.

Gegen eine immer klarer antiparlamentarische Linke und gegen die reaktionäre und radikale Rechte konstituierte sich das Deutsche Reich mit der – unter maßgeblichem Einfluß liberaler Verfassungsrechtler ausgearbeiteten – Weimarer Verfassung im Sommer 1919 als parlamentarische Republik. Wie sich dieser Schritt zur Demokratie, der sich nicht zuletzt in der Einführung des Frauenwahlrechts niederschlug, in der hochsensiblen Frage der Staatsangehörigkeit und Einbürgerungspolitik fortsetzte, zeigt Dieter Gosewinkel: Die Gewichte zwischen den Prinzipien der Zugehörigkeit zu einer Volks- und Abstammungsgemeinschaft einerseits oder zu einer Staatsnation andererseits schienen sich nach 1919 zugunsten der auf Vernunft gegründeten Vertragsgemeinschaft zu verschieben. Die fortdauernde Konkurrenz unterschiedlicher, ja gegensätzlicher Strukturprinzipien, die sich in den Spannungen zwischen dem SPD-geführten Preußen und dem konservativen Bayern konkretisierten, Kennzeichnete auch die Verfassung selbst: Das Gewicht des Reichstags war durch Volksbegehren und -entscheid sowie durch den direkt gewählten, mit beträchtlichen Kompetenzen ausgestatteten Reichspräsidenten eingeschränkt. Ob sich repräsentative und plebiszitäre, parlamentarische und präsidentielle Gewichte tatsächlich ausbalancieren würden, mußte sich erst erweisen. So zeigt Christoph Jahr, daß gerade Liberale, die unter den Bedingungen des Kaiserreichs noch zu den «Parlamentarisierern» gehört hatten, seit der Revolution zu den großen Skeptikern der parlamentarischen, demokratischen Republik zählten, wobei die liberale Kritik an der Demokratie gelegentlich illiberale Züge annehmen konnte.

Nach dem ersten Jahr der Republik kulminierte der Extremismus gegen die Demokratie von beiden Seiten: im Kapp-Lüttwitz-Putsch 1920 von rechts, im Ruhraufstand von links. Erst nach 1923, nach dem Scheitern der kommunistischen Pläne für einen «deutschen Oktober» und der rechtsradikalen Absichten für einen «Marsch auf Berlin», erreichte die Weimarer Demokratie mit und nach der Kanzlerschaft Gustav Stresemanns eine gewisse, sehr relative Stabilität. Allerdings gelang auch in dieser Phase kein Durchbruch zu einem konfliktuellen Demokratieverständnis. Kurt Nowak verweist darauf, wie stark gerade im deutschen Protestantismus die Vision einer «wahren», auf einer metapolitischen Auffassung des «homogenen» und nicht in Individuen atomisierten Volkes fußenden Demokratie geblieben war. Auch Dieter Gosewinkel betont, wie sehr an einem sozialen, kulturellen, gar rassischen Gleichheitsbegriff als Voraussetzung für die Demokratie festgehalten wurde: Der Konflikt zwischen liberaleren und restriktiveren Bestimmungen zur Staatsbürgerschaft, der Anfang der dreißiger Jahre zugunsten der letzteren entschieden wurde, ist symptomatisch für die Probleme der Weimarer Demokratie. Innerhalb des Liberalismus verlagerten sich die Schwergewichte zunehmend nach rechts, wie Eberhard Kolb zeigt. Parteien und Fraktionen waren oft noch den Auffassungen von Rolle und Stellung des Parlaments im Kaiserreich verhaftet geblieben. So artete das Verhältnis der liberalen DVP zu ihrem eigenen Vorsitzenden und Minister Stresemann gelegentlich in wahre Kraftproben aus. Gleiches galt für die Sozialdemokratie, die für ein – während der Oppositionsjahrzehnte im Kaiserreich kultiviertes – idealisiertes Demokratieverständnis besonders anfällig blieb. Umgekehrt blieb für die Ausbildung einer dauerhaft pragmatischen Annäherung an die parlamentarische Demokratie bei den Konservativen zu wenig Zeit, wie Wolfgang Zollitsch in seiner Untersuchung der «gouvernementalen Rechten» beschreibt. Fast notwendigerweise wurde im Kontext der Weltwirtschaftskrise die Wirtschafts- und Sozialgesetzgebung zum Test für die Weimarer Demokratie: Schon lange arbeiteten die Interessengruppen daran, die sozialpolitische Kooperation und Partizipation, die die Revolutionsmonate gebracht hatten, wieder zurückzunehmen; im Frühjahr 1930 zerbrach die letzte funktionsfähige Koalitionsregierung der Republik über dem Dissens in einer Frage, die Arbeitslosenversicherung und Haushaltsausgleich verband.

Schon im April 1925 hatten die Deutschen mit Hindenburg einen Mann zum Staatsoberhaupt gewählt, der aus seinen Präferenzen für die Rechte kein Hehl machte. Er und mit ihm bedeutende Kreise aus Industrie, Landwirtschaft und Militär drängten im Frühjahr 1930 zu einer bürgerlichen Rechtsregierung, zu einem autoritären, «antiparlamentarischen» und «antimarxistischen» Präsidialkabinett. Noch ungleich hemmungsloser in der Kritik an der parlamentarischen Demokratie war die NSDAP Adolf Hitlers, der mit der Anti-Young-Plan-Kampagne von Ende 1929 durch ein Plebiszit das Ausbrechen aus der politischen Isolation gelang: Mit dem riesigen Sprung von 12 auf 107 Mandate bei den Reichstagswahlen vom September 1930 wurde sie zur zweitstärksten Partei. Die großen

Mobilisierungserfolge in allen Bevölkerungsschichten, mit denen die NSDAP dann im Juli 1932 zur stärksten Partei aufstieg, artikulierten – wie Wolfgang Zollitsch bemerkt – auch ein Partizipationsverlangen angesichts der Ausschaltung des Massenwillens durch die autoritären Präsidialkabinette.

Hitlers Berufung zum Kanzler eines Präsidialkabinetts am 30. Januar 1933 wurde nur möglich durch die vorausgehende willentliche Aushöhlung des politischen Systems im Kontext der Weltwirtschaftskrise, insbesondere durch die Handhabung des «Diktaturparagraphen» (Art. 48) der Verfassung und durch den «Staatsstreich» Papens gegen Preußen am 20. Juli 1932, das mit seiner sozialdemokratisch geführten Koalitionsregierung eine starke Stütze der Demokratie gewesen war. Diese Aushöhlung gelang, weil die demokratischen Kräfte durch die wirtschaftliche und politische Krise der dreißiger Jahre überfordert waren und nicht mehr selbst für die Ausbildung regierungsfähiger Mehrheiten sorgten. So konnten der Reichspräsident, der mit seiner Wendung gegen den letzten Ausweg, den Staatsnotstand, im Januar 1933 ausschlaggebend war, und die Regierungen unter Kanzlern, die seit 1930 zu den Gegnern der demokratischen Republik gehörten, immer mehr gegen die Republik gerichtete Macht konzentrieren. Auf diese (Selbst-)Entmachtung der Demokratie verweist Johannes Bähr am Beispiel Berlins: Die Scheu der kommunalen parlamentarischen Mehrheit, in der Finanzkrise nach 1929 unpopuläre Entscheidungen zu tragen, wurde hier durch die Existenz autoritärer Ersatzlösungen erleichtert; mit der Entmündigung des Kommunalparlaments durch Staatskommissare begann 1929 der Prozeß, der auf Gemeindeebene durch die Notverordnungen zu einer Ausschaltung der Demokratie führte, schon bevor sie im Januar 1933 der nationalsozialistischen Diktatur unterlag.

Die beiden deutschen Staaten bis zur Wiedervereinigung. Die Durchsetzung der parlamentarischen Demokratie

Nach dem Ende des Dritten Reiches wurde die Erneuerung der Demokratie im Potsdamer Abkommen vom 2. August 1945 zum Ziel erklärt. Dabei erhielt in der Folge, wie Thomas Schnabel am württembergischen Beispiel zeigt, die Gemeindeebene eine Schlüsselrolle. Die Alliierten, die in ihren Zonen die Entscheidungshoheit besaßen, setzten im Rahmen der Entnazifizierung in den Kreisen und Gemeinden unbelastete Persönlichkeiten ein, die häufig schon in der Weimarer Republik politische Ämter innegehabt hatten. Der Neuanfang nach 1945 glich, auch was die Neugründung (CDU) oder Wiederbelebung (SPD) der politischen Parteien betraf, auf kommunaler und regionaler Ebene oft eher einem Anknüpfen an die Zeit vor der Diktatur. Mit Kommunalwahlen wurde 1946 der erste Schritt zur demokratischen Selbstverwaltung getan, der sich die Gründung von Ländern sowie die Ausarbeitung von Länderverfassungen anschloß. Während in der sowjetischen Zone die zunächst durchgeführte föderale Gliederung 1952 wieder aufgelöst wurde, zog man in den westlichen Zonen eindeutige Lehren aus der Destabilisierung der Weimarer Demokratie: Bei der Neuordnung auf der Länderebene wurde das repräsentative Modell der parlamentarischen Demokratie mit Verfassungsgerichten, konstruktiven Mißtrauensvoten und Fünf-Prozent-Klausel bevorzugt, plebiszitäre sowie präsidiale Elemente dagegen wurden zurückgestellt. Teilweise wurden aber Strukturen konserviert – so beim Berufsbeamtentum oder in der Schwerindustrie –, die einer demokratischen Erneuerung entgegenwirkten, indem sie belastete Eliten und Netzwerke übernahmen. Daß «Bonn» nicht «Weimar» wurde, lag auch an der anderen Ausgangssituation der Bundesrepublik: Im Gegensatz zur Monarchie am Beginn der Weimarer Republik war der Nationalsozialismus nach seiner Niederlage 1945 in breitem Umfang diskreditiert; zudem hatte das Dritte Reich viele traditionelle Strukturen der deutschen Gesellschaft in Frage gestellt, insbesondere hatten die undemokratischen, mit Hindenburg paktierenden agrarischen Eliten ihre Machtbasis verloren; das Militär war nach seiner Wiedereinführung nicht länger mehr «Staat im Staate», und schließlich entstand – anders als in Weimar – zwischen den gesellschaftlichen und politischen Kräften in der Bundesrepublik ein demokratischer Grundkonsens.

In der östlichen Besatzungszone wurde die Entnazifizierung zunächst rigoroser durchgeführt, auch um deutsche Kommunisten in entscheidende Positionen einrücken zu lassen. Die schnelle Zulassung politischer Parteien in der sowjetischen Zone deutete dabei weniger in eine pluralistische Richtung, sondern sollte der KPD eine Machtbasis geben. Wie in der Wirtschaft so wurden auch in der Politik demokratisierende Ansätze «von unten» schnell durch eine Umgestaltung «von oben» ersetzt: Der Zwangsfusion der Sozialdemokratie mit den Kommunisten zur SED 1946 und der Gleichschaltung der CDU und der LDP zu Blockparteien ab 1947 entsprachen insofern die Verstaatlichung und die Einführung der Planwirtschaft 1948, die von einer grundsätzlich divergierenden Auffassung von Demokratie zeugten, deren Mehrheitsfähigkeit vor und nach der Gründung der DDR im Oktober 1949 nie durch freie Wahlen bestätigt wurde. Die durchgreifende Stalinisierung von Partei und Staat und die Schaffung des Ministeriums für Staatssicherheit 1950 bestätigten, daß eine demokratisch verfaßte Gesellschaft in der DDR keine Chance hatte.

Im Kontext der Verschlechterung der Beziehungen zur Sowjetunion beauftragten die Westalliierten die Ministerpräsidenten ihrer Länder am 1. Juli 1948, eine «verfassunggebende Versammlung» einzuberufen. Damit wurde der Weg weitergegangen, der mit der Bildung der amerikanisch-britischen Bizone und eines marktwirtschaftlich geordneten Gebietes eingeschlagen worden war. Er führte unter aufmerksamer Beobachtung von Amerikanern, Briten und Franzosen innerhalb weniger Monate über den Herrenchiemseer Konvent und die Tagungen des Parlamentarischen Rates, die in Bonn in den Monaten der Berliner Blockade stattfanden, zum Grundgesetz, das am 23. Mai 1949 in Kraft trat. Nachdem das Wahlrecht als Kompromiß zwischen Verhältnis- und relativer Mehrheitswahl durch die Ministerpräsidenten erlassen worden war, konnten im August die ersten Bundestagswahlen stattfinden. Nach dem Wahlsieg Adenauers konstituierten sich im September die Bundesorgane Bundesrat, Bundestag, Bundespräsident und Bundeskanzler, die allerdings bis 1955 der Aufsicht der Alliierten Hohen Kommission unterstanden. In der Regierungszeit Konrad Adenauers kristallisierte sich eine politische Kultur der Bonner parlamentarischen Demokratie heraus, die in ihren Grundzügen Bestand haben sollte: ein stabiles System aus den erfolgreich integrierenden, zunehmend interkonfessionellen und vor allem mächtigen Parteien CDU/CSU und SPD, und der FDP; Regierungen auf der Grundlage stabiler Koalitionen; Legislaturperioden, die bis 1972 nicht durch Parlamentsauflösungen und Neuwahlen unterbrochen wurden; eine starke Stellung des Kanzlers; eine starke Verfassungsgerichtsbarkeit sowie eine föderative Komponente mit klarer Korrektiv- und Kontrollmöglichkeit der Länder über den Bundesrat. Hinzu kam seit Anbeginn das Bemühen, die parlamentarische Demokratie durch eine Sozialpolitik zu befestigen, die insbesondere die Vertriebenen zu integrieren hatte und mit der sozialen Marktwirtschaft ein überzeugendes sozialstaatliches Konzept ausbildete.

Weitaus weniger erfolgreich war die DDR, wie die «gescheiterte Revolution» vom 17. Juni 1953 deutlich bewies. Die von breiten Kreisen der Bevölkerung getragenen, mehrere Wochen dauernden Unruhen waren nicht nur ein Aufstand für bessere Lebensbedingungen, sondern für einen vollständigen Wandel von Politik und Gesellschaft, wobei die Forderung von nationaler Einheit mit der nach demokratischer Freiheit verknüpft worden war. Ulrich Kluge rückt in seinem Beitrag die Ereignisse von 1953 in der ländlichen DDR in den Kontext der seit Jahren andauernden Wirtschafts- und Versorgungskrise und beschreibt die widersprüchlichen Versuche, diese durch eine Umstrukturierung der Landwirtschaft zu beheben: In den Dörfern hatte der Gegensatz zwischen alter Bäuerlichkeit und neuer Großlandwirtschaft die Auseinandersetzungen mitverursacht. Gerhard A. Ritter wendet sich in seinem Beitrag dem nächsten bedeutenden Versuch zu, in der DDR «mehr Demokratie» zu erreichen. In der Folge der sowjetischen Abrechnung mit dem Stalinismus kam 1956 auch in der DDR Kritik an Führung und System auf. Intellektuelle und Akademiker bezogen in Diskussionen bis hin zu Unruhen gegen die SED-Führung Stellung, wobei es kaum um eine liberale, vielmehr um eine «sozialistische Demokratisierung» ging: Kernforderungen waren größere innerparteiliche Demokratie mit der Möglichkeit eines Elitenwechsels und ein stärkerer Einfluß der «Massen». Daß selbst solche Projekte 1956 und auch später keine Chance erhielten, lag neben der Schwäche dieser «immanenten» Opposition an der Präsenz der Sowjetarmee, aber auch an der Existenz der Bundesrepublik, die einen «Nationalkommunismus» kaum plausibel erscheinen ließ und gleichzeitig Kritikern bis zur Abriegelung durch den Mauerbau 1961 einen «Fluchtpunkt» bot.

Daß die Demokratie in der Bundesrepublik mittlerweile stabil und im Grundsatz anerkannt war, verdeutlichte auch der erste – ohne größere innere Aufregung stattfindende – Wechsel der Kanzlerschaft von Adenauer zu Ludwig Erhard 1963. Eine der großen Zäsuren der Nachkriegsgeschichte des westlichen Deutschlands stellt die Zeit der Großen Koalition ab 1966 dar: Erstmalig trug die SPD Regierungsverantwortung. Zudem leitete die Kiesinger/Brandt-Regierung mit einem umfänglichen Programm der inneren Reformen in Wirtschaft, Justiz und Bildung einen Umbruch der deutschen Gesellschaft ein. Das «Stabilitätsgesetz» oder die «Konzertierte Aktion» sind bis heute Chiffren für den forcierten Ausbau des Wohlfahrts- und Interventionsstaat. Das 1967 verabschiedete Parteiengesetz enthielt Vorgaben zur Parteienfinanzierung und zur innerparteilichen Demokratie. Während dies Versuche zur weiteren Ausgestaltung der Bonner Demokratie waren, bestätigte die DDR mit der neuen Verfassung von 1968 die hegemoniale Rolle der SED und bewies mit ihrer Beteiligung an der Invasion in der CSSR gegen Dubceks demokratisierte Variante des Kommunismus ihren Charakter als Diktatur.

Die Ablösung der Großen durch die kleine Koalition aus SPD und FDP 1969 brachte mit dem erstmaligen Wechsel der CDU/CSU in die Opposition eine Bewährungsprobe für das politische System, zumal der Kanzler der neuen Regierung, Willy Brandt, mit der im Parlament verkündeten Absicht, «mehr Demokratie wagen» zu wollen, den Anspruch auf eine neue Ära der Demokratisierung erhob. Die Herabsetzung des Wahlalters von 21 auf 18 Jahre, die Verbesserung der betrieblichen Mitbestimmung, der weitere Ausbau der «kollektiven Daseinsfürsorge», die Bildungsreform im Sinne eines breiteren Zugangs zu weiterführenden Schulen und Universitäten waren Schritte in diese Richtung. Eine geeignete Geschichtspolitik sollte dabei, wie Edgar Wolfrum in diesem Band zeigt, im Rekurs auf die Revolution von 1848/49 ein neues, bundesrepublikanisches Staatsbürgerbewußtsein fördern, das gleichzeitig in der historischen Rückbindung die soziallіberale Politik erleichtern und die Bundesrepublik gegenüber der DDR in eine eigene «fortschrittliche» Tradition rücken sollte. Der eindeutige Wahlerfolg Willy Brandts und der SPD bei den – nach dem gescheiterten Mißtrauensvotum vom April 1972 und dem erkennbaren parlamentarischen Patt – vorgezogenen Bundestagswahlen vom November war sowohl ein Plebiszit über die sozial-liberale Ostpolitik als auch über die Demokratievorstellung, die sich mit der Person Brandts verknüpfte.

Seit 1972 verfügte die christdemokratische Opposition nach Landtagswahlerfolgen über eine absolute Mehrheit im Bundesrat und besaß somit beträchtliche Vetorechte: Nur drei Jahre nach dem Ende der Großen Koalition konnte damit in einer seitdem häufigen Konstellation erneut von einer Art «Mitregieren» durch die parlamentarische Minderheit über den Vermittlungsausschuß gesprochen werden. Zudem wuchs – spätestens seit der Debatte um den Abtreibungsparagraphen 218 – die Bedeutung des Bundesverfassungsgerichts, dessen Rolle als Gegenspieler der demokratisch legitimierten Mehrheit im Parlament von nun an diskutiert wurde. Mit den Bürgerinitiativen und der Parteineugründung der Grünen gewannen während der Kanzlerschaft Helmut Schmidts Forderungen nach direkter Demokratie und neuen Formen der politischen Willensbildung an Gewicht. Ihr wachsender Einfluß auf die SPD, die gegenüber ihrem eigenen Kanzler zunehmend auf Distanz ging, sowie der Kurswechsel der FDP führten am 1. Oktober 1982 zum ersten erfolgreichen konstruktiven Mißtrauensvotum und damit zum Wechsel zu Helmut Kohl. Daß dies trotz erheblicher Auseinandersetzungen ohne Legitimitätsverluste für die politische Ordnung vonstatten ging, bewies erneut die Stabilität der bundesrepublikanischen Demokratie.

In der DDR hatte seit Beginn der Reformpolitik Gorbatschows die Forderung nach Demokratisierung, die auch weiterhin, wie die Beispiele Rudolf Bahros und Robert Havemanns zeigten, in allen Varianten hart unterdrückt worden war, neue Schubkraft erhalten.

Zwar unterstützte die DDR-Führung den neuen außenpolitischen Kurs der Sowjetunion, eine ostdeutsche «Perestrojka» lehnte sie jedoch ab und nahm für sich einen eigenen Weg in Anspruch, der durch die finanzielle Situation des Staates, die desaströse Lage der Wirtschaft und die um sich greifende Resignation zunehmend illusionär erschien und in einem Anschwellen der Ausreiseanträge wie der Menschenrechts- und Oppositionsgruppen resultierte. Die Proteste anläßlich der Fälschungen bei den Kommunalwahlen vom Mai 1989 offenbarten, daß sich die Forderungen weder durch die Verstärkung der Staatssicherheit noch durch die Ausreise oder Abschiebung von Oppositionellen in die Bundesrepublik unterdrücken ließen. Während Tausende über die offene ungarisch-österreichische Grenze fliehen konnten, organisierte sich in der DDR jetzt erfolgreich die Opposition. Mit gewaltigen Demonstrationen wurden immer wieder demokratische und liberale Kernforderungen erhoben. Auch der Wechsel von Erich Honecker zu Egon Krenz im Oktober konnte das Regime nicht mehr stabilisieren, besonders, nachdem am 9. November 1989 die Grenzen nach West-Berlin und zur Bundesrepublik geöffnet worden waren: Mit der millionenfach wahrgenommenen Möglichkeit, die Gesellschaften selbst zu vergleichen, verband sich der Wunsch nach Freiheit mit dem nach der Einheit. Unter der durch die ersten freien Wahlen in der DDR am 18. März 1990 bestimmten Regierung der Großen Koalition Lothar de Maizières trat am 3. Oktober 1990 die DDR der Bundesrepublik bei. Die Diktatur im östlichen Deutschland war durch die Demokratie überwunden.

Konsens oder Konflikt? Die deutsche Demokratie am Ausgang des 20. Jahrhunderts

Mit seiner Wiedervereinigung war Deutschland nach sechs Jahrzehnten wieder ein Nationalstaat als demokratische Republik. Schon der außenpolitische Weg dorthin hatte deutlich gemacht, daß die Neubildung eines solchen Nationalstaats nur dann nicht auf Widerstand anderer Staaten stoßen würde, wenn gleichzeitig seine Integration in supranationale Zusammenhänge sichergestellt war. Hartmut Kaelble betont in seinem Beitrag, daß in den fünfziger Jahren das Selbstbild als Europäer für Deutsche nach zwölf Jahren Diktatur eine Art demokratischer Rückversicherung darstellen konnte. Ein halbes Jahrhundert später ist das europäische Selbstverständnis noch ausgeprägter an der demokratischen Zielbestimmung orientiert. Kein Staat könnte Mitglied der Europäischen Union werden, der nicht demokratischen Grundsätzen genügt. Daß Helmut Kohl seinen «Zehn-Punkte-Plan» vom November 1989 gleichzeitig «zur Überwindung der Teilung Deutschlands *und* Europas» konzipierte, war mehr als nur außenpolitisches Kalkül; er traf und repräsentierte eine verbreitete Bewußtseinslage in der nach manchen – möglicherweise voreiligen – Einschätzungen «postnationalen» Bonner Republik.

Den anfänglichen Enthusiasmus, aber auch die folgenden Ernüchterungen, mit denen der Vereinigungsweg verbunden war, beschreibt Wolfram Fischer in seiner Dokumentation über den Beginn der Treuhandanstalt, der zentralen Institution für die Überführung der Zentralverwaltungswirtschaft der untergegangenen DDR in die Marktwirtschaft. Für die Schwierigkeiten, die beim Zusammenwachsen der beiden deutschen Gesellschaften zu bewältigen sind, gibt es auch tiefer liegende Ursachen: Zusammengekommen sind 1990, wie Edgar Wolfrum schreibt, zwei Gesellschaften mit unterschiedlichen Geschichtskulturen, die auf unterschiedliche Vorstellungen von Demokratie verweisen. Während der westdeutsche «Verfassungspatriotismus» seit den 1980er Jahren die zunehmende Akzeptanz der repräsentativen Demokratie in ihrer bundesrepublikanischen Ausprägung belegt, weicht in den neuen Bundesländern die Skepsis gegenüber den konkreten Formen der Machtbildung und -ausübung in der parlamentarischen Demokratie nur sehr langsam zurück. Für Kurt Nowak ist dieser so signifikante Unterschied der politischen Kultur weniger eine Folge des «real existierenden Sozialismus» als der unter den Umständen der Teilung in der DDR ausgebliebenen «Verwestlichung» des Protestantismus: Während die Westdeutschen jahrzehntelang die für die Demokratie wesentliche Fähigkeit zum Dissens hätten erwerben und einüben können, stehe die bei Ostdeutschen häufig zu beobachtende «Gesellschaftsharmonie» in der Kontinuität der in den deutschen Konfessionsstaaten ausgebildeten Unfähigkeit zur geregelten Austragung von Konflikten.

In dieser Tradition des Ausgleichs steht beispielsweise der «Runde Tisch» aus der Wendezeit der DDR. Vertreter der Oppositionsgruppen, der neuen Parteien und des «ancien régime» sollten einträchtig aushandeln, wie gleichzeitig der parlamentarische Rechtsstaat geschaffen, das basisdemokratische Moment der Revolution verlängert und das beibehalten werden könnte, was alle Beteiligten als «gesellschaftliche Errungenschaften» betrachteten. Bei genauerem Hinsehen finden sich aber auch in der bundesrepublikanischen Demokratie viele Regelungen aus dem Geist des Konsenses. Zwar ist das Demokratieverständnis des Grundgesetzes pluralistisch orientiert, nicht auf die identitäre Demokratie und die Homogenität des

Volkswillens abgestellt. In seinen Grundstrukturen entspricht das politische System eher der Konkurrenz- und Mehrheitsdemokratie nach angelsächsischem Muster. Das geltende Wahlrecht, die Quasi-Institutionalisierung von Regierungskoalitionen, das stete Einbeziehen der Opposition bei wichtigen Gesetzesvorhaben zeugen jedoch von der bleibenden Stärke eines Vermittlungsgedankens zwischen parlamentarischen Mehr- und Minderheiten: Die Deutschen sind stärker als die Bürger anderer Demokratien gewohnt, daß trotz Mehrheitsentscheiden die unterlegenen Interessen auf dem Weg der Vermittlung oder des Proporzes wieder berücksichtigt werden. Der beträchtliche Einfluß, der etwa dem Bundesrat eingeräumt wird («Vermittlungsausschuß»), die wichtige Rolle des Verfassungsgerichts, Kanzlerrunden und Konsensgespräche zeigen, daß in den Vermittlungsgedanken auch allenfalls indirekt demokratisch legitimierte Instanzen einbezogen werden. Mehr als die Bürger anderer Demokratien vertrauen die Deutschen auf die Kompetenz von Verwaltungs- oder Experteneliten – solange diese den Leistungsimperativen genügen. Liegt die insgesamt hohe Akzeptanz der bundesrepublikanischen Demokratie in der besonderen Mischung aus Konkurrenz- und Konsensdemokratie? Sind der Widerstreit und das beständige Austarieren dieser beiden Auffassungen von einer im 19. und beginnenden 20. Jahrhundert spürbaren Belastung nicht schließlich am Ende des 20. Jahrhunderts zu einem für die Demokratie in Deutschland konstitutiven und eher stabilisierenden Element geworden? In der Historiographie über die Chancen und Gefährdungen der deutschen Demokratie wurde das Augenmerk bislang besonders auf die Probleme der Deutschen mit pluralistischer Konkurrenz und mit parlamentarischen Mehrheitsherrschaften gerichtet. Nach einem halben Jahrhundert bundesrepublikanischer Stabilität kann die Frage nach Ursprung und Bewertung konflikt- und konsensdemokratischer Elemente aber neu gestellt werden, auch jenseits des von Ernst Fraenkel betonten Bereichs «sozialer Geborgenheit». Die historische Debatte über die Wesensmerkmale der Demokratie in Deutschland jedenfalls bleibt offen.

Die Herausgeber danken den Autoren für ihre Mitwirkung, Alexander Cammann für seine unermüdliche Hilfe bei allen technischen Fragen. Dem Verlag C.H. Beck gebührt Dank für die Bereitschaft, den Band zu publizieren, und Ernst-Peter Wieckenberg für seine freundliche und kompetente Betreuung. Ermöglicht wurde das Erscheinen des Bandes durch die großzügige finanzielle Unterstützung der Friedrich-Ebert-Stiftung, wofür wir danken. Das vorliegende Buch widmen Herausgeber und Autoren Heinrich August Winkler zu seinem sechzigsten Geburtstag.

I. Demokratisierung vor der parlamentarischen Demokratie

Eigentum und soziale Demokratie. Vorstellungen von sozialer Gleichheit im revolutionären Frankreich und ihre Rezeption in Deutschland 1789–1799

Elisabeth Botsch

Als das Pariser Volk am 14. Juli 1789 die Bastille stürmte und damit das verhaßte Symbol des feudalen Despotismus schleifte, trug es zu einem komplexen Kampf um Freiheit und Gleichheit bei, ohne sich an jenem Tag der Bedeutung seines Handelns bewußt zu sein.[1] Zwei fundamentale Pfeiler der alten Ordnung waren ins Wanken gebracht worden: Die Revolution der Bauern auf dem Land bewirkte die Abschaffung des Feudalsystems und die Errichtung einer neuen, auf Freiheit gegründeten Eigentumsordnung.[2] Auf politischer Ebene mußte die Herrschaft der Privilegierten einer demokratischen Herrschaftsform weichen. Wie aber wirkten die gesellschaftlichen Auseinandersetzungen um die neue Eigentumsordnung und um die Form der Demokratie im Verlauf der Revolution aufeinander ein, und wie überlebten diese Veränderungen die Revolution? Wie wurden diese Umstellungen schließlich in Deutschland aufgenommen?

1. *Die Ziele der Revolution 1789–1792*

Abschaffung des Feudalsystems und Übernahme der politischen Macht hießen die Ziele, die die Revolutionäre der ersten Stunde 1789 erreichen wollten. Alle strebten nach Freiheit: nach persönlicher und politischer wie nach wirtschaftlicher Freiheit. Bereits im ausgehenden 18. Jahrhundert hatten alle ländlichen Schichten den Besitz von freiem Land gefordert. Aber ihre Wirtschaftsweisen und ihre Vorstellungen von einer freien Eigentumsverfassung waren unterschiedlich. Während eine marktorientierte Produktion nach Bodenkonzentration strebte, verlangte die Subsistenzwirtschaft nach einer breiten Streuung von Kleineigentum.

Die ländliche Gesellschaft hatte im 18. Jahrhundert einen Transformationsprozeß durchlaufen, der, insbesondere seit 1750, zu einer sozialen Differenzierung geführt hatte. Gleichzeitig drangen kapitalistische Tendenzen in die Landwirtschaft ein, indem Grundherren und Generalpächter versuchten, ihre Renteneinkünfte zu erhöhen. Zudem kauften immer mehr soziale Aufsteiger aus dem Dritten Stand ganze Gutsherrschaften auf. Indem zunehmend städtisches Kapital in die Landwirtschaft eindrang und Grundherrschaften in die Bodenspekulation einbezogen wurden, verstärkten sich die Neuerungstendenzen. Einige Großpächter nutzten ihre Betriebe auch zur Rationalisierung der Produktion und verstärkten dadurch ein Wirtschaftsdenken unter kapitalistischen Rentabilitätsgesichtspunkten.[3]

Im Zuge der Umstrukturierung der Grundherrschaft und der ökonomischen Veränderungen im Laufe des 18. Jahrhunderts unterlag auch die Bauernschaft einem Transformationsprozeß. Eine bäuerliche Oberschicht entwickelte sich, zu der auch grundbesitzende Bourgeois gehörten. Sie waren, wie die aufgeschlossenen Grundherren, an einer marktorientierten Produktion interessiert. Infolge dieser Entwicklung schwanden die Möglichkeiten der mittleren Bauern, Land hinzuzupachten, die Grenzen zwischen der bäuerlichen Mittelschicht und der kleinbäuerlichen Unterschicht, die auf zusätzliche Lohnarbeit angewiesen war, wurden fließend. Neue soziale Spaltungen der Gesellschaft kündigten sich an.

Am 4. August 1789 wurde das Feudalsystem abgeschafft, aber die Mehrheit der Landbevölkerung war nicht in der Lage, Land nach der Ablösungs- und Rentenregelung der Constituante frei zu kaufen oder Boden zu erwerben. Wohlhabende Bauern konnten zwar ihr Land in freies Eigentum überführen, aber für die kleineren blieb der sogenannte *rachat* eine Illusion. Ihr Kampf um Land erstreckte sich nicht nur auf die Abschaffung des Feudalsystems, sondern auch auf die Zurücknahme der Bodenkonzentration. Soziale Konflikte bei der Verteilung des befreiten Grundeigentums waren unvermeidlich. Nach dem 10. August 1792 mehrten sich die Stimmen, die die vollkommene Abschaffung des Feudalsystems forderten, was schließlich im Juli 1793 erfolgte.[4]

Die Forderung nach politischer Freiheit stand gleichfalls im Zentrum der revolutionären Debatten. Jedoch herrschten in Frankreich zu Beginn der Revolution noch sehr diffuse Vorstellungen von Demokratie. In der Endphase des Ancien Régime war der Demokratiebegriff ein idealisierter Sammelbegriff für das Emanzipationsstreben des Bürgertums geworden und umfaßte die Forderungen nach Freiheit, Rechtsgleichheit, Chancengleichheit, sozialem Aufstieg und Justizreform. Eine Auseinandersetzung um die konkrete Umsetzung von Demokratie hatte dagegen nicht stattgefunden.[5]

Auf Seiten der privilegierten Schichten war am Vorabend der Revolution der Widerstand gegen die immer lauteren Demokratieforderungen der Bourgeoisie gewachsen. Demokratie sei nur ein Synonym für die primitive Bedürfnisbefriedigung des Volkes, lautete die Auffassung der Gegner der Revolution. Sie sahen die Anarchie als Folge der Demokratie, da das ungebildete Volk blindwütig herrschen würde. Das Volk könne sich nicht selbst regieren, da es vom Chaos der Leidenschaften, von Ideen und Gefühlen beherrscht sei. Anarchie bedeutete in ihren Augen aber auch, daß sich das Bürgertum die Rechte des Adels und des Klerus aneignete und die Souveränität an sich riß. Demokratie wurde mit Despotismus gleichgesetzt.

Unter den Anhängern der Demokratie fanden sich höchst gegensätzliche Auffassungen, die belegen, wie groß die Unsicherheit war, als es in Frankreich um die Frage der zukünftigen Verfassung ging. Der Demokratiebegriff selbst war eng mit den Begriffen von *Freiheit* und *Eigentum* verknüpft. In der Erklärung der Menschen- und Bürgerrechte vom 26. August 1789 dekretierte die Constituante, daß alle Menschen vor dem Gesetz gleich geboren werden und es auch bleiben. Artikel 17 hob das Eigentum in den Rang eines unverletzlichen und heiligen Rechts: «Da das Eigentum ein unverletzliches und heiliges Recht ist, kann auch niemandem dieses Recht genommen werden, es sei denn, das rechtlich einwandfrei festgestellte öffentliche Interesse würde dies erfordern und eine gerechte Entschädigung sei vorab bezahlt worden.»[6] Der Demokratiebegriff der Revolutionszeit stützte sich häufig auch auf den Artikel über Demokratie von 1754 in der Diderotschen Encyclopédie, der von dem Montesquieu-Schüler Jaucourt stammte.[7] Dieser hatte das emanzipatorische Potential der Demokratie erkannt, die im Gedanken der Souveränität des Volkes den Konflikt mit der Aristokratie vorzeichnete und die gleichzeitig als verfassungsrechtliche Form für den Aufstieg des Bürgertums erschien. Hier waren also die politisch-sozialen Implikationen der Demokratie in den Vordergrund getreten.[8]

Tatsächlich ging es in den Anfangsjahren der Revolution jedoch vor allem um die Frage, ob die repräsentative oder die direkte Demokratie besser sei. Sieyès und mit ihm viele andere hatten sich für eine repräsentative Demokratie ohne imperatives Mandat ausgesprochen, da eine wahre Demokratie für Frankreich nicht in Frage komme.[9] Die meisten Revolutionäre maßen aber der direkten Demokratie nach Jean-Jacques Rousseau einen höheren Stellenwert zu. Rousseaus Demokratieauffassung basierte auf der Zusammengehörigkeit von Demokratie und Freiheit. Daraus folgte die Ablehnung der modernen Repräsentationstheorie sowie die Beschränkung auf die Form der direkten Demokratie. Rousseaus Ansicht nach mußten demokratisch regierte Staaten klein und überschaubar sein. Zudem hielt er ein gewisses Maß an Gleichheit von Besitz und Vermögen für notwendig, damit sie funktionstüchtig sein konnten.[10]

Robert, Journalist und aktives Mitglied des Cordeliers-Clubs, fand 1790 eine Antwort, wie auch ein großer Staat wie Frankreich Elemente einer direkten Demokratie verwirklichen könne. Er nahm damit bereits wesentliche Elemente der jakobinischen Verfassung von 1793 vorweg. Robert schlug vor, eine repräsentative Regierung zu schaffen, die die Prinzipien der Freiheit respektiere, indem die gesamte Bevölkerung mit Hilfe des imperativen Mandats ihren Abgeordneten in der Nationalversammlung direkt den Vollzug des Mehrheitswillens auftragen könne. Zur Verwirklichung dieser Idee müsse Frankreich in Départements, Distrikte, Munizipalitäten und Sektionen aufgeteilt werden. Die provisorischen Gesetze, die die Nationalversammlung beschließe, sollten dann über die Départements den *assemblées primaires* zugeleitet werden, die darüber abstimmten und mit ihrer Mehrheit letztlich über die Gültigkeit der Gesetze bestimmen sollten: «Um die Idee der Freiheit mit der Idee der Repräsentativregierung verbinden zu können, dürfen die Repräsentanten nicht das als Gesetz verabschieden, was ihrem Partikularwillen entspricht, sondern nur das, was der *volonté de tous* entspricht, oder dem Willen der Mehrheit.»[11]

In der Verfassung von 1791 orientierten sich die Deputierten aber noch an der modernen Repräsentationstheorie und ignorierten den Willen vieler Revolutionäre. Da nur steuerzahlende Aktivbürger über die vollen politischen Grundrechte verfügten, war die Volkssouveränität eingeschränkt, denn die Mehrheit der französischen Männer war vom Wahlrecht ausgeschlossen.[12] Die Konstituante stieß somit nicht nur auf die Ablehnung der Konservativen, sondern auch auf die der Radikalen.

2. *Demokratie und Gleichheit: Die Radikalisierung der Revolution während des Konvents*

Die Flucht des Königs nach Varennes im Juni 1791 brachte eine schlagartige Wende. In Paris, aber auch in anderen Städten, erstarkte die Volksbewegung, indem sie die Revolution durch ihre Erhebungen vorantrieb. Die Abschaffung der Monarchie wurde wieder öffentlich gefordert. Die Revolution des 10. August 1792, auf die die *Première Terreur* folgte, ließ das Volk als politische Kraft auftreten, die nicht mehr vernachlässigt werden konnte. Brissot beispielsweise, der anfangs noch für eine Verbindung von Demokratie und Monarchie eingetreten war, wurde nun zu einem vehementen Vertreter der republikanischen Demokratie.[13] Andere wie Marat jedoch warnten vor dieser «démocratie toute pure». Das Land sei noch nicht reif genug, sondern würde nur einen Tyrannen durch zehntausend andere ersetzen.[14] Die erste Phase der Revolution hatte zwar die Volkssouveränität umgesetzt, aber sie hatte dem Grundsatz der Gleichheit als der Voraussetzung der Demokratie zu wenig Bedeutung beigemessen. In der Revolution vom August 1792 wurde die Monarchie schließlich gewaltsam abgeschafft und eine Republik errichtet, in der alle erwachsenen männlichen Franzosen das Wahlrecht erhielten. Diese Republik war demokratisch legitimiert durch das Prinzip der Volkssouveränität, der politischen Gleichheit und der politischen Repräsentation. Das Volk wurde direkt in den Ratifizierungsprozeß von Gesetzen einbezogen, so wie es Robert in seinem Demokratiemodell dargelegt hatte. Die Repräsentanten der Republik waren durch die Annahme der Verfassung durch das Volk politisch legitimiert, schuldeten jedoch dem Volk Rechenschaft über ihr Handeln.

Zu Beginn der jakobinischen Republik galten alle, die hinter der Revolution standen, als Demokraten. In der zeitgenössischen Presse bezeichnete dieser Begriff überzeugte Anhänger einer demokratischen Staats- und Regierungsform. Unterschiede zwischen den Demokratiebegriffen spielten keine große Rolle, sie wurden allenfalls als graduelle Unterschiede in der Radikalität der politischen Einstellung wahrgenommen. Mit dieser Ausweitung des Demokratiebegriffs und seiner positiven Bedeutung ging eine zuvor unbekannte Politisierung breiter Bevölkerungsschichten einher. Allerdings blieb der Gebrauch des Begriffes Demokrat weitgehend abgekoppelt von Demokratie und zeigt dadurch die Ambivalenz der Einstellung der Revolutionäre zur Demokratie. Auch während der Jakobinerherrschaft kam kein tragfähiger Konsens in dieser Frage zustande.[15]

In der Verfassung des Jahres 1793 stand die Gleichheit an der ersten Stelle des Menschenrechtskatalogs, gefolgt von Freiheit und Eigentum: «Die Menschenrechte in der Gesellschaft sind die Gesetzmäßigkeit, die Freiheit, die Sicherheit, das Eigentum, die soziale Sicherheit und das Widerstandsrecht gegenüber Unterdrückung.»[16] Aus dem Prinzip der Gleichheit folgerten die Jakobiner die soziale Garantie der Lebensumstände. Durch die erweiterte Auffassung von Repräsentation und Demokratie glaubten sie, dem von der Revolution verhießenen Glück aller zu dienen. Robespierre sah in dieser Regierungsform «die Demokratie, die allen zum Wohl durch Gesetze gemäßigt wird.»[17]. Diese Idee vom Glück wurde zum Leitziel politischen Handelns, wenn zum Beispiel Kleinbauern, die ihr Ideal in einer Republik der Kleineigentümer erblickten, die Flächenbeschränkung von Grundeigentum forderten: «Die Verfassung gibt uns das Recht zur Repräsentation; verlangen wir also von der nationalen Repräsentation das, was für das allgemeine Glück richtig ist – genau hierin stimmen wir dann überein.»[18] Freiheit und Eigentum sollten durch das Gesetz begrenzbar sein, damit die Ausübung dieser Rechte niemandem Schaden zufügen könnte.

Obwohl die Verfassung des Jahres 1793 nie in Kraft trat und die revolutionäre Regierung in Form der *Terreur* demokratische Rechte ausschaltete, galt diese als demokratisch legitimiert, denn sie beruhte auf Beschlüssen und Gesetzen des demokratisch gewählten Konvents. Deshalb waren die Jakobiner davon überzeugt, mit den Vorstellungen einer direkten Demokratie, wie die Sansculotten sie forderten, nichts gemeinsam zu haben.

3. *Freie Wirtschaftsordnung oder soziale Demokratie? Die Frage des Eigentums im Konvent*

Die Volksbewegung hatte sich durch den Aufstand vom 10. August 1792 zu einem politischen Faktor entwickelt, der das revolutionäre Lager spaltete, als die Versorgungsprobleme zunahmen und die besonders betroffenen Pariser Sansculotten ihre Forderungen nach gleicher Verteilung des Besitzes, nach Preiskontrollen und dem Zwangskurs für Assignaten durchzusetzen suchten. Das Volk verlangte die Berücksichtigung seiner sozialen Interessen und die Umsetzung seiner Vorstellungen von der Organisation der Macht. Beides widersprach den Zielen des Bürgertums. Agrarunruhen und Taxierungsbewegungen mehrten sich in der Folgezeit. Deklassierte Kleinbauern und Besitzlose zogen übers Land und griffen das Eigentum der Bessergestellten an. In den Städten plünderten aufgebrachte Verbraucher ganze Läden, wenn Händler sich weigerten, ihre Waren zu willkürlich festgesetzten Preisen abzugeben. Im Frühjahr 1793 spitzte sich die Lage in Paris zu einer regelrechten Lebensmittelkrise zu, die die radikalen Anhänger der Gleichheit förderte.[19]

Die Anhänger des freien Eigentumsrechts, die jede Form von Staatsintervention in das individuelle Eigentumsrecht ablehnten, fanden ihre politischen Vertreter in der Gruppierung der Girondisten. Die Wiederherstellung von Ruhe und Ordnung zur Sicherheit des Eigentums bestimmte ihren Handlungsbedarf.[20] «Die Störenfriede von heute sind echte Gegenrevolutionäre, Feinde des Volkes.

Heute herrscht doch das Volk, jegliche Autorität kommt von ihm, jeder Verantwortliche wird gewählt. Das Volk ist also im höchsten Maße frei. Was es aber darüber hinaus wünscht, ist die Ruhe im Innern. Nur diese Ruhe garantiert dem Besitzenden sein Eigentum, dem Arbeitenden seine Arbeit, dem Bedürftigen sein tägliches Brot und allen zusammen die Freiheit.»[21] Brissot, einer der bekanntesten Girondisten, legte hier dar, daß das Volk die höchste Form der Freiheit erlangt habe, indem es das Parlament wähle und somit die Herrschaft ausübe. Im Gegenzug verlangten die Girondisten, daß das freie Eigentum garantiert werde. Sie wollten den Status quo und wehrten sich gegen eine Radikalisierung der Revolution durch die Volksmassen. Bis zu ihrem Sturz im Mai 1793 entwickelten sie sich zu kompromißlosen Verteidigern der Besitzenden. Im Zentrum ihrer Eigentumsideen und ihres Demokratieverständnisses stand der Begriff der Freiheit.

In der Versorgungskrise sahen die Girondisten rein ökonomische Transferprobleme, die einzig durch einen freien Markt gelöst werden könnten. Deshalb traten sie für die Getreidehandelsfreiheit ein, die dem Interesse der ländlichen und städtischen Bourgoisie entsprach, ihre Eigentumsrechte unbeschränkt ausüben zu können. Sie plädierten für eine möglichst weitgehende Liberalisierung, auch wenn diese zur Konzentration führen sollte. Was diese Anhänger der freien Marktwirtschaft nicht bedachten, waren die sozialen Konsequenzen des Konzentrationsprozesses für die in den alten Denkweisen verhafteten Schichten, die von der Liberalisierung nicht profitieren konnten.[22]

Die Jakobiner dagegen interpretierten die Agrarunruhen und Taxierungsbewegungen als Folge der katastrophalen Lebensbedingungen. Sie traten für eine Reglementierung des Handels ein, um durch Getreideerhebung und Marktbelieferungspflicht Monopolbildung und Wucher zu unterbinden. Dafür waren sie bereit, das Eigentumsrecht einzuschränken, betonten aber, daß es sich dabei um einen Ausnahmezustand handele. Sie waren davon überzeugt, daß das Streben nach sozialem Ausgleich die Voraussetzung für eine beständige Republik bilde: «Ein Volk, das nicht glücklich ist, ist heimat- und lieblos. Wenn man eine Republik gründen möchte, dann muß man zunächst das Volk von der Unsicherheit und der Armut befreien, die es korrumpieren. Wenn man die Republik wünscht, dann hat man die Grundlagen dafür zu bereiten, daß das Volk auch wirklich den Mut zur Tugendhaftigkeit aufbringen kann.»[23]

Dem Existenzrecht wurde eine größere Bedeutung beigemessen als dem Eigentumsrecht. Im Grundsatz befürworteten die Jakobiner das Privateigentum, aber sie stellten das Recht auf Leben jedem anderen Gesetz voran. Als Konsequenz waren sie bereit, dem Eigentum Grenzen zu setzen, wenn dessen Freiheit die Existenz der Staatsbürger bedrohte. Robespierre begründete diese Position in einer Rede vor dem Konvent: «Was ist die erste Aufgabe der Gesellschaft? Die unveräußerlichen Rechte des Menschen aufrechtzuerhalten. Was ist das erste dieser unveräußerlichen Rechte? Das Recht zu existieren. Das erste soziale Gesetz ist also dasjenige, das allen Mitgliedern der Gesellschaft das Existenzrecht garantiert; alle anderen sind diesem Gesetz unterzuordnen. Das Eigentum wurde nur geschaffen und garantiert, um dieses Gesetz zu befestigen: vor allem um zu leben, besitzt man Eigentum. Es trifft nicht zu, daß das Eigentum in Konflikt geraten kann mit dem Überleben der Menschen.»[24]

Im Gegensatz zur Idee des freien Eigentumsrechts, das Eigentum als Naturrecht definierte, ging die Auffassung der Montagnards und Jakobiner davon aus, daß Eigentum eine soziale Institution darstelle. So wie Freiheit ihre natürlichen Grenzen da finde, wo ihre Ausübung anderen schade, solle auch das Eigentumsrecht durch das Gesetz eingeschränkt werden können. «Das Eigentum ist das Recht, das jeder Bürger besitzt, um von dem Teil der Güter, der ihm von Recht wegen garantiert wird, zu profitieren, und über diesen Teil frei zu verfügen», faßte Robespierre seine Eigentumstheorie zusammen. [25] Eine gewisse soziale Gleichheit hielten sie für notwendig, damit eine Republik bestehen könne. Nur durch das Prinzip der Gleichheit konnte tatsächliche Freiheit erlangt werden. Eigentum unterlag einer sozialen Verpflichtung dem Gemeinwohl gegenüber. Das Idealbild der Jakobiner bestand in einer sozialen Demokratie.[26]

4. Die Volksbewegung und die Gleichheit des Besitzes

Auch die Sansculotten forderten eine soziale Demokratie. Die Kleinbauern und Tagelöhner auf dem Land und die kleinen Händler und Verbraucher in den Städten – bis zu diesem Zeitpunkt Verlierer der Revolution – wollten ihre sozialen Ziele durchsetzen. Sie hatten durch zahlreiche Erhebungen die Revolution vorangetrieben und mußten nun in die Entwicklung eingebunden werden, um die bislang erreichte Freiheit gegen innere und äußere Angriffe sichern zu können. Aber die Volksbewegung verfolgte die Verwirklichung einer ganz anderen Gesellschaftsordnung als die Jakobiner. Sie wollte allen die Produktionsweise eines unabhängigen Kleinproduzenten ermöglichen. Jeder Staatsbürger sollte durch seine persönliche Arbeit und durch das Eigentum an seinen Produktionsmitteln sein Leben fristen können. Ihr Ideal war die Gleichheit des Besitzes und die Reglementierung der Wirtschaft.

Im Zentrum dieser Vorstellungen standen die Aspekte der tatsächlichen Gleichheit, «l'égalité de fait», und der Nutzung des Eigentums: Das Land sollte zu gleichen Teilen an alle verteilt werden, die Nutzung des Gemeinschaftseigentums einer Dorfgemeinde unter den Dorfbewohnern aufgeteilt und die Kollektivrechte wiederhergestellt werden. Die Gegner bekämpften diese Ideen unter dem Namen Ackergesetz.[27] Antoine de Cournand verteidigte 1791 die egalitären Forderungen der Volksschichten: Alle Menschen sollten einen gleichen Anteil an Land besitzen.[28] Auch Pierre Dolivier befürwortete in seinem Buch *Essai sur la justice primitive* die Auflösung der Großpachten und die Verteilung dieses Landes an Besitzlose.[29]

Aufgrund ihrer Stärke in der Hauptstadt konnten die Sansculotten einzigartigen Einfluß auf die Geschehnisse ausüben. Die Masse der Pariser Sansculotten war besonders stark von der Verschlechterung der Lebensbedingungen betroffen, obwohl die Mehlbeschaffung der Munizipalität unterlag und in Krisenzeiten Unterstützungslieferungen aus den Vorräten des Innenministers erfolgten.[30] In den Großbauern und Getreidehändlern wurden die Urheber der Lebensmittelkrisen gesehen, denn in der Volksbewegung war man der Überzeugung, daß diese ihr Getreide aus Bosheit zurückhielten, um die Preise in die Höhe zu treiben. Die Händler wurden beschuldigt, im Namen des freien Eigentumsrechts die Konterrevolution einleiten zu wollen. «Diese Bosheit ist unverzeihlich», schrieb ein deutscher Zeitgenosse, «denn offenbar hat der Landmann am meisten bei der Revolution gewonnen, und bisher allein die Früchte derselben eigeärndtet, indeß die Einwohner der Städte beinahe alle verloren, und die größten Opfer für die Freiheit machten. Und womit vergelten uns die Bauern unsere Arbeiten und Kämpfe? Dadurch, daß sie uns aushungern wollen.»[31]

Wucher und persönliche Bereicherung widersprachen einer positiven revolutionären Gesinnung. Aus allen Teilen Frankreichs beschwerten sich Konsumenten beim Parlament über Spekulation und Monopolbildung. Da die absolute Freiheit des Eigentums die Voraussetzung solcher Geschäfte bildete, wurde sie für unvereinbar mit der Revolution erklärt. Im freien Handel erblickten die Sansculotten Wucher, der die Marktbelieferung behindere und die Konsumenten dem Hunger preisgebe. Das Verbot einer Instanz zwischen Produzenten und Konsumenten und staatlich festgelegte Höchstpreise forderten sie zur Lösung der wirtschaftlichen Probleme. Ihrem Verständnis nach durfte sich der Wert der Lebensmittel allein nach der allgemeinen Nützlichkeit richten. Der Brotpreis mußte auf einem Niveau gehalten werden, das jedermann den Kauf seiner täglichen Brotration ermöglichte. Lebensmittel gehörten der Gemeinschaft und durften nicht in den Läden der Reichen gehortet werden. Die Gewinne der Händler hielten die Sansculotten für Diebstahl.[32]

Die sozialen Verlierer der Revolution, die Sansculotten, die sich aus sozial höchst heterogenen Schichten zusammensetzten[33], hielten also die gehobenen Schichten des Bürgertums, die sich durch die Revolution bereichert hatten, für ihre Feinde und stempelten sie als *Aristokraten* ab. Ohne Differenzierung zwischen Spekulanten und legitimen Erwerbern von Nationalgütern wurden die Besitzenden den Gegnern des Volkes, ja der gesamten Revolution zugeordnet. Ziel der Sansculotten war dagegen, die Gleichheit der Nutznießung des Eigentums sicherzustellen.

5. *Der Kampf um die politische Herrschaft*

Die Politik der sozialen Verantwortung des Eigentums war das Ergebnis eines Kompromisses der Jakobiner mit den sozialen Forderungen der Volksbewegung: Die Einschränkung des Eigentumsrechts war der Preis, der für die Sicherung des privaten bürgerlichen Eigentums gezahlt werden mußte. Die Integration der Volksmassen in eine soziale Demokratie, die das Kleinbürgertum stützte und sich gegen die ökonomische Entwicklung stellte, war notwendig, um die Einheit der Republik zu erhalten und alle Kräfte gegen die Gegenrevolution zu mobilisieren. Im Streit um diese soziale Demokratie ging es aber nicht nur um Sozialpolitik oder Egalitarismus, sondern auch um die Form der Demokratie.

In der Tat war der Einfluß der Pariser Volksbewegung auf den Konvent so stark geworden, daß sie die Parlamentssitzungen zu kontrollieren suchte. Sansculotten aus den Pariser Sektionen nahmen in Massen an den Konventssitzungen teil und setzten alles daran, ihr politisches Programm durchzusetzen. Sie forderten nicht nur Brot von den Abgeordneten, sondern auch eine gute Verfassung für die Republik. An die Adresse der Gironde wurden Aufrufe und Drohungen gerichtet: «Jetzt muß Kurs gehalten werden! Es ist höchste Zeit und unsere Geduld geht zu Ende. Folgt euren Kollegen der Montagne und seid keine Vaterlandsverräter mehr. Macht uns eine gute Verfassung.»[34] Je mehr sich die Montagnards den Sansculotten annäherten, um so heftiger wurden sie von den Girondins angegriffen. Diese verteidigten nicht nur das freie Eigentum gegen die Volksallianz[35], sondern klagten die Montagnards an, zum Krieg der Sansculotten gegen die Eigentümer aufzurufen. Dieser

Anarchismus aber sei der Hauptgrund für die Schwierigkeiten der Republik.[36] Sie warfen ihnen vor, die egalitären Ziele der Volksbewegung zu unterstützen, um an der Macht zu bleiben.

Entscheidend aber war, daß die Volksbewegung die repräsentative Demokratieform des Konvents, auf deren Prinzip die Jakobiner bis zu ihrem Sturz bestanden, nicht akzeptierte. Sie wollten dem Konvent ihre Vorstellungen von einer direkten Demokratie aufzwingen. Die Pariser Sansculotten sahen demnach in den Abgeordneten des Konvents keine Repräsentanten des Volkes, sondern öffentliche Mandatsträger, die jederzeit abberufbar waren. «Eure Vollmachtgeber wollen nicht mehr, daß ihr sie repräsentiert. Wartet also nicht, bis sie andere beauftragen, die euch ersetzen sollen [...] [37], so und ähnlich lauteten die Drohungen, wenn die Abgeordneten den Willen der Volksbewegung nicht ausführen wollten. Als die Pariser Sansculotten schließlich die Abgeordneten der Gironde Ende Mai 1793 absetzten und verhafteten, handelten sie ihrem Demokratieverständnis zufolge legitim.

Das sansculottische Demokratieverständnis[38] basierte auf der Souveränität, die von allen Bürgern in den demokratisch legitimierten Sektionsversammlungen, den *assemblées primaires,* ausgeübt wurde. Hier wurden alle Angelegenheiten des Volkes öffentlich beraten und fand staatliche Gewalt ihre Begründung. Gewaltenteilung und geheime Wahlen paßten nicht in dieses Konzept, genausowenig wie rechtliche Begrenzungen für die Beschlüsse des Volkes. So konnte das Vorgehen des Volkes nie illegitim sein, revolutionäre Erhebungen und die Vernichtung von Feinden der Revolution gehörten zum Programm. Der Sturz der Gironde war damit unvermeidbar, da diese politische Gruppierung sich der Reglementierung der Wirtschaft und den egalitären Bestrebungen widersetzte.

Gleich nach dem Sturz der Gironde kamen die Unterschiede zwischen den Jakobinern und der Volksbewegung an die Oberfläche. Während vor allem die Robespierristen immer wieder darauf hinwiesen, daß die Aussetzung liberaler Prinzipien in der Wirtschaft situationsbedingt sei, und sie konsequent die Förderung des Privateigentums mit einer sozialen Komponente betrieben, war für die Sansculotten der Erhalt ihres Lebensstandards und somit die Angst, zu den Revolutionsverlierern zu gehören, ausschlaggebendes Motiv der politischen Aktion. Auf politischer Ebene wurde der Konflikt zwischen Jakobinern und Volksbewegung um das Demokratieverständnis ausgetragen. Die Sansculotten wollten die direkte Demokratie, die Herrschaft der Sektionen.

Tatsächlich war diese Phase der Revolution gekennzeichnet durch die breite, aus dem Konzept der direkten Demokratie resultierende, politische Partizipation der Volksbewegung. Sicher traf dies weniger für die Departements als vielmehr für Paris zu, wo das Volk regelmäßig in den Sektionsversammlungen zusammenkam, um über Gesetzgebung und politische Vorgehensweisen zu beraten.[39] Es gehörte allerdings zu den Tugenden eines guten Sansculotten, sich aktiv an der Politik und an allen republikanischen Symbolhandlungen der Revolution zu beteiligen. Je heftiger damit der Konflikt um Eigentumskonzept und Demokratieverständnis zwischen den Jakobinern und der Volksbewegung wurde, desto mehr zerfiel die Bezeichnung *Demokrat* wieder zu einem politischen Parteibegriff. Dieser wurde nunmehr lediglich auf die Sansculotten bezogen, die die direkte Demokratie, «la démocratie pure», anstrebten. So mußten sich die Jakobiner schließlich gegen zwei Gegner durchsetzen, die Royalisten und die Demokraten.[40]

Robespierre konzentrierte im Jahr II die ganze Macht im Konvent, dem allein die nationale Souveränität obliegen sollte. Als sich schließlich die Hébertisten auf die Logik der Volksbewegung gestützt gegen den jakobinischen Konvent erhoben, fand das politische Bündnis zwischen Jakobinern und Sansculotten sein Ende. Die Pariser Volksbewegung wurde in der Ventôse-Krise des Jahres II militärisch und politisch entmachtet. Damit war jeder weitere Versuch, in Frankreich eine direkte Demokratie zu errichten, zum Scheitern verurteilt. In der Auseinandersetzung mit der Pariser Volksbewegung hielten die Jakobiner an ihrer Auffassung von Repräsentation fest, und die repräsentative Demokratie hatte unter dem Einsatz von staatlicher Macht den Sieg davongetragen.[41]

6. Die Vorherrschaft der Besitzenden 1795–1820

Mit dem Sturz der Jakobiner allerdings waren sowohl die Konzepte von den Grenzen des Eigentums diskreditiert als auch die Demokratie als politisches Ideal selbst. Die Konterrevolutionäre, die Demokratie und Jakobinerherrschaft gleichsetzten, versuchten mit deren Ausschaltung auch gleich die Demokratie abzuschaffen. Jean-Joseph Mounier veröffentlichte 1795 ein Buch mit dem Titel *Adolphe ou Principes élémentaires de politique et résultats de la plus cruelle des expériences*, in dem er begründete, warum es keine politische Gleichheit geben könne.[42] «Die einzige Ungleichheit, von der ich wünsche, daß sie als notwendig gelten möge, ist die politische Ungleichheit. Ohne sie können die Menschen die wertvollen Dinge, deren Besitz ihnen durch die soziale Ordnung ermöglicht wird, nicht erhalten. [...] Der echte Freund der Freiheit hat nicht den Drang zur Macht; er respektiert die Macht – in welchen Händen auch immer sie liegt – unter der Bedingung, daß sie nicht in Unterdrückung ausartet.»[43] Er wandte sich gegen die Demokratie, die schon die erste Nationalversammlung dazu mißbraucht habe, anarchische Gesetze zu erlassen. Die ersten Verfassungen seien dann von einigen Abgeordneten mit Hilfe des Pariser Pöbels gewaltsam umgestürzt worden, um «le plan de la plus extravagante démocratie» zu errichten. Deshalb dürfe das Volk die Souveränität nicht selbst ausüben.[44] «Der Despotismus der großen Zahl in den uneingeschränkten Demokratien ist also offensichtlich der schrecklichste, zu dem die Menschen verdammt werden können. Man besitzt von der Unterdrückung, die im Namen der Souveränität ausgeübt werden kann, nur eine sehr unvollständige Vorstellung, wenn man noch nicht die Macht aufrührerischer Volksmassen kennengelernt hat.»[45] Demokratie sah er als Ziel der Jakobiner und Sansculotten, die die Herrschaft der Massen herbeigeführt hätten, aber selbst nur eine Partei darstellten, die Frankreich ins Unglück gestürzt habe. Mit Attributen wie «falsche Republikaner», «unmenschliche Apostel» oder «Kannibalen» und ähnlichen Ausdrücken wurde die Terrorherrschaft charakterisiert, für die allein die Jakobiner verantwortlich gemacht wurden, die der Volksbewegung nur ihre Befehle erteilt hätte.[46] Demokratie und Terror wurden schließlich gleichgesetzt.

Die zur Macht gelangte Thermidorianerbourgeoisie verhalf dem freien Eigentumsrecht zum Sieg, führte die Wirtschaftsfreiheit wieder ein und schaffte die Sozialgesetzgebung der Jakobinerherrschaft ab. Für die Mehrheit der Konventsmitglieder des Jahres III stand fest, daß sie keine Regierung bilden wollte, in der das Volk politische Rechte ausüben konnte. «Ich kenne nur eine demokratische Verfassung, diejenige, die dem Volk die Freiheit, die Gesetzmäßigkeit und den friedlichen Genuß seiner Rechte bietet. [...] In diesem Sinne ist die heute existierende Verfassung keine demokratische Verfassung, da die Repräsentation der Nation immer noch in den Händen einer konspirativen Vereinigung liegt.»[47]

Daher schuf der Konvent eine neue Verfassung, die die zensitäre Demokratie wieder einführte, und die politische und soziale Vorrangstellung des Bürgertums sicherte. Nur Eigentümer könnten als Teil des Souveräns betrachtet werden, denn die Nichtbesitzenden seien *simples locataires*[48]. Die vollen Bürgerrechte ohne Berücksichtigung des Eigentums würden zur Usurpation der Volkssouveränität durch die besitzlosen Schichten führen: «Daß die Sansculotten ohne Haus, ohne Erbe, daß also diejenigen, die keinen Grund und Boden besitzen und deshalb möglicherweise an Plünderungen unmittelbares Interesse haben könnten, ohne Rücksicht auf die Besitzenden diejenigen bestimmen, die die Gesetze machen, Gesetze, die dann ihrerseits die Erbschaften, das Haus- und sonstige Eigentum regeln oder für die Sicherheit der Personen und der Dinge zuständig sind – das wäre dann doch eine widerrechtliche Aneignung der nationalen Souveränität,»[49] rechtfertigte Dupont de Nemours die Einschränkung des Wahlrechts auf die Bourgoisie des Ancien Régime und das neue Bürgertum, die Neureichen und Emporkömmlinge der Politik, die sich durch den Kauf von Nationalgütern, Spekulationshandel und Geschäfte mit der Staatsverschuldung systematisch bereichert hatten.[50] Auch Sieyès sah ab dem Jahr III die Gefahr des Mißbrauchs der Volkssouveränität und zeigte deshalb ihre Grenzen auf.[51]

Die Verfechter des gleichen Wahlrechts verteidigten das Prinzip der Gleichheit aller vor dem Gesetz. In der Presse und in zahlreichen Petitionen wurde das allgemeine Wahlrecht gefordert, um die ungleiche Verteilung des Reichtums nicht zu einer Quelle der politischen Ungleichheit werden zu lassen. Aber nach der Zeit des Terrors und der Einschränkung des Eigentumsrechts befanden sich die Besitzenden mit ihrem Wunsch nach Freiheit und Sicherheit des Eigentums in der Mehrheit. In den Kreisen des gehobenen Bürgertums wollte man von Demokratie nichts mehr wissen. Wie zu Beginn der Revolution galt Demokratie wieder als Regierungsform, für die die Tugend der Menschen nicht ausreiche. Am Ende der Direktoriumszeit war Demokratie ein parteipolitischer Ideologiebegriff geworden.[52]

Eine Ausnahme bildeten die Eigentumskonzeption und der egalitäre Demokratiebegriff Babeufs, die in den Jahren 1794–1796 entwikkelt wurden. Babeuf erblickte im Privateigentum und im Ackergesetz die Ursachen für die Ungleichheit der Menschen. Infolgedessen entwickelte er Vorstellungen eines Verteilungskommunismus, in dem die materielle Gleichheit aller Menschen durch die Abschaffung des Privateigentums, eine gemeinsame Verwaltung und die Planung der Lebensmittelversorgung auf Dauer durchgesetzt werden könne.[53] Diese Form des revolutionären Demokratieverständnisses, das die soziale Demokratie der Jakobiner aufgriff und radikal weiterentwickelte, wies bereits den Weg in die sozialen Auseinandersetzungen des 19. Jahrhunderts. Nachdem das Direktorium die Verschwörung der Gleichen niedergeschlagen hatte, fanden diese Ideen aber zunächst ihr Ende.

Nur im Umfeld der Sansculotten und unter den Neojakobinern überlebten die positive Bedeutung von Demokratie und Gleichheit und der Eigentumsbegriff, der auf der sozialen Verantwortung beruhte. Der Niedergang des Demokratiebegriffs nach dem Sturz der Jakobinerdiktatur resultierte aus dem Scheitern der Revolutionäre, eine Demokratieform zu finden, mit der sich die Mehrheit der Franzosen identifizieren konnte. Noch heute wirkt dieses Defizit im französischen Staatsverständnis nach, das der Republik und der staatlichen Macht eine weitaus bedeutendere Rolle beimißt als der Demokratie.

7. *Die Vorstellungen von sozialer Demokratie und ihre Einflüsse auf das Deutsche Reich*

Die Entwicklungen in Frankreich wirkten sich auf vielfältige Weise auch auf das deutsche Reich aus. Deutsche Jakobiner kämpften für demokratische Tendenzen nicht nur im Elsaß und in der Mainzer Republik, sondern auch in anderen deutschsprachigen Regionen.[54] Demokratische Ideen fanden Verbreitung, und kurzlebige Republiken wurden gegründet. Demokraten wanderten nach Frankreich aus, um das Revolutionsgeschehen mitzuerleben oder daran teilzuhaben. Als Augenzeugen berichteten sie von der Französischen Revolution und sandten ihre Eindrücke oft auf geheimen Wegen ins Reich.[55]

In Mainz stieß die Revolution bei der kritischen Intelligenz der Universität auf Begeisterung. Schon vor dem Sturz Ludwigs XVI. versuchten französische Emigranten dort die Gegenrevolution zu schüren. Aber vor allem danach machten ausgewanderte Adlige ihren Einfluß geltend, um eine Invasion in das demokratische Frankreich zu erwirken. Doch als Gegengewicht gegen diese konterrevolutionären Bestrebungen liefen gerade in Mainz demokratische Strömungen zusammen, die eine umfangreiche Untergrundliteratur produzierten und jede Niederlage des Königtums voller Spott kommentierten. Ab 1792 wurde dann in diesen Kreisen die Republik propagiert.[56]

Das Elsaß entwickelte sich zu einer Drehscheibe der Vermittlung von Frankreich nach Deutschland. Straßburg war ein Zentrum demokratisch-revolutionärer Propaganda und seiner Zweisprachigkeit wegen ein bevorzugter Ort deutscher Emigranten und vor allem deutscher Jakobiner.[57] Von dort richtete sich ihre Hoffnung auf die Befreiung der deutschen Grenzländer. Daß bei den Freiheitsbewegungen in Süddeutschland auch Elsässer mitwirkten, zeugt gleichermaßen von der Existenz eines reichen demokratischen Beziehungsgeflechts auf beiden Seiten des Rheins.[58] Dieses wurde genutzt, um revolutionäre Literatur aus Frankreich in das deutsche Reich zu bringen und dort zu verbreiten. Viele Schriften wurden übersetzt und dann weitergeleitet, um auch breitere Schichten über die Revolution zu informieren und Revolutionsbegeisterung und Freiheitsliebe auch im Reich zu wecken.

Die deutschen Zeitgenossen der Französischen Revolution allerdings interessierten sich für die grundlegenden Aspekte des Umsturzes und nicht so sehr für Ausformungen von Demokratie und Eigentumsverfassung. So thematisierten die Revolutionstexte, die neben der Propaganda und speziellen Aufrufen im deutschen Sprachraum zirkulierten, zwar den Revolutionsverlauf und den kulturellen Wandel, wie er in öffentlichen Revolutionsfesten und politischen Feiern zum Ausdruck kam, und auch die republikanische Erziehung und politische Bildung nach 1792. Gegenrevolution, Krieg und Terreur stießen ebenfalls auf großes Interesse.[59] Der Jakobinismus jedoch wurde höchstens gestreift.

Allerdings gab es Ausnahmen, wie den Bonner katholischen Geistlichen und Professor für Literatur Eulogius Schneider, der 1791 nur durch seine Flucht nach Straßburg der Verhaftung entging. Er legte dort den Eid auf die Verfassung ab und wurde Mitglied des Jakobinerklubs. Kurz darauf wurde er in den Straßburger Stadtrat gewählt.

Schneider entwickelte sich als Deutscher im Elsaß zu einem Befürworter der egalitären Demokratie und wurde deshalb zur Zielscheibe der Kritik der gemäßigten Straßburger Bürger.[60] Seit 1792 gab er eine Zeitschrift mit dem Titel *Argos oder der Mann mit hundert Augen* in deutscher Sprache heraus, die ab 1794 von Johann Friedrich Butenschön weitergeführt wurde.[61] Sie wurde nicht nur in Straßburg gelesen, sondern auch in verschiedenen Städten des deutschen Reichs. Dies nutzte Schneider, um seine radikalen Ansichten zu verbreiten und gegen die Gironde Stellung zu beziehen. «Sollen dem Ärmsten unter uns alle Wege und Mittel zur Verbesserung seines Zustandes, zur Erhöhung seines Glücks nicht ebenso gut offen stehen als dem Bemittelten? Sollen Handlung, Künste, Verstand, Aufklärung, Wissenschaften, Ansehen ewig nur das Alleinrecht der kleinern Menschenklasse bleiben und die größere ewig im Staub, in Nacht und Unwissenheit schmachten? Nie allein gehen lernen? [...] Nein, mein Freund, entweder müssen durch unsere Konstitution an den Gütern der Natur, an den Vorzügen der bürgerlichen Gesellschaft alle Menschen teilnehmen können – oder wir sind ebensolche Egoisten, ebensolche Despoten, Tyrannen als die, deren Fesseln wir uns rühmen, zerbrochen zu haben!»[62]

Ein Jahr später wandte sich der deutsche Demokrat gegen die Wirtschaftspolitik der Besitzenden. Als öffentlicher Ankläger des Revolutionstribunals hatte er täglich mit Wucherern und Gegenrevolutionären zu tun und forderte nun mit den Sansculotten eine reglementierte Wirtschaftspolitik gegen die Reichen. Seine Parabel «Der große Bärentanz» rechnete mit den Geldschneidern ab: «Überall rang man nach Freiheit und kämpfte für die Republik, nur in den Häusern der Goldschlucker hörte man nicht Waffengeklirr, sondern ein schauderhaftes Scharren in Haufen von Gold, Silber und Kupfer...»[63]

Da er für die Gleichheitsideen der Sansculotten und ihre Vorstellungen von sozialer Demokratie eintrat, kritisierte er auch schonungslos die nach Straßburg entsandten Konventskommissare Saint-Just und Lebas. Als aber im November 1793 von Paris eine Verschwörungshysterie gegen im Ausland geborene Revolutionäre ausging, die verdächtigt wurden, ein Komplott gegen die Republik zu betreiben, wurde auch Eulogius Schneider getroffen. So fiel der Gegner der fremdenfeindlich gewordenen Pariser Jakobiner und des Straßburger Bürgertums schließlich der Guillotine zum Opfer.[64]

In Deutschland war man jedoch nicht auf deutsche Jakobiner angewiesen, um zu erfahren, welche Wende die Revolution in den Jahren 1793 und 1794 nahm. Zahlreiche Informationen über die Jakobinerdiktatur waren als deutsche Übersetzungen französischer Revolutionstexte breiten Schichten zugänglich. Komparatistische Studien haben gezeigt, daß dieser kulturelle Transfer nach Deutschland von Bedeutung war und Auswirkungen auf Verhalten und Einstellungen hatte. Der Einfluß der Französischen Revolution lag aber wohl eher im Bereich der Entwicklung eines kollektiven Bewußtseins als im Wandel ökonomischer und sozialer Strukturen.[65]

Das deutsche Interesse galt allerdings einer gemäßigten Revolution nach dem Wahlspruch «Freymüthigkeit, doch kein Sans-Culotismus».[66] Sozialrevolutionäre und sansculottische Texte wurden nicht übersetzt. So wurden die Auseinandersetzungen um die soziale Demokratie, die zwischen Gironde, Jakobinern und Pariser Sansculotten eine bedeutende Rolle spielten, im deutschen Reich des ausgehenden 18. Jahrhunderts nur am Rande zur Kenntnis genommen.

Untersucht man die ins Deutsche übertragenen Revolutionstexte zur Terreur, so stellt man fest, daß zwar die Anzahl der Übersetzungen beträchtlich, die Auswahl der Texte aber doch sehr einseitig war.[67] Während in Frankreich die Diskussion über die politischen und sozialen Konflikte zwischen Gironde, Montagne und Volksbewegung und über die Radikalisierung der Revolution überwog, erhielt der deutsche Leser hierüber kaum Informationen. Autoren, die der Gironde nahestanden, fanden eher die Aufmerksamkeit der Verleger als die radikale französische Presse, die kaum beachtet wurde. Nur drei Ausgaben des «Vieux Cordelier» von Camille Desmoulins und ein Auszug aus dem «Véritable ami du peuple», einer in Frankreich sehr bekannten Imitation der Zeitung Marats, wurden auf deutsch veröffentlicht. Daher waren viele Jakobiner wie Marat und Billaud-Varenne sowie die Anführer der Volksbewegung Chaumette, Hébert, Roux und Varlet in Deutschland unbekannt. Das Bild der Terreur wurde von ihren Gegnern vermittelt. Die Auseinandersetzungen um die soziale Demokratie spielten dabei kaum eine Rolle.

Die übersetzten Autoren lehnten in der Mehrzahl die Jakobinerdiktatur und ihre sozialen Implikationen ab. Die deutschen Leser zeigten damals mehr Interesse für Schilderungen von Greueltaten wie den Septembermassakern und Gefängnisbeschreibungen von inhaftierten Gegnern der Jakobiner. Demokratische Traditionen und Sozialutopien, die die politische Diskussion in den ersten Jahren der französischen Republik beherrschten, wurden bei den deutschen Übersetzungen nicht berücksichtigt. Diese Ideen wurden in Deutschland nur von den deutschen Jakobinern verbreitet.

Anmerkungen

[1] Zum Symbolcharakter des Sturms der Bastille und seiner politischen Mythenbildung siehe *Hans-Jürgen Lüsebrink, Rolf Reichardt*, Die Bastille. Zur Symbolgeschichte von Herrschaft und Freiheit. Frankfurt am Main 1990.

[2] Dazu und im folgenden siehe *Elisabeth Botsch*, Eigentum in der Französischen Revolution. Gesellschaftliche Konflikte und Wandel des sozialen Bewußtseins. München 1992.

[3] Vgl. *Gerd van den Heuvel*, Grundprobleme der französischen Bauernschaft 1730–1794. Soziale Differenzierung und sozio-ökonomischer Wandel vom Ancien Régime zur Revolution. München/Wien 1982, 77–79.

[4] Vgl. *Marcel Garaud*, La Révolution et la Propriété foncière. Paris 1958, 220–223.

[5] Vgl. auch im folgenden *Horst Dippel*, Démocratie, Démocrates, in: Rolf Reichardt/Eberhard Schmitt (Hrsg.), Handbuch politisch-sozialer Grundbegriffe in Frankreich 1680–1820, Heft 6. München 1986, 57–97, hier 70f.

[6] Zitiert in *Jacques Godechot*, La Pensée révolutionnaire 1780–1799. Paris 1964, 118.

[7] Vgl. Encyclopédie ou Dictionnaire raisonné des sciences, des arts et des métiers, par une société de gens de lettres. Par M. Diderot et M. d'Alembert. Bd. 4 1754, 816–818.

[8] Vgl. *Dippel*, Démocratie (wie Anm. 5), 63.

[9] Vgl. *Sieyès*, Politische Schriften, ed. E. Schmitt/R. Reichard. München 1981, 267. Zur neueren Interpretation des Denkens von Sieyès siehe *Thomas Hafen*, Staat, Gesellschaft und Bürger im Denken von Emmanuel Joseph Sieyès. Bern 1994.

[10] Vgl. *Dippel*, Démocratie (wie Anm. 5), 64–67.

[11] *P. F. J. Robert*, Le Républicanisme adapté à la France. Paris 1790, 93.

[12] Das Frauenwahlrecht wurde in Frankreich erst 1945 eingeführt. Gewisse politische Rechte erlangten die französischen Frauen während der Jakobinerdiktatur. Siehe dazu *Dominique Godineau*, Femmes en citoyenneté: Pratiques et politique, in: Annales historiques de la Révolution francaise 2 (1995), 197–207.

[13] Vgl. *Le Patriote François* No 696 (5. 9. 1791), 19–20.

[14] Vgl. *Ami du Peuple* No 513 (7. 7. 1791), 6–7.

[15] Vgl. *Dippel*, Démocratie (wie Anm. 5), 80, 86, 89.

[16] Archives parlementaires. Recueil complet des débats législatifs et politiques des chambres françaises, hrsg. von J. Mavidal und E. Laurent, 1ère série (1789–1799). 82 Bde. Paris 1867–1914. – Hier Bd. 62, 280.

[17] *Maximilien Robespierre*, Oeuvres complètes. 10 Bde. Paris 1926–1967, IX, 557 (14. 6. 1793).

[18] Archives Nationales F10284. *Frotier*, ex-président de la treizième section de Versailles et lieutenant de la garde nationale an den Nationalkonvent.

[19] Vgl. *Georges Lefebvre*, La grande peur de 1789. Paris 1970. *Susanne Petersen*, Lebensmittelfrage und revolutionäre Politik in Paris 1792–1793. Studien zum Verhältnis von revolutionärer Bourgeoisie und Volksbewegung bei Herausbildung der Jakobinerdiktatur. München 1979, 92–101.

[20] Vgl. *Botsch*, Eigentum (wie Anm. 2), 147–151.

[21] *J.-P. Brissot*, A tous les Républicains de France, sur la Société des Jacobins de Paris. Paris 1792, 27f.

[22] Die Brisanz sozialer Spannungen infolge wirtschaftlicher Entwicklung, die zu gewaltsamen Volksaufständen führen, sind heute in Indonesien zu beobachten.

[23] Rede von *Saint-Just* im Nationalkonvent, in: Archives parlementaires (wie Anm. 16), Bd. 53, 663.

[24] Ebd. Bd. 54, 45f.

[25] Vgl. ebd. Bd. 63, 198.

[26] Weitere Ausführungen in *Botsch*, Eigentum (wie Anm. 2), 170–177.

[27] Zum Ackergesetz siehe ebd. 138–143.

[28] *A. de Cournand*, De la propriété. 1791.

[29] *Pierre Dolivier*, Essai sur la justice. Paris 1793. Zu den theoretischen Konzepten der Gleichheit des Eigentums siehe *Botsch*, Eigentum (wie Anm. 2), 216–225.

[30] Vgl. *Petersen*, Lebensmittelfrage (wie Anm. 19), 92f.

[31] *Argos, oder der Mann mit hundert Augen*. Hrsg. von Eulogius Schneider, ab 1794 von Johann Friedrich Butenschön. 5 Halbjahresbände, Straßburg 1792-Jahr IV (1795), Nachdruck 1976. Hier Nr. XLV, 30. 4. 1793, 354. – Zu dieser Zeitschrift s. u.

[32] Vgl. z.B. *Tolosé*, ein Vertreter der Sansculotten, Aux représentants du peuple. La liberté et du pain. Paris 1793.

[33] Dazu und im folgenden vgl. *Albert Soboul*, Französische Revolution und Volksbewegung: die Sansculotten. Frankfurt am Main, 1978, 20–46.

[34] Vous foutez-vous de nous, de ne pas vouloir nous rendre nos dix-huit francs et de ne pas foutre le camp, messieurs de la plaine et du marais? Paris o.J., 1.

35 «Vous allez chasser de Paris tous les citoyens paisibles, les riches propriétaires», beschuldigte J. Pétion die Montagne. Observation de *J. Pétion*, sur la lettre de Maximilien Robespierre. Paris 1792, 8.

36 Vgl. *J.-P. Brissot*, Sur la situation de la convention nationale. (1793), 60.

37 Brissot, Pétion, Buzot, Louvet, ... enfin toute la bande du Marais, qui voulez que la Convention nationale aille tenir ses séances à Versailles, rendez-nous nos dix-huit francs et foutez-nous le camp bien vite ... (Signé: Lebois) Paris o. J., 8.

38 Siehe dazu *Marcel Gauchet*, La Révolution des pouvoirs. La souveraineté, le peuple et la représentation 1789–1799. Paris 1995. *Soboul*, Französische Revolution und Volksbewegung (wie Anm. 33), 123–132.

39 In den Departements war die regelmäßige politische Teilnahme eher gering. Nur eine Minderheit zeigte sich wirklich motiviert. Siehe *Heinrich Blömeke*, Revolutionsregierung und Volksbewegung (1793–1794). Die Terreur im Departement Seine-et-Marne (Frankreich). Frankfurt/Main/New York 1989.

40 Vgl. *Dippel*, Démocratie (wie Anm. 2), 86.

41 Vgl. ebd. 80–82.

42 *Jean-Joseph Mounier*, Adolphe ou Principes élémentaires de politique et résultats de la plus cruelle des expériences. London 1795.

43 Ebd. 53.

44 Ebd. 49.

45 Ebd. 69.

46 Vgl. *J. L. Chauvin*, Mon projet, Satyre politique. Paris o.J., 11.

47 *Moniteur* No 184 (24. 3. 1795), XXIV 32.

48 Vgl. *La Quotidienne* No 113 (11. Juni 1995), 2.

49 *Dupont de Nemours*, Oberservation sur la Constitution proposée par la Commission des onze ... Paris an III (1795), 7f.

50 Vgl. *François Furet/Denis Richet*, Die französische Revolution. München 1968. 554–557.

51 Vgl. *Gauchet*, La Révolution (wie Anm. 38).

52 Vgl. *Elisabeth Botsch*, Propriété, Propriétaire, in: Rolf Reichardt/Hans-Jürgen Lüsebrink, Handbuch politisch-sozialer Grundbegriffe in Frankreich 1680–1820. Heft 13. München 1992, 73–96, hier: 87–90.

53 Vgl. *Le Tribun du Peuple*, Nr. 36, 9. Frimaire An IV (29. Nov. 1795) und Nr. 35, 17. Brumaire An IV (7. Nov. 1795), 105.

54 Die Literatur ist vielfältig. An dieser Stelle sei verwiesen auf *Hellmut G. Haasis*, Gebt der Freiheit Flügel. Die Zeit der deutschen Jakobiner 1789–1805. 2 Bde. Reinbek 1988 und *Heinrich Scheel*, Süddeutsche Jakobiner. Klassenkämpfe und republikanische Bestrebungen im deutschen Süden Ende des 18. Jahrhunderts. Berlin 1962.

55 Straßburg und Basel waren wichtige Ausgangspunkte des französischen Propaganda- und Nachrichtendienstes für Deutschland. Informationen wurden über Geheimagenten und Diplomaten nach Deutschland geschleust. Siehe *Scheel*, Süddeutsche Jakobiner (wie Anm. 54), 152ff, *Haasis*, Gebt der Freiheit (wie Anm. 54), Bd. 2, 711–790.

56 Vgl. ebd. Bd. 1, 253–257.

[57] Siehe dazu *Erich Pelzer*, Die Wiederkehr der girondistischen Helden. Deutsche Intellektuelle als kulturelle Mittler zwischen Frankreich und Deutschland während der französischen Revolution. Bonn 1997.

[58] Vgl. *Haasis*, Gebt der Freiheit (wie Anm. 54), Bd. 1., 72.

[59] Vgl. *Elisabeth Botsch*, Die Bibliothek der Französischen Revolution in Deutschland. Verdeutschungen französicher Revolutionsschriften 1789–1799, in: *Karl Otmar Freiherr von Aretin/Karl Härter (Hrsg.)*, Revolution und konservatives Beharren. Das alte Reich und die Französische Revolution, Mainz 1990, 29–36, 34.

[60] Vgl. *Haasis*, Gebt der Freiheit (wie Anm. 54), Bd. 1, 385.

[61] Vgl. Anm. 31.

[62] *Argos*, 1. Halbjahrgang, 1792, Nr. 19, 4. September 1792, 151f.

[63] Ebd., 3. Halbjahrgang, 1793, Nr. 53, 31. Oktober 1793, 417.

[64] Vgl. *Haasis*, Gebt der Freiheit (wie Anm. 54), Bd. 2, 874.

[65] Zum deutsch-französischen Kulturtransfer siehe *Hans-Jürgen Lüsebrink/Rolf Reichardt* (Hrsg.), Kulturtransfer im Epochenumbruch Frankreich Deutschland 1770 bis 1815. Leipzig 1997, 2 Bde. *Rolf Reichardt*, Freymüthigkeit, doch kein Sans-Cülottismus... Transfer und Transformation der Französischen Revolution in Verdeutschungen französischer Revolutionsschriften 1789–1799, in: M. Espagne/M. Werner (Hrsg.), Transferts. Les relations interculturelles dans l'espace franco-allemand (XVIIIe-XIXe siècle), Paris 1988, 273–326.

[66] *Fliegende Blätter, dem französischen Krieg und dem Revolutionswesen unserer Zeiten gewidmet*, Heft 1. Hannover: Hahn, 1794. Vgl. *Rolf Reichardt*, Probleme des kulturellen Transfers der Französischen Revolution in der deutschen Publizistik 1789–1799, in: Französische Revolution und deutsche Öffentlichkeit, hrsg. v. Holger Böning, Deutsche Presseforschung, Bremen 1990.

[67] Vgl. *Elisabeth Botsch*, La Révolution française et la Terreur à travers les textes révolutionnaires traduits en allemand 1789–1799, in: Francia, Bd. 20/2 (1993), 109–132.

Vom *Café Milani* zum *Bund der Landwirte*: Die Sammlungsbewegung der preußischen Großagrarier 1848–1893

Rüdiger von Treskow

Als «eine der wesentlichen Vorbelastungen der deutschen Demokratie überhaupt» gelten unstrittig «die Eigenarten des Verbandswesens im deutschen Kaiserreich»[1], in dem der 1893 gegründete *Bund der Landwirte* (BdL) als antidemokratische *pressure group* der konservativen agrarischen Elite eine herausragende Stellung einnimmt. Die Stationen der Sammlungsbewegung unter den preußischen Großagrariern, die bis in die 1840er Jahre zurückreicht, werden in der Literatur jedoch meist zur Vorgeschichte des BdL verkürzt. Ein entscheidender Schritt der preußischen Großagrarier bei der Festlegung einer gemeinsamen politischen Marschrichtung war 1876 die Gründung der *Vereinigung der Steuer- und Wirtschaftsreformer* (VSW), deren Rolle als Wegbereiter der antidemokratischen und antisemitischen Agrarierbewegung des Kaiserreichs erstmals in Helmut Böhmes Studie über *Deutschlands Weg zur Großmacht*[2] umrissen wurde. Grundlegende Arbeiten über den Verein, dessen führende Köpfe 1893 im Berliner Tivolikeller den BdL aus der Taufe hoben, sind seither Einzelfälle geblieben. Da noch immer keine Gesamtdarstellung der VSW vorliegt, greift die Forschung besonders gerne auf die in der DDR publizierten Handbuchbeiträge von Wallraf (1970) und Gottwald (1986) zurück.[3] Die «Steuer- und Wirtschaftsreformer» werden zwar auch in der neueren Literatur in ihrer Rolle als wichtigste Vorläuferorganisation des BdL gewürdigt,[4] doch wesentliche Fragen bleiben nach wie vor unbeantwortet: Welchen Weg hatten die einzelnen Agrarier hinter sich, deren Erfahrungshorizont noch bis in die Zeiten der Deutschen Nationalversammlung zurückreichte? Repräsentierte der Verein tatsächlich ein «Bündnis des Junkertums mit den reaktionärsten Teilen der Großbourgeoisie»[5], das jahrhundertealte Positionen verteidigte, oder hatten sich hier die dynamischen Kräfte der preußischen Gutsbesitzerklasse erstmals mit der alten ständischen Adelskaste in einem gemeinsamen politischen Verband organisiert? Wie kann der Verein – im Schatten späterer, schlagkräftigerer Interessenverbände – auch in der neuesten Literatur als «Laienschauspielertruppe»[6] überdauern, obwohl er doch schon in seinen ersten Gründungsjahren elf Reichstagsabgeordnete und acht Mitglieder des Abgeordnetenhauses in seinen Reihen versammelt hatte? Und schließlich: Welche Langzeitwirkung entwickelte diese erste Gruppenbildung der preußischen Agrarier, die dem BdL nicht nur das Führungspersonal, sondern auch die wichtigsten Stichworte für den politischen Kampf bereitgestellt hatte?

1. *Die neuen preußischen Eliten: Aufsteiger, Newcomer, Kapitalisten*

Ausgangspunkt der folgenden Überlegung ist die politische Biographie des preußischen Rittergutsbesitzers Julius v. Treskow (1818–1894), der als einziges Gründungsmitglied der *Steuer- und Wirtschaftsreformer* bereits 1848/49 Abgeordneter der Frankfurter Nationalversammlung gewesen war und noch 1893 die Gründung des BdL begleitet hatte. Welche Beweggründe waren es im Einzelfall, die von der grundsätzlichen Bejahung des parlamentarischen Systems und der Legitimität einer gesamtdeutschen Volksvertretung zu einem politischen Lobbyismus führten, dessen Ziel es war, «mit den wesentlichen Errungenschaften des Jahres 1848 zu brechen ... und zu dem sogenannten Patrimonial- und Patriarchalstaat zurückzukehren»?[7]

Die Auseinandersetzung mit dem politischen Lebenslauf des Frankfurter Abgeordneten Julius v. Treskow ist eine mühsame Durchforstung von Selbstdarstellung und Geschichtsklitterung. Als ausgewiesener Anhänger der Konservativen Partei hat Treskow in späteren Jahren alles getan, um seine Sympathien für die demokratische Einigungsbewegung der Jahre 1848/49 zu verzeichnen. Eine Beurteilung dieser Frühzeit des politischen Werdegangs wäre kaum möglich, hätte sich nicht im Brandenburgischen Landeshauptarchiv Potsdam ein umfangreiches Manuskript erhalten, in dem Treskow im Sommer 1848 die eigenen Reflexionen zu Papier gebracht hatte.[8] Eine Veröffentlichung dieses Textes wurde nicht nur vom Autor selbst, sondern auch von seinen Erben trotz mehrmaliger Nachfrage erfolgreich verhindert.[9] Die im Laufe seines Lebens zunehmende Identifikation mit den Zielen der Konservativen Partei und der Agrarierbewegung führte dazu, daß er auch in der Literatur nur als Vertreter altpreußischer Adelsinteressen wahrgenommen wurde.

Die Realität hingegen war eine andere: Treskow stammte aus einer Familie, die ungeachtet ihrer illegitimen Verwandtschaft mit dem preußischen Uradel tief in der bürgerlichen französischen Kolonie von Berlin verwurzelt war und erst 1797 in den preußischen Erbadel aufgenommen wurde.[10] Das große Familienvermögen, das den Erwerb zahlreicher Gutsherrschaften im Umland von Berlin, in «Südpreußen» (Posen)[11] und in der kurzlebigen Provinz «Neu-Ostpreußen» (Warschau)[12] mit insgesamt 20000 Hektar gestattete, war in den Jahrzehnten von 1780–1810 auf denkbar unaristokratische Weise im Bankgewerbe, im Handel, im Manufakturbetrieb und mit einer Zuckersiederei erwirtschaftet worden. Geburtsort des späteren Politikers war Schloß Friedrichsfelde bei Berlin, das sein Vater erst 1816 erworben und in den Folgejahren gemeinsam mit dem Landwirtschaftslehrer Albrecht Thaer zum Zentrum eines hochmodernen landwirtschaftlichen Großbetriebs ausgebaut hatte.[13] Trotz aller äußeren Statusornamente des landsässigen preußischen Adels hatte Treskow eine strenge praxisorientierte Ausbildung absolviert: Dem Studium der Rechts- und Kameralwissenschaften in Berlin und Heidelberg (1838–1841) folgte eine landwirtschaftliche Lehre in Fehrbellin.[14] Bereits 1840 hatte Treskow aus dem Familienvermögen die Herrschaft Grocholin (1250 ha) im Posener Kreis Schubin erhalten, die er fortan selbst bewirtschaftete. Seit 1844 war er – ebenso wie sein Vater – Mitglied des zwei Jahre zuvor gegründeten Landes-Ökonomie-Kollegiums in Berlin. Dieses Kollegium, das zugleich «die Spitze des landwirtschaftlichen Vereinswesens und ein Regierungsbeirat» sein sollte, erfüllte im Vorgriff auf spätere Organisationsformen bereits «die typische Doppelfunktion einer halbstaatlichen Interessenvertretung»: Neben «den Delegierten der zahlreichen, aber nicht sehr bedeutsamen landwirtschaftlichen Vereine gehörten ihm ernannte Mitglieder, darunter Ministerialräte, Professoren und freie Agrarexperten an».[15] Im Jahre 1846 wurde Treskow als Bevollmächtigter einer Erbengemeinschaft Gutsherr der Herrschaft Strzelce bei Kutno (4250 ha), wo sein Vater 1836 die erste Zuckerfabrik im Königreich Polen errichtet hatte. Erfahrungen im Zuckergeschäft hatte die bürgerliche Réfugié-Familie der Mutter bereits seit 1787 gesammelt, zudem betrieb sie in Berlin – neben der Bewirtschaftung des familieneigenen Ritterguts Britz – die florierende Seidenband-Manufaktur «Gebrüder Jouanne». In einem Satz: Julius v. Treskow trat zwar bereits seit 1844 als Wortführer agrarischer Interessen auf, er repräsentierte dabei aber weniger die «konservative agrarische Phalanx»[16] der preußischen Aristokratie als vielmehr die «Berliner Großkaufleute und Kapitalisten»[17], die einschlägige Erfahrungen mit kapitalistischen Produktionsmethoden gemacht hatten.

2. *«Es ist unläugbar, daß das 19te Jahrhundert nach der Republik hinstrebt»: Vertreter Posens in der Frankfurter Paulskirche*

Die Wahlen zur Deutschen Nationalversammlung fanden im Großherzogtum Posen unter Standrecht und bürgerkriegsähnlichen Umständen statt: Das königliche Patent vom 17. März 1848, wonach die preußischen Gebiete außerhalb des Deutschen Bundes einzuverleiben seien, hatte in Posen zum bewaffneten Aufstand geführt, dessen Ziel es auch war, die Urwahlen am 1. Mai 1848 zu verhindern.[18] Wilhelm Zimmermann hielt in seiner 1848 erschienenen Revolutionschronik fest, daß die Deutschen in Posen sich «zu Freischaren unter der Führung eines gewissen Treskow, eines Grafen Lüttichau[19] [...] mit den fliegenden Militärkolonnen verbanden» und «im ganzen Land ihren Terrorismus» verbreiteten.[20] Erst am 9. Mai konnten die Aufstände niedergeschlagen werden, am 18. Mai 1848 trägt Treskow sich als einer der zwölf Posener Abgeordneten in das Frankurter Parlamentsalbum ein.[21] Seine wesentliche Aufgabe in Frankfurt sieht er darin, den Abgeordneten der Nationalversammlung «von den Gräueln» zu berichten, «welche die Polen im Laufe dieses kurzen Aufstandes gegen die Deutschen im Posenschen verübt haben».[22]

In den Parlamentshandbüchern der Frankfurter Nationalversammlung wird Treskow meist der preußisch-monarchisch gesinnten Fraktion Milani zugeordnet, die bereit war, die «Hauptforderung der liberalen Bourgeoisie, die Schaffung eines deutschen Nationalstaates, unter der Bedingung zu unterstützen, daß eine Vereinbarung darüber mit den deutschen Fürsten erreicht würde».[23] Heinrich Best verzeichnet allerdings auch eine Nähe zur Casino-Fraktion[24], die sich als Vereinigung des rechten Zentrums verstand und in der eine Reihe prominenter Altliberaler wie Welcker, Dahlmann und Bassermann den bürgerlich-liberalen, konstitutionellen Reformkurs der Vormärzzeit repräsentierten. Eine klare Fraktionszuordnung ist bei dem Abgeordneten, der durch keinen Redebeitrag hervorgetreten ist und sich in seinem Abstimmungsverhalten von den spezifisch Posener Interessen leiten ließ, ohnehin schwierig. Unstrittig war für ihn die Legitimität der «aus dem Willen und der Wahl des gesamten deutschen Volkes» hervorgegangenen Nationalversammlung: «Es soll eine Verfassung für ganz Deutschland nicht nur entworfen, sondern auch ausgeführt werden. Unter Ausführung ist aber zu verstehen, daß eine Gewalt geschaffen werde, gegen welche sich weder irgend ein deutscher Fürst, noch die Bewohner irgend eines deutschen Einzelstaates zu widersetzen vermöchten.»[25] Preußische Interessen und Interessen der preußischen Krone seien dem Ziel des geeinigten Reiches unterzuordnen – «so lange die Versammlung nämlich der Ausdruck bleibt für die Majorität des deutschen Volkes, ist ihre Macht die größte in Deutschland». Zumindest in seinen privaten Aufzeichnung ließ Treskow sich von der Idee der Volkssouveränität begeistern: «Es war der zündende Stoß in den Scheiterhaufen geschleudert worden, es war der Terrorismus der Idee, welcher alle Anwesenden mit sich fortriß, selbst diejenigen, welche mit Grundsätzen angekommen waren, die der Volkssouveränität schnurstraks entgegenlaufen.» Von klaren demokratischen Grundsätzen war diese «poetische Begeisterung» für die Volksvertretung des Jahres 1848 zwar weit entfernt, doch zeugte seine Vorstellung von einer konstitutionellen preußischen Monarchie, die sich der Souveränität der Nationalversammlung zu fügen habe, zumindest von einer grundlegenden Reformbereitschaft. In der Auseinandersetzung mit den aufgesplitterten Interessen der einzelnen parlamentarischen Gruppierungen reiht Treskow sich nach seinen eigenen Worten eher bei den Konstitutionellen des «Rechten Zentrums» als bei den adlig-konservativen Reaktionären des Café Milani ein: «Während nun die äußerste Linke mit ihrem Grundsatz der Republik à tout prix vereinzelt ist, steht die äußerste Rechte mit dem Bestreben, der Monarchie möglichst viel Macht zu erhalten, ebenso isoliert da, noch mit dem Unterschiede, daß sie an Zahl ungleich schwächer ist und ihre Grundsätze möglichst zu verstecken sucht [...]. Was endlich meine, des Endunterzeichnenden persönliche Ansicht betrifft, so unterwerfe ich dieselbe vorweg der Majorität, welche sich herausstellen wird. Ich bin jedoch der Ansicht, daß die konstitutionell-monarchische Form nur dann eine wünschenswerte ist, wenn dieselbe eine Majorität von wenigstens drei Vierteilen für sich hat. In diesem Fall kann meiner Ansicht nach nur der konstitutionelle König von Preußen das Oberhaupt von Deutschland werden, jedoch halte ich es für unwahrscheinlich, daß eine große Majorität sich für die konstitutionell-monarchische Form erklären wird.»[26]

Erstaunlich genug war die Grundüberzeugung eines adligen preußischen Rittergutsbesitzers, daß die Republik in jedem Fall siegreich aus den Umwälzungen des 19. Jahrhunderts hervorgehen werde und daß ein Erstarken der absolutistischen Kräfte diesen Sieg der Demokratie nur mit großen Blutopfern für einige Jahre hinauszögern könne: «Wollen aber die Regierungen das Werk fördern, und es ist nicht zu bezweifeln, daß sie das wollen, dann muß es aufrichtig geschehen, dann muß es auf Kosten des Nimbus geschehen, mit welchem die Regierungen bis jetzt umgeben waren; dann kann aber auch dies Werk gelingen, dann kann die Einheit Deutschlands, von der bis jetzt nur Dichter träumten, die von praktisch verständigen Männern für eine Unmöglichkeit gehalten wurde, – doch noch eine Tatsache werden [...]. Es ist nämlich unläugbar, daß das 19te Jahrhundert nach der Republik hinstrebt. Die Republikaner sind die tätigsten Kämpfer, weil ihre Richtung die entschiedenste ist. Die Republik ist in der Theorie die vollendetste Staatsform, es hat nur stets an Republikanern gefehlt und wird immer daran fehlen. Die freie Presse und das Recht der Versammlung schafft zwar nicht Republikaner, aber Anhänger der Republik. Die constitutionelle Monarchie auf demokratischer Grundlage ist in der Form zwar verschieden, im Wesen aber eine Republik. Die Republik wird also siegen. Wann dies geschehen wird, läßt sich nicht bestimmen. Je später dies entritt, desto unblutiger wird dieser Sieg sein, weil Deutschland der Vorbereitung dazu bedarf. Träte eine Reaktion ein, würde Blut in Strömen vergossen werden, nämlich wenn eine Republik siegt, hätten wir eine Schreckensherrschaft zu erwarten. Wenn der Absolutismus siegte, um so schlimmer. Dann würde jetzt Blut fließen und nach wenigen Jahren würde der Kampf aufs Neue ausbrechen, aber erbitterter als die Barrikadenkomödien des März. Komödien, weil die deutschen Monarchien sich schon vor dem März selbst aufgegeben hatten.»[27]

Wen also vertrat der Posener Abgeordnete Treskow, wenn nicht die Partei der «äußersten Rechten»? Sein Auftrag war angesichts der stürmischen Umstände seiner Wahl nur allzu klar: Es ging ihm wie den meisten anderen Posener Abgeordneten zunächst um den Grundbesitz im Großherzogtum Posen, der erst nach der zweiten polnischen Teilung 1793 erworben worden war und seither von den rasch wechselnden Landesherren immer wieder von Enteignung bedroht war. Nichts erschien den erst seit wenigen Jahrzehnten in Posen ansässigen preußischen Gutsherren bedrohlicher als die noch vom Vorparlament geforderte Reorganisation eines souveränen polnischen Staates. Treskow vertrat dabei keine alteingesessene aristokratische Elite, sondern die in großer Anzahl bürgerlichen und neuadligen preußischen Grundbesitzer im mehrheitlich deutsch besiedelten Westteil des erst 1815 geschaffenen Großherzogtums Posen. Sein Auftrag bestand darin, den Beschluß des Bundestages vom 22. April 1848 über die Abtrennung und Einverleibung Posens als preußische Provinz auch von der Nationalversammlung bestätigen zu lassen: «Den rechtlichen Besitz Preußens kann niemand anfechten, eben so wenig wie man die Seegnungen ableugnen kann, die seit 1815 die Provinz Posen aus einer halben Wüste in ein blühendes

Land verwandelt haben. Mit dieser Verwandlung ist die Provinz aber auch eine wesentlich deutsche geworden, die deutsche Pflugschaar, die deutsche Gesittung hat die Oberhand gewonnen über das feudale altpolnische Wesen.»[28]

Die Verteidigung der preußischen Agrarierinteressen in Posen gegen das «feudale altpolnische Wesen» stand dabei nicht im Widerspruch zu den Zielen der Nationalversammlung – im Gegenteil. Mit ihrer Forderung nach einer Annexion der preußischen «Erwerbungen» standen die Posener Abgeordneten keineswegs allein da. Die sogenannte «Polendebatte», die vom 24. bis 27. Juli 1848 mit größter Leidenschaft geführt wurde, gilt als einer «der wichtigsten Höhe- und Wendepunkte in der Geschichte der Nationalversammlung».[29] Mit der am 28. Juli 1848 mit 342:31 Stimmen (bei 99 Enthaltungen) beschlossenen Angliederung von zwei Dritteln des Posener Gebiets an Preußen und den Deutschen Bund hatte die Nationalversammlung mit großer Mehrheit die preußische Vormachtstellung untermauert und die noch vom Fünfziger-Ausschuß beschworene «heilige deutsche Pflicht» einer Wiederherstellung Polens zugunsten der großdeutschen Reichsidee aufgegeben: Nachdem «der gemeinsame innerstaatliche Gegner fortgefallen war, erlitt der vormärzliche und aus universalen Auffassungen gespeiste Glaube, daß es zwischen befreiten Völkern keine Gegensätze gebe, daß Selbstbestimmung an sich schon ein harmonisches Zusammenleben garantiere, tragischen Schiffbruch» (Rothfels).[30] Die Polendebatte, in der die nationalchauvinistischen und «dunklen Seiten von 1848» besonders plastisch zu Tage traten[31], konnte von den Posener Abgeordneten als Erfolg auf ganzer Linie verbucht werden. Der Austritt der preußischen Delegierten nach der Ablehnung der Kaiserkrone durch Friedrich Wilhelm IV. im Mai 1849 besiegelte zwar auch für Julius v. Treskow das demokratische Experiment – doch gab es für ihn immerhin eine positive Bilanz: Die in Frankfurt sanktionierte Einverleibung der «Ostmarken» konnte ihm als ein erster Schritt auf dem «naturnothwendigen» Weg zur deutschen Einheit gelten, deren Erfüllung der scheidende Abgeordnete des Kreises Schubin in «Deutsch-Posen» am 10. Mai 1849 noch nicht verloren geben wollte: «Die Männer, welche ich in der deutschen Nationalversammlung in Frankfurt vertreten, haben alle ihre Kräfte an eine innige unzertrennliche Vereinigung mit Deutschland gesetzt. Dieser Wunsch ist uns erfüllt worden, die Ostmarken, welche wir bewohnen, sind durch Beschluß der deutschen Nationalversammlung Deutschland einverleibt und werden in aller Zukunft treu und fest zu Deutschland stehen. Leider ist dagegen das Streben so vieler edler deutscher Männer, eine Einheit des Vaterlandes zu Stande zu bringen, vergebens gewesen. Ich habe mich diesem Streben mit ganzem, ungetheilten Herzen angeschlossen und, indem ich heute aus der Nationalversammlung scheide, gebe ich die Sache, für die wir kämpften, nicht verloren, halte vielmehr an der Überzeugung fest, daß je trauriger die nächste Zukunft Deutschlands sich gestalten möge, um so schneller die Naturnothwendigkeit der deutschen Einheit zur Geltung kommen und ins Leben treten wird.»[32]

3. Politische Neuorientierung unter den Bedingungen des Freihandels

Die nun folgenden Jahre zwischen der Niederschlagung der Revolution von 1849 und der großen Agrarkrise ab 1873 wurden für das preußische Junkertum von zwei grundlegenden Entwicklungen dominiert: Die landsässige Herrenschicht mußte mit der preußischen Verfassung von 1849/1850 und den Agrarreformgesetzen von 1848/1850 einen kontinuierlichen Verlust alter Standesvorrechte erleben, während gleichzeitig die althergebrachten Produktionsmethoden unter den Bedingungen des freihändlerischen Wettbewerbs auf den Prüfstand gerieten: «Der Verlust der überkommenen Herrschaftsrechte ließ die ökonomischen Funktionen der adligen Agrarkapitalisten unverhüllter als zuvor hervortreten.»[33] Der Defensivkampf der preußischen Gutsbesitzerklasse gegen den wachsenden Zugriff der staatlichen Bürokratie und gegen die liberale Wirtschaftsgesetzgebung schuf in den Jahren nach der Reichsgründung die Voraussetzungen zur politischen Sammlung. Unmittelbaren Anlaß zur politischen Vereinsbildung lieferte allerdings erst die krisenhafte Entwicklung der preußischen Agrarproduktion unter den Bedingungen der neuen, freihändlerischen Politik.

Es ist wenig erstaunlich, daß sich der Protest gegen die staatliche Freihandelspolitik nicht zuerst in den Reihen der alten preußischen Aristokratie, sondern bei den «neuen» Agrarunternehmern regte, die sich durch moderne Produktionsmethoden und eine stärkere kapitalistische Ausrichtung einen wacheren Instinkt für die Gesetze des Marktes bewahrt hatten. Es ist zu Recht darauf verwiesen worden, daß «die Masse der Agrarier von ihrer traditionellen Freihandelsdoktrin und -praxis nicht so rasch abzubringen» war[34] – die alten ostelbischen Eliten mußten erst mit Mühe in das Lager der *Steuer- und Wirtschaftsreformer* herübergezogen werden. Die Konstituierung der VSW im Februar 1876 war somit nicht nur die Formierung der alten agrarischen Oberklasse zu einem politisch aktiven Verband, sondern vielmehr die Sammlungsbewegung alter und neuer agrarischer Eliten, die unter dem äußeren Druck der Wirtschaftskrise auch im politischen Bereich erstmals zu einer gemeinsam handelnden «Gutsbesitzerklasse» zusammengeschweißt wurden. Was nach außen hin zunächst mehr wie eine Clubdebatte ohne große Außenwirkung aussah, war die Ausformulierung eines neuen politischen Programms: Die erst in jüngster Zeit in der oberen Gesellschaftsklasse etablierten Agrarkapitalisten schlossen eine schlagkräftige Allianz mit den Vertretern der alten Adelsmacht in Regierung und Herrenhaus. Voraussetzung für diese Annäherung war allerdings auf beiden Seiten der Abschied von traditionellen Wertemustern. Während der alte Adel durch die neue politische Realität dazu gezwungen war, exklusive Positionen zu räumen und in die Niederungen der politischen Agitation herabzusteigen, streiften die – im Herrenhaus kaum vertretenen – «Newcomer» unter den Großagrariern alle Affinitäten zu alternativen politischen Ansichten ab, um sich als königstreue Verteidiger der bedrohten Adelsinteressen zu profilieren.

Im konkreten Fall kann die Abkehr von den vergleichsweise liberalen Grundsätzen des Jahres 1848 bereits 1853 dokumentiert werden. Treskow bekannte, daß er seine «Gedanken über die deutsche Nationalversammlung [...] heute nicht mehr als mit meiner Ansicht übereinstimmend anerkennen» würde und diese «nur noch ein sehr untergeordnetes Interesse» für ihn hätten.[35] Er begrüßte die Stationen auf dem Weg zur deutschen Einigung unter preußischer Führung, auch wenn ihm die negativen Folgen für die agrarischen Unternehmer nicht verborgen blieben. Als 1867 ein Verfassungswerk angenommen wurde, das in modifizierter Form bis 1918 Gültigkeit behielt und durch den Verzicht auf wesentliche parlamentarische Vollmachten «Elemente des institutionalisierten Antiparlamentarismus» enthielt, ohne dabei «prinzipiell den Boden des Konstitutionalismus zu verlassen»[36], konnte zumindest ein preußischer Gutsherr des ehemaligen «Rechten Zentrums» darin seine politischen Hoffnungen von 1848 erfüllt sehen und sich auf die wirtschaftlichen Aspekte der Einheit konzentrieren. Über die parlamentarischen Verhandlungen des Norddeutschen Bundes und des Reichstags war Julius v. Treskow jedenfalls umfassend infomiert, da sein Bruder Carl – Gutsherr in Friedrichsfelde und VSW-Mitglied der ersten Stunde – in den Jahren 1867 bis 1874 in beiden Parlamenten vertreten war.

Zum Schlüsselereignis für die Herausbildung der agrarischen Opposition wurde 1867 die – auf Antrag des Abgeordneten Eduard Lasker beschlossene – «Einführung der Zins- und Wucherfreiheit» für die bis dahin regulierten Hypothekenkredite.[37] Die agrarischen

Großunternehmer, deren Anbauflächen oft bis zu 50% ihres Wertes beliehen waren, sahen durch die freihändlerische Regierungspolitik nicht nur ihre Absatzchancen gefährdet, sondern waren gleichzeitig mit einem wachsenden Schuldenberg konfrontiert, dessen Tilgung angeblich nicht mehr zu finanzieren war. Treskow zählte zu den 127 Gutsbesitzern, die im Januar 1875 den Aufruf der *Deutschen Landes-Zeitung* zur Gründung einer großagrarischen Interessenvertretung unterstützten, und gehörte seit der Gründungsversammlung der VSW im Februar 1876 dem engeren Ausschuß und dem achtköpfigen Vorstand («Comité») an.[38] Ab 1879 koordinierte er als Vorsitzender eines Provinzialausschusses die Aktivitäten der VSW in der Provinz Posen. Nach dem Statut von 1876 zielte der Verein nicht nur auf eine neue Steuergesetzgebung zur Entlastung des Großgrundbesitzes und auf die Einführung einer Börsen- und Kapitalsteuer, sondern auch auf die Revision des am römischen Recht orientierten Erbrechts: Die paritätische und «undeutsche» Erbteilung bedrohte die Adelsmacht durch eine Zerschlagung ihrer oft durch Jahrhunderte ungeteilten Besitzungen. Als ebenso fundamentaler Angriff auf die agrarischen Lebenswelten wurde die freiheitliche Gewerbeordnung empfunden, deren Revision zu den wichtigsten politischen Zielen der VSW gehörte: Während die «freigelassenen» Landarbeiter nach Überzeugung der VSW-Aktivisten in den Städten «verkamen» und der Sozialdemokratie in die Hände fielen, war der Großgrundbesitz durch die Abwanderung der Arbeitskräfte in seinen Grundfesten bedroht.

4. Antisemitismus als Eckpfeiler der großagrarischen Sammlung

Antisemitisch war die Agrarierbewegung von der ersten Stunde an. Auch wenn die *Steuer- und Wirtschaftsreformer* sich in den ersten Jahren vordergründig auf die Steuergesetzgebung konzentrierten, hatten alle Reformideen einen deutlichen antisemitischen Grundton. Die «deutschen Sitten» wurden im Programm der VSW als ein selbstverständlicher und natürlicher Gegensatz zur «semitischen Gesetzgebung» des «heimatlosen Kapitalismus» propagiert. Den Grundtenor der neu auf die politische Bühne getretenen Vereinigung brachte Julius v. Treskow im Sinne der Anwesenden 1876 in seiner Rede auf der Gründungsversammlung zum Ausdruck: «Der Kapitalist zahlt 3% Einkommensteuer, damit ist er fertig. Der Hausbesitzer in der Stadt bezahlt 3% Grundsteuer und 4% Gebäudesteuer, während der Grundbesitzer auf dem Lande 3% Einkommensteuer, 9% Grundsteuer und 2% Gebäudesteuer bezahlt, also zusammen 14%! [...] Meine Herren! Unser Streben muß daher darauf gerichtet sein, daß wir als monarchisch gesinnte treue Leute die Störung der allgemeinen Wohlfahrt, die durch die semitische Gesetzgebung entstanden ist, wieder zu beseitigen suchen.»[39]

Antisemitische Propaganda war unübersehbar der Kitt, mit dem auch die divergierenden Positionen im Lager der Großagrarier zusammengehalten wurden. Nicht das liberale Bürgertum insgesamt war der erklärte gemeinsame Feind, sondern vor allem das angeblich zum Schaden des Staates operierende «Finanzjudentum», das im Reichstag und im Reichsbankausschuß prominent vertreten war. Die dumpfe Ablehnung des Judentums in den alten preußischen Eliten mischte sich hier mit einem aggressiven, bürgerlich-reaktionären Antisemitismus, der die «verjudete» Gesetzgebung zur Ursache aller Krisenerscheinungen erklärte. Nipperdey weist zu Recht darauf hin, daß der «post-emanzipatorische Antisemitismus nach dem Gründerkrach von 1873 in der großen Wirtschaftskrise entstand» und dabei in besonderer Weise auch die von den Strukturveränderungen betroffenen Agrarier erreichte.[40]

Der bekannteste Antisemit unter den Gründungsmitgliedern der VSW war nicht ein Vertreter der rückwärtsgewandten preußischen Aristokratie, sondern der bürgerliche Journalist Franz Perrot, der schon im Sommer 1875 den Reichskanzler mit der berüchtigten Artikelserie der Kreuz-Zeitung «Die Aera Bleichröder-Delbrück-Camphausen» als Handlanger des jüdisch beherrschten «Banquier-Liberalismus» denunziert hatte. Perrot tat dies – nach den Worten Ernst Engelbergs – mit so durchdringender Polemik, als «hätte er die spätere Unterscheidung der Nazis zwischen ‹raffendem und schaffendem› Kapital gelesen».[41] Auf der Gründungsversammlung der VSW am 22. Februar 1876 wies Perrot erneut darauf hin, daß die «Privilegien, die den deutschen Bankgeschäften gewährt werden, [...] größtenteils in der Hand unserer Mitbrüder mosaischen Glaubens» konzentriert seien. Er erinnerte auch daran, daß das strittige Reichsbankgesetz auf den Antrag der jüdischen Abgeordneten Lasker und Bamberger zurückgehe und 11 der 15 Mitglieder des engeren Reichsbankausschusses Juden seien.[42] Die den Ausführungen Perrots vorangegangene Eröffnungsrede des ersten Vorsitzenden, Graf v. d. Schulenburg-Beetzendorf, stellte die antisemitische Grundtendenz in den Zusammenhang mit den anderen drei Eckpfeilern der sich herausbildenden Agrarierpartei: kritiklose Kaisertreue, paternalistischer Glaube an eine Verantwortung für «das Gedeihen des Volkes» und ein grundsätzliches Mißtrauen gegenüber der Arbeit und der Zusammensetzung der Parlamente: «Es ist wohl gestattet, einen Rückblick zu werfen auf die letzten fünf Jahre: [...]

Während unsere Armee unter der Führung unseres greisen Heldenkönigs und der edelsten Fürstensöhne aus den Häusern Deutschlands von Sieg zu Sieg zog, und während in dem Prachtbau des XIV. Ludwig die alte deutsche Heer-Führerschaft aufs neue hergestellt und die deutsche Kaiserwürde wieder geschaffen wurde, da bildeten sich hier im Vaterlande die Anfänge eines schmachvollen, sittlichen Verfalls. Die angesehensten Männer verschwanden aus den Parlamenten, es traten an ihre Stelle Heimatlose oder unter der Amnestie von jenseits des Ozeans Zurückgekehrte; überall schieden die alten Elemente bei den Wahlen aus, es traten nur noch solche dazu, die besonders geeignet waren, die größte internationale heimatlose Macht zu stärken. So haben wir uns im parlamentarischen Leben fünf Jahre weiter bewegt, und diese fünf Jahre haben uns eine Papierfluth von Gesetzen gebracht, worunter das Gedeihen des Volkes zu ersticken droht.»[43]

5. *Ein «Marsch durch die Parlamente»? Die VSW und die innenpolitische Wende 1878/79*

Die Ziele der Steuer- und Wirtschaftsreformer, die sich «als zunächst noch schüchterner Auftakt zur großagrarischen Zollagitation»[44] zusammengefunden hatten, wurden von Anfang an von Männern vertreten, die mit dem parlamentarischen Leben vertraut waren. Die Gründungsmitglieder des Vereins hatten klar erkannt, daß eine Änderung der Gesetzgebung in ihrem Sinne nur mit einem «Marsch durch die Parlamente» zu erreichen war. Schon die Gründungsrede Schulenburgs zielte darauf ab, «angesehene Männer» aus dem Kreis der Großagrarier auch im parlamentarischen Leben in Stellung zu bringen. Der Erfolg dieser Strategie war in den ersten Jahren des Vereins durchschlagend: Im Jahr der innenpolitischen Wende von 1879 hatte die VSW zahlreiche Mitglieder des preußischen Abgeordnetenhauses und des Reichstags in ihren Reihen versammelt. Die Gründung der Deutschkonservativen Partei 1876 wurde maßgeblich von den VSW-Vorstandsmitgliedern Stolberg und v. Mirbach gelenkt, der Wahlerfolg der Partei erklärt sich auch durch die wirkungsvolle Agitation des VSW in seinen publizistischen Organen: Dem VSW-Vorstand gehörten die Publizisten Karl Wilmanns und Martin Niedorf an, dessen *Deutsche Landes-Zeitung* zum offiziellen Organ des VSW gekürt wurde. Darüber hinaus konnte der Verein sich auf den Hauptschriftleiter (v. Nathusius) und den späteren Chefredakteur (v. Hammerstein) der Kreuz-Zeitung stützen. Das gute Abschneiden der Konservativen Partei bei den Reichtagswahlen vom Januar 1877 in Preußen und das Brechen der liberalen

Reichstagsmehrheit rechnete sich die VSW als einen ersten großen Erfolg an.[45]

VSW-Mitglied im Jahre 1879	Abgeordnetenhaus	Reichstag	Partei
Rudolf v. Bandemer (1829–1906)	1877–1906	1877–1890	Konservative
Paul v. Brand (1831–1904)	1877–1879		Konservative
Emil v. Gaudecker (1831–1893)	1873–1879		Neu-Konservative
Arnold (v.) Frege (1848–1916)		1878–1903 (1898–1901 Vizepräsident des Reichstags)	Konservative
Wilhelm Frhr. v. Hammerstein (1838–1904)	1877–1895		Konservative
Hermann Graf v. Hoveden (1819–1900)	1870–1882		Konservative/ Zentrum
Karl v. Jagow (1818–1888)	1870–1873	1879–1881	Konservative
Ernst Ludwig v. Lenthe (1823–1888)		1871–1874, 1876–1881	Welfenpartei
Robert v. Ludwig (1821–1884)	1877–1884	1874–1884	Zentrum
Julius Frhr. v. Mirbach (1839–1921); Grafenstand 1888		1878–1881, 1888–1889	Konservative
Alexander v. d. Osten (1839–1898)		1878–1898	Konservative
Richard v. Roy (1816–1889)	1873–1879		Konservative
Friedrich v. Schierstaedt (1825–1905)	1870–1873, 1877–1905		Konservative
George v. Simpson (1820–1886)		1867–1884	Konservative

VSW-Mitglied im Jahre 1879	Abgeordnetenhaus	Reichstag	Partei
Udo Graf zu Stolberg-Wernigerode (1840–1910)		1877–1881, 1884–1893, 1895–1910 (1901–1907 Vizepräsident; 1907–1910 Präsident)	Konservative
Carl v. Treskow (1819–1882)[46]		1867–1874	Konservative
Otto v. Treskow (1831–1901)	1886–1893		Konservative
Otto Julius Frhr. v. Wackerbarth (1823–1904)		1879–1881	Konservative
Rudolf Wichmann (1826–1900)		1877–1893	Konservative

Von den knapp 481 VSW-Mitgliedern des Jahres 1876 waren insgesamt 458 Rittergutsbesitzer bei einer ausgeprägten Dominanz des Adels in den Führungsgremien.[47] Der optische Eindruck der VSW als einer adligen Lobbyistenvereinigung muß dabei relativiert werden: Neben bürgerlichen Gutspächtern und Rittergutsbesitzern waren auch die «Newcomer» und Neuadligen breit vertreten, die ihren Adelstitel entweder selbst erworben hatten (z.B. v. Roy: 1861) oder deren Familien erst in jüngster Vergangenheit in den preußischen Erbadel aufgenommen worden waren. Nur 18 Mitglieder aus den Gründungsjahren gehörten dem preußischen Herrenhaus an, der letzten Bastion altständischer Adelsinteressen. Die schnelle und wirkungsvolle Assimilierung der bürgerlichen Aufsteiger im Rahmen einer effektiven Nobilitierungspolitik schloß zumindest nach außen hin die Reihen. In späteren Jahrzehnten fiel es kaum noch ins Gewicht, daß der Reichstagsvizepräsident und Kammerherr Arnold v. Frege-Weltzien seine politische Laufbahn in der VSW als bürgerlicher Sohn eines Leipziger Juraprofessors begonnen hatte. Die Langzeitwirkung dieser Gruppenbildung von 1876 ist nicht zu unterschätzen: Das VSW-Gründungsmitglied Udo Graf zu Stolberg-Wernigerode fiel noch als Reichstagspräsident der Jahre 1907–1910 durch seine allzu nachsichtige Linie gegenüber den Interessen des

BdL auf und vertrat dabei Positionen, die dem Wertekodex der VSW entstammten.

Ernst Engelberg hat pointiert auf die Konsequenzen der drei Ereignisse des Februars 1876 verwiesen, die im Rücktritt von Delbrück als dem «Generalstabschef des Freihandels» gipfeln sollten: Dem von Bismarck erhobenen Verleumdungsvorwurf gegen die Kreuz-Zeitung vom 9. Februar 1876 und dem Zerwürfnis des Kanzlers mit den preußischen Altkonservativen folgten am 15. Februar die Gründung des *Centralverbands deutscher Industrieller* (CVDI) und am 22. Februar die Einberufung der *Vereinigung der Steuer- und Wirtschaftsreformer.* Sieht man die Ereignisse «in ihrem chronologischen Zusammenhang, dann könnte man geradezu von einer Februarwende in Richtung auf eine neue Wirtschafts- und darüber hinaus Innenpolitik sprechen», die den Umschwung von 1878/79 «gleichsam ankündigte».[48] Die Agrarier waren dabei keineswegs so altmodisch und unbelehrbar, wie ihre Kritiker ihnen das gerne unterstellten: Hans Rosenberg hat erstmals die Mobilität und die Modernisierungsprozesse innerhalb der preußischen Gutsbesitzerklasse beschrieben, die verjüngt und gestärkt durch die Vereinnahmung neuer Eliten in entscheidende Trägerfunktionen des Kaiserreichs hineingewachsen war.[49]

Die Wortführer der VSW identifizierten sich zwar mit der gesellschaftlichen Rolle und mit den Herrschaftsmechanismen des preußischen Stammadels, doch stand hinter dieser Agitation ein durch «Newcomer» vermitteltes Verständnis für kapitalistische Produktionsmethoden und ökonomische Zusammenhänge. Es war wohl kein Zufall, daß die VSW ausgerechnet ihr Vorstandsmitglied Treskow Anfang Oktober 1877 zu Unterhandlungen mit dem CVDI entsandt hatte, um «eine Einigung auf ein gemeinsames Zollprogramm und die Ausarbeitung eines Zolltarifs» zu erreichen[50]: Als die VSW sich im Februar 1878 von dem als Gastredner eingeladenen Textilfabrikanten und CVDI-Mitglied Ernst Hessel vortragen ließ, «wie weit wir mit der Industrie Hand in Hand gehen können», saßen im Comité des Vereins «neue» Großgrundbesitzer wie Julius v. Treskow, dessen Familie selbst in der Textilmanufaktur und in der Zuckerindustrie zu Hause war. Die im Oktober 1877 erzielte Übereinstimmung zwischen Landwirtschaft und Industrie, die Bismarck das Signal zur innen- und wirtschaftspolitischen Wende gab, war die Solidarisierung zweier Machtblöcke, die mehr miteinander gemein hatten, als auf den ersten Blick ersichtlich.

Das vielzitierte Wort, wonach die «Steuer- und Wirtschaftsreformer» Bismarck schon 1876 zu «einer Art von Diktatur» aufgerufen[51] hätten, bedarf angesichts der politischen Stoßrichtung des Vereins allerdings der Erläuterung: Der polemisch überspitzte Ruf nach der

Diktatur des Kanzlers (anstelle der angeblich bereits existierenden Diktatur des Kapitals) gibt zwar die Meinung eines VSW-Mitglieds in einem Artikel der *Deutschen Landes-Zeitung* wieder, sie deckt sich aber keineswegs mit den offiziellen Verbandsäußerungen. Der Vereinsvorstand formulierte sehr viel zurückhaltender und beschränkte sich im Februar 1879 darauf, dem Reichskanzler Glückwünsche zu der im Dezember 1878 verkündeten neuen Steuer-, Zoll und Eisenbahnpolitik auszusprechen – der Verein begrüßte die neue Regierungspolitik «mit Freuden als den Wendepunkt der inneren deutschen Geschicke, als den Anfang der lang ersehnten Besserung».[52] Julius v. Treskow drückte die zögernd-abwartende Haltung des Vorstandes in seinem eigenen Redebeitrag vom 26. Februar 1879 aus: «Wenn ich nun im Allgemeinen zur Zolltarif-Refom, die der Reichskanzler vorgeschlagen hat, mich wende, so wollte ich die Herren bitten, daß wir uns nicht zu großen Erwartungen hingeben; aber wenn unsere Erwartungen für die landwirtschaftlichen Interessen nicht volle Befriedigung finden, dann möchte ich bitten, nicht zu verzagen, sondern weiterzuarbeiten in der von dem Reichskanzler vorgezeichneten Richtung.»[53]

6. *Vom elitären Interessenverein zur politischen Massenorganisation*

Erst mit dem Sturz Bismarcks und der Amtsübername Caprivis im Jahr 1890 stellten sich immer mehr Agrarier die Frage, ob die Interessen der Großgrundbesitzer angesichts der nachgiebigen Regierungspolitik und der sich zuspitzenden Krise in den agrarischen Verhältnissen in der VSW noch angemessen vertreten würden. Es war der Vorsitzende der konservativen Fraktion im preußischen Abgeordnetenhaus, Friedrich Graf v. Limburg, der die Agrarier in einem Artikel der *Kreuz-Zeitung* am 14. Dezember 1892 zu einer schärferen Gangart aufrief. Als sich 130 Großagrarier daraufhin am 4. Februar 1893 zur Gründung des *Bundes der Landwirte* entschlossen, war die VSW prominent vertreten: Erster Präsident des BdL wurde Bernhard v. Ploetz, der zuvor für den VSW-Provinzialausschuß in Pommern aktiv war. Im Vorstand des BdL saßen die VSW-Vorstandsmitglieder v. Mirbach, v. Frege, v. Manteuffel und v. Thüngen. Durch die «enge personelle Verflechtung [...] bis in die regionalen Bereiche hinein» kann für die Folgezeit kaum noch von zwei getrennten Organisationen gesprochen werden.[54] Die Jahrestagungen beider Gruppen wurden seit 1893 unmittelbar hintereinander im Rahmen der «agrarischen Woche» in Berlin abgehalten. Hans-Jürgen Puhle sieht den einzigen fortbestehenden Unterschied allenfalls in einer unterschiedlichen Radikalität des Tonfalls – die Massenorganisation des BdL, dessen Mitgliederzahl in den Jahren von 1893 bis 1914 von 162000 auf 330000 hinaufschnellte, drückte das altbekannte «gesellschaftspolitische Leitbild nur drastischer und bedenkenloser aus».[55]

Im Resultat hatten einzelne Mitglieder des Landes-Ökonomie-Kollegiums der frühen 1840er Jahre die Voraussetzungen für einen «Klassenkampf von oben» geschaffen, der sich spätestens seit 1893 «durch eine Praxis der Rücksichtslosigkeit auszeichnete», vor der «die Revolutionsrhetorik der Sozialdemokratie völlig verblaßte» (Wehler).[56] Die *Vereinigung der Steuer- und Wirtschaftsreformer* hatte nicht nur Entscheidendes dafür getan, den politischen Antisemitismus hoffähig zu machen, sondern sie hatte auch die Stichworte für den politischen Kampf einer antidemokratischen Massenbewegung geliefert. Mit dem von Posener Grundbesitzern 1894 gegründeten *Verein zur Förderung der Ostmarken* hatten die Agrarier sich ein zusätzliches Gremium geschaffen, das eine rücksichtslose Germanisierungspolitik propagierte und gehörigen Druck auf die Regierung ausüben konnte: Die Vertreibung von 30000 – zu einem Drittel jüdischen – Polen aus den Grenzgebieten im Jahre 1885 und das gegen die polnischen Grundherren gerichtete Enteignungsgesetz von 1912 wurden zum Symbol einer Politik, «die Unnachgiebigkeit und Härte im Osten als nationale Pflicht forderte».[57] Mit ihren protektionistischen, altständischen, antidemokratischen und antisemitischen Parolen prägten die preußischen Agrarier bis weit über das Kaiserreich hinaus das politische Selbstverständnis eines Großteils der konservativen Eliten. Wie zählebig die Grundüberzeugungen der erst 1928 endgültig aufgelösten *Vereinigung der Steuer- und Wirtschaftsreformer* die Umbrüche der Weimarer Republik überdauerten und selbst in der NS-Ideologie eine neue Heimat finden konnten, läßt der Redebeitrag des VSW-Vorstandsmitglieds v. Thüngen aus dem Jahre 1879 bereits erahnen: «Unsere Gegner haben uns die ‹Acker-Socialisten› genannt und Wunder geglaubt, was sie uns für einen Schimpf damit angetan. Meine Herren! Ich bekenne mich mit Stolz zu diesem Namen, denn der selbstlose und berechtigte Socialismus, wie wir ihn pflegen, will nichts Anderes als Luft und Licht und alle Lebens- und Erwerbsbedingungen auf alle Schichten des Volkes gleich verteilen. Er will Staat und Gesellschaft erretten vor der planmäßigen Untergrabung, Ausbeutung und Beraubung privilegierter Klassen [...] Die einzige privilegierte Klasse im Staate ist in unserer Zeit das große, internationale und darum vaterlandslose Geldkapital.»[58]

Der konservative Politiker Julius v. Treskow (1818–1894), der den Prozeß der politischen Gruppenbildung unter den preußischen

Großagrariern von den Tagen des Vormärz bis zur Gründung des BdL begleitet und mitgestaltet hatte, repräsentierte dabei die assimilierten «modernen» und «bürgerlichen» Kräfte, die der alten grundbesitzenden Elite das entscheidende *know-how* des Agrarkapitalismus vermittelt hatten. Wie die Episode der Jahre 1848/49 zeigt, war sein Weg in das Lager der konservativen Reaktion nicht vorgezeichnet. Seine politische Prägung fiel in die Umbruchsphase zwischen den Stein-Hardenbergschen Reformen und der Märzrevolution, in der die alten herrschenden Eliten in Preußen die neuen Kapitalträger erfolgreich vereinnahmt hatten: «The Prussian nobility established and consolidated the modern basis for the political power it would exercise at least until the end of the Second Empire in 1918. It is to this period that we must look if we are to understand the basis for continuity in German history between the nineteenth and twentieth centuries.»[59] Auch der Paulskirchen-Abgeordnete Julius v. Treskow trat – ebenso wie die meisten grundbesitzenden Mitglieder seiner Familie – dem BdL bei. Seine Biographie beleuchtet im Einzelfall eine gesamtgesellschaftliche Entwicklung, deren Konsequenzen bis 1918 und darüber hinaus fortlebten: «Ein korporativer Antiparlamentarismus konnte nur in einer politischen Kultur gedeihen, in der ständische und absolutistische Strukturen die industrielle Revolution ungebrochen überdauert hatten.»[60]

Anmerkungen

1 *Heinrich August Winkler*, Pluralismus oder Protektionismus? Verfassungspolitische Probleme des Verbandswesens im Deutschen Kaiserreich, 174, in: ders., Liberalismus und Antiliberalismus. Studien zur politischen Sozialgeschichte des 19. und 20. Jahrhunderts. Göttingen 1979, 163–174.

2 *Helmut Böhme*, Deutschlands Weg zur Großmacht. Studien zum Verhältnis von Wirtschaft und Staat während der Reichsgründungszeit 1848–1881. Köln und Berlin 1966, 400 ff.

3 *Lothar Wallraf*, Vereinigung der Steuer- und Wirtschaftsreformer, in: Dieter Fricke (Hrsg.), Die Bürgerlichen Parteien in Deutschland. Handbuch der Geschichte der bürgerlichen Parteien und anderer bürgerlicher Interessenorganisationen vom Vormärz bis zum Jahre 1945. Leipzig und Berlin 1968/1970, Bd. 2, 775–783; *Herbert Gottwald*, Die Vereinigung der Steuer- und Wirtschaftsreformer 1876–1928, in: Dieter Fricke (Hrsg.), Lexikon zur Parteiengeschichte. Die bürgerlichen und kleinbürgerlichen Parteien und Verbände in Deutschland (1789–1945). Bd. 4, Leipzig 1986, 358–367.

4 *Hans-Jürgen Puhle*, Politische Agrarbewegungen in kapitalistischen Industriegesellschaften. Deutschland, USA und Frankreich im 20. Jahrhundert. Göttingen 1975, 60–61 (Die Vereinigung der Steuer- und Wirtschaftsrefor-

mer); *Hans-Ulrich Wehler*, Deutsche Gesellschaftsgeschichte. Bd. 3: 1849–1914. Von der Deutschen Doppelrevolution bis zum Beginn des Ersten Weltkriegs. München 1995, 643 f., 698 f.

5 *Gottwald*, Vereinigung (wie Anm. 3), 361.

6 *Wehler*, Gesellschaftsgeschichte (wie Anm. 4), 699: «Verglichen mit der Durchsetzungsfähigkeit des *Bundes der Landwirte* wirkte die VSW freilich wie eine Laienschauspielertruppe.»

7 Rede des VSW-Mitglieds v. Knebel-Döberitz auf der Generalversammlung vom 27. Februar 1878, zit. nach: *Böhme*, Deutschlands Weg (wie Anm. 2), 403.

8 Aufzeichnungen von Julius v. Treskow über seine Zeit als Abgeordneter der Frankfurter Nationalversammlung, unveröffentlichtes Manuskript, 70 S. ohne Seitennumerierung, ohne Signatur; Bestandteil eines Konvoluts von Unterlagen in dem Karton: Friedrichsfelde Rep. 37, Brandenburgisches Landeshauptarchiv Potsdam; im folgenden abgekürzt: Aufzeichnungen.

9 Vgl. handschriftliche Randnotiz auf dem Manuskript: «Sehr interessant. Ich habe aber zur Veröffentlichung noch nicht die Erlaubnis von Frau v. d. Knesebeck» (Roberta v. d. Knesebeck, 1866–1932, war eine Enkelin von Julius v. Treskow).

10 *Rüdiger v. Treskow*, Adel in Preußen: Anpassung und Kontinuität einer Familie 1800–1918, in: GG 17 (1991), 344–369.

11 Das Posener Gebiet gehörte nach der zweiten polnischen Teilung 1793–1806 als Provinz Südpreußen zu Preußen und wurde von Napoleon 1807–1815 dem sächsisch regierten Herzogtum Warschau zugeschlagen. Das 1815 vom Wiener Kongreß geschaffene Großherzogtum Posen wurde zwar von einem preußischen Statthalter regiert, genoß aber bis zum ersten Polenaufstand 1830/31 weitgehende Autonomierechte (voll inkorporierte preußische Provinz 1848–1918).

12 Die Provinz Neu-Ostpreußen (Warschau und Bialystok) gehörte nur in den wenigen Jahren nach der dritten polnischen Teilung 1795–1806 zu Preußen, wurde 1807–1815 dem Herzogtum Warschau zugeschlagen und war seit 1815 Kernland des von einem russischen Statthalter regierten Königreichs Polen. Seit dem Polenaufstand von 1864 bis 1915 wurden die Territorien als «Weichselgouvernements» zentral von St. Petersburg aus regiert.

13 *Theodor Fontane*, Denkmal Albrecht Thaer zu Berlin (Biographie Carl von Treskow): « [...] die glückliche Art, wie er die wissenschaftlichen Fortschritte innerhalb der Agrikultur sich und seiner Bewirtschaftungsmethode beständig nutzbar zu machen verstand, verschaffte ihm alsbald einen Namen in der landwirtschaftlichen Welt. Er war unter den ersten, die die Thaerschen Prinzipien auch praktisch zur Geltung brachten», in: ders., Wanderungen durch die Mark Brandenburg. Dörfer und Flecken im Lande Ruppin. Berlin 1994, 290–358, hier 356–357.

14 *Heinrich Best/Wilhelm Weege*, Biographisches Handbuch der Abgeordneten der Frankfurter Nationalversammlung 1848/49. Düsseldorf 1996, 339.

15 *Winkler*, Pluralismus oder Protektionismus? (wie Anm. 1), 164–165.

16 *Böhme*, Deutschlands Weg (wie Anm. 2), 408.

[17] Vgl. die Darstellung der hugenottischen Kaufmannsfamilien George und Jouanne, der die Mutter und die Großeltern von Julius v. Treskow entstammten, in: *Hugo Rachel/Paul Wallich*, Berliner Großkaufleute und Kapitalisten. Bd. 2 Berlin 1967.

[18] *Karl Obermann*, Die Wahlen zur Frankfurter Nationalversammlung im Frühjahr 1848. Berlin 1987, 85f.

[19] Gemeint sind Julius v. Treskow sowie sein Schwager und Cousin Wilhelm Graf v. Lüttichau (1816–1892), Gutsherr auf Rzezewo. Friedrich Engels übernimmt die Polemik gegen Treskow und Lüttichau in der «Neuen Rheinischen Zeitung» vom 8. August 1848 (MEW, Bd. 5. Berlin 1982, 326, 330f).

[20] *Wilhelm Zimmermann*, Die deutsche Revolution. Karlsruhe 1848, 839.

[21] Von den zwölf Posener Abgeordneten (Eckert, Göden, Graf v. d. Goltz, Kerst, Löw, Nerreter, Senff, v. Sänger, v. Schlotheim, v. Treskow, Viebig, Janiszewski) vertrat nur der katholische Geistliche Janiszewski die Position der polnischen Bevölkerung.

[22] Zit. nach: Aufzeichnungen, wie Anm. 8), o. S.

[23] *Siegfried Schmid*, Fraktion Milani 1848–1849, in: Dieter Fricke (Hrsg.), Lexikon zur Parteiengeschichte. Die bürgerlichen und kleinbürgerlichen Parteien und Verbände in Deutschland (1789–1945). Bd. 4 Leipzig 1986, 645–649, hier 645.

[24] *Best/Weege*, Handbuch (wie Anm. 14), 339.

[25] Alle folgenden Passagen zit. nach: Aufzeichnungen (wie Anm. 8), o. S.

[26] Zit. nach: ebd. o. S.

[27] Zit. nach: ebd. o. S.

[28] Zit. nach: ebd. o. S.

[29] *Veit Valentin*, Geschichte der deutschen Revolution 1848–1849. Bd. 2 Aalen 1968, 125.

[30] *Hans Rothfels*, Zeitgeschichtliche Betrachtungen. Göttingen 1959, 49 (Das erste Scheitern des Nationalstaates in Ost-Mittel-Europa 1848/49).

[31] *Lothar Gall*, Die dunklen Seiten von 1848. Interview in: Der Spiegel 7/1998, 54–55.

[32] Eintrag des Abgeordeten Julius v. Treskow in das Frankfurter Parlamentsalbum am 10. Mai 1849, zit. nach: *Hans v. Rosen*, Grocholin. Geschichte eines deutschen Gutes in Posen. Lehr 1985, 23–24.

[33] *Wehler*, Gesellschaftsgeschichte (wie Anm. 4), 169.

[34] *Ernst Engelberg*, Bismarck. Das Reich in der Mitte Europas. Berlin 1990, 254.

[35] Zit. nach: Aufzeichnungen (Einleitung aus dem Jahre 1853) (wie Anm. 8), o. S.

[36] *Klaus Erich Pollmann*, Die Verfassungsvereinbarung von 1867 – Entscheidende politische Weichenstellung für ein halbes Jahrhundert, in: Das Parlament 3/4 vom 16. 1. 1998, 10.

[37] Zit. nach: Bericht über die Verhandlungen der Vereinigung der Steuer- und Wirtschaftsreformer. Berlin, am 16. Februar 1880, 51.

[38] Mitglieder des Comités 1876: Graf zu Stolberg-Wernigerode (Vorsitzender), Graf v. d. Schulenburg-Beetzendorf, Frhr. v. Thüngen-Roßbach, v. Treskow, Graf v. Wilamowitz, Schütze, Wilmanns, Niendorf.

[39] Redebeitrag Julius v. Treskow, zit. nach: Bericht über die Verhandlungen der Vereinigung der Steuer- und Wirtschaftsreformer. Berlin, am 22. Februar 1876, 7.

[40] *Thomas Nipperdey*, Deutsche Geschichte 1866–1918. Bd. 2. Machtstaat vor der Demokratie, München 1995, 293–294.

[41] *Engelberg*, Bismarck (wie Anm. 34), 251.

[42] Redebeitrag Franz Perrot, zit. nach: Bericht über die Verhandlungen der Vereinigung der Steuer- und Wirtschaftsreformer. Berlin, am 22. Februar 1876, 21.

[43] Rede des Grafen v. d. Schulenburg-Beetzendorf am 22. Februar 1876 im Sächsischen Vereinshaus, zit. nach: Berichte über die Verhandlungen der Vereinigung der Steuer- und Wirtschaftsreformer am 22./23./24. Februar 1876. Berlin 1876, 1.

[44] *Engelberg*, Bismarck (wie Anm. 34), 254.

[45] *Gottwald*, Vereinigung (wie Anm. 3), 361; Die Personenangaben im folgenden nach: *Bernhard Mann* (Hrsg.), Biographisches Handbuch für das preußische Abgeordnetenhaus 1867–1918. Düsseldorf 1988.

[46] Julius v. Treskow hatte 1876 neben seinen Brüdern Carl (1819–1882, Gutsherr auf Friedrichsfelde und Carlshorst) und Heinrich (1823–1886, Gutsherr auf Dahlwitz und Hoppegarten) auch die Cousins Otto (Gutsherr auf Radojewo bei Posen) und Hugo (1840–1909, Gutsherr auf Wierzonka bei Posen) für die VSW gewonnen.

[47] Zur Statistik des Vereinsmitglieder vgl. *Böhme*, Deutschlands Weg (wie Anm. 2), 331–332.

[48] *Engelberg*, Bismarck, (wie Anm. 34), 254–255.

[49] *Hans Rosenberg*, Die Pseudodemokratisierung der Rittergutsbesitzerklasse, und: Zur sozialen Funktion der Agrarpolitik im Zweiten Reich, in: ders., Machteliten und Wirtschaftskonjunkturen. Göttingen 1978, 83–102 bzw. 102–118.

[50] *Gottwald*, Vereinigung (wie Anm. 3), 361.

[51] Zuletzt bei: *Wehler*, Gesellschaftsgeschichte (wie Anm. 4), 643.

[52] Berichte über die Verhandlungen der Vereinigung der Steuer- und Wirtschaftsreformer. Berlin, am 26. Februar 1879, Anhang (Adresse an Bismarck).

[53] Ebd. 29–30.

[54] *Gottwald*, Vereinigung (wie Anm. 3), 363.

[55] *Puhle*, Agrarbewegungen (wie Anm. 4), 61.

[56] *Wehler*, Gesellschaftsgeschichte (wie Anm. 4), 834.

[57] *Jörg K. Hoensch*, Geschichte Polens. Stuttgart 1983, 235.

[58] Rede v. Thüngens auf der Versammlung des VSW am 26. Februar 1879 in Berlin, zit. nach: Berichte über die Verhandlungen der Vereinigung der Steuer- und Wirtschaftsreformer am 26./27. Februar 1879. Berlin 1879, 1 ff.

[59] *Robert Berdahl*, The Politics of the Prussian Nobility. The development of a Conservative Ideology. Princeton 1988, 374.

[60] *Winkler*, Pluralismus oder Protektionismus? (wie Anm. 1), 174.

«Qu'est-ce qu'une Nation?» Stationen der deutschen statistischen Debatte um Nation und Nationalität in der Reichsgründungszeit

Siegfried Weichlein

1. Demokratie und Nation

Nach dem Zusammenbruch der bipolaren politischen Ordnung erlebte die ‹Nation› auch in Deutschland als Ordnungsmodell ein erstaunliches Comeback, nachdem sie vor 1990 als Identifikationsobjekt und Untersuchungsgegenstand merklich zurückgetreten war. Seit den 1960er Jahren hatte sich das Selbstverständnis der Bundesrepublik weniger auf die Nation als vielmehr auf supra- und internationale Ordnungen gerichtet. Als «postnationale Demokratie unter Nationalstaaten» (Karl Dietrich Bracher) konnte die Bundesrepublik zum Motor der politischen Integration Europas werden. Der mit der Europäisierung einhergehende nationale Souveränitätsverzicht wurde begünstigt durch den die Nationalstaaten überwölbenden Ost-West-Gegensatz, der die alte Bundesrepublik an der Grenze zum sowjetischen Machtbereich besonders stark prägte. Nach dem Wegfall dieses Faktors 1990 und dem Ende der deutschen Teilung stellte sich der Zusammenhang von Demokratie und Nation neu dar. «Die neue Bundesrepublik ist ein demokratischer Nationalstaat unter anderen – freilich kein souveräner Nationalstaat der klassischen Art mehr wie einst das Deutsche Reich, sondern ein postklassischer Nationalstaat, sozusagen a priori eingebunden in supranationale Gemeinschaften wie die Europäische Union und das atlantische Bündnis.»[1] Wenn aber von Nation im Zusammenhang so unterschiedlicher politisch-sozialer Gebilde wie des Deutschen Reiches von 1871 und der Bundesrepublik nach 1990 die Rede sein soll, kommt es darauf an zu klären, was denn mit Nation gemeint ist und wie diese sich konstituiert.

Ernst-Wolfgang Böckenförde formulierte jüngst eine mögliche Antwort auf diese Frage: «Die Nation, wenn sie entsteht, bestimmt selbst die Merkmale, die sie bestimmen.» Seine Formel ergab sich aus zwei Überlegungen. Zum einen war die Nation eine politische Einheit, die souverän handelte. Böckenförde stellte sich in eine lange Tradition von Nationstheoretikern bis zurück zu Abbé Sieyès, die auf die Frage nach dem politischen Souverän mit der Nation antworteten. Sieyès und andere wandten sich damit gegen die Souveränität der absolutistischen Monarchie wie gegen religiöse Souveränitätskonzeptionen. Die Legitimation politischer Herrschaft erwuchs in dieser Tradition aus ihrer Rückkopplung an den Träger der politischen Souveränität, die Nation. Weil legitimes politisches Handeln an die Nation und die Volkssouveränität geknüpft blieb und die Nation in dieser Funktion aufging, war sie ein genuin politischer Begriff. Alle Nationen verbindet daher für Böckenförde zweierlei: ein politisch-orientiertes Wir-Bewußtsein und ein damit verknüpfter gemeinsamer Handlungswille.[2]

Böckenfördes zweite Überlegung knüpft an die Frage an, wie dieses politisch-orientierte Wir-Bewußtsein zustande kam und welches seine Merkmale waren. In die Bestimmung der Merkmale dieses Wir-Bewußtseins gingen die politisch-sozialen Konstellationen seiner Entstehungszeit ein. Nationen sind also nichts apriorisch Vorgegebenes und keine natürlichen Einheiten, die – wie Nationalisten ständig vorgaben – nur wiedererweckt werden mußten. Sie waren vielmehr umwelteinlässige historisch-politische Bildungen, die gebunden blieben an eine historisch-politische Situation, die sich beschreiben läßt. Indem Böckenförde die Souveränität der Nation auf ihre Selbstdefinition anwandte, knüpfte er wiederum an eine ältere nationstheoretische These an, die den Gedanken der Willensnation ins Zentrum rückte. Auch für Ernest Renan etwa war die Nation nichts schlichtweg Vorgegebenes, sondern ein Produkt politischen Willens, ja ein «plébiscite de tous les jours». In die gleiche Richtung argumentierte Wilhelm Dilthey, als er sich weigerte, das Nationalbewußtsein auf ein durchgehendes Moment wie etwa die Sprache festzulegen. «Die Einheit des Subjektes Volk ist ganz variabel nach den Momenten, die sie konstituieren.»[3] Böckenförde versuchte mit dieser Überlegung, dem Vorwurf von Jürgen Habermas im voraus entgegenzuwirken, der seinen Deutungsvorschlag als Reprise von Carl Schmitts Verständnis von Nation im Sinne vorpolitischer Homogenitäten verstanden hatte.[4]

Wie aber bestimmte die Nation die Merkmale, die sie bestimmten? Die paradoxe Formel Böckenfördes birgt den großen methodischen Vorteil für den Historiker, im entstehenden Nationalstaat Institutionen ausfindig machen zu können, die an dieser Selbstdefinition der Nation mitwirkten. Gesucht werden muß daher nach institutionellen Konkretionen dieser Souveränität zur nationalen Selbstdefinition. Hierzu eignen sich Institutionen, denen im Entstehungszeitraum von Nationalstaaten die Kompetenz zugesprochen wurde, Merkmale für Nation und Nationalität zu definieren. Aus den zahlreichen Institutionen, die dieser Aufgabe nachkamen, soll im folgenden die Statistik untersucht werden. Wie das Museum und die Kartographie waren die Statistiker Nationsdefinitoren und damit «nation-builders».[5] Aufgabe der Statistik war es, über die Erhebung von Massendaten die Nationszugehörigen zu erfassen und die Bevölkerung entlang von Nationalitätskriterien zu kategorialisieren. Ihre Begriffe und Argumentationsmodelle waren nicht nur Indikatoren der davon erfaßten Wirklichkeitszusammenhänge, sondern auch deren Faktoren.[6] Der Aufschwung der Statistik als Disziplin und Wissenschaft fiel nicht zufällig in das Zeitalter der mitteleuropäischen Nationalstaatsgründungen in Italien und Deutschland im 19. Jahrhundert.[7] In der zweiten Hälfte des 19. Jahrhunderts trat zu den älteren Zählkategorien (Kriminalität, Konfession, Mortalität etc.) die ‹Nationalität› hinzu. Dieser Wandel wurde begleitet von einer umfangreichen nationalen und internationalen Diskussion über statistische Kriterien zur Erfassung von Nationalität.

Im folgenden sollen einige wenige besonders markante Stationen dieser Diskussion unter folgender Fragestellung nachgezeichnet werden: Welche Kriterien entwickelte die nationsdefinierende Institution Statistik im Umfeld der deutschen Reichsgründung? Welche argumentativen Modelle wurden herangezogen, um diese Kriterien zu begründen? War die Nation tatsächlich souverän, ihre Merkmale selbst zu bestimmen? Hierzu werden die Debatten der *Internationalen Statistischen Kongresse* herangezogen. Wie bestimmte die internationale statistische Diskussion die Nation? Nach welchen Gesichtspunkten gestaltete sich die argumentative Gemengelage? Wann und warum änderte sie sich? Die nationale wie die internationale Ebene der statistischen Diskussion bieten dabei die Möglichkeit, untersuchungsleitende Vorverständnisse der Nationalismusforschung zu überprüfen, so vor allem die Stereotype der westlichen Willensnation und der deutschen Volks- und Kulturnation.

Zweierlei fällt in der Debatte der deutschen und internationalen Statistiker während der Reichsgründungszeit auf. Erstens beschleunigte die Statistik im Zeitalter der Nationalstaaten den Wandel von einer ethnographischen Beschreibung von Nationalitäten mit Hilfe einer Vielzahl von Faktoren hin zu Definitionen von Nation und Nationalität. Diese Definitionen bedienten sich in der Regel bipolarer Begriffe und Argumentationsmodelle. Die wichtigsten Dichotomien waren: ‹objektiv› versus ‹subjektiv› sowie ‹individuell› versus ‹kollektiv›. Zweitens war die individuell verstandene Willensnation bis in die zweite Hälfte des 19. Jahrhunderts hinein im deutschen und mitteleuropäischen Diskurs fest verankert und verlor erst im Umfeld der konservativen Umgründung des deutschen Kaiserreiches

1878/79 an Bedeutung. Diese beiden Thesen sollen im folgenden anhand ausgewählter Beiträge zunächst der deutschen (2), dann der internationalen Diskussion (3) erläutert werden. Abschließend sollen die Befunde anhand der international geführten Debatte um die «Judenfrage" ergänzt und übergreifend eingebettet werden (4).

2. *Objektiv versus subjektiv: Nationalität in der deutschen Statistik*

Die Statistik als Disziplin wie auch als Institution war sehr viel älter als der erste deutsche Nationalstaat. Sie etablierte sich im Rahmen der Staatswissenschaften in Preußen und in den deutschen Mittelstaaten. Die Nähe zum Staat und zur Staatsbildung wurde durch die Gründungsdaten der statistischen Bureaus widergespiegelt. Sie fielen in die Phase der zielbewußten Integrationspolitik der deutschen Mittelstaaten zwischen dem Zusammenbruch des Alten Reiches und der Gründung des Kaiserreiches 1871: Preußen (1805), Bayern (1808/1833), Württemberg (1828), Österreich (1829), Hannover (1848), Sachsen (1850), Baden (1852), Hessen (1861).[8] Bis zur Mitte des 19. Jahrhunderts stand die Statistik in der Tradition der ethnographischen Landes- und Staatenbeschreibungen, umfänglichen Aufzeichnungen von Siedlungsweisen, Lebensgewohnheiten und Besonderheiten der Bevölkerung eines Staates. Das Exaktheitsideal dieser Tradition kam in möglichst genauen Karten, generell in der anschaulichen Darstellung von Unterschieden zum Ausdruck.[9] Ihre Entwicklung von den «Staatsmerkwürdigkeiten» hin zu einem quantifizierenden Exaktheitsideal setzte erst seit den 1860er Jahren und dann auch unter methodischen Vorbehalten ein. Die Tendenz zur Verwissenschaftlichung der Statistik nahm unterschiedliche Züge an. Auf der einen Seite sah die Richtung um den belgischen Statistiker Adolphe Quételet darin die Möglichkeit, mit Hilfe statistischer Daten soziale Gesetze aufzustellen, die staaten- und nationenübergreifend galten. Die Abweichungen in den Datenreihen stellten für diese Form der Statistik, die sich als «Sozialphysik» verstand, Ausnahmen und Zufälle dar. Dagegen wandten deutsche Kritiker immer wieder ein, die Statistik habe sich gerade den Unterschieden zuzuwenden, sie darzustellen und zu interpretieren.[10]

Das Selbstverständnis der deutschen Statistik als interpretierende Wissenschaft schloß die Suche nach eindeutigen Parametern zur statistischen Erfassung von ‹Nationalitäten› nicht aus. Im Gegenteil: Schon in den 1820er Jahren war die Nationalität in den östlichen Provinzen Preußens durch die Erfassung der Kirchensprache erhoben worden. Im Bereich des Deutschen Bundes verfügte allerdings nur Sachsen vor 1871 über eine entwickelte Nationalitätenstatistik mit Blick auf die katholischen Sorben. Der Amtsantritt Ernst Engels 1860 als Chef der preußischen Statistik markierte dann eine neue Ära – ‹Nationalität› rückte nunmehr zum statistischen Erhebungsmerkmal auf.[11] Die Statistik der ‹Nationalität› wurde zur nationalen Statistik im doppelten Sinne: Sie richtete sich auf den Gegenstand ‹Nation›. Gleichzeitig waren die Statistiker Nationsbildner und wirkten mit, die zu untersuchende Größe zu schaffen.

Welche Kriterien aber sollten angewandt werden, um die Nationalität der Bevölkerung zu definieren und zu messen? Hierüber herrschte weithin Unklarheit. Eine Vielzahl von Merkmalen wurde in der zeitgenössischen Publizistik erwogen: gemeinsame Abstammung und Rasse, gemeinsame Sprache und Literatur, gemeinsames Wohngebiet, gemeinsame Religion, gemeinsamer Staat und gemeinsame Kultur.[12] Wollte die Statistik Nationalitäten mit wissenschaftlichem Anspruch erfassen und nicht vorderhand politische Absichtserklärungen verbreiten, so war sie darauf angewiesen, Parameter zu finden, die reproduzierbare Ergebnisse erwarten ließen. Alle europäischen Statistiken, die sich auf diese Aufgabe einließen, standen mithin vor der Aufgabe, Nationalität zu objektivieren.

Der Direktor des Statistischen Amtes der Stadt Berlin, Richard Böckh, setzte sich an die Spitze derjenigen, die die Aufnahme der ‹Nationalität› in die amtliche Statistik forderten. In zwei vielbeachteten Publikationen trat er für die Sprache als maßgebliches Kriterium nationaler Vergemeinschaftung ein. Mit seinem Namen verband sich national und international die Verbindung von Nationalität mit dem Zählkriterium Sprache.[13] «Das charakteristische Zeichen der Völkerindividuen ist die Volkssprache, weil die Sprache das naturgemäße gesellschaftliche Organ des Menschen ist; jede Nation erstreckt sich so weit, wie die Verständigung mittels einer Volkssprache erfolgt.» Mit Johann Gottfried Herder, Johann Gottlieb Fichte und Ernst Moritz Arndt unterstrich Böckh die Bedeutung der Sprache für die Ausbildung kollektiver Individualitäten, wie der Nationen. «Die Sprache ist das unverkennbare Band, welches alle Glieder einer Nation zu einer geistigen Gemeinschaft verknüpft.»

Böckhs Sprachnation basierte auf einem stark dichotomischen Argumentationsmodell. Mit Hilfe von Antagonismen wie ‹Geschichte› versus ‹Natur› versuchte er alle anderen möglichen Kriterien auszuscheiden: Faktoren, die dem geschichtlichen Wandel unterworfen waren (wie Staatsangehörigkeit und gemeinsames Territorium), konnten keine hinreichende Basis abgeben, um die natürliche Vergemeinschaftungsform ‹Nation› zu begründen. Dasselbe galt für alles Physische, insbesondere die Rasse, die von sich aus keine geistige

Gemeinsamkeit hervorbringen konnte. Böckh setzte Bedingtes gegen Unbedingtes und Subjektives gegen Objektives. Alleine die Sprache übersprang den geschichtlichen Wandel, weil sie am Anfang der Geschichte stand: «In der ersten menschlichen Gemeinschaft durch das Bedürfnis des gegenseitigen Verständnisses erzeugt, bewirkt sie fortdauernd die Möglichkeit dieses Verständnisses.» Nationen waren für ihn durch Sprache gestiftete geistige Gemeinschaften, weshalb Böckh seinen programmatischen Aufsatz auch in der von Moritz Lazarus und Heymann Steinthal herausgegebenen *Zeitschrift für Völkerpsychologie und Sprachwissenschaft* veröffentlichte.

Die Gemeinsamkeit der Volkssprache wurde so zur Bedingung jeder geistigen Gemeinschaft. Die Grenzen dieser Gemeinschaft waren die Sprachengrenzen, nicht die staatlichen Grenzen – weshalb Böckh in der Schweiz und in Belgien keine Nationen erkennen konnte. Eine auf diese Art und Weise stilisierte Sprache war jedweder empirischen Bedingtheit entrückt. Sie trat an die Seite des Ideellen und stand gegen alles geschichtlich Veränderbare. Die Sprache wurde zum schlechthin Objektiven. Böckh schloß sich Ernst Moritz Arndt in dem Bemühen an nachzuweisen, daß «die Sprache das äußere Abbild seines (sc. des Volkes) innersten Gemüthes, der Spiegel eines Volkes sei, wie es kein geistigeres und ureigeneres Lebenselement des Volkes gebe.» Politisch leitete er daraus die unbedingte Achtung vor der Volkssprache ab. Erst wenn diese in ihr Recht gesetzt sei, werde ein befriedetes Nebeneinander der Nationalitäten möglich sein. Zur internationalen Achtung des sprachnationalen Prinzips verlangte Böckh die Aufnahme völkerrechtlicher Garantien zum Schutz der Volkssprachen. Nur so meinte er dem Nationalprinzip eine genügend feste Grundlage geben zu können, «mit welcher die Nationalität von dem geistigen Druck der Staatsangehörigkeit gelöst wird».[14]

Diese radikal volkssprachenzentrierte Nationstheorie verband Objektivismus und Idealismus auf eigentümliche Weise. Gerade ihr idealistischer Einschlag rief den Widerspruch der frühen soziologischen Reflexion auf ‹Nation› hervor. Der österreichische Soziologe Ludwig Gumplowicz stellte Böckhs Wissenschaftlichkeit in Frage. Böckh habe im Grunde ein ethisches Anliegen, wenn er den Schutz der Volkssprachen als ultima ratio der Existenz von Nationalitäten erkenne. Der Standpunkt Böckhs war für ihn «kein *objektiv wissenschaftlicher*. Böckh ist doppelt beeinflußt von einem *abstrakten Idealismus* und von einem *subjektiven Patriotismus*. [...] Man weiß wirklich nicht, worüber man hier mehr staunen soll, über den Idealismus der Forderungen, die mit all und jedem staatlichen Leben in Widerspruch treten, oder über die Verblendung eines Ethnozentrismus, der dem eigenen Volke immer die idealsten geschichtlichen Aufgaben und Missionen zutraut, mögen dieselben mit der wirklichen Geschichte dieses Volkes in noch so grellem Widerstreite sich befinden.»[15]

In die gleiche Richtung zielte die methodische Kritik Gustav Rümelins, des ersten Direktors des württembergischen statistischen Bureaus. Auch Rümelin ging bei seiner Annäherung an die Statistik der Nationalitäten von einem begrifflichen Gegensatzpaar aus. Ihn beschäftigte das Verhältnis zwischen Individuum und Kollektiv: Wie konnte von individuell erhobenen Daten auf eine kollektive Identität geschlossen werden? Dieser Schluß sei nur in der Natur relativ problemlos: «Im Reich der Natur ist das Einzelne typisch, in der Menschenwelt individuell.» Die individuelle Zählung etwa von Volkssprachen erfasse daher immer wieder nur das Individuelle und könne nicht behaupten, ein Kollektiv gefunden zu haben. Schlußfolgerungen wie in der Naturwissenschaft, nämlich vom Einzelnen als Typischem auszugehen und auf das Allgemeine zu schließen, seien in einer Statistik, die sich mit Äußerungen menschlichen Daseins – wie der Nationalität – beschäftige, nicht erlaubt. Dieser Umstand sei dadurch verdeckt worden, daß – so sein zweiter Einwand – die Statistik von ihrer Herkunft lange Zeit eine staatswissenschaftliche Disziplin gewesen sei und durch die Nähe zum Staat den Beruf für das Allgemeine geerbt habe. Die Ausdehnung der Statistik durch das Mittel der universellen Zählung «auf eine Menge weder den Staat noch die Gesellschaft betreffender Objekte, wie physiologische, pathologische, psychologische etc. Fragen [...] mußte den Gedanken an eine Trennung von Methode und Materie bald nahelegen». Rümelin verfocht vehement den Gedanken, die Statistik als Hilfswissenschaft zu verstehen und ihres allgemeinen Berufs zu entkleiden. Ihrem methodischen Selbstverständnis nach konnten «menschliche Kollektivbegriffe»wie Nationen und Völker daher nicht Gegenstand der statistischen Zählung sein.[16]

Der Altliberale Gustav Rümelin zog daraus dezidierte nationstheoretische Konsequenzen. In seinem Vortrag *Über den Begriff des Volks* bestritt er, daß Volk und Nation Gattungsbegriffe seien. Individuum und Nation verhielten sich nicht zueinander wie Teil und Ganzes. Nationen und Völker seien vielmehr selbst Individualbegriffe. Die Spannung zwischen Individuum und Kollektiv war denn auch die maßgebliche Unterscheidung, die Rümelins Antwort auf die Frage nach der Entstehung von Völkern zugrunde lag. «Machen wir das Volk oder macht es uns?» Seine Antwort formulierte ein Bekenntnis zur Willensnation: «Der Begriff des Volkes ist nicht durch rein objektive Merkmale umgrenzt, sondern er erfordert auch die subjektive Empfindung. Mein Volk sind diejenigen, die ich als mein Volk ansehe; die ich die meinen nenne, denen ich mich verbunden fühle durch unlösbare Bande.»[17] Lange vor Hans Kohns Untersuchungen hatte die Debatte der deutschen Statistiker die beiden wichtigsten Wege der Nationsdefinition bezeichnet, die die weitere Debatte prägten. Subjektivität und Objektivität sind damit nicht im Rückblick formulierte analytische Begriffe, sie entstammen vielmehr der Definitionsarbeit der Statistiker selbst.

Schon die zeitgenössische Reflexion ging einen Schritt darüber hinaus und versuchte, die Dichotomie von Objektivität und Subjektivität zu überwinden. Theoretiker wie Moritz Lazarus und Friedrich J. Neumann verstanden die subjektive Willensnation als Willens- oder Bewußtseinsgemeinschaft, die im Bereich der Kultur objektiv faßbar war. Für den Rostocker Staatsrechtler Siegfried Brie wurde die nationale Bewußtseinsgemeinschaft objektiv «in Sprache und Sitte, in Literatur und Kunst, im religiösen Dogma und Kultus, in Wirtschaft und Recht.» Willensnation und Kulturnation gingen hier Hand in Hand. Diskurspolitisch wurde die Kulturnation ursprünglich nicht als Gegenbegriff zur «politischen» Einheit Staatsvolk, wie bei Hans Kohn und Friedrich Meinecke, sondern vielmehr zur «natürlichen» Einheit Volk eingeführt. Begriffsgeschichtlich richtete sich der Begriff gegen die Behauptung, die Nation sei etwas schlichtweg von Natur aus, etwa durch Rasse, Gegebenes.[18]

3. Qu'est-ce que la nationalité: Nationalität in der internationalen Statistik

Die nationale Definitionsarbeit vollzog sich bis in die 1870er Jahre hinein noch nicht als genau abgegrenzter Diskurs unter nur deutschen Statistikern. Anders ausgedrückt: Die Frage «Was heißt national?» war bis in die 1870er Jahre noch nicht verkürzt auf die Frage «Was oder wer ist ein Deutscher?» Vielmehr bildeten die deutschen Beiträge einen Teil der verstärkt international geführten Methodendiskussion, wie man statistische Kriterien zur Erfassung von Nation und Nationalität finden könne. Sowohl Böckhs als auch Rümelins Texte wurden international diskutiert und übersetzt.[19]

Das Forum dieser Debatte war der *Internationale Statistische Kongreß*, der, von Adolphe Quételet angeregt, 1853 das erste Mal in Brüssel stattfand.[20] Seit dem Kongreß in London 1860 stand die ungelöste Problematik der statistischen Aufnahme von Nationalitäten auf der Tagesordnung. Erklärtes Ziel der Kongresse war es, in der Erfassung der Nationalitäten zu einer gemeinsamen Regelung zu kommen. Der siebente Kongreß in Den Haag 1869 richtete daher ein eigenes Kapitel «statistique des nationalités» ein und trennte es von der Statistik des Bevölkerungsstandes ab. 1872 schließlich faßte der achte Kongreß in St. Petersburg drei wichtige Beschlüsse. Zum einen legte er das Individuum als Erhebungseinheit fest. Bis zum Petersburger Kongreß war die Lage sehr uneinheitlich gewesen. Einige Staaten hatten Familien oder Haushaltungen, andere dagegen Ortsgemeinden gezählt.[21] Der Kongreß beschloß außerdem unter dem Einfluß der Publikationen Richard Böckhs, die gesprochene Sprache (langue parlée) als eigene Rubrik in die Volkszählungen aufzunehmen, weil dadurch die Nationalität zum Ausdruck komme.[22] Zusätzlich wurde aber eine eigene Rubrik ‹Nationalität› in die Zählbögen eingeführt, und zwar im Sinne der Feststellung der Staatsangehörigkeit.[23]

Der Petersburger Kongreß hatte zwar zu einer Entscheidung, nicht aber zu einer Klärung geführt. Zwar sollte die Staatsangehörigkeit die Nationalität bestimmen. Daneben blieb aber der nationsdefinierende Status der Volkssprache offen. Mehr noch: Das Kriterium der *langue parlée* war interpretationsbedürftig und nur vordergründig eindeutig. Der Motivenbericht zur Kongreßresolution überließ es den einzelnen Staaten, ob sie die Umgangs- oder die Muttersprache zählen wollten.[24] Kontextabhängig konnten gemeint sein: Familiensprache, Volkssprache, Unterrichtssprache, Geschäftssprache oder Kirchensprache. Eine befriedigende Lösung stand also weiterhin aus.[25] Eine vom Petersburger Kongreß eingesetzte Permanenzkommission sollte zur Klärung der damit zusammenhängenden Fragen führen. Allen drei eingesetzten Gutachtern legte sie folgende Fragen vor: «Auf welche Weise und durch welche Mittel wäre die Nationalität der Bevölkerung am sichersten zu konstatieren? Welche Merkmale (Sprache, Abstammung, Selbstbekennung) begründen den Begriff der Nationalität und durch wie formulierte Fragen ist derselbe auch bei minder gebildeter Bevölkerung festzustellen und zu erheben?»[26] Da sich diese Fragen in Österreich-Ungarn mit besonderer Dringlichkeit stellten und weil die österreichisch-ungarischen Statistiker eine lange Erfahrung im Umgang mit der Sprachenproblematik besaßen, wurden zwei Österreicher und ein Ungar beauftragt. Alle drei äußerten sich zurückhaltend gegenüber der Zähleinheit Individuum und dem Zählkriterium Sprache. In ihren Begründungen und Folgerungen wichen sie indessen stark voneinander ab.

Der Direktor der k. k. Statistischen Zentralkommission Adolf Ficker kam aus der Tradition der ethnographischen Landesbeschreibung. Der Zähleinheit des Individuums begegnete er mit großer Skepsis. Seine Erfahrung mit österreichischen Volkszählungen hatte ihn die zahlreichen Schwierigkeiten gelehrt, die das Ergebnis beeinträchtigen konnten. Die Aussagekraft von Kennzeichen der Nationalität wie Staatsangehörigkeit, Geburt oder Wohnen in einem Land, physisches Gepräge, Körperbeschaffenheit, Nationalsitten, materielle und geistige Tätigkeit, Rechtsleben sowie Formen politischer Existenz oder religiösen Glaubens versah er mit großen Fragezeichen. Diese Merkmale seien mehr oder weniger von politischen und sozialen Entwicklungen abhängig, die kaum etwas mit Nation und Nationalität zu tun hätten. Letztlich galt dies auch für die Sprache. Im Allgemeinen wollte er zwar ‹Nation› und ‹ererbte Sprachgenossenschaft› für gleichbedeutend halten, im einzelnen könne dieses Prinzip jedoch sehr schnell an seine Grenzen stoßen. Ficker führte hierzu die unter dem politischen Druck einer Staatssprache sprachlich gemischten Gegenden an und die Juden, denen er – im Unterschied zu Böckh – eine «eigene abgeschlossene Nationalität» zusprach, ohne daß sie eine gemeinsame Sprache hatten. «Aus allen diesen Erörterungen» zog er den Schluß, «daß die Nationalität *kein* Moment ist, welches eine individuelle Ermittlung zuläßt».[27]

Fickers Gutachten durchzog eine Dichotomie, die sich klar von derjenigen seines Opponenten Richard Böckh unterschied und dafür derjenigen Gustav Rümelins verwandt war. Als objektivierenden Statistiker beschäftigte ihn die Frage nach der Verallgemeinerbarkeit von individuellen (Zähl-)Befunden, das Problem des Überganges vom Einzelnen zum Kollektiv. Im Unterschied zu Böckh sah Ficker die Nationalität als einen Durchschnittswert, der gerade nicht in jedem einzelnen Gruppenmitglied nachweisbar sein mußte. Für Böckhs Sprachenkriterium dagegen kam alles darauf an, jedes Individuum genau und ohne Rest einer Nationalität zuzurechnen, da mit der Sprache geistiges Verständnis und Kommunikation auf dem Spiel standen. Ficker insistierte aus methodischen Gründen darauf, daß Nationalität «weder aus dem Individuum abgeleitet, noch bei demselben gesucht, folglich nicht auf dem Wege der Befragung der Gezählten und der Kontrollierung erhaltener Antworten festgestellt werden kann, daß gleich vielen anderen statistischen Momenten die Verschiedenheit der Nationen sich nur im Durchschnitt zeigt, somit den Gegenstand einer *wissenschaftlichen* Untersuchung bildet». Dieser Durchschnitt könne aber nur auf dem Wege der ethnographischen Ermittlung gefunden werden, wie ihn die österreichische Statistik schon unter seinem Vorgänger Karl Freiherr von Czoernig beschritten habe.[28] Die Sprache, die er als «Muttersprache» erfaßt wissen wollte, stellte für Ficker nur eines unter mehreren ethnographischen Kriterien dar, die zur Beschreibung von Nationalität dienen konnten.

Der zweite Gutachter, der Direktor des Statistischen Bureaus der Stadt Wien Ignaz Eduard Glatter, teilte die Kritik Fickers an der Festsetzung des Individuums als statistischer Zähleinheit. Im Zentrum seiner Bedenken standen wie bei Ficker die Pressionen, die unvermeidlich von Behörden und nationalistischen Organisationen auf den Einzelnen bei individueller Zählpraxis ausgeübt würden. Glatter verwarf sowohl das nationale Selbstbekenntnis als auch das in St. Petersburg beschlossene Sprachenkriterium. Seine Lösung wich indessen denkbar stark von derjenigen Fickers ab. Nach Glatter mußte die Nationalitätenstatistik das Kollektiv ‹Nation› direkt erfassen und die statistische Frage vom anthropologischen Standpunkt aus betrachten. Konkret empfahl er die statistische Erfassung von Rassen an Stelle von Nationalitäten. Glatter wollte die methodischen Schwierigkeiten im Umgang mit individuellen Zählkriterien mit einem Schlage dadurch lösen, daß sich «eingehende, nach einem gewissen Plane anzustellende Erhebungen» direkt dem Kollektiv zuwandten.[29]

Auch der Direktor des ungarischen statistischen Bureaus Karl Keleti widersprach der Auffassung des St. Petersburger Kongresses, durch die individuelle Aufnahme von Volkssprachen seien Nationalitäten objektiv gegeneinander abzugrenzen. Mit Glatter und Ficker teilte er die Befürchtung, die Untersuchungen könnten durch politische Vorgaben und nationalistische Agitation beeinflußt und eine «discussion scientifique» von Nationalität dadurch verhindert werden. Doch anders als Ficker oder Glatter entschied er sich nicht für die Ethnographie oder die Aufnahme von Rassen als Alternative, sondern bezweifelte ganz generell die Annahme, bestimmte meß- und zählbare Kriterien könnten über die Nationalitäten objektive Auskunft geben. Nationalität nehme auf der Ebene des Staates die Form der Staatsangehörigkeit an und müsse als «nationalité politique» verstanden werden. Nationalität verfüge zwar über «caractères auxquels elle se reconnaît». Hierzu gehöre das unzulängliche Moment der Sprache. Dies könne aber den Blick nicht davon ablenken, daß die Idee der Nationalität nicht klar definiert sei.

Keleti stellte sich explizit in eine längere Tradition von Nationstheoretikern, die Nationalität in der gleichen Kategorie wie Religion sahen. «Die Nationalität ist nicht anderes als ein dem Religionsgefühl analoges Gefühl, [...] auf welches Angehörigkeit, Geburt oder Abstammung, Rassencharakter und alles, was davon abhängt, einwirken und welches behufs seiner Offenbarung ebensogut wie die Religion der Dogmen und Zeremonien, sich der Sprache als eines Werkzeuges bedient.» Keleti betonte ausdrücklich das individuell-voluntaristische Moment von Nationalität («pouvant dépendre aussi du libre choix»). Nationalität werde indessen nur selten in einem Akt individueller Entscheidung gewählt oder erworben, genausowenig wie Religion oder «das Erbe unserer Väter». Als eine wichtige Rahmenbedingung wollte Keleti daher die Sprache gelten lassen, die er als Familiensprache zu erheben empfahl, was in Ungarn 1881 umgesetzt wurde.[30]

Die statistische Debatte um «Qu'est ce que la Nationalité?» zwischen 1872 und 1878 stellte die letzte große international geführte Diskussion über Nation und Nationalität dar. Sie verkörperte den letzten, wenn auch scheiternden Versuch, zu einer gemeinsamen Definition zentraler Begriffe der Ära der Nationalstaaten zu gelangen. Die drei Gutachten wurden 1876 beim neunten internationalen Kongreß in Budapest dokumentiert, aber nicht mehr diskutiert. Zur gleichen Zeit hatte sich der Einfluß politischer Vorgaben und Interessen auf die nationale und internationale statistische Diskussion verstärkt. Die Nationalitätsdiskussion unter den Statistikern trat in ihre politische Phase ein.[31] Die deutschen Statistiker hatten an den Sitzungen der Permanenzkommission in Wien (1873), in Stockholm (1874), in St. Petersburg (1876) und in Paris (1878) teilgenommen. Die fünfte Sitzung der Permanenzkommission sollte der Vorbereitung der 1880 durchzuführenden Volkszählungen dienen. Zu einer internationalen Einigung auf gemeinsame Kriterien und Erhebungsrichtlinien kam es nicht mehr. Die deutsche Kommission nahm schon an der Sitzung in Rom 1879 nicht mehr teil. Die innenpolitische Wende 1878/79 – oft als «innere Reichsgründung» bezeichnet – fiel mit der endgültigen Nationalisierung des statistischen Diskurses zur Nationalitätsdefinition zusammen.[32]

Mehrere Grundlinien hatten also die international geführte Debatte der Statistiker der 1870er Jahre gekennzeichnet. Auf breiter Front kam es zu einem Konsens darüber, die überkommenen Zählkriterien um das Merkmal ‹Nationalität› zu erweitern. Auch über das dabei anzuwendende Verfahren bestand im Grundsatz Einverständnis: Es sollte individuell gezählt werden, und es sollte die Sprache als Indikator zu Grunde gelegt werden. Indessen waren für diese Definition, wie schon an der Fragestellung der Gutachten der Permanenzkommission deutlich wurde, mehr zählpraktische Gesichtspunkte maßgebend. Um valide Antworten «auch bei minder gebildeter Bevölkerung» zu erhalten, einigte sich der internationale statistische Kongreß auf das formale Kriterium Sprache, deren nähere Bestimmung den nationalen Statistiken freigestellt wurde. Die St. Petersburger Beschlüsse, vor allem aber die drei Gutachten verbanden darüber hinaus noch zwei Dinge, die zur Jahrhundertwende dann schon nicht mehr zusammen gedacht werden konnten: das individuelle Bekenntnis zur

Nationalität und die übergreifende Bedeutung der Sprache für die Selbstdefinition von Kollektiven. Der Kongreß und die Permanenzkommission konnten hier noch einen internationalen Konsens erreichen, in den auch die deutschen Statistiker eingebunden waren. Ein letztes Mal gelang es, so gegensätzliche Positionen wie die des Objektivisten Böckh und die des Subjektivisten Rümelin zu repräsentieren und einzubinden. Ironischerweise verzeichnete der entschieden großdeutsch eingestellte Böckh nach seinem Durchbruch in St. Petersburg hier seine größte Niederlage, da gerade die österreichischen Statistiker seine schärfsten Kritiker waren.

4. «Was heißt national?»: Willensnation und Kulturnation

Die Fronten in der Debatte der Statistiker um die Definition von Nation und Nationalität verliefen noch bis in die 1870er Jahre hinein quer zu den Nationalstaaten. Die vermeintlich westliche Willensnation fand engagierte Anhänger in Deutschland, Richard Böckhs Studien über die Volkssprache als Kriterium des Nationalen wurde vom St. Petersburger Internationalen Statistischen Kongreß positiv aufgenommen. Es waren politische Ereignisse, die diese internationale Diskussion der Statistiker um 1880 verkümmern ließen. Dies bedeutete jedoch nicht, daß die Fragen der Nationalitätsdefinition danach kein internationales Forum mehr fanden. Mehr noch: Auch nach dem Ende der Debatte über «Qu'est- ce que la Nationalité?" fand die ‹Willensnation› engagierte Vertreter in Deutschland und Mitteleuropa.

Deutliches Indiz dafür sind die nationstheoretischen Beiträge zur zeitgenössischen internationalen Debatte um die «Judenfrage» oder «The jewish question», die zahlreiche Berührungspunkte mit der statistischen Diskussion aufwies. Diese große Debatte, die zu Unrecht gemeinhin auf den «Berliner Antisemitismus-Streit»[33] verkürzt wird, wurde weder nur in Berlin noch ausschließlich in Deutschland, sondern international geführt. Joseph Jacobs konnte in seiner internationalen Bibliographie von 1885 hierzu 1230 Beiträge aufführen, darunter 417 Presseartikel und 496 Pamphlete, davon wiederum 34 Übersetzungen.[34] Zudem berührte die Diskussion weniger den Antisemitismus als vielmehr Fragen des jüdischen Selbstverständnisses und des nationalen Selbstbekenntnisses der Juden. Durch Treitschkes Artikel *Unsere Aussichten* war nicht nur die Frage aufgeworfen worden, wie und mit welchem Selbstverständnis sich die Juden zum neuen deutschen Nationalstaat stellten. Ein anderer Strang der Debatte betraf die nationstheoretischen Prämissen Treitschkes, oder, direkter, die Frage: «Was heißt national?»[35]

Der bekannteste Beitrag unter diesem Stichwort stammte von Moritz Lazarus. Der Begründer der Völkerpsychologie hatte sich schon Jahre zuvor zusammen mit Heymann Steinthal in den programmatischen *Einleitenden Gedanken* der ersten Ausgabe ihrer *Zeitschrift für Völkerpsychologie und Sprachwissenschaft* von 1860 gegen die vermeintlich objektiven Kriterien wie, unter anderen, Abstammung und Religion ausgesprochen und statt dessen das ‹Volk› als eine Bewußtseinseinheit bestimmt, die dem subjektiven Prinzip der Willensnation folge. «Was ein Volk zu diesem macht, liegt wesentlich nicht sowohl in objektiven Verhältnissen, wie Abstammung, Sprache usw. an sich als solchen, als vielmehr bloß in der subjektiven Ansicht der Glieder des Volkes, welche sich alle zusammen als ein Volk ansehen. [...] Das Volk bestimmt sich der Mensch selbst subjektiv, er rechnet sich zu ihm.»[36]

In seiner Replik auf Heinrich von Treitschke griff Lazarus dann im Dezember 1879 seine frühere Position wieder auf und verband sie mit Richard Böckhs Gedanken von Nationalität als geistiger Kommunikation durch Sprache. Lazarus interpretierte das «geistige Verständnis durch Sprache» als Willen zur Kommunikation und damit als Willensnation. Entscheidend für den Willen zur nationalen Einheit war die «gemeinsame Geschichte des geistigen Lebens». Der Berliner Völkerpsychologe zielte mit dieser Bestimmung des ‹Nationalen› auf den argumentativen Kern des Angriffs von Treitschke, der die innere Nationsbildung des Kaiserreichs durch mangelnde nationale Homogenität gefährdet sah und hier besonders auf die Juden verwies. Lazarus bestritt genau dies, indem er auf den Willen der jüdischen Bevölkerung Deutschlands zur nationalen Einheit hinwies. Seine Argumentation verband zwei Bekenntnisse miteinander, die sich nur scheinbar ausschlossen: ein Bekenntnis zu deutsch-nationalen und geistig-universalen Werten. Diese begriffliche Synthese zwischen Nationalismus und Universalismus war weit über die Völkerpsychologie hinaus für zahlreiche jüdische Philosophen im Kaiserreich attraktiv.[37]

Moritz Lazarus deutete in seinen Erinnerungen einen Zusammenhang zwischen seiner Replik auf Treitschke und Ernest Renans berühmtem Vortrag *Qu'est-ce qu'une Nation?* an, den dieser zwei Jahre später an der Sorbonne hielt.[38] Die mit übergroßem Selbstbewußtsein verfaßten Lebenserinnerungen behaupteten die völlige Abhängigkeit Renans von Lazarus. Wenn dies auch zweifellos übertrieben war, so spricht doch vieles dafür, daß Renans Vortrag im Zusammenhang mit der zeitgenössischen internationalen Debatte über «Was heißt national?»[39] bzw. über «Qu'est- ce que la Nationalité?» gesehen werden muß – mehr als dies bislang getan wurde.

Renans Vortrag, der als klassischer Ausdruck des westlichen Nationsverständnisses galt und gilt, wurde bisher vor allem individuell-diachron im Rahmen der Entwicklung seines eigenen politischen Denkens oder aber als Auseinandersetzung mit David Friedrich Strauss interpretiert.[40]

Mehrere Grundanliegen der Konzeption Renans waren in den Debatten der Statistiker und den Antworten auf Treitschkes Angriff bereits vorweggenommen und ausformuliert worden. Lazarus hatte in seinem Vortrag gegen Treitschke von 1879 wie auch schon in seinem programmatischen Einleitungsaufsatz von 1860 die Nation als Willensgemeinschaft interpretiert. Unter den deutschen und österreichischen Publizisten hatten der Stuttgarter Statistiker Gustav Rümelin, Julius Fröbel und Ludwig Gumplowicz, für Ungarn Joseph Eötvös und in Italien Mancini den Begriff der Willensnation vertreten.[41] Auffällig waren besonders die Parallelen Renans zu den Ausführungen Karl Keletis in dessen Gutachten zu «Qu'est ce que la Nationalité?» Keleti hatte sich in seinem Bekenntnis zur Willensnation auf den ungarischen Politiker Baron Joseph von Eötvös berufen.[42] Keleti, Eötvös und Renan sahen die Nation als Teil des Gefühlslebens. Als Idee dagegen war die Nation ebensowenig exakt und objektiv definierbar wie andere Ideen auch. Wie die Religion konnte die Nationalität nur als ein «acte du coeur» betrachtet werden. Der einflußreiche politische Publizist Eötvös nahm Renans Position vorweg, als er 1865 definierte: «Die *Nationalität* ist nichts anderes, als jenes Bewußtsein der Zusammengehörigkeit, welches unter einer größeren Anzahl von Menschen, durch die Gemeinsamkeit der Erinnerungen ihrer Vergangenheit, ihrer gegenwärtigen Lage und die daraus entspringende Gemeinsamkeit ihrer Interessen und Gefühle erzeugt wird.»[43] Die Ergebnisse von Eötvös und Rümelin, wie auch Grundannahmen von Lazarus konvergierten mit der Ansicht Renans, daß Nation nur wie eine Religion zu verstehen sei, weil jedes Nationalgefühl Indiz für ein zugrundeliegendes «Bewußtsein der Zusammengehörigkeit» ist, das in der Vergangenheit und durch fortdauernden Bezug auf sie gestiftet wurde. Für alle drei war die emotional besetzte geschichtliche Erinnerung konstitutiv für Nationsbildung, um eine «communauté de leurs intérêts et de leurs sentiments» (Eötvös) oder eine «grande solidarité» (Renan) zu begründen.[44]

Die aufgezeigten Stationen der statistischen Diskussion über Nation und Nationalität bestätigen und differenzieren Ernst-Wolfgang Böckenfördes These, daß die Nation, wenn sie entsteht, selbst die Merkmale bestimmt, welche sie bestimmen. Die Definitionsarbeit der Statistiker bewegte sich bis in die 1870er Jahre noch in einem internationalen Rahmen, der nur bedingt von nationalen, sondern vielmehr von sachlichen Positionskämpfen und der Behebung praktischer Schwierigkeiten geprägt war. Es stellten sich bemerkenswerte Übereinstimmungen zwischen den Statistikern aus verschiedenen Staaten ein, die eine nationale Zuordnung von Nationsdefinitionen erst in Umrissen sichtbar werden ließen. Weit über den Bereich des vermeintlich westlichen Nationsverständnisses hinaus fanden sich in Deutschland und Mitteleuropa Vertreter der Willensnation und eines subjektiven Nationsverständnisses. Diese argumentative Gemengelage änderte sich nach 1878/79 und dem damit einhergehenden «Funktionswandel des Nationalismus» (Heinrich A. Winkler).[45]

Auch die nach 1990 verstärkt erhobene Forderung nach der Verwestlichung des deutschen Nationsverständnisses wird daher in historischer Perspektive differenziert: Tatsächlich war die individuell abgestützte Willensnation und die auf den Vertragsgedanken gestützte Staatsbürgernation bis in die zweite Hälfte des 19. Jahrhunderts hinein im deutschen und mitteleuropäischen Diskurs fest verankert. Insofern bedeutet die Forderung nach der Verwestlichung des Nationsbegriffes weniger die bewußte Übernahme eines genuin anderen Verständnisses als vielmehr das Wiederanknüpfen an politisch-rechtliche Traditionen, die auch im deutschen Diskurs über Volk und Nation vorhanden waren.

Die abweichenden Demokratisierungsgeschichten Deutschlands und Westeuropas lassen sich kaum auf divergierende Nationsverständnisse zurückführen. Dieser Erklärungsansatz stellt vielmehr eine analytische Umdrehung nationalistischer Parolen dar. So kreiste etwa das französische Verständnis von Nation kaum nur um den Staat oder die individuelle Zugehörigkeit. Vielmehr wies es von Beginn an starke objektivierende kulturelle Anteile auf.[46] Auch in Deutschland ließ sich die Entwicklung des Nationsbegriffs nicht auf die ‹vorpolitische Gemeinschaft› reduzieren. Lange Zeit herrschte auch hier ein politischer Nationsbegriff vor, wie er etwa bei dem Altliberalen Rümelin sichtbar wurde. Generell konkurrierten nicht nur verschiedene Nationsverständnisse in den einzelnen Gesellschaften miteinander, sondern auch abweichende Demokratiekonzeptionen. Das Konzept der repräsentativen Demokratie war dabei nur bedingt mit der ‹Nation› in Einklang zu bringen, besonders wenn die Repräsentation an politische Parteien gebunden war – sehr viel eher dagegen das Konzept der direkten Demokratie, die von einem substantiellen Volkswillen ausging, den es nur abzubilden gelte.[47]

Anmerkungen

1 *Heinrich August Winkler*, Demokratie und Nation in der deutschen Geschichte, in: ders., Streitfragen der deutschen Geschichte. Essays zum 19. und 20. Jahrhundert. München 1997, 31–51, 50. Vgl. ders., Nationalismus, Nationalstaat und nationale Frage in Deutschland seit 1945, in: ders. u. Hartmut Kaelble (Hrsg.), Nationalismus – Nationalitäten – Supranationalität. Stuttgart 1993, 12–33.

2 *Ernst-Wolfgang Böckenförde*, Die Nation – Identität in Differenz, in: Krzysztof Michalski (Hrsg.), Identität im Wandel. Stuttgart 1995, 129–154, 133, 134f. unter Hinweis auf Ivan Katsarski, On the Nature and Origin of the Nation, unveröffentlichtes Ms.

3 *Wilhelm Dilthey*, Der Aufbau der geschichtlichen Welt in den Geisteswissenschaften. 2. Aufl. Göttingen 1958, 282.

4 Vgl. *Jürgen Habermas*, Inklusion – Einbeziehen oder Einschließen? Zum Verhältnis von Nation, Rechtsstaat und Demokratie, in: ders., Die Einbeziehung des Anderen. Studien zur politischen Theorie. Frankfurt/Main 1996, 154–184.

5 Vgl. *Benedict Anderson*, Imagined Communities. Reflections on the Origin and Spread of Nationalism. 2. Aufl. London 1991, 163–185 («Census, map and museum»).

6 Vgl. *Reinhart Koselleck*, Begriffsgeschichte und Sozialgeschichte, in: ders., Vergangene Zukunft. Zur Semantik geschichtlicher Zeiten. Frankfurt/Main 1979, 107–129, 120.

7 Für Italien ist der Einfluß der Statistik auf die Nationsbildung jüngst detailliert untersucht worden in: *Silviana Patriarca*, Numbers and Nationhood. Writing statistics in 19th century Italy. Cambridge/Mass. 1997.

8 Zur Geschichte der Statistik vgl. *Vincenz John*, Geschichte der Statistik. Stuttgart 1884; *Adolph Wagner*, Artikel ‚Statistik', in: Deutsches Staatswörterbuch, hrsg. v. Johann Caspar Bluntschli u. Karl Brater, 11 Bde, Bd. 10 (1867), 400–481.

9 Vgl. Mohammed Rassem (Hrsg.), Statistik und Staatsbeschreibung in der Neuzeit: vornehmlich im 16.–18. Jahrhundert. Paderborn 1980; *Gerhard Engelmann*, Heinrich Berghaus. Der Kartograph von Potsdam. Halle 1977; *Heinrich Berghaus*, Die Völker des Erdballs. Brüssel Leipzig 1845; *Karl Bernhardi*, Sprachkarte von Deutschland. Kassel 1849.

10 Vgl. *Theodore M. Porter*, The Rise of Statistical Thinking, 1820–1900. Princeton 1986; ders., Lawless society: Social Science and the Reinterpretation of Statistics in Germany, 1850–1880, in: Lorenz Krüger (Hrsg.), The Probabilistic Revolution, Bd. 1, Cambridge 1987, 351–375, 353; *Friedrich Zahn*, Statistik (amtliche), in: Handwörterbuch der Staatswissenschaften 4. Auflage, Bd. 7. Jena 1923, 895.

11 Vgl. *Richard Böckh*, Die geschichtliche Entwicklung der amtlichen Statistik des Preußischen Staates. Berlin 1863; *Emil Brix*, Die Umgangssprachen in Altösterreich zwischen Agitation und Assimilation. Die Sprachenstatistik in den zisleithanischen Volkszählungen 1880–1910. Wien 1982, 67–115.

[12] Vgl. die Literaturüberblicke bei *J. Fels*, Begriff und Wesen der Nation. Eine soziologische Untersuchung und Kritik. Münster 1927, 74–112; *Ludwig Gumplowicz*, Das Recht der Nationalitäten und Sprachen in Österreich-Ungarn. Innsbruck 1879, 189–220; *Heinz O. Ziegler*, Die moderne Nation. Tübingen 1931, 27–47; *Siegfried Brie*, Über Nationalität. Rostock 1876; *Friedrich Hertz*, Zur Soziologie der Nation und des Nationalbewußtseins, in: Archiv für Sozialwissenschaft und Sozialpolitik 65 (1931), 1–60, bes. 4–6.

[13] Zur Rezeption Böckhs vgl. *K. Brämer*, Versuch einer Statistik der Nationalitäten im preußischen Staate für das Jahr 1867, in: Zeitschrift des Königlich Preußischen Statistischen Bureaus 11 (1871), 359–371.

[14] *Richard Böckh*, Der Deutschen Volkszahl und Sprachgebiet in den europäischen Staaten. Eine statistische Untersuchung. Berlin 1869, 1, 18; ders., Die statistische Bedeutung der Volkssprache als Kennzeichen der Nationalität, in: Zeitschrift für Völkerpsychologie und Sprachwissenschaft 4 (1866), 259–402, 264, 304.

[15] *Gumplowicz*, Das Recht der Nationalitäten (wie Anm. 12), 253, 254f. (Hervorhebungen im Original). Vgl. *Gerald Mozetic*, Ein unzeitgemäßer Soziologe: Ludwig Gumplowicz, in: KZfSS 37 (1985), 621–647.

[16] *Gustav Rümelin*, Zur Theorie der Statistik, in: Zeitschrift für die gesamte Staatswissenschaft 19 (1863), 653–696, 657, 661, 664f.

[17] Vgl. ders., Über den Begriff des Volks (6. 11. 1872), in: ders. Reden und Aufsätze, Freiburg i.Br. 1875, 88–116, 88f., 102.

[18] Vgl. *Brie*, Über Nationalität (wie Anm. 12), 11; *Friedrich J. Neumann*, Volk und Nation. Leipzig 1888.

[19] So wurde Rümelins Aufsatz «Zur Theorie der Statistik» noch 1896 ins Französische übersetzt. Vgl. ders., De l'objet de la statistique, in: Problèmes d'Economie politique et de statistique. Paris 1896, 83–133.

[20] Vgl. *Eric Brian*, Statistique administrative et internationalisme statistique pendant la seconde moitié du XIXe siécle, in: Histoire & Mesure 4 (1989), 201–224.

[21] Die international uneinheitliche statistische Erhebungspraxis der Nationalität ist ausführlich dargestellt in: *Adolf Ficker*, Gutachten über die Konstatierung der Nationalitäts- und Sprachverhältnisse einer Bevölkerung, in: Mémoires de la Commission permanente du Congrès international de Statistique (27. 4. 1874), 203–227, bes. 214–222.

[22] Vgl. Neuvième session du Congrès international de statistique à Budapest: Rapports et Résolutions. Budapest 1876, 14ff., bes. 20.

[23] Vgl. *Brix*, Die Umgangssprachen (wie Anm. 11), 90; vgl. *Eric Hobsbawm*, Nationen und Nationalismus. Mythos und Realität seit 1780. Frankfurt/Main 1991, 116–119, 117.

[24] Vgl. den Motivenbericht von Joseph Körösi, zit. in: *Brix*, Die Umgangssprachen (wie Anm. 11), 90.

[25] Zu den verschiedenen Erhebungsarten von Sprache vgl. *Rudolf Kleeberg*, Die Nationalitätenstatistik, ihre Ziele, Methoden und Ergebnisse. Weida i.Th. 1915, 53–79.

[26] Beschluß der Permanenzkommission vom 20. 8. 1873, zit. in: *Ficker*, Gutachten (wie Anm. 21), 203.

[27] Vgl. *Ficker*, Gutachten (wie Anm. 21), 204, 209f. (Hervorhebung im Original); vgl. *Brix*, Die Umgangssprachen (wie Anm. 11), 92–95; tendenziös dagegen die Darstellung bei *Kleeberg*, Die Nationalitätenstatistik (wie Anm. 25), 40–45; den Gegensatz zwischen Ficker und Böckh betont *Gumplowicz*, Das Recht der Nationalitäten (wie Anm. 12), 257–262.

[28] Ebd., 210 (Hervorhebung im Original), vgl. ders., Die «Ethnographie internationale", in: Statistische Monatschrift 4 (1878), 549–63. Zu von Czoernig vgl. *Brix*, Die Umgangssprachen (wie Anm. 11), 70–72 sowie den Nekrolog in: Statistische Monatschrift 5 (1879), 545–554.

[29] *Ignaz Eduard Glatter*, Gedanken über die Kriterien der Nationalität. Budapest 1874, 4. Zu Glatters Gutachten vgl. *Brix*, Die Umgangsprachen (wie Anm. 11), 96f., *Kleeberg*, Die Nationalitätenstatistik (wie Anm. 25), 47, *Gumplowicz*, Das Recht der Nationalitäten (wie Anm. 12), 262f.

[30] Vgl. *Karl Keleti*, Qu'est ce que la Nationalité? Memoire rédigé en vue du IX. congrès international de statistique. Budapest 1874, 4, 8 (Übersetzung bei: *Gumplowicz*, Das Recht der Nationalitäten [wie Anm. 12], 265). Zu Keletis Gutachten vgl. *Brix*, Die Umgangssprachen (wie Anm. 11), 95f., *Kleeberg*, Die Nationalitätenstatistik (wie Anm. 25), 45f., *Gumplowicz*, Das Recht der Nationalitäten (wie Anm. 12), 263–266.

[31] Zur politischen Phase vgl. *Brix*, Die Umgangssprachen (wie Anm. 11), 102–115.

[32] Vgl. *Franz-Xaver von Neumann-Spallart*, Die fünfte Session der internationalen statistischen Permanenz-Commission in Rom, in: Statistische Monatschrift 5 (1879), 406–409. Zur innenpolitischen Wende 1878/79 vgl. *Heinrich A. Winkler*, Vom linken zum rechten Nationalismus. Der deutsche Liberalismus in der Krise von 1878/79, in: GG 4 (1978), 5–28.

[33] So die unterdessen kanonische Bezeichnung dieser Auseinandersetzung seit: Walter Boehlich (Hrsg.), Der Berliner Antisemitismusstreit. Frankfurt/Main 1965.

[34] Vgl. die zahlreichen Angaben zur internationalen Beteiligung bei: *Joseph Jacobs*, The Jewish Question, 1875–84. Bibliographical Handlist. London 1885. Für diesen Hinweis danke ich Uffa Jensen.

[35] Vgl. *Moritz Lazarus*, Was heißt national? 2. Aufl. Berlin 1880; *Ludwig Bamberger*, Deutschtum und Judentum. 2. Aufl. Leipzig 1880; *Paulus Cassel*, Über die Anerkennung der englischen Nation. Berlin 1880; *J. Fraenkel*, La question juive. Paris 1883; The Jewish Question in Germany, in: Contemporary Review March 1881, 366–384; *Victor Hugo*, Appeal to French Nation, May 31st 1882, signed by V. H. as President of the Comité de secours pour les Israélites de Russie. Weitere Angaben bei *Jacobs*, The Jewish Question (wie Anm. 34), passim.

[36] *Moritz Lazarus und Heymann Steinthal*, Einleitende Gedanken über Völkerpsychologie, als Einladung zu einer Zeitschrift für Völkerpsychologie und Sprachwissenschaft, in: Zeitschrift für Völkerpsychologie und Sprachwissenschaft 1 (1860), 1–73, 34f.

[37] *Lazarus*, Was heißt national? (wie Anm. 35), 15; vgl. *Ulrich Sieg*, Bekenntnis zu nationalen und universalen Werten. Jüdische Philosophen im Deutschen Kaiserreich, in: HZ 263 (1996), 609–639; *Michael A. Meyer*, Great Debate on

Antisemitism. Jewish Reaction to New Hostility in Germany, 1879–1881, in: LBIY 11. 1966, 137–170.

[38] Vgl. Moritz Lazarus' Lebenserinnerungen. Bearb. von Nahida Lazarus u. Alfred Leicht. Berlin 1906, 261 f.

[39] Jacobs führt drei Debattenbeiträge von Ernest Renan zu «The Jewish Question (Nr. 421–23)» an, die im direktem zeitlichen Umfeld seines Nationsvortrages stehen: *Ernest Renan*, L'Ecclesiaste. Paris 1882; ders., Brief an den Rabbi von Szanto über die Blut-Beschuldigung in Ungarn, in: Revue des Etudes juives, Jan. 1883; ders., Le judaisme comme race et comme religion. Paris 1883 (übersetzt ins Deutsche und Rumänische).

[40] Vgl. *Walter Euchner*, Qu'est-ce qu'une Nation? Das Nationenverständnis Ernest Renans im Kontext seines politischen Denkens, in: Peter Nahamowitz u. Stefan Breuer (Hrsg.), Politik – Verfassung – Gesellschaft. Traditionslinien und Entwicklungsperspektiven FS Ortwin Massing, Baden-Baden 1995, 83–106; *Maria Zenner*, Die Nation im Denken Ernest Renans, in: Kurt Kluxen u. Wolfgang J. Mommsen (Hrsg.), Politische Ideologien und nationalstaatliche Ordnung, München 1968, 219–238.

[41] Vgl. *Julius Fröbel*, Theorie der Politik. Wien 1861.

[42] Zu Eötvös vgl. *Paul Body*, Joseph Eötvös and the Modernization of Hungary, 1840–1870: A Study of Ideas of Individuality and Social Pluralism in Modern Politics. 2. Aufl. Boulder 1985.

[43] *Joseph Eötvös*, Die Nationalitätenfrage. Übers. Max Falk. Pest 1865, 11 f. Vgl. hierzu auch ders., Der Einfluß der herrschenden Ideen des 19. Jahrhunderts auf den Staat, 2 Bde. Leipzig 1854; ders., Über die Gleichberechtigung der Nationalitäten in Österreich. 2. Aufl. Wien 1850, 1851.

[44] Eötvös-Zitate bei *Keleti*, Qu'est ce que la Nationalité? (wie Anm. 30), 7. Vgl. *Ernest Renan*, ‚Qu'est-ce qu'une nation?', in: Ouevres 1. Paris 1947, 904. Zu weiteren Gemeinsamkeiten mit Renan vgl. *Fröbel*, Theorie der Politik (wie Anm. 41); *Gumplowicz*, Das Recht der Nationalitäten (wie Anm. 12).

[45] Vgl. *Heinrich A. Winkler*, Der Nationalismus und seine Funktionen, in: ders. (Hrsg.), Nationalismus. Königstein 1978, 5–46.

[46] Vgl. *Brian C. J. Singer*, Cultural Versus Contractual Nation: Rethinking Their Opposition, in: History and Theory 35 (1996), 309–337.

[47] Vgl. hierzu *Christoph Schönberger*, Das Parlament im Anstaltsstaat, Frankfurt a.M. 1997.

Ein fremdes Parlament als Argument. Die deutschen Liberalen im Kaiserreich und der Parlamentarismus der Dritten französischen Republik 1870–1914

Klaus-Peter Sick

Wenn Historiker den Gegensatz zwischen kultureller und wirtschaftlicher Modernität des deutschen Kaiserreichs auf der einen Seite und dessen politischer Rückständigkeit auf der anderen betonen, dann wird oft sogleich ein zweiter Umstand angeführt: die auch im Vergleich mit Westeuropa frühe Einführung des allgemeinen, gleichen und geheimen Männerwahlrechts im Norddeutschen Bund 1867, die aus dem Reich eine «besonders demokratische Monarchie» gemacht habe.[1] Wird die These von deutscher ‹Ungleichzeitigkeit› so an einer sensiblen Stelle wieder eingeschränkt, tritt dafür umso schärfer ein neues Spannungsverhältnis hervor – dasjenige zwischen dieser frühen teilweisen Demokratisierung und dem späten entscheidenden Machtgewinn des deutschen Parlamentes. Wer unter Parlamentarisierung Präziseres versteht als den Zuwachs parlamentarischen Einflusses, wie ihn Fundamentalpolitisierung und Anwachsen des gesetzlichen Regelungsbedarfs einer modernen Gesellschaft bedingten, wer Parlamentarisierung mit der Einführung eines politisch vor dem Parlament verantwortlichen Ministeriums, das regelmäßig auch personell aus Mehrheitspartei oder -parteien hervorgeht, verbindet, der wird schlußfolgern müssen, daß vor 1914 davon in Deutschland nicht die Rede sein konnte.[2]

Daß die Fortdauer des deutschen Konstitutionalismus zuerst an der Stärke des Konservatismus lag, ist offensichtlich. Differenzierter müssen Haltung und Rolle derjenigen gesehen werden, die lange Zeit ein nationales Parlament gefordert hatten und deren Gewicht es 1870 ausgeschlossen hatte, das Reich ohne Reichstag zu gründen: Zwar waren die meisten führenden Liberalen in den 1870er Jahren davon überzeugt, daß es zum Arrangement mit Bismarcks Persönlichkeit und Leistung keine Alternative geben könne. An ihrem Ziel einer zukünftigen Parlamentarisierung aber hielten sie zunächst fest. Daß dann selbst nach Bismarck und trotz des allmählichen Einflußgewinns des Parlaments das Reich nicht zum liberalparlamentarischen Verfassungsstaat wurde, lag auch daran, daß es dem Liberalismus mittlerweile an Kraft und an Willen zum Konflikt um die Parlamentarisierung gebrach: Seine Destabilisierung infolge der «Großen Depression» und der innenpolitischen Wende nach rechts in der zweiten Hälfte der 1870er Jahre war hierfür genauso ein Grund wie seine Schwierigkeit, sich in der aufsteigenden Massendemokratie gegenüber der Konkurrenz zu behaupten. So konnte der Staatsrechtler Richard Schmidt 1909 zum Schluß kommen, daß Vorteile eines Verfassungswandels mittlerweile «fast ausschließlich den drei großen Parteien zufallen» würden, den Konservativen, dem Zentrum und den Sozialdemokraten. «Die liberalen Parteien dagegen, jede für sich wenig stark, jede in sich durch eine große Reihe von Schattierungen abgetönt, ohne feste Parteileitung [...] würden entweder gänzlich zur Machtlosigkeit verurteilt oder von rechts, von links oder von der Mitte zu den zweiten Rollen eines Koalitionsministeriums» verbannt. An der Parlamentarisierung im oben definierten Sinne hielt nur noch eine kleine Minderheit fest. Auch wenn die Liberalen in den 1870er Jahren versuchten, das Gewicht des Reichstags zu stärken, legitimierten doch bald Zufriedenheit mit den Errungenschaften der Reichsgründungszeit oder realpolitisches Kalkül zusammen mit der Hoffnung auf eine unausweichlich parlamentarische Zukunft, die Option gegen konkretere Pläne; später dominierten Opportunismus und Resignation.[3]

Hier soll nun das Verhältnis der Liberalen zum Parlamentarismus genauer gefaßt werden, indem ihre Bewertung von Institutionen und Verfassungsentwicklung der Dritten französischen Republik zwischen 1870 und 1914 untersucht wird.[4] Auch wenn manches dagegen spricht, liegt die Vermutung nahe, dieser Spiegel könnte ein recht scharfes Bild liefern: Aus der französischen Niederlage 1870 entstand zunächst ein prekäres Provisorium, dessen verfassungsmäßige Ausgestaltung erst viereinhalb Jahre später gelang und auch dann noch heftig umstritten blieb; erst ein herber Streit entschied 1877 über die vollständige Parlamentarisierung der Republik. Dies mußte die Liberalen des frühen Kaiserreichs zu Kommentaren herausfordern, die auch ihre eigenen Vorstellungen von der Rolle eines Parlamentes aufzeigten. Wie in einem ersten Abschnitt (1.) dargestellt wird, traf dies zunächst für die Auseinandersetzung mit dem Verfassungskompromiß von 1875 zu, dann in ganz besonderem Maß für die Kommentierung des Verfassungskonflikts der folgenden zwei Jahre (2.). Daß zur selben Zeit, als die «liberale Ära» des Kaiserreichs an ihr Ende kam, sich in Frankreich Republik, Abgeordnetenkammer und Liberale durchsetzten – dort begann mit dem Ende der siebziger Jahre die sogenannte *République absolue* –, konnte auf die Selbstreflexion im französischen Spiegel nicht ohne Auswirkungen bleiben: Im französisch-deutschen Vergleich wurden in den 1880er und 1890er Jahren die Kriterien präzisiert, die die Legitimität politischer Systeme definierten und in den Augen eines Gros der deutschen Liberalen für den Konstitutionalismus plädierten (3.). In konsequenter Anwendung dieser Kritierien kamen dann um die Jahrhundertwende deutsche Linksliberale zu einer Neubewertung des französischen Parlamentarismus, der für sie sogar Vorbildcharakter erhielt (4.). In einem letzten Teil (5.) wird deutlich, daß eher nationalliberale Autoren die in der deutschen Gesellschaft ohnehin schwach verbreiteten linksliberalen Thesen nicht teilten: Sie sprachen ganz im Gegensatz von einer Krise des Parlamentarismus, aus der sie Argumente für eine neue Legitimierung des monarchischen Konstitutionalismus bezogen: Wenn immer mehr Franzosen in der Auseinandersetzung mit dem Parlamentarismus in der Demokratie die Beschneidung der Legislative und die Verstärkung der Exekutive einforderten, war dann die gegenteilige Forderung in Deutschland nicht fast obsolet?

Nun stehen der Hypothese, die Liberalen des Kaiserreichs hätten sich am Parlamentarismus des Nachbarn abgearbeitet, einleuchtende Gründe entgegen.[5] So gab der Staatsrechtler Siegfried Brie die zunächst vorherrschende Stimmung korrekt wieder, wenn er beobachtete, daß Sieg und Niederlage im Krieg von 1870/71 eine «naturgemäße Reaktion gegen die frühere, vielfach übermäßige Beachtung und Schätzung fremdländischer und insbesondere der französischen Einrichtungen» verursacht habe. Eine Kombination aus Analyse und Ressentiment gegen den «Erbfeind» tat ein weiteres: Seit 1789 galt Frankreich als «Land der plötzlichen Umschläge» und seine Regimewechsel als Folge des «erregbaren Naturells» eines romanischen Volkes. Die eingehendere Beschäftigung mit Satzungen, die zwar «zur Zeit gelten, aber vielleicht binnen kürzester Frist wieder beseitigt» werden würden, erschien gerade Juristen kaum attraktiv.[6] Hinzu kamen Zweifel, ob der liberale Parlamentarismus nach dem *Second Empire* viel mehr als ein Strohfeuer sein konnte, das die angebliche Unfähigkeit Frankreichs zur «wahren Freiheit» nur kurze Zeit überdeckte.[7] «Der Liberalismus», so die *Preußischen Jahrbücher* 1876, «ist eine sehr gute Sache in fest gegründeten Monarchien, wo man der Diskussion große Freiheit lassen darf, weil die Hauptsachen von der Diskussion nicht berührt werden; er paßt aber nicht für eine Republik, die sich erst gründen will, und in der eigentlich gar nichts fest steht». Dies umsomehr, als Frankreichs «Ordnung» noch nie möglichst «unverkürzt der freien Arbeit, dem freien Schaffen des einzelnen» überlassen, sondern immer «von dem Staate abhängig» gemacht wurde.[8] Das «Land der Präfektenherrschaft» blieb der Prototyp eines «bureaukratisch verwalteten Staates», bei dem man sich zu recht fragen müsse, ob er jemals die Bedingungen für Parlamentarismus vereine. So empfahl Treitschke im Januar 1871, das, «was echt und dauernd ist in den gerühmten Ideen von 89» nunmehr entschlossen vom besiegten Kriegsgegner abzulösen, weil es «allen Völkern», weil es «der weltbürgerlichen Aufklärung des achtzehnten Jahrhunderts» gehöre. Französischen Ursprungs seien «allein die krankhaften Anschauungen, welche die Revolution in falsche Wege trieben: die Gedanken der Staatsallmacht, der Zentralisation, der unbedingten Gleichheit und vornehmlich jener zuchtlose, unhistorische Sinn, der sich erdreistet, die Geschichte einer alten Nation in jedem Augenblicke von vorn zu beginnen».[9]

Diese Karikatur enthielt zwar die Vorbehalte zahlreicher Liberaler. Im folgenden wird aber deutlich, daß seit Beginn von Kaiserreich und Republik die französische Entwicklung differenzierten Eingang in liberale Überlegungen fand. Und wenn dem so war, dann «gewiß nicht aus dem reinen Interesse an dem Wohl und Wehe der großen Nachbarnation», wie das Leitorgan der Nationalliberalen, die Berliner *National-Zeitung* ausdrücklich schrieb: «Frankreich ist wiederum einmal, wie schon so oft in seiner neueren Geschichte, das Experimentierfeld für eine Reihe von politischen Problemen, die auch bei uns die Bevölkerung bewegen. [...] Wenn wir diesseits der Vogesen den Zuckungen französischen Parteikampfes als nahezu äußerlich unbeteiligte Zuschauer gegenüberstehen, so kann man sich der Betrachtung doch nicht entziehen, wie so vielfach auf die eigenen Anschauungen, auf die heimischen Institutionen die heroische Probe gemacht wird.»[10]

1. *Ein Verfassungsauftrag zur Harmonie? Die deutschen Liberalen und die französischen Grundgesetze von 1875*

Die Gründungsphasen von Deutschem Kaiserreich und französischer Republik weisen nicht nur hinsichtlich der Zäsuren Ähnlichkeiten auf: Hie wie dort können die politischen Strukturen seit den späten 1860er Jahren als Kompromisse zwischen konservativen und fortschrittlichen Kräften interpretiert werden. In Deutschland kooperierten zwar die Liberalen mit der Regierung im Rahmen des bestehenden Konstitutionalismus, aber sie gaben ihre Vision vom parlamentarischen Verfassungsstaat nicht auf. In Frankreich, dem Mutterland des kontinentaleuropäischen Parlamentarismus, war diese Forderung ein *fait accompli*. Ob und wie sich das aus der Niederlage im deutsch-französischen Krieg enstandene Provisorium konsolidieren und wie der Parlamentarismus ausgestaltet werden würde, war aber alles andere als sicher. In Deutschland wie in Frankreich hing die Zukunft maßgeblich von Gestaltungswillen und Durchsetzungskraft der bürgerlichen Liberalen ab. So war das nach der Proklamation der Republik am 4. September 1870 und den Wahlen zur Nationalversammlung vom Februar 1871 beginnende Tauziehen um die Institutionen auch für deutsche Liberale durchaus relevant.

Nach dem Frankfurter Frieden vom Mai 1871 stand die Beurteilung der französischen Institutionen allerdings ganz unter dem Primat der Außenpolitik des neugegründeten Reiches. Zwar beschrieben die deutschen Liberalen das Paradox, daß die Nationalversammlung, das Parlament der provisorischen Republik, keine republikanische Mehrheit besaß und daß der ‹Vernunftrepublikaner› Thiers mit einer prekären Mehrheit der Mitte regierte, die mehr schlecht als recht republikanische und monarchistische Liberale vereinte, um 1873 doch auseinanderzubrechen. Auch wurde erkannt, daß die dann einsetzende erzkonservative Wende durch die monarchistische Sammlung der Orleanisten, Legitimisten und Bonapartisten auf die Restauration abzielte und daß, nach deren knappem Scheitern an der ultrareaktionären Dickköpfigkeit des Comte de Chambord, mit dem Gesetz zur siebenjährigen Präsidentschaft im November 1873 «eine Art Königtum begründet [wurde], wenn auch ohne Erblichkeit». Durchschaut wurde ebenfalls, daß der Monarchist und Marschall Marie Edmé Mac-Mahon ironischerweise zu einem Präsidenten der Republik gekürt wurde, der nichts anderes sein sollte als der Platzhalter für einen zukünftigen König, den Comte de Paris. Repräsentativ aber war die Haltung der *Kölnischen Zeitung*, wonach Deutschland «mit jeder französischen Regierung zufrieden sein [dürfe], sei sie republikanisch, königlich oder kaiserlich, die ehrlich bestrebt ist, den Frieden Europas zu wahren».[11]

Tatsächlich enthielt sich die liberale Presse in der Frage der Staatsform konsequent eines wertenden Kommentars. Aufschlußreicher war, wie sie das Ergebnis beurteilten, mit dem die Nationalversammlung nach Jahren der Diskussion im Februar 1875 ihrer obersten Aufgabe genügte: die neue Verfassung in Form kurzer Grundgesetze. Aufgeregt berichtete die *National-Zeitung* von der «großen Sensation», die die Annahme des berühmten *Amendement Wallon* durch das Parlament ausgelöst hatte: Dieser monatelang hin- und hergewendete Verfassungsartikel sah vor, daß «der Präsident der Republik durch die absolute Mehrheit der vereinigten Stimmen von Senat und Abgeordnetenkammer gewählt» werden solle. Brisant war der Satz, weil mit ihm nichts geringeres vollzogen wurde als die Anerkennung der Republik durch das mehrheitlich monarchistische Parlament. Er pfropfte die Republik, wie die *Kölnische Zeitung* sinnig beschrieb, auf das beibehaltene Septennium des quasi-monarchischen Präsidenten. Die seit 1873 dominierende monarchistische Rechte war also im Februar 1875 mit Eklat auseinandergebrochen: Weil Wahlen auf allen Ebenen seit 1871 keinen Zweifel mehr zuließen, daß Frankreich mittlerweile mehrheitlich republikanisch eingestellt war, entschied ein Teil der liberal-aristokratischen Orleanisten, ihre noch starke parlamentarische Position auszunutzen, um mit den gemäßigten republikanischen Liberalen eine moderate Republik zu begründen. Mit dieser Rückkehr zur liberalen Sammlung in der Mitte wurden schnelle verfassungspolitische Fortschritte möglich – und damit wandelte sich auch der bislang herablassende Ton der deutschen Kritik. In klarer Parteinahme gegen die Rechte wurde begrüßt, daß sich die Liberalen nun nicht mehr «durch das Unkengeseufz der Legitimisten und die Wutausbrüche der Bonapartisten aufregen und beirren» ließen und daß die Nationalversammlung deshalb «zum ersten Mal mit Entschlossenheit auf ein festes Ziel» hinarbeite.[12]

Was den deutschen Liberalen an den Grundgesetzen von 1875 besonders gefiel, war deren Charakter als «vermittelnder» und «gewachsener» Kompromiß. Bislang war es Gemeingut, Frankreich nur einseitige «Regierungen der Leidenschaft» zuzutrauen. Ein Standardargument, wie es die *Preußischen Jahrbücher* nach der Schlacht von Sedan und der Proklamation der Republik im September 1870 der Berliner Fortschrittspartei entgegenhielten. Ausgerechnet Bismarck und diesen Zeitpunkt habe sich diese Partei ausgesucht, «um ein ‹Mitentscheidungsrecht über Krieg und Frieden› zu erobern. Welche Selbsttäuschung! Die Lust, von vorn anzufangen, das geschichtlich Gewordene wegzuwerfen, in einer einzigen Parlamentssession alle denkbare Freiheit und Gleichheit urkundlich festzustellen, ist nicht entfernt ein deutscher Gedanke; es ist vielmehr eine der vielen französischen Oberflächlichkeiten, die aus dem phrasenhaften Pariser Kammerwesen zu uns herübergedrungen sind.»[13] Im Frühjahr 1875 wurde das geläufige Bild revidiert, wonach in Frankreich «der Parteiegoismus jede verständige Rücksicht auf die Stimmverhältnisse» überwiege und «die kleinste Mehrheit die Rechte der Minderheit mit Füßen» trete. Unisono lobten die deutschen Liberalen die «Opferwilligkeit aller Parteien vom linken Flügel an bis zum rechten Centrum einschließlich», durch die allein die Verfassung zustande gebracht worden sei. Nicht nur Brie unterstrich, daß hier in einem organischen Prozeß «ein unter langen Mühen und Kämpfen allmählich [...] aus den gegebenen Umständen und provisorischen Gestaltungen» herausgewachsenes Produkt der Vermittlung entstanden war: «Die Vorzüge der Verfassung von 1875» lagen, der *National-*

Zeitung zufolge, darin, daß sich die Versammlung «zu einem loyalen Ausgleich zusammenfand»: Sie trage «in ihrer Geburt den Stempel des Parteiausgleichs an sich» und markiere genau insofern eine Wende zum Besseren, als sie «den Übergang [bezeichne] vom bittersten Parteihader, von maßloser Feindseligkeit zur vollständigen Harmonie».[14]

Zweifelsohne zog die neue Verfassung eine Art Diagonale. Einerseits bedeutete der Begriff der «Republik», an dem sie festhielt, daß «la belle France [...] von all dem symbolischen Schmuck, den ihre politischen Vormünder ihr bisher zur Auswahl gelassen» nun «nur noch die phrygische Mütze vorfand».[15] Andererseits bedurfte die Revision der Verfassung – und damit die Rückkehr zur Monarchie – nur der Mehrheit des Parlaments. Es gab einen durch die Kammern gewählten Präsidenten der Republik, dessen Handeln der Gegenzeichnung von Ministern bedurfte, die ihrerseits nach einer parlamentarischen Niederlage zurücktreten mußten. Als nur im Falle des Hochverrats, nicht aber politisch verantwortliches Staatsoberhaupt erhielt er aber auf sieben Jahre hinaus die Attribute eines konstitutionellen Monarchen: Er besaß das Recht zur Gesetzesinitiative; er konnte die Sitzungsperiode der Parlamente verlängern und schließen; er konnte nach Zustimmung durch den Senat das Unterhaus auflösen, und er besaß das Recht zur Ministerauswahl – auch ohne parlamentarische Zustimmung. Die republikanische Tradition, die eine kollegiale Exekutive kannte, wurde nicht nur an dieser Stelle verletzt: Die Verfassung vermied die programmatischen Begriffe der *Assemblée nationale* und der *Représentants*, sprach lieber von Kammern und Deputierten und sah das Zweikammersystem vor. Gerade deshalb war auch im Hinblick auf demokratische und aristokratische Elemente die Verfassung ein Kompromiß: Der durch das *Suffrage universel* direkt gewählten *Chambre des Députés* stand der *Sénat* gegenüber. Dessen Quelle war zwar immer noch die allgemeine Wahl, aber nur noch in indirekter Form: Die Senatoren wurden für neun Jahre von Männern gewählt, die bereits Abgeordnete der Gemeinde, des Arrondissements oder des Départements waren. Daß nur drei Viertel des Oberhauses so bestimmt wurden, der Rest aber auf Lebenszeit kooptiert wurde, kam aristokratischen Ansichten noch ein gutes Stück weiter entgegen.

So ist kaum übertrieben, das Repräsentativsystem von 1875 als einen Kompromiß zwischen drei Institutionen unterschiedlichen Geistes zu interpretieren, einer ‹demokratischen› Kammer, einem ‹aristokratischen› Senat und einem ‹monarchischen› Präsidenten. In der Schlüsselfrage der Verantwortlichkeit der Regierung gegenüber dem Parlament dehnte Frankreich bisher nur in monarchischen

Staaten verwirklichte Grundsätze auf die republikanische Repräsentativdemokratie aus, und zwar deshalb in besonders strenger Form, weil das, was in England lediglich eine politische Maxime war, verfassungsrechtliche Geltung erhielt. Die umgangene Entscheidung, wer größeren Einfluß auf die Regierung erhielt, Präsident oder Parlament, mußte zwangsläufig getroffen werden, wenn präsidentielle und parlamentarische Mehrheit auseinanderfielen.[16]

2. Parlamentarisierung durch Verweigerung: Vom latenten zum offenen Verfassungskonflikt 1875–1877

Die Frage nach der quasi-monarchischen oder der parlamentarischen Lesart der Verfassung stellte sich im Grunde schon vor den ersten Wahlen für die *Chambre des Députés*: Mac-Mahon war 1873 durch die monarchistische Rechtsmehrheit der Nationalversammlung in sein Amt gewählt worden. 1875 aber hatte sich in demselben Parlament eine Wendemehrheit der liberalen Mitte formiert, und es stand zu erwarten, daß dem mit einer neuen Regierung Rechnung getragen werden würde. Tatsächlich aber unternahm der Präsident, wie die *Kölnische Zeitung* unterstrich, «ernstliche Versuche, ein außerparlamentarisches Kabinett zu bilden», bevor im März 1875 eine Regierungsmannschaft zusammengestellt war, die im Grundsatz der liberalen Majorität genügte, dem präsidialen Konservatismus aber dennoch deutlichen Ausdruck verlieh: Mac-Mahon reservierte sich rundheraus die Besetzung von Außen-, Kriegs- und Marineministerium, die er «als nur halb oder kaum parlamentarisch» ansah.[17] Entscheidend sollten die ersten Wahlen zum neuen Parlament Anfang 1876 werden: Im Senat waren die Monarchisten stärker als die Republikaner, die Kammerwahlen aber brachten einen Erdrutsch zugunsten der Republik. Damit war «die ganze innere Politik Frankreichs in ein neues Geleise gebracht; die Republikaner sind die Regierungspartei der Zukunft und von gestern ab beginnt der wahre ‹Versuch mit der Republik›». Das Gros der liberalen Frankreichbeobachter begrüßte jetzt diesen Sieg als Erfolg über die französischen «Ultramontanen». Genauso deutlich hofften die meisten, daß Mac-Mahon «sich zum Zweck legen und seine Kirchlichkeit fortan als Privat- statt als Staatssache behandeln werde». Genau dies aber war einer der zahlreichen Punkte, die, wie zu recht prognostiziert wurde, «zu heftigen Szenen zwischen den Kammern und dem Elysée führen» könnten.[18]

Daß ein Verfassungskonflikt drohte, wurde erkannt: Die Monarchisten «fassen schon jetzt die Eventualität ins Auge, daß die Republik akzentuierte Maßregeln treffen und daß daraus die Möglichkeit sich ergeben werde, dem Lande Angst zu machen und das Abgeordnetenhaus aufzulösen. [...] Dem Präsidenten der Republik mag die Wahl wohl nicht ganz leicht werden; einerseits hat er sein berühmtes *j'y suis, j'y reste* gesprochen, andererseits haben er und sein erster Minister Dutzende von Malen erklärt, er sei konservativ und wolle mit den Konservativen regieren oder gar nicht.» Die Frage, ob sich der angebliche Verfassungsauftrag zur Harmonie auswirken werde, war offen gestellt. Genau wurde «das Geplänkel zwischen den Führern der Majorität und dem Elysée über das Zukunfts-Ministerium» verfolgt und das Resultat vom März 1876 – es war wieder ein präsidial-parlamentarischer Kompromiß unter einem sehr gemäßigten katholischen Liberalen – in einer Weise gelobt, der der deutschen liberalen Sicht vom Vereinbarungsparlamentarismus ganz offensichtlich entsprach: «Man kann nicht Feigen von den Disteln und Trauben von den Dornen lesen, und man darf vor der Hand von Mac-Mahon [...] nicht mehr erwarten als er leisten kann. Das neue Kabinett ist ein Versuch: tritt die Linke fest und klug auf, so setzt sie mit der Zeit vielleicht auch Vertreter aus ihren Reihen durch; doch wird sie ungemütlich und unbequem durch Ungestüm und Hitze, so kann sie schlimme Händel herbeiführen, bei denen das Land nichts gewinnen würde.»[19]

Daß bei Entscheidungen, bei denen den «Liberalen persönliche Sympathien [...] des Marschalls» gegenüberstanden, die Regierung nicht immer der Mehrheit folgte, war für die Kölner Kommentatoren durchaus normal, während die Berliner hofften, daß die französischen Liberalen die Gefahr erkennen würden, die gerade in der Größe ihres parlamentarischen Sieges liege: «Nicht in den Vereinigten Staaten allein herrscht der Grundsatz: dem Sieger gehört die Beute. Und nicht dort allein zeigt er sich verderblich. [...] Wenn die Republikaner es sich zum Programm gemacht haben sollten, Marschall Mac-Mahon wider die Wand zu drücken, so könnten wir darin wenig von der Mäßigung sehen, zu der sie sich bekannt haben.» Sie befürchteten eine zu offensiv republikanische Politik und warnten davor, die «befriedete Lage» durch «Kampf und Streit» zu gefährden: Sie zählten auf «das Programm einer konservativen, eine auf stetige, ruhige, gesunde Entwicklung gegründeten Republik». Schon während des Kompromiß-Ministeriums wurde deshalb irritiert registriert, daß der liberal-demokratische Flügel einer so kompromißorientierten Linie nicht folgte. Tatsächlich trat der Ministerpräsident nach zehn Monaten unter Befolgung der parlamentarischen Praxis zurück, weil ihm der linke Teil seiner Mehrheit wegen «seiner klerikalen Neigungen» und der «Halbheit seines republikanischen Sinnes» verlorengegangen war. Erneut drohte die

Regierungsbildung zu einem Streit um eine «wirklich republikanische Auffassung der Regierungspraxis» zu werden: Mac-Mahon überlegte, die Minister nicht der Kammer-, sondern der konservativeren Senatsmehrheit zu entnehmen. Damit aber, so das Szenario der *National-Zeitung*, «würde der Kampf zwischen Senat und Deputiertenkammer einen Grad von Heftigkeit erhalten, der nicht lange andauern könnte. Ein Blick auf die konstitutionellen Gesetze genügt, um den Ausgang eines solchen Kampfes voraussagen zu können. Die Deputiertenkammer ist absolut ohnmächtig gegenüber dem Senate, wenn sich derselbe in Übereinstimmmung mit dem Präsidenten der Republik befindet. Wir würden also bald zur Auflösung der Kammer gelangen.» Ein drittes Mal verhinderte aber ein Kompromißkandidat den Konflikt.[20]

Ein halbes Jahr später kippte die wachsende Mißstimmung in den offenen Kampf um Republik und vollständige Parlamentarisierung um. Zuerst wurde der Regierung durch den linken Flügel bedeutet, sie könne nur noch unter der Voraussetzung einer antiklerikalen Politik ihre bisherige Kammermehrheit erhalten. Dann teilte Mac-Mahon mit einem Satz, der seinem Verständnis von Parlament und Verfassung perfekt Ausdruck verlieh, «seinem» Ministerpräsidenten in einem Brief vom 16. Mai 1877 mit, er frage sich, ob dieser «auf die Kammer noch ausreichend Einfluß habe, um dort eine Mehrheit für seine Ansichten herbeiführen zu können»: «Ich bin zwar nicht wie Sie vor dem Parlament verantwortlich, besitze jedoch eine Verantwortlichkeit vor Frankreich, was heute mehr denn je für mich die bestimmende Leitlinie sein muß». Der *Président du Conseil* trat zurück. Schon am nächsten Tag bildete Mac-Mahon ein «Kampfministerium» unter dem liberal-aristokratischen Monarchisten Albert de Broglie und betonte in einer Botschaft, mit der er gleichzeitig die *Chambre des Députés* um einen Monat vertagte, das «von der Verfassung garantierte Recht», seine ministeriellen «Berater» selbst auszuwählen. Als die Kammer am 16. Juni wieder zusammentrat und sogleich ein Mißtrauensvotum aussprach, konsultierte Mac-Mahon seinen Alliierten, den mehrheitlich monarchistischen Senat, der seine Zustimmung zur Auflösung gab. Fünf Monate blieben nach der Verfassung, die nicht durchbrochen wurde, bis zu Neuwahlen. Sollte sich dann wieder eine republikanische Mehrheit ergeben, blieb dem Präsidenten die Wahl, sich dem Willen der Kammer zu unterwerfen, vom Amt zurückzutreten, oder aber den Staatsstreich zu wagen.

Der offene Konflikt, der nicht nur ein Kampf zwischen Republikanern und Monarchisten, Laizisten und Katholiken oder aufsteigenden demokratischen und alten Notabelneliten war, sondern gleichzeitig ein Konflikt um Verfassung und Institutionen, forderte die deutschen Liberalen zu klarer Stellungnahme heraus. Heinrich von Treitschke erkannte sofort die Brisanz des Vergleichs: Er gab Mac-Mahon recht, weil dieser «bei dem wütenden Hasse der Parteien» nicht nur eine strafrechtliche, sondern eine faktische politische Verantwortlichkeit besitze: In jeder kritischen Lage stehe das Staatsoberhaupt vor der Frage, ob nicht ein Verfassungsbruch notwendig sei. Weil er also «mit seinem Kopfe dafür einstehen» müsse, daß kein Hochverrat begangen werde, besitze er auch das volle Recht, sich seine Minister zu wählen. Für Treitschke war es überhaupt illusorisch gewesen, 1875 «die parlamentarische Regierung durch eine Hintertür in die republikanische Staatsform» einführen zu wollen. «Der reine Parlamentarismus, in dem Sinne, daß die Regierung nur den verwaltenden Ausschuß des gesetzgebenden Körpers bildet», so die Quintessenz Treitschkes, lasse sich nur durchführen, wo das Staatsoberhaupt zugleich unverantwortlich und ohnmächtig ist wie in England und in Belgien. Er sei undurchführbar, wo der persönliche Wille des Königs noch eine selbständige, lebendige Macht behaupte wie in Preußen und ebenso unmöglich unter einem verantwortlichen republikanischen Präsidenten, «denn verantworten kann man sich nur für seine eigenen Taten, nicht für die Handlungen aufgedrungener, widerwillig ertragener Räte». Nachdem Treitschke Deutschland und Frankreich in dieser Art parallelisiert hatte, war seine Schlußfolgerung klar: Für ihn gehörte «die ganze Verbissenheit französischer Parteiwut dazu, um das formelle Recht des Präsidenten zu verkennen. Die Republikaner sind es, nicht er, die über den Buchstaben der Verfassung hinausgehen. Sie fordern von ihm ein parlamentarisches Kabinett, wovon die konstitutionellen Gesetze nichts wissen; wo steht denn geschrieben, daß verantwortliche Minister notwendig der Mehrheit der Kammer angehören müssen?»[21]

Ungleich kritischer kommentierte die *Kölnische Zeitung* die «bündige Verneinung des Parlamentarismus» durch den legitimistischen Präsidenten. Sie kritisierte den «fabelhaften Versuch» der Exekutive Mac-Mahon/Broglie, durch «massenhafte Ausscheidung aller republikanischen Elemente aus der höheren Verwaltung» das Personal für einen Stimmungsumschwung durch administrative Mittel zu schaffen. Sie sprach von einer «Eskamotage des Wahlrechts» und betonte ausdrücklich, daß es «keine staatliche Ordnung [gebe], die sich auf einem anderen Grunde aufbauen ließe, als auf dem Vertrauen jener überwiegenden Mehrzahl eines jeden Volkes». Scharf wurde das Risiko einer Abwertung des Senats – dieser als «mäßigend und im besten Sinne konservativ» gelobten Institution – durch seine Umfunktionierung in einen «Sturmbock gegen die bestehenden

Umstände» kritisiert. Auch die *National-Zeitung* sah in den Republikanern die Partei, «welche Verfassung und Gesetz gegen tückische Vergewaltigung, welche die Souveränetät des Staates gegen die Herrschsucht des Vatikans, die Kultur unserer Zeit gegen eine fanatische Reaktion» verteidigte, und wünschte ihnen «mit voller Überzeugung» den Sieg.[22]

Und doch legte sie Wert darauf, den Konflikt «nicht nach abstrakten konstitutionellen Grundsätzen» zu beurteilen. Wenn sie das Mißtrauensvotum gegen die Regierung begrüßte, dann allein deshalb, weil der Auftrag zum Kompromiß *zuvor* durch die Exekutive aufs Gröbste verletzt worden war. Ganz klar fügte das nationalliberale Organ seine Auffassung vom richtigen Verhältnis von Staatsoberhaupt, Regierung und Parlament hinzu: «Hätte der Marschall-Präsident in der Auswahl der Personen, mit welchen er das gestürzte Kabinett ersetzte, nur die Möglichkeit eines Ausgleichs der Meinungen im Auge behalten, hätten dann die neuen Männer bei ihrem ersten Auftreten in glaubhafter Weise den guten Willen des Einvernehmens innerhalb gewisser Grenzen bekundet, wir würden jeden schroffen Schritt der Abgeordnetenkammer als eine Überspannung formaler Berechtigungen verurteilen müssen.»[23] Aus gleichen Beweggründen hielt die *Kölnische Zeitung* den «Erfindern dieses Regierungssystems, welches den Parlamentarismus auf die unschädlichen Funktionen des Vertagens, Auflösens und Wählens beschränkt», das wahrscheinlichste Endergebnis ihres inakzeptablen, weil kompromißlosen Verhaltens entgegen: Die provozierte Zuspitzung des institutionellen Kräftemessens werde nach dem sicheren Wahlsieg der Republikaner unausweichlich in «ein regelrechtes parlamentarisches Regiment französischer Auffassung [münden], die Mehrheitsherrschaft unter dem Drucke ihrer vordringlichsten Elemente». Dann werde Frankreich ermessen, wie viel es am eigentlichen Geist der Verfassung, am moderaten Liberalismus, verloren und wie sehr ihm die Katastrophenpolitiker des *Seize Mai* geschadet hatten: «Es ist kaum Übertreibung, daß die Zeit nach den Wahlen vom 20. Februar 1876 an freudigem politischem Aufschwunge ihres Gleichen nicht hatte seit den Tagen der Juli-Revolution. Diesen Aufschwung, gemäßigt und geleitet durch eine Fülle erhaltender Kräfte im Senat, in der Abgeordnetenkammer selbst, und in dem Ansehen und Vertrauen, welches der Marschall-Präsident genoß, wenn er über den Parteien sich zu halten wußte, ist durch den Ansturm der pseudo-konservativen Koalition tödlich geknickt worden.»[24]

Der Wahlsieg der Republikaner im Oktober 1877 war tatsächlich genauso eindeutig wie die vernichtende Niederlage der Orleanisten, die sich, nachdem sie in Überlebensnot geraten waren, den Widerstandsgedanken des Elysée jetzt widersetzten. Mac-Mahon blieb nichts anderes übrig, als ein Kabinett aus ihm ergebenen Persönlichkeiten zu bilden. Ohne ein erneutes Mißtrauensvotum ergehen zu lassen, lehnte die Kammer mit diesem Ministerium jeden Kontakt ab. Der Haushalt für 1878 wurde nicht abgestimmt, und die Frage stand im Raum, ob der Belagerungszustand ausgerufen und die Steuern per Dekret erhoben werden würden. Fasziniert beobachtete die *National-Zeitung*, wie Frankreich zum Schauplatz wurde, wo stellvertretend «die größten staatlichen Ideen unseres Jahrhunderts und noch früherer Perioden bekämpft und verteidigt» werden. Auf der einen Seite die parlamentarische Mehrheit des «Republikanismus auf dem Boden des formellen Rechts und der modernen Doktrin», auf der anderen die «Regierung, [die] das formelle Recht für sich selbst in Anspruch nimmt, weil sie die moderne Doktrin nicht anerkennt». Frankreich schlage die Schlacht zwischen der vorwärtsdrängenden Autorität «der Wahlurne» einerseits und «der historisch gewordenen Autorität» andererseits, eine Schlacht, die mitentscheide über «die Richtung der idealen Kräfte, durch die das staatliche Leben Europas bewegt werden wird».[25]

Fast ungläubig stellten die deutschen Liberalen Mitte Dezember 1877 dann fest, daß ein selbstbewußter Liberalismus sich durchsetzen konnte. «Es ist so, es ist wirklich so: Der Marschall Mac-Mahon hat sich noch im letzten Augeblicke ‹unterworfen› und Herrn Dufaure mit der Bildung eines parlamentarischen Kabinetts beauftragt.» Der unterlegene Präsident, dem diesmal die Besetzung der «reservierten» Ministerien verweigert wurde, wurde zu einer Botschaft gezwungen, die die Verfassungsauslegung bestimmte: Er beteuerte seine Treue gegenüber den parlamentarischen Grundsätzen und stellte fest, daß «das Auflösungsrecht nicht zu einem Regierungssystem erhoben» werden dürfe. Auch wenn die meisten den Sieg von Republikanern und Parlament positiver beurteilten als Treitschke, seine Einschätzung des fundamentalen Wandels von 1877 wurde von allen geteilt: «Die Verfassung ist tatsächlich völlig umgestaltet. In Wahrheit ist die Regierung nur noch ein Werkzeug in der Hand der Mehrheit der Abgeordnetenkammer; der Sieg der republikanischen Partei ist so vollständig wie die Unterwerfung des Präsidenten.» Die Hierarchie der Gewalten war klar: «Die exekutive Gewalt hat ihre gesetzmäßige Selbständigkeit gänzlich verloren und an der Spitze des Staates steht ein Konvent – ein Konvent von zwei Kammern.»[26]

Kurz bevor im deutschen Kaiserreich Bismarck mit seiner Reichstagsrede vom 9. Juli 1879 das Ende der «liberalen Ära» besiegelte, hatten in Frankreich Republik und Parlament diesen Sieg von 1877 komplettiert. Nachdem auch der Senat mehrheitlich republikanisch geworden war, schied Mac-Mahon am 30. Januar 1879 freiwillig aus dem Amt, mit Jules Grévy wurde ein republikanischer Liberaler zum Präsidenten der Republik. Der von den deutschen Liberalen so begrüßte französische Vereinbarungsparlamentarismus war damit endgültig passé. In Deutschland hingegen setzte ein Teil der Liberalen trotz der konservativen Wende des Kanzlers auch weiterhin auf die Politik einer «beiderseitigen Mäßigung [...] zwischen einer stark monarchischen, sogar autoritären Regierung und einer maßvollen, ihrer Verantwortlichkeit bewußten liberalen Partei».[27] Während der Parlamentarismus in Frankreich unter liberaler Vorherrschaft «absolut» wurde, wurde er im selben Moment in Deutschland vom realpolitischen Flügel der Liberalen *ad calendas graecas*, vom linksliberalen auf die Zeit nach Bismarck vertagt.

3. Das französische Schreckbild: Der «absolute» Parlamentarismus 1877–1899

Übereinstimmend urteilten die deutschen Liberalen, daß mit dem Wegfall des Präsidenten als einer Institution, die «mit *selbständiger* Gewalt den Kammern gegenübersteht, eine der weisesten und am meisten moderierenden Einrichtungen der neuen Verfassung tatsächlich außer Geltung gesetzt» worden war. Obwohl in Frankreich nach 1877 ein gemäßigter Liberalismus dominierte, erkannten sie doch nur eine Gefahr: Daß es «weder monarchische noch aristokratische Elemente voll lebendiger Kraft und Wirksamkeit [gebe], um der verheerenden Gewalt des allgemeinen direkten Stimmrechts [...] gegenüber einen Damm der Kultur und der Ordnung aufrichten zu können». Klarer denn je trat jetzt grundlegende Skepsis gegenüber einem System zutage, in dem die «gewählte Abgeordnetenkammer die oberste Gewalt im Staate an sich gerissen» habe: Die Legitimierung politischer Macht allein über eine arithmetische Mehrheit von Parlamentariern mochte dort denkbar sein, wo die Konkurrenten, «weil sie das Grundgesetz des Staates anerkennen, ruhig ihre Stunde des Glücks abwarten». Überall dort, wo die Gesellschaft wie in Frankreich von tiefen Gegensätzen geprägt und damit «die Neigung zu Kompromissen, zu einem Ausgleich mit der feindlichen Partei» wenig entwickelt sei, biete dieses System – und hierin waren sich die Liberalen von der freisinnigen *Nation* bis hin zu den zwischen Freikonservatismus und Nationalliberalismus changierenden *Preußischen Jahrbüchern* einig – nun einmal die Chance zur «Unterdrückung der Minderheit».[28]

Unter einem solchen Blickwinkel hatte der Verfassungskonflikt zu gleich doppelter Kompromißlosigkeit geführt: In der Kammer dominierte eine liberal-republikanische Mehrheit, die wegen tiefer Differenzen über Staatsform oder Kirche kaum zum Ausgleich mit der Opposition fähig sein konnte; die Kammer selbst dominierte widerstandslos die Institutionen. Dies mochte Vorteile haben – solange der Liberalismus die Mehrheit behielt. Schon 1879 aber fragte die *National-Zeitung*, ob dem Liberalismus in einer Republik, in der «allein die Zahl» herrsche, die Majorität der Kammern «treu bleiben» werde. «Die Schwierigkeit der Lage für die französische Republik», formulierte sie, «liegt in jenen dunklen Schichten, die zur politischen Herrschaft aus der untersten Tiefe empordrängen. [...] In einer Republik ist der Andrang der Massen doppelt so stark als in einer Monarchie. Zwischen der Regierung und dem Volke gibt es keine Zwischenklasse der Aristokratie, keine feste Hierarchie der Beamtenwelt.»[29]

Mit ihrer Beobachtung, daß «die gemäßigten Elemente, die Vernunft-Republikaner, immer mehr an Raum und Macht gegenüber den Republikanern aus Leidenschaft» verlieren, hatte sie jedenfalls Recht.[30] Bei den Wahlen von 1885 verlor der Liberalismus seine hegemoniale Position. Er war von nun an gezwungen, die Macht mit immer entschiedeneren Liberal- und dann Radikal-Demokraten zu teilen. Zwar war *ein* Kritikpunkt am französischen Parlamentarismus damit erst einmal obsolet: Die Herrschaft nur einer Partei schien in weite Ferne gerückt. Gerade weil nun aber eine Situation eingetreten war, in der das Parlament zwar das Institutionengefüge beherrschte, im Parlament aber keine politische Strömung eine Mehrheit besaß – weder die zurückgefallenen Liberalen, noch die aufsteigenden Demokraten und die stabilisierten Konservativen oder gar die noch sehr schwachen Sozialisten –, wurde die Kritik unter umgekehrten Vorzeichen noch schärfer. Seit den 1880er Jahren avancierte der Parlamentarismus des Nachbarn zum Negativbeispiel par excellence: Die *Nation* sprach von «Zersetzung und Fäulniß des bestehenden Systems» und die *Preußischen Jahrbücher* vom «Bild eines sinkenden Staates». Schon 1881 wies denn der gouvernementale Liberale Friedrich Thudichum befriedigt darauf hin, daß die «gründlichere Beleuchtung der fremdländischen Einrichtungen durch deutsche Gelehrsamkeit» wesentlich zum Abbau der «schwärmerischen Begeisterung für das Fremde» beitrage. Sicher sei der «Eifer» begreiflich gewesen, mit dem in Deutschland neben den englischen auch französische Staatseinrichtungen und Lehren studiert worden seien, «weil diese Länder in außerordentlich vielen Beziehungen einen großen Vorsprung vor uns hatten». Die Aufrichtung des deutschen Reichs und die Entwicklung des französischen Parlamentarismus bewirkten jetzt aber, daß «die Zeit der blinden Nachahmung des Fremden zu schwinden» beginne.[31]

Zwar bestünden in Frankreich mit seinem «sehr großen Stande ganz kleiner Besitzer» Chancen, daß sogar das allgemeine Wahlrecht «bewahrende» Auswirkungen habe. Die Zerrissenheit der Gesellschaft über politische und kulturelle Fragen, über die Staatsform, die Organisation der Institutionen, die Ausweitung der Demokratie oder die Haltung zur Kirche führe aber zu einer in unversöhnliche Parteien «zerklüfteten» Volksvertretung. Eine zu große Zahl zu schwacher Fraktionen mache es unmöglich, «die Regierung auch nur eine Zeitlang mit kräftiger Hand und ihres Besitzes sicher zu führen». Von einem «regularisierten Wechsel der Parteiregierung» könne überhaupt nicht die Rede sein. «Die Zersplitterung der Parteien mit ihren fluktuierenden Majoritäten hatte der Regierung den festen Boden entzogen», schrieb der Frankreichspezialist der *Nation* mit Blick auf die 1880er und 1890er Jahre.[32] Das Urteil des Staatsrechtlers Paul Laband, wonach die Voraussetzung fehle, unter welcher das parlamentarische System «allein sich gedeihlich entwickeln und behaupten kann, an zwei sich gegenüberstehenden, fest organisierten Parteien», wurde weithin geteilt. Vor dem Hintergrund des «britischen Originales» vermochte auch sein Kollege Georg Jellinek nur noch eine «kontinentale Abart» zu erkennen, in der – so die verbreitete Metapher – die Regierungsgewalt zum «Spielball» und die Minister zu «Kegeln» einer wechselnden, nach persönlichen Interessen sich bildenden und auflösenden Mehrheit geworden seien. «Plus ça change, plus c'est la même chose», urteilte *Die Nation* 1898 im Rückblick auf vier Legislaturperioden, in denen die Regierungen im Durchschnitt nach nur acht Monaten wieder stürzten.[33] Mit Bedauern wurde dabei die unter demokratischem Druck fortschreitende Erosion der beiden anderen Institutionen der Verfassung von 1875 registriert. 1881 hatte ein erster Frontalangriff keinen Erfolg, drei Jahre später aber gelang, so die *National-Zeitung*, die «Demokratisierung des Senates»: Mit dem Beschluß, künftig keine lebenslänglichen Mitglieder mehr zu kooptieren, sei dem französischen Oberhaus sein «eigentlicher Rückenknochen» entnommen worden. Vergleichbares galt für die Stellung des Präsidenten: Hier habe der vorzeitige Rücktritt Grévys auf Druck einer «linkeren» Kammermehrheit 1887 erneut der «Verfassung eine gefährliche Wunde» geschlagen.[34]

Der eigentliche Grund, der im Urteil der deutschen Kritik den französischen Parlamentarismus entlegitimierte, war, daß zu häufige Regierungswechsel die Erfüllung der Leistungsanforderungen verhinderten. Regierungsinstabilität – für die *Preußischen Jahrbücher* «das

Erbübel des reinen Parlamentarismus» – und Unfähigkeit zur Leistung wurden ohne weiteres gleichgesetzt. Wenn, so die übliche herablassende Wendung, «einmal wieder eine Ministerkrise ausgebrochen» war, weil die Kabinette «die ‹erlaubte› Dauer eines französischen Ministeriums überschritten», dann wurde oft hinzugefügt, daß hierdurch eine «Politik sachlicher Geschäftsmäßigkeit» oder «ruhiger Besonnenheit» grundsätzlich unmöglich werde. «Lange» und «schwierige Aufgaben», wie sie die beiden Grundimperative der äußeren Sicherheit und der ‹inneren› Integration der Gesellschaft stellten – «Ordnung und Sicherheit auf der einen, Glanz und Stärke auf der anderen Seite», wie der politische Kolumnist Constantin Rößler das «unklare Bedürfnis der Massen» definierte – erforderten, so *Die Nation*, «ein konsequentes Regiment».[35]

In den 1880er Jahren kamen die deutschen Liberalen zur Überzeugung, daß die Franzosen jetzt zwar grundsätzlich die parlamentarische Republik «beibehalten und unterstützen würden», daß diese dafür aber auch «etwas leisten» müsse. «Wenn diese Leistungen immer wieder ausbleiben, wie es in der Natur der bestehenden Verfassung liegt, dann ist es mit dieser Republik vorbei.» Dieser Nexus zwischen Leistung und Legitimität dominierte die Analysen von links bis rechts und führte immer wieder zu Untergangsprognosen. So war der vorübergehend bedrohliche Boulangismus Ende der 1880er Jahre vor allem ein Zeichen für die «republikanische Unfähigkeit», die das Volk veranlasse, «zu jedem Quacksalber als Retter» aufzuschauen. «Die Bevölkerung wendet sich von jenen Gewalten ab, die nichts leisten und die nur der Spielball für parlamentarische Intriguen waren», interpretierte *Die Nation.* Ganz ähnlich wurden die Auswirkungen des Panama-Korruptionsskandals von 1892 und vor allem die Dreyfus-Affäre Ende der 1890er Jahre gesehen.[36]

Für die deutschen Liberalen war das parlamentarische Frankreich, mal latent, mal offen, auf der Suche nach einer leistungsfähigeren Systemalternative: «Lange wird eine Lage wie diese nicht mehr andauern, und man muß darauf gefaßt sein, daß irgend eine Form des Staatsstreichs ganz plötzlich aus Paris gemeldet wird», schrieb *Die Nation* im Oktober 1898. Selbst wenn liberalere Frankreichbeobachter in Deutschland dem apodiktischen Urteil des sehr konservativen Constantin Rößler widersprochen hätten, wonach «die parlamentarische Republik [...] nichts leisten» konnte und «der regierende Parlamentarismus überhaupt nichts», so waren auch sie bis ans Ende des Jahrhunderts durchweg der Meinung, daß der französische Parlamentarismus «im Ganzen für uns Deutsche weder belehrend noch anziehend» war.[37]

4. Legitimierung durch Leistung: Die deutschen Linksliberalen und der Parlamentarismus der Linkskoalitionen 1900–1914

Nachdem die Dritte Republik die drei Krisen der 1880er und 1890er Jahre überlebt hatte und mittlerweile über ein Vierteljahrhundert bestand, waren die linksliberalen deutschen Kommentatoren zur Überzeugung gekommen, daß der Parlamentarismus in der demokratischen Republik wohl wider Erwarten doch feste Wurzel gefaßt hatte. Sie revidierten nicht nur im Lauf der zwei Jahrzehnte bis 1914 ihr bisheriges negatives Urteil über das politische System des französischen Nachbarn. Sie bauten sogar in der Frankreichbeobachtung entwickelte Argumente in Forderungen nach einem Verfassungswandel im Kaiserreich ein. Schon bei der Bildung des 32. Kabinettes der Dritten Republik unter Loubet im März 1892 billigte *Die Nation* den Pessimisten in Deutschland zwar noch zu, daß auch diese Regierung wohl bald wieder stürzen werde und daß damit «der politische Philister in Deutschland einen neuen Anlaß haben [werde] zu Deklamationen gegen das verderbliche parlamentarische Regiment». Richtig sei aber nur, daß durch einen erneuten Ministerwechsel «die Stetigkeit der politischen Entwicklung nicht gesteigert» werde. Ausschlaggebend aber sei, daß «Frankreich sich in diesem Jahrhundert unter keinem Regiment verhältnismäßig so großer Ruhe zu erfreuen hatte, wie unter der jetzigen Republik, und wenn es dem politischen Temperament Frankreichs entspricht, von Zeit zu Zeit ein Ministerium zu Falle zu bringen, so ist der seit zwanzig Jahren herrschende innere Friede gewiß nicht zu teuer durch das Öffnen eines so kleinen Ventiles erkauft».[38]

Das Kriterium der Qualität der Machtausübung durch die parlamentarische Republik, das zuvor zu einem so negativen Urteil geführt hatte, ließ also jetzt nach dem Dafürhalten der Linksliberalen viel positivere Bewertungen zu. Wenn sich in Deutschland, so Conrad Haußmann 1907, seit der Dreyfus-Affäre «ein in die Tiefe gehender Umschwung der bürgerlichen Meinungen über Frankreich vollzogen» habe, dann liege dies an den überzeugenden Leistungen der parlamentarischen Politik. Immer zahlreicher wurden die linksliberalen Stimmen, die im Leistungsvergleich der Systeme gegen den deutschen Konstitutionalismus und zugunsten des französischen Parlamentarismus entschieden. «Daß unsere gegenwärtigen politischen Zustände gesünder seien als diejenigen parlamentarisch regierter Länder», könne man «ohne starke nationale Befangenheit kaum behaupten», meinte beispielsweise der freisinnige Reichstagsabgeordnete und Herausgeber der *Nation* Theodor Barth. Und der Nationalökonom Alfred Weber entgegnete 1907 seinem Kollegen

Gustav Schmoller in einer Debatte über Parlamentarisierung, daß es überhaupt «willkürlich» sei, das «rein parlamentarische Regime Frankreichs an Qualität heute hinter das irgendeines anderen Landes der Erde zu stellen».[39] Dieses Regime, so Weber, könne beispielsweise mit der Erwerbung eines «gewaltigen Kolonialreiches» auf die «geradezu glänzenden Erfolge verweisen, die die auswärtige Politik» gehabt habe. Was die Innenpolitik betraf, so berichteten linksliberale Korrespondenten immer wieder enthusiastisch, vergesse die Republik über dem «wunderbaren Emporblühen» in wirtschaftlicher und finanzieller Hinsicht eine «an praktischen Ergebnissen reiche» Sozialpolitik nicht. Während Deutschland zu seiner «lieben blauschwarzen Reaktion» zurückkehre, sei Frankreich «überall bemüht, sozialen Frieden zu stiften und die sozialen Gegensätze nach Kräften auszugleichen». Die größte Leistung überhaupt aber sei die Trennung von Staat und Kirche von 1905. Während sich in Deutschland «ein fatalistischer Zug bei allen Auseinandersetzungen mit der katholischen Kirche eingeschlichen» habe, gehe die demokratisch-liberale Linkskoalition unter Combes mit «wirklichem Geschick» und «großer Courage» zu Werke. Während im protestantischen Deutschland, so Franz Haidhäuser 1905 in der *Hilfe*, das Zentrum Trumpf sei, habe der Klerikalismus im katholischen Frankreich eine eklatante Niederlage erlitten. Für die deutschen Beobachter erklärten diese Leistungen, warum der Liberalismus und besonders seine fortschrittliche Variante seit dem Ende des 19. Jahrhunderts in der Republik zwar auch Stimmenanteile verlor, aber immer noch weit bessere Wahlergebnisse erzielte als im Kaiserreich. Das allgemeine Stimmrecht, stellte *Die Nation* fest, zeige sich beim westlichen Nachbarn «nicht unbesonnen».[40]

Wenn Frankreich inzwischen «mit mindestens gleich großem diplomatischem und ökonomischem Erfolg regiert wird wie Preußen», dann vor allem aus zwei Gründen. Zum *einen* gelinge es dem Parlamentarismus besser als dem Konstitutionalismus, eine leistungsfähige Elite hervorzubringen. Es reiche heute nicht mehr aus, «durch langjährigen Bürodienst im Staatsamte, oder durch das Mirakel der alleinseligmachenden adligen Geburt den vollgültigen Beweis staatsmännischer Befähigung» zu erbringen. Gerade der Vergleich mit Frankreich lehre, daß Deutschland Ursache habe, Männer regieren zu lassen, «die durch eigenes Verdienst und nicht bloß durch das Verdienst ihrer Großväter emporgekommen sind». Weil aber, so das *Berliner Tageblatt* 1908, in Deutschland die Mitglieder der Regierung nicht aus der Parlamentsmehrheit entnommen werden, werde ausgerechnet an der Spitze verhindert, daß sich «neue Talente» der politischen Karriere widmeten. Die Einflußlosigkeit des

Reichstags im Vergleich zum französischen Parlament sei, so Hellmuth von Gerlach, zu offenkundig: «Das Parlament ist eben bei uns keine Staffel zur Macht, sondern das fast unfehlbare Mittel dauernder Kaltstellung».[41]

Zum *anderen* habe Frankreich eines der Hauptargumente gegen den Parlamentarismus, das Fehlen einheitlicher Majoritäten bei gegebener «Parteizerrissenheit» in vorbildlicher Weise entkräftet. 1896 wurde unter dem Rechtsliberalen Méline durch die Annäherung der katholischen Konservativen an die Republik zum ersten Mal die Bildung einer dauerhafteren liberal-konservativen Mehrheit als Koalition der Rechten möglich. Drei Jahre später – nach der Spaltung des Liberalismus über die Dreyfus-Affäre in eine linke und eine rechte Partei – gelang unter Waldeck-Rousseau eine genauso stabile Linkskoalition von den fortschrittlichen Liberalen über die Demokraten bis hin zu den reformistischen Sozialisten. Für deutsche Linksliberale hatte Frankreich mit seinen als *Défense républicaine*, dann als *Bloc* quasi-institutionalisierten Koalitionen das Rezept für den Parlamentarismus der Zukunft gefunden: Ein Zweiparteiensystem, argumentierte Theodor Barth, sei grundsätzlich kaum mehr denkbar, weil mit der «Verschiedenartigkeit der wirtschaftlichen Interessen» auch die Verschiedenartigkeit der «Ansprüche an Gesetzgebung und Verwaltung» gestiegen sei. Deshalb entstünden anstelle «größerer einheitlicher Parteien, die jede für sich im Stande wären, eine Majorität im Parlamente zu bilden, innerlich verwandte Parteigruppen [...], die getrennt marschieren und doch wenigstens in den großen Fragen vereint schlagen». Und genau hierfür, so Alfred Weber, sei Frankreich das Beispiel: «Es ist keine Frage, es gibt auch ein auf demokratischen Parteien und auf Partei-Zersplitterung aufgebautes gutes parlamentarisches Regiment und gerade Frankreich hat mit seiner heutigen Blockpolitik auch das vom englischen Vorbild gänzlich abweichende technische Mittel dafür gefunden.»[42]

Frankreich war besonders für diejenigen Vorbild, die mit Weber oder Barth einen «Block der Linken» herbeiwünschten, eine Koalition «von Bassermann an». Für den *März*, die *Hilfe* oder *Die Nation* wurde der Architekt dieser Politik, der fortschrittliche Liberale Pierre Waldeck-Rousseau, der bis 1902 fast über die Dauer einer Legislaturperiode regierte, zu einer mit Lob geradezu überschütteten Schlüsselfigur. Dieser «superiore Politiker», habe während der Dreyfus-Affäre nicht nur die Republik erfolgreich gegen die Rechte verteidigt. Es sei ihm durch die Bildung einer «ausschlaggebenden parlamentarischen Macht der ‹Linken›« – einer Koalition bei der die Fraktionen «durch geringfügige, erst allmählich sich summierende

Differenzen vom Liberalismus bis zur Sozialdemokratie hinüberspielen», – gelungen, eine starke, reformfreundliche Regierungspartei zu bilden: «Seit dem genialen Waldeck-Rousseau», so *Die Nation*, «entwickelt sich in Frankreich allmählich eine Republik, die dieses Namens würdig ist; ein Staat mit modernen Ideen.»[43] Die Politik beider Flügel, sowohl des reformistischen Sozialismus als auch des fortschrittlichen Liberalismus, sei dabei beispielhaft. Überall in der linksliberalen Publizistik wurde die «staatserhaltende» Taktik des Sozialismus der Millerand oder Jaurès gelobt, die gleichzeitig im Auge behalte, «im Verein mit den Liberalen zu erstreiten, was ihnen gemeinsam ist»: «Man wird zugestehen müssen», so das Urteil, «daß der französische Sozialismus an politischer Klugheit vorbildlich für die deutsche Arbeiterpartei geworden ist.» Umgekehrt habe auch «der liberale Staatsmann Waldeck-Rousseau durch Aufnahme eines Sozialisten in sein Ministerium den Ring der politischen Vorurteile kühn durchbrochen». Tatsächlich hatte die Linkskoalition über Jahre hinweg bestand und Frankreich erreichte im folgenden Jahrzehnt eine bislang unbekannte Regierungsstabilität. Befriedigt wurde geurteilt, daß der von Waldeck geschaffene «Block» sich als «widerstands- und leistungsfähig erwiesen» habe.[44]

Bedeutende Linksliberale folgerten also seit der Jahrhundertwende aus dem Vergleich, daß es ein «schwerer Irrtum» Bismarcks gewesen sei zu glauben, «die Regierung werde umso stärker sein, je mehr der Einfluß des Parlaments zurückgedämmt werde». Wo das Parlament sich, wie in Deutschland, «tatsächlich auf bloß kritische Funktionen beschränkt», sei das Ergebnis in Wirklichkeit «ewige Friktionen» und «Systemlosigkeit in der Regiererei»: «Die Schwäche unserer Parlamente ist längst auch zu einer Schwäche unserer Regierungen geworden». Die Schlußfolgerung aus dieser Diagnose war klar: «Auch Deutschland muß zu einer parlamentarischen Regierungsform übergehen.»[45]

5. Die Rechtfertigung des Konstitutionalismus aus der Krise des Parlamentarismus? Die nationalliberale Frankreichanalyse 1900–1914

Trotz dieses neuen und positiven Urteils gestanden manche fortschrittliche Liberale doch gleichzeitig ein, daß über die Jahre hinweg «der Parlamentarismus beim französischen Volk [selbst] unleugbar an Prestige verloren» habe. Was der Frankreichkorrespondent der *Hilfe* 1910 nur andeutete und was Samuel Saenger schon 1897 in der *Nation* mit dem Rechtsliberalen Charles Benoist als *Krise des modernen Staates* hervorhob, wurde besonders von Nationalliberalen mit Interesse verfolgt: In Frankreich wurde nicht mehr nur an den Rändern, sondern gerade in der Mitte des politischen Spektrums, also «entschieden liberalen Kreisen», starke Kritik am parlamentarischen Regierungssystem laut. Bereits seit den 1890er Jahren berichteten die *Preußischen Jahrbücher* immer wieder vom «heftigen Widerwillen, ja Ekel gegen das herrschende Regime», der unter Frankreichs Liberalen grassiere. Und für die *Zeitschrift für Politik* war die «allgemeine, und, wie es dünkt, recht tiefgehende Unzufriedenheit» mit dem Parlamentarismus 1910 die «hervorstechendste Erscheinung» im Bild von der Republik.[46]

Schon einige Jahre vorher war der nationalliberale Staatsrechtler Georg Jellinek unter dem Eindruck des so «erstaunlichen Mißtrauens gegen die einst mit so großen Kämpfen und Opfern» erstrittenen Einrichtungen zum Schluß gekommen, es sei «von der größten Wichtigkeit», sich als Deutscher mit der «sehr energischen und nachhaltigen» Literatur französischer Liberaler auseinanderzusetzen, die «völlig auf dem Boden der konstitutionellen Staatsordnung stehen», dennoch aber auf «das Ungenügende», ja «Verwerfliche» der parlamentarischen Institutionen hinweise. Während im linken Teil des Liberalismus Parlamentarisierungsforderungen wieder lauter erhoben wurden und der monarchische Gedanke in Deutschland mit der Daily-Telegraph Affäre Ende 1908, wie Hans Delbrück zugab, die «schwerste Niederlage» über sich ergehen lassen mußte, erkannte ein anderer Teil, daß der Parlamentarismus im Übergang zur demokratischen Massengesellschaft und zum Sozial- und Wirtschaftsstaat in den am längsten parlamentarisierten Staaten in eine schwere Legitimationskrise geraten war.[47]

Deutlicher als je zuvor gaben die Analysen nach der Jahrhundertwende zu erkennen, wie sehr die Frage der Machtausübung den liberalen Kriterienkatalog bei der Beurteilung des Parlamentarismus dominierte. «Der Wert einer jeden politischen Institution», so kurz und bündig Georg Jellinek, werde aus «der von ihr bewiesenen Leistungsfähigkeit erschlossen». Dies umsomehr als man sich einig war, daß «in dem Maße, als sich eine Nation zur Demokratie hin entwikkelt», die «Masse der Bürger jeden Tag anspruchsvoller» werde. Aufmerksam wurde deshalb registriert, daß in Frankreich gerade Liberale bezweifelten, daß der Parlamentarismus den Leistungsimperativen der modernen Gesellschaft gerecht werden könne, und ihm stattdessen «schwere Mängel» attestierten. «Sehr beachtenswerte Kritiker des heutigen Staatsbaus Frankreichs», referierte Georg Jellinek, hatten sich offensichtlich Argumente der deutschen Kritik aus den vergangenen Jahrzehnten zu eigen gemacht und sahen in der Parlamentsvorherrschaft das Problem. Sie bedinge die «stärker als anderswo hervortretende Unbeständigkeit der Kabinette» und damit die

«Unfähigkeit der Kammern zu ständiger, zweckentsprechender legislatorischer Tätigkeit».[48]

Damit vermochten Nationalliberale auch kaum das Lob über die durch den Parlamentarismus rekrutierte Elite zu teilen. Seit den 1880er Jahren bezogen sich *National-Zeitung* und *Preußische Jahrbücher* auf die unter französischen Notabeln geläufige Kritik, wonach das *suffrage universel* mittlerweile eine «deliberierende Regierung beschere, deren Mitglieder in der ausschlaggebenden Mehrzahl aus Leuten bestehen, die keinen Begriff von Staat, Welt und Regierungsgeschäften haben, noch jemals haben können». Seit der Jahrhundertwende habe sich in Frankreich diese Kritik an den Eliten generalisiert. Das Diktum Aristide Briands wurde in Deutschland gern weitergereicht, wonach das Rekrutierungsfeld der französischen Politik, die Arrondissements-Wahlkreise, mittlerweile zu «stagnierenden Sümpfen» verkommen seien, wo «der Schankwirt und der Spielpächter» als Häuptlinge der lokalen Komitees sich zu «Gebietern des allgemeinen Stimmrechts» aufgeschwungen hätten und damit «kompetente und lautere Persönlichkeiten von der Teilnahme am politischen Leben» abgeschreckt würden. So sei die Gesetzgebung mittlerweile «schleuderhaft und dilettantisch» geworden, während «die Leitung der Ressorts durch parlamentarische Mittelmäßigkeiten die Verwaltung in Verfall geraten» lasse. Die liberale französische Parlamentarismuskritik verdeutliche, so Jellinek, daß die Parlamente «ihre glänzendsten Tage zu der Zeit hatten, als sie aus beschränktem Wahlrecht hervorgingen oder als sie – bei noch nicht weit genug vorgeschrittener Demokratisierung der Gesellschaft – freiwillig die Führung durch soziale Stellung oder hervorragende individuelle Eigenschaften Ausgezeichneten überließen». Die «laute Klage» über den leistungsunfähigen Parlamentarismus, so das Resümee, sei eine Folge des sinkenden Niveaus der Parlamente, wie es die «Demokratisierung der Gesellschaft» nun einmal mit sich bringe.[49]

Angesichts des liberalen Lamentierens über die Leistungsdefizite der *Chambre des Députés* kamen konservativere Beobachter im Systemvergleich denn auch auf andere Ergebnisse als die Linksliberalen. Nach einem Vierteljahrhundert uneingeschränkt demokratischer Republik, schrieben die *Preußischen Jahrbücher* 1894, hätten die Franzosen «mit Ausnahme eines großen Volksschulsystems, schlechterdings gar nichts für die Massen getan». Gerade auf sozialem Gebiet wurde gerne von einer völligen Unfruchtbarkeit Frankreichs gesprochen, das «nicht eine einzige gesetzgeberische Reform ersten Ranges» zustande gebracht habe: Vergeblich habe es sich bemüht, mit einer Altersversicherung seinen Bürgern die «Wohltaten einer

Institution zu verschaffen, welche das deutsche Kaisertum [...] zu verwirklichen verstanden» hat. Auch mißlinge der Republik «die in den großen Monarchien längst vollbrachte Tat» einer Einkommenssteuer. «So strengt sich Westeuropa auf den verschiedensten Gebieten an, das nach der Behauptung unserer Malkontenten so zurückgebliebene Deutschland einzuholen», resümierte Emil Daniels im Juni 1914.[50]

Dabei lieferte die Parlamentarismuskritik aus Frankreich noch ganz andere Argumente: Indem er sich ausdrücklich auf die dortige Diskussion bezog, beschrieb nicht nur Georg Jellinek eine Krise parlamentarischer Repräsentation: Der «juristische, durch die Repräsentation gebildete Volkswille» entspreche nicht mehr der Summe der in der Gesellschaft vorhandenen tatsächlichen Willen, womit das Parlament nicht mehr als berufener, zumindest als alleine berufener Verteidiger der Volksrechte gelten könne. In Frankreich war zwar kaum die Verzerrung der Repräsentation durch Parteioligarchien zu verzeichnen. Gerade das Fehlen starker Parteien bedinge aber, so der Staatsrechtler Wilhelm Hasbach, daß es zur «täglichen Sorge der Ministerien» geworden sei, sich im Parlament eine ausreichende «Schar von Getreuen durch materielle Vorteile zu sichern». Weil aber der umworbene Abgeordnete «alle öffentlichen Dinge unter dem Gesichtspunkte, ob sie seinem Wahlbezirke schaden oder nützen», betrachte, würden im französischen Parlamentarismus, wo politische Cliquen mit der Regierung um Konzessionen «feilschten und schacherten», lokale und jedenfalls partikulare Interessen «oft in ganz unverhüllter Weise anstelle des Gesamtinteresses» treten. Ähnliche Auswirkungen seien durch die immer stärkere «Organisation des Volkes» in der modernen Gesellschaft in Gruppen, Vereinen und Verbänden zu befürchten. An Stelle der «atomisierten Volksmasse», so Jellinek 1906, bestehe «eine überreiche, schon heute kaum übersehbare Gliederung». Vergeblich werde versucht, dieser Gliederung durch parlamentarische Wahlrechte adäquaten Ausdruck zu geben: Von den «Willen der tausendfältigen Volksgruppen» gelange immer «eine sehr große Zahl nie zur Repräsentation», während andere im Parlament dominierten.[51] Eine Krise parlamentarischer Repräsentation sei schließlich durch eine weitere Entwicklung eingetreten: Am Ende der Dreyfus-Affäre hatte *Die Nation* die These aufgestellt, daß in Wahrheit die Presse den Kampf geführt habe. Sie habe Parlament, Regierung und Präsident «widerwillig, aber doch schließlich unwiderstehlich in den Dienst der Wahrheit» gezwungen. Dabei sei die Affaire nur ein Beispiel dafür, daß das neunzehnte Jahrhundert an seinem Ende «in allen Fragen des öffentlichen Wohles weit stärker noch durch die Presse als durch den Parlamentarismus beeinflußt sei». Für Georg Jellinek waren die Zeiten, in denen die parlamentarische Tribüne der einzige Ort war, um wirksamen Einfluß auf die Regierung zu nehmen, «längst vorbei». Gerade in den westlichen Demokratien sei die Entwicklung der Presse «eine so ungeheure», daß deren «energische Rüge öffentlicher Mißstände oft viel stärkere Erfolge hat als parlamentarische Kritik».[52]

Für deutsche Liberale war es hochinteressant zu beobachten, wie in Frankreich auf die Diagnose der neuen Leistungs- und Repräsentationsdefizite reagiert wurde. Als Anekdote konnte noch gelten, daß der einflußlose liberale Orleanismus schon 1887 in einem Manifest eine Verfassung gefordert hatte, bei der – so die *Preußischen Jahrbücher* – die Organisation der Gewalten «recht genau aus der Praxis der deutschen Monarchie geschöpft» zu sein schien. Wichtig war deutschen Liberalen jedoch zu beobachten, daß seit den 1890er Jahren auch immer mehr republikanische Liberale zur Überzeugung gelangten, nur noch die «Aussuchung und richtige Plazierung der Gegengewichte gegen die bloße Herrschaft der Zahl» könne zur Korrektur der Mängel des französischen Regierungssystems führen. Der mildeste Reformvorschlag sei das Projekt einer einschneidenden Reform des geltenden Wahlrechts. Mit Hilfe von Listen- und Verhältniswahlrecht sollten gleichzeitig die Repräsentation vernachlässigter Minderheiten und die Qualität und damit Leistungsfähigkeit der Parlamentarier verbessert werden. Sichergestellt werden solle, daß «die Teilnahme an den gesetzgebenden Versammlungen nicht lediglich der Kopfzahl anheimfalle» und daß «dem öffentlichen Leben neue Männer zugeführt» würden, die, «ungleich den heute vorwaltenden Radikalen, zu Höherem befähigt seien, als an Priestern und Mönchen kleinliche Verfolgungssucht zu üben».[53]

Noch bezeichnender als diese Projekte zur Einhegung der parlamentarischen Demokratie – mit der doppelten Intention, sowohl die Leistung des Parlamentarismus, als auch den Einfluß des Liberalismus zu sichern – waren die französischen Überlegungen, die Macht des Parlamentes zurückzuführen oder aber Regierung und Staatsoberhaupt zu stärken. So notierte der Politikwissenschaftler Max Garr, daß liberale Franzosen verlangten, den Abgeordneten in Sachen des Staaatshaushaltes schlichtweg die Gesetzesinitiative zu nehmen, während die *Preußischen Jahrbücher* berichteten, daß der Senat «gründlich umgestaltet» und «intensiv gestärkt» werden solle, indem «dem korporativen Prinzip eine mächtige Vertretung» gegeben werde. Hier nähere man sich in Frankreich – und dies sei doch eine «beachtenswerte Tatsache» – demselben Prinzip wieder an, «auf dem das preußische Herrenhaus zu einem bedeutenden Teil aufgebaut ist». Georg Jellinek fiel auf, daß eine krasse Modifikation des «parlamentarischen Ministeriums» in der Form verlangt wurde, «daß das Kabinett – ähnlich wie in Amerika – nicht mehr den Kammern entnommen» werden dürfe, und Hans Delbrück betonte süffisant, daß eine Aufwertung des Präsidenten der Republik intendiert werde, der nicht mehr «eine Puppe in den Händen der Kammern», sondern stattdessen wieder «mit einer gewissen monarchischen Gewalt bekleidet» sein solle.[54]

Auf Dauer, so Jellinek, gebe es nur eine Alternative: entweder die Vorherrschaft eines den Fluktuationen der Parteien ausgesetzten Parlamentes oder deren Korrektur im Sinne einer Festigung der Regierung. Seiner Ansicht nach boten nicht nur die liberalen Projekte, sondern auch die jüngste Vergangenheit Frankreichs – die die Linksliberalen zwar erkannt, aber nicht richtig bewertet hatten – hierfür «das interessanteste Beispiel». Indem seit Waldeck-Rousseau die Kabinette durch Parteidisziplin und Koalitionsbildung verstärkt wurden, sei «eine Wendung eingetreten», mit der Frankreich in die Bahnen einlenke, die sich auch in England und den Vereinigten Staaten zeigten: Überall sei die Verfassungswandlung von einer Stärkung nicht etwa des Parlamentes, sondern vielmehr der Regierung begleitet. Zwar könnten die zeitlichen Grenzen der Kabinette vom Parlament eng gezogen werden. Solange sie aber im Amt seien, finde parlamentarische Kontrolle kaum statt: «Es ist daher ganz richtig, wenn gesagt wurde, daß ein moderner französischer Ministerpräsident mächtiger sei als einst Ludwig XIV., der bei der noch nicht völlig durchgeführten Zentralisation Frankreichs zur Zeit des Ancien Régime seinen Willen keineswegs überall gegen Widerstrebende durchzusetzen vermochte».[55]

Auch in Frankreich trete, zwar «nicht der Form, wohl aber der Sache nach», die parlamentarische Initiative hinter die der Regierung zurück. Gleichzeitig nähmen Presse und Verbände, also «Organisationen außerhalb des Parlamentes, die in dieses vielleicht kaum oder gar nicht hineinreichen [...] ihren Einfluß auf die Leitung der Staaten über die Häupter des Parlamentes hinweg». Es gebe also gerade «in Staaten mit fortgeschrittener Demokratisierung» bereits eine doppelte, auf die Beschränkung des Parlaments hinauslaufende Unmittelbarkeit: einerseits eine faktisch vorhandene «unmittelbare Teilnahme des Volkes an der Staatsgewalt», andererseits ein durch «unmittelbare Betrachtung und Kenntnis der Volksbedürfnisse» geleitetes Handeln der Exekutive. So lag nach Jellineks komparativer Interpretation «der gewaltigste Verfassungswechsel der neueren Geschichte» darin, daß «über die Parlamente, über diese in so vielen Staaten künstlichen Schöpfungen der neuesten Zeit hinweg, die beiden einzigen unzerstörbaren natürlichen Mächte des Staates: Regierung und Volk, einander unmittelbar gegenüberzustehen beginnen». Mit dem Entstehen einer «direkten Diskussion zwischen Regierung und Volk» ergebe sich dann auch – neben der Verantwortlichkeit der Regierungen vor dem Parlament – «eine neue Art der Verantwortlichkeit»: eine «soziale Verantwortlichkeit» der Regierungen direkt vor dem Volk. Diese Entwicklung erkläre vielleicht, so Jellinek, die «merkwürdige Erscheinung, daß trotz oder vielleicht vermöge der fortschreitenden Demokratisierung die persönliche Stellung monarchischer und republikanischer Staatshäupter in der Gegenwart im Aufwärtssteigen begriffen» sei.[56]

Den deutschen Liberalen boten die Diagnose der Legitimationsprobleme des Parlamentarismus aus Leistungs- und Repräsentationsdefiziten auf der einen und die Korrekturversuche der französischen Liberalen sowie die Tendenzen der realen Entwicklung Frankreichs auf der anderen Seite die Möglichkeit, die Option zugunsten des Konstitutionalismus neu zu legitimieren. Die *Preußischen Jahrbücher* beispielsweise gaben 1909 ganz offen zu, daß sie die von Franzosen «selbst gezeichneten Stimmungsbilder [...] hergesetzt [hatten], um hinzuführen auf die Stärke unseres Regierungssystems». In einer solchen Perspektive lag es nahe, mit dem Blick nach Westen *erstens* zu betonen, daß im deutschen Kaiserreich seit langem erkannt worden sei, daß «die Hauptsache [...] die weise Selbstbeschränkung des Parlaments selbst» sei und bleibe. Daß die mit Parlamenten verbundenen «Nachteile sich nicht stärker geltend gemacht haben», sinnierte Hans Delbrück 1906 in einer Auseinandersetzung mit Frankreich, «verdanken wir doch zum Teil dem Umstand, daß der Reichstag nur eine beschränkte Kompetenz hat und daß neben ihm die Landtage mit qualifiziertem Wahlrecht standen». *Zweitens* erschien auch die Stellung von Kaiser und Reichsleitung in neuem Licht: Gerade weil der Reichstag «keine Majorität hat und haben kann, die imstande wäre, eine Regierung zu bilden», gerade weil er sich darauf beschränkt habe, als «Faktor der Gesetzgebung [...] gute, subalterne Arbeit» zu leisten, sei es in Deutschland möglich gewesen, daß Staatsoberhaupt und Regierung sich «mit schiedsrichterlicher Obergewalt [...] ihre Autorität» bewahrt hätten. Zwar wollte Hans Delbrück 1910 nicht behaupten, «daß die Überfülle der obrigkeitlichen Gewalt in der preußischen Monarchie etwas absolut Wertvolles sei», und er gestand auch zu, daß «der geweckte und befriedigte Freiheitssinn der Westeuropäer [...] sein Gutes» haben könne. Aber jetzt war er sich umso sicherer, daß Deutschland «doch auch große Vorteile aus [seiner] starken, auf sich selber ruhenden Exekutive» ziehe.[57]

Im Rückblick auf viereinhalb Jahrzehnte wird deutlich, daß schon die Zustimmung zum französischen Verfassungskompromiß von 1875 das zeigte, was Parlamentarismus für die Hauptströmung des deutschen Liberalismus *höchstens* bedeuten konnte: die *Teilhabe* des Parlamentes an der Macht im Sinne einer Mitwirkung bei der gemeinschaftlichen Ausübung der Regierungsgewalt mit einem auf eigener Legitimationsbasis ruhenden Staatsoberhaupt und einer Regierung. Im französischen Gleichgewichtsmodell, wie es in der Tradition von Constant und Prévost-Paradol den Grundgesetzen der Dritten Republik zugrundelag, konnten sich die in der Tradition der älteren Organismustheorien stehenden deutschen Liberalen noch wiederfinden: Auch dort ordneten sich Monarch und Parlament gemeinsam in einen Gesamtzusammenhang ein. Zwar gaben die deutschen Liberalen noch zu, daß das französische Gleichgewicht weniger durch das Parlament, als vielmehr durch das Staatsoberhaupt angegriffen worden war. Das Endergebnis des Verfassungskonflikts Ende 1877 aber, die unumschränkte Parlamentsherrschaft, war deutschen Liberalen grundsätzlich fremd.

Aus zweierlei Gründen war es für sie schwierig, wie die Franzosen im Parlament den alleinigen Ort zur Bildung legitimer Herrschaft über die Entwicklung eines, wie Ernst Fraenkel sagte, «hypothetischen Volkswillens» anzusehen. *Erstens* gingen zwar auch die deutschen Liberalen von der Existenz eines Volkswillens aus, den das Parlament möglichst treu abbilden sollte. Dieser «empirische Volkswille» aber trat dem ausschlaggebenden staatlichen Willen gegenüber, in den er auf dem Weg der Vereinbarung Eingang fand. «Allen» in Deutschland, so Hans Delbrück 1900, sei diese Auffassung «in Fleisch und Blut übergegangen». Die deutsche Verfassung beruhe also «auf dem freien Zusammenwirken einer Bundesregierung unter Führung des Kaisers mit einem von dem gesamten Volke nach allgemeinem gleichem Stimmrecht gewählten Reichstag. Der Reichstag repräsentiert den bunten Wirrwarr der zahllosen im Volke vorhandenen verschiedenen und entgegengesetzten Ideen, Tendenzen und Interessen». Die Regierung solle zwar mit diesen Fühlung halten, selbst aber «über ihnen allen stehen, sich in niemandes Dienst begeben, sondern allein das Staats- und Reichsinteresse wahrnehmen». Weil an einer historisch legitimierten Staatssouveränität mit dem Monarchen als Träger festgehalten und damit abgelehnt wurde, beispielsweise die Kommandogewalt «auf die Volksvertretung oder auf Minister [zu] übertragen [...], die *nur vom Volk* ihre Legitimation ableiten», konnte auch eine Verstärkung des Parlamentes nur als Verstärkung seiner Kontroll- und Mitwirkungsrechte an einem Staatswillen aufgefaßt werden, der vom Volk zu einem Gutteil abgekoppelt blieb. Mit dem Gepäck der deutschen Tradition parlamentarischer Repräsentation befrachtet, blieben deutsche Liberale selten, die wie Hellmuth von Gerlach, den (französischen) Parlamentarismus wirklich verstanden hatten und selbst vom «Kampf um die Einsetzung des Volkes in seine Souveränitätsrechte» sprachen.[58]

Wie die liberale Frankreichanalyse *zweitens* deutlich zeigte, war das Mißtrauen gegenüber der Machtbildung aus Mehrheiten groß, weil auch diese wegen der befürchteten Unterdrückung der Minderheit im Widerspruch zum Vermittlungsgedanken stand: Friedrich Naumann erfaßte in seinem Beitrag zur Verfassungsdebatte des Reichstags 1908 den Kern dieser deutschen Problematik wohl richtig: «Wir haben die konfessionelle Zerspaltung mit ihren uns allen bekannten Folgen und sprechen, auch abgesehen von der konfessionellen Zerspaltung, politisch verschiedene Dialekte im Süden und Norden. Wenn nun auf diesem politischen Untergrunde die politische Willensbildung einsetzen soll, dann ist das die Frage einer langen und schwierigen Erziehung.» Nicht nur angesichts grundsätzlicher Unterschiede in der Frage der Machtbildung rückte also die Frage der Machtausübung in der Hierarchie der Beurteilungs- und damit überhaupt der Legitimationskriterien des (französischen) Parlamentarismus nach vorne. Gerade wegen der tiefen Spaltungslinien in Deutschland bemaß sich hier die Legitimität eines politischen Systems besonders stark über seine Effizienz: Galt es nicht, durch gelungene Integrationsleistungen auf sozialem Gebiet gesellschaftliche Bruchlinien sekundär zu überbrücken, die auf der primären Ebene kaum reduziert werden konnten? Naumann erwartete 1908 jedenfalls zu recht, daß jedweden Verfassungsreformbestrebungen genau diese Hierarchie der Legitimationskriterien entgegengehalten werden würde: «Wie kann man einen Kulturfortschritt wie diese Eisenbahn, wie kann man eine nationale Aufgabe, wie diese oder jene Finanzbewilligung leiden lassen, um eines politischen Fortschritts willen?» Dies war und dies blieb in Deutschland ein zugkräftiges Argument.[59]

Hierfür spricht nicht zuletzt, daß die linksliberale Forderung, den parlamentarischen Mitwirkungsanspruch auszuweiten, dann verstärkt wurde, als im Vergleich mit Frankreich die Leistungsfähigkeit des Konstitutionalismus fragwürdiger wurde. Der gleichzeitige nationalliberale Blick ergab allerdings eine andere Diagnose: Gerade die französischen Liberalen kritisierten aufgrund angeblicher Repräsentativitäts- und Leistungsmängel das eigene Parlament. Sie sprachen von einer Krise des Parlamentarismus in einer Gesellschaft im Wandel und plädierten für die Schwächung der demokratischen

Legislative und die Einführung einer aktiveren und unabhängigeren Exekutive. Ausgerechnet Frankreich gab sich, wie ein Beobachter 1912 schrieb, vom «Parlamentarismus übersättigt» und wollte ihn reformieren, ja überwand ihn möglicherweise bereits im Sinne eines Systems, von dem erhofft wurde, daß es durch direkteren Kontakt der Bevölkerung mit der Exekutive die Repräsentationsprobleme und durch höhere Effizienz die Leistungsanforderungen bewältige. Umso plausibler aber konnte in Deutschland die Haltung erscheinen, die Friedrich Naumann 1907 in der *Hilfe* beklagte: «Die Leute sagen sich: wozu sollen wir uns für ein parlamentarisches Regiment totschießen lassen, da wir nicht wissen, was es leisten wird?»[60]

Anmerkungen

[1] *Heinrich August Winkler*, Streitfragen deutscher Geschichte. München 1997, 42. Daß Deutschland, wie *Wolfgang J. Mommsen*, Das Ringen um den nationalen Staat. Berlin 1993, 26, schreibt, 1867 die westlichen Demokratien regelrecht «überholt» habe, läßt sich nicht ohne weiteres behaupten: in Frankreich galt seit 1848 durchgehend das allgemeine Männerwahlrecht – wenn auch mit der für das *Second Empire* typischen Praxis der «candidature officielle». Vgl. *Pierre Rosanvallon*, Le Sacre du citoyen. Histoire du suffrage universel en France. Paris 1992.

[2] Vgl. *Christoph Schönberger*, Das Parlament im Anstaltsstaat. Zur Theorie parlamentarischer Repräsentation in der Staatsrechtslehre des Kaiserreichs (1871–1918). Frankfurt/M. 1997 147f. und 257f.

[3] *Richard Schmidt*, Parlamentsregierung und Parlamentskontrolle in Deutschland, in: Zeitschrift für Politik, 2 (1909), 192. Zum Verhältnis der Liberalen zu Parlamentarismus und Parlamentarisierung hier nur: *Dieter Langewiesche*, Liberalismus in Deutschland. Frankfurt 1988, 108, 131, 166, 173–180, 222–233.

[4] Analysiert wurden: Preußische Jahrbücher (1870–1914) [fortan zitiert als PJ], hier besonders die «Politische Korrespondenz» [fortan «PK»]; Die Nation (1887–1907) [fortan DN], hier besonders die «Politische Wochenübersicht» [fortan «PW»]. Ausgewertet wurden weiterhin die Hilfe (1895–1914), März (1907–1914) und die Süddeutschen Monatshefte (1908–1914). Zu Schlüsselereignissen (1870er Jahre, punktuell danach) wurde Tagespresse (insbesondere National-Zeitung [fortan NZ] und Kölnische Zeitung [fortan KZ]) herangezogen, zusätzlich die im ff. zitierten rechts- und politikwissenschaftlichen Periodika und Monographien.

[5] So war *Dieter Grosser*, Vom monarchischen Konstitutionalismus zur parlamentarischen Demokratie. Die Verfassungspolitik der deutschen Parteien im letzten Jahrzehnt des Kaiserreichs. Den Haag 1970, 137 der Meinung, vor 1914 habe kaum eine solche Auseinandersetzung stattgefunden. Lediglich dem englischen Parlamentarismus wurde genauer nachgespürt: *Reinhard J. Lamer*, Der englische Parlamentarismus in der deutschen politischen Theorie im Zeitalter

Bismarcks (1857–1890). Ein Beitrag zur Vorgeschichte des deutschen Parlamentarismus. Lübeck, Hamburg 1963.

[6] Zitate aus: *Siegfried Brie*, Die gegenwärtige Verfassung Frankreichs, in: Festschrift Rudolf von Gneist. Breslau 1888, 1; «Die französische Republik», in: NZ, 1 und *Heinrich von Treitschke*, «Zum Jahresanfang», in: PJ, 41 (1878), 10.

[7] So die NZ in: «Urteile über die Franzosen», 19. 3. 1871, MA, 1/2 aber auch z. B. *Theodor Barth*, «Politische Neujahrsbetrachtungen», in: DN, 31. 12. 1892, 207.

[8] *Julian Schmidt*, «Thiers», in: PJ, 40 (1876), 529 und *Richard Usinger*, «Der politische Zustand Frankreichs», in: ebd., 27 (1871), 28.

[9] *Heinrich von Treitschke*, «Parteien und Fraktionen», in: PJ, 27 (1871), 179. Die vorstehenden Zitate dess. aus: «Das Zweikammersystem und das Herrenhaus», in: ebd., 31 (1873), 238–239 und: «Die europäische Lage am Jahresschlusse», in: ebd., 40 (1877), 657.

[10] «Die Revolution der französischen Republikaner», in: NZ, 15. 11. 1877, 1.

[11] Zitate aus den Leitartikeln der KZ, «Mac-Mahons siebenjährige Präsidentschaft», 25. 11. 1873, 2. Blatt, 1 und «Die französische Republik», 26. 1. 1875, 2. Bl., 1.

[12] «Die französische Republik», in: KZ, 26. 1. 1875, 2. Bl., 1.

[13] «PK», in: PJ, 26 (1870), 508.

[14] Zitate der Reihe nach aus: «Frankreich in den letzten drei Jahren», in: PJ, 3 (1874), 645; KZ, 26. 1. 1875, 2. Bl., 1; *Brie*, Verfassung (wie Anm. 7), 5; NZ, 12. 6. 1877, MA, 1. und ebd., 27. 2. 1875, 1.

[15] Korrespondentenbericht der NZ, 1. 2. 1875, AA., 1 und «Die französische Republik», in: ebd., 26. 1. 1875, 2. Bl., 1.

[16] *Brie*, Verfassung (wie Anm. 6), 35.

[17] Mitteilung aus Paris, in: KZ, 12. 3. 1875, 2. Bl., 1.

[18] Zitate aus den Leitartikeln der KZ vom 22. und 23. 2. 1876, 2. Bl., 1.

[19] Zitate aus den Korrespondentenberichten aus Paris, in: KZ, 2. 3. 1876, 2. Bl., 2 und 10. 3. 1876, 2. Bl., 1.

[20] «Der republikanische Wahlsieg in Frankreich», in: NZ, 24. 2. 1876, MA, 1; «Frankreich nach den Wahlen», in: NZ, 27. 2. 1876, MA, 1.

[21] *Heinrich von Treitschke*, «Die europäische Lage» (wie Anm. 8), 659–660.

[22] Vgl. die Korrespondentenberichte aus Paris in der NZ, 23. 5. 1877, 2 und 30. 5. 1877, 2 und der Leitartikel «Ein Jahr französischen Verfassungslebens», in: ebd., 12. 6. 1877, MA, 1.; Zitate aus den Leitartikeln der NZ, «Der französische Senat und der europäische Frieden», 9. 6. 1877, MA, 1, «Die Entscheidung des französischen Senats», 21. 6. 1877, MA, 1 und «Der zweite Akt des französischen Dramas», 17. 6. 1877, MA, 1/2.

[23] Zitate aus den Leitartikeln der NZ, «Der zweite Akt des französischen Dramas», 17. 6. 1877, MA, 1 und «Ein Jahr französischen Verfassungslebens», 12. 6. 1877, MA, 1.

[24] «Französische Aussichten», in: NZ, 13. 9. 1877, 1–2.

[25] «Paris, Rom, Plewna», in: NZ, 2.12. 1. 1877, 1.

[26] Die beiden Quellen des Abschnitts: «Die Krisis in Frankreich», in: NZ, 14. 12. 1877, 1 und *Heinrich von Treitschke*, «Zum Jahresanfang», in: PJ, 41 (1878), 100.

27 So Eduard Lasker in einem Rückblick auf liberale Politik vor 1879. *Er* setzte die Politik des Kompromisses ab 1880 nicht fort (zit. nach *Dieter Langewiesche*, Liberalismus (wie Anm. 3) 166).

28 Zitate des Abschnitts der Reihe nach: *Heinrich von Treitschke*, «Zur Lage», in: PJ, 47 (1878), 100; «Frankreich und die Amnestie», in: NZ, 23. 2. 1879, MA, 1.; «PW», in: DN, 8. 12. 1888, 145.

29 *Harry Alis*, «Die agrarische Schutzzollbewegung in Frankreich», in: DN, 22. 2. 1890, 312; «Die Staatsveränderung in Frankreich», in: NZ, 2. 2. 1879, MA, 1.

30 «Die Rückkehr aus Versailles», in: NZ, 30. 3. 1879, MA, 1.

31 «PW», in: DN, 24. 11. 1888, 108; «PK», in: PJ, September 1909, 557; *Friedrich Thudichum*, «Über parlamentarische Regierung», in: PJ, 47 (1881), 557.

32 Zu den Wahlen: «PK» in den PJ, 54 (1884), 287 und 56 (1885), 316–317; 57 (1886), 79; zu Parteien und Parlament in Frankreich: «PW», in: DN, 13. 5. 1893, 494 und 29. 10. 1898, 57 und «PK», in: PJ, 68 (1891), 896; *Felix Schotthoefer*, «Jean Casimir-Périer», in: DN, 23. 3. 1907, 388.

33 Zitate aus: *Paul Laband*, «Die staatsrechtliche Stellung des Präsidenten der französischen Republik», in: Deutsche Juristen-Zeitung, 1. 11. 1898, 437; *Georg Jellinek*, Allgemeine Staatslehre. Berlin 3. Aufl. 1914, 53; Metaphern z.B.: «PW», in: DN, 2. 2. 1889, 263; «PK», in: PJ, 61 (1888), 641; «PW», in: DN, 2. 7. 1898, 570.

34 «Die französische Nationalversammlung 1871–1876», in: NZ, 12. 3. 1876, MA, 1; zum Senat: Regierung und Kammern in Frankreich, in: NZ, 17. 12. 1881, MA, 1/2; zur Senatsreform: «Europäische Verfassungsfragen», in: NZ, 7. 12. 1884, 1; und «PW», in: DN, 29. 2. 1896, 331.

35 *Emil Daniels*, «PK», in: PJ, Februar 1914, 395; *M. Handl*, «Die französischen Wahlen und eine neue Parole», in: DN, 3. 5. 1902, 484 und die «Politischen Wochenübersichten» der Nation, 21. 5. 1897, 502; 10. 12. 1887, 142 und 9. 8. 1902, 706; «PK», in: PJ, 61 (1888), 520.

36 Die Zitate des Absatzes aus: «PK», in: PJ, 61 (1888), 521; zum Boulangismus: ebd., 415 und «PW», in: DN, 2. 2. 1889, 263; zum Panama-Skandal: *Von der Brüggen*, «PK», in: PJ, 71 (1893), 560; zur Dreyfus-Affäre: PJ, 91 (1898), 585f. und v.a. die dichten Berichte in: DN, z.B. 29. 11. 1897, 251; 22. 10. 1898, 44 usw.

37 «PW», in: DN, 29. 10. 1898, 58; «PK», in: PJ, 61 (1888), 641 und 65 (1890), 226.

38 Zitate aus den «Politischen Wochenübersichten» der *Nation*: 10. 1. 1891, 224; 12. 9. 1891, 768 und 15. 3. 1892, 344.

39 *Conrad Haußmann*, «A vous Allemands», in: März, 15. 5. 1907, 266f.; *Theodor Barth*, «Parlamentarische Regierung», in: DN, 2. 4. 1892, 405; *Alfred Weber*, «Konstitutionelle oder parlamentarische Regierung in Deutschland?», in: Neue Freie Presse, 21. 4. 1907, wiederabgedr. in: ders., Ideen zur Staats- und Kultursoziologie. Karlsruhe 1927, 63.

40 Zitate des Absatzes: zu den wirtschaftlichen Erfolgen: «PW», in: DN, 20. 1. 1894; zu den sozialpolitschen Erfolgen: *Hermann Fernau*, «Briand und der Sozialismus», in: Die Hilfe, 7. 5. 1905, 530–531; ders., «Vor den französischen Wahlen», in: ebd., 24. 4. 1910, 249 und «PW», in: DN, 24. 3. 1906, 385; 21. 4.

1906, 450; zur Trennung von Staat und Kirche: DN, 23. 9. 1902, 738; ebd., 2. 4. 1904, 418; ebd., 22. 4. 1905, 565; *Conrad Haußmann*, Allemands, (vgl. Anm. 39), 266; *Franz Haidhäuser*, «Trennung von Staat und Kirche in Frankreich», in: Die Hilfe, 7. 5. 1905, 7; «PW», in: DN, 9. 9. 1893, 747.

41 *M. Philippson*, «Ein französischer Staatsmann als Biograph Richelieus», in: DN, 5. 12. 1896, 150; «PW», in: ebd., 30. 4. 1904, 481 und ebd., 16. 3. 1907, 369; «Die «uferlosen Forderungen»», in: Berliner Tageblatt, 30. 11. 1908, 1.; *Hellmuth von Gerlach*, Das Parlament. Frankfurt 1907, 21.

42 *Theodor Barth*, «Die Eiterbeule», in: DN, 8. 12. 1906, 148; ders., «Parteien und Programme», in: DN, 9. 12. 1893, 145 und ders., «Parteipolitik», in: ebd., 13. 1. 1894, 221; *Weber*, Regierung (wie Anm. 39), 64.

43 Zitate der Reihe nach: *Theodor Barth*, «Das persönliche Regiment», in: DN, 24. 11. 1906, 116; Weber, Regierung (wie Anm. 39), 64; *Hermann Fernau*, «Das Kabinett Monis», in: Die Hilfe, 9. 3. 1911, 147; «PW», in: DN, 9. 6. 1900, 500; *Theodor Barth*, «PW», in: DN, 29. 12. 1900, 194; Geschichte der Frankfurter Zeitung 1856–1906, Frankfurt 1906, 794; «PW», in: DN, 17. 1. 1903, 242 und zuletzt ebd., in: DN, 18. 1. 1902, 242.

44 Zitate aus den «PW» in: DN: 19. 5. 1906, 513; 4. 6. 1904, 562; *Otto Harnack*, «Der Niedergang des Liberalismus in Deutschland», in: März, 1.8..1908, 180; *Theodor Barth*, «PW», in: DN, 22. 6. 1901, 594; zum Sozialismus sonst: «PW», in: DN, 21. 4. 1900, 399; ebd, 4. 6. 1904, 562.

45 *Theodor Barth*, «Die Eiterbeule», in: DN, 8. 12. 1906, 148.

46 *Hermann Fernau*, «Vor den französischen Wahlen», in: Die Hilfe, 24. 4. 1910, 249; *Samuel Saenger*, «Die Krisis des modernen Staates», in: DN, 6. 11. 1897, 82; *Emil Daniels*, «PK», in: PJ, Juli 1909, 170; *Max Garr*, Die Frage der Wahlreform in Frankreich, in: Zeitschrift für Politik, 3 (1910), 397.

47 *Georg Jellinek*, Verfassungsänderung und Verfassungswandlung. Eine staatsrechtlich-politische Abhandlung. Berlin 1906, 52 und 61; *Hans Delbrück*, «Die Krisis des persönlichen Regiments», in: PJ, Dezember 1908, 575.

48 Die vorstehenden Zitate des Absatzes: *Jellinek*, Verfassungsänderung (wie Anm. 47), 61; *Hermann Fernau*, Das Ministerium Caillaux, in: Die Hilfe, 13. 7. 1911 und wieder *Jellinek*, 53.

49 «Europäische Verfassungsfragen», in: NZ, 7. 12. 1884, 1; «PK», in: PJ, 60 (1887), 409; *Garr*, Wahlreform (wie Anm. 46), 397 und 399; *Delbrück*, «PK», in: PJ, Januar 1910, 185 und *Jellinek*, Verfassungsänderung (wie Anm. 47), 72–73.

50 *Delbrück*, «PK», in: PJ, 77 (1894), 391; ebd., 125 (1906), 190; ebd., April 1911, 166; zur Altersversicherung: ebd., Oktober 1909, 181; zur Einkommensteuer: ebd., Mai 1910, 363; ebd., März 1914, 588; *Daniels*, «PK», in: PJ, Juni 1914, 559.

51 *Jellinek*, Verfassungsänderung (wie Anm. 47), 74, 64 und 77. Die weiteren Zitate des Absatzes: *Hasbach*, Die parlamentarische Kabinettsregierung. Eine politische Beschreibung. Stuttgart 1919 [enthält Artikel aus der Vorkriegszeit], 119, 120; *Garr*, Wahlreform (wie Anm. 46), 397; *Delbrück*, «PK», in: PJ, Mai 1909, 361 und *Jellinek*, Verfassungsänderung (wie Anm. 47), 65.

52 *Paul Nathan*, «Ein Aktschluß im Dreyfusdrama», in: DN, 10. 6. 1899, 511 und *Jellinek*, Verfassungsänderung (wie Anm. 47), 72–74.

[53] Die Zitate des Absatzes der Reihe nach: «PK», in: PJ, Mai 1909, 362 und PJ, 60 (1887), 409; «Europäische Verfassungsfragen», in: NZ, 7. 12. 1884, 1; *Daniels*, «PK», in: PJ, März 1914, 588; *Wilhelm Hasbach*, Die Moderne Demokratie. Eine politische Beschreibung. Jena 1912, 207–208.

[54] *Garr*, Wahlreform, (wie Anm. 46), 400; «PK», in: PJ, Mai 1910, 367.

[55] *Jellinek*, Verfassungsänderung (wie Anm. 47), 60, 70–71.

[56] *Jellinek*, Verfassungsänderung (wie Anm. 47), 74–75, 76, 80.

[57] *Jellinek*, Verfassungsänderung (wie Anm. 47), 74–75; *Outis*, «Der Parlamentarismus», in: PJ, 116 (1904), 414 und danach alles aus der «PK», in: PJ, 124 (1906), 594; 100 (1900), 379; 102 (1900), 567; 103 (1901), 543 und November 1910, 371.

[58] *Ernst Fraenkel*, Die repräsentative und die plebiszitäre Komponente im demokratischen Verfassungsstaat [Vortrag von 1958], in: ders., Deutschland und die westlichen Demokratien. Frankfurt/M. 2. Aufl. 1991, 153ff; *Delbrück*, «PK», in: PJ, 102 (1900), 567; *Schmidt*, Parlamentsregierung (wie Anm. 3), 198; *Gerlach*, Parlament (wie Anm. 41), 99; zur deutschen Tradition parlamentarischer Repräsentation *Schönberger*, Parlament (wie Anm. 2).

[59] *Friedrich Naumann*, in: Verhandlungen des Reichstags. Stenographische Berichte, 12. Legislaturperiode, Bd. 233, 3. 12. 1908, 5945.

[60] *Friedrich Naumann*, in: Die Hilfe, 26. 5. 1907, 322.

Paternalismus oder Gleichberechtigung? Arbeitsbeziehungen und soziale Konfliktregelung in liberaler Sicht Ende des 19. Jahrhunderts

Wolther von Kieseritzky

Der deutsche Weg in die Moderne war steinig und kurvenreich. In der Entwicklung vom *Ancien Régime* zum modernen Staat türmten sich die Hindernisse; die Probleme der Staats- und Nationsbildung sowie der Industrialisierung überlagerten sich mit denen der Erweiterung der politischen Partizipation und des Abbaus sozialer Ungleichheit. Darob zerstritten sich die Beteiligten, schlugen Um- und Irrwege ein, gerieten, den falschen Führern folgend, schließlich auf Abwege. Ein wesentlicher Grund hierfür wird gemeinhin in der lediglich partiellen Modernisierung des Kaiserreichs gesehen, die erhebliche Verwerfungen zur Folge hatte. Die «Gleichzeitigkeit des Ungleichzeitigen» verhinderte eine durchgreifende Parlamentarisierung und liberale Umgestaltung des politischen Systems. Die Gesellschaft war fragmentiert, schien in undurchdringliche Milieus «versäult»; soweit das Bürgertum politische Macht besaß, nutzte es diese nur wenig zur Durchsetzung der Ideale eines Rechts- und Verfassungsstaats liberaler Prägung. Die politischen und militärischen Eliten waren vielfach traditionalistisch eingestellt, agierten aber in der entstehenden Massengesellschaft äußerst «modern» und besaßen überdies eine enorme Verfügungsgewalt über technische und wirtschaftliche Potentiale.[1]

Viele der bis heute nachwirkenden Modernisierungsschritte des Kaiserreichs wiesen in ihrem Entstehungsprozeß ein hohes Maß an Widersprüchlichkeit auf. Von einer «ungewollten Modernität» läßt sich dabei nicht nur für das 1867 durchgesetzte demokratische Männerwahlrecht sprechen.[2] Auch für die staatliche Sozialpolitik seit Ende der 1870er Jahre gilt, daß Partizipation und gleichberechtigte Integration der Arbeiterschaft in die Nation eher «wider Willen» erfolgten. Der Impuls zur Einführung der Sozialversicherung lag in der Spannung von konservativ-autoritärem Staat und sozialistischer Arbeiterbewegung.[3] Das Ziel war sozialdefensiv; die materielle Absicherung der industriellen Lohnarbeiter gegen das Risiko, durch Unfall, Krankheit oder Alter zu verarmen, sollte den konstitutionellen Staat und seine Machtverhältnisse stabilisieren, nicht etwa – durch die politische Emanzipation der Arbeiter – reformieren. Innovativ aber waren Mittel und Strukturen der Sozialpolitik wie die Übernahme gesamtgesellschaftlicher Verantwortung für die soziale Sicherung, staatliche Garantien und der Rechtsanspruch auf Entschädigung (so gering diese auch zunächst gewesen ist). Mit der Differenzierung der Arbeiter nach den Kategorien des Arbeitsmarktes, mit dem Leistungsprinzip der Prämien und Erlöse, der Orientierung an Grundwerten sozialer Sicherheit und dem Anspruch an den Staat auf ein Minimum garantierter Lebenschancen förderte die Sozialpolitik einen allmählichen Akkulturationsprozeß der Unterschichten. Bestärkt wurden aber auch eine staatsorientierte Sicht, die in Deutschland ohnehin eine lange Tradition besaß, sowie die Legitimation – und damit der Machterhalt – der alten Eliten.

Dieser «konservativ-revolutionäre Doppelcharakter»[4] staatlicher Sozialpolitik in Deutschland wird besonders deutlich angesichts ihrer Wirkungen auf die politische Emanzipation der Arbeiterschaft: So führten etwa die Selbstverwaltungsorganisationen speziell der Krankenversicherung langfristig zu einem Partizipationsschub für die Arbeiterbewegung. Gerade dies hatte Bismarck zu verhindern gesucht: Nicht die wirkliche Beteiligung, sondern die Befriedung der Arbeiter war sein Ziel gewesen. Es war daher auch kein Zufall, daß der Kanzler sein Vorhaben propagandistisch in komplementären Zusammenhang mit dem Repressionsgesetz gegen die Sozialdemokratie rückte, obwohl die Sozialreform bereits lange zuvor in den 1870er Jahren geplant worden war.[5]

Von Anfang an freilich bestanden Zweifel, ob das Ziel einer grundsätzlichen «Aussöhnung» der Klassen mit den Mitteln der Versicherung überhaupt möglich sei. Das Programm finanzieller Kompensation sei «irrig», befand Theodor Lohmann, Bismarcks wichtigster «sozialpolitischer Gegenspieler»[6] und in Arbeiterfragen federführender Beamter des Preußischen Handelsministeriums, weil «Befriedigung» nur erreicht werde, wenn man den Arbeitern «das Gefühl wirklicher Gleichberechtigung mit den besitzenden Klassen [...] verschaffen» könne.[7] Damit waren ganz andere Stränge einer Sozialreform angesprochen: nicht das soziale *Appeasement* der Versicherung, sondern das Arbeitsrecht, betriebliche Arbeitervertretungen, das Koalitionsrecht der Arbeiter sowie Gewerbegerichte und Einigungsämter. Während aber die Arbeiterversicherung dank der veränderten politischen Konstellationen nach 1878/79 realisiert wurde, besaßen Versuche, die Fabrikunternehmer zu größerer Verantwortung und Vorsorge im betrieblichen Unfallschutz zu verpflichten – ein Konzept, das die Mitarbeiter Lohmanns mit Priorität und großer

Energie vorbereitet hatten –, angesichts der Ablehnung Bismarcks und der Mehrheitsverhältnisse im Reichstag erst in den 1890er Jahren Aussicht auf Erfolg.

Dabei sind die verschiedenen Lösungsansätze der Sozialreform keine absoluten Gegensätze. Vielmehr verzahnen sie sich in Struktur und Wirkungen, was immer die Motive ihrer Entstehung gewesen sein mögen. Weder die Sozialversicherung noch die Arbeitszeitgesetze, Unfallverhütungsvorschriften oder die Gewerbekontrolle trugen einen *per se* emanzipatorischen Charakter für die Arbeiterschaft.[8] Am ehesten wäre dies noch mit einer Arbeitsrechtspolitik vonstatten gegangen, die den politischen Vertretungsinstanzen der Arbeiter Gleichrangigkeit zubilligte. Hier boten sich Ansatzpunkte für langfristige Veränderungen des betrieblichen Herrschaftsverhältnisses. Planungen und Konzepte zur sozialen Konfliktregelung zwischen Unternehmer und Arbeiter und zu den Arbeitsbeziehungen bilden somit eine entscheidende Probe auf den Willen der politischen Eliten, rechtliche und soziale Ungleichheiten abzubauen.

Der beschleunigte Wandel zur industriekapitalistischen Gesellschaft zwang den politischen Liberalismus, seine Auffassung vom Verhältnis zwischen individueller Freiheit, gesellschaftlichem Fortschritt und sozialer Gerechtigkeit zu überprüfen. Die Gewißheit, daß sich ohne lenkende Eingriffe ein sozial befriedigender Ausgleich der Konflikte herstellen würde, war durch das industrielle Fabriksystem und durch die als Zusammenbruch erfahrene Wachstumsstörung der Wirtschaft Anfang der 1870er Jahre erschüttert worden. Mit dem durch die innenpolitische Wende 1878/79 vollzogenen Übergang des Staates zur Intervention in das soziale und wirtschaftliche Leben wurden liberale Instrumente zur Sozialreform, wie Selbsthilfe, Bildung oder genossenschaftliche Assoziation, die auf einer durch den Markt bewirkten Förderung der gesellschaftlichen Harmonie beruhten, in Frage gestellt. Zwar gab es durchaus eine lange liberale Tradition in der Befürwortung eines interventionsfreudigen Staates, doch der radikale Kurswechsel Bismarcks 1878 mit seiner antiliberalen protektionistischen Wirtschaftspolitik, mit dem Sozialistengesetz und der Abkehr von der *Nationalliberalen Partei* (NLP) traf den Kern liberaler Identität.[9]

Die unter Druck geratenen Liberalen reagierten in den 1880er Jahren mit einer allmählichen Umgestaltung ihrer Grundsätze und einer wachsenden Anpassung an die Bedürfnisse des politischen Massenmarktes. Die Nationalliberalen – und mit erheblicher zeitlicher Verzögerung – auch die Linksliberalen freundeten sich nach anfänglicher Ablehnung mit wesentlichen Prinzipien staatlicher Sozialpolitik an. Sie votierten insbesondere, wenn auch vergeblich, für eine Ausgestaltung des Arbeiterschutzes und plädierten für eine umfassende Befugnis der staatlichen Fabrikaufsicht. Alle liberalen Parteien – hier mit umgekehrter Zeitfolge: erst die Fortschrittspartei und Sezession, später auch die Nationalliberalen – intensivierten den Ausbau ihrer Organisation und nahmen Einfluß auf die politische Meinungsbildung und öffentliche Ausdeutung.[10] Die Parteien selbst entwickelten sich graduell von Honoratiorenvereinigungen zu professionell arbeitenden Apparaten, wobei die dem Liberalismus als politischer Bewegung eigentümliche heterogene und persönlichkeitsorientierte Struktur beibehalten wurde. Den begrenzten politischen Spielraum in den 1880er Jahren hatten die Parteieliten – soweit möglich – zum Aushandeln von Kompromissen genutzt und die Bedeutung des parlamentarischen Entscheidungsprozesses *de facto* gemehrt. Verfassungspolitische Forderungen nach Ministerverantwortlichkeit und Parlamentarisierung waren allerdings nur noch selten ernsthaft zu vernehmen, auch wenn die mangelnde Gesetzgebungskompetenz des Reichstags vielfach beklagt wurde.

Wie stand es in dieser Lage um die Durchsetzung eines sozialpolitischen Ansatzes, der – anders als Arbeiterschutz und Arbeiterversicherung – weitgehend liberalen Prinzipien rechtlicher Gleichstellung und Subsidiarität entsprach? Die Gestaltung des Arbeitsrechts folgte dem Gedanken, beide Konfliktpartner zur eigenen Interessenvertretung und Wahrnehmung ihrer Belange innerhalb der Arbeitsbeziehungen zu befähigen. Erkannten die Liberalen, daß sich hier die Chance bot, ein Element gleichberechtigter Konfliktregelung in das System des Kaiserreichs zu implementieren und dadurch eine Richtungsmarkierung zum sozialen Rechtsstaat zu setzen? Wollten sie dies überhaupt? Am Beispiel des Umgangs der Liberalen mit der Ausgestaltung der industriellen Arbeitsbeziehungen, speziell des Koalitionsrechts, der betrieblichen Arbeiterausschüsse und der Gewerbegerichte Anfang der 1890er Jahre werden diese Fragestellungen im folgenden näher untersucht.

1. Nach dem «System Bismarck»: Neue Chancen für die Liberalen?

Wie in einer brennglasartigen Konzentration zeigten sich die liberalen Vorstellungen über die weitere Entwicklung des betrieblichen Herrschaftsverhältnisses beim Beginn des «Neuen Kurses». Zwar hatte es in den 1880er Jahren zahlreiche Revisionsversuche der 1869 verabschiedeten Gewerbeordnung gegeben, doch die von fast allen Parteien positiv gewerteten Gesetzesvorschläge zum Arbeiterschutz waren generell am Veto der Regierung gescheitert. Dies änderte sich erst mit dem Rücktritt Bismarcks. Dabei trifft die Bezeichnung «Neuer Kurs» weniger den inhaltlichen Kern der Vorlagen Caprivis als vielmehr den größeren Spielraum und die offeneren Perspektiven der inneren Politik nach dem Kanzlerwechsel. In sozialpolitischer Hinsicht bedeutete der Wechsel eher den Vollzug und die Erweiterung von sozialreformerischen Ansätzen, deren Problemlösungskapazität bereits aus den 1880er Jahren bekannt war. Die dem Parlament am 6. Mai 1890 vorgelegte Novelle zur Gewerbeordnung bezog sich im ersten Teil hinsichtlich des Arbeiterschutzes – Regelungen der Arbeitszeit für Kinder, Jugendliche und Frauen, der Sonntagsarbeit sowie der Gewerbeaufsicht – größtenteils auf einen von Bismarck nicht umgesetzten Reichstagsbeschluß von 1887. Der zweite Teil der Vorlage enthielt eine Verschärfung der Bestimmungen zum Koalitionsrecht (§§ 152/153).[11] In der Praxis wäre eine Einschränkung des Streikrechts die Folge gewesen; die Regierung beabsichtigte, auf diese Weise Ersatz für das Sozialistengesetz zu erhalten. Dagegen orientierte sich das Gewerbegerichtsgesetz, das teils auf einen liberalen Entwurf zurückging, teils noch unter Bismarcks Kanzlerschaft konzipiert worden war, am Gedanken der Gleichberechtigung und bedeutete insofern einen strukturellen Fortschritt.

Einen entscheidenden Impuls für die neuerliche Diskussion gab der Bergarbeiterstreik im Mai 1889, der zeitlich mit der abschließenden Parlamentsdebatte über die Alters- und Invaliditätsversicherung zusammenfiel. Über 100000 Bergleute im ganzen Reich, besonders im Rheinland, in Westfalen, Schlesien und dem Saarland, beteiligten sich an dem Ausstand. Bei der Schlichtung des Konflikts fanden sich liberale Politiker in verschiedenen Rollen wieder: Die einen waren als Industrielle direkt betroffen wie der Reichstagsabgeordnete der NLP und Vorsitzende des *Vereins für die bergbaulichen Interessen*, Friedrich Hammacher. Die anderen ergriffen die Gelegenheit, um den Konflikt in einer Weise zu regeln, die Liberale als ideal empfinden konnten: durch Verhandlungen zwischen der Arbeiterdelegation und dem Vertreter der Industrie, vermittelt durch die freisinnigen Abgeordneten. Daß die Verhandlungslösung vom Mai 1889, das *Berliner Protokoll*, kurz danach aufgrund von Mißverständnissen und mangelnder Verständigungsbereitschaft der Schwerindustriellen scheiterte, war allerdings mehr als ein Wermutstropfen für die linksliberalen Hoffnungen.[12]

Die Streikereignisse prägten in mehrfacher Hinsicht die Perspektive, in der die Liberalen in den nächsten Jahren sozialpolitische Bestrebungen wahrnahmen: 1. Die tatsächliche Stimmung in der Arbeiterschaft löste bei den liberalen Bürgern einen Schock aus, hatten sich viele bislang doch mit den statistischen Beweisen der allmählichen Verbesserung der sozialen Lage in Sicherheit gewiegt. Stärker als zuvor wurde die unbefriedigende Situation der Arbeiter als Bedrohung für die gesellschaftliche Integration erfahren. 2. Die Zahl der Streikenden, die Dauer und das wiederholte Aufflackern des Ausstands gaben der Angst vor einer Radikalisierung der Arbeiterschaft neue Nahrung. Da sich diese Vorgänge unter dem Ausnahmegesetz gegen die «gemeingefährlichen Bestrebungen der Sozialdemokratie» ereignet hatten, bestärkte dies die ohnehin vorhandenen Zweifel der Liberalen an dessen Wirksamkeit. 3. Unsicherheit weckte auch die begrenzte Reichweite des liberalen Krisenmanagements vom Mai 1889. Mit welchen Mitteln ließ sich das offenbar bedrückende Herrschaftsverhältnis zwischen Arbeiter und Unternehmer in ein Arbeitsverhältnis der friedlichen Konfliktregelung umgestalten?

Der Kanzlerwechsel 1890 schien eine Neuordnung des politischen Kräftefelds zu erlauben. Bismarcks Nachfolger Caprivi signalisierte, er wolle «das Gute nehmen, von wo und durch wen es auch kommt».[13] Adressat dieser als «Versöhnungsrede» verstandenen Ansprache waren vor allem die Linksliberalen, für die die Frage nach ihrer «Regierungsfähigkeit» nun einen realen Hintergrund erhielt. Das «System Bismarck» sei gefallen, und zwar «für immer», jubilierte die *Nation* und witterte die Chance, die jahrelange politische Fesselung durch die Perspektive des prinzipiellen «Für oder Wider Bismarck» abstreifen zu können. Eine Aufbruchstimmung verbreitete sich, die allenfalls der Hoffnung vergleichbar war, die die Linksliberalen Jahre zuvor in den Kronprinzen Friedrich gesetzt hatten. Manche im freisinnigen Lager hegten den Traum, über eine Annäherung der Partei an die Regierungspolitik Caprivis leichter eine Reform des konstitutionellen Systems erkämpfen zu können.[14] Bestärkt wurden derartige Vorstellungen durch die erstmalige Wahl eines Linksliberalen, Karl Baumbach, zum Vizepräsidenten des Reichstags.

Aus der Sicht der Regierung bedeuteten die Ereignisse um den Massenstreik 1889 und die mangelnde Fähigkeit der Unternehmer zur Schlichtung, daß eine friedliche Konfliktregelung – und damit die öffentliche Ordnung – nur durch eine staatliche Intervention zu gewährleisten sei. Der Versuch zur Novellierung der Gewerbeordnung verlief daher zweigleisig: Zum einen sollten die Arbeiter auf betrieblicher Ebene institutionalisierte Mitspracherechte erhalten, zum anderen sollte die weitere Entwicklung ihrer politischen Selbständigkeit und kollektiven Interessenvertretung mittels der Koalitionsgesetzgebung behindert werden. Der Arbeiterschutz erhielt als komplementäres Gegenstück den «Arbeitertrutz».

Wie reagierten die Liberalen auf diese Zumutung? Die Haltung der Linksliberalen war einmütig: Der «Grundfehler des Regierungsentwurfs», faßte Max Hirsch die Kritik am Vorhaben zusammen, sei der «Widerspruch zwischen dem verheißenen Fortschritt der Arbeiterrechte und den damit vermengten reaktionären und arbeiterfeindlichen Bestimmungen».[15] Dagegen waren die Nationalliberalen in dieser Frage gespalten: Johannes v. Miquel lehnte die Verbindung von «Arbeiterschutz» und «Arbeitertrutz» kompromißlos ab, weil er unter diesen Umständen für die gesamte Vorlage im Parlament ein negatives Votum befürchtete, die Regelung des Arbeiterschutzes aber auf alle Fälle retten wollte. Andere Teile der NLP wiederum signalisierten der Regierung ihre Billigung. Mit Hinweis auf Stimmen aus der Industrie wehrten sie sich, das patriarchalische Verhältnis zwischen Unternehmer und Arbeiter «vor der Zeit» aufzulösen.[16]

Die vom Reichstag eingesetzte sozialpolitische Kommission zeichnete sich dann durch einigen Elan aus und lehnte die Verschärfung des Koalitionsrechts ab. Dies blieb auch nach der Intervention der Regierung und nochmaliger parlamentarischer Beratung unverändert der Fall. Damit war das Kalkül der Regierung endgültig fehlgeschlagen, dem Reichstag gleichsam ein Junktim zu präsentieren und die Parteien zu veranlassen, die Verschlechterung des Koalitionsrechts hinzunehmen, um in den Arbeiterschutzregelungen eine Verbesserung zu erreichen.[17]

2. *Betriebliche Arbeitervertretungen als Mittel der Konfliktregelung*

Eine erste Aussprache über den «Neuen Kurs» in der Sozialpolitik hatte es im Preußischen Staatsrat gegeben. Mit Johannes v. Miquel, Rudolf v. Gneist und Egmont Websky wurden drei prominente Nationalliberale in die Beratungen einbezogen. Der Unternehmer Heinrich Freese wirkte in der Rolle eines Fachgutachters mit – als einziger Linksliberaler, da freisinnigen Politikern die Berufung in den Staatsrat verwehrt wurde.[18] Zum Hauptstreitpunkt der Debatte wurden, da sich die Teilnehmer beim Arbeiterschutz weitgehend einig waren, die Kompetenzen betrieblicher Arbeitervertretungen.[19] Sollten diese Ausschüsse als reguläre Institutionen zwingend im Betrieb verankert werden? Miquel setzte dagegen auf fakultative Gremien. Diese sollten die Arbeiter vom konfliktorientierten politischen Handeln zur konkreten praktischen Mitarbeit in den Betrieben bringen und so statt Klassenkampf den friedlichen Ausgleich der Gegensätze bewirken. Miquel nutzte seine Funktion als von Kaiser Wilhelm II. berufener Hauptreferent und setzte seine Position geschickt durch: Einerseits gelang es ihm, restriktivere, auf eine Bestätigung des patriarchalisch-herrschaftlich geführten Betriebs hinauslaufende Vorstellungen aus der Schwerindustrie und dem Bergbau, wie sie etwa Freiherr von Stumm oder Krupp vertraten, abzublokken. Andererseits brachte er damit die Idee weitreichender Befugnisse für die Arbeitergremien, wie sie Freese oder Gustav Schmoller vortrugen, zum Scheitern. Die bevorstehende Auseinandersetzung um die Sozialreform – dies zeigte der Gang der Beratung im Staatsrat – würde vor allem ein Streit um den Grundsatz der betrieblichen Herrschaft sein: Reform des Arbeitsrechts auf der Basis einer paternalistisch-patriarchalischen Perspektive oder der einer Gleichberechtigung der Arbeiter, der die veränderten Produktionsbedingungen berücksichtigte.

Für beide liberale Parteien spielte die Grenzziehung zwischen zulässiger staatlicher Einmischung in das Arbeitsverhältnis und nötiger unternehmerischer Gewalt die entscheidende Rolle. Beide anerkannten die Notwendigkeit, unternehmerischer Willkür zu begegnen und für Arbeitnehmer wie Arbeitgeber bindende Fabrikordnungen zu schaffen, wie es die Regierungsvorlage auch forderte. Größere Differenzen gab es dagegen beim geplanten Sanktionsrecht des Unternehmers. Den Freisinnigen schien es ein Relikt von überlebtem Paternalismus der Unternehmer, daß der Betriebsherr in einer Person Kläger und Richter sein sollte; dagegen schien den Nationalliberalen gerade dieses Mittel sinnvoll, um die Arbeiter zu disziplinieren.[20] Nur wenig war bei diesen Liberalen von der Richtungsänderung zu spüren, die Friedrich Hammacher angesichts des Verhaltens der Unternehmer beim Massenstreik 1889 gefordert hatte: Der Patriarchalismus, wie ihn seine Kollegen, so Hammacher, in den Bergbaubetrieben praktizierten, sei inzwischen «unmöglich. [...] Die Arbeitgeber müssen die Arbeiter als gleichberechtigt anerkennen.»[21]

Die positive Bewertung dieses Teils der Novelle seitens der meisten Linksliberalen beruhte auf der durch die Ausschüsse sichergestellten Mitwirkungsmöglichkeit der Arbeiter bei der Organisation des betrieblichen Ablaufs. Dies bot in ihren Augen die Chance, existierende Gegensätze zu entschärfen und Konflikte zwischen Arbeiter und Unternehmer einvernehmlich beizulegen. Der Radikalisierung der Arbeiter werde aber nur entgegengewirkt, und Streiks würden nur verhindert, wenn diese Vertretungen, so insistierte Karl Baumbach, weitgehende Kompetenzen erhielten und von den Arbeitern selbständig organisiert würden.[22] Aber auch genau die gegenteilige Ansicht war zu vernehmen: Die Einrichtung derartiger Vertretungen werde den Interessengegensatz zwischen Arbeiter und Arbeitgeber institutionalisieren und dadurch vertiefen. Die Gremien drohten den Betriebsfrieden zu stören, statt ihm zu dienen, deshalb müsse die Zuständigkeit der Ausschüsse strikt auf praktische Fragen des Betriebsalltags reduziert bleiben.

Die Regierung hatte im Entwurf darauf verzichtet, die Unternehmer zur Einrichtung der Arbeitervertretungen zu verpflichten. Vergeblich versuchten freisinnige Abgeordnete, in der Kommission eine Änderung dieser Passage zu erreichen.[23] In diesem besonderen Fall schien ihnen nur der Zwang den Erfolg des Gesetzes zu verbürgen, eine Haltung, die bei den Nationalliberalen auf Unverständnis stieß. Deren Ablehnung von obligatorischen Arbeiterausschüssen war allerdings stark interessenpolitisch gefärbt. Die Arbeitgeber verlören, so propagierte der Unternehmer und Reichstagsabgeordnete Theodor Möller, die letzte Entscheidungsgewalt im Betrieb, durch die staatliche Verpflichtung werde ein Keil zwischen Staat und Industrie getrieben.[24] Den eigentlichen Zweck innerbetrieblicher Arbeitnehmervertretungen erblickte dieser Flügel der NLP in der Möglichkeit, die sozialistische Arbeiterbewegung ebenso wie die liberalen Hirsch-Dunckerschen Gewerkvereine zu bekämpfen. Deren Ausgreifen werde behindert, indem sie auf die lokale, betriebsinterne Ebene konzentriert und ihnen eine übergreifende Solidarisierung erschwert würden.[25]

Wie hielten es die liberalen Unternehmer mit Arbeitervertretungen in der Praxis? Bei Heinrich Freeses Jalousienfabrik gab es schon seit längerer Zeit «Ältesten-Kollegien». Ihre Legitimation war allerdings insofern eingeschränkt, als Freese bis in die 1890er Jahre vier der 15 Vertreter selbst ernannte. Im Maschinenbaubetrieb von Ludwig Löwe waren Arbeiterausschüsse gescheitert, da die *Gewerkschaftlichen Fachvereine* diese aus Sorge, ihren Einfluß zu verlieren, nicht unterstützten. Beim Wormser Unternehmen des nationalliberalen Cornelius Heyl existierte keine Arbeitervertretung, statt dessen wurden in jeder Werkstätte Vertrauensleute frei gewählt. Sein Fraktionskollege Siegle hatte bei der BASF ein Ältestenkollegium eingerichtet, das entweder aus den Vorständen der Krankenkassen gebildet oder aber aus deren Mitgliedern gewählt wurde. Da Siegle sich ein Vetorecht gegen deren Beschlüsse vorbehielt, lief dies auf ein paternalistisches Modell der Arbeitsbeziehungen hinaus. Auch der nationalliberale Wilhelm Oechelhäuser hatte in den Gaswerken in Dessau schon seit Jahren Erfahrungen mit Ältestenkollegien gesammelt. Sein Ziel war es, durch Musterstatuten und Beispiele erfolgreicher Arbeiterausschüsse für deren Verbreitung zu werben – ganz ähnlich dem Ansatz linksliberaler Politiker. Die Kompetenzen der einzelnen Arbeiterausschüsse variierten von Betrieb zu Betrieb. Die Gremien dienten als Vermittlungsstelle bei Beschwerden oder Wünschen, als Verwaltungseinrichtung für Kassen und Wohlfahrtseinrichtungen; sie konnten aber auch Disziplinarangelegenheiten regeln und waren für die Fabrikordnung zuständig.[26]

3. Liberale Widersprüche: Gleichberechtigung und die Grenzen des Streikrechts

Wenn es Arbeitern und Arbeitgebern überlassen blieb, die Beschäftigungsbedingungen selbständig auszuhandeln, mußte wirkliche Vertragsfreiheit gewährleistet sein. Dies setzte im Grundsatz die rechtliche Gleichstellung der Vertragspartner und zudem ihre ungefähre «Waffengleichheit» voraus. Der entscheidende Faktor hierfür war die Koalitionsfreiheit. Sie sollte es den Arbeitern ermöglichen, ihre Interessen gegenüber den Unternehmern kollektiv durchzusetzen und die Arbeits- und Lohnverhältnisse in ihrem Sinne zu verbessern. In der Gewerbeordnung von 1845 waren Bündnisse dieser Art noch unter Strafe gestellt worden. Den Unternehmern wurde die Aussperrung, den Arbeitern die Verabredung und Aufforderung zur Arbeitsniederlegung untersagt, ebenso wurde die Bildung von Berufsvereinen oder der Kontraktbruch der Arbeiter geahndet.[27] Erst die Novelle 1869 hob die diesbezüglichen Verbote auf (§ 152). Die dadurch *de facto* geschaffene Koalitionsfreiheit wurde allerdings wieder eingeschränkt. Nicht nur, daß Koalitionsabreden keine Rechtsgültigkeit besaßen, also weder einklagbar noch verpflichtend waren, zusätzlich noch stellte der folgende Passus (§ 153) die Erzwingung von Koalitionen unter Strafe. Gegen die Fortschrittspartei hatten sich in dieser Frage Ende der 1860er Jahre die Nationalliberalen durchgesetzt, die ihr Votum mit dem nötigen Schutz des Einzelnen begründeten. Formell bezog sich die Drohung zwar auf Unternehmer wie Arbeiter gleichermaßen, doch betraf sie in der Praxis fast ausschließlich das Verhalten von Arbeiterorganisationen, etwa bei der Aufstellung von Streikposten. Daß die Sorge, der vermeintliche Schutz des Individualrechts vor kollektivem Zwang werde schnell zum repressiven Instrument des Staates gegen die Gewerkschaften, berechtigt war, zeigten Verhaftungen und Verurteilungen während der Streikhandlungen in den 1870er und 1880er Jahren. Streiks selbst ließen sich damit freilich nicht verhindern, insofern war die Wirkung des § 153 eher ambivalent: nicht von durchschlagender Bedeutung im alltäglichen Konfliktfall, umso prägender aber für das grundsätzliche Verhältnis der Arbeiter zum Staat.[28]

Die Handlungsfreiheit der Arbeiter und ihrer Organisationen blieb fiktiv. Dies verschärfte sich noch durch das geltende Vereins-

und Versammlungsrecht. In den meisten Bundesstaaten war das Berufsvereinsrecht äußerst restriktiv geregelt; die fehlende Rechtsfähigkeit behinderte den Zusammenschluß der Arbeiterkoalitionen zu dauerhaften, machtvollen Vereinigungen. Für die Registrierung der Vereine war u.a. die Vorlage der Mitgliederlisten bei der Polizeibehörde erforderlich, was nicht zu unrecht das Mißtrauen der Gewerkschafter verstärkte und in der Folge das Verhältnis sowohl zu den Behörden als auch zu den Unternehmern belastete.

Mit der Regierungsnovelle von 1890 sollte nun nach den Streikerfahrungen der letzten Jahre und der Nichtverlängerung des Sozialistengesetzes die Koalitionsbildung der Arbeiter erschwert und der Bruch des privaten Arbeitsvertrages als öffentliches Delikt bestraft werden. Verboten wurden nicht nur die Anwendung von körperlichem Zwang oder Drohungen, sondern generell jede Handlung, die darauf gerichtet war, die Arbeiter zur Einstellung der Arbeit zu veranlassen. Damit konnten auch Bewegungen im Vorfeld von Streiks verfolgt werden.

Diese Bestimmungen stellten das Ziel grundsätzlicher Gleichberechtigung der Arbeiter prinzipiell in Frage. Für die Liberalen konnte es darauf unterschiedliche Reaktionen geben: Zum einen konnten die strafverschärfenden Maßnahmen schlicht zurückgewiesen werden. Eine weitergehende Lösung bestand darin, die Möglichkeiten zur kollektiven Interessenvertretung auf eine neue Basis zu stellen. Das Koalitionsrecht konnte etwa von der eng gefaßten Interessenvertretung bei Lohn- und Arbeitsstreitigkeiten innerhalb der einzelnen Gewerbe auf allgemeine sozialpolitische Bestrebungen ausgedehnt werden, wie es zeitweise die Sozialdemokraten gefordert hatten. Als drittes gab es die Möglichkeit, die Kompetenzen der Berufsvereine zu erweitern. Letzteres versuchten in den 1890er Jahren insbesondere die Linksliberalen.

Generelle Angriffe auf das Koalitionsrecht der Arbeiter lehnten die Liberalen *unisono* ab. Gerade in den Jahren größerer Streiks schien die faktische Abschaffung dieses Rechts gefährliche Wirkung haben zu können, zumal die Liberalen auch um die zahlreichen Verstöße gegen die Bestimmungen des § 153 durch «Schwarze Listen» und Absprachen der industriellen Verbände wußten; Vergehen, die zumeist ungeahndet blieben.[29] In der Diskussion um die Strafverschärfung trennten sich allerdings die Wege der Liberalen. Die Meinungsunterschiede reichten viele Jahre zurück; bereits bei der Debatte über die Gewerbeordnung 1869 hatte die Fortschrittspartei gegen die Strafbestimmungen protestiert, die NLP diese aber als ein unentbehrliches Korrelat zur Aufhebung des Koalitionsverbotes mitgetragen.

Die Freisinnigen hielten 1890 an ihrer prinzipiellen Ablehnung fest. Eine Verschärfung hätte ihrer Meinung nach die Koalitionsfreiheit in der Praxis so stark begrenzt, daß den Arbeitern das «Grundrecht» genommen worden wäre. Das gerade abgeschaffte Sozialistengesetz werde, so Hirsch, durch die Hintertür wieder eingeführt. Der Sozialdemokratie wären erneut Gründe für eine erfolgreiche Agitation geliefert, und die Streikaktionen würden fortan eben mit einer «gewisse[n] Heimlichkeit» verlaufen. Dies konterkariere den wichtigsten Ansatz der staatlichen Sozialreform: den Ausgleich zwischen Unternehmer und Arbeiter sowie zwischen Arbeiter und Staat zu befördern. Mit einem Versuch, in dieser Frage ein Gleichgewicht von Arbeitgeber und Arbeiter herzustellen, scheiterten die Freisinnigen in der Reichstagskommission.[30] Am Ende stimmten sie geschlossen gegen den Koalitionsartikel.

Anders die NLP-Fraktion: 17 von 21 Abgeordneten sprachen sich für die Annahme der Artikel aus. Der Reichstag lehnte die Vorlage aber insgesamt ab; die Formeln von 1869 blieben unverändert in Kraft.[31] Die weitgehende nationalliberale Zustimmung resultierte zum einen aus dem Interesse der Unternehmer, die Produktions- und Arbeitsbedingungen ungehindert bestimmen zu können, zum anderen aus dem Wunsch, den organisierten Arbeiterbewegungen möglichst wenig Spielraum zu lassen. Die linksliberale Argumentation, daß gerade diese restriktive Haltung erst die Radikalisierung hervorrufen werde, hielt die NLP nicht für überzeugend – der Agitation der SPD sei sonst überhaupt kein Einhalt zu gebieten. Allein schon die Androhung von Strafe dämme die Zahl der Streiks ein.

Die Ablehnung der Koalitionsfreiheit entsprang dabei unterschiedlichen Motiven: Während die Vorlage für Möller die Chance darstellte, Gewerkvereine und Gewerkschaften in ihrer Aktivität zu behindern, argumentierte Hammacher mit dem nötigen Vertrauensverhältnis zwischen Arbeitgeber und Arbeitnehmer, das Konflikte wie den Streik nicht vertrage. Gleichzeitig kritisierte er, daß die Unternehmer keiner Strafandrohung unterlägen, und betonte, wie nötig die Gleichbehandlung der Arbeiter wäre. Hammacher ging von einem harmonistischen – und damit angesichts der industriekapitalistischen Produktionsbedingungen unrealistischen – Modell der Arbeitsbeziehungen aus. Auch Wilhelm Oechelhäuser lehnte wie Hammacher, mit dem er gemeinsam die *Deutsche Arbeiterzeitung* herausgab, den konfliktorientierten Ansatz ab, doch zog er daraus nicht den Schluß, die Koalitionen der Arbeiter und Unternehmer einzuschränken. Vielmehr griff er das linksliberale Argument auf, durch die Anerkennung der Arbeiterorganisationen und ihre Einbindung in die Diskussionen seien die Arbeiter am ehesten für die Loyalität zum Staat «zurückzugewinnen». Der Staat aber habe sich in jedem Fall neutral zu verhalten.[32]

Mit dem Bruch des Arbeitskontraktes durch die Streikenden hatten die Unternehmer bei den Streiks der vergangenen Jahre die Pflicht des Staates zum Eingreifen begründet. Der massenhafte «Rechtsbruch» hatte auch die Öffentlichkeit in ihrer Haltung zu den Bergarbeitern 1889 gespalten. Da aber die Einhaltung der Kündigungsfrist bei Streiks an der Wirklichkeit vorbeiging, blieb – wie Lujo Brentano auf einer Tagung des *Vereins für Sozialpolitik* 1890 bekräftigte – den Arbeitern zur Interessenwahrnehmung keine andere Wahl, als den Vertrag zu brechen.[33]

Die politische Argumentation der Liberalen beim *Für und Wider* ähnelten denen bei der Koalitionsfreiheit. Die Anomalie der Vorlage bestehe, so Eugen Richter, darin, einen zivilrechtlichen Vorgang mit einer öffentlichen Strafe, der Zahlung einer Geldbuße in Höhe des sechsfachen Wochenlohns, zu bedrohen. Offenbar wollten die Arbeitgeber, statt «selbst zur Wahrnehmung der eigenen Interessen [zu schreiten] sich der Autorität von Polizei und Staatsgewalt gegen die eigenen Arbeiter» bedienen. Die Mehrheit der Fraktion sah – anders als noch in den 1870er Jahren – in der Regierungsvorlage ein Hemmnis für die Gleichberechtigung der Arbeiter.[34] Ein kleiner Teil der Fraktion, mit dem im Aushandeln von Kompromissen bewährten Egid Gutfleisch an der Spitze, hielt allerdings die völlig ungesühnte Hinnahme des Vertragsdelikts nicht für akzeptabel. Eine privatrechtliche Ahndung wäre ihm angemessen erschienen. Der zwischen den Parteien im Reichstag erzielte Kompromiß blieb in dieser Hinsicht aber unverändert bei der staatlichen Strafverfolgung – wenn auch nicht mehr von einer Geldbuße, sondern stattdessen von einem Anspruch des Unternehmers auf Entschädigung die Rede war. Lediglich eine Minderheit von elf Abgeordneten folgte dem Fraktionsunterhändler Gutfleisch – und dies wohl mehr aus Solidarität denn aus innerer Überzeugung.[35] Die weit überwiegende Zahl der Abgeordneten hielt an der Ablehnung fest: Den staatlichen Eingriff in die arbeitsrechtlichen Auseinandersetzungen wollten sie nicht akzeptieren.[36] Für die Nationalliberalen war die Billigung dagegen unzweifelhaft: In der Praxis zogen sie die Sicherheit der staatlichen Autorität dem ungewissen Ausgang freier Übereinkünfte zwischen Arbeiter und Unternehmer vor.[37]

Insgesamt wurde die liberale Argumentation gegenüber der Gesetzesnovelle von drei Faktoren bestimmt: von der ambivalenten Einschätzung des Streiks als Mittel der Auseinandersetzung; von der umstrittenen Bewertung politischer Organisationen der Arbeiter und von der grundsätzlichen Haltung zum Mitwirken der Arbeiter in den Betrieben.

4. «Magna Charta» der Sozialpolitik? Gewerbegerichte und Einigungsämter als Beginn institutionalisierter Konfliktregelung

Die beiden entscheidenden eigenen Ansätze der Liberalen zur Regelung der Arbeitsbeziehungen bestanden in der Neufassung des Berufsvereinsrechts und der Bildung von Gewerbegerichten. Beides waren Initiativen insbesondere der Linksliberalen; sie sollten die Bewältigung von Konflikten im Arbeitsverhältnis erleichtern, ohne auf die Autorität staatlicher Stellen angewiesen zu sein.

Je mehr eine politische Kraft dem Grundsatz folgte, daß nicht staatliche Reglementierung, sondern Selbstorganisation der wirtschaftlichen und gesellschaftlichen Gruppen der eigentliche Motor allgemeinen Kulturfortschritts sei, desto intensiver mußte sie auf eine Ausgestaltung des Berufsvereinsrechts achten. Umgekehrt galt: Je mehr eine Gruppe sicher war, daß von organisierten Zusammenschlüssen der Arbeiter Gefahr für den Bestand des Gemeinwesens drohe, desto stärker mußte sie die Kompetenz der Vereine beschneiden.

Um eine Revision der geltenden Bestimmungen hatten sich die Linksliberalen schon seit Mitte der 1880er Jahre bemüht. Nach der bisherigen Regelung konnten die Mitglieder eines Verbandes jederzeit von ihren Verpflichtungen zurücktreten, ohne daß der Verband seine Ansprüche einklagen konnte. Absprachen, beispielsweise über Löhne, Arbeitsbedingungen oder Streiks, waren also nicht bindend (§ 152.2). Im Zusammenhang mit dem «Neuen Kurs» schienen nun die Chancen gestiegen, durch eingetragene Berufsvereine das Koalitionsrecht zu stärken und weitgehende Tarifautonomie zu erlangen. Der dem Reichstag 1890 von der *Deutschen Freisinnigen Partei* (DFP) vorgelegte Gesetzentwurf ging im Ursprung auf eine Initiative des *Zentralrats der Gewerkvereine* von 1885 zurück.[38] Das freisinnige Vorhaben zielte darauf, Berufsvereine mit Haftung und entsprechender Verantwortlichkeit zu verankern und ihnen die Befähigung zur Abhaltung von Rechtsgeschäften zu geben. Sie sollten die Mitglieder bei Arbeitsstreitigkeiten unterstützen und ihnen Hilfe bei Erwerbslosigkeit gewähren sowie die Vertretung bei Schieds- und Einigungsämtern überneh-men. Nur im Falle gesetzwidriger oder das «Gemeinwohl gefährdender» Handlungen sollte der Verein aufgelöst werden können.

Mit ihrem Vorhaben beabsichtigten die Freisinnigen keine uneingeschränkte Erweiterung des Koalitionsrechts, sondern intendierten, es in eine konstruktive, nicht revolutionäre Richtung zu kanalisieren und die gewerkschaftlichen Organisationen mit allen Rechten und Pflichten in die Ordnung zu integrieren. Die Liberalen waren – bestärkt durch den Blick auf die Verhältnisse in England – davon überzeugt, daß sich eine derartige Konfliktregelung zwischen Arbeiter und Unternehmer eher reformistisch denn radikalisierend auf die politische Arbeiterbewegung auswirken werde.[39] Die Motive waren dabei durchaus unterschiedlich: Während der Vertreter der Gewerkvereine, Hirsch, die Stärkung der Interessenvertretungen bezweckte, ging es Richter um die Unparteilichkeit und Nichteinmischung des Staates in die wirtschaftlichen Verhältnisse. Jegliche polizeiliche Tätigkeit in Fragen der Koalitionsfreiheit habe zu unterbleiben, denn, so formulierte Richter sein Glaubensbekenntnis, sie würde den Arbeiter nur zu der falschen Vorstellung verführen, «als ob die bestehenden Arbeitsbedingungen das Produkt nicht des wirtschaftlichen Verhältnisses von Angebot und Nachfrage, sondern der politischen Machtverhältnisse seien».[40]

Die politischen Reaktionen auf den Entwurf waren unterschiedlich: Der SPD ging die Vorlage nicht weit genug, besonders die Auflösungsmöglichkeit der Vereine weckte ihr Mißtrauen. Die Konservativen wiederum befürchteten, daß die Verleihung der Rechtsfähigkeit an die Gewerkschaften nur deren Streikbereitschaft erhöhen werde. Umgekehrt glaubte der Zentrumssprecher Hitze – ähnlich wie die Liberalen –, daß eine gesetzlich geregelte Basis für die Gewerkschaftsorganisation am ehesten Streikhandlungen und Kontraktbruch werde entgegenwirken können.[41]

Die Nationalliberalen waren zerstritten; dezidierte programmatische Äußerungen sucht man vergeblich. Bedeutete der Entwurf eine Einladung an die Gewerkschaften, Streik als reguläres Mittel der Interessenwahrnehmung zu begreifen? Vor allem nach diesem Kriterium bewertete die NLP die Vorlage, die sie am Ende gemeinsam mit den Konservativen ablehnte. Im offiziellen Organ der Parteiführung, den *Mitteilungen für die Vertrauensmänner der Nationalliberalen Partei,* wurden den Gewerkschaften zwar Rechtsschutz, Arbeitsnachweise und berufliche Bildung als Aufgabenbereiche zugestanden, die Rechtsfähigkeit aber verweigert. Dies werde nur die Organisation von Streiks erleichtern und radikalen Tendenzen unter den Arbeitern Vorschub leisten. Dagegen zweifelte Wilhelm Kulemann, Arbeitsrechtler und führendes Mitglied der Reichstagsfraktion nach 1893, überhaupt nicht an der Notwendigkeit starker Arbeiterorganisationen mit weitgehenden Befugnissen. Das Gefühl der Arbeiter, ihre Interessen in befriedigender Weise gegenüber den Unternehmern zur Geltung zu bringen, werde den Hang zur Radikalität mit Sicherheit mindern. Oechelhäuser wiederum plädierte unverändert für sein Konzept harmonischer, innerbetrieblicher Konfliktregelung: Statt allgemeiner Berufsvereine wie Gewerkschaften oder Gewerkvereine sollten unternehmensgebundene Arbeiterausschüsse gestärkt werden.[42]

In der Reichstagskommission spielte das Kriterium der Stärkung oder Schwächung der Sozialdemokratie die größte Rolle. In der Debatte wurde die Legalität von Streiks lediglich von Linksliberalen, Zentrum und SPD bejaht. Wegen des Sessionsschlusses gelangte die Vorlage nicht mehr zur Plenumsberatung.[43] Ein ähnliches Schicksal war weiteren Entwürfen von Zentrum und Linksliberalen zu diesem Thema beschieden. Hirschs Antrag von 1892 scheiterte an der vorzeitigen Auflösung des Reichstags im Mai 1893. In den Folgejahren wiederholte sich das Spiel: Entwürfe von Zentrum und Freisinniger Vereinigung, zum Teil in der Kommissionsfassung von 1892, wurden mit gleichen Argumenten und Parteienkonstellationen – lediglich die Stimmverhältnisse waren aufgrund der Wahlen inzwischen andere – dilatorisch behandelt. Da die Regierung nicht Stellung beziehen wollte, erübrigte sich eine weitere Beratung des oftmals Debattierten.[44] 1895 nützte schließlich selbst ein Versuch von Freiherr v. Berlepsch, der sich inzwischen zum Befürworter eines Berufsvereinsgesetzes gewandelt hatte, nichts mehr; seine Denkschrift erhielt weder im Kabinett noch im Staatsministerium Zuspruch. Die Sache, so ließ sich Miquel jetzt vernehmen, passe nicht in die Zeit, mittlerweile sei die «Grundstimmung der besitzenden Klasse» anders.[45] Dabei hatte Berlepsch seine Initiative als Gegengift zur Sozialdemokratie verstanden und mit dem Hinweis verbunden, daß sich die SPD inzwischen der Verwaltung der Ortskrankenkassen «bemächtigt» habe. Ein wirklicher Fortschritt wurde erst mit dem Reichsvereinsgesetz nach 1907 erzielt. Dieses stärkte die Stellung der Gewerkschaften, beteiligte Frauen als reguläre Mitglieder in Vereinen und hob das Koalitionsverbot für weitere Berufsgruppen, etwa Landarbeiter, auf. Eingeschränkt blieb das Koalitionsrecht nach §§ 152 und 153 aber bis zum Ende des Kaiserreichs.

Die Verhandlungen zwischen den liberalen Abgeordneten und den Arbeitern anläßlich der Streikbewegung im Mai 1889 zeigten sehr eindrücklich, daß institutionalisierte Schlichtungsstellen fehlten, die von Arbeitern und Unternehmern gleichermaßen anerkannt wurden. Dabei war der Ausbau der Schiedsgerichtsbarkeit bereits in den 1870er Jahren eine der zentralen sozialpolitischen Forderungen sowohl der Liberalen als auch der bürgerlichen Sozialreformer, etwa des *Vereins für Sozialpolitik*, gewesen.[46] Gewerbegerichte und Einigungsämter sollten in der Sicht der Liberalen «in erster Linie auf eine Versöhnung, auf eine Ausgleichung» zielen und möglichst staatsunabhängig gestaltet werden. Wolle man die «zweischneidige Waffe» des Streiks eindämmen, sei die freiwillige Anerkennung des Schiedsspruchs durch beide Konfliktparteien das Entscheidende.[47]

Vor allem kommunalpolitisch erfahrene Liberale, denen die Gewerbegerichte generell als ein herausragendes Beispiel der kommunalen Selbstverwaltung galten, mahnten – verstärkt seit den späten 1880er Jahren – eine reichsweite Regelung dieser Institutionen an. Diese sollte die im Gesetz von 1873 festgelegten Kompetenzen erweitern und der Vielzahl unterschiedlicher Ortsstatute einen Rahmen geben. Die bestehenden Gerichte waren zumeist auf Initiative von liberal dominierten Magistraten und Stadtverordnetenversammlungen vorzugsweise in den größeren Städten entstanden, in denen die Sozialdemokratie unter den Arbeitern zunehmend politisch und sozial an Einfluß gewonnen hatte – 1881 in Leipzig, 1886 in Frankfurt am Main, 1887 in Berlin. Sie stellten einen frühen – noch vor den Gremien der Sozialversicherung wirksamen – Modellfall für die Einbindung und Zusammenarbeit mit Sozialdemokraten in den Kommunen dar.

Der Gesetzentwurf von 1890 ging aus einer im Reichstag erfolgreichen freisinnigen Vorlage von 1889 hervor. Anders als die Anträge zum Arbeitsschutz hatte Bismarck diesen im Bundesrat nicht direkt ablehnen, sondern in den Ausschüssen aufhalten lassen. Im Oktober 1889 erstellte das Handelsministerium dann einen eigenen Entwurf, der am 9. 5. 1890 dem Reichstag zuging, im Schnellverfahren bis Ende Juni beraten und mit großer Mehrheit verabschiedet wurde.[48] Geplant waren fakultative, von Gemeinden mit mehr als 20000 Einwohnern zu organisierende Gerichte. Diese sollten alle Streitfälle behandeln, die sich aus der Arbeitsordnung, der Auflösung des Arbeitsverhältnisses und des Kontraktbruchs ergaben, zudem waren sie zuständig für Zeugnisse und Gutachten. Das Gericht, paritätisch von Arbeitnehmern und Arbeitgebern sowie einem unparteiischen Vorsitzenden besetzt, fungierte als Schiedsstelle; die Einigungsämter wiederum sollten durch friedliche Vereinbarungen dem Ausbruch von Streitigkeiten vorbeugen und dadurch Konflikte ohne Streik oder Aussperrung lösbar machen. Die Gerichte besaßen somit umfassende Kompetenzen, die allerdings an der Zuständigkeit der Innungsschiedsgerichte endeten. Diese Ausnahme war gravierend, wurden die Innungsgerichte doch weder paritätisch noch unparteilich besetzt. Hingegen wurden die Beisitzer der Gewerbegerichte gewählt, wenn auch die Wahlbestimmungen restriktiver als bei den Reichstagswahlen waren: Passives Wahlrecht setzte ein Alter von 30, aktives eines von 25 Jahren voraus und war an zweijährigen Wohnsitz gebunden; Frauen waren ausgeschlossen. Zudem mußte der Vorsitzende von der obersten Verwaltungsbehörde bestätigt werden – ein Passus, an dem die Novelle 1878 noch gescheitert war, weil dies von der Mehrheit des Reichstags abgelehnt wurde.

Während die Nationalliberalen dem Regierungsentwurf in fast allen wesentlichen Punkten zustimmten und sich im Reichstag auf die Debatte von Detailregelungen beschränkten, gab es für die Linksliberalen eine Reihe ernsthafter Streitpunkte. So zweifelte ein Teil der Fraktion etwa, ob, trotz der grundsätzlich positiv bewerteten fakultativen Einrichtung, nicht doch staatlicher Druck als Impuls für die möglichst schnelle Etablierung der Institute erforderlich sei. In der Reichstagskommission stimmte dieser Überlegung aber nur die SPD zu. In der Praxis sollten sich die linksliberalen Befürchtungen dann als unbegründet erweisen: Der Ausbau der Gewerbegerichte ging auch ohne Zwang schnell vonstatten; die Zahl der Gerichte stieg innerhalb weniger Jahre von 97 (1889) auf 267 (1893) an.[49]

Für die Linksliberalen stand bei diesem Gesetz nicht die formale Chancengleichheit im Vordergrund, sondern der in der Praxis wirksame Konfliktausgleich. Das von der DFP initiierte Verbot von Anwälten oder Prozeßbeauftragten vor Gericht sollte verhindern, daß Arbeiter, die sich keine Hilfe leisten konnten, benachteiligt wären.[50] Hinsichtlich der Auswahl der Richter und Beisitzer plädierte die DFP für eine möglichst breite Legitimation der Repräsentanten, während sich die NLP hier generell eher restriktiv und staatsorientiert gab. Gemeinsam mit der SPD traten die Linksliberalen erfolgreich für die unabhängige und von Arbeitnehmer wie Arbeitgeber jeweils selbst bestimmte Wahl der Kandidaten ein. Eine Berufung durch amtliche Instanzen wurde mit dem Argument abgelehnt, die jeweiligen Vertreter genössen sonst nicht das nötige Vertrauen.[51] Die NLP argumentierte genau umgekehrt: Von einer Wahl der Beisitzer befürchtete sie eine konfliktreiche Auseinandersetzung innerhalb des Betriebes, die richterliche Tätigkeit geriete leichter in den Sog von Interessengruppen und verliere die Unabhängigkeit. Damit zeigten die Nationalliberalen einmal mehr ihr Mißtrauen gegenüber Wahlen als einem Mittel, öffentliche Legitimation zu begründen.[52]

Einen weiteren Dissens innerhalb der liberalen Parteien bildeten die Qualifikationskriterien für die Wahl. Die Freisinnigen suchten sowohl das aktive als auch das passive Wahlalter zu senken; sie wollten die Akzeptanz der Gerichte bei den Arbeitern nicht durch den Ausschluß wesentlicher Gruppen gefährden. Dagegen plädierte die NLP aus Sorge vor sozialdemokratischem Einfluß für eine restriktive Handhabung der Kriterien, ein Senioritätsprinzip statt der Wahl hätte ihren Vorstellungen am meisten entsprochen. Nicht anders war es beim Frauenwahlrecht. Die wiederholten Forderungen der Linksliberalen nach Einbeziehung der Arbeiterinnen wurden von Konservativen, Zentrum und den meisten Nationalliberalen zurückgewiesen.[53] Die Mehrheit der NLP unterstützte somit eine Lösung, die hinter das zurückfiel, was von den Liberalen in den Kommunen, zum Beispiel in Leipzig und in Frankfurt am Main, bereits zugestanden worden war.

Der entscheidende Dissens zwischen dem Regierungsentwurf und den liberalen Ansichten bestand im Fortwirken der Innungsschiedsgerichte. Durch die Ausnahmeregelung wurden die Innungen privilegiert, umso mehr, als sie auch das Recht erhielten, bei Streitfällen mit Nicht-Innungsmitgliedern zu entscheiden. Die nichtparitätische Besetzung der Gerichte unterstrich noch, daß es hier um das Überleben patrimonialer, nach Ansicht der Liberalen unzeitgemäßer Strukturen ging. Gegen diese Elemente gingen NLP wie DFP vehement, aber vergeblich an.[54] Während am Ende die Nationalliberalen dem Gesetz dennoch zustimmten, war dies für die Linksliberalen Grund genug, es als Ganzes abzulehnen, so günstig sie die sonstigen Bestimmungen auch eingeschätzt hatten.

Die liberale Arbeiterbewegung, die Gewerkvereine, bewerteten – von der Innungsfrage abgesehen – die Regelung insgesamt zwar positiv. Sie hatten aber eigene Vorstellungen entwickelt, die eine strukturell viel radikalere Reform bewirkt hätten. Die Einigungsämter sollten demnach «bindende Entscheidungskompetenz» erhalten und für den gesamten Arbeitsmarkt zuständig sein. Dazu zählten Lohnfragen und Arbeitszeitregelungen, aber auch die Arbeitsvermittlung, Schiedsfunktion und die Interessenvertretung gegenüber dem Staat. Für diese Ausdehnung wäre Hirsch auch bereit gewesen, die bestehenden Arbeiterorganisationen durch eine «rigorose vertragsbezogene Friedenspflicht» in ihrer Freiheit zu beschneiden. Sein Modell ähnelte, wenn auch aus anderer Perspektive, der Vorstellung, die sich Johannes v. Miquel über die Möglichkeiten der Einigungsämter gebildet hatte. Dieser sah in ihnen eine Vorform von Arbeitskammern und wollte sie zu allgemeinen kommunalen Instanzen für Arbeiterfragen ausbauen. Das Muster, dem beide Denkansätze in der Organisation der auf den Arbeitsmarkt bezogenen Interessen folgten, näherte sich korporatistischen Vorstellungen.[55]

Die künftige Ausgestaltung des Gesetzes lag in der Hand der Kommunen. In den meisten Gemeinden wurden in den folgenden

Jahren Gewerbegerichte begründet. Von Unternehmern wie Arbeitern wurde die Schiedssprechung positiv eingeschätzt. Die Integrationsleistung der Institution, ihre Wirkung für den sozialen Frieden, war erheblich; dazu trug auch bei, daß in vielen Städten Sozialdemokraten zu Beisitzern der Gerichte gewählt wurden. Die Funktion von Einigungsämtern erfüllten die Gewerbegerichte allerdings seltener. Nur bei wenigen Streiks oder Aussperrungen wurden die Ämter angerufen, selbst dann wurden die getroffenen Vereinbarungen nicht immer eingehalten.[56] Für einen der profiliertesten sozialliberalen Publizisten, Ignaz Jastrow, bildete das Gesetz trotz dieser Einschränkungen die «Magna Charta» der Sozialpolitik. Jastrow, als Vorsitzender eines Berliner Gewerbegerichts mit einschlägigen Erfahrungen ausgestattet, sah sich durch die konkreten Ergebnisse der Gerichtstätigkeit sowie die Einübung in eine geregelte Konfliktbewältigung zwischen Arbeitgeber und Arbeitnehmer bestärkt. In der Praxis, so resümierte er, arbeiteten die Gerichte erfolgreich, die Verfahren würden relativ rasch absolviert und die Kosten für die Arbeiter blieben gering. Zudem ließen sich in der Zukunft weitere Aufgaben, zum Beispiel der Arbeitsnachweis, daran knüpfen.[57]

5. *Die deutschen Liberalen und die Richtungsmarkierung zum sozialen Rechtsstaat*

Trotz der vorsichtigen Öffnung des Handlungsspielraums nach dem Kanzlerwechsel 1890 waren die Möglichkeiten und Erfolge der liberalen Parteien eng begrenzt. Die soziale Reform, die den Arbeitern Chancen auf politische Emanzipation und betriebliche Partizipation einräumte, blieb in den 1890er Jahren lediglich Stückwerk. Die Gründe dafür sind vielfältiger Art: Zum einen besaß – bei allen Unterschieden zu den letzten Kanzlerjahren Bismarcks – auch die Regierung unter Caprivi nur wenig Neigung zu einer Politik, die in eine strukturelle Systemveränderung hätte münden können. Die Gesetzentwürfe des «Neuen Kurses» sind von dieser Ambivalenz von Wandel und Beharrung geprägt. Zum anderen liegen die Ursachen in der Uneinigkeit und Widersprüchlichkeit, mit der die von wirklicher Machtteilhabe weit entfernten Liberalen in der inneren Politik agierten. Zu wesentlichen Fragen wurden keine verbindlichen Programmformeln und Reaktionen entwickelt, die eine gemeinsame politische Identität der heterogenen und von unterschiedlichen Interessen zerrissenen liberalen Bewegung verbürgen konnten. Dies fällt umso mehr ins Gewicht, als sich das Feld der Arbeitsbeziehungen mit den traditionellen Mitteln liberaler Gesellschaftsgestaltung – Subsidiarität, Bildung und Assoziation – sehr viel besser vereinbaren ließ als Arbeitszeitregelungen und Sozialversicherung. Die Liberalen aber taten sich generell schwer, die postulierten individuellen Freiheits- und Gleichheitsrechte auch in den industriellen Produktionsverhältnissen zur Geltung zu bringen. Der überwiegende Teil der Liberalen bevorzugte nicht das auf der Gleichberechtigung der Berufsorganisationen beruhende konfliktorientierte Konzept der Arbeitsbeziehungen, sondern das harmonieorientierte, das einem konservativ gefärbten Paternalismus sehr nahe kam.

Bei den Nationalliberalen gaben zwei Faktoren den Ausschlag für die sozialdefensiv orientierte Haltung zu sozial- und arbeitsrechtlichen Reformen: Einerseits wollte die NLP den Gefahren entgegenwirken, die sie für Staat und Kommunen aufgrund der wachsenden Stärke der politischen Arbeiterbewegung vermutete. Andererseits sollten aber die betrieblichen Herrschaftsverhältnisse im Kern unberührt bleiben. Die Reaktionen auf die Gesetzesvorschläge des «Neuen Kurses» und der Linksliberalen offenbarten die Schwierigkeit des überwiegenden Teils der nationalliberalen Eliten in Partei und Öffentlichkeit, die verbreitete ständische Anschauung von der paternalistischen Beziehung zwischen Unternehmer und Arbeiter zu einer Sichtweise des Arbeitsverhältnisses fortzuentwickeln, die die Veränderungen des politischen Massenmarktes und der wirtschaftlichen Produktionsbedingungen Ende des 19. Jahrhunderts stärker reflektierte. Insofern hatte die zügige Annäherung der NLP an die Prinzipien der Bismarckschen Arbeiterversicherung der 1880er Jahre eine Kehrseite: Modelle gleichberechtigter Regelung der Arbeitsbeziehungen wurden gegenüber der materiellen Risikovorsorge für Unfälle, Krankheit und Alter bewußt hintangestellt. Eher befördert wurde diese Tendenz durch die gravierende Veränderung der nationalliberalen Reichstagsfraktion in den Wahlen 1890. Fast die Hälfte der Abgeordneten stammte nun als Unternehmer oder Manager aus der Schwer-, Groß- und Konsumgüterindustrie, ein Fünftel der Fraktion waren Agrarier.[58] Hinsichtlich der unternehmerischen Autorität verharrten diese Kräfte auf dem Standpunkt des *status quo*. Die Gewährung der politischen Gleichberechtigung und eigenständiger Arbeitervertretungen – etwa nach englischem Vorbild – schien ihnen nicht nur gegen die eigenen Interessen zu sein, sondern auch die Grundfesten von Staat und Wirtschaft zu bedrohen.

Lediglich eine Minderheit der Nationalliberalen hielt an der gleichberechtigten Integration der Arbeitnehmer und der Ablehnung von Koalitionsbeschränkungen fest. In einer Fortsetzung des Kampfes gegen die Sozialdemokratie mittels Ausnahmegesetzen oder der Beschränkung des Koalitionsrechts sahen diese keinen Sinn, schließlich war die politische Arbeiterbewegung trotz Sozialistengesetz und Sozialreform gewachsen. Keineswegs aber wurde die SPD für ungefährlich gehalten, auch wenn die «früheren sozialen Weltstürmer», wie es 1892 mit Blick auf die revisionistischen Kräfte in der SPD hieß, «allmählig Revolutionäre in Schlafrock und Pantoffeln [werden] – immerhin ein kleiner Fortschritt».[59] Die Notwendigkeit spezieller Arbeiterzusammenschlüsse wurde anerkannt, unabhängige, überbetriebliche Organisationen wurden allerdings nur dann für berechtigt gehalten, wenn sie nicht aus sozialdemokratischer Perspektive agierten. Eine grundlegende Strukturreform der Arbeitsbedingungen und des Arbeitsvertrags faßte auch dieser Teil der NLP nicht ins Auge. Die Lust an der Umgestaltung endete, sobald die Partizipationsbestrebungen der Arbeiter an die Schwelle wirklicher Machtteilhabe zu führen drohten.

Die Linksliberalen bemühten sich mehrheitlich, dem Ansatz der Gleichberechtigung in den Arbeitsbeziehungen Geltung zu verschaffen. Sie hofften dabei auf eine sozialreformerische Dynamik, die stärkere Selbstorganisation und Gewöhnung an die eigenständige – nicht staatliche – Konfliktregelung mit sich bringen würde. Dies ging in Teilen des Freisinns mit einer Neubewertung des Verhältnisses zur Sozialdemokratie einher und zielte darauf, durch eine Öffnung gegenüber den politischen Anliegen und Bedürfnissen der Arbeiterschaft die liberalen Parteien aus ihrem speziellen «Dilemma» – der sozialen Verengung auf den Mittelstand einerseits und der Heterogenität wie Interessendivergenz dieses Mittelstands andererseits – zu lösen. Der Linksliberalismus sollte, so umschrieb Theodor Barth das Ziel, zum «Magneten» werden: die liberalen Kräfte sammeln und entsprechende Teile der Sozialdemokraten und des Zentrums gleichsam zu einer neuen «Mitte» vereinen.[60] Doch waren sich die Freisinnigen weder über das Ziel noch über die Mittel einig. Wurden die Reformansätze in den Arbeitsbeziehungen zwischen Arbeitgeber und Arbeitnehmer noch weithin unterstützt, so waren die Linksliberalen in einem Kernelement der Öffnung zur Arbeiterschaft zögerlich: Die Arbeiterbewegung als politische Interessenvertretung fand nur bei wenigen Zustimmung; den von Max Hirsch geführten Gewerkvereinen, die politisch offen, aber in kritischer Sympathie den jeweiligen linksliberalen Parteien verbunden waren, verwehrten die Freisinnigen in der Praxis die Anerkennung und Unterstützung als überbetriebliche politische Interessenvertretung der Arbeiter.

Insgesamt bestanden mit den Arbeiterausschüssen, den Gewerbegerichten und Einigungsämtern sowie den ersten Versuchen im

Berufsvereinsrecht im Kaiserreich Ansätze einer Politik, die die absolute Verfügungsgewalt der Unternehmer im Betrieb einschränkte und Institutionen etablierte, die eine – wenn auch nur im Rohbau vorhandene – Konfliktregelung ermöglichten. Die Ausgestaltung dieser arbeitsrechtlichen, auf die Eigenständigkeit der Beteiligten zielenden Sozialpolitik blieb aber gegenüber der aus gänzlich anderer Perspektive konzipierten Politik der sozialen Sicherung und staatlichen Verantwortung zurück. Deutschland habe, so formulierte es Ernst Fraenkel, einen «bedeutsamen und bleibenden Beitrag zur Entwicklung des Staats- und Gesellschaftstyps beigesteuert, den man als ‹westliche Demokratie› zu bezeichnen pflegt: den Gedanken der sozialen Geborgenheit».[61] So richtig dies für den durchschlagenden Erfolg der Sozialversicherung gesehen ist, so widersprüchlich bleibt der Beitrag des Kaiserreichs zur Entwicklung dieses wohlfahrtsstaatlichen Elements der sozialen Demokratie jedoch vor dem Hintergrund der Motive, Mittel und Folgen der gesamten Sozialpolitik. Entscheidend für die Ambivalenz ist nicht nur, daß, wie anfangs ausgeführt, einige der langfristigen Wirkungen eher einer «ungewollten Modernität» entsprachen. Die eigentliche Kehrseite der «sozialen Geborgenheit» war die mangelnde Bereitschaft, die Voraussetzungen für eine gleichberechtigte Interessenwahrnehmung der Arbeiter zu schaffen. Beides, die Weigerung, in den Arbeitsbeziehungen ähnlich substantielle Fortschritte zustande zu bringen wie in der Risikoabsicherung gegen Krankheit und Alter, und die – von Regierungsseite wie etlichen Liberalen – gezielt angesteuerte Verknüpfung der Sozialreform mit der Versagung politischer Anerkennung und Selbständigkeit der Arbeiterschaft, wirkte als schwere Hypothek in der Entwicklung des sozialen Rechtsstaats in Deutschland. Neben der jahrelangen, die sozialstaatliche Entwicklung prägenden Dominanz Bismarcks und der widersprüchlichen Politik Caprivis beruhte dieses Defizit an gleichberechtigter Partizipation auch auf dem mangelnden Willen der liberalen politischen Eliten, die Austragung von sozialen Konflikten und Interessengegensätzen als konstruktiven Bestandteil der Wirtschafts- und Gesellschaftsbeziehungen zu begreifen.

Anmerkungen

[1] Vgl. *Wolfgang Hardtwig*, Der deutsche Weg in die Moderne, in: ders./Harm-Hinrich Brandt (Hrsg.), Deutschlands Weg in die Moderne. München 1993, 9–31. Zum Begriff der Moderne s. *Hans Ulrich Gumbrecht*, «Modern, Modernität, Moderne», in: O. Brunner/W. Conze/R. Koselleck (Hrsg.), Ge-

schichtliche Grundbegriffe. Bd. 4. Stuttgart 1978, 93–131, bes. 95ff. Die Ambivalenz der Moderne sowie der Charakter der unterschiedlichen Gemengelagen von Traditionalität und Modernität werden eindrucksvoll beschrieben von *Winfried Schulze*, Ende der Moderne? Zur Korrektur unseres Begriffs der Moderne aus historischer Sicht, in: Richard Meier (Hrsg.), Zur Diagnose der Moderne. München 1990, 69–97.

[2] *Andreas Biefang*, Modernität wider Willen. Bemerkungen zur Entstehung des demokratischen Wahlrechts des Kaiserreichs, in Wolfram Pyta u.a. (Hrsg.), Gestaltungskraft des Politischen. Festschrift für E. Kolb. Berlin 1998, 239–259.

[3] Vgl. *Gerhard A. Ritter*, Entstehung und Entwicklung des Sozialstaats in vergleichender Perspektive, in: Historische Zeitschrift 243 (1986), 1–91.

[4] *Eduard Heimann*, Soziale Theorie des Kapitalismus. Tübingen 1929, 118f.

[5] Vgl. Quellensammlung zur Geschichte der deutschen Sozialpolitik 1867 bis 1914. Abt. I Bd. 1: Grundfragen staatlicher Sozialpolitik. Die Diskussion der Arbeiterfrage auf Regierungsseite vom preußischen Verfassungskonflikt bis zur Reichstagswahl von 1881. Bearb. v. *Florian Tennstedt* und *Heidi Winter* unter Mitarb. v. *Wolfgang Ayass* und *Karl-Heinz Nickel*. Stuttgart u.a. 1994.

[6] Und «manchmal auch dessen Mitarbeiter», wie Tennstedt das spannungsgeladene Verhältnis des sehr eigenständigen Untergebenen zu seinem Vorgesetzten umschreibt. *Florian Tennstedt*, Sozialreform als Mission. Anmerkungen zum politischen Handeln Theodor Lohmanns, in: Jürgen Kocka u.a. (Hrsg.), Von der Arbeiterbewegung zum modernen Staat. Festschrift für G. A. Ritter. München u.a. 1994, 538–559, hier 554.

[7] Lohmann, undatierte Denkschrift, zit. nach *Hans Rothfels*, Theodor Lohmann und die Kampfjahre der staatlichen Sozialpolitik (1871–1905). Berlin 1927, 74.

[8] Insofern ist es eine Fehleinschätzung, einem «fortschrittlichen» Arbeiterschutz eine «autoritäre» Arbeiterversicherungspolitik entgegenzusetzen und zu behaupten, diese habe den «Weg in den sozialen Rechtsstaat» auf lange Sicht «erfolgreich» verstellt – so der Fall bei *Lothar Machtan/Hans-Jörg v. Berlepsch*, Vorsorge oder Ausgleich – oder beides? Prinzipienfragen staatlicher Sozialpolitik im Deutschen Kaiserreich, in: Zeitschrift für Sozialreform 32 (1986), 257–275 u. 343–358, hier 259.

[9] Vgl. dazu *Heinrich A. Winkler*, Zum Dilemma des deutschen Liberalismus im 19. Jahrhundert, in: ders., Liberalismus und Antiliberalismus. Studien zur politischen Sozialgeschichte des 19. und 20. Jahrhunderts. Göttingen 1979, 20–23; *ders.*, 1866 und 1878. Der Liberalismus in der Krise, in: Carola Stern/Heinrich A. Winkler (Hrsg.), Wendepunkte deutscher Geschichte 1848–1990. Überarb. u. erw. Neuausgabe Frankfurt/M. 1994, 43–70.

[10] Zum Beispiel durch direkte oder informelle Anleitung der Presse, vgl. *Wolther v. Kieseritzky*, Liberale Parteieliten und politische Steuerung der Öffentlichkeit im Kaiserreich. Die Vernetzung von Partei und Presse, in: Dieter Dowe/Jürgen Kocka/Heinrich A. Winkler (Hrsg.), Parteien im Wandel vom Kaiserreich zur Weimarer Republik. Rekrutierung – Qualifizierung – Karrieren. München 1999, 75–98.

[11] Abänderung der Gewerbeordnung vom 6. 5. 1890, *Stenographische Berichte über die Verhandlungen des Deutschen Reichstags*, Anlagen Bd. 121, Nr. 4. Wei-

terhin gehörten zum sozialpolitischen Programm die Novelle zur Krankenversicherung, die staatlichen Musteranstalten, der Bergarbeiterschutz und die Reichsarbeiterstatistik. Vgl. *Hans-Jörg v. Berlepsch*, «Neuer Kurs» im Kaiserreich? Die Arbeiterpolitik des Freiherrn von Berlepsch 1890 bis 1896. Bonn 1987, 64ff., 396ff.; *Karl-Erich Born*, Staat und Sozialpolitik seit Bismarcks Sturz. Ein Beitrag zur innenpolitischen Entwicklung des Deutschen Reichs 1890–1914. Wiesbaden 1957, 110ff.

[12] Zu den Hintergründen und zum Verlauf des Streiks s. *Karl Ditt/Dagmar Kift (Hrsg.)*, 1889. Bergarbeiterstreik und Wilhelminische Gesellschaft. Hagen 1989.

[13] Am 15. 4. 1890, *Stenographische Berichte über die Verhandlungen des Preußischen Abgeordnetenhauses*, Bd. 2, 1048f.

[14] Nation 22. 3. 1890, Nr. 25; ähnlich Vossische Zeitung 20. 3. 1890, Nr. 134.

[15] *Max Hirsch*, Die Arbeiterschutzgesetzgebung. Breslau 1891, 19; Vossische Zeitung 9. 5. 1890.

[16] Miquel am 17. 5. 1890, *Stenographische Berichte* (wie Anm. 11), Bd. 114, 137; *Mitteilungen für die Vertrauensmänner der Nationalliberalen Partei* 14. 9. 1890, Nr. 10; Kölnische Zeitung 8. 5. 1890, Nr. 127/2; zur Industrie s. *Monika Breger*, Die Haltung der industriellen Unternehmer zur staatlichen Sozialpolitik in den Jahren 1878–1891. Frankfurt/M. 1982, 161ff.

[17] Die Reichstagskommission billigte die neue Vorlage am 17. 1. 1891 mit 18:2 Stimmen; s. Protokoll, Bundesarchiv Berlin-Lichterfelde (BAB-L), Rep. 01.01, Nr. 490, fol. 444ff. Die Arbeitszeitregelungen entsprachen im wesentlichen der ursprünglichen Regierungsvorlage, während die strafverschärfenden Artikel über das Koalitionsrecht weggefallen waren. Im Reichstagsplenum wurde die Novelle am 8. 5. 1891 mit großer Mehrheit angenommen, lediglich die Sozialdemokraten stimmten – weniger wegen gravierender inhaltlicher Bedenken, sondern eher aus prinzipiell-taktischen Erwägungen – dagegen. S. *Stenographische Berichte* (wie Anm. 11), Bd. 117, 2813.

[18] Die Berufung weiterer nationalliberaler Politiker, die sozialpolitischen Reformen gegenüber aufgeschlossen waren, sei, so vermutete Hammacher, noch von Bismarck verhindert worden. S. Schreiben Hammachers an Wilhelm Oechelhäuser, 20. 3. 1890, BAB-L, Nachlaß Hammacher, Nr. 35, fol. 14.

[19] Zusammenfassend zum Arbeitsrecht und zu den Arbeiterausschüssen im Spannungsfeld zwischen Arbeiteremanzipation und patriarchalischer Betriebsauffassung s. *Gerhard A. Ritter/Klaus Tenfelde*, Arbeiter im Deutschen Kaiserreich 1871–1914. Bonn 1992, 390–425.

[20] *Hirsch*, Arbeiterschutzgesetzgebung (wie Anm. 15), 78; Ferdinand Wöllmer am 6. 5. 1891, *Stenographische Berichte* (wie Anm. 11), Bd. 117, 2786; Miquel am 17. 5. 1890, ebd. Bd. 114, 134ff.

[21] Hammacher am 4. 12. 1889, *Stenographische Berichte* (wie Anm. 11), Bd. 112, 669.

[22] Nation 6. 12. 1891, Nr. 10.

[23] Schmidt und Hirsch am 15. 4. 1891, *Stenographische Berichte* (wie Anm. 11), Bd. 117, 2321ff.; Antrag 2313.

[24] Möller am 15. 4. 1891, ebd. Bd. 117, 2311; Kölnische Zeitung 8. 5. 1890, Nr. 127/2.

[25] Für Oechelhäuser wurde der Betrieb gar zum eigentlichen «Kampffeld [...] gegen die Sozialdemokratie», 14. 4. 1891, ebd. Bd. 117, 2293.

[26] Vgl. *Max Hirsch*, Arbeiterausschüsse in der deutschen Industrie, in: Schriften des Vereins für Sozialpolitik. Bd. 46, Leipzig 1890, 27–158; Oechelhäuser, in der von ihm gegründeten Deutschen Arbeiterzeitung 18. 2. 1893, Nr. 7.

[27] §§ 181–183, *Königlich-Preußische Gesetzessammlung*. Berlin 1845, 74f. Vgl. *Berlepsch*, Neuer Kurs (wie Anm. 11), 84–126, 291–390; *Renate Köhne*, Nationalliberale und Koalitionsrecht. Struktur und Verhalten der nationalliberalen Reichstagsfraktion 1890–1914. Bern 1977, 61ff.

[28] Streikbewegungen wuchsen bis in die 1890er Jahre erheblich an; die Zahl der nach § 153 Verurteilten schwankte von Jahr zu Jahr. Vgl. *Klaus Tenfelde/Heinrich Volkmann*, Einführung: Zur Geschichte des Streiks in Deutschland, in: dies. (Hrsg.), Streik. München 1981, 9–30.

[29] Dazu gehörten z.B. das Anlegen eines Agitatorenverzeichnisses oder eine Spende des *Verbandes Deutscher Metallindustrieller* an die Berliner Polizei als «Entschädigung» für ihre «Anstrengungen» bei den Umzügen des 1. Mai. Die SPD-Fraktion hatte zahlreiche Verstöße in einer Broschüre zusammengestellt. Allgemeine Zeitung 23. 7. 1890, Nr. 202; Freisinnige Zeitung 11. 8. 1889, Nr. 186; Nation 7. 12. 1889, Nr. 10.

[30] Zitat: *Hirsch*, Arbeiterschutzgesetzgebung (wie Anm. 15), 94; Gutfleisch am 21. 4. 1891, *Stenographische Berichte* (wie Anm. 11), Bd. 117, 2479–2481; Protokoll der Reichstagskommission, BAB-L, Rep. 01.01, Nr. 490, fol. 327–341.

[31] Abstimmungsergebnis am 23. 4. 1891: 78:142, *Stenographische Berichte* (wie Anm. 11), Bd. 117, 2539f.; andere Zahlen bei *Köhne*, Nationalliberale (wie Anm. 27). Die vier nationalliberalen Gegner der Vorlage waren der Bankdirektor Otto Büsing sowie die Unternehmer Friedrich Hastedt, Reinhold Hoffmann und Gustav Siegle.

[32] Möller am 23. 4. 1891, *Stenographische Berichte* (wie Anm. 11), Bd. 117, 2514; Hammacher ebd. 2527; *Wilhelm Oechelhäuser*, Die Arbeiterfrage. Ein soziales Programm. Berlin 1886, 60; Deutsche Arbeiterzeitung 3. 5. 1890, Nr. 18.

[33] *Lujo Brentano*, Arbeitseinstellungen und die Fortbildung des Arbeitsvertrages. Verhandlungen des Vereins für Sozialpolitik vom 26. und 27. 9. 1890. Schriften Bd. 45 (1890), XXI; vgl. *Hans-Jürgen Teuteberg*, Die Doktrin des ökonomischen Liberalismus und ihre Gegner, in: H. Coing/W. Wilhelm (Hrsg.), Wissenschaft und Kodifikation des Privatrechts im 19. Jahrhundert. Frankfurt/M. 1977, 47–73.

[34] Zitat: *Eugen Richter*, Politisches ABC-Handbuch. Ein Lexikon parlamentarischer Zeit- und Streitfragen. 6. Aufl. Berlin 1890, 179; *Hirsch*, Arbeiterschutzgesetzgebung (wie Anm. 15), 71–74.

[35] So die Vermutung Ludwig Bambergers, der sein zustimmendes Votum mit der Verpflichtung begründete, er wolle Gutfleisch nicht in die «peinliche Lage» versetzen, daß ihn «die ganze Fraktion verlasse». Lieber hätte er gegen das Gesetz gestimmt. Schreiben an Stauffenberg am 18. 4. 1891, BAB-L Nachlaß Stauffenberg 1, Nr. 3, fol. 10.

[36] Von der DFP fehlte fast die Hälfte der Fraktion, 29 votierten gegen den Antrag. *Stenographische Berichte* (wie Anm. 11) – Anlagen, Bd. 123, 2105; kri-

tisch etwa Baumbach am 14. 11. 1889, ebd. Bd. 111, 311; Freisinnige Zeitung 5. 8. 1890, Nr. 180.

[37] Möller und Krause am 10. 4. 1891, *Stenographische Berichte* (wie Anm. 11), Bd. 117, 2212 u. 2225f.

[38] Vgl. *Hans-Georg Fleck*, Sozialliberalismus und Gewerkschaftsbewegung. Die Hirsch-Dunckerschen Gewerkvereine 1868–1914, Köln 1994, 268. Antrag Hirsch und Eberty am 14. 5. 1890, *Stenographische Berichte* (wie Anm. 11) – Anlagen, Bd. 121, Nr. 32, 161ff.

[39] Freisinnige Zeitung 27. 8. 1887, Nr. 199; *Karl Schrader*, «Neue Wege in der Sozialpolitik», in: Nation 11. 10. 1886, Nr. 2; *Brentano*, Arbeitseinstellungen (wie Anm. 33), Bd. 47, 129.

[40] *Richter*, ABC-Handbuch (wie Anm. 34), 157f.; Hirsch am 2. 12. 1891, *Stenographische Berichte* (wie Anm. 11), Bd. 118, 3189.

[41] Das Zentrum hatte selbst einen Antrag geplant, zog diesen aber nach Einbringen des liberalen wieder zurück. 19. 11. 1890, *Stenographische Berichte* (wie Anm. 11) – Anlagen, Bd. 121, Nr. 95; Molkenbuhr (SPD) am 2. 12. 1891, ebd. Bd. 118, 3195ff.; Hitze ebd. 3201.

[42] *Mitteilungen* (wie Anm. 16) 20.10.–16. 11. 1892, Nr. 9–11; *Wilhelm Kulemann*, Der Arbeiterschutz sonst und jetzt, in Deutschland und im Ausland. Leipzig 1892, 87ff.; Deutsche Arbeiterzeitung 31. 1. 1891, Nr. 5.

[43] Protokoll der Sitzung der Reichstagskommission, BAB-L, Rep. 01.01, Nr. 120, fol. 19–135.

[44] Zentrumsantrag am 5. 7. 1893, *Stenographische Berichte* (wie Anm. 11) – Anlagen, Bd. 132, Nr. 15; Antrag der Liberalen am 16. 11. 1893, ebd. Bd. 136, Nr. 19.

[45] Miquel am 2. 2. 1895, Sitzung des Staatsministeriums, zit. nach *Berlepsch*, «Neuer Kurs» (wie Anm. 11), 374.

[46] Die Wurzel der Gerichtsbarkeit lag in den alten Fabrikgerichten und Schiedsinstanzen und ging noch auf die zu französischen Zeiten im Rheinland errichteten *conseils des prud'hommes* zurück. Für die Liberalen war das englische Beispiel der *Boards of Conciliation and Arbitration* das Vorbild. S. *Karl Baumbach*, Der Normalarbeitstag, in: Volkswirtschaftliche Zeitfragen, Heft 54, Berlin 1885, 42 f.; *Richter*, ABC-Handbuch (wie Anm. 34), 157; vgl. *Wilhelm Stieda*, Das Gewerbegericht, Leipzig 1890, 35 ff.; *Ritter/Tenfelde*, Arbeiter (wie Anm. 19), 395f.; *Rüdiger vom Bruch*, Streik und Konfliktregelung im Urteil bürgerlicher Sozialreformer 1872–1914, in: Tenfelde/Volkmann, Streik (wie Anm. 28), 253–270.

[47] Zitate: Freisinnige Zeitung 17. 8. 1889, Nr. 191; Nation 6. 12. 1891, Nr. 10; in diesem Sinn auch das Schreiben Hammachers an Haniel vom 15. 6. 1891, BAB-L, Nachlaß Hammacher, Nr. 21, fol. 281.

[48] Entwurf eines Gesetzes über die Schaffung von Gewerbegerichten, 6. 5. 1890, *Stenographische Berichte* (wie Anm. 11) – Anlagen, Bd. 121, Nr. 5, 31–51.

[49] In allen Großstädten über 100000 Einwohner sowie in 80% der Städte von 50000–100000 und in mehr als der Hälfte der Orte mit 20000–25000 Personen existierten Gerichte. S. die Tabelle bei *Berlepsch*, «Neuer Kurs» (wie Anm. 11), 111f. Obligatorisch wurden die Gewerbegerichte 1901.

50 Dem gleichen Ziel diente auch die Beschränkung der Revisionsmöglichkeit auf Streitwerte ab 100 Mark. Vgl. *Berlepsch*, «Neuer Kurs» (wie Anm. 11), 115–117.

51 Meyer am 9. 5. 1890, *Stenographische Berichte* (wie Anm. 11), Bd. 114, 21; Rickert am 17. 6. 1890, ebd. 367.

52 Cuny am 17. 6. 1890, ebd. 365; Miquel am 18. 6. 1890, ebd. 358.

53 Eberty am 16. 6. 1890, ebd. 354; Antrag der Freisinnigen: ebd. Anlagen, Bd. 121, Nr. 63, 550; Osann am 17. 6. 1890, ebd. Bd. 114, 369. Die Senkung des Wahlalters wurde mit 86:132 Stimmen im Reichstag verworfen, das Frauenwahlrecht mit 79:175 (NLP 7:15; DFP 41:0), ebd. Bd. 114, 371f. u. 474f.

54 Freisinnige Zeitung 11. 7. 1890, Nr. 159 u.ö.; *Richter*, ABC-Handbuch (wie Anm. 34), 116–118; Eberty am 19. 6. 1890, *Stenographische Berichte* (wie Anm. 11), Bd. 114, 446; Miquel am 20. 6. 1890, ebd. 462ff. Die Abstimmung in der Reichstagskommission, in der Zentrum und Konservative für die Bestimmung votierten, fiel mit 11:10 Stimmen denkbar knapp aus.

55 *Fleck*, Sozialliberalismus (wie Anm. 18), 253ff.; Der Gewerkverein 21. 3. 1890, Nr. 12. Miquel zielte darauf, die Einigungsämter als lokale Arbeitskammern reichsgesetzlich zu verankern. Als sozialpolitische Beratungsinstitution hatte Lohmann diese Ämter schon in den 1870er Jahren konzipiert, s. *Rothfels*, Lohmann (wie Anm. 7), 28, 46f.

56 Von 1894 bis 1900 wurden in etwa 10% der Streik- bzw. Aussperrungsfälle die Gerichte eingeschaltet. Kritische wie optimistische Stimmen mischen sich darum: Skeptisch zu den Ämtern eher *Wilhelm Stieda*, Art. «Einigungsämter», in: Handwörterbuch der Staatswissenschaften, Bd. 3, 1900, 336–347; positiver *Heinrich Herkner*, Die Arbeiterfrage. 5. Auflg. Berlin 1908, 259ff. Die Zahlen nach ebd. und *Tenfelde/Volkmann*, Einleitung (wie Anm. 28), 295f.

57 *Ignaz Jastrow*, Gewerbegerichte und Einigungsämter, in: ders., Sozialpolitik und Verwaltungswissenschaft. Aufsätze und Abhandlungen. Bd. 1, Berlin 1902, 448f.

58 Die direkte Verflechtung der Abgeordneten mit Interessenverbänden war allerdings gering. Errechnet auf der Basis von 42 Mandaten; durch Austritte oder Nachwahlen befanden sich im Laufe der Legislaturperiode insgesamt 47 Politiker in der Fraktion. Die Zuordnungen der Berufe unterscheiden sich in der Forschung, im allgemeinen verschiebt sich das Bild nur unwesentlich. Vgl. die etwas anderen Zahlen bei *Köhne*, Nationalliberale (wie Anm. 27), 43ff.; *Willy Kremer*, Der soziale Aufbau der Parteien des deutschen Reichstags von 1871–1918. Diss. Düsseldorf 1934,13f., dessen Werte auch *Dieter Langewiesche*, Liberalismus in Deutschland. Frankfurt/M., 312f. übernimmt.

59 Deutsche Arbeiterzeitung 15. 10. 1892, Nr. 42 (Wilhelm Oechelhäuser).

60 Nation 4.–11. 10. 1890, Nr. 1–2.

61 *Ernst Fraenkel*, Deutschland und die westlichen Demokratien. 5. Aufl. Stuttgart 1973, 33.

Liberaler Antiparlamentarismus? Die Krise des Linksliberalismus im späten Kaiserreich und in der Weimarer Republik am Beispiel des Reichstagsabgeordneten Ernst Müller-Meiningen

Christoph Jahr

«Der deutsche Reichstag hat in der Zeit vom Ausbruch der Revolution bis heute das allerschlechteste Beispiel den Staatsbürgern an staatspolitischer Würde und Verständnis [...] gegeben. Seine Verhandlungen muten bisweilen mehr als die Äußerungen eines *Tollhauses* wie die eines *Volkshauses* an.»[1] Diese Sätze stammen nicht von einem dezidierten konservativen Kritiker des Parlamentarismus, der alle seine vor 1914 gehegten Vorurteile und Ressentiments durch die politische Wirklichkeit der Weimarer Republik bestätigt sah, sondern von dem langjährigen linksliberalen Reichstagsabgeordneten Ernst Müller-Meiningen, der vor dem Ersten Weltkrieg zu den profiliertesten Politikern seiner Zeit gezählt und die demokratisch-emanzipatorischen Defizite des Kaiserreichs wie wenige andere Bürgerliche erkannt und benannt hatte. Als nach dem verlorenen Krieg fast alles von dem erreicht war, was er jahrzehntelang gefordert hatte, gehörte er jedoch nicht zu den Stützen der «neuen Zeit», sondern zu ihren scharfen Kritikern. Kurt Sontheimer nannte Müllers 1926 erschienene Schrift ‹Parlamentarismus›, aus der das Eingangszitat stammt, ein «sehr beachtliches Beispiel» dafür, «wie weit die auch von Demokraten geäußerte Kritik am parlamentarischen System der Weimarer Zeit sich mit den konventionellen Schimpfreden der Antidemokraten deckt».[2] Diese Tatsache war symptomatisch für die Zeit, denn bereits 1920 hatte der einflußreiche Staatsrechtler Hans Kelsen die scheinbar paradoxe Diagnose gestellt, daß in Deutschland die «Erstarkung des demokratischen Gedankens und die zunehmende Opposition gegen den Parlamentarismus während der letzten Jahre vor dem Kriege [...] auf das Innigste»[3] zusammengehangen hatten, während die Verbindung von Demokratie und parlamentarischem Regierungssystem auch im Denken vieler Liberaler zutiefst prekär geblieben war. Diese Tatsache, zusammen mit den Belastungen, die von den autoritären Traditionen des Kaiserreichs, dem verlorenen Krieg und der anschließenden Revolutionszeit herrührten, machten die erste deutsche Demokratie zu einem vom ersten bis zum letzten Tag gefährdeten Experiment. Die Weimarer Republik basierte auf der Kooperationsbereitschaft der gemäßigten Teile der Arbeiterschaft und des Bürgertums. Während sich die SPD und das Zentrum jedoch bis zu ihrem Ende behaupten konnten, brach die bürgerlich-liberale Mitte völlig ein und wandte sich von der parlamentarischen Demokratie ab. Die Linksliberalen, die in Gestalt der Deutschen Demokratischen Partei (DDP) die dritte staatstragende Kraft der ‹Weimarer Koalition› gebildet hatten, wurden zur Splitterpartei. Die Analyse des Wandels im politischen Denken Ernst Müllers, der bis 1918 ein typischer Vertreter des Linksliberalismus war, kann einige Schlaglichter auf diese dramatische Entwicklung werfen.

1. Ein Leben für den Liberalismus

Der am 11. August 1866 in Mühlhof bei Nürnberg geborene Ernst Müller stammte aus einer vom gleichermaßen liberal-fortschrittlichen wie nationalen Geist geformten, fest im protestantisch-bürgerlichen Milieu verankerten Lehrerfamilie.[4] Schon während der Schulzeit erwachte sein politisches Interesse, wobei die parteipolitische Orientierung bereits zu dieser Zeit auf den Freisinn festgelegt und sowohl gegen die Nationalliberalen als auch gegen die SPD gerichtet war. Die Diasporastellung des protestantisch geprägten Liberalismus im überwiegend katholisch-konservativen Bayern brachte freilich auch einen prononcierten Antiklerikalismus hervor. Die latente Frontstellung gegen den politisch organisierten Katholizismus, insbesondere in Fragen der Kulturpolitik, wurde so eine Konstante in Müllers politischem Denken und Handeln.

1886 leistete Ernst Müller seinen Einjährig-Freiwilligen Dienst ab. Die spätere positive Beurteilung des Wehrdienstes rührte allerdings weniger von einer unkritischen Begeisterung für das Soldatische als von seinem Faible für die Leibeserziehung, das der passionierte Turner bis ins hohe Alter behielt. Die ständige Auseinandersetzung mit der Armee, ihrer Stellung in Staat und Gesellschaft, ihrer inneren Gestaltung und äußeren Machtentfaltung bildete die zweite Konstante in seinem Leben.

Auf das Jura-Studium in München 1886–1890 und die Praktikanten- bzw. Referendariatszeit folgte im Herbst 1892 die Promotion zum Dr. jur. in Erlangen über ein Thema des Steuerrechts. Seine weitere juristische Karriere führte ihn bis in den Rang eines Senatspräsidenten am Obersten Landgericht München; 1928 trat er in den Ruhestand. Die Rechtspolitik, aber auch Fragen des Finanz- und

Steuerrechts, das Aufbegehren gegen die ‹Privilegia odiosa› des Adels bildeten das dritte Dauerthema im politischen Denken Ernst Müllers.

Aufgrund seiner Herkunft und Sozialisation war Müller geradezu prädestiniert dafür, 1898 im Reichstags-Wahlkreis Meiningen-Hildburghausen von der Freisinnigen Volkspartei nominiert zu werden. In der Stichwahl setzte er sich gegen den nationalliberalen Mandatsinhaber Hermann Paasche durch und behielt diesen Reichstagssitz bis zur Revolution 1918. Als Ernst Müller-Meiningen wurde er so für zwanzig Jahre einer der profiliertesten linksliberalen Parlamentarier, der vor allem in den Bereichen Militär-, Justiz- und Finanzpolitik als Sprecher seiner Partei auftrat. Er machte dabei eine schnelle Karriere in der Reichstagsfraktion der Freisinnigen Volkspartei und galt als ein Gefolgsmann Eugen Richters. Der Parteipolitik im engen Sinn stand er jedoch stets fern, zumal er keine eigene Hausmacht aufbaute und seine Kräfte zersplitterte, indem er von 1905 bis 1924 zusätzlich ein Mandat im bayerischen Landtag wahrnahm.

In seinem äußerlich ereignisarmen Leben stellten Kriegsniederlage und Revolution die entscheidende Wende dar, denn Müller, der offensichtlich in der neuen Zeit nicht mehr Tritt faßte, zog sich völlig aus der Politik auf Reichsebene zurück. In Bayern dagegen gelangte er in der auf die Räterepublik folgenden Koalitionsregierung Hoffmann zur Würde des Justizministers. Diesen Posten füllte er zunächst auch unter der Rechtsregierung v. Kahrs aus, verließ aber im Juli 1920 das Kabinett. 1924 verzichtete Müller dann auf sein bayerisches Landtagsmandat, trat 1925 aus der DDP aus und führte seither das Leben eines engagierten Beobachters. In diese Zeit fallen auch seine drei Bücher, in denen er sich kritisch mit den politischen Ereignissen seiner Zeit auseinandersetzte. Nach einem Schlaganfall im November 1930 wurde es jedoch vollends still um ihn, und er verstarb am 1. Juni 1944 in München.

2. *Die politische Orientierung im Kaiserreich: Parlamentarisierung und Demokratisierung nach innen – Machtentfaltung nach außen*

Müllers gesamtes politisches Handeln im Kaiserreich war von der beständigen Forderung nach der Durchsetzung liberaler Grundsätze in Staat, Politik und Gesellschaft geprägt. Gleich zu Beginn seiner parlamentarischen Laufbahn profilierte er sich beispielsweise durch mehrere Reden in den Lex-Heinze-Debatten, in denen er vor der drohenden Zensur warnte und plastisch die Alternative: «Freiheit für die Kunst oder Schutzmannsästhetik»[5] aufzeigte. Über sein Engagement in den Reichstagsdebatten hinaus war Müller-Meiningen Präsidiumsmitglied des Münchner Goethebundes, woraus die Ernsthaftigkeit seines Einsatzes für die Freiheit der Kunst ersichtlich wird, zumal er auch später immer wieder vehement gegen jegliche Form der Zensur auftrat.[6]

Als praktizierender Jurist hatte Müller stets einen aufmerksamen Blick für die Entwicklungen auf dem Gebiet des Rechtswesens. Er plädierte für eine Liberalisierung des Strafrechts, verlangte eine Verbesserung der Bedingungen im Strafvollzug und prangerte Übergriffe der Polizei an.[7] In den Debatten um das Reichsvereinsgesetz beklagte er die repressive Anwendung der bisherigen Gesetze, besonders gegenüber der Arbeiterbewegung, die dadurch unnötigerweise in eine staatsfeindliche Radikalisierung getrieben werde.[8] Hier verlangte er auch die rechtliche Gleichstellung der Frauen sowie ihre uneingeschränkte Zulassung zum Universitätsstudium, während er die Zeit für das Frauenwahlrecht noch nicht gekommen sah.[9] An diesem Punkt stieß sein emanzipatorisches Engagement an eine unüberwindliche Grenze, denn noch 1926 äußerte er sich kritisch gegenüber dem inzwischen durchgesetzten Frauenwahlrecht.[10] Konsequenter war seine Forderung nach Abschaffung des preußischen Dreiklassenwahlrechts und seine Ablehnung aller Formen von «Autokratismus». Als geeignetes Mittel dafür sah er solche verfassungsrechtlichen Reformen an, die eine Stärkung der Rechte des Parlaments zur Folge gehabt hätten.[11] Sein Ansinnen lief auf die Weiterentwicklung der Verfassung in Richtung einer konstitutionellen Monarchie hinaus, wofür er als wichtigsten Schritt die volle Verantwortlichkeit des Reichskanzlers gegenüber dem Reichstag sowie die Umwandlung der bisherigen Staatssekretäre der Reichsämter in vollwertige Minister ansah. In diesem Sinn lobte er häufig als Kontrast zu Deutschland «das enge Band, das in England trotz aller großen Freiheiten des Parlaments Volk und König in einer in der Welt einzig dastehenden Weise verbindet, und das auch für die deutschen Verhältnisse vorbildlich werden sollte».[12] Diese Äußerung verdeutlicht zum einen die anglophile, westlich orientierte Politik des Freisinns, zumal Müller den «Schwerpunkt der Kultur, vor allem vom Standpunkt unserer inneren Politik, unzweifelhaft im Westen»[13] liegen sah. Zum anderen verrät sie aber auch die latenten Befürchtungen vor einer zu großen Macht des Parlaments, die geeignet sei, das «enge Band» zwischen Volk und Monarchie zu beeinträchtigen: Nicht *wegen*, sondern *trotz* der starken Stellung des Parlaments erschien ihm das politische System Großbritanniens als vorbildlich. Müller rekurrierte damit auf die zeitgenössischen staatsrechtlichen Debatten, in denen gerade auch von liberaler Seite die unmittelbare, plebiszitär gestützte Verknüpfung von Monarchie und Volk über das Parlament hinweg gefordert wurde.[14] Das Parlament geriet in die Gefahr, als bloßes Organ zur Durchsetzung von Partei- und Gruppenegoismen wahrgenommen zu werden, der «wahren» Demokratie also hindernd im Wege zu stehen. An dieser Stelle «zerbrach die in der Tradition der deutschen Staatslehre ohnehin fragile Tendenz zur Verkoppelung von Parlamentarismus und wirklichem Volkswillen»[15], und es kristallisierte sich ein Ansatzpunkt heraus, der auch aus radikaldemokratischer Perspektive zu einer grundsätzlichen Parlamentarismuskritik führen konnte. Hier liegt ein wichtiger Keim für Müllers spätere Anfeindung der Weimarer Republik.

Die innen- und verfassungspolitischen Reformvorstellungen um die Jahrhundertwende waren kein Selbstzweck, denn der Übergang zu einem parlamentarischen System sollte der Reichsleitung «die Stärke und die Selbständigkeit»[16] geben, um die neuen großen Aufgaben im Zeichen der «Weltpolitik» zu erfüllen. Müller vertrat das Konzept eines liberalen Imperialismus, für das auch Max Weber und Friedrich Naumann standen und das innenpolitische Reformen mit außenpolitischer Machtentfaltung verbinden wollte. Die traditionelle Kritik an der Militär- und Budgetpolitik wich einer nach 1893 zunächst von der Freisinnigen Vereinigung vollzogenen Annäherung an die Regierungsposition, während Eugen Richter die Freisinnige Volkspartei auf striktem Ablehnungskurs hielt. Müller gehörte zu denjenigen, die sich in dieser Partei schon vor Richters Tod im Jahre 1906 der «Weltpolitik» zuwenden wollten. Der auch in Verbindung mit den Einigungsbestrebungen im Linksliberalismus zu sehende Schwenk der Freisinnigen Volkspartei wurde durch eine Wendung zugunsten der Kolonialpolitik ergänzt und war ein Meilenstein auf dem Weg zum Bülow-Block. In diesem Zusammenhang ist auch Müllers Engagement in der Militärpolitik zu sehen, das eine den Linksliberalismus dieser Zeit allgemein kennzeichnende Doppelstrategie verfolgte. Auf der einen Seite sollte die Sonderstellung der von politisch-parlamentarischer Kontrolle weitgehend abgeschirmten Armee korrigiert werden, weshalb Müller unter anderem dem Militärstrafrecht größte Aufmerksamkeit schenkte. So forderte er bereits 1902, vier Jahre nach Verabschiedung der lang umstrittenen reichseinheitlichen Militärstrafgerichtsordnung, deren neuerliche Reform zur weiteren Durchsetzung rechtsstaatlicher Grundsätze.[17] Auf der anderen Seite sollte die Armee effizienter organisiert, von nutzlos gewordenen Traditionen befreit und den Anforderungen eines modernen Krieges entsprechend ausgerüstet werden.[18]

Diese zunehmend außen- und machtpolitische Orientierung hatte auch Konsequenzen für die Haltung gegenüber der SPD. Gegen deren militärpolitische Fundamentalopposition gerichtet hielt Müller fest, daß die Freisinnige Volkspartei «die Interessen der Nation unter allen Umständen über diejenigen der Partei stellen»[19] werde. Die Linksliberalen versuchten in dieser Zeit einen Spagat zwischen dem seit der Zeit des Bülow-Blocks freimütig bekundeten Willen zur Weltmacht einerseits und den aufrechterhaltenen Warnungen vor den Risiken eines den Nationalismus übersteigernden Imperialismus andererseits. Dies wird in einer Reichstagsrede Müllers anläßlich der Heereserweiterung im April 1912 deutlich. Darin beklagte er zwar «die allmähliche unverantwortliche Hineinhetzung der Kulturnationen Westeuropas in einen gewissen völkerpathologischen, autosuggestiven Zustand [...] in die Wahnidee, daß eine gewaltsame Lösung dieser Spannung ganz unvermeidlich sei.» Trotzdem ließ er keinen Zweifel daran, daß man «denjenigen Forderungen *technischer Art*, die die Schlagfertigkeit unserer Armee vermehren müssen, nach unseren alten Grundsätzen durchaus sympathisch» gegenüberstehe.[20] Hier ergaben sich zahlreiche Konfliktpunkte mit der SPD, die sich als einzige Partei im Reichstag von den imperialistischen Ambitionen des wilhelminischen Kaiserreichs distanzierte. In der Sozialpolitik bestanden dagegen manche Berührungspunkte mit der Sozialdemokratie. Müller forderte, nicht die Symptome, sondern die Ursachen der sozialen Mißstände zu bekämpfen[21], wobei sein sozialreformerischer Ansatz war, durch das Eingehen auf die berechtigten Forderungen der Sozialdemokratie die Arbeiterschaft in die bestehende Ordnung einzubinden. Solange dieser Gedanke von konservativer Seite ignoriert werde, bemerkte er daher, könne es die an sich wünschenswerte gemeinsame bürgerliche Front gegen die SPD nicht geben.[22] Die These, daß viele sozialpolitische Forderungen der Gewerkschaften und der SPD im Prinzip berechtigt seien und man diesen – ebenso wie bei der Liberalisierung des Vereins- und Koalitionsrechts – entgegenkommen müsse, um das weitere Erstarken der SPD zu verhindern, vertrat Müller auch später immer wieder.[23] Seine Haltung zur SPD war also ambivalent; sie schwankte zwischen dem Versuch ihrer Einbindung in die bestehende Ordnung und dem Kampf gegen sie.

Der quasi vererbte Antiklerikalismus gegenüber dem Zentrum markierte am schärfsten die Grenzen von Müllers emanzipatorischem Denken. Heftige Polemiken waren von ihm insbesondere während der Reichstags-Debatte Anfang 1906 um den «Toleranzantrag» des Zentrums zu hören. Hierbei steigerte sich Müller trotz seiner Versicherung, keinen neuerlichen Kulturkampf im Stile Bismarcks führen zu wollen, rhetorisch in eine Kampfstimmung hinein und wähnte «klerikale Vorstöße auf dem Gebiete des ganzen deutschen Kulturlebens allüberall!»[24] Er war ein vehementer Befürworter der Bülowschen Blockpolitik, denn er sah ihren doppelten Nutzen erstens in der möglichen Schwächung des Zentrums und zweitens in dem «Versuch einer parlamentarischen Regierungsform» und dem «vielleicht etwas zaghaften Schritt, die Parteien mit Verantwortlichkeit [...] zu erfüllen».[25] Außerdem schienen ihm viele innenpolitische Reformen – wie die des Reichsvereins- und Versammlungsgesetzes – nur gegen das Zentrum durchsetzbar zu sein, weil dieses «nicht in der Lage ist, die Frage vom kirchenpolitischen Standpunkt loszulösen».[26] Müllers antiklerikale Grundhaltung kam daher auch bei den Beratungen über das Reichsvereinsgesetz zum tragen. Den Sprachenparagraphen, der allein die deutsche Sprache in öffentlichen Versammlungen zuließ, bezeichnete er als die eigentliche «crux»[27] des Gesetzes. Er wirke im Ausland schädlich und bedeute die Rücknahme der bereits gewährten sprachlichen Gleichberechtigung der frankophonen Teile Elsaß-Lothringens. Auch werde dadurch der irridentistischen Agitation unter den nationalen Minderheiten Vorschub geleistet. Trotzdem bekannte er sich als «scharfer Gegner einer gewissen polnischen klerikalen Hetzarbeit, wie sie vor allem in dem Schulstreit unzweifelhaft zum Ausdruck gekommen ist».[28] Obwohl sich Müller mit seiner – trotz dieser Bedenken – geforderten Revision des Sprachenparagraphen nicht durchsetzen konnte, stimmte er schließlich für das neue Vereinsgesetz, was ihm seitens der SPD den Vorwurf des Verrats an den liberalen Grundsätzen und den spöttischen Beinamen «Block-Pimperling» einbrachte.[29] Er revanchierte sich gegen solche Anwürfe mit der Bemerkung, die Liberalen und mit ihnen die Mehrheit des deutschen Volkes wollten «keine Herrschaft der rot-schwarzen Internationale, die ein Unglück für das ganze deutsche Volk bedeuten würde».[30] Gerade diese Passagen verdienen vor dem Hintergrund der späteren Entwicklung Müllers besondere Beachtung, denn der Vorwurf des «Internationalismus» gegen die SPD und das Zentrum, ohne deren Gründungskompromiß die Weimarer Republik nicht lebensfähig war, erwies sich als eine Hypothek für die Zukunft: Anti-Internationalismus und Antiklerikalismus waren bei ihm eine folgenreiche Verbindung eingegangen.[31]

Die für den Liberalismus insgesamt kennzeichnende Spannung zwischen emanzipatorischem Impetus einerseits und staatsbejahender Zufriedenheit mit dem Bestehenden andererseits wird abschließend in einer Rede vom Anfang Dezember 1904 auf einer Tagung der Freisinnigen Volkspartei in Nürnberg deutlich. Die zukünftige Entwicklung des Liberalismus, so vermutete Müller, werde nach links gehen, wobei es sich aber «selbstverständlich nicht um eine Änderung des monarchischen konstitutionellen Staates handeln» könne. Weiter meinte er, an die Adresse der Sozialdemokraten gerichtet: Man spreche «so viel von Block-Politik gegen Feudalismus und Klerikalismus. [...] Aber jetzt keine Illusion. Der Block kann jetzt nur Liberalismus und bürgerliche Demokratie sein. Erst wenn die Sozialdemokraten [...] sich sagen, das Bestehen auf Klassenkampf und Klassenbewußtsein ist für die Sozialdemokratie von Übel und daß sie nichts allein vermögen gegen die Reaktion, ist ein Zusammengehen mit ihnen denkbar.»[32] Auch nach der Gründung der Fortschrittlichen Volkspartei, mit der die Spaltung des Linksliberalismus überwunden wurde, blieb Müller skeptisch gegenüber Vorstellungen wie Friedrich Naumanns Konzept «Von Bassermann bis Bebel», das im badischen «Großblock» gewissermaßen umgesetzt wurde. Müllers Idealvorstellung war ein durch langsame Reformen zu erreichender parlamentarisch-konstitutioneller Verfasssungsstaat auf monarchischer Grundlage, in dem sich ein machtvolles Parlament und eine starke Exekutive gegenüberstehen sollten. Auch der Monarchie räumte er keinesfalls eine nur noch repräsentative Rolle ein. So versicherte er noch 1916 im Namen seiner Partei, man wolle «durchaus keine parlamentarische Kontrolle über das Heer ausüben.»[33] In diesem bezeichnenden Punkt wich er von seinem Vorbild Großbritannien ab: Die nationale Machtentfaltung hatte den Primat gegenüber der weiteren Parlamentarisierung erlangt.

Die Bilanz, die Müller für das wilhelminische Deutschland zog, insbesondere im Vergleich mit den Demokratien Westeuropas, war von beeindruckender Präzision, denn die Verfassungstheorie und -praxis waren von seinem Ideal einer parlamentarisch-konstitutionellen Monarchie weit entfernt: «Man sagt, die Zersplitterung des deutschen Parlaments sei die Ursache des Zurückbleibens unserer deutschen Verfassungsbestimmungen. Das mag teilweise richtig sein; aber, meine Herren, hier handelt es sich um eine Wechselwirkung. Wir haben keine großen Parteien im deutschen Parlament, weil dem Parlament das zur Einigung treibende Moment der Macht, weil ihm der Einfluß auf die Regierung fehlt.»[34]

Die mit ihrer relativen Machtlosigkeit im Kaiserreich erklärbare Zersplitterung der Parteien und ihre fehlende Praxis in der Machtausübung, zu der nicht zuletzt die Fähigkeit zum Kompromiß gehörte, sollten sich später für die Weimarer Republik tatsächlich als schwere Hypothek erweisen.[35] Insofern hatte Müller wichtige Determinanten des Kaiserreichs zutreffend erkannt, das für ihn unmittelbar vor dem Ersten Weltkrieg «von dem Aufeinanderprallen moderner Vorwärtsentwicklung einerseits und dem zähen Festhalten an altpatriarchalischen Machtansprüchen andererseits»[36] gekennzeichnet war. Diese Analyse kommt den aktuellen geschichtswissenschaftlichen Deutungen nahe, welche die Jahre von 1871 bis 1918 als «widerspruchsvolle Verbindung von Beharrung und Modernität»[37] interpretieren. Wie sehr aber auch Müllers eigene Ansichten von kaum überbrückbaren Widersprüchen und Ambiguitäten gekennzeichnet waren, hatte nicht nur seine mehrdeutige Haltung zum politischen Katholizismus und zur sozialistischen Arbeiterbewegung gezeigt, sondern auch die zu den Fragen der Außen- und Weltpolitik. Sein aufrichtiges emanzipatorisches Engagement wurde durch einen dezidierten Nationalismus überlagert, der sein Denken zunehmend beherrschte.

3. Die Erschütterung durch Weltkrieg, Revolution und Nachkriegskrise

Bis unmittelbar vor Kriegsbeginn trat Müller für den friedlichen Ausgleich mit Großbritannien und Frankreich ein, doch als sich die Juli-Krise 1914 nicht friedlich bereinigen ließ wie die vielen Konflikte davor, wurde auch er von der im Bürgertum weit verbreiteten Kriegsbegeisterung erfaßt.[38] Müller engagierte sich zunächst publizistisch und legte 1915 seine Schrift *Der Weltkrieg und das Völkerrecht* vor. Darin vertrat er die bekannte Sicht, daß Deutschland von rachgierigen, neidischen Nachbarn überfallen worden sei. Besonders enttäuscht zeigte sich Müller von seinen bisherigen Vorbildern: «Die sogenannten ‹demokratischen Staaten› England und Frankreich, die in unnatürlichem Bunde mit der despotischsten aller Autokratien [sc. Rußland] und dem falschen Japanertum stehen, scheuen sich nicht, unter Hochverrat an jedem Rassen- und Kulturgemeinschaftsgefühle die wilden Völker der ganzen Erde auf europäischem Boden wie in den Kolonien gegen Deutschland heranzuführen.»[39]

Besonderen Wert legte er auf die innere Einheit des deutschen Volkes, und er proklamierte Deutschlands «*welthistorische Aufgabe* [...], ein Bollwerk für die Kultur, die Freiheit und Selbstbestimmung der Nationen Westeuropas gegen *die größte Gefahr Europas*, das russische Tatarentum, zu bilden».[40] Immer noch galten ihm die politischen Werte des Westens als vorbildlich, nur daß Deutschland jetzt plötzlich zu deren Vorkämpfer stilisiert wurde. Er sah sich also weiterhin universalistischen Ideen verpflichtet, allerdings in einem verengten Sinn, da er die Verwirklichung dieser Prinzipien allein durch einen deutschen Sieg gewährleistet glaubte. Er reihte sich damit, gewollt oder ungewollt, in die Reihe derjenigen ein, die einen positiv konnotierten deutschen Sonderweg postulierten, allerdings ohne die sonst übliche, eindeutig antiwestliche Stoßrichtung, zumal er die extrakonstitutionelle Stellung des Militärs in Deutschland weiterhin öffentlich als «die Willkür, die Negation jedes Rechts und der Verfassung»[41] brandmarkte. Auch in seiner 1917 erschienenen Dokumentensammlung *Diplomatie und Weltkrieg* vertrat er diese Ansichten, wobei er eindeutig zwischen den kriegsbeteiligten Völkern und ihrer politischen Führung unterschied und allein kleinen «Cliquen machtlüsterner Streber und Demagogen»[42] die Schuld am Krieg zusprach. Entsprechend bezeichnete er die deutsch-englischen Gegensätze als «temporäre, zeitliche, politisch gemachte», die zwischen Rußland und Deutschland dagegen als «rassenmäßige, natürliche, ethnologische, welthistorische».[43]

In den Kriegszieldebatten stand der sich an Bethmann Hollwegs «Septemberprogramm» orientierende Müller auf dem rechten Flügel der Freisinnigen Volkspartei (FVP). Zwar bezeichnete er die formelle Annexion Belgiens als den «denkbar schwerste[n] Fehler deutscher Politik, an den kein Verantwortlicher denken darf»[44], verlangte aber großzügige Reparationen, die Einverleibung des Erzbeckens von Briey, eine Handelspolitik der offenen Tür, die Konsolidierung des deutschen Kolonialbesitzes und die Sicherung der Freiheit der Meere. Trotzdem warnte er nüchtern vor einer Haltung des «alles oder nichts»: «Eine *Torheit* sondergleichen wäre es, die Meinung zu vertreten, daß die Nichterreichung einzelner oder sogar der meisten dieser Wünsche den *‹verlorenen Krieg›* bedeuten würde.»[45] Allerdings schwankte seine Stimmung je nach der Kriegslage. Den unbeschränkten U-Bootkrieg bezeichnete er im März 1916 im Hauptausschuß des Reichstages noch als «eine Desperadopolitik, die wir wahrhaftig nicht notwendig haben».[46] Nach den Erfahrungen des Steckrübenwinters 1916/17 kam Müller jedoch zu dem Schluß, die Situation zwinge zu eben diesem «Akt der Desperado-Politik»[47]; dieser aus der Verzweiflung geborene Schwenk zugunsten des U-Bootkriegs wurde allerdings von der gesamten FVP getragen. Die Friedensresolution vom Juli 1917 verteidigte er nur «mit blutendem Herzen»[48] und vor allem aus der taktischen Erwägung, die Zustimmung der MSPD zu den Kriegskrediten zu gewährleisten. Wie die FVP insgesamt distanzierte er sich zwar schon bald wieder von der Friedensresolution und lehnte auch die Friedensbemühungen des US-Präsidenten Wilson oder der Kurie in Rom ab, hielt aber doch daran fest, daß das Ziel der deutschen Politik sein müsse, «den Zweck der *Sicherung* mit dem der *Verständigung möglichst* in Einklang zu bringen»[49], wobei er den Primat der politischen gegenüber der militärischen Führung betonte. Wenngleich sich also Müllers Nationalismus durch den Krieg steigerte und verhärtete, ging er keinesfalls über jenen hinaus, den viele andere Politiker vertraten, welche später zu Stützen der Weimarer Republik werden sollten. Seine Radikalisierung bliebe damit ohne die Einbeziehung seines persönlichen Erlebens von Kriegsende und Revolution unverständlich – zumal sich dabei die Entwicklung in Müllers Heimat Bayern durch eine besondere Dynamik auszeichnete.

In der letzten Reichstagssitzung des Kaiserreichs, jene, in der die Verfassungsreformen beschlossen wurden, welche Deutschland in eine parlamentarische Monarchie verwandelten, gab Müller seiner Befriedigung darüber Ausdruck, daß nunmehr die fünfzig Jahre alten Forderungen des Liberalismus im wesentlichen erfüllt seien.[50] Die Oktoberreformen kamen jedoch zu spät, weil der Wind der Veränderung am Ende des Krieges zu einem Orkan geworden war, ohne daß Müller dies gespürt hätte. Der in den nächsten Tagen einsetzende revolutionäre Prozeß erschien ihm nur noch als nationale Schande und Katastrophe. Vom Waffenstillstandsverlangen der Obersten Heeresleitung am 29. September 1918 war er «wie vor den Kopf geschlagen»[51], hielt aber trotzdem sogar noch am 2. November eine Durchhalterede in München, was taktisch unklug und starrsinnig war. Die MSPD unter Auer unmittelbar vor Eisners Regierungsübernahme in Bayern betrachtete Müller mit Mißtrauen, weil er vermutete, daß sie mehr von den Plänen des USPD-Führers wußte, als sie öffentlich zugab. Müllers extreme Verbitterung, mit der er auf den Umsturz vom 7./8. November reagierte, wird aber erst aus der Tatsache erklärbar, daß er als Minister ohne Portefeuille in der neuen Landesregierung maßgeblich am Entwurf der neuen Landesverfassung beteiligt werden sollte. Der Hoffnung, auf diesem strikt reformerischem Weg seine Vorstellungen einer parlamentarischen Monarchie umzusetzen, sah er sich durch die Revolution beraubt.

Wohl nicht zuletzt deshalb reagierte Müller mit gleichsam pathologisch gesteigertem Entsetzen, ja mit Abscheu auf die Ereignisse der folgenden Monate im Reich und vor allem in Bayern. Das galt zunächst für die Neuformierung der Parteienlandschaft. Dem Gedanken, daß der Liberalismus angesichts des zu erwartenden Verhältniswahlrechts seine Kräfte bündeln müsse, um nicht bedeutungslos zu werden, stand Müller nahe. Trotzdem etikettierte er die gesamtliberale Delegiertentagung am 16. und 17. Dezember 1918 in München als «Rausch der Demagogie», «Verschwörung gegen die Alten» und «Gesinnungslumperei»[52], weswegen er sogar den Parteiaustritt erwog. Trotzdem wurde er auf dem 1. Parteitag der bayerischen Deutschen Volkspartei (DVP – die sich kurz darauf der DDP anschloß) wieder als Landtagskandidat aufgestellt, nicht mehr jedoch für den Reichstag. Das Klima auf dem Parteitag kennzeichnete er als «höchst unwürdige Mandatslauferei» und beklagte, daß andere aus ihren Ämtern gedrängte Vertreter des rechten Parteiflügels «ludermäßig vom Parteibolschewismus behandelt»[53] worden seien. Scharfe Kritik äußerte er vor allem an dem von der Parteilinken um Ludwig Quidde vertretenen Kurs der loyalen Mitarbeit in der Revolutionsregierung Eisners, während er selbst erfolglos versuchte, einen bürgerlich-mehrheitssozialdemokratischen «Ordnungsblock» zustande zu bringen. Der weitere Verlauf der Ereignisse in Bayern, der schließlich in der Räterepublik und ihrer brutalen Niederschlagung durch die Freikorps kulminierte, brauchen hier nicht weiter thematisiert zu werden.[54] Er stellte den entscheidenden Wendepunkt im politischen Denken Müllers dar, dessen Handeln als Justizminister sich zunehmend radikalisierte.[55]

Nach seinem Rücktritt als bayerischer Justizminister 1920 trug er seine Erfahrungen aus der Revolutionszeit in dem 1921 verfaßten und 1924 erschienen Buch *Aus Bayerns schwersten Tagen* zusammen. Die haßerfüllten Beschreibungen Eisners und vieler anderer Aktivisten dieser Tage zeigen, wie tiefgreifend die Erschütterung durch die Revolution subjektiv gewesen sein muß. Besonders erschreckend ist dabei, daß Müller, der jahrzehntelang für die Gleichberechtigung der deutschen Juden und gegen den Antisemitismus eingetreten war, nun selbst zu antisemitischen Stereotypen Zuflucht nahm und auch das Schreckgespenst des ‹revolutionären Flintenweibes› bemühte. So schimpfte er über die «ganze revolutionäre Gesellschaft mit starkem galizischem Einschlage von jungem männlichem und weiblichem Personale»,[56] schilderte die Anhänger Eisners als «lose verwilderte Haufen», «unreife, halbwüchsige Burschen» und zuchtloses «Gesindel».[57] «Der Pöbel herrschte unumschränkt. [...] Es war, als wenn über Nacht die sämtlichen menschlichen Kloaken geöffnet worden wären, männliche und weibliche!»[58] Ähnlich äußerte er sich über Gustav Landauer, der «gewöhnlich von einer Anzahl hübscher, junger Revolutionsweiber, östlicher und nichtöstlicher Richtung»[59] umgeben gewesen sei. Vor allem die Gestalt Eisners faszinierte ihn und stieß ihn zugleich ab: «Sein ganzer Habitus mit dem langen, ziemlich struppigen und schon stark weißen Barte, den langen Prophetenlocken hatte für die Massen etwas Gewinnendes [...]. Seine Garde bestand freilich zum großen Teil aus jungen norddeutschen, auch östlichen Literaten.»[60] Müller war gewiß nicht über Nacht zum Antisemiten geworden, aber wie leichtfertig er in einer Krisensituation auf das auch in ihm fest verankerte Repertoire antisemitisch gefärbter Vorbehalte zurückgriff, zeigt seine gegen Eisner gerichtete Äußerung vom 8. November 1918: «Wir lassen uns nicht von einem Galizier aus Berlin regieren»[61]. Auch wenn Müller zutreffend feststellte, daß die Beteiligung relativ vieler Juden an den Revolutionsereignissen «einen außerordentlich starken antisemitischen Zug ins deutsche Volk brachte», lassen seine Ausführungen, in denen er «den rein negativen, destruktiven Antisemitismus»[62] zurückwies, die Frage aufkommen, ob er einen *nicht* «rein destruktiven» Antisemitismus für möglich und berechtigt hielt.

Eine Bemerkung Müllers über die Nationalversammlung 1919, die ihm «wie ein Ameisenhaufen, in den jemand mit rauher Hand hineinfuhr»[63], erschien, gab die Tendenz für seine beiden Werke *Parlamentarismus* von 1926 und *Bolschewismus – Faschismus oder Freistaat* von 1931 vor. In ihnen zog er seine vernichtende Bilanz der alltäglichen Politik der Weimarer Republik und insbesondere des parlamentarischen Lebens. Müller war allerdings Realist genug, um die Republik als Gegebenheit zu akzeptieren, zumal sie in seinen Augen bei allen Fehlern das Verdienst hatte, die Reichseinheit, «dieses letzte große Gut des deutschen Volkes» gewahrt zu haben: «Außen- und innenpolitischer Zwang nötigt uns, mit dieser Staatsform so gut als nur möglich zu leben, um den Bürgerkrieg, das Chaos, den Untergang zu vermeiden.»[64] Der seit dem Dreißigjährigen Krieg in Deutschland tief verankerte Anti-Bürgerkriegsreflex ließ ihn die Republik annehmen, zumal ihm ihre Verfassung trotz mancher Schwächen – so vor allem die Abschaffung der Monarchie – «in ihren wesentlichen Normen als die Ausführung der alten Programmforderungen der Fortschrittlichen Volkspartei» erschien.[65] An der Verfassungswirklichkeit fand er dagegen nichts Positives: «Überall Zersetzung, überall Korruption; die politische Vernunft, – verdrängt durch bloße gemeine Parteitaktik, und ein zersetzendes, in geistreichelnden Formen verwüstendes, charakterloses, politisches Literatentum.»[66] An diesem Zustand, den er in ermüdender Monotonie auf vielen hundert Seiten beklagte, schien ihm vor allem das Verhältniswahlrecht schuld, wodurch die Parteien bei der Kandidatenaufstellung viel mehr Macht erhielten als vor 1918, denn nur noch ein sicherer Platz auf einer Parteiliste ermöglichte den Einzug ins Parlament. «Nicht Parteiwahlen, sondern *Wahlen von Männern und Köpfen*»[67]: diesen Rückgriff auf das Mehrheitswahlrecht des Kaiserreichs sah er als einzig wirksames Gegenmittel gegen die Herrschaft der Partei-Oligarchie. An deren Stelle verlangte er «Führer»: «*Charakterstärke, eiserner Wille* auf der Grundlage starker Nerven und physischer Gesundheit, zäher Arbeitswille, Energie, Selbstzucht und Strenge gegen sich selbst»[68] sollten sie kennzeichnen. Auf solche allgemeinen, inhaltslosen Floskeln beschränkten sich

Müllers Verbesserungsvorschläge. Klare Konzepte fehlten; *sein* Liberalismus bot keine Zukunftsperspektive. Stattdessen reihte er sich durch seine fatale Gleichsetzung von Parlamentarismus mit Parteienwirtschaft, die rechte und linke Parlamentarismuskritik verband, in die wachsende Zahl derjenigen ein, die eine Lösung der zahlreichen Probleme der Weimarer Republik nur noch in einem radikalen Systemwechsel erblicken wollten.[69]

Als eigentliche Ursache der geringen Unterstützung für die Republik erblickte er jedoch die Tatsache, daß sie «mit dem größten Fluche der deutschen Geschichte belastet»[70] sei, der Niederlage von 1918 und der anschließenden Revolution, dem «größte[n] Verbrechen in Deutschlands Geschichte».[71] Dieses und vor allem den Versailler Vertrag, dessen Kriegsschuldartikel er als Ursache allen Unglücks und «Fluch der größten Lüge»[72] verdammte, erkannte er durchaus zu recht als schwere Belastung für die Weimarer Republik und die Demokratie, die dadurch mit dem Odium der nationalen Schmach bedacht wurden. Entgegen aller realpolitischen Vernunft stritt er daher gegen die von seiner Partei vertretene «Erfüllungspolitik». In einem Schreiben an den bayerischen DDP-Landesvorstand vom Mai 1921 plädierte er vehement gegen die Annahme des Londoner Ultimatums, die er «für ein großes nationales Unglück» hielt: «Sie bedeutet die Sanktion der ‹Sanktionen›, [...] die dauernde Entmannung und Preisgabe des letzten Restes nationaler Würde und Ehre.»[73] Durch diese Haltung entfremdete er sich von allen Parteien, die für die schrittweise, friedliche Revision der Versailler Vertragsbestimmungen eintraten: der SPD, dem Zentrum, der DDP und selbst Stresemanns DVP, deren Ehrenmitglied er zwar war, der er aber nicht als ordentliches Mitglied beitrat. Seine radikalen außenpolitischen Ansichten verbanden ihn dagegen mit der Rechten, der DNVP, doch verhinderten deren innenpolitische Forderungen eine weitere Annäherung, denn Müller sah sich außerstande, «innerpolitisch konservativ-junkerhafte Politik als alter Fortschrittler»[74] zu treiben. Die verzweifelte Suche nach Verbündeten für eine «streng nationale Politik» ließ Müller am Ende sogar wohlwollend auf die NSDAP blicken: «Der Verfasser leugnet nicht, daß ihm [...] in der Außenpolitik gar manches sympathisch in den Bestrebungen der Nationalsozialistischen Arbeiterpartei anmutete [...]. Auch in der inneren Politik war ihm die Einschätzung mancher Fragen, wie die über die Haltung der Klerikalen, der Kampf gegen die extreme Parteiwirtschaft, gegen die feile Korruptionswirtschaft in Berlin und sonstwo sympathisch.»[75]

Die «national-bolschewistische Radikalisierung der Massen» und ihre «Methoden skrupelloser Demagogie» sowie vor allem den – einen «pathologischen Charakter»[76] annehmenden – Rassenantisemitismus der Nationalsozialisten lehnte Müller zwar strikt ab. Aber sein übersteigerter Nationalismus, der aus alten Kulturkampftagen überkommene Antiklerikalismus sowie eine fundamentale Unzufriedenheit mit der Parteiendemokratie machten ihm, dem alten Vorkämpfer eines liberalen, rechtsstaatlich geprägten Deutschlands, jene Partei attraktiv, deren Auftreten und Programmatik den Aufstand gegen den Liberalismus schlechthin verkörperte. Er war im politischen Spektrum der Weimarer Republik heimatlos geworden, denn er fand nicht, was er suchte: eine «nationalfreiheitliche Mittelpartei»[77], deren Konturen Müller freilich nicht zu zeichnen vermochte. Auch hatte er zutreffend die Unmöglichkeit erkannt, das bestehende System ohne schwerwiegende Erschütterungen des gesamten Staatswesens zu verändern. Es wirkt wie eine Prophetie des Szenariums, das sich aus den seit 1930 durch die Präsidialkabinette Brüning und v. Papen durchgeführten Versuchen eines autoritären Staatsumbaus ergab, was Müller zu diesem Thema bereits 1926 schrieb. Man könne den Parlamentarismus zwar «durch ein neues künstliches System vielleicht mattsetzen, durch Mißbrauch der Staatseinrichtungen sabotieren», aber: «eine völlige Beseitigung des parlamentarischen Systems wird ohne Bürgerkrieg und Staatsstreich auf die Dauer unmöglich sein».[78] Weil Müller beides wiederum nicht wollte, erkannte er zwar zutreffend die doppelte Bedrohung der Republik durch die radikalen Kräfte von rechts und von links, deren Sieg den «Untergang des Deutschen Reiches»[79] bedeuten würde. Daraus die Konsequenz zu ziehen, den ersten demokratischen Staat auf deutschem Boden trotz aller Mängel gegen diese Gefährdung zu schützen und die Parteiendemokratie trotz mancher Auswüchse zu akzeptieren, vermochte er jedoch nicht. Stattdessen schwächte er diesen Staat durch seine perspektivlose Fundamentalkritik noch weiter und lieferte denjenigen Kräften Argumente, die das Rad der Geschichte zurückdrehen wollten.

4. Fazit

Die Radikalität, mit der Ernst Müller-Meiningen das real existierende parlamentarische System der Weimarer Republik ablehnte und die seinen schrittweisen Rückzug aus dem aktiven politischen Leben zur Folge hatte, war nicht repräsentativ für die führenden Poltiker des Linksliberalismus nach 1918. Müller war wohl aber repräsentativ für das liberal-bürgerliche Milieu, dem er entstammte und dessen politische Positionen er bis 1918 vertreten hatte. Daher ist zu vermuten, daß seine Wendung nach 1919 ebenfalls keinen Einzelfall darstellte. Der dramatische Stimmenverlust der liberalen Parteien in den Wahlen spricht jedenfalls dafür. Der wichtigste Grund hierfür dürfte die als Trauma erlebte Zeit des Weltkrieges und der Revolution gewesen sein, die den liberalen Zukunftsoptimismus schwer in Mitleidenschaft zog. Weil gleichzeitig das liberal-bürgerliche Milieu immer deutlichere Desintegrationstendenzen zeigte, konnte es die kriegsbedingten Erschütterungen viel weniger effektiv auffangen als das katholische oder proletarische Milieu. Müllers Antiparlamentarismus erscheint darüber hinaus als Krisensymptom eines Liberalismus, der sich mit den Folgeerscheinungen einer parlamentarischen Demokratie nicht abfinden mochte, die sich unter den Bedingungen einer zunehmend medienorientierten, industriellen Massengesellschaft in eine Parteiendemokratie verwandeln mußte. Aus der teilweise zutreffenden Beschreibung der Defizite und Gefährdungen der Weimarer Republik folgten keine in sich schlüssigen, praktikablen Alternativvorschläge, wie denn jener demokratisch-parlamentarische Staat auf nationaler Basis hätte aussehen sollen, der die tatsächlichen oder vermeintlichen Fehler der Weimarer Republik vermied, ohne die des autoritären Vorkriegsregimes zu wiederholen. Müller war orientierungslos und fand sich in einer ausweglosen Lage. Links drohte der Bolschewismus, rechts der Faschismus. Den Weg zurück ins Kaiserreich konnte und wollte er nicht gehen, für den Weg nach vorne fehlte das positiv definierte Ziel. Die Folge war ein destruktiver Rückzug aus der Politik, der die politische Initiative den radikalen Kräften von links und von rechts überließ. Müllers fatale, auch im staatsrechtlichen Denken seiner Zeit weit verbreitete Gegenüberstellung von «wahrer Demokratie» und «Parlamentsabsolutismus», die Edmond Vermeil als das «Leitmotiv»[80] der verfassungsrechtlichen Debatten in der Weimarer Republik bezeichnet hatte, lieferte als «liberaler Antiparlamentarismus» nicht zuletzt jenen Strömungen Argumente, die mit dem plebiszitären Appell gegen die «Parteienwirtschaft» nur ein Ziel verbanden, das Müller zwar nicht teilte, aber ungewollt doch förderte: das Ende von Liberalismus, Parlamentarismus und Demokratie, die allesamt in Deutschland keine Zukunft mehr haben sollten.

Anmerkungen

1 *Ernst Müller-Meiningen,* Parlamentarismus. Betrachtungen, Lehren und Erinnerungen aus deutschen Parlamenten. Berlin 1926, 34, Hervorhebungen original.

2 *Kurt Sontheimer,* Antidemokratisches Denken in der Weimarer Republik. Die politischen Ideen des deutschen Nationalismus zwischen 1918 und 1933. 4. Aufl. München 1962, 192.

[3] *Hans Kelsen,* Vom Wesen und Wert der Demokratie. Tübingen 1920, 14.

[4] Zur Biographie Müllers vgl. *Joachim Reimann,* Ernst Müller-Meiningen senior und der Linksliberalismus in seiner Zeit. Zur Biographie eines bayerischen und deutschen Politikers (1866–1944). München 1968.

[5] Verhandlungen des Reichstages (= VdR), Bd. 170, 15. 3. 1900, 4710.

[6] Vgl. VdR, Bd. 180, 30. 1. 1901, 1016–1027; ebd., 20. 2. 1901, 1467–1476.

[7] Vgl. VdR, Bd. 166, 21. 2. 1899, 1023; ebd., 22. 2. 1899, 1063–1066; Bd. 169, 7. 3. 1900, 4498–4501; Bd. 185, 22. 11. 1902, 6557–6560.

[8] Vgl. ebd., 14. 10. 1902, 5625–5627.

[9] Vgl. ebd., 15. 11. 1902, 6435–6436, und Bd. 182, 22. 1. 1902, 3579–3581.

[10] Vgl. *Müller-Meiningen,* Parlamentarismus (wie Anm. 1), 42–43; allerdings hielt er die Entscheidung zugunsten des Frauenstimmrechts für irreversibel.

[11] Vgl. z.B. VdR, Bd. 168, 18. 1. 1900, 3577; Bd. 197, 25. 1. 1904, 469–470; Bd. 258, 13. 12. 1909, 295.

[12] VdR, Bd. 233, 2. 12. 1908, 5910.

[13] Rede Müllers auf dem 6. Parteitag der Freisinnigen Volkspartei 1905, zit. n. *Reimann,* Ernst Müller-Meiningen (wie Anm. 4), 34.

[14] Zu nennen wäre hier z.B. Georg Jellinek; aber auch Friedrich Naumanns Überlegungen zu «Demokratie und Kaisertum» zielten in diese Richtung.

[15] *Christoph Schönberger,* Das Parlament im Anstaltsstaat. Zur Theorie parlamentarischer Repräsentation in der Staatsrechtslehre des Kaiserreichs (1871–1918). Frankfurt/M. 1997, 409.

[16] VdR, Bd. 233, 27. 11. 1908, 5788; vgl. auch ebd., 2. 12. 1908, 5905–5910.

[17] Vgl. VdR, Bd. 183, 19. 2. 1902, 4319–4324.

[18] Vgl. VdR, Bd. 187, 9. 3. 1903, 8485–8489, Bd. 198, 4. 3. 1904, 1535–1539.

[19] VdR, Bd. 228, 24. 4. 1907, 1071.

[20] Beide Zitate VdR, Bd. 284, 23. 4. 1912, 1337, Hervorhebung original.

[21] Vgl. VdR 171, 11. 6. 1900, 5973–5976; Bd. 179, 14. 1. 1901, 681–82; Bd. 184, 24. 4. 1902, 5028–5032.

[22] Vgl. VdR, Bd. 187, 11. 2. 1903, 7855.

[23] Vgl. VdR, Bd. 197, 28. 1. 1904, 545–549; Bd. 200, 5. 5. 1904, 2693–95; Bd. 216, 14. 3. 1906, 2001–2004.

[24] Vgl. VdR, Bd. 202, 8. 2. 1905, 4364.

[25] *Müller-Meiningen,* Erinnerungen, zit. n. *Reimann,* Ernst Müller-Meiningen (wie Anm. 4), 49.

[26] VdR, Bd. 229: 10. 12. 1907, 2129.

[27] Ebd. 2132.

[28] Ebd. 2133.

[29] Vgl. die Rede Carl Legiens, VdR, Bd. 232, 4. 4. 1908, 4657–4658; Zitat Münchner Post, 7. 4. 1908, zit. n. *Reimann,* Ernst Müller-Meiningen (wie Anm. 4), 54.

[30] VdR, Bd. 232, 4. 4. 1908, 4671.

[31] Dieser grundsätzlichen Reserviertheit gegenüber dem Zentrum blieb Müller treu; er lehnte den Antrag auf Aufhebung des Jesuitengesetzes ab, weil er in dem Orden «eine Organisation zur Bekämpfung Andersgläubiger» sah, und «in dem von der Ordenssatzung geforderten unbedingten Gehorsam ge-

gen die Oberen eine schwere Gefahr für den Staat» erblickte (beide Zitate VdR, Bd. 288, 19. 3. 1913, 3920); noch 1926 sah Müller die Demokratie durch zwei international gelenkte Kräfte gefährdet: das Zentrum und die «moskowitisch-bolschewistischen» Linksparteien (*Müller-Meiningen,* Parlamentarismus [wie Anm. 1], 23).

[32] Zit. n. *Reimann,* Ernst Müller-Meiningen (wie Anm. 4), 94.

[33] *Reinhard Schiffers/Manfred Koch* (Hrsg.), Der Hauptausschuß des Deutschen Reichstags 1915–1918. Bd. 2. Düsseldorf 1981, 31. 3. 1916, 435.

[34] VdR, Bd. 233, 2. 12. 1908, 5909; ähnlich Bd. 284, 23. 4. 1912, 1345.

[35] Vgl. *Heinrich August Winkler,* Weimar 1918–1933. Die Geschichte der ersten deutschen Demokratie. 2. Aufl. München 1994, 597–599.

[36] VdR, Bd. 286, 10. 12. 1912, 2695.

[37] *Volker Ullrich,* Die nervöse Großmacht. Aufstieg und Untergang des deutschen Kaiserreichs 1871–1918. Frankfurt/M. 1997, 14.

[38] Vgl. *Thomas Raithel,* Das «Wunder» der inneren Einheit. Studien zur deutschen und französischen Öffentlichkeit bei Beginn des Ersten Weltkrieges. Bonn 1996.

[39] *Ernst Müller-Meiningen,* Der Weltkrieg und das Völkerrecht. Eine Anklage gegen die Kriegführung des Dreiverbandes. Berlin 1915, 2.

[40] Beide Zitate ebd. 3, Hervorhebung original.

[41] VdR, Bd. 309, 29. 3. 1917, 2848.

[42] *Ernst Müller-Meiningen,* Diplomatie und Weltkrieg. Ein Führer durch die Entstehung und Ausbreitung der Weltkrisis auf Grund der amtlichen Materialien. Bd. 1, Berlin 1917, 37.

[43] Ebd. Bd. 2, 1232; damit vertrat Müller eine bei aller Propaganda noch relativ gemäßigte Englandgegnerschaft, wie sie für das liberale Bürgertum kennzeichnend war, vgl. *Christoph Jahr,* «Das Krämervolk der eitlen Briten». Das deutsche Englandfeindbild im Ersten Weltkrieg, in: ders./Uwe Mai/Kathrin Roller (Hrsg.), Feindbilder in der deutschen Geschichte. Studien zur Vorurteilsgeschichte im 19. und 20. Jahrhundert. Berlin 1994, 115–142.

[44] *Müller-Meiningen,* Diplomatie (wie Anm. 42), Bd. 2, 1237.

[45] Ebd. 1239.

[46] *Schiffers/Koch,* Hauptausschuß (wie Anm. 33), Bd. 2, 28. 3. 1916, 398.

[47] Tagebucheintrag v. 1. 2. 1917, zit. n. *Reimann,* Ernst Müller-Meiningen (wie Anm. 4), 170.

[48] Tagebucheintrag v. 16. 7. 1917, zit. n. *Reimann,* Ernst Müller-Meiningen (wie Anm. 4), 183.

[49] *Ernst Müller-Meiningen,* Der Reichstag und der Friedensschluß. Beiträge zur Friedensresolution und zu dem «Selbstbestimmungsrecht der Völker». 2. Aufl. München 1918, 3, Hervorhebungen original.

[50] Vgl. VdR, Bd. 314, 26. 10. 1918, 6279–6280; Seine Kritik an der verfassungsrechtlichen Rückständigkeit des Kaiserreichs und den Mißständen in der Armee hatte Müller auch im Weltkrieg unverändert verlauten lassen, vgl. VdR, Bd. 309, 29. 3. 1917, 2842–2849, und Bd. 313, 13. 6. 1918, 5473–5480.

[51] Tagebucheintrag v. 1. 10. 1918, zit. n. *Reimann,* Ernst Müller-Meiningen (wie Anm. 4), 209.

[52] Alle Zitate aus Müllers Tagebuch, 17. 11. 1918, zit. n. *Reimann*, Ernst Müller-Meiningen (wie Anm. 4), 221.

[53] Beide Zitate ebd. 22. 12. 1918, zit. n. *Reimann*, Ernst Müller-Meiningen (wie Anm. 4), 222.

[54] Vgl. *Christoph Jahr,* Armageddon an der Isar. Medien, Macht und Massenmobilisierung während der Revolution in Bayern 1918/19, in: Kurt Imhof/Peter Schulz (Hrsg.), Revolution und Kommunikation. Zürich 1998, 171–184.

[55] So drängte Müller im Ministerrat auf die Bestätigung des Todesurteils gegen Leviné und begründete das wie folgt: «Es kriselt von neuem. Jetzt sentimentale Schwäche und der Spuk beginnt von neuem.» (Tagebucheintrag, 3. 6. 1919, zit. n. *Reimann*, Ernst Müller-Meiningen (wie Anm. 4), 236); auch seine Haltung zu den Einwohnerwehren oder zum Eisner-Attentäter Arco war nicht ohne Wohlwollen.

[56] *Ernst Müller-Meiningen,* Aus Bayerns schwersten Tagen. Erinnerungen und Betrachtungen aus der Revolutionszeit. Berlin 1924, 41.

[57] Ebd. 45.

[58] Ebd. 50.

[59] Ebd. 79.

[60] Ebd.

[61] Zit. n. ebd. 49.

[62] Alle Zitate ebd. 206, Fußnote 1.

[63] Ebd. 214.

[64] Beide Zitate *Müller-Meiningen,* Parlamentarismus (wie Anm. 1), 13.

[65] Ebd. 17, Fußnote 4.

[66] *Ernst Müller-Meiningen*, Bolschewismus – Faschismus oder Freistaat! Kritische Glossen zur politischen Bilanz des «zweiten Reiches». München 1931, 95.

[67] *Müller-Meiningen*, Parlamentarismus (wie Anm. 1), 38, Hervorhebung original.

[68] Ebd. 48, Hervorhebung original.

[69] Vgl. *Horst Möller,* Parlamentarismus-Diskussion in der Weimarer Republik. Die Frage des «besonderen» Weges zum parlamentarischen Regierungssystem, in: Manfred Funke/Hans-Adolf Jacobsen/Hans-Helmuth Knütter/Hans-Peter Schwarz (Hrsg.), Demokratie und Diktatur. Geist und Gestalt politischer Herrschaft in Deutschland und Europa. Festschrift für Karl Dietrich Bracher. Düsseldorf 1987, 140–157, und zusammenfassend *Schönberger*, Parlament im Anstaltsstaat (wie Anm. 15), 410–412.

[70] *Müller-Meiningen*, Parlamentarismus (wie Anm. 1), 27.

[71] Ebd. 20.

[72] *Müller-Meiningen*, Aus Bayerns schwersten Tagen (wie Anm. 56), 9.

[73] Abschrift des Briefes in Müllers Tagebuch, 12. 5. 1921, zit. n. *Reimann*, Ernst Müller-Meiningen (wie Anm. 4), 263.

[74] *Müller-Meiningen*, Parlamentarismus (wie Anm. 1), 207.

[75] *Müller-Meiningen*, Bolschewismus (wie Anm. 75), 197.

[76] Alle Zitate ebd. 198–199.

[77] Ebd. 200.

[78] Beide Zitate *Müller-Meiningen,* Parlamentarismus (wie Anm. 1), 14.

[79] *Müller-Meiningen*, Bolschewismus (wie Anm. 66), 290.

[80] Vgl. *Edmond Vermeil,* La Constitution de Weimar et le principe de la démocratie allemande. Essai d'histoire et de psychologie politiques. Strasbourg 1923, der vor einer «opposition de principe» zwischen Demokratie und Parlamentarismus warnte: «Cette opposition, cette lutte contre le soi-disant absolutisme parlementaire, c'est le leitmotiv des délibérations weimariennes.» (304).

II. Krise der Demokratie

Homogenität des Staatsvolks als Stabilitätsbedingung der Demokratie? Zur Politik der Staatsangehörigkeit in der Weimarer Republik

Dieter Gosewinkel

Wer war Deutscher in der Weimarer Republik? Wer diese Frage historisch analysiert, gerät unversehens mitten hinein in die Krisenzonen der ersten deutschen Demokratie am Ausgang des Ersten Weltkrieges. Der deutsche Nationalstaat war territorial beschnitten aus der Niederlage hervorgegangen. Betraf der Begriff des «Deutschen» nur die staatsrechtlichen Angehörigen des Deutschen Reiches, umfaßte er auch ehemalige deutsche Staatsangehörige in den Abtretungsgebieten oder noch darüber hinaus alle dem deutschen Kulturkreis Zugehörigen, alle Deutschsprachigen? Bereits im Begriff des «Deutschen» lag die Bandbreite nationaler Revisionsforderungen beschlossen – sie reichten von der Rückgewinnung abgetretener Territorien bis zu Vorstellungen der Hegemonie über ein deutschsprachiges Mitteleuropa.[1] Die Definition der Deutschen als Minderheit, insbesondere in Polen und der Tschechoslowakei, ihre politische Stellung und bedrängte Lage bildeten stetige außenpolitische Reibungspunkte zwischen dem Deutschen Reich und den neuen Nationalstaaten Osteuropas.

Wer Deutscher war und wurde, entschied aber vor allem auch über die Zusammensetzung des Staatsvolks und damit über die Träger der außenpolitisch belasteten und innerpolitisch umkämpften Weimarer Demokratie. Der Konsens über die Zusammensetzung und Selbstergänzung des Staatsvolks stellt eine der essentiellen Bedingungen für die Stabilität der Demokratie dar. Der folgende Beitrag bezieht die Fragestellung nach den Stabilitätsbedingungen der so besonders prekären, gefährdeten Weimarer Demokratie auf die Politik der Staatsangehörigkeit und Einbürgerung. Inwieweit brach die Staatsangehörigkeitspolitik der Demokratie mit der des Kaiserreichs? Gewann sie eigene Stetigkeit und Stabilität, oder waren die entstehenden Konflikte Ausdruck und zugleich Faktor einer Destabilisierung der Demokratie?

Die prinzipielle politische Bedeutung der Problematik scheint zunächst nicht ihrem rechtlich-formalen Ausgangspunkt, der Staatsangehörigkeit, zu entsprechen. Sie erschließt sich erst, wenn man zweierlei in den Blick nimmt: Zum einen erfuhr die reale und symbolische Bedeutung der Staatsangehörigkeit im Weltkrieg und in der demokratischen Verfassungsordnung eine Steigerung durch die Rekrutierung der Soldaten entsprechend ihrer Staatsangehörigkeit und die Abwehrmaßnahmen gegenüber «feindlichen Ausländern».[2] Die Grenzlinie zwischen den Krieg führenden Staatsangehörigen verfeindeter Nationalstaaten wurde noch schärfer. Zugleich verstärkte der Übergang zur Demokratie die nationalstaatliche Abgrenzungswirkung der Staatsangehörigkeit von innen her. Nach der Weimarer Verfassung bestand das Staatsvolk, das die Demokratie konstituierte, ausschließlich aus «Deutschen», d.h. deutschen Staatsangehörigen; nur ihnen standen die Grundrechte zu. Auch erhielt die Staatsangehörigkeit der Frauen mit ihrer staatsbürgerlichen Gleichstellung neue rechtliche und politische Substanz.

Diese Bedeutungssteigerung der Staatsangehörigkeit stand im Gegensatz zur Destabilisierung ihrer inhaltlichen Maßstäbe nach dem Kriegsende. Der unklare Status der Deutschen in den an Frankreich und Polen abgetretenen Gebieten, die Optionsmöglichkeit deutscher Staatsangehöriger polnischer Nationalität für den neuen polnischen Nationalstaat, die wachsende Zahl Staatenloser auf deutschem Gebiet – all dies trug zur Verunsicherung, zur Ambivalenz der Konzeption deutscher Staatsangehörigkeit bei. Die Kluft zwischen inhaltlicher Destabilisierung der Maßstäbe und struktureller Stabilisierungsnotwendigkeit rief die Staatstheorie auf den Plan. Nachdem die Entwicklung der Staatsangehörigkeits- und Einbür-gerungspolitik in der Weimarer Republik skizziert worden ist (1.), soll sie an einer Theorie der Demokratie gemessen werden, die Carl Schmitt zur Zeit der Weimarer Krise entwickelte (2.), bevor die Überlegungen in einem Resümee zusammengefaßt werden (3.).

1. *Staatsangehörigkeitspolitik in der labilen Weimarer Demokratie*

Die deutsche Staatsangehörigkeit beruhte auf dem Reichs- und Staatsangehörigkeitsgesetz von 1913. Das Gesetz schloß eine zwei Jahrzehnte währende Diskussion ab, in deren Verlauf sich zwei zentrale Strukturprinzipien der deutschen Staatsangehörigkeit ausgebildet hatten. Das eine Prinzip begriff die Staatsangehörigkeit als Volks- und Abstammungsgemeinschaft auf der Grundlage ethnischer und kultureller Homogenität. Politisch wirkte es sich in Forderungen nach einer strikten Begrenzung der Einbürgerung aus, die vereinzelt bis hin zum Ausschluß von Juden reichten. Es repräsentierte die Mehrheitsmeinung und hatte, in der gemäßigten Variante, seine Basis im konservativen und nationalliberalen Parteienspektrum, in radikalerer Form auch in «völkischen» und antisemitischen Verbänden und Parteien. Dem ethnisch-kulturellen teilweise entgegengesetzt war das staats-nationale Strukturprinzip. Es verstand die Staatsangehörigkeit als staatlich und damit rechtlich verfaßte Institution, die die mehrdeutige Substanz ethnisch-kultureller Zugehörigkeit formal begrenzte und auf die staatliche Pflichtenbindung zurückführte. Seinen politischen Rückhalt fand es im juristisch und militärisch geprägten Etatismus, insbesondere der hohen Ministerialbürokratie. Im Gesetz von 1913 definierte es den «Deutschen» staatsrechtlich durch die formale Angehörigkeit zu einem deutschen Staat, band die Zugehörigkeit zur Volksgemeinschaft an die Pflichten der Wehrgemeinschaft und betonte die Eindeutigkeit und «Heiligkeit» der Staatsangehörigkeit. Personen, die sich dem deutschen Kulturkreis zugehörig fühlten, konnten ohne die Bereitschaft zur Wehrpflicht nicht Deutsche im vollen, staatsrechtlichen Sinn bleiben oder werden.

1. Die Doppelpoligkeit der deutschen Staatsangehörigkeit verfestigte sich mit dem Gesetz von 1913 zur Institution. Ihre staatsnationale Komponente hatte sich unter dem Eindruck des drohenden Krieges besonders ausgeprägt. Nach dessen Ausbruch wurde sie bestätigt und verstärkt. Die Einberufungen zum deutschen Heer trennten Deutsche scharf von den im Reichsgebiet befindlichen Ausländern. Gehörten diese einem «Feindstaat» an, so wurden sie zu «feindlichen» Ausländern, von der Einbürgerung ausgeschlossen und interniert. Der kriegführende Staat schärfte die staatsnationale Symbolik und politische Abgrenzungsfunktion der Staatsangehörigkeit. Wehrpflichtentzug und Desertion wurden mit der Ausbürgerung, der symbolischen Ausstoßung aus der «Wehrgemeinschaft im Krieg», bestraft. In zweck- wie wertrationaler Hinsicht war das militärische Kalkül des Staates bei der Entscheidung über die Zugehörigkeit ausschlaggebend. Doch blieb auch jetzt die Doppelgesichtigkeit der deutschen Staatsangehörigkeit erhalten. Der ethnisch-kulturelle Grundzug wurde lediglich überlagert, nicht verdrängt; er erfuhr sogar in verdeckter Weise eine Stärkung seiner Substanz und diskriminierenden Wirkung.

Das Einfalltor für die kulturelle Aufladung der deutschen Staatsangehörigkeitskonzeption war die Behandlung der Rußlanddeutschen, der ihrem kulturellen Selbstverständnis nach deutschen Siedler in Rußland, die die russische Staatsangehörigkeit besaßen. In der sprachlichen und sozialökonomischen Isolierung von der russischen Umwelt hatten sie sich in besonderer Weise deutsche kulturelle Eigenart bewahrt. In den Expansionsplänen des Generalstabs und des radikalnationalen Alldeutschen Verbandes waren sie deshalb zu geeigneten Siedlungsvorposten eines «Großdeutschen Reiches» im slawischen Raum geworden.[3] Nach dem Krieg trug der Einsatz des *Fürsorgevereins für deutsche Rückwanderer* für die «Erhaltung dieses kernhaften, gesunden, mit den besten deutschen Eigenschaften ausgestatteten Bauern- und Landarbeiterschlages» Früchte, als das preußische Innenministerium die erleichterte Einbürgerung der deutschstämmigen russischen Kriegsgefangenen und zahlreichen Rückwanderer anordnete.[4] Das kulturelle Präferenzkriterium der deutschen Staatsangehörigkeit ging somit gestärkt aus den Folgen der Bevölkerungsverschiebungen des Ersten Weltkriegs hervor, die die von deutscher Kultur geprägten Siedlungsräume in Mittel- und Osteuropa veränderten.

Die latente Spannung zwischen dem ethnisch-kulturellen und dem staatsnationalen Pol der deutschen Staatsangehörigkeit brach in der Debatte um die sogenannte «Judenzählung» auf: Antisemitische Propaganda hatte den Anlaß gegeben, im deutschen Heer die Zahl der Juden festzustellen.[5] «Keine Volksgemeinschaft ohne Wehrgemeinschaft» war ein Leitgedanke des Gesetzes von 1913 gewesen, der völkische Forderungen nach einer imperialen Erweiterung des Auslandsdeutschtums durch die Wehrpflicht begrenzt hatte. Unter antisemitischem Druck zeigte sich, daß dieser Leitgedanke auch umkehrbar war. Nach Auffassung der militärischen Führung lebte die Wehrgemeinschaft aus der spezifischen Homogenität einer Volksgemeinschaft, die nicht in der gemeinsamen Staatsangehörigkeit aufging. Jüdische Soldaten wurden jetzt durch die bloße Zählung als besondere, mindere Klasse innerhalb der Wehrgemeinschaft stigmatisiert. Bereits die Zulassung der «Judenzählung» unterlief den in der Staatsangehörigkeit formalisierten Gleichheitsanspruch der «Wehrgemeinschaft im Krieg» und ersetzte ihn durch einen ethnisch, religiös bzw. rassisch bestimmten Substanzbegriff.

Die Konzeption der deutschen Staatsangehörigkeit als kultureller Gemeinschaft erhielt schließlich außenpolitisch Nahrung durch das besondere Verhältnis zwischen dem Deutschen Reich und Österreich. Auch nach dem alliierten Veto, das den von allen deutschen Parteien unterstützten Zusammenschluß Deutschlands und Österreichs unterband, blieb die Forderung bestehen, mit Hilfe der Staatsangehörigkeit ein besonderes politisches Näheverhältnis auf der Grundlage kultureller Gemeinsamkeit zu institutionalisieren. Der *Österreichisch-Deutsche Volksbund*, der prominente Mitglieder insbesondere aus dem republikanischen Parteienspektrum vereinte und auf die Schaffung eines «Groß-Deutschland» hinarbeitete, forderte für Deutsche aus dem ehemaligen Österreich-Ungarn, die durch «Sprache, Kultur- und Schicksalsgemeinschaft mit den Reichsdeutschen verbunden sind», die bevorzugte Einbürgerung.[6] Vorschläge einer «Volksbürgerschaft» wollten die fehlende staatliche Einheit überbrücken, um «das kulturelle Band, das die staatlich getrennten Volksteile verbindet, durch ein rechtliches Band zu verstärken».[7] Der Krieg hatte also die staatsnationale Seite der deutschen Staatsangehörigkeit aktualisiert, aber die ethnisch-kulturelle nicht geschwächt, wie die weitere Entwicklung in der Weimarer Republik zeigte.

2. Die Bedeutung dieser Entwicklung wird erst deutlich, wenn man sich die territoriale und sprachlich-kulturelle Ausgangslage nach Kriegsende vergegenwärtigt. Durch die Gebietsabtretungen und Abstimmungen aufgrund des Versailler Vertrages hatte das Deutsche Reich 13,05% seines Gebiets und 9,97% seiner Bevölkerung, gemessen am Stand von 1910, verloren. Unter den 6,475 Mio. der abgetretenen Bevölkerung befanden sich 2,941 Mio., die nicht deutsch als Muttersprache hatten[8], davon allein 2,315 Mio., die polnisch und 0,204 Mio., die französisch sprachen.[9] Betrachtet man die Sprache als wesentliches Merkmal der Nationalität innerhalb eines Staates unterhalb der Ebene der Staatsangehörigkeit, so läßt sich anhand der Ergebnisse der Volkszählung von 1925 die Verschiebung der Nationalitäten innerhalb des Deutschen Reiches bemessen. In diesem Jahr gaben von der Wohnbevölkerung des Reiches – die Ausländer jeweils eingeschlossen – nurmehr 356.314 Polnisch als Muttersprache an,[10] unter ihnen 238.101, die zugleich des Deutschen kundig waren. Französisch war, weit hinter der masurischen, wendischen, tschechischen und dänischen Sprache, mit 7138 Muttersprachlern eine verschwindend kleine Sprachminderheit.[11]

Der prozentuale Anteil der Ausländer, d.h. der nichtdeutschen Staatsangehörigen, an der Wohnbevölkerung hatte sich von 1910 bis 1925 von 1,9 auf 1,5%,[12] also um mehr als ein Fünftel vermindert. Hinzu kam, daß 1925 72,5% der Ausländer Deutsch als ihre Muttersprache angaben, somit waren nur etwa 0,4% der Gesamtbevölkerung völlig – sowohl nach der Staatsangehörigkeit als auch der sprachlich-kulturellen Zugehörigkeit – fremd. Bezieht man die Reichsinländer mit fremder Muttersprache ein, so machten die 631.000 Menschen Mitte der zwanziger Jahre bloß 1% der Wohnbevölkerung des Deutschen Reiches aus. Insgesamt zählte die Gruppe der fremden Staatsangehörigen und Fremdsprachigen nicht mehr als 2,1% der Reichsbevölkerung.[13] Zum Vergleich: 1900 hatte der fremdsprachige Anteil der deutschen Bevölkerung (wiederum Ausländer eingeschlossen) bei 7,5% gelegen.[14] Insgesamt war das verkleinerte Deutsche Reich nach dem Ersten Weltkrieg deutlich «homogener» («deutscher») als das ausgehende Kaiserreich. Der Anteil der fremdstaatlichen und fremdsprachigen Bevölkerung hatte sich um beinahe drei Viertel reduziert.

Die Volkszählung von 1925 fiel in eine konsolidierte Phase der Weimarer Republik. Der objektive Befund stärkerer Homogenität sagt indessen nichts oder nur wenig über die subjektive Unsicherheit der ersten Nachkriegsjahre aus, die die Entwicklung der deutschen Staatsangehörigkeit im Staatsleben und in der (politischen) Öffentlichkeit hinterlassen hatte. Die Gebietsabtretungen und -besetzungen aufgrund des Versailler Vertrags und die Volksabstimmungen in deutschen Grenzgebieten, die mit der Abtretung großer Teile Oberschlesiens erst im Juli 1922 ihren Abschluß fanden, untergruben die territorial fest konnotierte, über ein halbes Jahrhundert bestärkte Vorstellung, wer Deutscher sei. Die Verunsicherung entlud sich in Konflikten, die ihre schärfste Zuspitzung im Streit um die Optionen erfuhren. Die Gebietsabtretungen, verbunden mit dem Oktroi der Staatsangehörigkeit des übernehmenden Landes, hatten Optionsregelungen notwendig gemacht, die insbesondere in den an Polen abgetretenen Gebieten Posen und Westpreußen hochpolitische Auseinandersetzungen auslösten. Die Bestimmung über die Eigenschaft des Deutschen und seine Rechte in den Abtretungsgebieten wurde zum Symbol der Revisionspolitik, die das Deutsche Reich gegenüber Polen einschlug.

Die Weimarer Reichsverfassung garantierte den fremdsprachigen Minderheiten kulturellen und sprachlichen Schutz, die vollen staatsbürgerlichen Rechte jedoch nur deutschen Staatsangehörigen.[15] Die staatliche Zugehörigkeit als privilegiertes, erstrebenswertes politisches Gut brachte sie in Spannung zu ihren ethnischen und kulturellen Voraussetzungen, eine Spannung, die durch die außenpolitischen Konflikte noch verschärft wurde. Ihr Austragungsort war die Einbürgerungspolitik. Der Rang ethnisch-kultureller Kriterien in der Einbürgerungsentscheidung, ihre absolute bzw. relative Geltung, ihre Mischung mit anderen Kriterien entschieden über die «Pluralität» oder «Homogenität» des Staatsvolks.

3. Ging der Umbruch vom Kaiserreich zur Demokratie mit einem Umbruch der Maßstäbe in der Einbürgerungspolitik einher? Im ausgehenden Kaiserreich hatte die Einbürgerungspolitik unter dem Primat der preußischen Abwehr- und Germanisierungspolitik gestanden. Über das Koordinationsverfahren im Bundesrat, das jeden Einbürgerungsvorschlag eines Bundesstaates von der Zustimmung der übrigen Länder abhängig machte, hatte der hegemoniale Bundes-

staat seine restriktive Linie im ganzen Reich verbindlich gemacht, nachdem er den anderen Ländern seine Einbürgerungsrichtlinien zur Berücksichtigung mitgeteilt hatte. Kern dieser Abwehrpolitik war die Fernhaltung von Gruppen, die aus nationalpolitischen Gründen unerwünscht waren. Dazu gehörten vor allem Einbürgerungsbewerber polnischer und tschechischer Nationalität aus dem angrenzenden Rußland und Österreich-Ungarn. Am unteren Ende der Skala der Einbürgerungswürdigkeit aber rangierte die Gruppe der Juden. Hier trafen nationale, ökonomische und religiöse Abwehrmomente zusammen. Juden wurden ebenso wie Ausländer slawischer Nationalität grundsätzlich nicht in der ersten Generation eingebürgert und männliche Bewerber ab der zweiten Generation nur dann, wenn sie ihre Wehrdienstfähigkeit unter Beweis stellten. Slawische Ausländer, insbesondere jüdischer Religionszugehörigkeit, bestimmten im Kern die Bedrohungs- und Abwehrvorstellung der Einbürgerungspolitik im späten Kaiserreich, einer Politik, die auch über die Kriegszeit kontinuierlich bestehen blieb.[16]

Der erste Vorstoß, mit dieser Kontinuität zu brechen, kam wieder aus Preußen. Er fiel in die Phase der Destabilisierung der Republik seit Anfang 1919. Eine radikale Rätebewegung, kommunistische Aufstandsversuche und gewaltsame Auseinandersetzungen, große Streikaktionen und separatistische Bewegungen bedrohten den inneren Frieden und die territoriale Integrität des Reiches. Die alliierten Friedensbedingungen mit der territorialen Beschneidung und weitgehenden Entmilitarisierung Deutschlands lagen vor und stießen auf scharfen Widerstand in fast allen deutschen Parteien. In dieser Spannungslage entsprach Wolfgang Heine,[17] Innenminister der SPD-geführten preußischen Regierung, zunächst einem nationalpolitischen Bedürfnis, indem er angesichts der Einwanderung Hunderttausender Deutscher,[18] vor allem aus den polnisch besetzten Gebieten, die «grundsätzlich ausnahmslose Wiedereinbürgerung ehemaliger Deutscher» für geboten hielt. Er appellierte an nationalpolitische Einsicht und Pflichtgefühl, indem er voraussetzte, daß ein Ausländer, der «unter den heutigen Zeitverhältnissen und unter dem Drucke des unglücklichen Kriegsausgangs» die deutsche Staatsangehörigkeit anstrebe, zeige, daß er «innerlich einen festen Anschluß an das deutsche Staatswesen gefunden habe»; für eine «politische Selbstverständlichkeit» hielt er die Einbürgerung der Ausländer, die selbst oder deren Söhne im deutschen Heer Kriegsdienst geleistet hatten. Einen scharfen Bruch mit der früheren preußischen Praxis bedeutete es hingegen, wenn Heine diese Feststellungen ausdrücklich auch auf Juden aus Polen und Galizien erstreckte: Angesichts der grundlegenden Änderung der deutschen Militärverfassung werde Preußen die

Einbürgerung dieser Gruppe ebensowenig von der Wehrfähigkeit abhängig machen wie von konfessionellen Erwägungen. Insbesondere mit der letzten Ankündigung löste Heine Forderungen ein, die die SPD mit der Verabschiedung des Gesetzes von 1913 erhoben hatte. Die Gründung der staatlichen Mitgliedschaft auf Gleichheit und Solidarität im Verhältnis der Staatsbürger untereinander und gegenüber dem Staat enthielt eine Konzeption der Staatsangehörigkeit, die aus einer auf Vernunft gegründeten Vertragsgemeinschaft hervorging. Dies erweiterte und verallgemeinerte die Kriterien der Einbürgerung, beseitigte indessen keineswegs ihren Ausschlußcharakter. Die Grenze bestand darin, wie Heine formulierte, daß jemand ein «in sozialer, politischer und wirtschaftlicher Beziehung erwünschter Bevölkerungszuwachs» war.

Preußens Abgehen von der preußisch-deutschen Ostmarkenpolitik brach zugleich mit dem alten, reichsweiten Konsens in der Einbürgerungspolitik. Mit Kritik und schließlich offener Opposition wurde dieser Vorgang in Bayern beantwortet. Erhebungen des dortigen Statistischen Landesamtes zeigten, daß 1919 und 1920 die Einbürgerungen in Bayern, verglichen mit 1914, auf das Drei- bis Sechsfache gestiegen waren, unter ihnen mehr als 80% «sonstige» Ausländer, die also nicht ehemalige Reichsdeutsche waren oder im deutschen Kriegsdienst Verwendung gefunden hatten.[19] Die bayerische Regierung sah eine wachsende Zahl von Einbürgerungsanträgen für «österreichisch-galizische und russisch-polnische Juden» voraus und drängte auf die Aufrechterhaltung der hergebrachten Grundsätze, um die «drohende Überfremdung» durch seinerzeit ferngehaltene Personenkreise und die Gefährdung «wichtige(r) deutsche(r) Interessen nationaler und wirtschaftlicher Art» zu unterbinden.[20] Das von der SPD regierte Preußen und das nach 1920 mehrheitlich von antirepublikanischen Kräften regierte Bayern, die beiden größten Länder des Deutschen Reiches, verkörperten zwei konträre Grundpositionen, aus denen die Einbürgerungspolitik der Weimarer Republik im politischen Streit entstand.

Eine Beratung im Reichsinnenministerium sollte im September 1920 die neue gemeinsame Linie einer «gesunden, die bevölkerungspolitischen Interessen des Reiches wahrenden Einbürgerungspolitik» festlegen.[21] Einigkeit bestand darüber, im Interesse des Reiches nur Personen aufzunehmen, die «in staatsbürgerlicher, kultureller und wirtschaftlicher Hinsicht einen wertvollen Bevölkerungszuwachs» darstellten. Kein Widerspruch erhob sich gegen die Empfehlung des Reichsinnenministeriums, aus der Volksgemeinschaft «Schädlinge» fernzuhalten – dies um so mehr, als in einer Zeit des Wiederaufbaus kein Interesse an einer Vergrößerung der Bevölkerung bestehe. Der Mangel an Wohnungen, Nahrungsmitteln und Arbeit sowie der «Zustrom fremdstämmiger Einwanderer» geböten eine besonders strenge Prüfung der wirtschaftlichen Einbürgerungsbedingungen. Die staatsbürgerliche Eignung fordere den positiven Nachweis «einer mit den deutschen staatsbürgerlichen Interessen solidarischen Gesinnung» und des Willens zur «getreulichen Erfüllung der staatsbürgerlichen Pflichten». Dies sei am ehesten bei ehemaligen Reichsdeutschen und «deutschstämmigen» Ausländern der Fall.[22] Übereinstimmung herrschte auch über eine zurückhaltende Einbürgerung aus Ländern einer «der deutschen nicht gleichwertigen oder doch völlig fremden Kultur». Dies zielte ausdrücklich auf die Angehörigen der «Oststaaten», denen man die allmähliche Durchdringung der deutschen Kultur mit «wesensfremden, der Aufrechterhaltung der deutschen Eigenart schädlichen Elementen» zuschrieb.[23]

Einigkeit bestand also über eine grundsätzlich restriktive Politik, die der außenpolitischen und wirtschaftlichen Notlage Rechnung trug und besondere staatsbürgerliche Loyalität verlangte. Dissens hingegen brach hinsichtlich der Behandlung «fremdstämmiger Ostausländer» auf. Die Mehrheit der Länder wollte sie frühestens in der zweiten Generation zur Einbürgerung zulassen und knüpfte damit an die Regelungen des Kaiserreichs an. Hier aber lag für Preußen und Braunschweig die Grenze. Der preußische Vertreter ließ zwar «besondere Vorsicht» gegenüber Ostausländern gelten, verlangte aber, diese grundsätzlich wie andere Ausländer zu behandeln. Der Dissens war indessen von kurzer Dauer: In einem Schreiben an den Reichskanzler nahm der preußische Innenminister die Einbürgerungsanträge von Angehörigen «feindlicher Staaten» zum Anlaß, insgesamt eine einheitlichere Politik anzumahnen. Er verwies dabei auf die preußischen «Grundsätze», Ausländer, die aus «nationalen Gründen oder wegen ihrer objektiven Herkunfts- oder Abstammungsverhältnisse» nicht als erwünschter Bevölkerungszuwachs angesehen werden könnten («Polen und aus den slavischen Ländern des Ostens stammende Personen»), in der ersten Generation gar nicht, in der zweiten nur im Fall der Wehrtauglichkeit einzubürgern.[24] Das aber war exakt die preußische Polenpolitik aus dem Kaiserreich. Der Kurswechsel in der preußischen Politik zielte offenbar maßgeblich darauf, allzugroße Differenzen zur bayerischen Praxis zu vermeiden. Die Schwankungen erklärten sich auch aus verschärften Ausweisungsbestimmungen gegenüber Ostjuden in der verschlechterten wirtschaftlichen Lage.[25] Jedenfalls erhielt die Beharrungskraft in der Abwehrpolitik gegenüber dem polnischen Nationalstaat neue Bedeutung. Der preußische Minister bestätigte auch insofern die Tradition deutscher Einbürgerungspolitik, als er die Doppelpoligkeit der

Kriterien unterstrich: Die Tauglichkeit zum Militärdienst blieb als Vorzugskriterium ebenso erhalten wie der Nachweis deutscher Abstammung.[26]

Überdies setzte Preußen die ursprünglich vorgesehene Mindestniederlassungsfrist von 10 Jahren[27] für «fremdstämmige Ausländer [...] aus Oststaaten» im Jahre 1921 zunächst auf 15, 1925 schließlich auf 20 Jahre hoch.[28] Der Einigungsdruck unter den Ländern wirkte sich auch auf Preußen aus. Aus der Erfahrung mit den Einbürgerungsrichtlinien von 1921 plädierte die überwiegende Zahl der Länder für die Heraufsetzung der Mindestfrist von 10 Jahren.[29] Bayern setzte das Maß restriktiver Politik, indem es für «kulturfremde» Ausländer aus östlichen Staaten eine Regelbewährungsdauer von 20 Jahren verlangte und preußische Einbürgerungsvorschläge blockierte.[30] Aber auch der doppelte Druck durch Inflationskrise und verschärfte alliierte Reparationspolitik verstärkte das Bedürfnis nach einer homogenen Einbürgerungspolitik und schlug sich in der preußischen Positionsverschiebung nieder.

4. Der zentrale Konfliktpunkt der Debatten um die Einbürgerungspolitik 1923 und 1924 betraf die Behandlung der «Ostjuden».[31] Dieses politische Schlagwort fand Einlaß in die interministeriellen Debatten. Mit seiner Kombination aus einem geographischen und einem religiösen Attribut wurde es zum Kürzel und Sinnbild des unerwünschten «Ostausländers» schlechthin. Zugleich zeigte es Verlagerungen im Begriff des «Juden» an. In der Sprache der Ministerialbürokratie meinte «Jude» nicht mehr eine präzise Religionsbezeichnung, sondern changierte zwischen einer Bezeichnung für Nationalität und einem zunehmend diffuser werdenden Ausdruck für «Stammeszugehörigkeit».[32] Die Eigenschaft des «Juden» schloß in der Verwaltungspraxis insbesondere der beiden großen süddeutschen Staaten Bayern und Württemberg[33] die Vermutung der «Deutschstämmigkeit» aus, die eine bevorzugte Einbürgerung erlaubte. «Deutschstämmigkeit» wurde zu einem akulturellen Kriterium, zu dem die Kulturfremdheit oder Kulturverwandtschaft des Einbürgerungsbewerbers hinzutreten konnte.[34] Der Nachweis der Zugehörigkeit zu einer «nicht kulturfremden» Nation war hingegen für per se «fremdstämmige» Juden bereits aufgrund ihrer Religionszugehörigkeit äußerst schwer zu führen.

In einem Fall, der repräsentativ für die Argumentation der Innenbehörden war, lehnte Bayern die Einbürgerung eines Bewerbers ab: Das Ministerium sei angesichts des jüdisch klingenden Namens nicht davon überzeugt, daß der Bewerber deutschstämmig, d.h. «deutschen Blutes», sei. Ein Argument trat hinzu, das kennzeichnend für die Ablehnung der meisten Einbürgerungsanträge ostjüdischer Einwanderer in der Zeit zwischen 1923 und 1925 wurde: Bayern wollte den bayerischen Ärztestand vor ausländischer Konkurrenz schützen,[35] Lübeck die einheimische Akademikerschaft vor ausländischen Studenten.[36]

Wirtschaftliche Erwägungen verbanden sich mit einem antijüdischen Impetus, verdeckten letzteren oder machten ihn doch plausibel. Die Homogenität des Staatsvolks, nach der die Abwehrpolitik der Länder in letzter Hinsicht strebte, war vor allem eine antijüdische. Unter dem Eindruck einer akuten Krisensituation, begleitet von Massenarbeitslosigkeit und Währungsverfall, konturierte die staatliche Bürokratie der Länder die Grenzen des Staatsvolks. Der Verweis auf die Krise rechtfertigte freilich zugleich den Rückgriff auf tiefer liegende, strukturelle Abwehrhaltungen, die eine Jahrzehnte währende staatliche Praxis in der Vergangenheit geformt und legitimiert hatte und die nunmehr aktiviert wurden. Wie sehr der überkommene Abwehrimpetus gegen die Einbürgerung von Juden auch in Preußen nachwirkte, zeigte sich, als sich der dortige Innenminister im April 1922 zu der Klarstellung veranlaßt sah, daß das Religionsbekenntnis weder als solches noch bei der Beurteilung der «Deutschstämmigkeit» des Einbürgerungsbewerbers ausschlaggebend sei. Severing bezog damit Position gegen Bayern: Jude und «deutschstämmig» zu sein war für ihn dann vereinbar, wenn sich der jüdische Ausländer auch im Ausland «deutsche Sitte und Sprache» bewahrt hatte.[37] Wie weit die preußische Praxis von diesem Gleichachtungsanspruch eines «kulturdeutschen» Juden entfernt sein konnte, zeigten indessen Fälle antisemitischer Willkür der Berliner Einbürgerungsbehörden.[38]

Severings Drängen auf eine religionsneutrale und liberalere Handhabung der Einbürgerungspolitik trug ihm im Wahlkampf 1924 von deutschvölkischer Seite den Vorwurf ein, er habe allein in einem Jahr 90.000 Ostjuden eingebürgert. Die preußische Regierung legte daraufhin die Zahlen offen: Während 1921 bis 1923 die Gesamtzahl der Einbürgerungen von 6953 auf 17.848 um mehr als das Doppelte gestiegen war, hatte zugleich der Anteil «fremdstämmiger Ostausländer» von 757 auf 309, d.h. auf weniger als die Hälfte abgenommen.[39] Die Zahlen legen einen Zusammenhang nahe: Die rapide Zunahme «deutschstämmiger» Einbürgerungen – überwiegend ehemalige Deutsche, die ihre deutsche Staatsangehörigkeit in den abgetretenen Gebieten verloren und später für Deutschland optiert hatten – auf dem Höhepunkt der Inflations- und Krisenzeit ging zu Lasten «fremdstämmiger» Bewerber. Preußen, wo 1925 fast 63% der Ausländer und über 70% der ausländischen Juden wohnten, hatte 1923 weniger als 58% der Bewerbungen zur Einbürgerung vorgeschlagen.[40] Selbst wenn man, in Ermangelung genauerer Angaben, einmal annimmt, daß die eingebürgerten Juden mit der Gruppe der «fremdstämmigen»[41] Eingebürgerten annähernd identisch waren, so betrug ihr Anteil an der Gesamtzahl der Einbürgerungen weit weniger als die Hälfte des jüdischen Anteils an der ausländischen Wohnbevölkerung Preußens.[42] Im Ergebnis änderten also auch die relativ liberalen Leitlinien der preußischen Einbürgerungspolitik nichts daran, daß Juden gegenüber anderen Bewerbergruppen deutlich benachteiligt wurden.

5. Der politische Konflikt über die Einbürgerung brach grundsätzlich auf, als die außenpolitische und wirtschaftliche Stabilisierung des Deutschen Reiches dafür Raum ließ. Die Konsolidierung der Reparationslasten, die Räumung des besetzten Ruhrgebiets und die deutsche Initiative zu einer neuen Friedens- und Sicherheitspolitik in der ersten Hälfte des Jahres 1925 leiteten eine Phase innerer und äußerer Beruhigung ein. Die neuere Forschung hat gezeigt, wie begrenzt, vorläufig, insgesamt «prekär»[43] die Stabilisierung der Demokratie blieb. Das Bewußtsein dieser Gefährdungslage und das Bedürfnis, sie nicht durch Konflikte zwischen den Ländern zu verschärfen, wirkten auch in der Einbürgerungspolitik bis in das Jahr 1926 nach. Zusätzliche außenpolitische Gründe bewogen Preußen noch 1925 dazu, die von Bayern strikt verfochtene Mindestniederlassungsfrist von 20 Jahren für «fremdstämmige» Bewerber auch in Preußen verbindlich zu machen. Damit hatte sich die restriktive Linie Bayerns durchgesetzt, der sich schließlich auch Sachsen, das bisher der preußischen Linie am nächsten gestanden hatte, nicht mehr entzog.

Hauptsächlich betroffen waren als größte Gruppe die Polen. Im Sommer 1925, im Vorfeld der Locarno-Konferenz, erreichte der Optantenkonflikt mit Polen seinen Höhepunkt. Polen wies Deutsche in den Abtretungsgebieten, die nicht für Polen optiert hatten, aus.[44] Bayern nahm diese Maßnahmen zum Anlaß, seinerseits die Einbürgerung «fremdstämmiger» polnischer Staatsangehöriger grundsätzlich abzulehnen, und fand dafür die Unterstützung anderer Länder.[45] Der Schriftwechsel zwischen den Innenministerien zeigt, wie sehr insbesondere diejenigen Länder, die mit wirtschaftspolitischen und antijüdischen Argumenten die Einbürgerung fremdstämmiger Ausländer äußerst restriktiv behandelt hatten, das polnische Vorgehen zur Bestärkung ihrer Politik nutzten. In einzelnen Fällen entfielen auch bisher geübte rhetorische Rücksichten, wenn etwa das Innenministerium von Mecklenburg-Strelitz die Polen als «Angehörige einer fremden Nation» bezeichnete, die «in ihren innersten Instinkten dem Deutschtum fremd und abhold ist». Sie würden immer ein «unsicheres und zersetzendes Element in der deutschen Bevölkerung» bilden, insbesondere «Angehörige der jüdischen Rasse».[46] Unterstützt wurde die restriktive Linie durch das Auswärtige Amt, das aufgrund konsularischer Berichte über die Verweigerung der Einbürgerung Deutscher in Polen seinerseits «größte Zurückhaltung»[47] gegenüber der Einbürgerung polnischstämmiger Personen in Deutschland empfahl.

Hier kündigte aber Preußen den Konsens mit den übrigen Ländern auf. Es wandte sich von Beginn an, verstärkt noch nach dem polnischen Einlenken in der Optantenfrage und nach Konzessionen im Völkerbund im September 1926, gegen die Nutzung der Einbürgerungsfrage als diplomatische Repressalie. Hierfür waren zunächst innenpolitische Gründe ausschlaggebend. Preußen hatte den weitaus größten Anteil von Ausländern polnischer Nationalität. Darunter waren viele, die sich seit Jahrzehnten in Deutschland aufgehalten und als österreichische Staatsangehörige an der Seite der deutschen Truppen gekämpft hatten, die jetzt durch den Versailler Friedensvertrag ohne ihr eigenes Zutun polnische Staatsangehörige geworden waren. Ihre Versuche, sich in Preußen wieder einbürgern zu lassen, scheiterten an der unter der Führung Bayerns errichteten Einbürgerungsblockade des Reichsrats. Preußen wies auf den Widersinn hin, der darin liege, sogenannte «Papierpolen», die niemals ein Wort polnisch gesprochen hätten und «vollkommen im Deutschtum» aufgegangen seien, an der Einbürgerung zu hindern, zumal sie deutsch gesinnt seien. Wenn Polen seinerseits deutsch Gesinnte nicht einbürgere, so sei dies konsequent, zumal in Deutschland auch nicht polnisch Gesinnte eingebürgert würden.[48]

Die außenpolitischen Argumente, die Preußen anführte, stießen auf den Widerstand jener, die das Streben nach völkischer Homogenität mit außenpolitischer Legitimität versehen wollten. Die teils offenen, teils latenten Meinungsverschiedenheiten summierten sich zu einem Grundsatzkonflikt, der im Jahre 1927 aufbrach. Die Abnahme der außenpolitischen Spannungen mit Polen seit dem Herbst 1926 und die Liberalisierung des innenpolitischen Klimas begünstigten einen Vorstoß Preußens zur Lockerung der Einbürgerungspolitik. Der neue preußische Innenminister Albert Grzesinski nutzte eine Konferenz der Länder und Reichsressorts dazu, um auf eine grundsätzliche Neuorientierung dieser Politik zu drängen. Sein Ministerium verlangte, den Begriff des «Deutschstämmigen» durch den des «Kulturdeutschen» zu ersetzen. Hinter dem Begriffs- stand ein Kategorienwechsel. Mit der Aufgabe der «Deutschstämmigkeit» wollte Grzesinski das Privileg der Blutsabstammung für die Aufnahme in die Staatsangehörigkeit abschaffen. Der Begriff des «Kulturdeutschen» sollte die deutsche Akkulturation, die Zugehörigkeit zur deutschen Kulturgemeinschaft im umfassenden Sinn betonen.[49] Der Vorstoß richtete sich gegen den Ausschluß von Juden über das Kriterium der Deutschstämmigkeit. Wie sehr er damit an den Kern überkommener Vorstellungen von ‚wertvollem Deutschtum' rührte, zeigte sich am mehrheitlichen Widerstand, den Preußen erfuhr: Deutsche Kultur allein biete keine Sicherheit für das Vorhandensein «deutscher staatsbürgerlicher Gesinnung». Strebsame Angehörige östlicher Völker eigneten sich die höher entwickelte deutsche Kultur zur Verbesserung ihrer wirtschaftlichen Aufstiegschancen an; bei Ostjuden schaffe schon der Anklang der jüdischen Volkssprache an das Deutsche einen solchen Anreiz. Gleichwohl seien Einwanderer aus diesen Ländern kein erwünschter Bevölkerungszuwachs. Was «deutschstämmig» nach der Mehrheitsmeinung über die Zugehörigkeit zur deutschen Kultur hinaus bedeutete, blieb vage («deutsche Gesittung, Gesinnung und Lebensart»).[50] Klar war allerdings, daß die Aufrechterhaltung des Begriffs «Deutschstämmigkeit» die Handhabe zum Ausschluß von Juden bot. Die Zulassung eng begrenzter Ausnahmen für Bewerber, die innerlich mit dem deutschen Volkstum «völlig verwachsen» seien oder «eine hervorragende Betätigung in der deutschen Kultur» nachwiesen, bestätigten dies nur; im Vorfeld der Beratungen hatte z.B. der Widerspruch gegen die Einbürgerung eines bekannten jüdischen Musikers aus Österreich für Aufsehen gesorgt.[51]

Die von Preußen verlangte Rückkehr zur zehnjährigen Mindestniederlassungsdauer auch für fremdstämmige Ausländer wurde von der Mehrzahl der Länder und der Reichsressorts mit Argumenten zurückgewiesen, die die Gemengelage aus objektiver Notlage und subjektiver Bedrohungswahrnehmung widerspiegelten, aus der die restriktive Einbürgerungspolitik der Weimarer Republik erwachsen war: Die «Zerrüttung der wirtschaftlichen Verhältnisse» nach dem Krieg, der Erwerbs- und Wohnungsmangel habe zur Zurückhaltung gezwungen. Angesichts der «Knappheit des Lebensraums», der «Übervölkerung», die seit 1919 etwa 400.000 Reichsdeutsche in die Auswanderung getrieben habe, und der «notleidenden deutschen Volksgenossen aus dem Ausland» sei die Erleichterung der Einbürgerung fremdstämmiger Ausländer nicht zu verantworten gewesen. Insbesondere über die zeitweilig ungesicherten Ostgrenzen habe sich ein «Strom» von Einwanderern ergossen, deren Kultur der deutschen «nicht gleichwertig» sei.[52] Die Vertreter dieser Linie widersetzten sich mehrheitlich einer Senkung der Mindestniederlassungsdauer. Lediglich die Entspannung im Verhältnis zu Polen trug dazu bei, daß Preußen mit der Forderung durchdrang, fremdstämmige Polen nicht mehr grundsätzlich von der Einbürgerung auszuschließen.

Der Dissens über die Kriterien der Einbürgerung blieb in der Folgezeit bestehen. Die nationalistische Presse führte scharfe Angriffe gegen das preußische Innenministerium, das in bestimmten Fällen Juden das privilegierende Attribut «deutschstämmig» zuerkannte.[53] Im Reichsrat gab es Kampfabstimmungen über die Einbürgerungspolitik. Die unitarisierende Wirkung, die die restriktive Einbürgerungspolitik Preußens im Kaiserreich entfaltet hatte, war Vergangenheit. Seine relativ liberale Politik behauptete sich als partikulare im Reichsrat,[54] weil Preußen mit seinem durch einzelne Länder verstärkten Stimmenanteil die Einsprüche anderer Länder überstimmen konnte.[55] Es konnte ihnen jedoch seine eigene Linie nicht aufzwingen – es sei denn um den Preis, das Funktionieren des Bundesstaats aufs Spiel zu setzen. In einem demokratischen Bundesstaat war zudem die Heterogenität der Einbürgerungspolitik größer als in einem Bund der Monarchien. Unter den Bedingungen eines bundesstaatlichen Gefüges mit offenen Grenzen mußte ein Mindestmaß an Homogenität der Einbürgerungspolitik gewahrt bleiben, um die Heterogenität der Lebensverhältnisse nicht zum Bruchpunkt des Gesamtstaates werden zu lassen.

Wie sehr sich das eher kleinstädtisch-ländlich geprägte Milieu der süddeutschen Länder durch die Politik des großstädtischen Preußen bedroht sah, zeigt ein Rundschreiben Württembergs an die Länder und Reichsministerien. Darin wurde Besorgnis über die hohe Einbürgerungsrate der Reichshauptstadt «mit wesensfremden, dem Deutschtum innerlich nicht verbundenen Bestandteilen» ausgedrückt. Das antiurbane verband sich in schlagender Weise mit dem antijüdischen Element, wenn das württembergische Staatsministerium davor warnte, «Fremdkörper» einzubürgern, die «durch eine ihnen vielfach eigene wirtschaftliche, künstlerische oder wissenschaftliche Begabung und Beweglichkeit mehr und mehr Kreise und Berufe zu durchsetzen trachten, deren Deutscherhaltung für Reich und Länder besonders wichtig [...] ist».[56]

6. Die wirtschaftliche Depression nach 1929 und die Verschärfung nationalistischer Angriffe auf die Demokratie ließen die Spielräume einer liberalen Einbürgerungspolitik schrumpfen. 1931 hatten sich die Fronten verschoben. Unter dem Eindruck der Krise rückte Preußen näher an Bayern heran und forderte, Einbürgerungswillige, die erst nach der Revolution und Inflation in das Land gekommen seien, künftig einer «schärferen Nachprüfung» zu unterwerfen. Gleichzeitig grenzte es sich vom Ablehnungsgrund der ‹Fremdrassigkeit› ab, den die thüringische Regierung mit dem nationalsozialisti-

schen Innenminister Wilhelm Frick eingeführt hatte. Er sei sachlich unhaltbar, «am wenigsten in einem Land, das – wie Deutschland – der Blutmischung so viele hervorragende Namen verdankt».[57]

Mit der Reichsexekution gegen Preußen im Juli 1932, der Absetzung der sozialdemokratischen Regierung unter Braun und Severing, wurde die Einbürgerungspolitik des Reiches weitgehend gleichgeschaltet. Reichsinnenminister Freiherr von Gayl wollte dazu im Oktober 1932 den Konsens der Länder neu bekräftigen. Nichts belegt klarer die Entstehung der Weimarer Einbürgerungspolitik aus dem Bewußtsein der Krise als Gayls Rückgriff auf die Richtlinien des Krisenjahres 1921, die er zuspitzte und aktualisierte: Die gegenwärtige Wirtschaftslage ermögliche der deutschen Bevölkerung nicht den «erforderlichen Lebensraum». Eine «strengere Einbürgerungspraxis gegenüber [...] den entwurzelten Existenzen fremder Länder» sei geboten, insbesondere gegenüber «Fremdstämmigen [...] niederer oder doch völlig fremdartiger Kultur, insbesondere also den Angehörigen der slawischen Oststaaten und den Ostjuden».[58]

Die Mehrheit der deutschen Länder hatte den Kategorienwechsel von der «Deutschstämmigkeit» zum «Kulturdeutschtum» abgelehnt. Sie hielt an der Chiffre der «Fremdstämmigkeit» fest, um Homogenität oder Heterogenität des deutschen Staatsvolks zu definieren und voneinander abzugrenzen. Zwar wirkte die Grenze nicht absolut. Sie blieb relativ, überwindbar durch jahrzehntelange Ansässigkeit und besondere Akkulturationsleistungen. Doch blieb dies, systematisch gesehen, eine Ausnahme. Die Regelvermutung der Inhomogenität, die in der Zuschreibung «fremdstämmig» steckte, enthielt neben dem kulturellen ein inhaltlich ebenso diffuses wie unauflösliches ethnisches Moment. «Fremden Stammes» zu sein konnte durch kulturelle Leistung überbrückt und ausgeglichen werden, war aber grundsätzlich identifizierbar und untilgbar, denn es blieb an biologische Abstammung gebunden. Das kulturelle Moment des Einbürgerungskriteriums «Fremdstämmigkeit» war akzidentiell, das Abstammungsmoment jedoch essentiell. Die mehrheitliche Abneigung, deutsch akkulturierte Juden aus dem Begriff der Fremdstämmigkeit auszunehmen, bewies dies. Im Kriterium «Fremdstämmigkeit» angelegt war also die mögliche Aufstellung absoluter, nicht erwerbbarer Homogenitätskriterien.

Die Einbürgerungspolitik der Weimarer Republik, in der föderative Unterschiede und liberale Traditionen fortwirkten, realisierte, aufs Ganze gesehen, diese Möglichkeit nicht. Den Übergang von der «Fremdstämmigkeit» zur «Fremdrassigkeit» vollzog erst die nationalsozialistische Regierung. In einer ihrer ersten rassepolitischen Maßnahmen schuf sie im Juli 1933 die Möglichkeit der Ausbürgerung: Vor allem Einbürgerungen der Jahre 1918 bis 1933 wurden rückgängig gemacht, sofern sie «nach völkisch-nationalen» Gesichtspunkten nicht als erwünscht anzusehen waren.[59] Damit war der Schritt von der Fernhaltung «Fremdstämmiger» zu ihrer Entfernung aus dem «völkisch homogenen» Staatsvolk getan. Den systematischen Übergang von der «Deutschstämmigkeit» zur absoluten Rassehomogenität des Staatsvolks vollendeten die Nürnberger Gesetze von 1935. Die volle Reichsbürgerschaft erwarben fortan nur noch «Staatsangehörige deutschen oder artverwandten Blutes».[60] Einer Kernforderung der frühen völkischen Bewegung gemäß[61] war damit der formale Rechtsbegriff der Staatsangehörigkeit in der Rassedefinition des Volkes aufgelöst.

2. Substantielle Homogenität des Volkes als Stabilitätsbedingung der Demokratie – eine zeitgebundene These Carl Schmitts

In der Gesamtschau zeigt die Einbürgerungspolitik der Weimarer Republik Argumentationsmuster, die, unabhängig von der (partei-)politischen Lager- und Landeszugehörigkeit der politisch Handelnden, eine gedanklich kohärente Grundvorstellung der deutschen Staatsangehörigkeit enthalten.

1. Der politische Sprachgebrauch behandelte die deutschen Staatsangehörigen – äußerlich betrachtet eine Summe von Individuen, verbunden durch einen gemeinsamen Rechtsstatus – als einen Organismus. Die Staatsangehörigen erschienen als Organe des «Volkskörpers»; die Einbürgerung bedeutete, dem Körper neue «Elemente» hinzuzufügen; die Abweisung von Einbürgerungsanträgen wurde mit dem Fernhalten von «Schädlingen» beschrieben. Das Staats-Volk im staatsrechtlichen Sinn, die Summe der Staatsangehörigen des Deutschen Reiches, setzte nach dieser Vorstellung die Substanz eines Volkes[62] voraus, die lediglich äußerlich in eine rechtliche Form gebracht wurde. Die Aufnahme eines neuen Elements veränderte nicht die substantielle Zusammensetzung, lediglich den Umfang; denn Voraussetzung für die Aufnahme war die Gleichartigkeit zur vorhandenen Substanz.

Die Kriterien eines «erwünschten Bevölkerungszuwachses» waren darauf angelegt, jede Veränderung dieser Substanz zu vermeiden. Entscheidend war, ob sich die neuen Elemente in die vorhandene Substanz – staatsbürgerlich, wirtschaftlich und kulturell – «einfügten». Die Einbürgerungspolitik war demnach grundsätzlich defensiv ausgerichtet. Ihre Selektionskriterien unterschieden scharf zwischen erwünschtem – homogenem – und unerwünschtem – heterogenem

– Bevölkerungszuwachs. Sie errichteten hohe Hürden der Bewährungs- und Assimilationsfristen. Die nach außen gerichteten Abwehrkriterien der Ungleichheit schufen eine nach innen um so intensivere Gleichheit, Homogenität.

2. Faßt man diese Grundlinien der Weimarer Einbürgerungspolitik in systematische Kategorien, so erscheinen sie als Illustration, geradezu als Modellfall einer besonderen Theorie der Demokratie, die in der Zeit der Weimarer Republik entwickelt wurde. Carl Schmitt, der einflußreichste deutsche Staatsrechtler des 20. Jahrhunderts, formulierte scharf und apodiktisch die These: «Die spezifische Staatsform der Demokratie kann nur auf einen spezifischen und substantiellen Begriff der Gleichheit begründet werden».[63] Schmitts zentraler Ausgangspunkt, den er in der Verfassungslehre von 1928 systematisch entwickelte, ist also die Gründung der Demokratie auf Gleichheit. Wie jeder politische Begriff setze der demokratische Begriff der Gleichheit eine Unterscheidung, Absonderung des Gleichen vom Nichtgleichen voraus. Nicht die Unterschiedslosigkeit aller Menschen, vielmehr die Zugehörigkeit zu einem «bestimmten Volk» – beruhend auf «Vorstellungen gemeinsamer Rasse, Glauben, gemeinsames Schicksal und Tradition» – begründet danach eine politische Demokratie und grenzt sie ab von einem anderen Volk, das als ungleich behandelt wird. «Die Gleichheit, die zum Wesen der Demokratie gehört, richtet sich deshalb nur nach innen und nicht nach außen: innerhalb eines demokratischen Staatswesens sind alle Staatsangehörigen gleich».

Der Rückgang auf das «Volk» als gleichheitsbegründende Einheit erweist Schmitts Begriff der Gleichheit als substantiellen, vorrechtlichen. Die Wahlrechtsgleichheit aller Staatsangehörigen erscheint als lediglich formale Folge der vorausliegenden substantiellen Gleichheit. Da in jeder modernen Demokratie das die Demokratie konstituierende Staatsvolk eindeutig durch die Staatsangehörigkeit definiert wird, entscheidet sich die substantielle Gleichheitsbasis des Staatsvolks an den Entstehungskriterien der Staatsangehörigkeit.

Die substantielle Gleichheit der Demokratie hat, wie Schmitt zeigt, verschiedene historische Erscheinungsformen durchlaufen. Das Leitbild der modernen, entfalteten Demokratie seit der Französischen Revolution ist jedoch die nationale Demokratie. Ihr Kriterium substantieller Gleichheit ist die «nationale Homogenität». Die Substanz der Nation – und damit das Kriterium der Homogenität – besteht für Schmitt in einem einheitlichen, durch ein «politisches Sonderbewußtsein» individualisierten Volk. Neben der nationalen, spezifisch politischen Bewußtseinsgemeinschaft des Volkes bleibt indes der allgemeine Begriff des «Volkes» bestehen.[64] Denn die demokratische Gleichheit gründet sich letztlich auf die «Gleichartigkeit», Homogenität des Volkes im allgemeinen, wobei die nationale Gleichheit nur eine spezifische historische Erscheinungsform ist, die prinzipiell weiteren Substanzkriterien offensteht.

Schmitts Stoßrichtung geht gegen ein Verständnis der Gleichheit als allgemeiner Menschengleichheit, folglich gegen die Demokratie als «Menschheitsdemokratie». Die grenzenlose Ausdehnung des Begriffes der Demokratie zu einem «allgemeinen Idealbegriff», der «Demokratie mit Liberalismus, Sozialismus, Gerechtigkeit, Menschlichkeit, Frieden und Völkerverständigung» identifiziert, schreibt Schmitt in letzter Hinsicht einer Fehlinterpretation des Liberalismus zu, der von der Demokratie scharf zu trennen sei. Das liberale Fehlverständnis läuft danach Gefahr, mit der notwendigen Unterscheidung heterogener und homogener Elemente, innen und außen, den Gleichheitskern der Demokratie selbst in Frage zu stellen. Für ihn zeigt sich die «politische Kraft einer Demokratie» darin, daß «sie das Fremde und Ungleiche, die Homogenität Bedrohende zu beseitigen oder fernzuhalten weiß».[65] Die Fähigkeit zur Unterscheidung und Verteidigung der Homogenität, zur Abwehr des Heterogenen ist eine Stabilitätsbedingung der Demokratie, so lautet die Schlußfolgerung aus Schmitts Theorie. Die Mittel der Stabilisierung sind vor allem die Einwanderungsgesetzgebung, «Gesetze gegen Überfremdung» und die neue Praxis des Staatsangehörigkeitsrechts mit der Möglichkeit der Expatriierung und Denaturalisierung.[66]

Mit der Homogenität als Stabilitätsbedingung der Demokratie behandelt Schmitt ein zentrales Thema der Weimarer Staatsrechtslehre und -theorie. Die fehlende Tradition, innere Zerrissenheit und Bedrohung der Weimarer Demokratie durch ihre Feinde drängte zu Versuchen, die Voraussetzungen ihrer Stabilität zu erfassen. Rudolf Smends Integrationslehre und Hermann Hellers Theorie von der sozialen Homogenität als Stabilitätsvoraussetzung der Demokratie sind dafür herausragende Beispiele.[67] Niemand indessen hat so entschieden und systematisch wie Schmitt die umfassende substantielle Gleichartigkeit einer vorrechtlichen, ja vorstaatlichen Einheit, des «Volkes», zum Zentrum einer stabilen Demokratie gemacht.

Schmitts polemische Wendung gegen die «Menschheitsdemokratie» enthält eine gezielte Provokation, die bis heute nachwirkt. Schmitts Kategorie der Homogenität ist Bestandteil der theoretischen Diskussion um die Demokratie geworden.[68] Sie ist damit, ihrem eigenen Anspruch gemäß, von den historischen Umständen ihrer Entstehungszeit, der Weimarer Republik, abgelöst und verallgemeinert worden. Der Nutzen der Kategorie als solcher soll hier nicht in Frage gestellt werden. Im folgenden geht es vielmehr um den spezifischen Gehalt, den Schmitt ihr gab, und seine Zeitgebundenheit – entgegen dem überzeitlichen Anspruch der Begriffsbildung.

3. Auf den ersten Blick scheint der historische Entstehungshintergrund Schmitts Theorie zu bestätigen. Die Einbürgerungspolitik der Weimarer Republik entsprach in Leitbildern und Abgrenzungen den von Schmitt geforderten substantiellen Gleichheitskriterien. Die organizistische Sichtweise des «Volkskörpers» mischte sich mit Versatzstücken eines biologischen Homogenitätstheorems.[69] Der einseitige Vorgang des «Einfügens» anstelle einer vertraglichen, auf Gegenseitigkeit beruhenden Vorstellung,[70] schließlich die Zuschreibung des Gleichheitskriteriums («deutschstämmig») auf eine bestimmte Gegnergruppe hin («Fremdstämmige», insonderheit slawische «Ostausländer» und «Ostjuden») entsprachen der von Schmitt geforderten politischen Unterscheidungsfähigkeit der Demokratie. Doch inwieweit handelte es sich um eine spezifisch demokratische Einbürgerungspolitik? Inwieweit trug sie überhaupt ein stabilisierendes Element in sich? Bei genauem Hinsehen zwingen die Antworten auf diese Fragen zur Historisierung und Einschränkung des Schmittschen Demokratietheorems.

Zunächst stellte die Weimarer Einbürgerungspolitik in mehrfacher Hinsicht die Fortsetzung und Zuspitzung der Abwehrpolitik des Kaiserreichs dar. Die beteiligten Länder – mit der gewichtigen Ausnahme Preußens – und das Reichsinnenministerium sahen dies auch so. Der Wegfall der Wehrpflicht als Einbürgerungskriterium verschärfte noch die Gesamttendenz zur Ethnisierung der Staatsangehörigkeit. Auch die Rangskala der Einbürgerungswürdigkeit, an deren Ende fremdstämmige «Ostausländer» und (Ost-)Juden standen, blieb erhalten. Die Kontinuität einer spezifischen Volks- und Nationkonzeption sowie ihre Verteidigung nach außen überlagerten – zumal im Bewußtsein der politisch Handelnden – jede Vorstellung einer Stabilisierung der Demokratie und der Vertiefung ihrer Gleichheit nach innen.

Die restriktive Einbürgerungspolitik war in doppelter Weise Ausdruck einer permanenten Krisenlage der Demokratie zum einen, einer – in besonderer Weise darüber hinausgehenden – Krisenwahrnehmung zum andern. Die nur kurz unterbrochene wirtschaftliche Krise und der hohe Sockel der Arbeitslosigkeit ab der Mitte der 20er Jahre waren objektive Belastungsfaktoren, die unmittelbar auf die Einwanderungspolitik und die Beschäftigung ausländischer Arbeiter einwirkten. Die Schärfe der subjektiven Krisenwahrnehmung einer

«Überfremdung», Verengung des «Lebensraums» wird deutlich im Vergleich zu statistisch erfaßbaren Faktoren: Der einschneidende Rückgang fremdnationaler Wohn- und Arbeitsbevölkerung[71] in der Weimarer Republik, der auf Gebietsabtretungen und Veränderungen der agrarischen Arbeitsstruktur beruhte; der Rückgang des Bevölkerungswachstums, verglichen mit der Vorkriegszeit;[72] der negative Wanderungssaldo zwischen 1921 und 1930, der vor allem durch die Rückwanderung ehemaliger Deutscher aus Osteuropa und Übersee gemindert wurde – all dies waren Vorgänge, die von Einbürgerungen kaum beeinflußt wurden, aber objektiv geeignet waren, der Furcht vor «Überfremdung» entgegenzuwirken; in der Einbürgerungspolitik wurden sie jedoch nicht zur Kenntnis genommen.

Der Zusammenhang zwischen Krisenlage bzw. -wahrnehmung und Einbürgerungspolitik zeigt sich am preußischen Vorstoß zur Lockerung der Kriterien in der kurzen Stabilisierungsphase zwischen 1926 und 1928. Es gab demnach Handlungsspielräume zu einer Liberalisierung, die erst durch eine erneute Verschärfung der Krise verengt wurden. Konfrontiert man diesen Befund mit Schmitts Demokratietheorie, so enthüllt diese eine doppelte Beschränktheit, die zu ihrer Historisierung zwingt. Zunächst ist Schmitts staatstheoretisches Denken an seinem Ausgangspunkt ein Denken von der Ausnahmelage her.[73] Die potentielle Feinderklärung, die in der Schärfung der Gleichheitskriterien liegt, verliert jedoch in Zeiten der Ruhe ihre stabilisierende Funktion. Weiterhin ist Schmitts Demokratietheorie genuiner Ausdruck eines Leitmotivs der konservativen Revolution in der Weimarer Republik, eine Kampfansage an den Liberalismus.[74] Sein idealtypischer Entwurf der Demokratie als antiliberaler setzt auf die Auflösung des Liberalismus. Er unterschätzt dabei jedoch die historische Erscheinungsform und die Beharrungskraft der liberalen Demokratie – und bleibt damit selbst Teil einer Zeitströmung des Antiliberalismus. Der enge zeitliche Zusammenhang der Demokratietheorie Schmitts mit der Grenz- und Ausnahmesituation einer «belagerten civitas»,[75] der Weimarer Republik, nimmt ihr nicht die heuristische Schärfe, beschränkt aber ihre empirische Aussagekraft auf konkrete historische Lagen.

Schließlich ein grundsätzlicher Einwand gegen Schmitts unbegrenzten Homogenitätsbegriff: Mit seiner immanenten Bindung an eine Krisenlage und seiner antiliberalen Stoßrichtung rechtfertigte das Homogenitätstheorem im Extremfall die Umformung der Demokratie zu einem totalitären System: Eine Gruppe wurde aufgrund absoluter Kriterien zu Feinden erklärt und von vornherein als inhomogen ferngehalten. Eben diese Feinderklärung war in Schmitts

These nicht nur angelegt, sondern unter Umständen sogar geboten. Konnte sich das Volk als Träger der Gleichartigkeit grundsätzlich auch nach dem Kriterium der Rasse bestimmen, so mußten Fremdrassige ausgeschlossen bleiben.

Der Begriff der Rasse war mehrdeutig angesichts der zahlreichen Bedeutungsvarianten, die seit dem ausgehenden 18. Jahrhundert in die wissenschaftliche und politische Sprache eingedrungen waren.[76] Unter Bezug darauf bescheinigt die neuere Forschung Carl Schmitts rassischem Denken, nicht «bodenlos»[77] im Sinne der biologischen Rassetheorie des Nationalsozialismus zu sein, vielmehr «historisch kulturell» rückgebunden zu bleiben.[78] Nimmt man hingegen Schmitts Homogenitätstheorem bei seinem systematischen Anspruch, so schließt es – objektiv – die Indienstnahme für ein biologisches Rassekonzept nicht aus. Schmitt selbst baute die begriffliche Brücke, indem er in seinen Veröffentlichungen zur Richtungsbestimmung des neuen nationalsozialistischen Staates anstelle der Begriffe Homogenität und Gleichartigkeit den Kampfbegriff der «Artgleichheit» einführte. Die darin liegende Assoziation an rassische Substanzialisierungen[79] wird bewußt gesucht, wenn Schmitt in einer grundsätzlichen Positionsbestimmung der nationalsozialistischen Herrschaft 1933 erklärt: «Artgleichheit des in sich einigen deutschen Volkes ist also für den Begriff der politischen Führung des deutschen Volkes die unumgänglichste Voraussetzung und Grundlage. Wenn der Gedanke der Rasse auf dem Nationalsozialistischen Juristentag in Leipzig 1933 in der gewaltigen Schlußrede des Führers [...] immer wieder in den Mittelpunkt gestellt wurde, so war das kein theoretisch ausgedachtes Postulat».[80]

Homogenität im Sinne der «Artgleichheit» zog, aus sich heraus, keine kategoriale Grenze zu biologischem Rassedenken. Schmitt selbst, mag er persönlich nun «Judenfeind» und nicht «Antisemit» im rassischen Sinn gewesen sein,[81] legitimierte diese Grenzüberschreitung. Das «Gesetz zur Wiederherstellung des Berufsbeamtentums», das im April 1933 jüdische Beamte aus rassepolitischen Gründen aus der Beamtenschaft entfernte, begrüßte Schmitt als Beweis dafür, daß der nationalsozialistische Staat «Artgleichheit» innerhalb seines Staatsvolks durchsetzte; denn ungeachtet ihrer deutschen Staatsangehörigkeit wurden «nicht arische»[82] Beamte aus dem aktiven Staatsdienst entfernt. Das formale Homogenitätspostulat hatte sich zur substantiellen, d.h. vor allem antijüdischen Feinderklärung konkretisiert, die nicht «Artgleiches» nicht nur fernhielt, sondern ausstieß.

3. Fazit: Homogenisierung des Staatsvolks – Schwächung der Demokratie

Insgesamt erreichte die politische und soziale Funktion der Staatsangehörigkeit erst in der Demokratie die ganze Fülle ihrer Bedeutung. Die Kehrseite dieses Vorgangs war freilich die verschärfte Abgrenzung der «Deutschen», im Sinne des deutschen Staatsvolks, gegenüber Ausländern. Die materielle Bedeutungssteigerung der Staatsangehörigkeit ging einher mit der (relativen) Abwertung ihrer Nichtinhaber. Zugleich erhöhte sich damit die politische und rechtliche Attraktivität der deutschen Staatsangehörigkeit. Die Regeln ihres Erwerbs gerieten – anders als im Kaiserreich – stärker in das Blickfeld und unter die Kontrolle der nunmehr demokratischen Öffentlichkeit. Sie wurde damit unausweichlich zur politischen Konfliktzone, in der außenpolitisches Kalkül, wirtschaftliche Kapazitäts- und Nutzenerwägungen, vor allem aber nationale Leitbilder und Stereotypen zusammenflossen.

Die Vorstellung einer «Volksgemeinschaft», die der formalen Staatsangehörigkeit vorauslag, in dieser nicht aufging und sie formte, war in allen politischen Gruppierungen und staatlichen Institutionen vorhanden, die Einfluß auf die Formulierung der Staatsangehörigkeitspolitik nahmen. Die konzeptionellen Varianten reichten von liberal nationalkulturellen Ideen des «Kulturdeutschtums» über die Hauptlinie der ethnisch-kulturellen «Deutschstämmigkeit» bis hin zu rassebiologischen Vorstellungen. Die Staatsangehörigkeitspolitik der Weimarer Republik war Ausdruck der krisenhaften inneren Unsicherheit der Demokratie. Die Ergänzung des Staatsvolks durch Einbürgerung war grundsätzlich nicht erwünscht. Erfolgte sie, so geschah dies unter Einfügung in die vorgegebene ethnisch-kulturelle Gemeinschaft eines Volkes, das der politischen Demokratie vorauslag. Nicht das staatsbürgerliche Bekenntnis, sondern die objektive «Stammesnähe» und kulturelle Eignung waren der kritische Punkt des Einbürgerungsverfahrens. Die politischen Bemühungen um die Homogenisierung des Staatsvolks zielten auf die Erhaltung von Volk und Nation, nicht oder erst nachrangig auf die Erhaltung der Demokratie. Begreift man die Weimarer Republik als Versuch der Annäherung an den Westen durch Demokratisierung,[83] so verriet das mehrheitliche Demokratieverständnis hinter der Einbürgerungspolitik Vorstellungen außerstaatlicher, vorpolitischer Homogenität, die sich von der westlichen Begrifflichkeit eines Staats-«Volkes» scharf unterschieden.[84] So betrachtet stabilisierte die Staatsangehörigkeitspolitik aus der Sicht der politisch Beteiligten zwar die Homogenität des Staatsvolks – aber sie schwächte die Demokratie.

Anmerkungen

[1] Artikel «Deutscher», in: Der Große Brockhaus. Bd. 4, 15. Aufl. Leipzig 1929, 548–550; *Berndt-Jürgen Wendt*, «Mitteleuropa» – Zur Kontinuität deutscher Raumpolitik im zwanzigsten Jahrhundert, in: W. Bachofer/H. Fischer (Hrsg.), Ungarn – Deutschland. München 1983, 299–233.

[2] Vgl. grundsätzlich *Jürgen Habermas*, Der europäische Nationalstaat – Zu Vergangenheit und Zukunft von Souveränität und Staatsbürgerschaft, in: ders., Die Einbeziehung des Anderen. Frankfurt/M. 1996, 128–153 (136).

[3] Vgl. *Heinz Ingenhorst*, Die Rußlanddeutschen. Frankfurt/M. – New York 1995, 31ff.

[4] Preußischer Minister des Innern an den Reichsminister des Innern, 19. 7. 1919, Bundesarchiv Berlin-Lichterfelde (BA-L), Reichsministerium des Innern (RDI), Nr. 8020.

[5] *Helmut Berding*, Moderner Antisemitismus in Deutschland. Frankfurt/M. 1988, 169.

[6] Österreichisch-Deutscher Volksbund für Berlin und Nordost-Deutschland an das Reichsministerium des Innern, 29. 6. 1920, BA-L, RDI, Nr. 8021.

[7] Vgl. Prof. Dr. Adolf Merkl, Wien, «Doppelte Staatsbürgerschaft oder Volksbürgerschaft für Deutsche und Oesterreicher», in: Kölnische Volkszeitung, Nr. 167, 1927, BA-L, RDI, Nr. 8027.

[8] Statistisches Jahrbuch für das Deutsche Reich 1921/22, 15.

[9] Statistisches Jahrbuch für das Deutsche Reich 1927, 10f.

[10] Berechnet nach den Zahlen derjenigen, die nur eine fremde (nichtdeutsche), nicht auch die deutsche Sprache als Muttersprache angaben.

[11] Davon waren 5380 zugleich des Deutschen kundig; Zahlen errechnet nach: Statistisches Jahrbuch für das Deutsche Reich 1929, 18f.

[12] Vgl. dazu *Trude Maurer*, Ostjuden in Deutschland 1918–1933. Hamburg 1986, 80 (wobei sich Unschärfen aus den unterschiedlichen Zählweisen 1910 und 1925 ergeben).

[13] Errechnet nach: Statistisches Jahrbuch des Deutschen Reiches 1928, 19; Statistisches Jahrbuch des Deutschen Reiches 1929, 18.

[14] Errechnet nach: Statistisches Jahrbuch des Deutschen Reiches 1908, 8 (Die Bevölkerung nach der Muttersprache am 1. Dezember 1900).

[15] Art. 109ff., 113 der Weimarer Reichsverfassung vom 11. August 1919.

[16] Vgl. Einbürgerungsrichtlinien für «Angehörige feindlicher Staaten», Preußischer Minister des Innern an den Reichskanzler, 6. 12. 1914, BA-L, RDI, Nr. 8053.

[17] In einer Darstellung der preußischen Praxis gegenüber dem Staatsrat für Anhalt, Dessau, 31. 5. 1919, BA-L, RDI, Nr. 8020.

[18] Vgl. *Wolfgang Köllmann*, Bevölkerungsentwicklung in der Weimarer Republik, in: Hans Mommsen/Dietmar Petzina/Bernd Weisbrod (Hrsg.), Indu-

strielles System und politische Entwicklung in der Weimarer Republik. Düsseldorf 1974, 76–84 (81).

[19] Auszug aus der Zeitschrift des Bayerischen Statistischen Landesamtes 53 (1921), Heft 3, BA-L, RDI, Nr. 8057.

[20] Bayerisches Ministerium des Äußeren an das Reichsministerium des Innern, 31. 1. 1920; Bayerisches Staatsministerium des Innern an den Preußischen Minister des Innern, 5. 6. 1920, BA-L, RDI, Nr. 8021.

[21] Übereinstimmende Auffassung der Konferenzteilnehmer nach der Niederschrift vom 3. September 1920, BA-L, RDI, Nr. 8021.

[22] Aufzeichnung über die Beratungsgegenstände, betr. Kommissarische Beratung im Reichsministerium des Innern am 3. September 1920, BA-L, RDI, Nr. 8021.

[23] So die nicht bestrittene Formulierung in den «Beratungsgegenständen» (vgl. Anm. 22), zu denen der Vertreter des Reichsinnenministeriums «allgemeine Anerkennung» (Niederschrift über das Ergebnis der kommissarischen Beratung, S. 6, vgl. Anm. 22) konstatierte.

[24] Preußischer Minister des Innern an den Reichskanzler, 6. 12. 1920, BA-L, RDI, Nr. 8021.

[25] *Maurer*, Ostjuden (wie Anm. 12), 364.

[26] Preußischer Minister des Innern an den Reichskanzler (Reichsministerium des Innern), 6. 12. 1920, BA-L, RDI, Nr. 8021.

[27] Niederschrift der kommissarischen Besprechung vom 3. 9. 1920, 4 (vgl. Anm. 22).

[28] Preußischer Minister des Innern an den Preußischen Ministerpräsidenten, 19. 6. 1928, Preußisches Geheimes Staatsarchiv (GStA) Dahlem, Rep. 90, Nr. 2255.

[29] Aufzeichnung betreffend die Beratung der Einbürgerungsrichtlinien, undatiert (1922), BA-L, RDI, Nr. 8025.

[30] Preußischer Minister des Innern an den Reichsminister des Innern, 17. 2. 1923, BA-L, RDI, Nr. 8025.

[31] Zur Durchsetzung des Ausdrucks im allgemeinen Sprachgebrauch des frühen 20. Jahrhundert und als Symbolfigur des deutschen Antisemitismus nach dem Ersten Weltkrieg vgl. *Stephen Aschheim*, Brothers and Strangers. Madison 1982, 3, 230ff.

[32] Ein schlagendes Beispiel zeigen die Ausführungen Bremens: Der Antragsteller Levy sei seiner Nationalität nach nicht Deutsch-Böhme, sondern »Israelit», wenngleich er der evangelischen Kirche angehöre, Senatskommission Bremen an das Reichsministerium des Innern, 10. 3. 1924, BA-L, RDI, Nr. 8045; vgl. auch die Kritik Bremens daran, daß in den Antragslisten des Polizeipräsidenten von Berlin unter Nationalität statt «Israelit» vielfach die Angabe «Deutscher» gemacht werde, Senatskommission Bremen an das Reichsministerium des Innern, 3. 10. 1924, BA-L, RDI, Nr. 8046.

[33] Württembergisches Ministerium des Innern an das Reichsministerium des Innern, 18. 7. 1923, BA-L, RDI, Nr. 8044: Es existierten «große Bedenken», «Personen ostjüdischer Abstammung», die auch «bei äußerer Anpassung dem Deutschtum für die Regel wesensfremde Elemente sind», in vorgeschlagenem Maße an der Einbürgerung zu beteiligen.

[34] Vgl. die Unterscheidung Bayern zwischen 1. Deutschstämmigen, 2. Fremdstämmigen und nicht einer kulturfremden Nation Angehörigen, 3. Fremdstämmigen und einer kulturfremden Nation Angehörigen, Bayerisches Staatsministerium des Innern an Reichsministerium des Innern, 20. 11. 1922, BA-L, RDI, Nr. 8052.

[35] Dies war ein Leitmotiv der bayerischen Abwehrhaltung, vgl. die Fülle der Beispiele in BA-L, RDI, Nr. 8045 bis 8048.

[36] Senatskommission Lübeck an Senatskommission Hamburg, 13. 5. 1924, BA-L, RDI, Nr. 8046: Hinweis auf Häufung der Ablehnungen von (promovierten) Akademikern in den Akten des Reichsrats.

[37] Preußischer Minister des Innern an die Regierungspräsidenten und den Polizeipräsidenten in Berlin, 18. 4. 1922, BA-L, RDI, Nr. 8054: Die Klarstellung erfolgte auf «angebrachte Beschwerden» hin.

[38] «Polizeiwillkür bei Einbürgerungsgesuchen», in: Vorwärts, Nr. 63, 1923.

[39] Die Annahme, daß der sprunghaft ansteigende Anteil «nicht Fremdstämmiger» auch mit der Einbeziehung der Ostjuden in diese Kategorie zusammenhing, lag nach Severings Direktive an die nachgeordneten Behörden nahe, traf aber wohl nicht zu. Nach der nationalsozialistischen Machtübernahme wurden in der Reichskanzlei die Einbürgerungszahlen Preußens von 1919 bis 1931 zusammengestellt. Sie ergaben für den genannten Zeitraum dasselbe Ergebnis, für zwei Jahrgänge sogar deutlich niedrigere Einbürgerungszahlen der «fremdstämmigen Ostausländer», vgl. *Maurer*, Ostjuden (wie Anm. 12), 317, 857.

[40] Näherungswerte errechnet nach den – unvollständigen – «Monatslisten» der 1923 zur Einbürgerung Vorgeschlagenen im Reichsinnenministerium (BA-L, RDI, Nr. 8044, 8045), aufgrund der Angaben für sechs Monate und die sechs Länder Preußen, Sachsen, Bayern, Württemberg, Baden und Hamburg.

[41] Sowohl nach den Zahlen des Preußischen Innenministeriums (309, vgl. *Maurer*, Ostjuden (wie Anm. 12), 316) als auch nach der Erhebung aus nationalsozialistischer Zeit (1069, vgl. ebd. 857).

[42] Bezogen auf die Ergebnisse der Volkszählung von 1925, die für Preußen einen Ausländeranteil von 573 311, davon 76 387 Juden, auswies, vgl. Statistisches Jahrbuch für das Deutsche Reich 1928, 19, sowie *Maurer*, Ostjuden (wie Anm 12), 77, insbesondere 308–323.

[43] *Heinrich August Winkler*, Weimar 1918–1933. München 1993, 244ff.

[44] *Ralph Schattkowsky*, Deutschland und Polen von 1918/19 bis 1925. Frankfurt/M. u. a. 1994, 306.

[45] Bayerisches Staatsministerium des Äußeren an das Auswärtige Amt, 30. 7. 1926, BA-L, RDI, Nr. 8027.

[46] Innenministerium Mecklenburg-Strelitz an das Reichsministerium des Innern, BA-L, RDI, Nr. 8047.

[47] Auswärtiges Amt an das Reichsministerium des Innern, 19. 10. 1926, BA-L, RDI, Nr. 8027.

[48] Preußischer Minister des Innern an Reichsminister des Innern, 7. 10. 1926, BA-L, RDI, Nr. 8027.

[49] Kriterien dafür waren: Zusammenhang mit einer jetzt oder früher in Deutschland ansässigen Familie, Geburt oder Aufwachsen in einem deutschsprachigen Gebiet oder in einer deutschen Siedlung, Besuch deutscher Schu-

len, deutsche Namen sowie Bewahrung deutscher Sitte und Sprache, vgl. Preußischer Minister des Innern an den Reichsminister des Innern, 28. 6. 1927, BA-L, RDI, Nr. 8028.

50 «Niederschrift über das wesentliche Ergebnis der am 7. Juli 1927 im Reichsministerium des Innern abgehaltenen kommissarischen Beratung», BA-L, RDI, Nr. 8028.

51 Es handelte sich um den Kapellmeister der Berliner Staatsoper, Josef Wolfsthal, s. den Artikel «Die Einbürgerungsfrage», in: Berliner Tageblatt, Nr. 295, 1927.

52 Niederschrift (vgl. Anm. 22), 13–16.

53 Vgl. die Artikel «Die «deutschstämmigen» Ostjuden» (Kreuz-Zeitung, Nr. 248, 1927); «Ostjuden sind deutschen Stammes» (Deutsche Zeitung, 8. 6. 1927).

54 Preußischer Ministerpräsident an das Bayerische Staatsministerium des Äußeren, 31. 8. 1928 (Entwurf), GStA Dahlem, Rep. 90, Nr. 2255. Darin erklärte Preußen, angesichts des Dissenses zwischen den Ländern an der Verwendung der Kategorie «Kulturdeutscher» festzuhalten; vgl. auch die regelmäßige Überstimmung der bayerischen Einsprüche, Niederschriften der Vollsitzungen des Reichsrats 1927–1932, in denen insgesamt 703 Einsprüche (1927: 9; 1928: 75; 1929: 80; 1930: 5; 1931: 435; 1932: 99), ganz überwiegend gegen preußische Einbürgerungsvorschläge, zurückgewiesen wurden.

55 Laut Darstellung des Berichterstatters Freiherr von Imhoff im Reichsrat hatte Preußen mehr und mehr Länder auf seine Seite bringen können, bevor diese sich ab Ende der 20er Jahre erneut für eine schärfere Beurteilung der Einbürgerungsanträge aussprachen (Niederschriften über die Vollsitzungen des Reichsrats 1931, 25).

56 Württembergisches Staatsministerium an die Regierungen der Länder, Reichsinnenministerium und Auswärtiges Amt, 2. 5. 1928, GStA Dahlem, Rep. 90, Nr. 2255. Dazu: *Dirk Walter*, Antisemitische Kriminalität und Gewalt. Judenfeindschaft in der Weimarer Republik. Bonn 1999, 233 ff.

57 Ausführungen des preußischen Vertreters im Reichsrat vom 31. 1. 1931 (Niederschriften über die Vollsitzungen des Reichsrats 1931, 24).

58 Reichsminister des Innern an die Landesregierungen, 3. 10. 1932, GStA Dahlem, Rep. 90, Nr. 2255.

59 Aufgrund des Gesetzes über den Widerruf von Einbürgerungen und die Aberkennung der Staatsangehörigkeit vom 14. 7. 1933, RGBl. I 480; vgl. *Diemut Majer*, «Fremdvölkische» im Dritten Reich. Boppard/Rh. 1981, 196.

60 Reichsbürgergesetz vom 15. 9. 1935, Reichsgesetzblatt I, 1146.

61 Vgl. *Ulrich Herbert*, Best. Biographische Studien über Radikalismus, Weltanschauung und Vernunft 1903 bis 1989. 2. Aufl. Bonn 1996, 57 ff.; entsprechend bereits das NSDAP-Programm von 1920, dazu *Majer*, «Fremdvölkische» (wie Anm. 59), 199.

62 Zur Entwicklung des außerstaatlichen Volksbegriffs aus der Metaphysik des deutschen Idealismus zu Vorstellungen einer kulturellen und biologischen Ganzheit vgl. *Reinhart Koselleck*, Artikel «Volk, Nation, Nationalismus, Masse», in: Otto Brunner/Werner Conze/Reinhart Koselleck (Hrsg.), Geschichtliche Grundbegriffe. Bd. 7. Stuttgart 1992, 141–432 (407).

63 *Carl Schmitt*, Verfassungslehre. Berlin 1928, 223 ff.

64 Zitate ebd. 231.

65 Vgl. bereits *Carl Schmitt*, Der Gegensatz von Parlamentarismus und moderner Massendemokratie (1926), in: ders., Positionen und Begriffe. Nachdruck der 1. Aufl. von 1940. Berlin 1988, 52–67, Zitate: 59–62.

66 Schmitt, Verfassungslehre (wie Anm. 63), 233.

67 *Rudolf Smend*, Verfassung und Verfassungsrecht. Berlin 1928, insbesondere 18 ff.; *Hermann Heller*, Demokratie und soziale Homogenität (1928), in: ders., Gesammelte Schriften. Bd. II. 2. Aufl. Tübingen 1992, 421–434.

68 Unter Betonung der Notwendigkeit «relativer» (in Absetzung von Schmitts «absolut» formulierter) Homogenität *Ernst-Wolfgang Böckenförde*, Demokratie als Verfassungsprinzip, in: ders., Staat, Verfassung, Demokratie. Frankfurt/M., 1991, 289–378 (332, 348); gegen Schmitt mit einer kommunikationstheoretischen Variante des vernunftrechtlich gegründeten Republikanismus s. *Jürgen Habermas*, Inklusion – Einbeziehen oder Einschließen? Zum Verhältnis von Nation, Rechtsstaat und Demokratie, in: ders., Die Einbeziehung des Anderen. Frankfurt/M. 1996, 154–184 (160 ff.).

69 Parallel zu dem organizistischen und darwinistischen Sprachgebrauch der völkischen Bewegung vgl. *Armin Mohler*, Die konservative Revolution 1918–1932. 3. Aufl. Darmstadt 1989, 132, 135.

70 *Schmitt*, Verfassungslehre (wie Anm. 63), 229 (mit Rousseau gegen das Vertragsdenken).

71 Vgl. *Klaus J. Bade*, Vom Auswanderungs- zum Einwanderungsland?. Berlin 1983, 49; *Ulrich Herbert*, Geschichte der Ausländerbeschäftigung 1880 bis 1980. 2. Aufl. Berlin 1993, 27, 251: Verglichen mit 1913 sank die Zahl ausländischer Arbeitskräfte zwischen einem Drittel (1928) und mehr als zwei Drittel (1932).

72 *Köllmann*, Bevölkerungsentwicklung in der Weimarer Republik (wie Anm. 18), 77.

73 Grundlegend *Carl Schmitt*, Politische Theologie. 2. Aufl. München und Leipzig 1934, 11, 22.

74 Vgl. *Reinhard Mehring*, Carl Schmitts Lehre von der Auflösung des Liberalismus, in: Zeitschrift für Politik 38 (1991), 200–216 (214 f.).

75 Vgl. *Michael Stürmer* (Hrsg.), Die Weimarer Republik. Belagerte Civitas. 2. Aufl. Königstein/Ts. 1985, 9.

76 Vgl. *Werner Conze*, Artikel «Rasse», in: Otto Brunner/Werner Conze/Reinhart Koselleck (Hrsg.), Geschichtliche Grundbegriffe. Bd. 5, 135–178 (168 ff.).

77 *Reinhard Mehring*, Pathetisches Denken. Carl Schmitts Denkweg am Leitfaden Hegels. Berlin 1989, 103.

78 *Andreas Koenen*, Der Fall Carl Schmitt. Darmstadt 1995, 727 f.

79 *Reinhard Mehring*, Carl Schmitt zur Einführung. Hamburg 1992, 112.

80 *Carl Schmitt*, Staat, Bewegung, Volk. Hamburg 1933, 42.

81 So *Koenen*, Der Fall Carl Schmitt (wie Anm. 78), 313, 710.

82 Gesetz zur Wiederherstellung des Berufsbeamtentums vom 7. 4. 1933, Reichsgesetzblatt I, 195, § 3. Erstmalig verwandte ein Gesetz den Begriff «nichtarisch» und konkretisierte ihn in Zweifelsfällen durch das Gutachten ei-

nes «Sachverständigen für Rasseforschung», s. *Majer*, «Fremdvölkische» im Dritten Reich (wie Anm. 59), 162.

[83] *Heinrich August Winkler*, Demokratie und Nation in der deutschen Geschichte, in: ders., Streitfragen der deutschen Geschichte. München 1997, 31–51 (43).

[84] Vgl. *Koselleck*, Artikel «Volk» (wie Anm. 62), 407.

Führungskrise in der DVP. Gustav Stresemann im Kampf um die «Große Koalition» 1928/29

Eberhard Kolb

Als «Stresemann-Partei» galt die Deutsche Volkspartei (DVP) vielen Zeitgenossen und gilt sie bis heute manchen Historikern. Eine solche Klassifizierung ist insofern nicht unzutreffend, als die DVP ihre maßgebliche Prägung durch Stresemanns Persönlichkeit und Ausstrahlung, durch seine politische Statur erhielt. Er war von der Gründung der Partei bis zu seinem Tod der Parteivorsitzende, vom Zentralvorstand der Partei regelmäßig durch Zuruf einstimmig in dieses Amt wiedergewählt; als begnadeter Redner und ab 1923 als Reichskanzler und dann als Außenminister in allen Reichskabinetten bis zu seinem Tod am 3. Oktober 1929 bestimmte er das Profil der Partei nach außen und nach innen. Im Wahlkampf zur Reichstagswahl 1928 warb die DVP gar mit dem Slogan: «Was gehen Dich denn die andern an, Du wählst wie Gustav Stresemann.» Und dennoch: Die weithin übliche Identifizierung der DVP mit Stresemann und Stresemanns mit der DVP verdeckt den Sachverhalt, daß das Verhältnis Stresemanns zu seiner Partei als kompliziert, am Ende sogar als prekär zu bewerten ist. Teile der Partei und insbesondere nicht wenige der DVP-Reichstagsabgeordneten folgten dem von Stresemann für richtig gehaltenen Kurs je länger, desto unwilliger. Die Auseinandersetzungen, in denen schließlich auch das Führungsproblem in der DVP zur Debatte stand, kulminierten 1928/29, als Stresemann durch das Vorgehen der Reichstagsfraktion und das Verhalten einiger regionaler Parteiorganisationen seine Autorität als Parteiführer ernsthaft in Frage gestellt sah. In seinen Reaktionen auf diese Situation schwankte er zwischen der Entschlossenheit, die innerparteiliche Opposition in offener Feldschlacht niederzuwerfen, und resignativen Stimmungen, in denen er erwog, den Parteivorsitz niederzulegen und die Partei zu verlassen, gegebenenfalls auch eine Neugruppierung im Parteienfeld in die Wege zu leiten.

Mit der Erörterung dieser Vorgänge wird nicht nur ein Abschnitt der Biographie Stresemanns beleuchtet, sondern zugleich auch der Zustand des parlamentarischen Systems in der Phase der relativen

Stabilisierung der Weimarer Republik. Denn im Kern ging es im Konflikt Stresemanns mit seinen innerparteilichen Kontrahenten um das schlechthin zentrale strukturelle Problem des Weimarer Parlamentarismus, nämlich um die Koalitionsfrage.

1. Die Determinanten der Koalitionsproblematik im Frühjahr 1928

Die Reichstagswahl im Mai 1928 brachte der SPD einen großen Wahlerfolg, die DNVP erlitt dramatische Verluste, Stimmen- und Mandatsverluste hatten auch Zentrum, Bayerische Volkspartei (BVP), Deutsche Demokratische Partei (DDP) und DVP zu verbuchen.[1] Eine Große Koalition von der SPD bis zur DVP war aufgrund des Wahlergebnisses die einzige Kombination, die über eine solide parlamentarische Mehrheit verfügen konnte. Für Stresemann war in dieser Situation eine Große Koalition die gebotene und sachlich angemessene Lösung der Regierungsbildung, denn seit 1920 verfocht er die Devise, die DVP als Partei der bürgerlichen Mitte müsse für ein Zusammengehen sowohl mit der Rechten wie mit der Linken offen sein. Aufgrund des Wahlergebnisses kam für ihn jetzt nur ein Zusammengehen mit der Linken in Frage, zumal die Sozialdemokraten schon in den Jahren bürgerlicher Minderheitskabinette und dann während der «Bürgerblock»-Regierung (Januar 1927 bis Mai 1928) eine unverzichtbare Stütze seiner Außenpolitik gewesen waren. Doch auf dem rechten Parteiflügel der DVP bestanden starke Vorbehalte gegen eine Große Koalition, Vorbehalte programmatischer Art gegenüber der SPD, aber auch eine übermächtige «Gefühlsfront gegenüber den Sozialdemokraten».[2] Bei der Regierungsbildung nach den Maiwahlen 1928 kam es daher zu einer Kraftprobe zwischen Stresemann und seinen innerparteilichen Widersachern.

Die Schwierigkeiten, die Stresemann mit seiner Partei in den Jahren 1928/29 hatte, führt Henry A. Turner in seiner nach wie vor maßgeblichen Untersuchung über den Innenpolitiker Gustav Stresemann darauf zurück, daß Stresemann die internen Parteiangelegenheiten vernachlässigt habe – mit der Konsequenz, daß aus der Reichstagswahl 1928 der linke Flügel der DVP-Reichstagsfraktion geschwächt, der rechte hingegen gestärkt hervorgegangen sei.[3] Diesem Urteil widersprach mit Entschiedenheit Wolfgang Stresemann, der in diesen Jahren politischer Vertrauter seines Vaters war und von diesem auch zu heiklen Missionen herangezogen wurde: «Wenn ihm [Gustav Stresemann] nach dem Scheitern der zweiten Rechtsregierung die Kontrolle über die Partei zumindest zeitweise aus den

Händen glitt, lag dies nicht an einer absichtlichen Vernachlässigung seiner Stellung als Parteiführer oder an mangelndem Interesse an internen Parteivorgängen – hierfür war mein Vater viel zu sehr geborener Parlamentarier, Innenpolitiker und seit einem Vierteljahrhundert der Partei verbunden –, sondern ausschließlich an seinen nachlassenden körperlichen Kräften und an dem verhängnisvollen Zusammenbruch im Mai 1928».[4]

Beide Erklärungen erfassen nur Teilaspekte des Führungsproblems in der DVP 1928/29. Ganz zweifellos bildete Stresemanns schlechter Gesundheitszustand in den Jahren 1928/29 für ihn ein gravierendes Handicap bei der Führung der Partei, denn er war gezwungen, sich viele Monate lang fern von Berlin in Sanatorien und Kurorten aufzuhalten. Führen wir uns diesen Sachverhalt kurz vor Augen. Von Weihnachten 1927 bis Ende Januar 1928 litt Stresemann an einer schweren Erkältung, mußte während dieser Wochen das Bett hüten und reiste – nachdem er am 30. Januar 1928 im Reichstag die Etatrede gehalten hatte – Anfang Februar zu einem mehrwöchigen Erholungsaufenthalt nach Cap Martin an der Riviera.[5] Im Reichstagswahlkampf kam es am 8. Mai in Mainz zu einem schweren gesundheitlichen Zusammenbruch (paratyphusähnliche Erkrankung mit schwerer Affektion der Nieren). Sofort nach Berlin zurückgekehrt, mußte Stresemann alle Termine absagen, an seinem 50. Geburtstag (10. Mai) konnte er keine Besucher empfangen, mehrere – entscheidungsvolle – Wochen hindurch war er kaum arbeitsfähig. Am 20. Juni begab er sich ins Sanatorium Bühlerhöhe bei Baden-Baden, Mitte Juli ging es zur Nachkur nach Karlsbad, von dort am 6. August nach Oberhof im Harz. Hier erlitt Stresemann Mitte August einen leichten Schlaganfall, der eine Sprachlähmung zur Folge hatte, die aber rasch überwunden werden konnte, so daß es ihm möglich war, unter ärztlicher Begleitung und Aufsicht Ende August zur Unterzeichnung des Kellogg-Pakts nach Paris zu reisen. Es schlossen sich weitere Kuraufenthalte in Baden-Baden und Wiesbaden an. Anfang November kehrte Stresemann nach Berlin zurück und nahm die Dienstgeschäfte wieder auf. Auch 1929 mußte Stresemann viele Wochen in Kurorten zubringen (San Remo, Bühlerhöhe, Vitznau am Vierwaldstätter See). Es läßt sich unschwer vorstellen, wie sehr die effektive Ausübung des Parteivorsitzes durch die monatelange Abwesenheit vom Zentrum der politischen Entscheidungen erschwert worden ist. Allerdings wurde Stresemann, wo immer er sich aufhielt, von seinen Mitarbeitern vollständig auf dem laufenden gehalten, er stand in ständigem Kontakt mit der Reichsgeschäftsstelle der Partei und griff immer wieder energisch in die politischen Auseinandersetzungen ein.

Ob eine Vernachlässigung der internen Parteiangelegenheiten die Ursache eines Rechtsrucks in der Partei, zumindest in der Reichstagsfraktion gewesen ist, erscheint fraglich. Zwar kann sich die dominierende Auffassung, die rechte Gruppierung in der Fraktion sei gestärkt aus der Maiwahl 1928 hervorgegangen, auf zeitgenössische Aussagen stützen; so sprach etwa der Senior der Partei, der Stresemann sehr nahestehende Professor Kahl, davon, man könne die neue Zusammensetzung der Fraktion «nicht gerade als Gewinn» einschätzen.[6] In wirklich einschneidender Weise scheint sich die Fraktion durch die Maiwahl 1928 jedoch nicht verändert zu haben: von den 45 Fraktionsmitgliedern hatten 37 bereits dem alten Reichstag angehört, die acht neu hinzutretenden Abgeordneten sind nicht alle dem rechten Flügel zuzuordnen.[7] Auch in der alten Fraktion hatte es einen starken rechten Flügel gegeben, der nur deshalb nicht deutlich als Störfaktor in Erscheinung trat, weil die DVP der Rechtskoalition des «Bürgerblocks» angehörte. Eben diese Konstellation veränderte sich durch die Maiwahl 1928: Eine Rechtskoalition stand außerhalb der Möglichkeiten, an einer Großen Koalition, die die SPD einschloß, führte kaum ein Weg vorbei, und diese Vorstellung wurde von der Fraktionsrechten perhorresziert. Man wird behaupten dürfen, daß auch ein völlig gesunder Gustav Stresemann schwerlich in der Lage gewesen wäre, die geschworenen Gegner eines koalitionsmäßigen Zusammengehens mit der SPD zu «bekehren» oder sie auszuschalten. Ein resolutes Vorgehen in dieser Richtung hätte unweigerlich zu einer Spaltung von Fraktion und Partei bzw. zu einer Abspaltung regionaler Parteiorganisationen geführt. Einen mit solchen Risiken verbundenen Kampfkurs zu steuern hätte Stresemann wohl auch dann vermieden, wenn er in diesen Monaten bei vollen Kräften gewesen wäre. Das Dilemma, vor dem Stresemann und seine Freunde standen, war somit aufgrund objektiver Gegebenheiten tatsächlich weit größer, als es der Verweis auf die Vernachlässigung der internen Parteiangelegenheiten oder auf den schlechten Gesundheitszustand nahelegt. Eine genauere Betrachtung der innerparteilichen Auseinandersetzungen in den Jahren 1928/29 vermag zu zeigen, welchen fast unüberwindlichen Schwierigkeiten Stresemann gegenüberstand, als er versuchte, die Partei und insbesondere einflußreiche Gruppen des Parteiestablishments auf den von ihm für richtig gehaltenen Kurs zu zwingen.

Die Regierungsbildung 1928 war – mit den Worten Heinrich August Winklers – «eine der langwierigsten und schwierigsten in der bisherigen Geschichte der Weimarer Republik».[8] Obwohl sich Reichspräsident Hindenburg und seine Umgebung schon vor dem Wahltag auf eine zu erwartende Große Koalition unter einem sozialdemokratischen Kanzler eingestellt hatten und die SPD-Führung sich am 25. Mai für Hermann Müller (und nicht für den preußischen Ministerpräsidenten Otto Braun) als Kanzlerkandidaten entschied, erhielt Hermann Müller erst am 12. Juni den offiziellen Auftrag, eine Regierung auf «möglichst breiter Grundlage» zu bilden. In den folgenden Tagen verhandelte der designierte Reichskanzler mit Vertretern von SPD, Zentrum, BVP, DDP und DVP auf der Basis eines detaillierten, viele Punkte umfassenden Koalitionsprogramms. Über einzelne dieser Punkte bestand Dissens zwischen den Verhandlungsdelegationen, insbesondere zwischen denen von DVP und SPD. Als Haupthindernis auf dem Weg zur Großen Koalition erwies sich aber die «Preußenfrage».

Am 20. Mai war nicht nur der Reichstag, sondern auch der preußische Landtag neu gewählt worden. In der Landtagswahl erzielte die SPD, wie im Reich, einen beachtlichen Erfolg, die bürgerlichen Mittelparteien verloren Stimmen und Mandate; doch insgesamt verfügte die in Preußen regierende «Weimarer Koalition» – anders als im Reich – über eine ausreichende parlamentarische Mehrheit. Die preußische Landtagsfraktion der DVP, die Anfang 1925 die in Preußen seit 1921 bestehende Große Koalition sehr unbedacht aufgekündigt hatte, bemühte sich seit langem, wieder in die Regierung aufgenommen zu werden.[9] Da die DVP in Preußen zur Mehrheitsbildung nicht benötigt wurde, wohl aber im Reich, beschlossen Reichstags- und Landtagsfraktion der DVP am 13. Juni in gemeinsamer Sitzung einstimmig, daß «der Eintritt der Reichstagsfraktion in die Große Koalition abhängig gemacht werden müsse von der gleichzeitigen Bildung der gleichen Koalition in Preußen».[10] Einer Einbeziehung der DVP in die Preußenkoalition stand der preußische Ministerpräsident Otto Braun jedoch ablehnend gegenüber; in seiner Regierungserklärung vom 9. Juni versprach er lediglich, «zu gegebener Zeit» könne in Beratungen über die Bildung einer Großen Koalition in Preußen eingetreten werden.[11] Auf Intervention Stresemanns, der von Hermann Müller unterstützt wurde, fand er sich schließlich zu der Erläuterung bereit, unter «gegebener Zeit» solle der kommende Herbst verstanden werden.[12]

Das von der DVP-Fraktion ultimativ geforderte Junktim gleicher Regierungskoalitionen im Reich und in Preußen belastete von vornherein die Verhandlungen über eine Große Koalition im Reich, hinzu kamen Differenzen über verschiedene andere Punkte – die Verhandlungen fuhren sich fest. In der Fraktionssitzung der DVP am Vormittag des 22. Juni stellte der Fraktionsvorsitzende Ernst Scholz die Frage: «Hält die Fraktion es für möglich, in die Große Koalition einzutreten, wenn die strittigen Punkte nicht in unserem Sinne bereinigt werden?» Das Protokoll hält fest: «Die Frage wird mit allen gegen eine Stimme verneint.»[13] Als Scholz diesen Standpunkt anschließend in der Runde der übrigen Verhandlungsführer vortrug, erklärte der designierte Reichskanzler, «damit seien die Bemühungen um das Zustandekommen der Großen Koalition gescheitert. Es werde jetzt und zwar sogleich mit den Verhandlungen über die Weimarer Koalition begonnen. Dr. Scholz verließ daraufhin die Sitzung.»[14] Schon die Abendblätter meldeten: «Große Koalition gescheitert».[15]

2. *Parteiführer gegen Fraktionsführung. Der «Schuß von Bühlerhöhe» und seine Folgen*

Aber bereits 24 Stunden später sah alles ganz anders aus. Mit dem «Schuß von Bühlerhöhe» schaltete sich Stresemann in das politische Geschehen ein. Wie dargelegt wurde, war Stresemann seit dem 8. Mai schwer krank. «Mein Vater», so Wolfgang Stresemann, «an das Bett gefesselt, konnte und durfte unter keinen Umständen in die Verhandlungen eingreifen; vorerst waren längere Diskussionen, selbst in seinem Schlafzimmer, völlig ausgeschlossen.»[16] Der Parteivorstand der DVP tagte am 6. Juni ohne den Parteivorsitzenden, der auch der Verhandlungsdelegation der DVP nicht angehörte.[17] Nur bei wenigen Gelegenheiten trat Stresemann in diesen Tagen in Erscheinung: Am 14. Juni suchte er den preußischen Ministerpräsidenten auf, am 18. und 19. Juni nahm er an Fraktionssitzungen der Reichstagsfraktion teil, ohne sich intensiv an der Diskussion zu beteiligen.[18] Am 20. Juni, als er sich auf dem Weg der Besserung befand, reiste er nach Bühlerhöhe ab – zu einem Zeitpunkt, als die Verhandlungen über eine Große Koalition noch andauerten. Daß Stresemann das Zustandekommen einer Großen Koalition mit aller Entschiedenheit wünschte, ist nicht zu bezweifeln. Wie Wolfgang Stresemann berichtet, diktierte ihm sein Vater am Wahltag einen Brief an den führenden Sozialdemokraten Rudolf Breitscheid, der diesem noch am gleichen Tag übergeben wurde; darin teilte Stresemann mit, er werde «gleichgültig wie die Wahlen ausgehen, nicht mehr mit den Deutschnationalen in einem Kabinett zusammenarbeiten» – die Sozialdemokraten sollten wissen, daß er endgültig mit der DNVP gebrochen hatte.[19]

Wenige Tage später lancierte Stresemann einen Vorschlag für den Verhandlungsmodus bei der Regierungsbildung, der sich deutlich vom Prozedieren Hermann Müllers nach dem 12. Juni unterschied.

Henry Bernhard, Stresemanns engster Mitarbeiter, der auch während der Krankheit Zugang zu ihm hatte, veröffentlichte in den *Deutschen Stimmen* einen Artikel, der mit den Sätzen schloß: «Was als Hoffnung und Forderung in dieser Stunde zum Ausdruck gebracht werden muß, ist, daß nicht Personen diese Regierung bilden, sondern Persönlichkeiten. An Persönlichkeiten fehlt es in keiner der in Frage kommenden Parteien [...] Es muß bei allen Beteiligten so viel Verantwortungsbewußtsein leben, daß es jetzt gilt, nicht Fraktionspolitik, sondern Führerpolitik zu treiben. Aufgabe der Führer wird es sein, ihre Fraktionen hinter sich zu bekommen. Nur dadurch, daß die parlamentarischen Führer zeigen, wie Parlamentarismus und parlamentarisches System auszusehen haben, wird nach unserer Auffassung die zweifellos bestehende Abneigung bei zahlreichen deutschen Staatsbürgern gegen das parlamentarische System erfolgreich bekämpft werden.»[20] Noch vor seiner Abreise nach Bühlerhöhe ließ Stresemann in diesem Sinne führende Sozialdemokraten durch seinen Sohn wissen, sofern eine echte Große Koalition nicht zu erreichen sei, sollte ein «Kabinett mit Persönlichkeiten aus den Parteien der großen Koalition» gebildet werden.[21] Auf eben diesen Vorschlag griff Stresemann zurück, als die Verhandlungen in Berlin gescheitert waren und Hermann Müller sich am Vormittag des 23. Juni telegraphisch und telefonisch mit Stresemann in Verbindung setzte. Auf Hermann Müllers Frage, ob Stresemann sich als Außenminister für ein Kabinett der Weimarer Koalition zur Verfügung stellen würde, antwortete dieser erwartungsgemäß verneinend, erklärte aber seine und Curtius' Bereitschaft, in ein von Hermann Müller geführtes «Kabinett der Persönlichkeiten» einzutreten. Um Mißverständnisse zu vermeiden, wurde vereinbart, daß Stresemann die Kernpunkte des Telefongesprächs in einem Telegramm an Hermann Müller festhalten würde. Dieses Telegramm, das am späten Nachmittag des 23. Juni, einem Samstag, nach Berlin abging, war der vielzitierte «Schuß von Bühlerhöhe».[22] Einleitend konstatierte Stresemann: «Ich halte die sogenannte Große Koalition für die beste praktische Möglichkeit, um einigermaßen stabile Regierungsverhältnisse in Deutschland zu schaffen.» Wenn Hermann Müller nach dem Scheitern der bisherigen Verhandlungen nun die Bildung einer Weimarer Koalition beabsichtigte, so könne er sich einem solchen Kabinett nicht als Fachminister zur Verfügung stellen. «Ich glaube nach wie vor, daß ein Zusammenwirken von Sozialdemokraten bis Volkspartei notwendig und möglich ist. Dieses Zusammenwirken wird am besten zum Erfolge führen, wenn Persönlichkeiten aus den Fraktionen der Großen Koalition sich über das Programm klarwerden, mit dem sie vor den Reichstag treten, und ihrerseits mit diesem Programm stehen und fallen. Eine solche Kabinettsbildung entspricht auch dem Geiste der deutschen Reichsverfassung, die nur die persönliche Verantwortlichkeit der Reichsminister, aber nicht die Verantwortlichkeit von Fraktionen kennt.» Deshalb schlage er Hermann Müller vor, einen solchen Versuch zu wagen. Reichswirtschaftsminister Curtius teile seine, Stresemanns, Ansicht.[23] Von der Preußenkoalition, die in den bisherigen Verhandlungen eine zentrale Rolle gespielt hatte, war weder bei Hermann Müller noch bei Stresemann die Rede. Der Text des Telegramms aus Bühlerhöhe wurde zeitgleich zur Kenntnisnahme auch an den Vorsitzenden der Reichstagsfraktion und an Curtius telegraphiert. Da bereits am Samstagabend Gerüchte über Stresemanns Zusage kursierten und die Sonntagszeitungen darüber berichteten, übergaben Curtius und Kempkes (Vorsitzender des Geschäftsführenden Ausschusses der DVP) den Telegrammtext am 25. Juni der Presse, nach Rücksprache mit Stresemann, aber ohne vorher mit Scholz Kontakt aufgenommen zu haben. Während die Bildung eines «Kabinetts der Persönlichkeiten» nun zügig voranschritt und – nach Überwindung von Schwierigkeiten mit dem Zentrum[24] – am 28. Juni mit der Ernennung der Minister abgeschlossen wurde, rumorte es gewaltig in der Reichstagsfraktion der DVP. Dazu trug sicherlich bei, daß die Rechtspresse mit Häme über die Fraktion herfiel. So bezeichnete der *Berliner Lokal-Anzeiger* Stresemanns Antwort an Hermann Müller als «die schwerste Desavouierung, die einer Reichstagsfraktion durch den Führer ihrer Partei angetan werden kann [...] Herr Stresemann durfte von der unbedingten Zuversicht ausgehen, daß sich die Reichstagsfraktion der Deutschen Volkspartei seinem diktatorischen Vorgehen auch diesmal schließlich nicht versagen wird, wo er in striktem Gegensatz zu deren ganzer bisheriger Haltung gehandelt hat.» Und die *Deutsche Tageszeitung* meinte: «So rückhaltlos wie mit diesem Schreiben hat sich der volksparteiliche Parteiführer bisher doch noch nie über seine eigene Partei und Fraktion hinweggesetzt [...].»[25]

Am späten Nachmittag des 26. Juni trat der Fraktionsverstand der DVP – ein Gremium von etwa 15 Personen – zusammen.[26] In höchster Empörung erklärte der Fraktionsvorsitzende Scholz, er sei in einer Weise bloßgestellt worden, die ihm die Weiterführung der Fraktionsgeschäfte unmöglich mache; daher werde er in der morgigen Fraktionssitzung den Vorsitz der Fraktion niederlegen. In diesem Zusammenhang informierte er das Gremium auch über einen erstaunlichen Vorgang: Am Vormittag des 23. Juni habe Staatssekretär Meißner im Auftrag Hindenburgs die Frage an ihn gerichtet, ob er bereit sei, die Kabinettsbildung zu versuchen; er habe aber empfohlen, es zunächst bei der Berufung Hermann Müllers zu belassen.[27]

Die Mitglieder des Fraktionsvorstandes taten ihr Möglichstes, um Scholz zu besänftigen und von seinem Entschluß abzubringen. Curtius betonte, er sei aufgrund seiner Informationen davon ausgegangen, Scholz billige den Versuch Hermann Müllers, ein Kabinett der Persönlichkeiten, ohne Bindung der Fraktionen, zu bilden. Andere Sitzungsteilnehmer beklagten den Mangel an Führung und enger Zusammenarbeit zwischen Fraktion und Ministern. Strittig blieb, ob der Eintritt eines zweiten DVP-Vertreters (Curtius) ins Kabinett gebilligt werden könne. Als Scholz schließlich äußerte, wenn die Fraktion ihm eine Ehrenerklärung geben wolle, werde er sich seine freie Entschließung vorbehalten, schien ein passabler Ausweg gefunden. In Abwesenheit von Scholz beriet der Fraktionsvorstand anschließend entsprechende Formulierungen,[28] und in der Fraktionsvorstandssitzung am Vormittag des 27. Juni[29] konnte berichtet werden, Scholz sei mit der vorgeschlagenen Beilegung der persönlichen Unstimmigkeiten einverstanden, allerdings bleibe er bei seiner Gegnerschaft gegen den Eintritt von Curtius ins Kabinett. Anschließend tagte die Fraktion.[30] Sie nahm drei Entschließungen an, die sofort veröffentlicht werden sollten.[31] Die – in emphatischem Ton gehaltene – Vertrauenserklärung für Scholz wurde in geheimer Abstimmung mit 34 Stimmen bei einer Stimmenthaltung angenommen. Nachdem Scholz überraschend seine Vorbehalte gegen den Eintritt von Curtius ins Kabinett zurückgenommen hatte, fand auch eine Entschließung fast einstimmig Annahme (fünf Gegenstimmen),[32] die folgendermaßen lautete: «Die Fraktion will, um das Zustandekommen der Regierung nicht ihrerseits zu verzögern, gegen eine Beteiligung ihrer beiden Minister an einer nicht fraktionsmäßig gebundenen Regierung keine Einwendungen erheben. Sie stellt jedoch ausdrücklich fest, daß ihre Haltung zu etwaigen Vertrauens- und Mißtrauensvoten dadurch in keiner Weise gebunden ist und insbesondere von dem Verhalten der Regierungserklärung abhängig ist.» Zum Stein des Anstoßes wurde für Stresemann eine weitere – einstimmig angenommene – Entschließung: «Die Fraktion stellt fest, daß die richtige Leitung der Partei und der Fraktion eine ständige Fühlungnahme aller an den politischen Entscheidungen Beteiligten untereinander und mit dem Fraktionsführer voraussetzt, und erwartet daher, daß dementsprechend von allen Fraktionsmitgliedern verfahren wird.» Diese Entschließung kam einer massiven öffentlichen Rüge des Parteivorsitzenden gleich. Stresemann reagierte deshalb furios, als ihm der Text der Entschließung zur Kenntnis kam, zumal sich die der Partei feindliche Presse auf diesen Beschluß stürzte, um ihn als Desavouierung Stresemanns und seiner selbständigen Verhandlungen mit Hermann Müller durch die eigene Fraktion zu interpretieren.

Der Konflikt Stresemanns mit der DVP-Reichstagsfraktion eskalierte nun zu einer Führungskrise in der DVP. Wie distanziert sich der Parteivorsitzende und der Fraktionsvorsitzende damals gegenüberstanden, wie sehr die persönlichen Beziehungen zwischen den beiden maßgeblichen Funktionsträgern der DVP gestört waren, kommt nicht zuletzt in der Tatsache zum Ausdruck, daß in den Wochen des Konflikts offensichtlich keine persönliche Aussprache zwischen den beiden stattgefunden hat. Zwar mußte sich Stresemann schonen (und eine persönliche Aussprache mit Scholz hätte den Genesungsprozeß wohl nicht gefördert), aber er war in der Lage, zu telefonieren und Besuche zu empfangen. Es gibt keinerlei Anhaltspunkte dafür, daß Stresemann und Scholz zwischen dem 20. Juni und dem Frühherbst 1928 auch nur ein einziges Mal miteinander telefoniert hätten oder daß Scholz den Versuch machte, Stresemann auf Bühlerhöhe (oder dann in Karlsbad oder Oberhof) aufzusuchen im Bemühen, durch ein persönliches Gespräch die Meinungsverschiedenheiten und den Konflikt beizulegen. Es wurden lediglich Briefe gewechselt. Diejenigen von Scholz waren relativ knapp, Stresemann verfaßte mehrere lange Schreiben, die sorgfältig – fast wie diplomatische Noten – ausgearbeitet wurden: Die nach Diktat niedergeschriebenen Konzepte hat er handschriftlich penibel redigiert, ehe das Reinkonzept angefertigt wurde. Der Verlauf der Auseinandersetzung, in der Stresemann durch das Verhalten der Fraktion und ihres Vorsitzenden seine Autorität als Parteiführer in Frage gestellt sah, soll nun etwas genauer verfolgt werden.

3. Führungskrise in der DVP

Durch einen Anruf von Curtius erfuhr Stresemann am Abend des 26. Juni von der heftigen Diskussion im Fraktionsvorstand. In einem Telegramm an Scholz bekundete er sofort sein Erstaunen und kündigte eine ausführliche Darstellung der Vorgänge der letzten Tage an, die in der Fraktionssitzung am 27. Juni verlesen werden sollte.[33] Der mehrere Seiten lange Bericht wurde am späten Vormittag des 27. Juni telefonisch von Bühlerhöhe nach Berlin durchgegeben,[34] ist aber in der Nachmittagssitzung der Fraktion, in der die drei Entschließungen gefaßt wurden, offensichtlich nicht vorgelegt worden. Als der Text der Entschließungen Stresemann zur Kenntnis kam, telegraphierte er entrüstet an die Fraktion: «Gestrige zweite Erklärung der Fraktion wird in der Presse fast allgemein so aufgefaßt, als enthalte sie scharfe Zurechtweisung meiner Person. Falls dies nicht Absicht der Reichstagsfraktion, darf ich um entsprechende Interpretation bitten.»[35] Gleichzeitig richtete er ein Telegramm an die Parteikorrespondenz, in der die Fraktionsentschließungen veröffentlicht worden waren: «Da ich als Parteivorsitzender für das Parteiorgan Nationalliberale Correspondenz verantwortlich bin, bitte ich bei Aufsätzen, die prinzipielle Bedeutung namentlich in dem Sinne haben, daß sie die Partei für ihre künftige Haltung festlegen, um vorherige Unterrichtung.»[36]

Die von Stresemann geforderte öffentliche Genugtuung blieb jedoch aus. Wie Kempkes dem Parteivorsitzenden am 29. Juni mitteilte, wurde dessen Telegramm zwar «eingehend im engeren Fraktionsvorstand» besprochen, und «jeder einzelne» bedauerte die Pressekommentare, die sich an die Veröffentlichung der Fraktionsentschließung geknüpft hatten – aber man kam überein, die Angelegenheit auf sich beruhen zu lassen. Begründet wurde diese Entscheidung mit dem Argument, die Entschließung richte sich «an alle und gegen niemand», und da sich die Presse inzwischen nicht mehr mit der Sache beschäftigte, «würde nach unserer einstimmigen Auffassung eine Präzisierung und Kommentierung des Beschlusses in der Öffentlichkeit unnötig Staub aufwirbeln und zu neuen Kommentaren Anlaß geben, die nicht im Interesse der Beteiligten und auch nicht im Interesse der Partei und der Fraktion liegen würden».[37]

Doch damit gab sich Stresemann nicht zufrieden. In seiner Antwort an Kempkes erklärte er, die Stellungnahme des engeren Fraktionsvorstandes sei für ihn politisch ohne Wert, da sie nicht in die Öffentlichkeit gelangen solle. «Damit steht die Sachlage so, daß die Beleidigung in der Öffentlichkeit bleibt, aber nach innen dem Beleidigten mitgeteilt wird, daß man ihn nicht gemeint habe. Es ist gar kein Zweifel, daß nach den Beschlüssen der Fraktion der Parteivorsitzende eine lächerliche Figur ist und daß die Logik nur dahingehen kann, den Vorsitz im Zentralvorstand abzuschaffen, die politische Leitung der Reichstagsfraktion zu übergeben und einen Beschluß zu fassen, wonach die Annahme oder Ablehnung von Ministerposten von der Fraktion mit Mehrheit beschlossen wird und die Freiheit der öffentlichen Meinung der einzelnen Reichstagsabgeordneten davon abhängig gemacht wird, daß sie die Erlaubnis zum Reden vorher vom Fraktionsvorsitzenden erhalten. Ich denke gar nicht daran, mich einer derartigen Fraktionstyrannei zu unterwerfen, werde den Kampf gegen diese Unklarheit weiterführen und gern ausscheiden, wenn dies die Absicht der Fraktion ist. [...] Da ich noch Vorsitzender der Partei bin, werde ich Gelegenheit nehmen, der

Partei meine Auffassung zur Kenntnis zu bringen, schon um nicht die Legenden fortwuchern zu lassen, die sich über die letzten Zeiten ergeben haben.»[38]

Daß er in der – wie er es sah – Kraftprobe zwischen Parteivorsitzendem und Reichstagsfraktion nicht klein beigeben werde, bekundete Stresemann auch in einem langen Schreiben an Scholz vom 30 Juni.[39] Ihm sei, so Stresemann, die Stellung, die Scholz bei der Regierungsbildung einnehme, «unklar geworden. [...] Ich bitte, mir die rein sachliche Frage zu gestatten, welches das Ziel der Fraktion oder der Fraktionsführung ist. Ich habe bisher angenommen, daß dieses Ziel die Große Koalition, nicht als Ideal, sondern als Notwendigkeit der gegenwärtigen Situation, sei. Dabei war es klar, daß die Fraktion und Sie ihre Stellung in einzelnen Fragen wahren wollten, um nicht Vorwürfe wegen Aufgabe ihrer Grundsätze aus der Wählerschaft entgegennehmen zu müssen. In diesem Sinne haben Sie auch, soviel ich weiß, die Verhandlungen geführt. Wenn nun diese Verhandlungen scheiterten, eine andere als diese Lösung aber doch vorläufig nicht in Betracht kam, so mußte Ihnen meiner Meinung nach mein Gespräch mit Hermann Müller sehr erwünscht sein. Es gab der Fraktion die Freiheit, in einzelnen Fragen, die sie nach außen belasteten, frei zu entscheiden. [...] Ich verstehe deshalb nicht, weshalb die Zeitungen berichten konnten, daß Sie angesichts einer solchen Situation den Fraktionsvorsitz niederlegen wollten, und ich verstehe nicht, warum die Zustimmung zu dieser Entwicklung der Dinge ein starkes persönliches Opfer für Sie gewesen ist. Ein solches Opfer kann doch nur vorgelegen haben, wenn Sie überhaupt eine andere Entwicklung der Dinge wollten, nämlich entweder das alleinige Regieren der Sozialisten oder die Weimarer Koalition oder das Hinstreben auf eine nach rechts gerichtete Entwicklung.» Angesichts der Fraktionsbeschlüsse, die auch in Parteikreisen als ein Abrücken vom Parteivorsitzenden angesehen würden, sei es besser, «wenn diese Differenzen, die offenbar bestehen, in offener Aussprache bereinigt werden oder zum Bruch führen, als daß sie unter der Decke fortschwelen. Meine Auffassung zu den Beschlüssen 2 und 3 der Fraktion habe ich in einer Aufzeichnung niedergelegt und muß mir natürlich die Veröffentlichung dieses Schreibens vorbehalten. [...] Da Sie selbst die Absicht hatten, den Fraktionsvorstand niederzulegen, weil Sie sich aus Gründen, die ich bis heute nicht verstehe, dadurch gekränkt fühlten, daß ich eine Unterredung mit Herrn Hermann Müller in einem Sinne führte, der meiner Meinung nach auch Ihren Intentionen entsprach, so werden Sie auch Verständnis dafür haben, daß ich mich mit dem Gedanken trage, aus der Fraktion und Partei auszuscheiden, wenn mir für die beiden Beschlüsse, die die Fraktion gefaßt hat, eine Genugtuung nicht gegeben wird.»[40]

Die Stellungnahme zu den Fraktionsbeschlüssen, von der Stresemann in seinen Briefen an Kempkes und Scholz sprach, brachte er am 30. Juni zu Papier.[41] In der fünf Seiten umfassenden Stellungnahme wurde die «Fraktionstyrannei» angeprangert und scharf betont, daß es neben dem Fraktionsvorsitzenden auch einen Parteivorsitzenden gebe, «der die Gesamtverantwortung für die Partei trägt und demgegenüber ebenso die Pflicht der Unterrichtung besteht wie gegenüber dem Fraktionsvorsitzenden». Den Textentwurf schickte Stresemann zunächst an den Senior der Partei, Professor Kahl, mit der Frage, ob dieser die darin entwickelten Gedankengänge und den beabsichtigten Schritt billige.[42] Kahl, der während der Auseinandersetzungen um die Regierungsbildung die Niederlegung seines Reichstagsmandats erwogen hatte, antwortete am 10. Juli.[43] Er schlug Stresemann die Änderung einiger Formulierungen vor[44] und beschwor ihn, «Ruhe und Unbefangenheit» zu bewahren; zwar bedürfe die Luft der Reinigung und die Lage einer Klärung, wozu das Schreiben an die Fraktionsmitglieder ein geeignetes Mittel sei, aber zu einer Amtsniederlegung aus diesem Anlaß oder zu Stresemann Ausscheiden aus der Partei «darf und kann es niemals kommen. Es wäre ein Unglück, eine Katastrophe sondergleichen. Die Wirkung stände in gar keinem Verhältnis zur Ursache, nämlich zur Beschränktheit und Taktlosigkeit einiger Parteipolitiker.»

Als Stresemann Kahls Brief erhielt, hatte ein weiterer Vorgang bei ihm große Verärgerung ausgelöst. Die Reichsgeschäftsstelle informierte durch ein vertrauliches Rundschreiben vom 4. Juli die führenden Funktionäre der Wahlkreisverbände über die Auseinandersetzungen anläßlich der Regierungsbildung;[45] der Text der Darlegungen war Scholz vorgelegt worden, nicht aber Stresemann, der an einer Formulierung Anstoß nahm. Wutentbrannt verlangte er nähere Auskunft, ob diese Mitteilungen «die Auffassung der Reichstagsfraktion oder wessen Auffassung sonst wiedergeben sollten».[46] Kempkes rechtfertigte sich und erklärte, es habe ihn ausschließlich die Absicht geleitet, Stresemanns Interessen, «die für mich mit den Interessen der Gesamtpartei sich decken, dienen zu wollen». Handschriftlich fügte er hinzu, Stresemann möge prüfen, ob ihm eine andere Persönlichkeit auf dem Posten des Vorsitzenden des Geschäftsführenden Ausschusses geeigneter und zweckmäßiger erscheinen würde.[47] Nun wurde also auch Kempkes, ein loyaler Mitstreiter Stresemanns, in den Konflikt um die Führung der Partei hineingezogen. In einem Schreiben an die Reichsgeschäftsstelle vom 11. Juli erklärte Stresemann: Da es in der jetzigen Auseinandersetzung auch auf Äußerlichkeiten ankomme, auf die er «solange noch eine Einigkeit in der Partei bestand», niemals großen Wert gelegt habe, ersuche er die Reichsgeschäftsstelle, in den vertraulichen Mitteilungen von Scholz als dem Fraktionsvorsitzenden oder Fraktionsführer, von ihm selbst als dem Parteivorsitzenden oder Parteiführer zu sprechen. Im übrigen sei die Reichsgeschäftsstelle nicht eine Einrichtung der Reichstagsfraktion. «Es berührt daher seltsam, wenn ein Schreiben, das meine Stellungnahme zum Mittelpunkt hat, dem Fraktionsvorsitzenden vorher im Wortlaut vorgelegt wird, daß man dagegen eine derartige Informierung des Parteivorsitzenden nicht für nötig hält.»[48]

Unterdessen stritt Stresemann weiter mit Scholz. Dieser hatte auf Stresemanns Schreiben vom 30. Juni mit einem Eilbrief vom 2. Juli geantwortet,[49] in dem er behauptete, in materieller Beziehung trenne ihn überhaupt nichts von Stresemann; auch er habe die Große Koalition gewollt, allerdings habe er sich nach dem Scheitern der Verhandlungen die Beteiligung der DVP am Kabinett der Persönlichkeiten «so schwach als nach Lage der Dinge möglich», nämlich nur durch Stresemann, gewünscht. Deshalb sei es für ihn ein «Opfer des Intellekts» gewesen, dem Eintritt von Curtius ins Kabinett zuzustimmen.[50] Es handele sich somit überhaupt nicht um materielle Dinge, «sondern allein um die Frage der Taktik der Fraktion». Schließlich schlug Scholz vor, die aufgeworfenen Fragen nach Stresemanns Genesung im Kreise von wenigen prominenten Parteifreunden einer Klärung entgegenzuführen, ehe man die Parteiorgane damit beschäftige.

Stresemann widersetzte sich entschieden dem Versuch, einen Konflikt, in dem er seine Autorität als Parteiführer ernsthaft beschädigt sah, auf Meinungsverschiedenheiten hinsichtlich der Fraktionstaktik zu reduzieren. In einem zwölf Seiten langen Brief an Scholz vom 19. Juli[51] rekapitulierte er seine Sicht der Vorgänge; er monierte, daß man ihn nach dem Scheitern der Koalitionsverhandlungen nicht unverzüglich unterrichtet hatte, und er kritisierte einmal mehr das Gebaren der Fraktion, deren Befugnisse nach dem Beginn der Verhandlungen über ein Kabinett der Persönlichkeiten ohnehin aufgehört hätten. Weshalb eine Beteiligung der Volkspartei an diesem Kabinett eine Desavouierung der Fraktion gewesen sein solle, verstehe er nicht, «wenn nicht eben gewisse Elemente in der Fraktion, worunter ich nicht Sie verstehe, coûte que coûte den Gedanken des Zusammengehens mit der Sozialdemokratie ablehnten.» Eine Besprechung der gesamten Sachlage – darin sei er sich mit Scholz einig – werde vor Herbst nicht möglich sein, er bezweifle aber die Nützlichkeit einer Vorbesprechung in kleinem Kreis. Und dann wurde Stresemann deutlich: «Wir fechten eine Mensur miteeinander aus. Aber die Waffen sind nicht gut und gleich. Sie haben sich beschwert gefühlt und haben darauf bestanden, daß Ihnen in der Öffentlichkeit Genugtuung gegeben würde. Ich fühle mich beschwert, und die Genugtuung soll eventuell in einer vertraulichen Sitzung erfolgen.» Für die im Herbst tagenden Parteiinstanzen werde es darauf ankommen, «ob man das Zusammengehen mit der Sozialdemokratie praktisch will und für durchführbar hält. Nach der Regierungserklärung glaube ich diese Frage vorläufig bejahen zu müssen.»[52] An anderer Stelle dieses Briefes umriß Stresemann, was ihm als «Ideal» vorschwebe: «eine große bürgerlich liberale Partei, die die vernünftigen Elemente der Demokraten und den linken Flügel der Deutschnationalen umfaßt und dadurch eine ausschlaggebende Stellung im Reichstag einnimmt. Ich glaube, wir stehen in Deutschland vor der Idee der Partei- und Programm-Neubildungen. Wir sollen deshalb die bestehenden Gegensätze nicht vertuschen, sondern offen zum Austrag bringen.» Dabei müsse auch das Verhältnis des Parteivorsitzenden zum Fraktionsvorsitzenden geklärt werden. Wenn die Fraktion beanspruche, die Politik der Gesamtpartei zu bestimmen, habe der Zentralvorstand überhaupt keine Bedeutung mehr, die Satzungen sollten dann dahingehend abgeändert werden, daß der Fraktionsvorsitzende gleichzeitig Vorsitzender der Partei sei. Er selbst habe jedenfalls nicht die Absicht, die Rolle eines Königs ohne Land zu spielen. Die Frage sei letzten Endes auch eine solche seiner weiteren Mitgliedschaft in der Fraktion und in der Partei, «nicht im Sinne irgendeiner Aktion gegen die Partei, aber doch in dem Sinne der Zurückziehung aus dem parteipolitischen Leben Deutschlands». Er wolle jetzt nicht in der Öffentlichkeit zu den Meinungsverschiedenheiten Stellung nehmen, aber im Herbst werde er sich in der Öffentlichkeit äußern, auch werde er – das hatte er gleich eingangs betont – im Herbst die von ihm ausgearbeitete Stellungnahme der Fraktion zustellen. Mit diesem Schreiben, in dem Stresemann die entscheidende Kraftprobe für den Herbst ankündigte, endet die im Sommer 1928 zwischen ihm und Scholz geführte Korrespondenz.

Doch die Kraftprobe fand nicht statt. Was Stresemann dazu veranlaßte, seinen in verschiedenen Briefen[53] bekräftigten Vorsatz aufzugeben, läßt sich den Quellen nicht entnehmen. Möglicherweise spielte dabei die sich seit August zuspitzende Auseinandersetzung zwischen DVP und «Stahlhelm» eine Rolle.[54] Nach der «Haßbotschaft von Fürstenwalde»[54] war Stresemann entschlossen, den Bruch mit dem Stahlhelm herbeizuführen, und dafür benötigte er die Unterstützung von Scholz; er legte Wert darauf, daß dieser mit seinem Austritt aus dem Stahlhelm ein entsprechendes Signal gab – was

Scholz auch tat.[56] Des weiteren standen seit September baldige Verhandlungen über eine neue Reparationsregelung und die vorzeitige Rheinlandräumung zu erwarten, Verhandlungen, die Stresemanns ganze Kraft erfordern würden. Auch dies könnte für ihn ein Motiv gewesen sein, auf die öffentliche Austragung des innerparteilichen Konflikts vorläufig zu verzichten.[57]

4. Die Neuauflage der Koalitionsfrage im Winter 1928/29

Wie auch immer: Die Ende Juni von Stresemann ausgearbeitete und von Kahl geprüfte Stellungnahme zu den Vorgängen bei der Regierungsbildung wurde der Fraktion nicht zugeleitet. Am 6. November nahm Stresemann, «mit Händeklatschen empfangen», erstmals wieder an einer Sitzung der Reichstagsfraktion teil.[58] Weder hier noch – allem Anschein nach[59] – auf der Sitzung des Zentralvorstands am 23./24. November kam die Führungskrise zur Sprache. Der Zentralvorstand wählte auf Vorschlag von Scholz «durch Zuruf einstimmig unter sich stets erneuernden Beifallsstürmen» Stresemann wieder zum Vorsitzenden und damit zum Parteiführer. Nach einer Debatte über Organisationsfragen wurde ein Ausschuß eingesetzt, «der der Partei Vorschläge für die Verwirklichung der gegebenen Anregungen machen soll». Eine Organisationsreform befürwortete auch Stresemann; gerade die Vorgänge bei der Regierungsbildung hatten ihn in dieser Absicht bestärkt. Die von ihm intendierte Zielrichtung deutete er in einem Schreiben an Zapf an: «Was ich wünsche, ist eine Stärkung der Rechte der Zentrale, namentlich bei der Aufstellung der Kandidaten, ferner die Sicherheit der Verstärkung des Elementes der Handwerker und Angestellten sowie stärkere Heranziehung der Jugend in allen Parteigremien, sowie die Einsetzung eines Ausschusses für die Revision des Parteiprogramms.»[60] Die Arbeit des Organisationsausschusses zog sich hin, zu Stresemanns Lebzeiten kam die Organisationsreform nicht zustande. In seiner «etwa einstündigen Rede» zur politischen Lage auf der Zentralvorstandssitzung ging Stresemann nur kurz auf die Kritik an der Regierungsbeteiligung und am parlamentarischen System ein, sprach dann über die Auseinandersetzung mit dem Stahlhelm, den Einheitsstaat, die Preußenfrage und die außenpolitische Lage. Zur Preußenkoalition und zum geplanten Abschluß eines Konkordats zwischen Preußen und dem Vatikan äußerte sich der Vorsitzende der DVP-Fraktion im preußischen Landtag, Stendel, über Grundsätze der Wirtschaftspolitik referierte Curtius. Die Aussprache über diese Reden scheint harmonisch verlaufen zu sein. Aber es war doch nur ein «Burgfrieden», der auf dieser Zentralvorstandssitzung geschlossen wurde. Es war abzusehen, daß der innerparteiliche Konflikt wieder ausbrechen würde, sobald die DVP-Führung Entscheidungen hinsichtlich der Koalitionsfrage im Reich und in Preußen zu treffen hatte. Und genau so kam es.

Ende November 1928 unternahm Reichskanzler Hermann Müller einen Vorstoß, sein «Kabinett der Persönlichkeiten» in eine formelle Große Koalition umzuwandeln. Zunächst blieb es bei einer ersten Fühlungnahme, erst Ende Januar 1929 kam ein intensiver Meinungsaustausch in Gang – im Zeichen der bevorstehenden Haushaltsberatungen, bei denen ein Haushaltsdefizit ausgeglichen werden mußte. Die komplizierten Verhandlungen, deren Verlauf hier nicht im einzelnen darzulegen ist,[61] erfuhren einen ersten Rückschlag, als das Zentrum Anfang Februar seinen einzigen Ressortminister (Guérard) aus dem «Kabinett der Persönlichkeiten» zurückzog und die Regierung damit ihre bisherige – wenn auch nicht durch Fraktionsbindung gesicherte – parlamentarische Mehrheit verlor. Auch mit der DVP erzielte H. Müller keine Fortschritte – hier bildete die Frage der Preußenkoalition nach wie vor das große Hindernis: Die Unterhändler der DVP bestanden weiterhin, als conditio sine qua non, auf einer Erweiterung der Weimarer Koalition in Preußen zur Großen Koalition, ehe die Reichstagsfraktion der DVP sich zu einer Großen Koalition im Reich bereitfinden würde. Der preußische Ministerpräsident bot schließlich an, der DVP das Handelsministerium zu überlassen und Reichswirtschaftsminister Curtius in der Funktion eines Verbindungsmannes zwischen Reichs- und preußischer Regierung als Minister ohne Portefeuille in sein Kabinett aufzunehmen. Doch entgegen Stresemanns Rat lehnte die DVP-Fraktion im preußischen Landtag am 21. Februar dieses Angebot ab; sie verlangte zwei wichtige Ressorts für die DVP. Wie Heinrich August Winkler mit Recht konstatiert, wäre die Große Koalition in Preußen zustandegekommen, «wenn sich die Landtagsfraktion der Volkspartei auf Brauns Anerbieten eingelassen hätte. Daß sie es nicht tat, trug wesentlich zur Schwächung der Position Stresemanns als Parteivorsitzender bei.»[62]

Angesichts der «doppelten Regierungskrise» bemühte sich Stresemann nun, die Bildung der Großen Koalition im Reich nicht mehr von der gleichzeitigen Erweiterung der preußischen Regierung abhängig zu machen. Einen derartigen Beschluß, durch den die bisherige Haltung der DVP modifiziert würde, sollte der auf den 26. Februar nach Berlin einberufene Zentralvorstand fassen.[63] Bislang hatte der Zentralvorstand noch immer den Kurs des Parteivorsitzenden nachdrücklich unterstützt – auf der Sitzung am 26. Februar aber erlebte Stresemann eine herbe Enttäuschung: Es kam zu einer kaum verhüllten Rebellion gegen den Parteiführer.[64] Der oppositionelle rechte Parteiflügel ging gut vorbereitet in die Sitzung. Er lehnte die Große Koalition im Reich ab und wünschte aus wirtschafts- und sozialpolitischen Gründen das baldige Ende des Kabinetts Hermann Müller. Seine Exponenten begaben sich dabei in eine «unheilige Allianz» mit den Vertretern der preußischen Parteiorganisation, die die Große Koalition in Preußen wollten, aber die Chancen dafür schwinden sahen.[65] So blieb Stresemanns große Rede über die «Krise des Parlamentarismus»[66] fast ohne Resonanz, stand zumindest nicht im Mittelpunkt der Aussprache, vielmehr erhob sich massiver Protest gegen Stresemanns Vorschlag, die Große Koalition im Reich ohne Rücksicht auf die Lösung der preußischen Koalitionsfrage zu bilden.[67]

Der von Scholz vorgelegte Resolutionsentwurf, der vorsichtig in diese Richtung ging,[68] stieß überwiegend auf Ablehnung, hingegen erntete der Parteirechte Otto Hugo «lebhaften, anhaltenden Beifall» für die von ihm eingebrachte Resolution, deren Kernsätze lauteten: «Der Zentralvorstand der Deutschen Volkspartei billigt die Haltung der preußischen Landtagsfraktion in der Koalitionsfrage. Er ist auch weiterhin der Ansicht, daß die Deutsche Volkspartei bei der Bildung einer Regierung der Großen Koalition im Reich nur mitwirken kann, wenn der gleiche Zustand aus staatspolitischen Gründen in Preußen geschaffen wird.»[69] Die Annahme dieser Resolution, die bei der mehrheitlichen Reaktion der Sitzungsteilnehmer zu erwarten stand, hätte der Umformung des Kabinetts in eine förmliche Große Koalition einen fast unüberwindlichen Riegel vorgeschoben, was zweifellos die Absicht Hugos und seiner Mitstreiter war. Die Zeichen standen daher auf Sturm. In einer Sitzungspause erreichten Stresemann und Scholz eine Abschwächung von Hugos Formulierung, da es die oppositionelle Gruppe auf einen offenen Bruch mit dem Parteiführer und dem Fraktionsvorsitzenden doch nicht ankommen lassen wollte. In der schließlich – sogar «einstimmig» – verabschiedeten Resolution hieß es nun: «Der Zentralvorstand ist der Ansicht, daß eine fraktionell gebundene Regierung der Großen Koalition nur dann erfolgreich wirken kann, wenn aus staatspolitischen Gründen der gleiche Zustand in Preußen geschaffen wird. Der Zentralvorstand wird infolgedessen nach Beendigung der Reparationsverhandlungen in Paris unter Aufrechterhaltung seines Beschlusses vom November 1928 zur Koalitionsfrage erneut Stellung zu der politischen Lage nehmen, um die gleichartige Bildung der Koalition im Reich und in Preußen zu erreichen.»[70] Damit war der Weg zu einer Umbildung der Regierung nicht völlig verbaut, aber Stresemann war doch hart an einer empfindlichen Niederlage vorbeigeschrammt. Tief enttäuscht begab er sich wenige Tage später zur Tagung des Völkerbundrats nach Genf, anschließend zur Erholung nach San Remo. In Briefen an mehrere ihm politisch nahestehende Parteifreunde machte er seinem bedrängten Herzen Luft. Wieder – noch schärfer als im Sommer 1928 – stellte sich ihm die Frage nach seiner eigenen Zukunft in einer Partei, in der «zwischen dem Führer und der Partei eine weitgehende Verschiedenheit besteht».[71] Er habe nicht die Absicht, «nur das Wappenschild einer Partei zu sein, die eine ganz andere Politik treibt als diejenige, die ich für richtig halte»;[72] sein Lieblingsgedanke lasse sich am besten wiedergeben durch die wunderbar volkstümliche Wendung des Königs von Sachsen: «Macht euren Dreck alleene!»[73] Dem Vorsitzenden des Geschäftsführenden Ausschusses, Adolf Kempkes, schrieb er am 11. März, einer Zentralvorstandssitzung wie der letzten wolle er sich nicht noch einmal aussetzen. Deshalb halte er es für richtig, mit Kempkes und einigen anderen über die Art und Weise zu sprechen, «in der ich mich von der Partei zurückziehe [...] Es scheint mir richtig, daß diejenigen auch vor der Öffentlichkeit die Verantwortung für die getriebene Politik übernehmen, die sie in der Wirklichkeit führen».[74] In ähnlicher Weise äußerte er sich zwei Wochen später gegenüber Scholz: «Geschäftige Leute sind in der Partei am Werke, um die Führer zu diskreditieren und die Leitung der Partei in die Hände gewisser wirtschaftlicher Interessenvertretungen hineinzubringen. Ich bin der Meinung, daß diejenigen Herren, die diese Politik treiben, auch gezwungen werden müssen, die Verantwortung für ihre Politik zu übernehmen, und nicht hinter dem Wandschirm bekannter Namen nachher ihre armselige Interessenpolitik treiben.»[75] Waren die Rücktrittsdrohungen ernst gemeint? Immerhin verfehlten sie insofern nicht ihre Wirkung, als die DVP-Fraktion bei den Koalitionsverhandlungen schließlich so weit einlenkte, daß eine Einigung über den Etat erzielt werden konnte; Anfang April kehrte das Zentrum ins Kabinett zurück, de facto bestand nun eine Große Koalition[76] – doch sie war und blieb ein fragiles Gebilde.

Die Führungskrise der DVP war damit nicht beendet. Was wollte Stresemann? Die Quellen deuten darauf hin, daß er sich im Frühjahr und Sommer 1929 über den weiteren Weg – für sich selbst und hinsichtlich seiner Stellung an der Spitze der Partei – noch nicht völlig schlüssig war. Zwar zeigte er sich entschlossen, als Außenminister auszuharren, bis ein Ergebnis der Reparationsverhandlungen vorlag, vielleicht sogar die vorzeitige Rheinlandräumung – seine außenpolitische Priorität Nummer eins – in Aussicht stand. Aber hinsichtlich seiner Position als Parteiführer wechselten bei ihm

Stimmungen der Resignation mit Momenten der Kampfbereitschaft, in denen er weiterhin versuchte, Partei und Fraktion auf seine Linie zu zwingen, zumal ihm sein Freund Kahl eindringlich vorgehalten hatte, er würde «die Lösung des Führers von der Partei ohne ganz zwingende Gründe, die natürlich eintreten können, geradezu für ein Unglück halten».[77] Solche «ganz zwingenden Gründe» blieben in den Monaten zwischen der Umbildung des Kabinetts Müller und Stresemanns Tod aus. In diesen Monaten intensivierte Stresemann jedoch seine Bemühungen um eine von ihm seit längerem angestrebte Neugruppierung im Parteienfeld, um die Formierung einer großen bürgerlichen Mitte auch unter Einbeziehung politischer Aktivisten aus der jüngeren Generation.[78] Allerdings darf nicht übersehen werden, daß bis zu Stresemanns Tod alle Sondierungen, auch die Gespräche mit dem DDP-Vorsitzenden Erich Koch-Weser, nicht über unverbindliche Kontakte hinauskamen; ein Stadium, in dem konkrete Entscheidungen zu treffen waren, wurde nicht erreicht. Gewiß hätte der rechte Flügel der DVP eine Fusion mit der DDP nicht mitgemacht, Stresemann hätte daher nur einen Teil der DVP in eine Partei der liberalen Mitte einbringen können. Darüber dürfte er sich im klaren gewesen sein, und deshalb ging er mit gutem Grund sehr zögerlich vor.

Mit Blick auf die Führungskrise in der DVP 1928/29 stellt sich die Frage, ob Stresemann der falschen Partei angehörte. Zweifellos war Ende der zwanziger Jahre der Graben, der ihn und seine Anhänger im grundsätzlichen Politikverständnis von den Exponenten des rechten Parteiflügels trennte, wesentlich tiefer als der zwischen dem Stresemannflügel der DVP und dem, was zu diesem Zeitpunkt von der DDP noch übriggeblieben war. Diese Feststellung weist zurück auf die Umstände bei der Gründung der Partei. In den Tagen und Wochen nach dem Sturz des Kaiserreichs war ein Zusammenschluß von Nationalliberalen und Fortschrittspartei nicht nur möglich, sondern bereits auf den Weg gebracht, wurde dann aber durch die vehemente Intervention einer Gruppe linksdemokratischer Journalisten und Intellektueller um Alfred Weber und Theodor Wolff verhindert.[79] Aufgrund der Konstellation in der Gründungsphase der DVP fanden Personen und Gruppen Anschluß an die Partei, die im politischen Spektrum eindeutig auf der konservativen Rechten standen und diese Orientierung nie aufgaben. Wann immer Stresemann seit 1920 aus staatspolitischer Verantwortung ein Zusammengehen mit der Sozialdemokratie für geboten hielt, stieß er auf den massiven Widerstand dieser Rechtsgruppierung, die eine Zusammenarbeit mit der gemäßigten Linken verabscheute. Die Führungskrise der DVP 1928/29 stellt sich in dieser Perspektive somit als eine Spätfrucht der gescheiterten liberalen Einigung in den Novemberwochen 1918 dar.

Anmerkungen

[1] Analyse des Wahlergebnisses bei *Heinrich August Winkler*, Der Schein der Normalität. Arbeiter und Arbeiterbewegung in der Weimarer Republik 1924 bis 1930. Berlin/Bonn 1985, 521 ff.

[2] So ganz richtig der junge Volksparteiler Heinrich Richter in einem Beitrag «Aktivierung des Bürgertums», der in Stresemanns Publikationsorgan abgedruckt wurde: Deutsche Stimmen 41 (1929), 656.

[3] *Henry A. Turner*, Stresemann – Republikaner aus Vernunft. Berlin/Frankfurt 1968, 230.

[4] *Wolfgang Stresemann*, Mein Vater Gustav Stresemann. Berlin 1979, 549.

[5] *Gustav Stresemann*, Vermächtnis, hrsg. von Henry Bernhard. Bd. 3, Berlin 1933, 325, 499; für das folgende ebd. 513 f., 519, 376.

[6] Kahl an Stresemann, Berlin 10. 7. 1928 – Politisches Archiv des Auswärtigen Amtes Bonn, Nachlaß Stresemann 101 (H 174 297).

[7] Dieses Problem bedürfte einer genaueren Untersuchung. Überprüft werden sollte auch die forcierte Interpretation der «Interessen»-Struktur der DVP von *Lothar Döhn*, Politik und Interesse. Die Interessenstruktur der Deutschen Volkspartei. Meisenheim am Glan 1970; Döhn geht allerdings kaum auf die Zusammensetzung der DVP-Reichstagsfraktionen in den verschiedenen Legislaturperioden unter Rechts-Links-Kategorien ein (vgl. aber ebd. 336 ff.).

[8] *Winkler*, Schein (wie Anm. 1), 528. Zur Regierungsbildung 1928 siehe u. a.: ebd. 528 ff.; *Turner*, Stresemann (wie Anm. 3), 228 ff.; *Stresemann*, Vermächtnis (wie Anm. 5), 297 ff.; *Jürgen Blunck*, Der Gedanke der Großen Koalition in den Jahren 1923–1928. Diss. phil. Kiel (MS) 1961, 251 ff.; *Peter Haungs*, Reichspräsident und parlamentarische Kabinettsregierung. Köln/Opladen 1968, 146 ff.; Akten der Reichskanzlei, Das Kabinett Müller II, bearb. von *Martin Vogt*. 2 Bde Boppard 1970, hier: Bd. 1, VIII f., 1 ff.

[9] *Hagen Schulze*, Otto Braun oder Preußens demokratische Sendung. Frankfurt/Berlin/Wien 1977, 462 ff.

[10] Protokoll Fraktionssitzung 13. 6. 1928 nachmittags – Bundesarchiv Koblenz (im weiteren zitiert: BAK) R 45 II/67, p. 86. Noch am 5. Juni hatte im Fraktionsvorstand eine elastischere Auffassung dominiert: «Man ist allgemein der Ansicht, daß die Einbeziehung der Deutschen Volkspartei in Preußen, sowie die Beteiligung der Wirtschaftspartei an einer ev. «Großen Koalition» zwar sehr erwünscht, aber doch keine conditio sine qua non sei» (Protokoll Fraktionsvorstand 5. 6. 1928 vorm. – BAK R 45 II/66, p. 109).

[11] *Schulze*, Otto Braun (wie Anm. 9), 542 f.

[12] Ebd. 544; vgl. auch *Otto Braun*, Von Weimar zu Hitler. New York 1940, 249.

[13] Protokoll Fraktionssitzung 22. 6. 1928 vorm. – BAK R 45 II/67, p. 96. «Strittige Punkte» waren – neben bindenden Zusagen in der Preußenfrage –

Nationalfeiertag, steuerfreies Existenzminimum und Panzerkreuzerbau. Auch wenn die DVP in einer wenige Tage später veröffentlichten Erklärung ihre Kompromißwilligkeit betonte (Schultheß 1928, 119), hat man doch den Eindruck, daß die Fraktion von dem Moment an, als Stresemann nicht mehr eingreifen konnte, sehr schnell bereit war, die Verhandlungen scheitern zu lassen.

[14] So das Protokoll der Fraktionssitzung am 22. 6. 1928 nachm. – BAK R 45 II/67, p. 97. Erstaunlicherweise unterließ es Scholz, unverzüglich den Parteivorsitzenden telegraphisch oder telefonisch vom Scheitern der Koalitionsverhandlungen zu unterrichten.

[15] So die Schlagzeilen z. B. im «Berliner Tageblatt», Nr. 292 vom 22. 6. 1928 und in der «Germania», Nr. 286 vom 22. 6. 1928.

[16] *Stresemann*, Vater (wie Anm. 4), 512.

[17] Nationalliberale Correspondenz (im weiteren NLC), Nr. 101 vom 8. 6. 1928.

[18] Protokoll Fraktionssitzung 18. und 19. 6. 1928 – BAK R 45 II/67, p. 89 ff.

[19] *Stresemann*, Vater (wie Anm. 4), 510. Wolfgang Stresemann fügt hinzu: «Eine ähnliche Information an die eigene Partei ergeht nicht.»

[20] Deutsche Stimmen 40 (1928), 324 (Nr. 11 vom 5. 6. 1928). Der Artikel «Politische Umschau», datiert «Berlin, den 3. Juni 1928», ist gezeichnet Slg. (= Schriftleitung, die Henry Bernhard innehatte).

[21] *Stresemann*, Vater (wie Anm. 4), 513; dort als Empfänger dieser Botschaft genannt: H. Müller, Breitscheid «und einige andere Parteimitglieder». Nahezu zeitgleich entwickelte der Vorsitzende der DDP, Erich Koch-Weser, ähnliche Vorstellungen, siehe seinen Artikel «Festgefrorene Parteien» (Vossische Zeitung Nr. 151 vom 26. 6. 1928); wie Koch-Weser in seinem Tagebuch vermerkt, gelangte dieser Artikel wegen einer Reise erst zwei Tage nach der Abfassung zur Zeitungsredaktion (Tagebuch Koch-Weser 4. 7. 1928 – BAK NL Koch-Weser 37, p. 171). Noch vor seinem Telefonat mit Hermann Müller am 23. Juni wandte sich Stresemann an Koch-Weser und bat ihn um seine Meinung (ebd., p. 169).

[22] Text u. a. *Stresemann*, Vermächtnis (wie Anm. 5), 298 f.; Schultheß 1928, 119 f.

[23] Vor seinem Telefonat mit Hermann Müller sprachen sich Stresemann und Curtius (neben Stresemann der zweite DVP-Minister im bisherigen Kabinett) telefonisch über die Lage aus – mit dem Ergebnis, daß beide den Eintritt in eine Weimarer Koalition ablehnten, aber bereit sein würden, in ein «Kabinett der Persönlichkeiten» ohne fraktionelle Bindung einzutreten (u. a. *Julius Curtius*, Sechs Jahre Minister der Deutschen Republik. Heidelberg 1948, 69).

[24] Dazu u. a. *Stresemann*, Vermächtnis (wie Anm. 5), 301 ff.; *Blunck* (wie Anm. 8), 277 ff.; *Karsten Ruppert*, Im Dienst am Staat von Weimar. Das Zentrum als regierende Partei in der Weimarer Demokratie 1923–1930. Düsseldorf 1992, 359 ff.

[25] Diese Pressestimmen zitiert in Vorwärts Nr. 298 vom 26. 6. 1928.

[26] Protokoll Fraktionsvorstand 26. 6. 1928 vorm. – BAK R 45 II/66, p. 113 ff. Die Protokolle der Vorstandssitzungen am 26.6. übersandte Fraktionsgeschäftsführer Morath – ohne Wissen von Scholz – am 29. 6. an Stresemann (der als «Beisitzer» dem Vorstand angehörte); somit war Stresemann seit Ende Juni

über den Verlauf dieser Sitzungen im Bilde (Moraths Anschreiben mit der Abschrift der Protokolle NL Stresemann 101, H 174 198–207).

[27] Vgl. auch *Andreas Dorpalen*, Hindenburg in der Geschichte der Weimarer Republik. Berlin/Frankfurt 1966, 141; Scholz «erfreute sich der besonderen Gunst des Reichspräsidenten» (*Curtius*, Sechs Jahre [wie Anm. 23], 50).

[28] Protokoll Fraktionsvorstand 26. 6. 1928 spätnachm. – BAK R 45 II/66, p. 120ff.

[29] Protokoll Fraktionsvorstand 27. 6. 1928 vorm. – BAK R 45 II/66, p. 123.

[30] Protokoll Fraktionssitzung 27. 6. 1928 nachm. – BAK R 45 II/67, p. 97f.

[31] Der Text dieser Entschließungen wurde u.a. veröffentlicht in: Deutsche Allgemeine Zeitung vom 28. 6. 1928 – NL Stresemann 101 (H 174 232); er ist auch enthalten im vertraulichen Rundschreiben der DVP-Reichsgeschäftsstelle (Nr. 5, Berlin 4. 7. 1928) – NL Stresemann 101 (H 174 268).

[32] Zuvor war ein Antrag Hugo gegen den Eintritt eines Fraktionsmitgliedes außer Stresemann ins Kabinett mit knapper Mehrheit (16: 13 Stimmen) abgelehnt worden. Ein Antrag Schnee, den Eintritt von Mitgliedern der Fraktion in ein Kabinett Müller von Voraussetzungen abhängig zu machen, verfiel mit allen gegen eine Stimme der Ablehnung. (Text der Anträge: BAK R 45 II/69, Bl. 357, 359).

[33] Telegramm Stresemann an Reichstagsfraktion, Bühlerhöhe 26. 6. 1928 – NL Stresemann 101 (H 174 158); *Stresemann*, Vermächtnis (wie Anm. 5), 303.

[34] Stresemann an Reichstagsfraktion, Bühlerhöhe 27. 6. 1928 – NL Stresemann 101 (H 174 165–71 Konzept mit hs. Korrekturen Stresemanns, H 174 159–64 Reinkonzept); BAK R 45 II/69, p. 329–355 (Ausfertigung); die Textfassungen weichen leicht voneinander ab. Der Hauptteil des Schreibens (nach dem Exemplar im NL Stresemann) auch *Stresemann*, Vermächtnis (wie Anm. 5), 299ff.

[35] Telegramm Stresemann an Reichstagsfraktion, Bühlerhöhe 28. 6. 1928 – NL Stresemann 101 (H 174 190); BAK R 45 II/69, p. 365; *Stresemann*, Vermächtnis (wie Anm. 5), 303.

[36] Telegramm Stresemann an NLC, Bühlerhöhe 28. 6. 1928 – NL Stresemann 101 (H 174 192).

[37] Kempkes an Stresemann, Berlin 29. 6. 1928 – NL Stresemann 101 (H 174 196f.). Ein Protokoll der Sitzung des «engeren» Fraktionsvorstands scheint nicht zu existieren.

[38] Stresemann an Kempkes, Bühlerhöhe 2. 7. 1928 – NL Stresemann 101 (H 174 265ff.); *Stresemann*, Vermächtnis (wie Anm. 5), 307f.

[39] Stresemann an Scholz, Bühlerhöhe 30. 6. 1928 – NL Stresemann 101 (H 174 212–15 Konzept mit hs. Korrekturen Stresemanns, H 174 209–11 Reinkonzept); BAK R 45 II/69, p. 369–374 (Ausfertigung); *Stresemann*, Vermächtnis (wie Anm. 5), 305ff.

[40] Eine ähnlich lautende Formulierung in Stresemanns Schreiben an die DVP Badens vom 2. 7. 1928: «Ich möchte keinen Zweifel darüber lassen, daß ich sowohl die Fraktion als auch die Partei verlasse, wenn mir für diesen Beschluß der Reichstagsfraktion, der den Parteivorsitzenden in der deutschen Öffentlichkeit zu einer lächerlichen Figur macht, eine Genugtuung nicht gegeben wird» (*Stresemann*, Vermächtnis [wie Anm. 5], 305). Bis zu welchen

Konsequenzen Stresemann bereit war, wurde somit auch über den engeren Führungszirkel hinaus bekannt.

[41] NL Stresemann 101 (H 174 225–31 Konzept mit hs. Korrekturen Stresemanns; H 174 219–24 Entwurf mit Marginalien Kahls; H 174 233–38 Entwurf unter Berücksichtigung der Änderungsvorschläge Kahls). Der Abdruck in: *Stresemann*, Vermächtnis (wie Anm. 5), 308ff. folgt der letzten Fassung des Entwurfs.

[42] Stresemann an Kahl, Bühlerhöhe 2. 7. 1928 – *Stresemann*, Vermächtnis (wie Anm. 5), 308; NL Stresemann 101 (H 174 256f.). Den Brief «in wichtiger Angelegenheit» hatte Stresemann Kahl am 30.6. telegraphisch angekündigt (NL Stresemann 105, H 175 124).

[43] Kahl an Stresemann, Berlin 10. 7. 1928 – NL Stresemann 101 (H 174 295–98).

[44] NL Stresemann 101 (H 174 219–24). Von Interesse: Stresemann schrieb an einer Stelle: «Daß die Fraktion eine besondere Stellung des Vorsitzenden des Zentralvorstandes nicht anerkennt, hat sie (durch ihren Fraktionsvorsitzenden schon seit Jahren dadurch zum Ausdruck gebracht, daß sie ihm nicht etwa außerhalb der üblichen Rednerliste das Wort erteilt, sondern ihn, auch wenn er durch ministerielle Geschäfte stark behindert war, an der Rednerliste genau in der Reihenfolge beteiligte wie alle anderen Mitglieder der Fraktion), ebenso daß sie ihm nicht als Parteivorsitzendem einen Sitz im Vorstand und engerem Vorstand einräumte, sondern der Öffentlichkeit mitteilte, daß Herr Dr. Stresemann als ‹Beisitzer› in den Fraktionsvorstand gewählt worden sei.» Kahl empfahl die Streichung des (hier eingeklammerten) Passus mit der Begründung, «Persönliches hier auszuschalten und nicht, von der Hauptsache abziehend, dem Vorsitzenden die Gelegenheit zu einer voraussichtlich sehr eingehenden laudatio seiner Geschäftsführung aufzudrängen». Stresemann als «Beisitzer» s. NLC Nr. 105 vom 14. 6. 1928.

[45] Wie Anm. 31.

[46] Telegramm Stresemann an NLC, Bühlerhöhe 5. 7. 1928 – NL Stresemann 101 (H 174 281).

[47] Kempkes an Stresemann, Berlin 7. 7. 1928 – NL Stresemann 101 (H 174 287–90).

[48] Stresemann an Reichsgeschäftsstelle, Bühlerhöhe 11. 7. 1928 – NL Stresemann 101 (H 174 299f.); die Rückäußerung (gez. Trucksaess) vom 14. 7. 1928 ebd. (H 174 312–14).

[49] Scholz an Stresemann, Berlin 2. 7. 1928 – NL Stresemann 101 (H 174 261–64); BAK R 45 II/69, p. 377–83.

[50] Angesichts des knappen Abstimmungsergebnisses beim Antrag Hugo (s. Anm. 32) dürfte die Behauptung von Scholz wohl zutreffend sein: «Der in der Fraktion gestellte Antrag, Curtius die Beteiligung am Kabinett Müller nicht zu gestatten, hätte, darüber war bei der Stimmung der Fraktion kein Zweifel, die Mehrheit gefunden, wenn ich mich nicht dagegen erklärt und meine Fassung (Beschluß 3) vorgeschlagen hätte.»

[51] Stresemann an Scholz, Bühlerhöhe 19. 7. 1928 – BAK R 45 II/69, p. 385–409 (Ausfertigung). Das von der Ausfertigung geringfügig abweichende

Reinkonzept: NL Stresemann 102 (H 174 329–41); mit kleinen Auslassungen abgedruckt: *Stresemann*, Vermächtnis (wie Anm. 5), 312–316.

52 Am 3. Juli hatte Reichskanzler Hermann Müller im Reichstag seine – der DVP weit entgegenkommende – Regierungserklärung abgegeben, die am 4. und 5. Juli debattiert wurde. Da DVP und Zentrum dem «Kabinett der Persönlichkeiten» ein ausdrückliches Vertrauensvotum nicht aussprechen wollten, wurde am 5. Juli über den Antrag abgestimmt, die Regierungserklärung zu billigen, und dieser Antrag mit 263: 134 Stimmen bei 28 Enthaltungen angenommen. Alle anwesenden DVP-Abgeordneten stimmten mit «Ja»; von den sechs fehlenden DVP-Abgeordneten können zumindest drei als Gegner der Großen Koalition angesehen werden (Albrecht, Hugo, Pfeffer); siehe Verhandlungen des Reichstags, Bd. 423, 112ff., 118.

53 Außer im Brief an Scholz u. a. auch gegenüber Beythien am 12.7. und gegenüber Reier am 17. 7. 1928 (NL Stresemann 101, H 174 307f.; 102, H 174 326f.).

54 Dazu *Volker R. Berghahn*, Der Stahlhelm. Bund der Frontsoldaten 1918–1935. Düsseldorf 1966, 115ff.

55 Der brandenburgische Landesverbandsführer des Stahlhelm, Morosowicz, erklärte Anfang September 1928 in Fürstenwalde: «Wir hassen mit ganzer Seele den augenblicklichen Staatsaufbau, seine Form und seinen Inhalt, sein Werden und sein Wesen [...] Kampf dem System, das den Staat von heute regiert» (ebd. 113).

56 Einem Beschluß des Fraktionsvorstands vom 2. 10. 1928 folgend, traten die DVP-Reichstagsabgeordneten aus dem Stahlhelm aus, ebenso die DVP-Abgeordneten des preußischen Landtags. Hingegen wurden die einfachen Parteimitglieder nicht zum Austritt aus dem Stahlhelm aufgefordert. Zur Auseinandersetzung Stresemanns mit dem Stahlhelm viel Material im Nachlaß Stresemann (hier: 102); vgl. *Stresemann*, Vermächtnis (wie Anm. 5), 319ff.

57 *Turner*, Stresemann (wie Anm. 3), 233 führt noch an, daß durch die Wahl Hugenbergs zum Vorsitzenden der DNVP (20. 10. 1928) die Alternative einer Rechtsregierung ausgeschieden sei. Stresemann reagierte auf die Wahl Hugenbergs mit gemischten Gefühlen; an Zapf schrieb er am 23. Oktober: «So grotesk auch die Wahl von Hugenberg ist: der Anfang ist dunkel, aber das Ende kann der Bürgerkrieg sein. Je klarer unsere eigene Einstellung ist, um so mehr haben wir noch einmal die Gelegenheit, die große Bürgerpartei zu werden» (NL Stresemann 102, H 174 480).

58 Protokoll Fraktionssitzung 6. 11. 1928 nachm. – BAK R 45 II/67, p. 104f.

59 Die einschränkende Formulierung ist nötig, weil das Wortprotokoll dieser Zentralvorstandssitzung verloren ist. Es liegt nur der – in der Regel geschönte – offiziöse Bericht der NLC vor (Sonderausgabe vom 27. 11. 1928). Er enthält keine Hinweise auf deutliche Meinungsdivergenzen, für die sich auch in anderen Quellen keine Belege finden.

60 Stresemann an Zapf, Wiesbaden 23. 10. 1928 – NL Stresemann 102, H 174 478f.

61 Siehe dazu die eindringliche Analyse bei *Winkler*, Schein (wie Anm. 1), 573ff.

[62] Ebd. 578.

[63] Diese Absicht wurde in den vertraulichen Mitteilungen der Reichsgeschäftsstelle vom 23. 2. 1929 deutlich ausgesprochen: Angesichts der außen- und innenpolitischen Situation sei im Reich «mehr denn je die sofortige Herbeiführung einer festen Regierungsmehrheit erforderlich»; daher sei zu prüfen, «ob unabhängig von den Verhältnissen in Preußen» der Zeitpunkt gekommen sei, für eine feste Regierung zu sorgen (NL Stresemann 103, H 174 658). Gegen diese Absicht kündigten sofort einige Parteiorganisationen Widerstand an, z.B. Hannover (24. 2. 1929, H 174 668–70) und Hamburg (24. 2. 1929, H 174 672).

[64] Wortprotokoll dieser Sitzung: BAK R 45 II/43; vgl. auch *Turner*, Stresemann (wie Anm. 3), 235ff.

[65] *Stresemann*, Vater (wie Anm. 4), 554.

[66] So die Überschrift des Abdrucks der Rede in «Deutsche Stimmen» 41 (1929), 134–141; auch *Stresemann*, Vermächtnis (wie Anm. 5), 428–433; der volle Text: Wortprotokoll (wie Anm. 64), p. 79–115.

[67] Stresemanns Formulierung: «Sind die Brücken in Preußen endgültig abgebrochen und sieht vor allem die Preußenfraktion selbst sachliche Bedenken, jetzt in die preußische Regierung einzutreten, so muß die Entwicklung im Reich lediglich auf Grund der Reichsinteressen erfolgen» (ebd. p. 91).

[68] Wortprotokoll (wie Anm. 64), p. 237.

[69] Ebd. p. 333.

[70] Ebd. p. 381.

[71] Stresemann an Kahl, San Remo 13. 3. 1929 – NL Stresemann 104, H 174 722–733, hier: H 174 723; auch: *Stresemann*, Vermächtnis (wie Anm. 5), 436–440. In diesem langen Schreiben (zehn Schreibmaschinenseiten) beklagt Stresemann mit häufig zitierten eindringlichen Formulierungen die Entwicklung der DVP zu einer «reinen Industriepartei», reflektiert über sein Verhältnis zur Partei und präzisiert seine eigene politische Vorstellungswelt. Man darf dieses Schreiben als eine Art politisches Testament Stresemanns verstehen – so war es wohl auch von ihm gedacht.

[72] Stresemann an Kockelkorn, San Remo 19. 3. 1929 – NL Stresemann 104 (H 174 770).

[73] Stresemann an Curtius, Genf 11. 3. 1929 – *Stresemann*, Vermächtnis (wie Anm. 5), 434f.

[74] Stresemann an Kempkes, Genf 11. 3. 1929 – ebd. 435.

[75] Stresemann an Scholz, San Remo 26. 3. 1929 – NL Stresemann 104 (H 174 858–69); *Stresemann*, Vermächtnis (wie Anm. 5), 440f.

[76] Dazu eingehend *Winkler*, Schein (wie Anm. 1), 581ff.

[77] Kahl an Stresemann, o.D. «Auf das Schr. vom 13.III.29» – NL Stresemann 104 (H 174 743f. hs.; H 174 745–48 Abschrift).

[78] Dazu u.a. *Turner*, Stresemann (wie Anm. 3), 240ff. und sehr ausführlich *Larry Eugene Jones*, German Liberalism and the Dissolution of the Weimar Party System 1918–1933. Chapel Hill/London 1988, 314ff., 320ff. und passim.

[79] Siehe dazu die eingehende Analyse bei *Eberhard Kolb/Ludwig Richter* (Bearb.), Nationalliberalismus in der Weimarer Republik. Die Führungsgremien der Deutschen Volkspartei 1918–1933, Düsseldorf 1999, 9*ff.

Die Berliner Finanzkrise 1929–1931/32. Eine Fallstudie zu den Spielräumen der kommunalen Demokratie und der preußischen Politik in der Krise der Weimarer Republik

Johannes Bähr

Die Wirtschafts- und Finanzkrisen der Weimarer Republik gewinnen mit zunehmender zeitlicher Distanz an Aktualität. Der in den ersten Nachkriegsjahrzehnten in der Bundesrepublik gewachsene Glaube an die Beherrschbarkeit von Wirtschaftskrisen und Arbeitslosigkeit ist längst verlorengegangen, die ökonomischen Krisen der Zwischenkriegszeit werden nachvollziehbarer. Die Bundesrepublik kann nicht mehr als «Schönwetterdemokratie» gesehen werden, der die Belastungsprobe eines ökonomischen Schocks noch bevorstünde. Entsprechend verändert sich der Blick auf Weimar. «Harte» ökonomische Fakten verlieren an Erklärungskraft für die Instabilität und das Scheitern der ersten deutschen Demokratie. Das Krisenverhalten der Akteure gewinnt dadurch noch stärkeres Gewicht.

Die folgenden Ausführungen verstehen sich als eine Fallstudie zum immer noch vergleichsweise wenig erforschten Krisenverhalten in den Ländern und Gemeinden der Weimarer Republik. Es soll gefragt werden, wie sich die Politik gegenüber der Finanzkrise der Stadt Berlin verhielt und welche Entwicklung kommunale Demokratie hier unter dem Druck der Krise nahm. Das gewählte Beispiel ist aus mehreren Gründen besonders aussagekräftig. Berlin gehörte zu den kommunalen Hochburgen der SPD und auch der DDP. Nach dem Sklarek-Skandal von 1929 aber befanden sich hier die demokratischen Parteien zu einem relativ frühen Zeitpunkt in der Defensive. Dies hatte zur Folge, daß die kommunale Selbstverwaltung und die kommunale Demokratie noch vor dem Höhepunkt der Weltwirtschaftskrise durch eine neue Gemeindeverfassung auf veränderte Grundlagen gestellt wurden. Darüberhinaus war die Finanzkrise der Hauptstadt ein Politikum von überregionaler Bedeutung. Die Strategien gegenüber dieser Krise standen wiederholt im Schnittpunkt der Auseinandersetzungen um die Finanzpolitik des Reichs und wurden bis zum Sommer 1931 maßgeblich von der preußischen Regierung bestimmt. An diesem Beispiel wird daher auch das Krisenverhalten auf unterschiedlichen politischen Ebenen, besonders aber die Krisenreaktion der preußischen Regierung, deutlich.

1. Die Schuldenkrise von 1929

Im Oktober 1929 geriet die kommunale Demokratie Berlins durch den Sklarek-Skandal in eine bis dahin beispiellose Krise.[1] Der linksliberale Oberbürgermeister Gustav Böß wurde wegen seiner Verwicklung in den Skandal von den Amtsgeschäften beurlaubt, die Sitzungsperiode der Stadtverordnetenversammlung endete wenig später unter tumultartigen Szenen. Bei den anschließenden Kommunalwahlen vom 17. 11. 1929 erlitt die sogenannte «Etatmehrheit» aus SPD, DDP, Zentrum und DVP hohe Verluste. Rechnerisch hatte nun die radikale Opposition (KPD, DNVP und NSDAP) eine Mehrheit in der Stadtverordnetenversammlung.[2]

Unmittelbar nachdem die neugewählten Stadtverordneten zusammengetreten waren, informierte der Magistrat am 13. 12. 1929 die Öffentlichkeit über die äußerst kritische Kassenlage der Stadt Berlin. Die schwebenden Schulden waren auf mehr als 400 Mio. RM angestiegen, die Gesamtverschuldung auf mehr als 1 Mrd. RM. Da kurzfristige Kredite in Höhe von 40 Mio. RM ausliefen, drohte der Stadt zum Jahresende die Zahlungsunfähigkeit.[3] Eine Woche später griff der Oberpräsident der Provinz Brandenburg und Berlins in seiner Funktion als Aufsichtsbehörde ein und stellte die städtischen Finanzen unter Zwangsverwaltung.[4] Die Finanzkrise und das Eingreifen der Aufsichtsbehörde boten den radikalen Parteien weitere Munition gegen den Magistrat und die Etatmehrheit. Besonders die SPD als die tragende Magistratspartei mußte sich einer «Mißwirtschaft schlimmster Art» bezichtigen lassen.[5] Dabei war die Schuldenkrise Berlins kein Sonderfall, sondern nur ein krasses Beispiel für die finanzielle Schieflage, in die viele öffentliche Körperschaften geraten waren. Außer Berlin standen allein in Preußen noch 17 andere Städte unmittelbar vor dem Bankrott.[6] Fast zeitgleich mit der Hauptstadt drohte auch das Reich im Dezember 1929 auf die Zahlungsunfähigkeit hinzusteuern. Die Ursachen dieser Krisen waren fast identisch. Durch den Rückgang der Steuereinnahmen und die steigende Arbeitslosigkeit hatte sich die Kassenlage dramatisch verschlechtert, kurzfristige Kredite konnten seit dem Börsencrash an der Wallstreet kaum noch prolongiert werden.

Die kommunale Politik war allerdings keineswegs unschuldig daran, daß Berlin von dieser Entwicklung besonders hart getroffen wurde. Auch Beobachter, die der Etatmehrheit nahestanden und sie gegen den Vorwurf der «Mißwirtschaft» verteidigten, warfen der Stadtverwaltung eine «leichtsinnige Ausgabenpolitik» vor.[7] Die schwebenden Schulden stiegen im Laufe des Jahres 1929 von 200 Mio. RM auf mehr als das Doppelte an.[8] Wegen der nicht fundierten Schulden drohte der Stadt Berlin schon vor Beginn der Weltwirtschaftskrise ein finanzielles Desaster. Wie die meisten deutschen Großstädte hatte sich Berlin in den Jahren zwischen Inflation und Weltwirtschaftskrise verschuldet, um den Rückstand bei der Modernisierung der Infrastruktur aufzuholen, der während des Ersten Weltkriegs und der Inflationszeit entstanden war. Der größte Teil der Kredite floß hier in den Ausbau des öffentlichen Nahverkehrssystems, wo ein besonders großer Modernisierungsbedarf bestand. Die Verkehrsinvestitionen hatten auch eine arbeitsmarktpolitische Bedeutung.[9] Unter der Regie des sozialdemokratischen Stadtrats für Verkehr, Ernst Reuter, wurde eine rasche Erweiterung des U-Bahn-Netzes betrieben. Die Ausgaben der Stadt für Verkehrsbauten beliefen sich in den Jahren 1924–1930 auf insgesamt 325 Mio. RM. Davon entfielen 300 Mio. RM auf U-Bahn-Bauten. Reuters Politik wurde von einer breiten Mehrheit in der Stadtverordnetenversammlung und auch von der preußischen Regierung unterstützt.[10]

Die Mittel für den Ausbau des Nahverkehrssystems konnte die Stadt Berlin, anders als vor dem Ersten Weltkrieg, nur begrenzt über langfristige Anleihen aufbringen. Der deutsche Kapitalmarkt war zu schwach, um den Finanzbedarf der Kommunen durch langfristige Anleihen decken zu können. Auf dem internationalen Kapitalmarkt wäre dies zumindest bis Mitte 1928 möglich gewesen. Auslandsanleihen konnten aber nur nach einer Bewilligung durch die *Beratungsstelle für Auslandskredite* plaziert werden. Auf Betreiben des Reichsbankpräsidenten Hjalmar Schacht, der aus währungs- und reparationspolitischen Gründen gegen die kommunalen Auslandsanleihen Front machte, verfolgte die Beratungsstelle gegenüber den Städten einen betont restriktiven Kurs.[11] Berlin beantragte im Jahr 1928 bei der Beratungsstelle Auslandsanleihen in Höhe von 248 Mio. RM, erhielt aber nur 60 Mio. RM bewilligt.[12]

Zu diesem Zeitpunkt zeichnete sich längst ab, daß die Stadt beim U-Bahn-Bau von einer Kostenlawine überrollt werden würde. Der zügige Ausbau des Netzes war ohne realistische Kosteninformation angegangen worden.[13] Magistrat und Stadtverordnetenversammlung hatten in dieser Situation nur noch die Alternative, die kurzfristige Verschuldung anschwellen zu lassen oder den U-Bahn-Bau zu drosseln. Oberbürgermeister Böß drängte im Frühjahr 1929 auf eine Reduzierung des U-Bahn-Programms und erhielt von Reuter entsprechende Zusagen. Im Magistrat und in der Stadtverordnetenversammlung fand sich dafür aber keine Mehrheit.[14] Die schwache Stellung des Oberbürgermeisters unter der Magistratsverfassung spielte in dieser Frage ebenso eine Rolle wie das Interesse der Parteien, unpopuläre Maßnahmen vor den anstehenden Kommunalwahlen zu vermeiden. Erst im Herbst 1929 erließ der Magistrat dann einen Ausgabenstopp für alle Neubauprojekte.[15]

Ausgehend von der kritischen Auseinandersetzung um das Bild von der «Berliner Mißwirtschaft» während der Ära Böß, das nach 1933 vom NS-Regime stilisiert wurde und bis in die Nachkriegszeit hinein wirkte, hat die historische Berlin-Forschung schon seit langem den Blick auf die Modernisierungserfolge der späten zwanziger Jahre gelenkt. Die Schwächen der kommunalen Politik im Vorfeld der Krise von 1929 sollten dabei nicht übersehen werden. Der in der wirtschaftsgeschichtlichen Kontroverse um die Spielräume der Weimarer Politik wiederbelebte Vorwurf einer «Gigantomanie der Städte»[16] greift zwar zu weit und wird durch das Verhalten des Berliner Magistrats nicht bestätigt. Die Schuldenkrise der Stadt ergab sich aber keineswegs zwangsläufig aus den Sachzwängen, denen die kommunale Politik bei der überfälligen Modernisierung des Nahverkehrssystems unterlag.[17] Auch die Abschottung vom internationalen Kapitalmarkt sowie die Benachteiligung der Stadt beim Finanzausgleich und beim innerpreußischen Lastenausgleich bieten keine hinreichende Erklärung. Weder der Magistrat noch die Stadtverordnetenversammlung waren in der Lage gewesen, rechtzeitig Maßnahmen gegen das drohende Finanzdebakel zu treffen. Der Magistrat reagierte zu spät, die Stadtverordnetenversammlung lehnte aus taktischen Gründen einen Konsolidierungskurs ab. Eine dramatische Zuspitzung erfuhr die Finanzkrise der Stadt dann allerdings erst durch das Verhalten Schachts, das wiederum die preußische Regierung zum Eingreifen veranlaßte.

2. *«Schacht gegen Berlin»: Die Attacke des Reichsbankpräsidenten*

Noch im Spätherbst 1929 war der Magistrat davon ausgegangen, die Finanzlage Berlins durch eine größere Auslandsanleihe stabilisieren zu können.[18] Tatsächlich erhielt die Stadt dann Ende November vom New Yorker Bankhaus Dillon, Read & Co. unter Beteiligung der Berliner Bank Mendelssohn & Co. eine Anleihe über 15 Mio. US-$ auf ein Jahr zu einer Nettoverzinsung von 7,5% offeriert.[19] Mit dem entschiedenen Widerstand Schachts gegen diesen Auslandskredit war von Anfang an zu rechnen. Die Kritik des Reichsbankpräsidenten an der Kreditpolitik der Kommunen zielte seit längerem schon besonders auf Berlin.[20] Dennoch glaubte der Magistrat, mit der Unterstützung der Reichsregierung und der preußischen Regierung den 15 Mio.-Dollar-Kredit von der Beratungsstelle für Auslandskredite bewilligt zu bekommen. In der Beratungsstelle, wo die Kommunen nicht vertreten waren, hätten die Stimmen des Reichs und Preußens dem Berliner Antrag eine Mehrheit gesichert.[21] Dieses Kalkül scheiterte aber schon bald an der Entschlossenheit Schachts, die Machtverhältnisse zu seinen Gunsten zu verändern und eine Wende in der Kreditpolitik der öffentlichen Körperschaften zu erzwingen. Für den Fall, daß der Anleiheantrag Berlins von der Beratungsstelle gegen sein Votum bewilligt würde, drohte Schacht am 11. Dezember mit dem Rückzug der Reichsbank aus diesem Gremium. Das Reichswirtschaftsministerium war daraufhin nicht mehr bereit, dem Berliner Antrag zuzustimmen. In der Kabinettssitzung vom 12. Dezember teilte der neuernannte Reichswirtschaftsminister Moldenhauer (DVP) mit, ein Ausscheiden der Reichsbank aus der Beratungsstelle könne nur verhindert werden, wenn sich die Stadt Berlin zu einer Wende in der kommunalen Finanzpolitik verpflichte.[22]

Die preußische Regierung änderte nun ihre Haltung gegenüber dem Berliner Magistrat und machte über den Oberpräsidenten von den Interventionsmöglichkeiten der kommunalen Aufsichtsbehörde Gebrauch. Das preußische Innenministerium hatte es bis dahin trotz heftiger Kritik der Reichsbank abgelehnt, über die Kommunalaufsicht in die Selbstverwaltung der Städte einzugreifen.[23] Im Konflikt um die Berliner Auslandsanleihe zwang die preußische Regierung dagegen den Magistrat, sich den Bedingungen Schachts zu beugen, um eine weitere Eskalation der kommunalen Finanzkrise zu verhindern. Das von den Parteien der Weimarer Koalition getragene Kabinett des sozialdemokratischen Ministerpräsidenten Otto Braun verständigte sich darauf, die Genehmigung des 15 Mio.-Dollar-Kredits durch die Aufsichtsbehörde an die Bedingung zu knüpfen, daß die Stadt Berlin zur Tilgung ihrer schwebenden Schulden übergehe und zu diesem Zweck Tariferhöhungen durchführe.[24] Noch am 11./12. Dezember beschloß der Magistrat, der dabei eigentlich nur noch die Rolle eines Vollzugsorgans spielte, die städtischen Elektrizitäts- und Verkehrstarife zu erhöhen.[25]

Als die Beratungsstelle am 12. Dezember erneut zusammentrat, um über die Berliner Auslandsanleihe zu entscheiden, waren die Bedingungen des Reichsbankpräsidenten für eine Bewilligung erfüllt. Dennoch brachte Schacht in dieser Sitzung den Anleiheantrag zu Fall. Darüberhinaus lehnte er es ab, einen inländischen Überbrückungskredit für die Stadt zu unterstützen. In Anwesenheit des preußischen Innenministers Grzesinski (SPD) bot Schacht eine zynische und geradezu brutale Demonstration seiner Macht. Nach Berichten, für die sich renommierte Zeitungen verbürgten, empfahl er der Stadt Berlin, ihre Kredite nicht mehr zu bedienen und in Bankrott zu gehen. Die Banken würden daraus die Lehre ziehen, sich mit Krediten an die Kommunen zurückzuhalten.[26]

Der Wandel in Schachts Haltung gegenüber dem Berliner Anleiheantrag ging darauf zurück, daß der Reichsbankpräsident von den Verhandlungen um einen 75 Mio.-Dollar-Kredit für das Reich erfahren hatte, die das Kabinett der Großen Koalition unter Umgehung der Reichsbank mit dem Bankhaus Dillon, Read & Co. führte.[27] Schacht nahm dies zum Anlaß, um seinem primär opportunistisch begründeten Wechsel ins Lager der antidemokratischen Rechten einen Generalangriff gegen die Reichsregierung folgen zu lassen, durch den er sich den Rechtsparteien und dem *Reichsverband der deutschen Industrie* als «Finanzdiktator» empfahl. Bereits in einem am 6. Dezember veröffentlichten Memorandum hatte der Reichsbankpräsident eine Revision der gesamten Finanz- und Reparationspolitik gefordert. In den beiden folgenden Wochen gelang es Schacht, den geplanten Auslandskredit für das Reich zu verhindern. Angesichts der drohenden Zahlungsunfähigkeit des Staats sah sich die letzte parlamentarische Reichsregierung unter Hermann Müller (SPD) gezwungen, vor Schacht zu kapitulieren. Ähnlich wie in Berlin trat im Reich ein vom Reichsbankpräsidenten diktiertes Sparprogramm («Lex Schacht») in Kraft.[28]

Die «Katastrophenpolitik» Schachts gegenüber Berlin war so gesehen ein Test für die wenige Tage später folgende Machtprobe auf der Reichsebene.[29] Bei der Abstimmung über den Berliner Anleiheantrag in der Beratungsstelle am 12. Dezember wurde deutlich, wie schwach die Position der Reichsregierung gegenüber der Herausforderung durch Schacht war. Der Antrag scheiterte, weil das von einem DVP-Politiker geleitete Reichswirtschaftsministerium entgegen der Bitte des sozialdemokratischen Reichsfinanzministers Hilferding der Berliner Auslandsanleihe nicht zustimmte.[30]

Nur die preußische Regierung konnte Schacht schließlich noch daran hindern, Berlin in den Bankrott zu treiben. Die hektischen Bemühungen, die Zahlungsfähigkeit der Stadt durch einen inländischen Überbrückungskredit zu sichern, stießen bei den Geschäftsbanken zunächst auf geschlossene Ablehnung.[31] Am 14. Dezember gelang es Vertretern der preußischen Regierung, den Reichsbankpräsidenten zum Einlenken zu bewegen. Schacht erklärte sich bereit, die Bemühungen um einen inländischen Überbrückungskredit für Berlin zu unterstützen. Dafür garantierte die preußische Regierung, daß die Stadt einen Schuldentilgungsfonds in Höhe von 5 Mill. RM pro Monat einrichten und bis zur Regulierung ihrer schwebenden Schulden keine neuen Ausgaben tätigen würde.[32] Anders als dann auf der Reichsebene endete der Konflikt um die Berliner Anleihe aber nicht mit einer vollständigen Kapitulation vor Schacht. Dabei mag eine Rolle gespielt haben, daß Schacht der preußischen Regierung seine Ernennung zum Reichsbankpräsidenten verdankte.[33] Entscheidend war aber zweifellos die veränderte Haltung des Kabinetts Braun gegenüber der Verschuldung Berlins und die Tatsache, daß die kommunale Aufsichtsbehörde ihre Entschlossenheit demonstriert hatte, den Magistrat zu einem Kurswechsel in der Ausgaben- und Kreditpolitik zu zwingen.

Nach der Einigung mit Schacht wurden dem amtierenden Bürgermeister Scholtz vom Oberpräsidenten noch am gleichen Tag entsprechende Anweisungen erteilt, die dann am 20. Dezember auch in Form eines Erlasses ergingen. Die Erhöhung der Elektrizitäts- und Verkehrstarife wurde rigoros gegen die Aufsichtsräte der kommunalen Unternehmen durchgesetzt.[34] Im Gegenzug gelang es der Preußischen Staatsbank (Seehandlung) mit der Unterstützung Schachts, innerhalb weniger Tage ein Konsortium zu bilden, das der Stadt Berlin, allerdings zu harten Konditionen, einen Überbrükkungskredit in Höhe von 45 Mio. RM gewährte.[35]

3. Die Preisgabe kommunaler Selbstverwaltung und Demokratie in den Etatverhandlungen 1929 und 1930

In der Berliner Stadtverordnetenversammlung wurde der Kurs der preußischen Regierung von Vertretern aller Fraktionen abgelehnt. Auch die Etatmehrheit (die diese Bezeichnung trotz des Verlusts ihrer absoluten Mehrheit behielt) war nicht bereit, die Tariferhöhungen mitzutragen. Der verständliche Protest gegen das rigide Durchgreifen der Aufsichtsbehörde verband sich mit dem taktischen Interesse, den radikalen Parteien nach der Wahlniederlage keine weiteren Angriffsflächen zu bieten. Die Vertreter der Weimarer Koalitionsparteien im Stadtparlament schlossen sich dem Protest der Radikalen gegen die «Spardiktatur» an und stellten sich damit offen gegen die Politik der Regierung Braun, die von ihren Parteien auf der Landesebene getragen wurde. Am 20. Dezember nahm die Stadtverordnetenversammlung einen Dringlichkeitsantrag der KPD mit breiter Mehrheit an, der den Magistrat aufforderte, die Erhöhungen der städtischen Tarife rückgängig zu machen. Zuvor hatte der Fraktionsführer der KPD, Wilhelm Pieck, der preußischen Regierung vorgeworfen, «die Aufgabe des Herrn Schacht» übernommen zu haben und eine «Ausplünderungs- und Aushungerungspolitik» zu betreiben.[36] Natürlich wußten die Stadtverordneten, die für den KPD-Antrag stimmten, daß der Magistrat eine derartige Entscheidung gar nicht treffen konnte, da der Oberpräsident zu diesem Zeitpunkt schon das Regime über die städtischen Finanzen an sich gezogen hatte.

Ähnlich verhielt es sich mit dem bereits am 19. Dezember gefaßten Beschluß des Kommunalparlaments, den Erwerbslosen eine Weihnachtsgratifikation in Höhe von sechs Mio. RM zu bewilligen. Da die Stadt gerade erst durch einen Überbrückungskredit vor der Zahlungsunfähigkeit bewahrt worden war, konnte dieser Beschluß, dem auch Vertreter der Etatmehrheit zugestimmt hatten, nur als demonstrativer Akt verstanden werden. Den Erwerbslosen wurde damit nicht geholfen. Wie zu erwarten war, untersagte der Oberpräsident die Auszahlung der Weihnachtsgratifikation. Die *Vossische Zeitung* sah sich zu dem Kommentar veranlaßt, daß das Berliner Stadtparlament «die Grundlagen seiner Existenz» gefährden würde, indem es, «nur um den Anschluß an die radikale Konkurrenz nicht zu verlieren, Beschlüsse faßt, deren Durchführung für die Stadt ruinös wären».[37]

Da der vom Oberpräsidenten festgesetzte Finanzrahmen im Dezember eingehalten werden konnte, gab die Aufsichtsbehörde nach dem Jahreswechsel das Regime über die städtischen Finanzen wieder an den Magistrat zurück.[38] Noch im Januar 1930 legte der Magistrat einen Nachtragshaushalt für 1929 vor. Einnahmenrückgänge und Ausgabenüberschreitungen hatten im ordentlichen Haushalt zu einem Defizit von rund 70 Mio. RM geführt. Der Nachtragshaushalt sah deshalb Ausgabenkürzungen von 20 Mio. RM sowie eine Erhöhung des Zuschlags zur Grundvermögenssteuer und zur Gemeindegewerbesteuer vor.[39] Schon bei den Beratungen im Haushaltsausschuß zeichnete sich eine breite Front gegen die Vorlage des Magistrats ab. Nur die SPD stimmte hier für den Nachtragsetat. In der Haushaltsdebatte vom 30. Januar 1930 beschwor Bürgermeister Scholtz die Stadtverordneten, den Nachtragshaushalt anzunehmen, und teilte mit, daß der Oberpräsident den für die nächsten Monate benötigten Überbrückungskredit sonst nicht bewilligen würde.[40] Das Zentrum, die DVP und die DNVP waren zwar grundsätzlich bereit, den Nachtragsetat mitzutragen, lehnten aber die geplante Erhöhung der Realsteuern als «wirtschaftsfeindlich» ab. Die SPD wiederum wollte der Vorlage nicht zustimmen, solange sich die anderen Etatparteien der Verantwortung entzogen. Bei der Abstimmung in der Stadtverordnetenversammlung erhielt die Vorlage des Magistrats schließlich keine einzige Ja-Stimme. Der Nachtragshaushalt wurde daraufhin vom Oberpräsidenten in Kraft gesetzt.[41]

Die destruktive Haltung der radikalen Parteien, die taktisch bedingte Verweigerung der Etatmehrheit und die Interventionsbereitschaft der Aufsichtsbehörde bestimmten dann auch die Beratungen über den Haushalt 1930, der erst im April eingebracht werden konnte. Das Defizit im ordentlichen Etat sollte durch eine weitere Erhöhung der Gewerbe- und der Grundvermögenssteuer gedeckt werden. Der Stadtsyndikus Friedrich C. A. Lange (SPD), der seit Ende Dezember den erkrankten Kämmerer Georg Lange vertrat, teilte in einer bemerkenswert offenherzigen Etatrede mit, daß die schwebenden Schulden mit insgesamt 511 Mio. RM kaum unter dem Stand vom Januar lagen. Die Verschuldung der Berliner Verkehrs-Aktiengesellschaft (BVG) war durch die Übernahme der Neubaustrecken angestiegen.[42] Die Etatberatungen zogen sich bis Anfang Juli 1930 hin. Die DVP und die DNVP lehnten die geplanten Steuererhöhungen mit Blick auf den gewerblichen Mittelstand ab, während die SPD auf einer Erhöhung der Gewerbeertragssteuer bestand. Das Scheitern der Etatvorlage zeichnete sich aber erst in der letzten Phase der Beratungen ab. Den Anstoß gab die DNVP, die auf einen kompromißlosen Kurs umschwenkte. Die anderen bürgerlichen Rechtsparteien wollten ohne die DNVP nicht die Verantwortung für die Steuererhöhungen übernehmen und die SPD war wiederum nicht bereit, sich als einzige Partei hinter einen Etat zu stellen, den auch der Bürgermeister als «Hungerhaushalt»[43] bezeichnete. Am 2. Juli wurde die Etatvorlage in der Stadtverordnetenversammlung schließlich einstimmig abgelehnt. Wie schon beim Nachtragshaushalt 1929 spielten die Vertreter der Etatmehrheit mit vertauschten Rollen. Die Stadtverordneten der DVP lehnten die Vorlage des Magistrats ab, obwohl dieser von einem DVP-Mitglied geleitet wurde. Die sozialdemokratischen Stadtverordneten wiederum verweigerten ihre Zustimmung zu einem Haushalt, den ein sozialdemokratisches Magistratsmitglied vor dem Kommunalparlament ausführlich begründet hatte. Die *Frankfurter Zeitung* schrieb nach der Abstimmung vom 2. Juli 1930: «Die Hoffnung, daß der Ausgang der letzten Wahl und die Skandale um die Reichshauptstadt die bisherige Etatmehrheit von den Sozialdemokraten bis zur Volkspartei zu erhöhter Energie und gesteigertem Führungswillen anspornen würde, hat sich nicht erfüllt. Im Gegenteil, Ängstlichkeit und Verantwortungsscheu sind in außergewöhnlichem Maße gewachsen».[44]

Die *Deutsche Allgemeine Zeitung*, die den etablierten Rechtsparteien nahestand, kritisierte deren Verhalten bei den Etatberatungen und kommentierte: «Die Berliner Stadtverordnetenversammlung hat sich durch eigene Schuld des wichtigsten Rechtes der städtischen Selbstverwaltung begeben.»[45] Bei den Beratungen über den Haushalt 1930 wurde aber gleichzeitig auch deutlich, daß die Aufsichtsbehörde eine für die kommunale Demokratie immer fragwürdigere Rolle spielte, weil sie den Stadtverordneten die Verantwortung abnahm und zunehmend eigenständig agierte. Noch eine Woche vor der entscheidenden Abstimmung hatte sich in der Stadtverordnetenversammlung eine Mehrheit für den Etat abgezeichnet. Dennoch hatte der Oberpräsident seine Bereitschaft signalisiert, den Haushalt notfalls per Erlaß in Kraft zu setzen. Daraufhin waren zunächst die DNVP und dann die Fraktionen der Etatmehrheit auf Oppositionskurs gegangen.[46]

Durch den sprunghaften Anstieg der Wohlfahrtserwerbslosen und die wachsenden Steuerausfälle spitzte sich die Finanzkrise der Städte im Herbst 1930 weiter zu. Dazu trug der die Kommunen einseitig benachteiligende Finanzausgleich zwischen den öffentlichen Körperschaften ebenso bei wie die Politik der Regierung Brüning, die den Städten und Gemeinden einen immer größeren Anteil an der Finanzierung der Arbeitslosigkeit aufbürdete. Als «Kompensation» schrieb die Notverordnung vom 26. 7. 1930 den Kommunen die Einführung einer Getränkesteuer und einer Kopfsteuer, der sogenannten Bürgersteuer, vor. Die Auseinandersetzungen in den Kommunalparlamenten verschärften sich dadurch noch zusätzlich. Die Arbeiterparteien lehnten die Einführung neuer Steuern, die einseitig zu Lasten der Verbraucher bzw. der Bevölkerung gingen, entschieden ab. Die bürgerlichen Parteien widersetzten sich weiteren Erhöhungen der kommunalen Gewerbe- und Vermögenssteuern. Im November 1930 legte der Berliner Magistrat einen Nachtragshaushalt vor. Zur Deckung sollten die Bürgersteuer und eine Gemeindegetränkesteuer eingeführt, die Grundsteuer erhöht werden. Nachdem für die geplanten neuen Steuern keine Mehrheit zustande gekommen war, schlug Bürgermeister Scholtz wegen der besonderen Notlage der Stadt eine weitere Erhöhung der Realsteuern vor, scheiterte damit aber am Widerstand von DNVP, DVP und DDP.[47]

Bei der Beratung des Nachtragsetats 1930 zeigte sich also erneut, daß keine Fraktion des Berliner Kommunalparlaments über ein haushaltspolitisches Konzept verfügte. Nach Ansicht der *Berliner Börsen-Zeitung* wurden die Stadtverordneten «so stumm wie die Fische in der Spree, sobald es sich um die heikle Frage handelt: ‹Wie bezahle ich meine Schulden?› bzw. ‹Wie sorge ich für Deckung der von mir beschlossenen Ausgaben?›»[48] Im Zusammenhang mit dem

Nachtragshaushalt 1930 erreichten auch die Eingriffe der preußischen Behörden in die kommunale Selbstverwaltung Berlins einen neuen Höhepunkt: Der Oberpräsident wartete die Abstimmung über die Etatvorlage gar nicht erst ab und ernannte am 27. November zwei Beamte seiner Behörde, die Oberregierungsräte Koppen und Stein, zu Staatskommissaren für die Stadt Berlin. Koppen wurden vorübergehend die Befugnisse der Stadtverordnetenversammlung übertragen, Stein die des Magistrats. Die Staatskommissare hatten ausschließlich die Aufgabe, die ursprüngliche Deckungsvorlage des Magistrats in Kraft zu setzen und die Bürgersteuer sowie eine 10%ige Gemeindegetränkesteuer einzuführen.[49]

Der damalige preußische Innenminister, der Sozialdemokrat Carl Severing, rechtfertigte vor dem Staatsrat die Einsetzung der Staatskommissare als eine Notmaßnahme, die nur im äußersten Fall angewendet werden dürfe.[50] Allein bis zum Januar 1931 machte die preußische Regierung von diesem Instrumentarium aber in mehr als fünfhundert Fällen Gebrauch, um Steuerbeschlüsse durchzusetzen, für die in den Kommunalparlamenten keine Mehrheit zustande gekommen war. Betroffen waren überwiegend kleinere, finanzschwache Städte und Gemeinden.[51] Diese Praxis stand im Widerspruch zu der in der Weimarer Reichsverfassung enthaltenen Garantie der kommunalen Selbstverwaltung. Um eine Rechtsgrundlage zu finden, mußte die preußische Regierung auf das Allgemeine Landrecht von 1794 und damit auf vordemokratisches Recht zurückgreifen.[52] Ebenso wie die Städte und Gemeinden wurde das Land von der Notlage in der Weltwirtschaftskrise unvorbereitet getroffen. Die Weimarer Demokratie hatte es versäumt, für Notstandsmaßnahmen der Länder und Gemeinden einen gesetzlichen Rahmen zu schaffen. Mit der Einsetzung von Staatskommissaren schuf sich die Regierung Braun ein in der etatistischen Tradition Preußens stehendes Zwangsinstrumentarium, das keiner gesetzlichen Bindung unterlag; bezeichnenderweise lehnten die süddeutschen Länder Baden, Bayern und Württemberg die Einsetzung von Staatskommissaren in Städten und Gemeinden ab.[53] Das Verhalten der preußischen Regierung kann keineswegs nur durch die Tolerierungspolitik gegenüber Brüning erklärt werden. Die Reaktion des Kabinetts Braun auf die Berliner Finanzkrise zeigt vielmehr, daß die Wende zu einem autoritären Kurs Preußens gegenüber den Städten bereits im Dezember 1929 erfolgte. Zum Autonomieverlust der Städte in der Wirtschafts- und Finanzkrise der frühen dreißiger Jahre trugen somit durchaus eigenständige Interessen, Strategien und Wertorientierungen der preußischen Regierung bei. Anders als in den zwanziger Jahren sah sie sich nun gegenüber Städten und Gemeinden als vordemokratische

Ordnungsmacht. Braun, Grzesinski und Severing handelten dabei aus einem Anti-Chaos-Reflex heraus.[54] Sie verstanden aber – im Gegensatz zu Brüning und auch schon zu Schacht – die Entmündigung der Städte nicht als Instrument zur Durchsetzung einer neuen Machtordnung.

4. *Die finanzpolitische Wende und das Gemeindeverfassungsgesetz von 1931: Die Reorganisation kommunaler Selbstverwaltung*

Die im Laufe des Jahres 1930 erfolgten Eingriffe der preußischen Behörden in die Finanzpolitik Berlins trugen nicht dazu bei, das Sonderproblem der hohen kurzfristigen Verschuldung zu lösen. Am Ende des Jahres hatte Berlin nach wie vor schwebende Schulden von mehr als einer halben Mrd. RM.[55] Der Magistrat mußte deshalb befürchten, daß die Stadt bald erneut an den Rand der Zahlungsunfähigkeit geriet. Ähnlich wie Ende 1929 wurden Mitte 1931 mehrere große Kredite fällig, mit deren Prolongation nicht gerechnet werden konnte. Die Versteifung des Kapitalmarkts ließ eine Konsolidierung durch langfristige Anleihen nicht zu. Mit Anträgen auf Auslandsanleihen war Berlin in der Beratungsstelle auch nach dem Rücktritt Schachts wiederholt gescheitert.[56] Im Dezember 1930 wurde den Städten der Zugang zum Kapitalmarkt weiter erschwert. Die Regierung Brüning erklärte per Notverordnung auch kommunale Inlandsanleihen für genehmigungspflichtig.

Vor diesem Hintergrund ergriff der Magistrat die Initiative zu einer Wende in der kommunalen Finanzpolitik. Bis dahin hatte es Bürgermeister Scholtz trotz der hohen schwebenden Schulden abgelehnt, städtisches Vermögen in größerem Umfang zu veräußern. Ende Januar 1931 gab er bekannt, daß auf die kommunalen Versorgungsbetriebe zurückgegriffen würde, um die vor allem bei der BVG angehäuften Schulden abzudecken.[57] Mit der Preußischen Elektrizitätswerke AG (Preag) nahm der Magistrat Verhandlungen über eine Beteiligung an den städtischen Gaswerken auf. Allgemein wurde davon ausgegangen, daß es sich hier nur um die Ouvertüre zur Veräußerung des wertvollsten städtischen Vermögens, der Elektrizitätswerke Bewag, handelte, eines der größten und modernsten Versorgungsunternehmen Deutschlands.[58] Im März schloß die Stadt Berlin einen Vertrag mit einem von der Preußischen Staatsbank und der Reichskreditgesellschaft geführten Konsortium, dem sie gegen einen Zwischenkredit von 75 Mio. RM exklusive Verhandlungen über den Verkauf der Bewag zusicherte.[59] Anfang Mai konnten die

Verhandlungen abgeschlossen werden. Die Vertragsparteien einigten sich darauf, die Bewag in eine neue Gesellschaft, die Berliner Kraft- und Licht-AG, einzubringen. Außer einer Beteiligung an dieser Gesellschaft erhielt die Stadt Berlin 210 Mio. RM in bar, eine Konzessionsabgabe von 22,4 Mio. RM und die Befreiung von Verpflichtungen der Bewag in Höhe von 320 Mio. RM. Der Magistrat hatte mit allem Nachdruck auf günstigere Konditionen gedrängt, aber nur bei der Konzessionsabgabe eine Erhöhung herausholen können.[60]

In der Stadtverordnetenversammlung machten die KPD, die DNVP und die NSDAP mit antikapitalistischen Parolen, die sich frappierend glichen, gegen die «Verschleuderung» kommunalen Vermögens an das «Finanzkapital» mobil.[61] Der Magistrat hatte diesen Angriffen gegenüber keinen leichten Stand. Am 26. März lehnte es das Kommunalparlament ab, den Zwischenkredit des Bewag-Konsortiums zur Kenntnis zu nehmen. Das Scheitern der Bewag-Vorlage in der Stadtverordnetenversammlung galt bis unmittelbar vor der Abstimmung als sicher.[62] Bei der namentlichen Abstimmung am 8. Mai 1931 ergab sich dann doch eine Mehrheit von 104:100 Stimmen für den Verkauf der Bewag.[63] Das Ergebnis als solches war eher zufällig, weil eine größere Zahl von Stadtverordneten der radikalen Parteien der Abstimmung fern geblieben waren.

Dennoch läßt sich daran eine bemerkenswerte Veränderung der Konstellation innerhalb des Kommunalparlaments ablesen. Die Etatmehrheit hatte sich erstmals seit Herbst 1929 wieder hinter den Magistrat gestellt und war geschlossen gegen die Radikalopposition aufgetreten, die sich nun in die Defensive gedrängt sah. Die Trennlinie zwischen der Etatmehrheit und der Fundamentalopposition hatte wieder an Kontur gewonnen. Dabei war die Entscheidung über die Bewag-Transaktion gerade für die SPD besonders prekär. Die Veräußerung der städtischen Elektrizitätswerke kam einer Umkehrung der Kommunalisierungspolitik gleich, die das Profil der Berliner SPD in den späten zwanziger Jahren geprägt hatte, vor allem durch die von Reuter betriebene Gründung der BVG, des «größten kommunalen Unternehmens der Welt». Dennoch stellte sich die SPD-Stadtverordnetenfraktion hinter das Bewag-Geschäft, um eine «weitere schwere Schädigung des öffentlichen und privaten Kredits» zu verhindern, wie es der Fraktionsvorsitzende Erich Flatau in der Debatte vom 8. Mai formulierte. Auf dem rechten Flügel der Etatmehrheit bekannte sich die DVP ebenfalls dazu, Verantwortung für den Abbau der kommunalen Verschuldung zu übernehmen, und trug das Bewag-Geschäft, wenn auch mit ähnlich großem Unbehagen wie die SPD, mit.[64]

Erleichtert wurde den Etatparteien die Zustimmung zum Bewag-Geschäft durch den Einfluß der preußischen Regierung auf diese Transaktion. Preußen war gleich auf zwei Ebenen, über das Engagement der Preag und die Konsortialführung der Preußischen Staatsbank, maßgebend beteiligt. Die Regie der Regierung Braun hatte entscheidenden Anteil daran, daß die Bewag nur teilprivatisiert wurde. Durch die Ausgabe von Vorzugsaktien an die Stadt, die Preag und die reichseigenen Elektrowerke handelte es sich auch bei der neugegründeten Berliner Kraft- und Licht AG um ein öffentliches Unternehmen.[65] Vor allem stand das Votum der Stadtverordnetenversammlung zum Verkauf der Bewag aber im Zusammenhang mit einer Aufbruchsstimmung, die bei den Etatparteien im Frühjahr 1931 durch die Bildung eines neuen Magistrats ausgelöst wurde. Am 14. April war der frühere Danziger Senatspräsident Heinrich Sahm (parteilos) mit 110:98 Stimmen zum Oberbürgermeister gewählt worden. Bereits bei dieser Entscheidung hatte sich gezeigt, daß im Kommunalparlament wieder eine Mehrheit gegen die radikalen Parteien möglich war und die Etatparteien ihre taktische Oppositionsrolle aufgegeben hatten. Mit Sahm, einem Hindenburg-Anhänger reinster Couleur, rückte die Spitze der städtischen Verwaltung deutlich nach rechts.[66] Zugleich zeichnete sich der neue Magistrat aber durch eine ausgeprägte personelle Kontinuität zur kommunalen Demokratie der zwanziger Jahre aus. Bürgermeister wurden der Vizepräsident des Deutschen Städtetages, Fritz Elsas, (Staatspartei) und der bisherige Stadtsyndikus Friedrich C. A. Lange (SPD). Ein weiterer profilierter Kommunalpolitiker der SPD, der frühere Frankfurter Kämmerer Bruno Asch, übernahm das Amt des Stadtkämmerers. Insgesamt stellte die SPD die Hälfte der Magistratsmitglieder, während sie in der Stadtverordnetenversammlung nur über knapp 30% der Mandate verfügte.[67] Der neue Magistrat beruhte auf einem eher linkslastigen Bündnis der Mitte, das von einem rechtskonservativen Politiker geleitet wurde.

Der Wahl des neuen Oberbürgermeisters war eine Änderung der Gemeindeverfassung vorausgegangen. Der preußische Landtag hatte am 25. 3. 1931 ein Gemeindeverfassungsgesetz für Berlin verabschiedet, das die Stellung des Oberbürgermeisters stärkte, indem dieser Weisungsbefugnis gegenüber dem Magistrat erhielt. Die Kompetenzen der Stadtverordnetenversammlung wurden durch die Einrichtung eines Ausschusses aus 45 Stadtverordneten (Stadtgemeindeausschuß) beschnitten, der als eine Art kommunales Überparlament Entscheidungen an sich ziehen konnte und unter Vorsitz des Oberbürgermeisters in nichtöffentlichen Sitzungen tagte. Zudem konnte die Stadtverordnetenversammlung nun unter bestimmten Bedingungen von der Landesexekutive aufgelöst werden. Von der Berliner Kommunalpolitik war das «Gesetz über die vorläufige Regelung verschiedener Punkte des Gemeindeverfassungsrechtes für die Hauptstadt Berlin» in einem parteienübergreifenden Konsens als diskrimierende Sonderbehandlung der Stadt abgelehnt worden.[68]

Das Gemeindeverfassungsgesetz ist verschiedentlich als Vorstufe der Diktatur gesehen worden, wobei der Entstehungszusammenhang außerachtblieb.[69] Die preußische Regierung reagierte mit diesem Gesetz auf die Krise der Berliner Kommunalpolitik vom Herbst 1929 und die offensichtliche Handlungsunfähigkeit der Stadtverordnetenversammlung in der anschließenden Phase. Der ursprünglich sehr viel weitergreifende Gesetzentwurf von 1929, der sogenannte Grzesinski-Entwurf, war an massiven Widerständen im Staatsrat und im Landtag gescheitert. Verabschiedet wurde schließlich eine vom Zentrum vorgeschlagene kleine Lösung in Form einer Novelle zum Berlin-Gesetz von 1920. Das Zentrum hatte sich bei den Beratungen von Anfang an am Modell der rheinischen Oberbürgermeister-Verfassung orientiert.[70] Mit dem Gemeindeverfassungsgesetz vom März 1931 wurde in Berlin die überfällige Reform der im ostelbischen Preußen dominierenden Magistratsverfassung vollzogen, die sich als schwerfällig und ineffizient erwiesen hatte. Vor dem Hintergrund der Krisenstrategien von 1929/30 zielte das Gesetz aber auch auf eine Entlastung der Kommunalaufsicht. Durch die Stärkung der städtischen Exekutive wurden die autokratischen Züge der preußischen Krisenpolitik in die Gemeindeverfassung hineingetragen. Die Funktion einer kommunalen Ordnungsmacht lag nicht mehr allein bei der Aufsichtsbehörde, sondern konnte auch vom Oberbürgermeister mit Unterstützung des Gemeindeausschusses ausgeübt werden. Verglichen mit der vorherigen Praxis der permanenten Staatseingriffe stärkte das Gesetz die kommunale Selbstverwaltung, entmündigte aber gleichzeitig das Kommunalparlament. Die Berliner Gemeindeverfassung von 1931 kann als Übergang zu einer «autoritär angelegten Selbstverwaltungsdemokratie»[71] charakterisiert werden, lediglich in der Propaganda der KPD galt es als Diktaturgesetz. Die kommunale Demokratie erwies sich in den Monaten nach Inkrafttreten der neuen Gemeindeverfassung handlungsfähiger als in den beiden vorangegangenen Jahren.

5. Die Ausschaltung der kommunalen Demokratie durch die Politik der Notverordnungen

Mit dem Erlös aus dem Bewag-Geschäft trug die Stadt Berlin schwebende Schulden in Höhe von 180 Mio. RM ab.[72] Angesichts der dramatisch zunehmenden Finanznot der Städte und des nach wie vor ungelösten Problems des Finanzausgleichs konnte damit nur noch eine kurzfristige Entlastung erreicht werden. Schon Mitte 1931 erreichten die schwebenden Schulden fast wieder den früheren Stand, das Defizit im Haushaltsplan lag bei 92 Mio. RM gegenüber 100 Mio. RM im Vorjahr. Im Herbst 1931 befand sich die Stadt erneut am Rand der Zahlungsunfähigkeit. Die Zahl der aus dem städtischen Etat zu unterstützenden Wohlfahrtserwerbslosen war auf über 200.000 gestiegen.[73]

Der Neuanfang in der Berliner Kommunalpolitik vom Frühjahr 1931 setzte sich bis zum Sommer mit wechselndem Erfolg fort. Als der Magistrat unmittelbar nach der Bewag-Abstimmung die besonders unpopuläre Biersteuer verdoppeln wollte, fand sich dafür in der Stadtverordnetenversammlung keine Mehrheit. Sahm beantragte eine Entscheidung der Aufsichtsbehörde.[74] Als Erfolg konnte der Magistrat verbuchen, daß die Stadtverordnetenversammlung im Juli 1931 – erstmals seit Januar 1929 – wieder einer Haushaltsvorlage zustimmte. Für die SPD-Fraktion betonte dabei Erich Flatau, daß seine Partei am «Verantwortungskurs» festhalten würde, den sie im Frühjahr 1931 eingeschlagen hatte.[75] Die radikalen Parteien hatten innerhalb des Kommunalparlaments an Einfluß verloren. Umso aggressiver wurden nun die Versuche besonders der NSDAP, die Sitzungen von den Besucherrängen aus zu stören. Vor der Haushaltsabstimmung am 10. 7. 1931, die mit einem Erfolg der Etatmehrheit endete, mußte die Tribüne von randalierenden Nationalsozialisten mit Hakenkreuzfahnen geräumt werden, die zusammen mit den Stadtverordneten ihrer Partei das «Horst-Wessel-Lied» gesungen hatten.[76]

Nach der Bankenkrise vom Juli 1931 unterband die Deflationspolitik Brünings dann alle Versuche, die Selbstverwaltung der Städte in der Krise der Weimarer Republik zu behaupten. Auch dem Berliner Modell einer autoritär gestärkten Selbstverwaltung wurden nun die Voraussetzungen entzogen. Das Reich kündigte den finanziellen Lastenausgleich einseitig auf. Die überschuldeten Länder und Gemeinden sollten nicht länger aus der Reichskasse bezuschußt werden. Als Kompensation wurden die Landesregierungen durch die Notverordnung zur Sicherung der Haushalte von Ländern und Gemeinden vom 24. 8. 1931 («Dietramszeller Notverordnung») ermächtigt, unter Ausschaltung der Landtage Maßnahmen zur Deckung ihres Finanzbedarfs zu treffen. Den Ländern blieb in dieser Situation keine andere Wahl, als ihrerseits Unterstützungsleistungen für die Städte zu reduzieren und drakonische Kürzungen im Haushalt der Kommunen zu erzwingen. Die Dietramszeller Notverordnung zielte explizit darauf ab, die Länder gegen die Gemeinden auszuspielen und mit den Parlamenten der Länder auch die Vertretungskörperschaften der Kommunen auszuschalten.[77]

Die preußische Regierung paßte sich der vom Reich vorgegebenen Politik widerstrebend an und erließ am 12. September eine entsprechende Sparverordnung.[78] Damit gab Preußen schon ein Jahr vor der Reichsexekution vom 20. 7. 1932 seine Rolle als eigenständige Ordnungsmacht gegenüber den Städten und Gemeinden auf. Die Finanzlage des Landes hatte sich durch die Auswirkungen der Wirtschaftskrise und die Kürzung der Reichszuschüsse nach der Bankenkrise in einem Maß verschärft, daß gegenüber dem Reich kaum noch politischer Spielraum blieb. Das Kabinett Braun verfolgte auch deshalb nun das Projekt einer Reichsreform durch Personalunion zwischen Reichsregierung und preußischer Regierung.[79]

Nur zwei Tage nach Verkündung der Notverordnung vom 24. 8. 1931 beschloß der Berliner Magistrat rigorose Kürzungen im Haushalt der Stadt, um einer Umgestaltung des Etats durch die preußische Regierung zuvorzukommen.[80] Auf die preußische Sparverordnung vom 12. September reagierte der Magistrat mit dem «Notprogramm 1931», das die Stadtverwaltung gegen den Widerstand des Kommunalparlaments durchsetzte. Sämtliche Hochbauten wurden nun eingestellt, die Zahl der Schulklassen weiter reduziert und das Berliner Sinfonie-Orchester, eines der beiden städtisch finanzierten Orchester aufgelöst.[81]

Unter dem Druck der Notverordnungspolitik und der wachsenden Finanznot verfiel die kommunale Selbstverwaltung Berlins im letzten Jahr der Weimarer Republik in Agonie. Die Einnahmen der Stadt übertrafen kaum noch die Ausgaben für Löhne, Gehälter und Wohlfahrtsunterstützungen. Vergeblich appellierte der Oberbürgermeister an das Landesparlament, die Benachteiligung Berlins beim Finanzausgleich zu korrigieren. Die Stadt ging nur deshalb nicht in Bankrott, weil das Reich und Preußen nun auch dafür verantwortlich waren, den kommunalen Kredit zu sichern.[82] Die Stadtverordnetenversammlung tagte in immer größeren Abständen, da sie kaum noch Entscheidungskompetenzen hatte. Im Juni 1932 fand sich allerdings noch eine Mehrheit für den vom Kämmerer vorgelegten Haushaltsplan.[83] Nach der Reichsexekution gegen Preußen wurde die kommunale Finanzautonomie weitgehend abgebaut. Die Verordnung des Reichskommissars für Preußen zur Sicherung der Ablieferung der Staatssteuern vom 17. 9. 1932 ermächtigte den Finanzminister zu direkten Anweisungen an die städtischen Kassenbeamten.[84]

Die untersuchte Krise der Berliner kommunalen Demokratie weist zwei politische Kulminationspunkte auf: die von Schacht herbeigeführte Eskalation vom Dezember 1929 und das von Brüning betriebene Diktat des Reichs vom Spätsommer 1931. Beide Vorgänge, die sich mit Wendepunkten der deutschen Politik in der Weltwirtschaftskrise verknüpfen, waren mit einer Machtverschiebung zugunsten der Exekutive verbunden. Während im Dezember 1929 die demokratische Regierung Preußens gegenüber der Stadt Berlin erstmals eine Krisenstrategie einschlug, die über die kommunale Selbstverwaltung und die kommunale Demokratie hinwegging, führte die Politik Brünings vom Spätsommer 1931 dazu, daß das Finanzgebaren sämtlicher öffentlicher Körperschaften von der Reichsexekutive vorgegeben wurde. So gesehen zeigt das Fallbeispiel den für die Endphase der Weimarer Republik charakteristischen Prozeß der schrittweisen Aushöhlung der Demokratie. Die Krise der öffentlichen Finanzen hat die Durchsetzung dieses Prozesses begünstigt. Sie schränkte die politischen Spielräume, zunächst der Kommunen gegenüber den Ländern, dann der Länder gegenüber dem Reich, immer stärker ein. Über die wachsenden finanziellen Abhängigkeiten konnten Bastionen der Demokratie in den Gemeinden und in den Ländern sturmreif geschossen werden.

Das Fallbeispiel zeichnet sich auch durch spezifische Züge im Krisenverlauf aus. Durch die Auswirkungen des Sklarek-Skandals und die hohen schwebenden Schulden, die sich zu einem großen Teil als Folge der abenteuerlichen Kreditpolitik der Stadt im Jahr 1929 angehäuft hatten, unterlag die kommunale Politik Berlins schon zu Beginn der Weltwirtschaftskrise besonders schweren Belastungen. Die Etatmehrheit in der Stadtverordnetenversammlung reagierte darauf mit einer Verweigerungstaktik. Um der radikalen Opposition keine Angriffsfläche zu bieten, vermieden es die demokratischen Parteien, Verantwortung zu übernehmen. Die preußische Regierung machte angesichts dieser Konstellation von ihren Eingriffsmöglichkeiten als Kommunalaufsicht extensiven Gebrauch. Umso bemerkenswerter ist der Neubeginn, der sich in der Berliner Kommunalpolitik dann im Frühjahr 1931 vollzog. Die Etatmehrheit wurde mit der Bildung des neuen Magistrats unter Sahm wieder handlungsfähig und drängte die radikale Opposition in die Defensive. Mit dem Verkauf der Bewag, dem eine Mehrheit in der Stadtverordnetenversammlung zustimmte, unternahm die kommunale Politik erstmals einen eigenständigen Versuch, die Finanzkrise der Stadt zu entschärfen. Auch die kommunale Demokratie erwies sich im Frühjahr 1931 handlungsfähiger als im Herbst 1929. Diesem Neubeginn wurden durch die Auswirkungen der Weltwirtschaftskrise unter einem die Städte stark benachteiligenden System des Finanzausgleichs und durch die Notverordnungspolitik Brünings finanziell wie politisch die Voraussetzungen entzogen. Von einem Versagen der kommunalen Demokratie und der kommunalen Selbstverwaltung in der Schlußphase der Weimarer Republik kann somit nicht die Rede sein. Allerdings zeigt das Verhalten der Etatparteien in der Stadtverordnetenversammlung sehr deutlich die Schwächen der kommunalen Demokratie in der Krise.

Die Reaktion der Politik auf die Berliner Finanzkrise wurde bis zum Sommer 1931 entscheidend von der preußischen Regierung bestimmt. Die demokratische Landesregierung reagierte als Ordnungsmacht vordemokratischer Prägung. Die Folge waren drakonische Eingriffe in die kommunale Selbstverwaltung und eine autoritärer gestaltete Gemeindeverfassung. Durch diese Politik konnte Preußen im Dezember 1929 den von Schacht eingeplanten Bankrott Berlins verhindern. Die kommunale Demokratie wurde so aber durch etatistisch geprägte Politikmuster überformt. Die kommunale Politik Berlins war wiederum erst unter der neuen Gemeindeverfassung und einem Oberbürgermeister, der politisch den Gegnern der Weimarer Demokratie nahestand, zu einem Krisenmanagement in der Lage. Dies legt den Schluß nahe, daß die kommunale Demokratie während der Weltwirtschaftskrise wohl auch ohne das Scheitern der parlamentarischen Demokratie im Reich autoritär beschränkt worden wäre. Zugleich macht das Fallbeispiel deutlich, welche Spielräume und Chancen die kommunale Demokratie selbst unter den veränderten Rahmenbedingungen bis zum Sommer 1931 noch hatte. Erst die Ausschaltung der Landesparlamente und die damit verbundene Aushöhlung der Demokratie in den Ländern führte zum Scheitern der kommunalen Demokratie und zur Demontage der kommunalen Selbstverwaltung.

Anmerkungen

[1] Zur kommunalen Politik und zur Entwicklung der kommunalen Demokratie in Berlin während der Weimarer Zeit vgl. v.a. *Otto Büsch/Wolfgang Haus*, Berliner Demokratie 1919–1985. Bd. I: Berlin als Hauptstadt der Weimarer Republik 1919–1933. (Veröffentlichungen der Historischen Kommission zu Berlin, Bd. 70/1) Berlin/New York 1987, 223–235; *Christian Engeli*, Gustav

Böß. Oberbürgermeister von Berlin 1921–1930 Stuttgart 1971; *Henning Köhler*, Berlin in der Weimarer Republik (1918–1932), in: Wolfgang Ribbe (Hrsg.), Geschichte Berlins. Bd. 2: Von der Märzrevolution zur Gegenwart. 2. Aufl. München 1988, 797–923; *Detlef Lehnert*, Kommunale Politik, Parteiensystem und Interessenkonflikte in Berlin und Wien 1919–1932. Wohnungs-, Verkehrs- und Finanzpolitik im Spannungsfeld von städtischer Selbstverwaltung und Verbandseinflüssen, Berlin 1991.

[2] Von den 225 Sitzen in der Stadtverordnetenversammlung entfielen vor den Wahlen vom 17. 11. 1929 auf die SPD 73, die DNVP 47, die KPD 43, die DDP 21, die DVP 14, die Wirtschaftspartei 10, das Zentrum 8, auf andere Parteien 9. Nach diesen Wahlen ergab sich folgende Sitzverteilung: SPD 64, KPD 56, DNVP 40, DVP 16, DDP 14, NSDAP 13, Wirtschaftspartei 10, Zentrum 8, andere Parteien 4. Rechnerisch hatten damit auch SPD und KPD eine Mehrheit, die durch das Wahlergebnis noch gestärkt wurde. *Friedrich C. A. Lange*, Groß-Berliner Tagebuch 1920–1933, Berlin 1951, 74 u. 130.

[3] Berlins Geldsorgen, in: Berliner Morgenpost Nr. 298 vom 14. 12. 1929; Dringende Schulden, in: Berliner Börsen-Courier Nr. 683 vom 14. 12. 1929; Finanzkatastrophe, in: Welt am Abend Nr. 292 vom 14. 12. 1929. Vgl. hierzu auch *Lehnert*, Kommunale Politik (wie Anm. 1), 491 ff.

[4] Schreiben des Oberpräsidenten vom 20. 12. 1929, Brandenburgisches Landeshauptarchiv (BLHA), Rep. 01/1879, Bl. 31; *Stenographische Berichte über die öffentliche Sitzung der Stadtverordneten-Versammlung der Stadt Berlin* 1929. Berlin 1930, 1045 f. (Protokoll der außerordentlichen Sitzung am 20. 12. 1929).

[5] So u. a. der deutschnationale Stadtverordnete Lüdicke in: Berliner Illustrierte, Nachtausgabe, Nr. 304 vom 31. 12. 1929, BLHA, Rep. 01/1879, Bl. 58. Auf Antrag der DNVP setzte der Preußische Landtag einen Untersuchungsausschuß zur Überprüfung der «Mißwirtschaft in der Berliner Verwaltung» ein, der die Aufklärung des Sklarek-Skandals mit einer kritischen Durchleuchtung des kommunalen Finanzgebarens verband und so einen Zusammenhang zwischen beiden Vorgängen suggerierte.

[6] Finanzieller Zusammenbruch von 18 preußischen Städten, in: Bergisch-Märkische Zeitung Nr. 325 vom 19. 12. 1929.

[7] Erich Krämer, Was ist mit Berlins Finanzen?, in: Vossische Zeitung Nr. 475 vom 8. 10. 1929.

[8] Ein hohes Risiko ergab sich auch aus der zunehmenden inneren Verschuldung der Stadt bei kommunalen Unternehmen, die zu Lasten der Haushaltseinnahmen erfolgte. *Engeli*, Gustav Böß (wie Anm. 1), 209 f.

[9] Für diesen Hinweis und für die Einsicht in sein druckfertiges Ms. Berliner Anleihepolitik bis 1931/33 danke ich Herrn Dr. Felix Escher.

[10] *Lehnert*, Kommunale Politik (wie Anm. 1), 325 ff. u. 351 ff.; Otto Büsch, Geschichte der Berliner Kommunalwirtschaft in der Weimarer Epoche (Veröffentlichungen der Historischen Kommission für Berlin. Bd. 1), Berlin 1960, 82–97. Zur Haltung der preußischen Regierung: Schreiben des Oberpräsidenten an Ministerialdirektor von Leyden vom 26. 11. 1929, BLHA, Rep. 01/1879, Bl. 11.

[11] Zur Tätigkeit der Beratungsstelle sowie zum Konflikt zwischen Schacht und den Kommunen um die Kontrolle über die Auslandsanleihen vgl. v. a.

Karl-Heinrich Hansmeyer (Hrsg.), Kommunale Finanzpolitik in der Weimarer Republik. Stuttgart/Berlin 1973, 160–171; *Harold James*, The Reichsbank and Public Finance in Germany 1924–1933: A Study of the Politics of Economics during the Great Depression. Frankfurt/M. 1985, 19–55; *William C. Neill*, American Money and the Weimar Republic. Economics and Politics on the Eve of the Great Depression. New York 1986.

[12] Berlin will sparen, in: Berliner Börsen-Zeitung Nr. 67 vom 9. 2. 1930 (Angaben des Stadtkämmerers Lange vor dem Sklarek-Untersuchungsausschuß).

[13] Vgl. *Lange*, Groß-Berliner Tagebuch (wie Anm. 2), 143. Hohe Kosten entstanden auch durch die Grundstückskäufe, die im Auftrag der Berliner Verkehrs-Aktiengesellschaft (BVG) zum Teil unter dubiosen Bedingungen getätigt wurden. Ebd., 149.

[14] *Engeli*, Gustav Böß (wie Anm. 1), 209; Berlin will sparen, in: Berliner Börsen-Zeitung Nr. 67 vom 9. 2. 1930 (nach den Ausführungen von Böß vor dem Sklarek-Untersuchungsausschuß).

[15] Der Berliner Spar-Erlass, in: Berliner Tageblatt Nr. 470 vom 5. 10. 1929. Am 30. Oktober stellte der Magistrat dann auch bereits begonnene und bis dahin als unaufschiebbar geltende Bautätigkeiten zurück, darunter auch den für die SPD symbolträchtigen Ausbau des Strandbads Wannsee. Warum schläft die Beratungsstelle?, in: Vossische Zeitung Nr. 578 vom 7. 12. 1929.

[16] *Harold James*, Deutschland in der Weltwirtschaftskrise 1924–1936 (engl. Orig.: The German Slump). Stuttgart 1988, S. 99.

[17] Diese in der historischen Berlin-Forschung sehr verbreitete Sicht findet sich u.a. bei *Köhler*, Berlin in der Weimarer Republik (wie Anm. 1), 862. Ähnlich argumentierte bereits 1930 der sozialdemokratische Stadtsyndikus und spätere Bürgermeister Friedrich C. A. Lange. Vgl. *Lange*, Groß-Berliner Tagebuch (wie Anm. 2), 146.

[18] In diesem Zusammenhang ist auch die USA-Reise zu sehen, die Oberbürgermeister Böß im Herbst 1929 unternahm. *Engeli*, Gustav Böß (wie Anm. 1), 227ff.; Landesarchiv Berlin, Außenstelle Breite Straße (LAB-STA), Rep. 05–30.

[19] 15-Millionen-Dollar-Kredit an Berlin, in: Berliner Börsen-Courier Nr. 558 vom 29. 11. 1929; Ende der Berliner Geldsorgen, in: Vossische Zeitung Nr. 565 vom 30. 11. 1929. Dillon, Read & Co. hatte zuvor schon für die Bewag eine Auslandsanleihe über 35 Mio. RM plaziert.

[20] Die Statistische Abteilung der Reichsbank hatte bereits im November 1927 «Ermittlungen über die Finanzgebarung der Stadt Berlin» durchgeführt. Bundesarchiv (BArch), R 2501/6630, Bl. 131–139.

[21] In der Beratungsstelle waren außer der Reichsbank noch das Reichsfinanzministerium, das Reichwirtschaftsministerium, die Preußische Staatsbank (Seehandlung), die Bayerische Staatsbank und die Regierung des Landes, aus dem der jeweilige Antrag gestellt wurde, in diesem Fall also Preußens, vertreten. Die Stimmen der Reichsministerien hätten dem Berliner Antrag auch dann eine Mehrheit gesichert, wenn die Entscheidung eine zweite Beratungsrunde erfordert hätte, für die eine veränderte Zusammensetzung galt. Schacht hatte 1927 durchgesetzt, daß Anleiheanträge, über die in der Beratungsstelle keine

Einstimmigkeit herrschte, in einer zweiten Runde beraten wurden, in der nur noch die Reichsbank und die beiden Reichsministerien vertreten waren.

[22] Akten der Reichskanzlei, Weimarer Republik. Das Kabinett Müller II, Bd. 2, bearb. von *Martin Vogt*, Boppard 1970, 1249f. (Kabinettssitzung vom 12. 12. 1929).

[23] Ermittlungen über die Finanzwirtschaft der Gemeinden vom 23. 5. 1928, BArch, R 2501/6631, Bl. 131.

[24] Vgl. hierzu die Ausführungen des amtierenden Bürgermeisters Scholtz in: *Stenographische Berichte* 1929 (wie Anm. 4), 1045. (Protokoll der außerordentlichen Sitzung am 20. 12. 1929).

[25] Um den Strompreis, in: Berliner Tageblatt Nr. 586 vom 12. 12. 1929; Kein Entscheid über Berlins Anleihe, in: Berliner Börsen-Courier Nr. 582 vom 13. 12. 1929.

[26] Die Berliner Anleihe gescheitert, in: Frankfurter Zeitung Nr. 937 vom 17. 12. 1929. Der Artikel bestätigt eine am Vortag veröffentlichte Darstellung über die Verhandlungen zwischen Schacht und Grzesinski, für die sich die Vossische Zeitung verbürgt hatte.

[27] Auf diesen Zusammenhang wies der Oberpräsident von Brandenburg und Berlin, Adolf Maier, in einer Besprechung mit dem Berliner Magistrat vom 28. 12. 1929 explizit hin. BLHA, Rep. 01/1879, Bl. 113.

[28] Vgl. hierzu v.a. *Gerd Hardach*, Weltmarktorientierung und relative Stagnation. Währungspolitik in Deutschland 1924–1931 (Schriften zur Wirtschafts- und Sozialgeschichte, Bd. 27), Berlin 1976, 109ff.; *Ilse Maurer*, Reichsfinanzen und Große Koalition. Zur Geschichte des Reichskabinetts Müller (1928–1930). (Moderne Geschichte und Politik, 1), Bern/Frankfurt/M. 1973, 95–104; *Heinrich August Winkler*, Der Schein der Normalität. Arbeiter und Arbeiterbewegung in der Weimarer Republik 1924 bis 1930, Berlin/Bonn 1985, S. 738–754; *ders.*, Weimar 1918–1933. Die Geschichte der ersten deutschen Demokratie. München 1993, 358ff.

[29] *James*, The Reichsbank (wie Anm. 16), 53.

[30] Akten der Reichskanzlei, Weimarer Republik. Das Kabinett Müller II, Bd. 2, 1250 (Kabinettssitzung vom 12. 12. 1929). Außer der Reichsbank hatte sich noch die Bayerische Staatsbank gegen den Antrag erklärt. Um ein Patt zu erreichen, das für die Ablehnung genügte, bedurfte es einer weiteren Gegenstimme. Auch nach Informationen der Frankfurter Zeitung und des Berliner Tagblatts kam diese vom Vertreter des Reichswirtschaftsministeriums. Die Berliner Anleihe gescheitert, in: Frankfurter Zeitung Nr. 937 vom 17. 12. 1929; Keine Auslands-Anleihe für Berlin, in: Berliner Tageblatt Nr. 592 vom 16. 12. 1929.

[31] Der Oberpräsident berichtete später dem Magistrat, «wie ein roter Faden» hätte sich bei diesen Verhandlungen gezeigt, daß die Banken «nicht geneigt seien der Stadt Berlin einen Kredit zu geben». Besprechung über die Finanzlage der Stadt Berlin vom 28. 12. 1929, BLHA, Rep. 01/1879, Bl. 114. Die Deutsche Bank lehnte die bis dahin als sicher geltende Verlängerung einer gemeinsam mit der Preußischen Staatsbank gezeichneten Anleihe über 10 Mio. RM ab. Schreiben des Magistrats an den Oberpräsidenten vom 17. 12. 1929, ebd. Bl. 239.

32 Vermerk des Oberpräsidenten vom 14. 12. 1929, BLHA, Rep. 01/1879, Bl. 87f. Die Verhandlungen führten auf preußischer Seite der Staatssekretär im Staatsministerium, Robert Weismann, und der Oberpräsident für Brandenburg und Berlin, Adolf Maier. Weismann dürfte hier einmal mehr als Emissär Otto Brauns fungiert haben. Zur Rolle Weismanns in der preußischen Politik unter Braun vgl. *Hagen Schulze*, Otto Braun oder Preußens demokratische Sendung. Eine Biographie. Frankfurt/M./Berlin 1977, 377ff.

33 Vgl. hierzu *Albert Fischer*, Hjalmar Schacht und Deutschlands «Judenfrage». Der Wirtschaftsdiktator und die Vertreibung der Juden aus der deutschen Wirtschaft. Köln/Weimar 1995, 59f.

34 Vermerk des Oberpräsidenten vom 14. 12. 1929, BLHA, Rep. 01/1879, Bl. 87f.; *Stenographische Berichte* 1929 (wie Anm. 4.), 1045f. (Protokoll der außerordentlichen Sitzung am 20. 12. 1929); *Lehnert*, Kommunale Politik (wie Anm. 1), 491f.

35 An dem von der Preußischen Staatsbank geführten Konsortium waren insgesamt 14 Banken, darunter auch die Reichskreditgesellschaft und die D-Banken (DeDi-Bank, Danat-Bank, Dresdner Bank) beteiligt. Die Zusammensetzung des Konsortiums für den Berliner Kredit, in: Frankfurter Zeitung Nr. 950 vom 21. 12. 1929.

36 *Stenographische Berichte* 1929 (wie Anm. 4), 1047 u. 1067. Der Antrag erhielt 93 von 155 abgegebenen Stimmen.

37 Selbstverwaltung – Selbstdisziplin, in: Vossische Zeitung Nr. 600 vom 20. 12. 1929.

38 «Hungerhaushalt 1930», in: Berliner Börsen-Courier Nr. 5 vom 4. 1. 1930.

39 Stenographische Berichte der Stadtverordnetenversammlung, 7. 1.–22. 5. 1930, Berlin 1930, 136f. (Protokoll der Sitzung am 30. 1. 1930); *Lange*, Groß-Berliner Tagebuch (wie Anm. 2), 132.

40 *Stenographische Berichte* 1930 (wie Anm. 39), 135ff. (Protokoll der Sitzung am 30. 1. 1930).

41 Ebd. 143–158 (das Protokoll verzeichnete nach dieser Abstimmung «Große Heiterkeit»); Die Debatte im Rathaus, in: Berliner Börsen-Courier Nr. 51 vom 31. 1. 1930.

42 *Stenographische Berichte* 1930 (wie Anm. 39), 486 (Protokoll der Sitzung am 10. 4. 1930); *Lange*, Groß-Berliner Tagebuch, 136–148.

43 «Hungerhaushalt 1930», in: Berliner Börsen-Courier Nr. 5 vom 4. 1. 1930.

44 Der Berliner Etat gescheitert, in: Frankfurter Zeitung Nr. 495 vom 3. 7. 1930.

45 Der Berliner Haushalt gescheitert, in: Deutsche Allgemeine Zeitung Nr. 301 vom 2. 7. 1930.

46 Der Berliner Etat gescheitert, in: Frankfurter Zeitung Nr. 495 vom 3. 7. 1930.

47 Selbstverwaltung oder Staatskommissar? Des Bürgermeisters letzter Appell, in: Berliner Börsen-Courier Nr. 549 vom 25. 11. 1930.

48 Die Dringlichkeit der Sparvorlage bestritten, in: Berliner Börsen-Zeitung Nr. 543 vom 21. 11. 1930.

49 Berliner Kommissare ernannt, in: Berliner Börsen-Courier Nr. 554 vom 27. 11. 1930; Der Brief des Oberpräsidenten, in: ebd. Nr. 555 vom 28. 11. 1930.

50 Bruno Asch, Beseitigung des Staatskommissars, in: Frankfurter Zeitung Nr. 61 vom 24. 1. 1931.

51 *Wolfgang Haus*, Staatskommissare und Selbstverwaltung 1930–1933, in: Der Städtetag, N. F., 9 (1956), 97.

52 Die Argumentation der Regierung stützte sich auf § 191 II, 6 des Allgemeinen Landrechts, wonach der Staat befugt war, Maßnahmen zur «Wiederherstellung der guten Ordnung» durchzuführen. Durch die Notverordnung vom 5. 6. 1932 wurden die Beschlüsse der Staatskommissare dann rückwirkend vom Reich «legalisiert». Ebd.

53 Ebd.

54 Dies bestätigt auch die rückblickende Darstellung in: *Carl Severing*, Mein Lebensweg. Bd. II: Im Auf und Ab der Republik. Köln 1950, 278.

55 Der Brief des Oberpräsidenten, in: Berliner Börsen-Courier Nr. 555 vom 28. 11. 1930.

56 Der Kämmerer spricht über die Finanzen der Stadt, in: ebd. Nr. 49 vom 30. 1. 1931.

57 Bürgermeister Scholtz über die städtische Finanzlage, in: Berliner Börsen-Zeitung Nr. 45 vom 28. 1. 1931. Bereits im Frühjahr 1930 waren allerdings die städtischen Anteile an der Elektro-Südwest AG verkauft worden.

58 Nach dem Gas – den Strom, in: Berliner Börsen-Courier Nr. 44 vom 27. 1. 1931.

59 Berlin vor der Entscheidung, Berliner Börsen-Zeitung Nr. 133 vom 20. 3. 1931. Ein entsprechendes Angebot war dem Stadtsyndikus Lange in Anwesenheit von Vertretern der Preag und der Reichselektrowerke unterbreitet worden. Lange sah in diesem Vorgang eine «Strangulierung» durch Preußen und das Reich. *Lange*, Groß-Berliner Tagebuch (wie Anm. 2), 156.

60 Ebd. 160. Zur Bewag-Transaktion vgl. v.a. *Büsch*, Geschichte (wie Anm. 9), 163ff. u. 194ff.; *ders.*, Entstehung und Leistung der ersten Berliner Demokratie: Das neue Groß-Berlin als Hauptstadt der Weimarer Republik, in: *ders./Haus*, Berliner Demokratie (wie Anm. 1), 93ff.

61 *Stenographische Berichte der Stadtverordnetenversammlung* 1931, Berlin 1932 (Protokolle der Sitzung am 7. 5. 1931 u. der außerordentlichen Sitzung am 8. 5. 1931), 454 u. 474; Der Ausverkauf Berlins, in: Berliner Lokal-Anzeiger Nr. 207, vom 3. 5. 1931.

62 *Berthold Grzywatz*, Arthur Scholtz, in: Wolfgang Ribbe (Hrsg,), Stadtoberhäupter. Biographien Berliner Bürgermeister im 19. und 20. Jahrhundert. (Berliner Lebensbilder, Bd. 7.) Berlin 1992, 227; Entscheidung über die Bewag erst heute, in: Berliner Börsen-Zeitung Nr. 211 vom 8. 5. 1931.

63 *Stenographische Berichte* 1931 (wie Anm. 61), 486 (Protokoll der außerordentlichen Sitzung am 8. 5. 1931); Zufallsmehrheit für den Bewag-Plan, in: Deutsche Zeitung Nr. 108 vom 9. 5. 1929.

64 *Stenographische Berichte* 1931 (wie Anm. 61), 476ff. (Protokoll der Sitzung am 8. 5. 1931).

65 Das Grundkapital der Gesellschaft bestand aus 160 Mio. RM Aktien mit einfachem Stimmrecht (A-Aktien) und 80 Mio. RM Aktien mit doppeltem

Stimmrecht (B-Aktien). Die B-Aktien erhielten die Stadt Berlin, die Preag und die Elektrowerke des Reichs, die damit zusammen zwar nur über ein Drittel des Aktienkapitals, aber über die Hälfte der Stimmen verfügten. Von den A-Aktien wurden jeweils 25% von der belgischen Sofina-Gruppe und von amerikanischen Unternehmensgruppen übernommen. Bewag-Transaktion entschieden, in: Berliner Tageblatt Nr. 205 vom 2. 5. 1931.

66 Vgl. *Martina Sönnichen*, Heinrich Sahm, in: Ribbe (Hrsg.), Stadtoberhäupter (wie Anm. 62), 235–252; *Heinrich Sprenger*, Aus dem Leben Heinrich Sahms. Die ersten beiden Jahre seiner Berliner Tätigkeit 1931–1932, in: Jahrbuch für die Geschichte Mittel- und Ostdeutschlands Bd. 15 (1966), 269–344. Als Kandidaten hatten zuvor u.a. der Oberbürgermeister von Altona, Max Brauer (SPD), der Essener Oberbürgermeister Franz Bracht (Zentrum) und der preußische Finanzminister Hermann Höpker-Aschoff (Staatspartei) zur Diskussion gestanden.

67 Schluß-Aussprache über den Haushaltsplan, in: Berliner Börsen-Zeitung Nr. 313 vom 9. 7. 1931.

68 Vgl. hierzu die ausführliche Darstellung in *Sprenger*, Aus dem Leben (wie Anm. 66), 278ff.

69 *Büsch*, Geschichte (wie Anm. 9), 192 («Vorspiel des Führerprinzips»); *Adelheid von Saldern*, Kommunale Verarmung und Armut in den Kommunen während der Großen Krise (1929 bis 1933). Am Beispiel der Finanz- und Wohnungs(bau)politik, in: Armut und Ausgrenzung (Soziale Bewegungen, Jahrbuch 3). Frankfurt/M./New York 1987, 86.

70 *Preußischer Staatsrat*, Stenographische Berichte, 10. Sitzung am 28. 3. 1930. Berlin 1930, 126–210.

71 *Büsch*, Entstehung (wie Anm. 60), 102.

72 *Lange*, Groß-Berliner Tagebuch (wie Anm. 2), 169.

73 Schreiben des Oberbürgermeisters vom 19. 11. 1931, BLHA, Rep. 01/1765, Bl. 1; *Lehnert*, Kommunale Politik (wie Anm. 1), 495ff.; *Sprenger*, Aus dem Leben (wie Anm. 66), 311.

74 Die Schwierigkeiten Berlins, in: Frankfurter Zeitung Nr. 377/79 vom 23. 5. 1931; *Sprenger*, Aus dem Leben (wie Anm. 66), 311.

75 Berlins Etat – ein Etat der Wahrheit, in: Vorwärts Nr. 318 vom 9. 7. 1931; Berliner Etat angenommen, in: Vossische Zeitung Nr. 320 vom 10. 7. 1931.

76 Ebd.

77 *James*, The Reichsbank (wie Anm. 11), 272f.; *Schulze*, Otto Braun (wie Anm. 32), 700. Vgl. hierzu auch *Heinrich Brüning*, Memoiren 1918–1934. Stuttgart 1970, 372ff. Im Mai 1932 wurden dann die Leiter der Gemeindeverwaltungen durch Übernahme der Dietramszeller Notverordnung ermächtigt, alle für die Deckung der Haushalte erforderlichen Maßnahmen zu treffen. Akten der Reichskanzlei, Weimarer Republik. Die Kabinette Brüning I u. II, bearb. von *Tilman Koops*, Bd. 3, Boppard 1990, 2567 (Ministerbesprechung vom 23. 5. 1932).

78 *Wolfgang Haus*, Chance, Krise und Sturz der Demokratie im Berlin der Weimarer Republik, in: Büsch/Haus, Berliner Demokratie (wie Anm. 1), 241ff.

[79] Vgl. *Schulze*, Otto Braun (wie Anm. 32), 694ff.; *Heinrich August Winkler*, Der Weg in die Katastrophe. Arbeiter und Arbeiterbewegung in der Weimarer Republik 1930 bis 1933, Berlin/Bonn 1987, S. 397.

[80] Berlin kürzt freiwillig, in: Berliner Börsen-Courier Nr. 396 vom 26. 8. 1931. Vgl. auch *Sprenger*, Aus dem Leben (wie Anm. 66), 313.

[81] *Lange*, Groß-Berliner Tagebuch (wie Anm. 2), 164ff. Ursprünglich sollten dem Berliner Philharmonischen Orchester die Zuschüsse gestrichen werden. Einen entsprechenden Beschluß setzten SPD und KPD im Haushaltsausschuß durch. Als Begründung wurde angegeben, das Philharmonische Orchester wäre nationalsozialistisch infiltriert. Der sozialdemokratische Bürgermeister Lange sah das eigentliche Motiv in antibürgerlichen Ressentiments gegen den Chefdirigenten Furtwängler und setzte sich mit Erfolg dafür ein, daß die Kürzungen stattdessen das Berliner Sinfonie-Orchester trafen. Ebd.

[82] *Haus*, Chance (wie Anm. 78), 244f.; *Lehnert*, Kommunale Politik (wie Anm. 1), 496f.; *Sprenger*, Aus dem Leben (wie Anm. 66), 317f.

[83] *Sprenger*, Aus dem Leben (wie Anm. 66), 322.

[84] *Lange*, Groß-Berliner Tagebuch (wie Anm. 2), 174.

Das Scheitern der «gouvernementalen» Rechten. Tilo von Wilmowsky und die organisierten Interessen in der Staatskrise von Weimar

Wolfgang Zollitsch

«Inzwischen ist ja nun die allen völlig unerwartete Hitler-Lösung zur Tat geworden. [...] Im übrigen kannst Du Dir meine Verfassung vorstellen. Alles, was in den letzten Jahren und vor allem Monaten mit doch wirklich unendlicher Mühe eingeleitet und vorangetrieben ist, muß nun von neuem mit neuen Männern begonnen werden. [...] Aber ich will jetzt nicht in Trübsal blasen, so sehr mir auch danach zumute ist; man muß das Beste aus der Lage machen, sachlich weiterarbeiten und sich sagen, daß entweder diese ‹Operation› gelingt und wir uns eben getäuscht haben, oder daß sie mißlingt und dann vielleicht der Weg für sachliche Arbeit der Mitte frei ist.»[1] Mit diesem Schreiben informierte Tilo von Wilmowsky seinen Schwager Gustav Krupp von Bohlen und Halbach am 30. Januar 1933 über die Entwicklungen, die am selben Tag in Berlin stattgefunden hatten. Die Bestürzung, mit der der adelige Lobbyist auf die neue Situation reagierte, war spontan, denn diese Zeilen waren einem Schreiben desselben Tages hinzugefügt worden, das eigentlich über den Stand des Osthilfeskandals Auskunft geben sollte. Der provinzialsächsische Gutsbesitzer Wilmowsky diente als Berliner Mittelsmann der Firma Krupp, hielt Verbindung zu den Spitzen der Interessenorganisationen von Industrie und Landwirtschaft und verfügte über engste Kontakte zu einflußreichen konservativen Politikern und Beamten. Im Interesse der Firma Krupp nutzte er diese Verbindungen, um auch auf die politische Entscheidungsfindung einzuwirken. Wilmowsky orientierte sich dabei an dem in dem Schreiben auch angesprochenen Konzept einer «sachlichen Arbeit der Mitte». Doch angesichts des 30. Januar hatte sich dieses Konzept als reines Wunschdenken erwiesen; der Teil des konservativen Establishments, der sich dem vorgeblich «unpolitischen» Ziel der «sachlichen» Arbeit verschrieben hatte, stand vor dem Offenbarungseid.

Für die historische Forschung ist die Person Tilo von Wilmowskys bisher allenfalls für Fußnoten gut gewesen. Nur seine vorübergehende Mitgliedschaft im Präsidium des Reichslandbundes brachte ihm größere Aufmerksamkeit ein.[2] Da Wilmowsky als Lobbyist im Schnittpunkt agrarischer und industrieller Interessen erklärtermaßen im Hintergrund wirkte und öffentliches Auftreten eher scheute, ist diese Mißachtung auch nicht weiter verwunderlich. Doch werfen die Kontakte und Initiativen Wilmowskys im Beziehungsfeld von Industrie, Landwirtschaft und Regierung ein Schlaglicht auf die politischen Einschätzungen jener konservativen Kreise, die, nach eigenem Bekunden, dem Prozeß der Radikalisierung entgegenwirken wollten. Unter welchen Prämissen stand das in diesen Kreisen verfochtene Konzept einer «sachlichen», «überparteilichen» Politik, und warum scheiterte es? Welche Rückschlüsse lassen sich daraus ziehen auf das Dilemma der konservativen, «gouvernemental» ausgerichteten Rechten, die die Staats- und Wirtschaftskrise der frühen dreißiger Jahre, anders als zum Beispiel in Frankreich, nicht als eigenständige Kraft überstand?

1. *Ein «moderner» Multifunktionär im Konservativismus – Wilmowsky und die partielle Heranführung der «Rechten» an die Republik von Weimar*

Die hier vorgestellte Korrespondenz zwischen Tilo von Wilmowsky und seinem Schwager Gustav Krupp von Bohlen und Halbach zeigt zunächst, wie sich die gouvernemental konservative Position gegenüber den nach weiter rechts abdriftenden Kräften des eigenen Lagers zu behaupten versuchte. Sie bietet darüber hinaus einen Einblick in das enge Zusammenspiel von wirtschaftlichen Interessen und Politik. Zwei Bereiche aus der Lobbyistentätigkeit Tilo von Wilmowskys lassen die Probleme einer auf Ausgleich divergierender Interessen bedachten, gemäßigt konservativen Position besonders deutlich werden: die Verflechtung zwischen industriellen und agrarischen Interessen sowie die Auseinandersetzungen um den Kurs der Deutschnationalen Volkspartei. Im Konflikt Wilmowskys mit dem Reichslandbund und der DNVP werden die Erosionsprozesse des traditionellen Konservativismus in der Weimarer Republik deutlich erkennbar. Aber lag nicht auch für den Teil der Konservativen, der nach den Prinzipien der Sachkompetenz zu handeln vorgab und diese als Gegengewicht zu «wirklichkeitsfremder Ideologie» verstand, das Schlüsselproblem im ungeklärten Verhältnis zur Weimarer Demokratie?

Der Anspruch, eine «überparteiliche», «sachliche» Politik zu vertreten, läßt sich auch sozialpsychologisch herleiten. Aristokratische

Erziehung, familiäre Tradition und gesellschaftlicher Zusammenhalt prägten die traditionellen Eliten und begründeten einen standesspezifischen Führungsanspruch, der die eigenen (interessen-)politischen Motive überdeckte. Tilo von Wilmowsky[3] entstammte einer Familie, die im preußischen Staatsdienst hohe Funktionen wahrgenommen hatte. Er selbst fungierte bis 1919 als Landrat in Merseburg, ein Amt, von dem er sich unter dem Einfluß der revolutionären Unruhen schweren Herzens trennen mußte. Mehr aus Pflicht denn aus Neigung widmete Tilo von Wilmowsky sich nunmehr dem Familiengut Marienthal bei Naumburg und machte darüber hinaus eine Karriere als regionaler Multifunktionär. Er wurde Mitbegründer und Vorsitzender des provinzialsächsischen Landbundes, Fraktionsvorsitzender der DNVP im Provinziallandtag und Präsident des Wirtschaftsverbandes Mitteldeutschland. Nach 1918 mußte Wilmowsky seine Tätigkeit im Staatsdienst abbrechen, konnte aber aufgrund seiner Ehe mit Barbara Krupp als Bevollmächtigter der Firma Krupp in Berlin eine neue Karriere starten. Daß dieser Karrierewechsel nicht den Usancen und Perspektiven seines Standes entsprach, ließ Wilmowsky noch Jahre später in einem Schreiben an seinen Schwager Gustav Krupp von Bohlen und Halbach anklingen: «Je älter ich werde, je mehr erkenne ich wie dankbar ich Dir, lieber Taffy, sein muß, daß ich durch Deine Anregung eine mich stark ausfüllende und so sehr befriedigende Tätigkeit gefunden habe, die mir nach dem Bruch meiner amtlichen Laufbahn doch Wirkungs-Möglichkeiten bietet, wie sie so viele meiner Schicksalsgefährten nicht besitzen!»[4] Tilo von Wilmowsky war damit eine für den landbesitzenden Adel Preußens untypische Persönlichkeit. Er hatte keine Berührungsängste mit der modernen industriellen Welt, besaß Auslandserfahrungen und war aufgrund seines persönlichen und beruflichen Werdegangs vor der nostalgisch bornierten Sichtweise des typischen Agrariers gefeit. Hinzu kam, daß die Provinz Sachsen, in der sich das Familiengut Marienthal befand, ohnehin stärker industrialisiert war als die östlichen Provinzen Preußens.[5] Andererseits besaß er aber, da er die Bewirtschaftung des Familiengutes selbst übernahm, doch den nötigen «Stallgeruch», um als Landbundvorsitzender unter Agrariern akzeptiert zu werden.

Diese ungewöhnliche Kombination prädestinierte Wilmowsky geradezu für die Position des Maklers zwischen Industrie und Landwirtschaft. Dabei konnte er sich neben seinen persönlichen Verbindungen auch eines institutionalisierten Beziehungsnetzes bedienen. Er war Mitglied im Aufsichtsrat von Reichsbahn und Reichskreditgesellschaft, er saß dem Mitteleuropäischen Wirtschaftstag vor, bei dem es um handelspolitische Einflußsphären und Zollabsicherungen ging, er leitete das Reichskuratorium Technik in der Landwirtschaft, das sich rationelleren Bewirtschaftungsmethoden in der Landwirtschaft und dem Einsatz von Landmaschinen verschrieben hatte. Ungleich gewichtiger war jedoch seine Teilnahme am sogenannten «Esplanade-Kreis», einem lockeren Diskussionszirkel einflußreicher Industrieller und Agrarier, die sich im gleichnamigen Hotel in Berlin ab 1925 trafen, um ihre Positionen in binnenwirtschaftlichen und handelspolitischen Fragen abzustimmen. Ihm gehörten namhafte Industrielle, wie Paul Reusch und Paul Silverberg, an sowie die Vorsitzenden der landwirtschaftlichen Spitzenverbände. Wilmowsky übernahm mit anderen Berliner Verbindungsleuten der Ruhrindustrie die Organisation.[6]

Welch hoher Stellenwert der Frage des Verhältnisses zwischen Industrie und Landwirtschaft beigemessen wurde, läßt sich daraus erschließen, daß ein derart hochrangig besetztes Gremium kontinuierlich und über Jahre hinweg an ihrer befriedigenden Beantwortung arbeitete. Vorderhand ging es dabei um eine Koordination der beiden Interessen in handels- und binnenwirtschaftlichen Belangen. Die Industriellen wollten zollpolitische Alleingänge der Agrarier verhindern und ihre ausländischen Absatzmärkte nicht durch protektionistische Querschüsse von Seiten der Landwirtschaft gefährden lassen. Für die Industrie waren jedoch grundsätzlichere Motive viel ausschlaggebender: Mit dem säkularen Bedeutungsverlust des Agrarsektors und den politischen Veränderungen von 1918 hatten sich die Gewichte zugunsten der Industrie verschoben. Die Landwirtschaft hatte die Schlüsselstellung, die sie im politischen System des Kaiserreiches innegehabt hatte, verloren und mußte ihren Standort innerhalb der Industriegesellschaft wie innerhalb der Weimarer Demokratie neu definieren. Die Möglichkeit, daß die Landwirtschaft ihren Bedeutungsverlust jetzt durch einen strikt antimodernen Kurs kompensierte, entsprach allerdings kaum den Interessen der Industrie, deren wirtschaftlicher und politischer Handlungsspielraum dann über die Maßen beschnitten würde. Hier standen schließlich nicht allein wirtschaftliche Belange auf dem Spiel: es ging um die Kursbestimmung innerhalb des konservativen Spektrums. Im Kaiserreich dominierten und prägten die Agrarier die konservative Partei. In Weimar aber konnte die DNVP auf ein sozial viel breiteres städtisches und industrielles Reservoir zurückgreifen.

Industrielle Interessenpolitik aber setzte die Existenz einer konservativen Partei voraus, die innerhalb des politischen Systems der Weimarer Republik handlungsfähig und handlungsbereit war.[7] Eine im antirepublikanischen Schmollwinkel verharrende und von Scharfmachern aus dem agrarischen Milieu gesteuerte DNVP würde – so die These – das bürgerlich-konservative Element in der Republik entscheidend schwächen. Wie konkret diese Befürchtungen waren, ist einem Schreiben zu entnehmen, das Tilo von Wilmowsky im Jahre 1925 an seinen Schwager Gustav Krupp von Bohlen und Halbach richtete: «Wie ich soeben vertraulich erfahren habe, plant der Reichslandbund eine nähere Heranziehung des Herrn Hugenberg in seine wirtschaftlichen Unternehmungen. [...] Ich muß gestehen, daß mir bei der überaus starken politischen Einstellung Hugenbergs erhebliche Bedenken gegen seine wirtschaftliche Betätigung in einem großen landwirtschaftlichen Konzern kommen. [...] Ein weiteres Bedenken ist das, daß der RLB [Reichslandbund] durch seine Persönlichkeit noch mehr in ein rechts-radikales Fahrwasser gelenkt werden könnte, was ich für durchaus unerwünscht halten würde.»[8] Die Tatsache, daß Hugenberg bis 1918 Vorstandsvorsitzender von Krupp gewesen war und – als Leiter der Fachgruppe Bergbau im *Reichsverband der Deutschen Industrie* und stellvertretender Vorsitzender des Bergbau- und Zechenverbandes – noch über ausgezeichnete Kontakte zur Ruhrindustrie verfügte, gibt dieser Stellungnahme eine besonders pikante Note.[9]

Immer wieder kehrt in der Korrespondenz zwischen Wilmowsky und Krupp das Thema der Einflußnahme auf die landwirtschaftlichen Spitzenorganisationen zurück, die von einem radikalen Kurs abgehalten werden sollten. Mehrfach setzten Krupp und die Ruhrindustrie erhebliche finanzielle Mittel ein, um die Landwirtschaft zufriedenzustellen, so zum Beispiel 1928 für die Fleischverwertungsanlage Königsberg oder für ein zinsloses Darlehen an den Reichslandbund 1929.[10] Mit dem Osthilfeprogramm von 1929, das auf Anregungen des Industriellen Paul Silverberg beruhte, der ebenfalls dem «Esplanade-Kreis» angehörte, war die Industrie bereit, sich durch eine Umlage an der Entschuldung der Landwirtschaft in Ostelbien zu beteiligen. Wiederum stand dahinter das Kalkül, die Landwirtschaft politisch einzubinden und für pragmatische Lösungen innerhalb des bestehenden politischen Systems zu gewinnen.[11] Das Verhältnis zwischen Industrie und Landwirtschaft blieb jedoch in der Schwebe. Regelmäßige Verstimmungen erforderten immer wieder den Einsatz des Vermittlers Wilmowsky.[12] Massiv setzte sich dieser für personelle Veränderungen im Präsidium des Reichslandbundes ein, um seinem agrarpolitischen Kurs des Ausgleichs zum Durchbruch zu verhelfen. Einen wichtigen Erfolg erzielte er am 1. August 1928 mit der Ablösung des entscheidungsschwachen RLB-Präsidenten Graf Kalckreuth durch den ebenfalls deutschnationalen, aber politisch agileren Martin Schiele, der jetzt zu partiellen Kompromissen mit der parlamentarischen Demokratie bereit war, um agrarische Forderungen durchsetzen zu können. «Die Lösung bedeutet einen Sieg der gemäßigten Richtung im RLB [...]. Ich habe mich [...] sehr stark eingesetzt und am 31. Juli die Vorsitzenden sämtlicher Landbünde hierhergeladen, um einen Vergleich zustande zu bringen.»[13]

2. *Die Krise des «Pragmatismus» der gouvernementalen Rechten 1928/29–1931*

Damit schien der Weg frei für eine reibungslosere Zusammenarbeit zwischen Industrie und Landwirtschaft, eine Zusammenarbeit, die gleichzeitig dem im Rahmen des Parlamentarismus handlungsbereiten Teil des Konservativismus mehr Resonanz zu geben versprach. Diese Richtung konnte sich auf einen breiten agrarprotektionistischen Konsens stützen, der bis in die Reihen der SPD reichte.[14] Daß es trotzdem nicht gelang, die konservative Rechte durch materielle Zugeständnisse allmählich mit der ungeliebten Republik auszusöhnen, lag nicht nur an den ungünstigen wirtschaftlichen Rahmenbedingungen von Agrar- und Weltwirtschaftskrise. Selbst gemäßigten Konservativen wie Wilmowsky, die die lobbyistischen Einflußmöglichkeiten der Republik zu nutzen verstanden und sich für eine konstruktive Mitarbeit des konservativen Lagers einsetzten, erschienen Parteien und Parlamentarismus mehr wie ein lästiger Kostenfaktor, den sie nur so lange mitzutragen bereit waren, wie er ihren Interessen nicht im Wege stand. Es war ein solcher pragmatischer Kurs, den Wilmowsky als Repräsentant der DNVP verfolgte. So arbeitete er im Provinziallandtag der Provinz Sachsen, wo er als Vorsitzender der DNVP-Fraktion fungierte, sogar insgeheim mit seinem sozialdemokratischen Kollegen zusammen, ohne allerdings den abschätzigen Tenor gegenüber parlamentarischen Gepflogenheiten aufzugeben: «Da ich es für sinnlos hielt, sich über Chausseebauten, Irrenanstalten, Stromversorgung, Meliorationen gegenseitig mit fulminanten Reden zu attackieren (was er sehr viel besser verstand als ich), schlug ich ihm bald nach Übernahme des Fraktionsvorsitzes vor, wir sollten uns doch lieber vorher über die einzelnen Fragen zu verständigen suchen.»[15]

In der Tat trat Wilmowsky gleichzeitig für einen grundsätzlichen politischen Wandel ein. Mittels Verfassungsänderungen sollte der politische status quo überwunden werden, wie den Positionen des *Bundes zur Erneuerung des Reiches* zu entnehmen war, der 1928 auf Initiative Hamburger Industrieller gegründet worden war und unter der Leitung des ehemaligen Reichskanzlers Hans Luther stand. Dieser Bund besaß breite Unterstützung in schwerindustriellen

Kreisen, im elitär-konservativen «Herrenclub», bei Banken und hohen kommunalen Würdenträgern. Da Luther früher auch Oberbürgermeister von Essen gewesen war und Wilmowsky den stellvertretenden Vorsitz des Bundes übernahm, war der Einfluß Krupps schlichtweg unübersehbar. Der Bund setzte sich laut Gründungsaufruf für die «Überwindung von Streit und Vielregiererei» ein und strebte eine Revision des Parlamentarismus durch einen «starken Staat» an.[16] Als ersten konkreten Schritt einigte man sich auf die Forderung nach dem Ende des Dualismus von Reich und Preußen durch ein Aufgehen Preußens im Reich. Der erwünschte Nebeneffekt dieser zunächst aus Gründen der Kostenersparnis und Verwaltungsvereinfachung erhobenen Forderung war, daß damit die Machtstellung der Sozialdemokratie in Preußen beseitigt werden konnte. Die konservativen Vorstellungen zur Umwandlung des politischen Systems, deren Ziele viel weiter gingen, als die öffentlich erhobenen Forderungen zu erkennen gaben, wurden jedoch von den offen antirepublikanischen Kreisen in der DNVP um Hugenberg abgelehnt, da sie diesen nicht weit genug gingen und tatsächlich auf eine ganz unerwünschte Konsolidierung des bestehenden Systems hinauslaufen konnten.[17] Deshalb gelang es dem *Bund zur Erneuerung des Reiches* nicht, zum Ausgangspunkt einer breiten bürgerlich-konservativen Sammlung zu werden, obwohl er mit der Forderung nach Stärkung der Präsidialgewalt und nach Minderung der Rechte des Reichstages bereits Handlungsanweisungen für die späteren Präsidialkabinette entwickelte.[18] Die Erosionsprozesse innerhalb des Konservativismus erwiesen sich als stärker.

Auch in der DNVP gaben die Verluste bei der Reichstagswahl im Jahre 1928 denjenigen Kräften Auftrieb, die der Weimarer Republik mit entschiedener Feindschaft gegenüberstanden. Mit dem neuen Parteivorsitzenden Alfred Hugenberg geriet die Partei unter den Einfluß des alldeutschen Verbandes und des in der adeligen Vorstellungswelt des Kaiserreiches verharrenden *Hauptvereins der Konservativen.*[19] Bis 1930 wurden die innerparteilichen Gegner des Vorsitzenden aus der Partei gedrängt und organisierten sich teilweise und kurzzeitig entweder in der Volkskonservativen Vereinigung oder in der Landvolkpartei. Beide unterstützten die Regierung Brüning, während die DNVP die andere Strategie verfolgte und Bündnispartner auf der extremen Rechten suchte. Die Bemühungen um ein gemeinsames Vorgehen des konservativ-bürgerlichen Spektrums waren damit gescheitert. Die DNVP bot dem gouvernemental orientierten Konservativismus keine Plattform mehr. Tilo von Wilmowsky handelte deshalb konsequent, als er im Jahre 1930 seine regionalen Parteiämter niederlegte und seinen Austritt aus der

DNVP erklärte. Eine «Zusammenfassung aller staatserhaltenden Kräfte in Stadt und Land» sah er in ihr nicht mehr gewährleistet und weiter: «Bereits seit Monaten habe ich darauf hingewiesen, daß die jetzige Führung der Partei den Weg zu diesem Ziel versperrt, der eingeschlagene Weg führt statt zur Staatsbejahung zur Staatsverneinung, statt Zusammenfassung aller Kräfte zu heilloser Verwirrung und Zersplitterung. Nachdem der Führer der Partei [...] mir erklärt hat, daß er den eingeschlagenen Weg weitergehen wolle, [...] sehe ich mich außerstande, der Partei weiter als Mitglied anzugehören.»[20] Mit ihm verließ auch das Gros der Führungsriege des Reichslandbundes um Brünings Agrarminister Schiele die DNVP, da mit der neuen Regierung der Landwirtschaft günstigere Einflußchancen zuwuchsen.[21]

Wilmowsky hatte genug von der Parteiarbeit. Er sympathisierte zwar mit der Landvolkpartei, da ihr langjährige Weggefährten aus der Landbundarbeit in führenden Funktionen angehörten, trat ihr jedoch nicht bei. Verantwortlich waren hierfür seine alten Vorbehalte gegenüber dem «Parteienstaat» und sein Streben nach «Überparteilichkeit». Tatsächlich hatte sich Wilmowsky durch sein Eintreten für Brüning so eindeutig positioniert, daß er in seiner Rolle als «neutraler» Vermittler nicht mehr glaubwürdig war und seinem erklärten Ziel, «am Ausgleich der Gegensätze und an der Förderung der Einheit der Wirtschaft»[22] zu arbeiten, nicht mehr in gewohnter Weise gerecht werden konnte. So wurde er in seiner neuen Position als Präsidiumsmitglied des Reichslandbundes, zu dem er anstelle Martin Schieles, der unter Brüning im März 1930 Landwirtschaftsminister geworden war, gekommen war, schnell zu einer Reizfigur für das sich radikalisierende agrarische Milieu: Als Brüning-Anhänger, Industrielobbyist und Hugenberg-Gegner brachte er die immer größer werdende Schar derjenigen gegen sich auf, die die agrarische Interessenvertretung in die Front der entschiedenen Gegner der parlamentarischen Demokratie einreihen wollten. Für die Hugenberg-Fraktion war die Auseinandersetzung in den Landbünden und damit die Gewinnung des protestantisch-agrarischen Milieus das Mittel schlechthin, um die Konservativen endgültig zur Fundamentalopposition gegenüber dem Weimarer Regierungssystem zu bringen.[23] Die durch die Agrarkrise angeheizte Proteststimmung in der Landbevölkerung lieferte hierzu den willkommenen Rahmen.

Für die auf Zusammenarbeit mit der Regierung setzende gouvernementale Richtung des Konservativismus erwiesen sich derartig klare Frontstellungen nicht als Vorteil. Die Reichstagswahl vom September 1930, die der NSDAP vor allem auf dem Lande Erfolge beschert hatte, löste im Reichslandbund geradezu Alarmstimmung aus. «Im Reichslandbund [...] ist eine unverkennbare Radikalisierung erneut eingetreten. Einigen der maßgebenden Leute [...] ist der Schreck derart in die Glieder gefahren, daß sie sich in Nationalismus und Radikalismus geradezu überschlagen.»[24] Die Protagonisten eines gemäßigteren Kurses, wie der formell noch amtierende Schiele und sein Vertreter Wilmowsky, mußten demzufolge ihre Ämter im Präsidium des Reichslandbundes niederlegen. Wilmowsky gelang es aber noch, als Nachfolger den deutschnationalen Grafen von Kalckreuth durchzusetzen, den er als das «geringste Übel» ansah, da er «kein ausgesprochener Parteimann» sei.[25] Noch besaß Wilmowsky in seinem eigenen Provinziallandbund eine Stütze und hatte den kämpferisch gesinnten – vor allem östlichen – Landbünden etwas entgegenzusetzen.[26]

Entgegen den Hoffnungen Wilmowskys, daß «die aufgeregten Gemüter doch über kurz oder lang zur Besinnung kommen»[27] würden und Agrarpolitik wieder in Übereinstimmung mit den Interessen der Industrie sowie im Einvernehmen mit der Regierung gestaltet werden könnte, geriet der Agrarverband unter immer stärkeren Druck der antigouvernementalen Richtung und des agrarpolitischen Apparates der NSDAP. Beide konnten die Unzufriedenheit der durch die Agrarkrise politisierten Landbevölkerung für sich nutzen, und es gelang ihnen, ausgehend von den regionalen Organisationen, den Reichslandbund zu dominieren. Dies wirkte sich in einem scharfen Kurs der Verbandsspitze gegenüber der Regierung Brüning aus. Wilmowskys Position in diesem Gremium wurde immer schwächer. Er berichtete seinem industriellen Schwager von heftigen Differenzen «wegen der endgültigen Schwenkung der Leitung [des Reichslandbundes] in das Hitler-Hugenberg-Lager» und sah weitere Konflikte programmiert: «Ich habe am nächsten Montag eine Auseinandersetzung mit dem Präsidium des Reichslandbundes, halte indes eine Einigung für völlig ausgeschlossen. Inzwischen hat das Präsidium noch, ohne den Vorstand überhaupt zu befragen, ein Schreiben an den Reichspräsidenten gerichtet, in welchem es offiziell den Rücktritt Brünings fordert. Ich habe Meissner [dem Chef der Präsidialkanzlei] mitgeteilt, wie ich über diesen Brief denke.»[28]

Als einziger namhafter Gegner des neuen Kurses, der noch nicht resigniert hatte, wurde Wilmowsky jetzt zur Zielscheibe massiver Attacken. Hugenberg-Anhänger in der Provinz Sachsen agitierten mit Unterstützung der Berliner Zentrale im Sinne einer Ablösung des Krupp-Schwagers. Unterstützt wurden sie von der nationalsozialistischen Presse, die angebliche Korruption und Vetternwirtschaft in Wilmowskys provinzialsächsischem Verband anprangerte. Wilmowsky mußte als Landbundvorsitzender zurücktreten und einem deutschnationalen Kompromißkandidaten weichen.[29] Die DNVP-NSDAP-Fraktion hatte damit auch den Reichslandbund auf eine einheitliche Linie gebracht. Der Zusammenarbeit mit der «Harzburger-Front» stand nichts mehr im Wege, und ein Nationalsozialist konnte in das Präsidium des Reichslandbundes aufrücken.[30]

Da Wilmowsky den Landbund nicht mehr als Bühne nutzen konnte, boten sich die Verbindungen des «Esplanade-Kreises» an, um über die Kontaktpflege zwischen ausgesuchten Vertretern der Industrie und der Landwirtschaft die agrarpolitischen Diskussion zu beeinflussen. In diesem Gremium fiel es leichter, die von Wilmowsky erwünschte «sachliche» Politik unter Umgehung des verpönten «Parteienstreits» zu verfolgen. Mit den traditionellen Spitzenvertretern der Landwirtschaft wie dem Präsidenten des Landwirtschaftsrates, Ernst Brandes, konnten Absprachen getroffen werden, und es konnte auf die agrarpolitischen Maßnahmen der Regierung eingewirkt werden. Resultat dieser Besprechungen war zum Beispiel die weitere Ausgestaltung der Osthilfegesetzgebung.[31] Doch so sehr man den Wünschen der Landwirtschaft bei Zöllen und Subventionen auch nachkam, der Reichslandbund war von seinem Kurs der grundsätzlichen Ablehnung nicht abzubringen, und um so mehr beharrte er, auch aus übergeordneten politischen Erwägungen, auf Maximalpositionen. Der «Esplanade-Kreis» agierte gleichsam im luftleeren Raum. Die auf elitären Verbindungen beruhende Honoratiorenpolitik alten Stils war der agrarischen Basis nicht mehr vermittelbar, da eine solche Politik den Politisierungs- und Partizipationsschub, der im ländlichen Milieu eingesetzt hatte, völlig außer acht ließ, während der agrarpolitische Apparat der NSDAP nur daran anzuknüpfen brauchte.[32] Dem gouvernementalen Agrarkonservativismus fehlte sowohl das Verständnis für die veränderte Sachlage als auch ein Konzept, um sich auf diese einzustellen. Gerade unter den Vorzeichen der Krise der parlamentarischen Demokratie und der autoritären Präsidialregierung war die alte paternalistische Version einer Politik von oben mit den Bedürfnissen und Interessen der Landbevölkerung nicht mehr zu vereinbaren.

Die Verunsicherung und Enttäuschung im konservativen Lager war offensichtlich. Wilmowsky fühlte sich von der «rein demagogischen, unsachlichen und die Landwirtschaft letzten Endes schädigenden» Politik des Reichslandbundes persönlich getroffen und gab dem Präsidenten des Bundes, Graf Kalckreuth, zu verstehen, daß ihm dieselben Erfahrungen nicht erspart bleiben würden: «Ich fürchte, daß Sie, verehrter Graf, noch einmal die gleichen Enttäuschungen erleben werden, die gleich mir nun bereits so viele gehabt haben. Wer in den schweren Jahren nach 1918 alle Kräfte eingesetzt hat, um der Landwirtschaft in sachlicher Arbeit zu dienen, den Reichslandbund aufzubauen und erhalten zu helfen, muß fast mit Sicherheit damit rechnen, von gewissen Organen ebendieses Reichslandbundes verleumdet und verfolgt zu werden. Wenn ich nicht nach wie vor die feste innere Überzeugung hätte, daß die Masse unseres Bauernstandes innerlich viel zu gesund ist, um eine derartige Kampfesweise auf die Dauer zu ertragen, hätte ich mich schon längst aus jeder Betätigung für die Landwirtschaft zurückgezogen.»[33]

3. Schadensbegrenzung. Die Rechte nach dem Scheitern des gouvernementalen Konzeptes

Das Konzept eines Ausgleichs zwischen industriellen und agrarischen Interessen, das Wilmowsky verfolgte, um dem Konservativismus ein breites gesellschaftliches Fundament geben zu können, stand damit vor dem endgültigen Scheitern. Es war nicht nur die Neuformierung der Rechten in der «Harzburger Front», die den politischen Ambitionen Wilmowskys zuwiderlief, auch die Position einflußreicher Kreise der Industrie gegenüber Brüning hatte sich im Herbst 1931 geändert. Der enge politische Weggefährte Wilmowskys, der «spiritus rector» des «Esplanade-Kreises» und erklärte Hugenberg-Gegner Paul Reusch, forderte beispielsweise ein Ende der stillen Allianz zwischen dem Reichskanzler Brüning und der Sozialdemokratie und eine Verlagerung der Regierungspolitik nach rechts, mithin eine Annäherung an die antirepublikanischen Kräfte der «Harzburger Front».[34] Auch Wilmowsky rückte jetzt merklich von Brüning ab, den er noch zuvor in der Auseinandersetzung mit dem Reichslandbund vehement gestützt hatte. Ein weiteres Festhalten an Brüning hätte die Kluft zur «nationalen Rechten» weiter vertieft und auch den von der Industrie angestrebten sozial- und wirtschaftspolitischen Kurswechsel blockiert. Die industriellen Lobbyisten versuchten deshalb den wegen der Unterstützung Brünings aufgetretenen Riß im konservativen Lager wieder zu kitten. Das Projekt einer rechtsbürgerlichen Sammlungsbewegung als politische Alternative zu Brüning erhielt so neuen Auftrieb, nur mit einer stärkeren antirepublikanischen Stoßrichtung. Dies wurde deutlich, als Wilmowsky im Dezember 1931 gegenüber Reusch den ehemaligen Reichsbankpräsidenten Hjalmar Schacht als neue Kristallisationsfigur der bürgerlichen Sammlungsbewegung vorschlug.[35] Schacht war immerhin einer der prominentesten Redner auf dem Harzburger Treffen der «neuen Rechten» gewesen und hatte sein fachliches Renommée in den Dienst der neuen Bewegung gestellt. Damit desavouierte Wilmowky auch den amtierenden Reichsbankpräsidenten

Luther, mit dem er im *Bund zur Erneuerung des Reiches* so einvernehmlich zusammengearbeitet hatte. Über die Ebene des reinen Wunschdenkens hinaus gingen diese Planspiele jedoch nicht, da Wilmowsky im Gegensatz zu Reusch sich scheute, eine weitere Konsequenz zu ziehen: die Annäherung an die NSDAP, denn nur diese Partei verfügte über den Massenanhang, der dieser Bewegung das erforderlich Gewicht gegeben hätte. Wilmowsky, dessen politisches Verständnis elitenzentriert war, glaubte dagegen, durch die Einsetzung eines «sachorientierten» Fachmannes gleichsam von der Spitze her eine neue Bewegung aufbauen zu können.

An der Einschätzung der NSDAP schieden sich unter den tonangebenden Industriellen die Geister. Wilmowsky und auch sein Schwager Krupp, mit dem er sich in allen Fragen abstimmte, betonten die antibürgerliche Dimension der Nationalsozialisten und plädierten für Zurückhaltung, während Reusch und andere in der Hitler-Bewegung ein konservatives Rekrutierungsfeld erblickten. Im Vorfeld der Reichspräsidentenwahl vom Frühjahr 1932 mußte Wilmowsky schließlich Farbe bekennen. Ein breiter konservativer Konsens über die Person Hindenburgs war nicht herzustellen. Hindenburg stand nicht mehr wie 1925 als Symbol für die konservative Wende, sondern wurde von den Parteien der Republik bis hin zur SPD unterstützt. Nur mit Zögern konnten sich gemäßigte Konservative wie Wilmowsky mit dieser veränderten politischen Sachlage anfreunden, da sie den ursprünglichen Intentionen einer konservativ-bürgerlichen Sammlung widersprach. Auch auf die Gefahr hin, im eigenen Lager isoliert dazustehen, rang sich Wilmowsky dennoch zu einer öffentlichen Unterstützung für Hindenburg durch, wie er seinem Schwager berichtete: «Ich bin heute nochmals sehr stark angegangen worden, dem Zentral-Ausschuß für die Hindenburg-Wahl beizutreten. Die Namen der Herren, die bereits zugesagt haben, sind zweifellos sehr gut. [...] Auch sonstige Hinweise auf Äußerungen des Reichspräsidenten selbst haben mich stark beeindruckt. Ich habe schließlich meine Zustimmung gegeben. Vielleicht wirst Du meine Handlung nicht billigen, ich habe aber schließlich doch den Eindruck gewinnen müssen, daß ein gewisses Versagen meines Berufsstandes vorliegen würde, wenn ich mich dem Eintreten für eine Überzeugung entziehen würde, von der ich ja an sich voll durchdrungen bin.»[36]

Aber enge politische Weggefährten auf Unternehmerseite, wie Paul Reusch, wollten Wilmowsky in dieser Frage nicht folgen. Deren Strategie der Einbindung der NSDAP erforderte Distanz zum «republikanischen» Kandidaten Hindenburg. Bezeichnenderweise hielten sich die industriellen Protagonisten beim zweiten Wahlgang zur Reichspräsidentschaft zurück, da sie zwischen den Alternativen Hitler und Hindenburg zerrieben zu werden drohten. Sie konzentrierten dagegen ihre Bemühungen zur Bildung einer einheitlichen konservativ-bürgerlichen Front auf das Vorfeld der Preußenwahlen im April 1932. Hier entfaltete Wilmowsky, nun wieder im Zusammenspiel mit Reusch, eine rege Tätigkeit, um die bürgerlichen Splitterparteien zwischen DNVP und DVP auf eine einheitliche Linie zu bringen und, als notwendige Voraussetzung, Hugenberg die Führung der DNVP zu entreißen. Das Lockmittel, mit dem die Lobbyisten zu agieren gedachten, hieß Parteienfinanzierung. Diese Bemühungen scheiterten jedoch auf der ganzen Linie, an den spezifischen Sonderinteressen der Splitterparteien, an der Intransigenz der von der Privatschatulle Hugenbergs abhängigen DNVP, am Abdriften der DVP zu den Deutschnationalen und an den unterschiedlichen politischen Interessen der industriellen Geldgeber.[37]

Der Ausgang der Landtagswahlen in Preußen – die NSDAP war im April 1932 zur stärksten Partei geworden – konfrontierte die industriellen «Politstrategen» mit der machtpolitischen Realität. Die gestärkten Nationalsozialisten ließen sich nicht mehr als Manövriermasse für eine nach rechts gewendete konservative Sammlungsbewegung fremdbestimmen. Die konservative Alternative mußte deutlicher akzentuiert werden. Reusch und Wilmowsky nutzten deshalb ihre Verbindungen, um eine Pressekampagne gegen ihren konservativen Hauptgegner, nämlich Hugenberg, in Gang zu setzen. Als nunmehr vordringlichste Aufgabe formulierte überraschenderweise Reusch in einem Brief an Wilmowksy, es sei «höchste Zeit, daß das Bürgertum erwacht und sich nicht restlos dem Nationalsozialismus ausliefert!»[38] Die Agonie des Brüning-Kabinetts im Mai 1932 verfolgte Wilmowsky geradezu teilnahmslos. Letzte Versuche Brünings, sich durch die Hereinnahme des prominenten Konservativen Carl Goerdeler in das Kabinett eine breitere Basis zu verschaffen, ließen Wilmowsky bemerkenswert kalt.[39] Gegenüber der neuen Regierung Papen verhielt sich das industrielle Lager zunächst abwartend, da noch nicht abzusehen war, ob das «Kabinett der Barone» den Wünschen der Großindustrie gegenüber aufgeschlossen sein würde oder ob es, seiner sozialen Zusammensetzung entsprechend, die protektionistischen Forderungen der ostelbischen Großagrarier stärker berücksichtigen würde. Wilmowsky jedenfalls ging, was die Verwirklichung seines politischen Ziels einer Verbreiterung der konservativen Basis betraf, von eher pessimistischen Erwartungen aus, da die neue Regierung mit der Auflösung des Reichstages und der Ansetzung von Neuwahlen nicht zur Beruhigung der politischen Lage beigetragen hatte: «Die Schritte zur Bildung einer Partei der

Mitte scheinen mir durchweg sehr wenig aussichtsreich. [...] Es ist wirklich trostlos zu sehen, daß es auch jetzt in dieser äußersten Gefahr nicht möglich scheint, die Parteien zusammenzubringen.»[40]

Nach den Juli-Wahlen änderte sich die Einschätzung. Die Regierung Papen hatte durch ihre wirtschaftlichen Maßnahmen den Wünschen der Industrie entsprochen. Die Pläne zum autoritären Umbau des Staates stießen ebenfalls auf Sympathie. Das Wahlergebnis hatte allerdings die Erosion des Konservativismus noch deutlicher vor Augen geführt. Die im August 1932 geführten Verhandlungen über eine Ausweitung der Regierungsbasis mit NSDAP und Zentrum ließen das konservative Parteielement vollends als quantité négligeable erscheinen. Wilmowsky und seine Freunde empfanden Hugenberg in diesen Verhandlungen als viel zu passiv und beklagten erschüttert seine resignative Haltung. Wieder wurde Carl Goerdeler ins Spiel gebracht. Er solle, so Wilmowsky gegenüber Krupp, Hugenberg in der Führung der DNVP ersetzen, um die Verhandlungen aktiver zu führen. «Es wird von verschiedenen Seiten auf Hugenberg eingewirkt werden, wobei ich allerdings voraussehe, daß auch diese Einwirkungen wiederum völlig erfolglos bleiben werden.»[41] Daß die wiederholten Versuche scheiterten, die DNVP-Führung zu einem Kurswechsel zu bewegen, lag nicht allein an der Uneinsichtigkeit Hugenbergs. Das großindustrielle Lager sprach selbst nicht mit einer Stimme,[42] und Gustav Krupp war nicht bereit, sein Renommée als Vorsitzender des Reichsverbandes der deutschen Industrie in dieser Frage einzusetzen. Ihm lagen die wirtschaftlichen Interessen der Industrie am Herzen, und so hielt er es «auch nicht für nützlich, in diese Parteikämpfe hineingezogen zu werden».[43]

Der politische Handlungsspielraum der Industrievertreter war nurmehr sehr gering. Die in den Vormonaten erwogenen Optionen waren gescheitert. Die Beziehungen zur NSDAP hatten sich abgekühlt, seit deren antikapitalistische Propaganda stärker geworden war. Wilmowsky hatte sich dieser Option ohnehin immer verweigert. Hugenbergs DNVP war so vollständig isoliert, daß selbst ein ausgeprägter Anhänger Hugenbergs wie der Ruhrindustrielle Vögler allmählich von ihm abrückte.[44] Die bürgerlichen Mittelparteien waren bis zur Unkenntlichkeit geschrumpft. Hinzu kamen neue Irritationen über die Agrar- und Handelspolitik Papens. Vor allem Wilmowsky war über den neu entfachten Streit zwischen agrarischen und industriellen Interessen über Einfuhrkontingente und Zollpräferenzen beunruhigt, da er gerade im Ausgleich dieser Gegensätze sein Hauptttätigkeitsfeld sah. Daß Papen hier mit Rücksicht auf seine Standesgenossen nicht zugunsten der Industrie entscheiden wollte – auch eine von Wilmowsky vermittelte Intervention Krupps beim Reichspräsidenten Hindenburg fruchtete nichts –, entfremdete Wilmowsky von Reichskanzler Papen.[45]

Bezeichnend für diese kritische Distanz war das überraschende Angebot, das ihm Papens Nachfolger als Reichskanzler machte: «Streng vertraulich möchte ich Dir mitteilen, daß mich Schleicher vor einigen Tagen hat sondieren lassen, ob ich Landwirtschaftsminister werden wolle, was ich abgelehnt habe.»[46] Es machte in der Tat Sinn, wenn Schleicher, der die verfahrene Lage durch neue politische Konstellationen aufbrechen wollte, die Leitung der Agrarpolitik einem Mann antrug, der ein modernes, industriell geprägtes Konzept der Landwirtschaft vertrat und der nebenbei in der Siedlungspolitik mit seinen Ansichten übereinstimmte.[47] Die Absage Wilmowskys richtete sich deshalb nicht persönlich gegen Schleicher, ausschlaggebend war vielmehr der nach dem Bruch mit der DNVP gefaßte Entschluß, sich von exponierter politischer Betätigung fernzuhalten. Trotz dieser Ablehnung war Wilmowsky bereit, mit Schleicher auf agrarpolitischem Gebiet zu kooperieren, da von der neuen Regierung weniger Rücksichtnahme auf den Reichslandbund zu erwarten war. So war ihm der neue Arbeitsbeschaffungskommissar Schleichers, Günter Gereke, aus langjähriger Zusammenarbeit im provinzialsächsischen Landbund gut vertraut.[48] Andersherum nutzte auch Krupp die guten Beziehungen Wilmowskys zu Schleicher, um die Wünsche der Industrie bei der Reform der Arbeitslosenversicherung zu Gehör zu bringen.[49]

Wilmowksy hatte also aufgrund agrarpolitischer Gemeinsamkeiten ein erheblich besseres Bild von der Kanzlerschaft Schleichers als seine schwerindustriellen Freunde, wie Paul Reusch, denen der «soziale» General suspekt blieb. Es muß offen bleiben, ob der Einfluß Wilmowskys über seinen Schwager so groß war, daß sich in der zweiten Januarhälfte des Jahres 1932 ein gewichtiger Teil der Großindustrie mit Schleicher anzufreunden begann. Es erscheint geradezu als eine bittere Pointe, daß Krupp, der sonst jeden Eindruck zu vermeiden suchte, auf die Bildung von Regierungen offen Einfluß nehmen zu wollen, jetzt mit dieser Tradition brach und in seiner Eigenschaft als Vorsitzender des *Reichsverbandes der deutschen Industrie* am 28. Januar, dem Tag von Schleichers Rücktritt, den Reichspräsidenten vor voreiligen Schritten warnen ließ und indirekt zu erkennen gab, daß er im Interesse einer ruhigen Entwicklung der Wirtschaft ein Festhalten an der alten Regierung bevorzugt hätte.[50] Wie sehr Wilmowsky den Sturz Schleichers bedauerte, brachte er am 1. Februar 1933 in einem persönlichen Schreiben an ihn zum Ausdruck.[51] Von Begeisterung angesichts der neuen Regierung

Hitler-Papen-Hugenberg konnte also keine Rede sein. Es sei nur an den anfangs zitierten Brief Wilmowskys an Gustav Krupp vom 30. Januar 1933 erinnert, in dem er seiner Frustration und Bestürzung offen Ausdruck verlieh.[51] Die zwei Tage später aus dem Schweizer Urlaubsort eintreffende Reaktion Krupps war nicht minder deutlich: «In die neue Wendung der Dinge kann auch ich mich schwer hinein finden. Ich fürchte, Harald [Gustav Krupps Sohn] hat recht, der neulich bemerkte, aus Wasserstoff und Sauerstoff entstünde beim Zusammenkommen Knallgas!»[53]

Das Konzept einer «sachlichen Arbeit der Mitte», dem Tilo von Wilmowsky sich verpflichtet fühlte, verfügte am Ende der Weimarer Republik über keinerlei Basis mehr. Der elitenorientierte Lobbyismus dieser Prägung, der sich in seinem Selbstverständnis durch «überparteiliche» Sachkompetenz legitimiert sah, profitierte zwar ein Stück weit von der Entmachtung des Parlaments, weil sein Einfluß auf die Präsidialkabinette relativ wichtiger wurde. Mit der immer offensichtlicher werdenden Unfähigkeit der Regierungen, die Staats- und Wirtschaftskrise zu meistern, nahmen aber auch die Einflußmöglichkeiten des im Hintergrund agierenden «sachorientierten» Personenkreises ab. Nutznießer dieses machtpolitischen Vakuums waren einerseits die entschieden antirepublikanischen Kräfte des ostelbischen Großgrundbesitzes, die über den unmittelbaren Zugang zum Reichspräsidenten verfügten, und andererseits die einzige Partei auf der Rechten, die dem durch die Präsidialregierungen ausgeschalteten Massenwillen einen pseudodemokratischen Teilhabeanspruch zusicherte und auf einen durch Wahlen bestätigten Massenrückhalt verweisen konnte – die NSDAP. Der «gouvernemental» orientierte, gemäßigte Konservativismus war dagegen im Parteienspektrum kaum mehr vertreten, nicht zuletzt ein Ergebnis fortdauernder Ressentiments gegenüber der Parteipolitik in der parlamentarischen Demokratie.

Die Auseinandersetzungen Wilmowskys mit dem Reichslandbund und der DNVP Hugenbergs stehen exemplarisch für die Erosionsprozesse, denen der traditionelle Konservativismus in der Weimarer Republik ausgesetzt war. Die «gouvernementale» Gruppe hatte selbst erheblichen Anteil daran, daß der Konservativismus insgesamt dem antidemokratischen Lager verhaftet blieb. Die gemäßigten Konservativen bedienten sich zwar des durch die Weimarer Republik gesetzten institutionellen Rahmens, doch nur unter Vorbehalt. Wenn «Gouvernementalismus» nach einer zeitgenössischen Definition von Sigmund Neumann den «Einsatz für legale Ordnung»[54] bedeutete, dann traf dieser Befund nur insoweit zu, als die politischen und wirtschaftlichen Interessen dieser Gruppe von der staatlichen

Ordnung von Weimar gewährleistet wurden. Die zwiespältige Haltung zur Weimarer Republik, die den interessenpolitischen wie den ideologischen Präferenzen der gouvernementalen Gruppe entgegenkam, erwies sich im Gefolge der Staats- und Wirtschaftskrise als schwere Belastung. Außerhalb des republikanischen Konsenses stehend konnte die gemäßigte Rechte deshalb keine auf der bestehenden Ordnung fußende, überzeugende politische Alternative entwickeln. Es gelang ihr aber auch nicht, auf die radikaleren antirepublikanischen Kräfte auf der Rechten mäßigend einzuwirken. Vielmehr gefährdete der konservative Traditionalismus durch sein Lavieren gegenüber der extremen Rechten seine eigene konservative Identität. In seinen 1951 erschienenen Erinnerungen blickte Tilo von Wilmowsky selbstkritisch auf die Versäumnisse seines Standes zurück: «Erst jetzt, nach den furchtbaren Erlebnissen des Zusammenbruchs 1945, ist mir ganz klar geworden, in welch verhängnisvollem Irrtum unsere Kreise nach 1918 befangen waren. [...] Die führenden Schichten, und zu ihnen rechnete in diesen Jahren auch der größere ländliche Besitz, wir haben uns ein schweres Versäumnis zuschulden kommen lassen, indem wir fast geschlossen uns der gemäßigten Mitte nicht nur fernhielten, sondern sie sogar bekämpften.»[55]

Anmerkungen

1 Historisches Archiv (HA) Krupp, Familienarchiv Hügel (FAH) 23/507: Brief von Tilo von Wilmowsky an Gustav Krupp von Bohlen und Halbach vom 30. 1. 1933.

2 Vgl. *Dieter Gessner*, Agrarverbände in der Weimarer Republik. Düsseldorf 1976.

3 Vgl. die entsprechenden Abschnitte der Autobiographie: *Tilo von Wilmowsky*, Erinnerungen. o. O, o. J. [für Verwandte und Freunde, nicht für die Öffentlichkeit bestimmt!] [1951]. Eine um persönliche Eindrücke und familiäre Details gekürzte, aber zeitlich weiterreichende Fassung: *ders.*, Rückblickend möchte ich sagen ... An der Schwelle des 150jährigen Krupp-Jubiläums. Oldenburg/Hamburg 1961.

4 HA Krupp FAH 23/512: handschriftliches Schreiben Wilmowkys an Gustav Krupp v. 25. 12. 1937 (!).

5 Vgl. *Thomas Nabert*, Der Großgrundbesitz in der preußischen Provinz Sachsen 1913–1933. Soziale Struktur, ökonomische Position und politische Rolle. Köln/Weimar/Wien 1992.

6 Dazu *Wilmowsky*, Erinnerungen (wie Anm. 3), 102, 169; *Dieter Gessner*, Industrie und Landwirtschaft 1928–1930, in: Hans Mommsen/Dietmar Petzina/Bernd Weisbrod (Hrsg.), Industrielles System und politische Entwicklung in der Weimarer Republik. Düsseldorf 1974, 762–778, 773.

[7] Zu den Optionen der Landwirtschaft vgl. *Jens Flemming*, Zwischen Industrie und christlich-nationaler Arbeiterschaft. Alternativen landwirtschaftlicher Bündnispolitik in der Weimarer Republik, in: Dirk Stegmann/Bernd-Jürgen Wendt/Peter-Christian Witt (Hrsg.), Industrielle Gesellschaft und politisches System. Beiträge zur politischen Sozialgeschichte. Bonn 1978, 259–276.

[8] HA Krupp FAH 23/501 Bd. 3, Schreiben v. 13. 5. 1925.

[9] *Heidrun Holzbach*, Das «System Hugenberg». Die Organisation bürgerlicher Sammlungspolitik vor dem Aufstieg der NSDAP. Stuttgart 1981, 248.

[10] HA Krupp FAH 23/502 Bd. 4, Wilmowsky an Krupp v. 1. 3. 1928: «Bei dieser Sachlage sehe ich in jeder Aktion, die auf ein praktisches Zusammenarbeiten von Industrie und Landwirtschaft hinausläuft, ein starkes Aktivum. Die Beteiligung an der Anlage in Königsberg scheint mir ein solches in besonderem Maße darzustellen, weil die Anlage nach Fertigstellung die Möglichkeit bietet, die aus Polen importierten Schweine aufzufangen. Man würde also erklären können, daß es durch Beteiligung der Industrie gelungen sei, die durch den polnischen Handelsvertrag für die deutsche Landwirtschaft drohende Gefahr von ihr abzuwenden.» Ebd. Schreiben v. 20. 3. 1929 (Darlehen an RLB). Zum Streit um den deutsch-polnischen Handelsvertrag vgl. *Gessner*, Industrie (wie Anm. 6), 774f.

[11] Vgl. dazu *Harold James*, Deutschland in der Weltwirtschaftskrise 1924–1936. Stuttgart 1988, 264.

[12] *Flemming*, Industrie (wie Anm. 7), 274f.

[13] HA Krupp, FAH 23/502 Bd. 4, Wilmowsky an Krupp v. 2. 8. 1928.

[14] Dazu *Dieter Gessner*, Agrardepression, Agrarideologie und konservative Politik in der Weimarer Republik. Wiesbaden 1976, 47.

[15] *Wilmowsky*, Erinnerungen (wie Anm. 3), 105.

[16] *Holzbach*, «System Hugenberg» (wie Anm. 9), 250; *Wilmowsky*, Erinnerungen (wie Anm. 3), 117ff.; *Kurt Gossweiler*, Bund zur Erneuerung des Reiches (BER) 1928–1933, in: Dieter Fricke (Hrsg.), Lexikon zur Parteiengeschichte. Die bürgerlichen und kleinbürgerlichen Parteien und Verbände in Deutschland (1789–1945), Band 1. Köln 1983, 374–382.

[17] Ebd. 380.

[18] *Heinrich A. Winkler*, Unternehmerverbände zwischen Ständeideologie und Nationalsozialismus, in: ders., Liberalismus und Antiliberalismus. Studien zur politischen Sozialgeschichte des 19. Und 20. Jahrhunderts. Göttingen 1979, 175–194, 184.

[19] *Jens Flemming*, Konservatismus als «nationalrevolutionäre Bewegung». Konservative Kritik an der Deutschnationalen Volkspartei 1918–1933, in: Dirk Stegmann/Bernd-Jürgen Wendt/Peter-Christian Witt (Hrsg.),Deutscher Konservatismus im 19. und 20. Jahrhundert. Bonn 1983, 295–331, 323.

[20] HA Krupp FAH 23/504: Schreiben Wilmowskys an Ernährungsminister Schiele v. 1. 8. 1930.

[21] *Gessner*, Agrarverbände (wie Anm. 2), 228.

[22] *Wilmowsky*, Erinnerungen (wie Anm. 3), 117.

[23] *Gessner*, Agrarverbände (wie Anm. 2), 219.

[24] HA Krupp FAH 23/504: Brief Wilmowskys an Krupp v. 28. 10. 1930.

[25] Ebd.

[26] Ebd.: Wilmowsky an Krupp v. 3. 11. 1930: «Ich habe eine stürmische Woche hinter mir. Meine Wahlperiode als Vorsitzender des Provinziallandbundes war abgelaufen. In einer sehr erregten, von ca. 150 Vertretern besuchten Versammlung wurde ich einstimmig wieder gewählt, was mir in Anbetracht der scharfen Kritik, der ich in letzter Zeit immer stärker von den Rechts-Radikalen ausgesetzt bin, immerhin eine gewisse Genugtuung gewährte.»

[27] HA Krupp FAH 23/504: Wilmowsky an Krupp v. 28. 10. 1930.

[28] HA Krupp FAH 23/505: Wilmowsky an Krupp v. 5. 8. 1931.

[29] Ebd.: Wilmowsky an Krupp v. 18. 9. 1931: «Mich selbst hat man einstimmig zum Ehrenvorsitzenden ernannt. So habe ich nach außen einen sehr guten Abgang; ich fühle mich innerlich stark entlastet, da ich den Kurs des Reichslandbundes gar unmöglich mehr mitmachen und vor allen Dingen nicht öffentlich in meiner Provinz mehr vertreten kann. In der nationalsozialistischen Presse bin ich übrigens in den letzten Wochen in geradezu lächerlicher Weise angepöbelt worden.» Vgl. dazu auch *Nabert*, Großgrundbesitz (wie Anm. 5), 131.

[30] Dazu *Wolfgang Zollitsch*, Adel und adlige Machteliten in der Endphase der Weimarer Republik. Standespolitik und agrarische Interessen, in: Heinrich August Winkler (Hrsg.), Die deutsche Staatskrise 1930–1933. Handlungsspielräume und Alternativen. München 1992, 239–256, 249.

[31] HA Krupp FAH 23/505: Wilmowsky an Krupp v. 11. 12. 1931: «Die gestrige Aussprache Industrie/Landwirtschaft verlief vorzüglich. Silverberg referierte kurz über die Osthilfe [...]»

[32] Dazu *Wolfram Pyta*, Dorfgemeinschaft und Parteipolitik 1918–1933. Die Verschränkung von Milieu und Parteien in den protestantischen Landgebieten Deutschlands in der Weimarer Republik. Düsseldorf 1996, 475.

[33] HA Krupp FAH 23/506: Wilmowsky an Graf Kalckreuth v. 18. 5. 1932.

[34] *Heinrich August Winkler*, Weimar 1918–1933. Die Geschichte der ersten deutschen Demokratie. München 1993, 422; *Reinhard Neebe*, Großindustrie, Staat und NSDAP 1930–1933. Göttingen 1981, 99f.

[35] Ebd. 123.

[36] HA Krupp FAH 23/506: Wilmowsky an Krupp v. 20. 2. 1932. Am 23. 2. 1932 erhielt er die Antwort seines Schwagers, daß bei der gegenwärtigen Zusammensetzung des Aktionsausschusses der Beitritt nicht ungünstig sei: Ebd. Zur Position von Reusch: *Neebe*, Großindustrie (wie Anm. 34), 120.

[37] Dazu HA Krupp FAH 23/506: Wilmowsky an Krupp v. 24. 3. 1932: «[...] Unter diesen Umständen wird die von uns neulich erörterte Aktion einer zentralen Vergebung von Mitteln geradezu denkbar schwierig werden. Die Antworten, die ich erhalten habe, lauten völlig verschieden. Springorum will nur die DNVP unterstützen. Siemens hat mir gestern erklärt, er sei dermaßen angewidert von der Parteizerrissenheit, daß er unter keinen Umständen irgend einer Partei bei den Preußenwahlen auch nur einen Pfennig geben werde. (Für die Hindenburg-Wahl hat er 40.000 gegeben, ebenso AEG u. Osram 20.000) Bosch gibt, wie ich annehme, wieder für die DNVP nichts. Ich sehe also in der ganzen Frage äußerst düster [...]» Vgl. auch die Dokumentation in: Ilse Maurer u. Udo Wengst (Bearb.), Politik und Wirtschaft in der Krise 1930–1932. Quellen zur Ära Brüning, 2. Teil, Düsseldorf 1980, 1341ff.

[38] Ebd. 1414: Reusch an Wilmowsky v. 27. 4. 1932 und die Antwort Wilmowkys v. 3. 5. 1932: «Die Stimmung im deutschnationalen Lager ist stark bedrückt, und ich habe den Eindruck, daß die Überzeugung langsam weitergreift, daß die Führung eben doch völlig versagt habe.»

[39] Ebd. 1467: Wilmowsky an Reusch v. 20. 5. 1932: «Ich sage nur folgendes: Entweder setzt er [Goerdeler] sich mit seinen Forderungen durch, dann kann uns dies nur recht sein, und ein Eingreifen unsererseits würde ihn nur verstimmen. Oder aber er setzt sich nicht durch, dann wird er zweifellos [das angebotene Wirtschaftsministerium] ablehnen, und das Eingreifen von unserer Seite wäre überflüssig.»

[40] HA Krupp FAH 23/506: Wilmowsky an Krupp v. 16. 6. 1932.

[41] Ebd.: Wilmowsky an Krupp v. 10. 8. 1932.

[42] Eine von Wilmowsky und Krupp initiierte Besprechung führender Industrieller in der Essener «Villa Hügel» am 3. 10. 1932 sollte endgültig eine einheitliche politische Linie der Industrie herstellen, doch sie scheiterte, wie schon zuvor, an der leidigen Frage «Hugenberg»: *Neebe*, Großindustrie (wie Anm. 34), 134.

[43] HA Krupp FAH 23/506: Krupp an Wilmowsky v. 13. 8. 1932.

[44] *Henry A. Turner*, Die Großunternehmer und der Aufstieg Hitlers. Berlin 1985, 373.

[45] HA Krupp FAH 23/506: Wilmowsky an Krupp v. 27. 9. 1932. Dazu auch *Neebe*, Großindustrie (wie Anm. 34), 130.

[46] HA Krupp FAH 23/506: Wilmowsky an Krupp v. 1. 12. 1932.

[47] Wilmowsky teilte die kritische Sicht Schleichers über den Mißbrauch von Osthilfegeldern durch ostelbische Großagrarier. Vgl. hierzu ebd.: Wilmowsky an Krupp v. 26. 1. 1933 und v. 30. 1. 1933: «Die ganze Linkspresse ist zur Zeit voll von Angriffen wegen der Osthilfe. Z. T. sind diese zweifellos berechtigt.»

[48] Vgl. über die Kontakte zwischen Wilmowsy und Gereke in der Frage von Aufträgen für Krupp aus den Mitteln des Arbeitsbeschaffungsfonds: HA Krupp FAH 23/507: Wilmowsky an Krupp v. 24. 1. 1933. Es ging um Brükkenbauten, «woran (Krupp-) Rheinhausen sehr gelegen» sei.

[49] Ebd.: Wilmowsky an Krupp v. 13. 1. 1933.

[50] *Turner*, Großunternehmer (wie Anm. 44), 383; *Heinrich August Winkler*, Der Weg in die Katastrophe. Arbeiter und Arbeiterbewegung in der Weimarer Republik 1930 bis 1933, Bonn/Berlin 1987, 853.

[51] «Man kann innerlich zu der Regierungsumbildung stehen, wie man will, und man mag der Politik den Primat über Regungen des Gemüts voll zubilligen; vom menschlichen Standpunkt habe ich das lebhafteste Bedauern gefunden, daß eine Persönlichkeit wie Sie in dieser kritischen Stunde nicht mehr verantwortungsvoll wirken soll.» Zit in: *Neebe*, Großindustrie (wie Anm. 34), 174.

[52] Vgl. Anm. 1.

[53] HA Krupp FAH 23/507: Krupp an Wilmowsky v. 1. 2. 1933.

[54] *Sigmund Neumann*, Die deutschen Parteien. Wesen und Wandel nach dem Kriege. Berlin 1932, 68.

[55] *Wilmowsky*, Erinnerungen (wie Anm. 3), 218f.

III. Demokratisierung in Deutschland nach 1945

Die Rathäuser als Schulen der Demokratie? Die Entwicklung der kommunalpolitischen Ordnung in Württemberg seit dem 19. Jahrhundert

Thomas Schnabel

«Der Kleriker weiß, was es werth ist, die *Schulen* in der Hand zu haben; derjenige welcher nicht bloß für den Augenblick, sondern für die Dauer im öffentlichen Wesen wirken will, betrachtet für politische Zwecke die Rathäuser als seine Schulen, zumal in Württemberg auf *diesem* Felde die Gesetze selbst dem Strebenden hülfreich entgegenkommen.»[1] So schrieb der linksliberale *Beobachter* aus Württemberg in seinem Rückblick auf das Jahr 1846. Damit sprach die Zeitung zwei wesentliche Punkte an: zum einen die Bedeutung der Rathäuser für die politische Entwicklung überhaupt, zum anderen die vergleichsweise fortschrittliche Kommunalgesetzgebung Württembergs im besonderen. Beides soll im folgenden vom Vormärz bis zur frühen Bundesrepublik nachgezeichnet werden, wobei der Schwerpunkt auf der ersten Hälfte des 20. Jahrhunderts liegt.

1. *Ein «radicales Württemberg». Kommunalpolitische Ordnung im Königreich 1806 bis 1871*

Die Voraussetzungen für reformerische und revolutionäre Veränderungen waren im deutschen Südwesten besonders günstig. Nicht nur die Nähe zu Frankreich und der Schweiz, den beiden Ländern Europas mit der am weitesten fortgeschrittenen demokratischen Entwicklung, spielte eine wichtige Rolle. Hier konnte auch in den zahlreichen Reichsstädten auf gewachsene Traditionen von politischer Partizipation und Eigenverantwortung zurückgegriffen werden. Die große Mehrzahl der Reichsstädte im Alten Reich lag in dieser Region. Nun gab es hier keine Demokratie in unserem modernen Sinne. Allerdings praktizierten die Reichsstädte Abläufe und Verfahren, die auch zu einer modernen Demokratie gehören, wie «Mehrheitsentscheidungen, öffentliche Rechnungslegung, Wahlen, die verbindliche Anerkennung von Rechtsabmachungen und Verträgen beispielsweise im Schwörakt, Gewaltenkontrolle, Freiheit als oberstes Prinzip, die Möglichkeit, in einem ‹Bürgerprozeß› für das Recht des ‹kleinen Mannes› sich einsetzen zu können».[2]

Mit dem Ende des Heiligen Römischen Reiches Deutscher Nation 1806 fielen die Reichsstädte im Südwesten an das Königreich Württemberg und das Großherzogtum Baden, beides Schöpfungen von Napoleons Gnaden. Der mit der Säkularisierung und Mediatisierung verbundene enorme Zuwachs an Land und Einwohnern erforderte eine völlig neue Staats- und Verwaltungsorganisation, die in Württemberg mit einer Flut von neuen Verordnungen und ohne große Rücksicht auf gewachsene Strukturen durch den König Friedrich I. rigoros durchgesetzt wurden. Zunächst gliederte er die städtischen Magistrate immer stärker in den staatlichen Behördenaufbau ein, indem beispielsweise die übergeordnete Staatsbehörde die Magistratsmitglieder ernannte. Diese absolutistisch-zentralistische Politik stieß allerdings auf zunehmenden Widerstand, so daß sie nach dem Tod Friedrichs 1816 durch seinen Nachfolger Wilhelm I. revidiert wurde. Nach jahrelangen heftigen Auseinandersetzungen erhielt dann Württemberg 1819 die erste Verfassung in Deutschland, die von König und Ständeversammlung gemeinsam verabschiedet wurde. In Paragraph 62 hieß es: «Die Gemeinden sind die Grundlage des Staats-Vereins.»[3]

Bereits am 31. Dezember 1818 gab es in Württemberg ein Edikt über die Gemeinde-Verfassung, das Anfang 1822 von einem Verwaltungs-Edikt für die Gemeinden, die Oberämter – die späteren Landkreise – und Stiftungen abgelöst wurde. Es umfaßte nicht weniger als 150 Paragraphen, die die Rechte der Gemeinden weit faßten: «Jede Gemeinde hat das Recht, alle auf diesen Gemeinde-Verband sich beziehenden Angelegenheiten zu besorgen, ihr Gemeinde-Vermögen selbstständig zu verwalten, und die Orts-Polizei im Umfange des Ortes und seiner Markung nach den bestehenden Gesetzen zu handhaben.»[4] Weiterhin sollten «die Mitglieder des Gemeinde-Raths [...] durch die Bürgerschaft aus ihrer Mitte nach der Stimmen-Mehrheit gewählt» werden.[5] Da diese Wahl aber unter der Leitung des ersten Ortsvorstehers stand, waren massive Wahlbeeinflussungen an der Tagesordnung. Die Bürgerschaft hatte keinen unmittelbaren Anteil an der Verwaltung und durfte sich auch ohne Berufung des Ortsvorstehers nicht versammeln. Sie wählte deshalb einen Bürgerausschuß, der ihre Interessen dem Gemeinderat gegenüber vertrat.[6] So dominierten bis 1830 in den Gemeinderäten die traditionellen Führungsgruppen, die dann nach und nach von den Vertretern der verschiedensten Vereinigungen wie Lese-, Gesangs- oder Schützenvereine verdrängt wurden. In den vierziger Jahren begannen sich auch die Besitzlosen zu organisieren, um in den Dörfern und Städten Einfluß zu gewinnen.[7]

Die große Bedeutung, die das Engagement in kommunalen Gremien und Vereinen sowie deren Verschränkung für die Revolution von 1848 hatte, wird derzeit durch mikrohistorische Forschungen über die ehemalige Reichsstadt Esslingen belegt. «In der Revolution [...] engagierte sich vorrangig eine Gruppe, die ohnehin lokalpolitisch aktiv war, wobei Vereinsmitgliedschaft und Gremienzugehörigkeit wechselseitig verstärkend wirkten, denn mit der Zahl der Vereinsmitgliedschaften pro Person stieg auch die Tendenz, eine politische Funktion in den Institutionen auszuüben, und umgekehrt war die kommunalpolitische Führungsschicht besonders dicht in den Vereinen verankert.»[8] Die kommunalpolitische Erfahrung war also die Voraussetzung für das Eintreten zugunsten übergeordneter politischer Ziele in der Revolution von 1848/49.

Auf Gemeindeebene spitzten sich schon unmittelbar vor der Revolution die Auseinandersetzungen zwischen liberalen Gemeinderatsmehrheiten und der konservativen Regierung zu. So nahm Anfang 1846 eine Bewegung in Göppingen ihren Ausgang, die sich dafür einsetzte, die Sitzungen der Gemeindebehörden öffentlich zu machen. Daraufhin untersagte das Justiz- und Innenministerium am 21. März alle diesbezüglichen Beschlüsse und verbot die Öffentlichkeit der Verhandlungen. «Hand in Hand mit diesen Erscheinungen, welche die rege Entwicklung des Gemeindelebens in Württemberg sattsam beweisen dürften», unterstrich dennoch Anfang 1847 der liberale *Beobachter*, «ging auch im Jahre 1846 die immer weitere Verbreitung des Princips der Nichtlebenslänglichkeit der Gemeinderäthe, welche nachgerade sogar in den kleinsten und entlegensten Dorfschaften sich Eingang zu verschaffen angefangen hat.»[9]

Unter solchen Umständen war es kaum eine Überraschung, daß am 27. Juni 1848 den «Gemeinde-Collegien» die Befugnis gegeben wurde, «bei Berathung von Gemeindeangelegenheiten, mit Ausschluß der Polizeiverwaltung, den volljährigen Gemeindegenossen, so weit die Räumlichkeit es möglich macht, den Zutritt zu ihren Sitzungen zu gestatten».[10] Auch die heftig umstrittene Lebenslänglichkeit der Gemeinderäte verschwand während der Revolution. Bereits im März 1848 hatten zahlreiche Gemeinderäte, aber auch Bürgermeister, unter dem Druck der Öffentlichkeit auf ihre Ämter verzichtet. Anfang Juli 1849, als die Revolution in Deutschland schon weitgehend gescheitert war, wurde schließlich die gesetzliche Grundlage dafür geschaffen. Danach wurden die Mitglieder des Gemeinderats auf sechs Jahre gewählt. Alle zwei Jahre schied ein Drittel der Mitglieder aus, die aber wiedergewählt werden konnten.

Die Gewählten mußten im übrigen die Wahl annehmen. Die Abstimmung erfolgte geheim. Wahlberechtigt waren alle volljährigen Gemeindegenossen, «welche in dem Gemeindebezirk ihren Wohnsitz haben, und irgend eine Steuer an die Gemeindekasse zahlen, oder, falls eine Steuer für die Gemeinde eingeführt würde, zu derselben beizutragen hätten».[11] Eine Bestätigung der Wahl durch die Staatsbehörden fand nicht statt.

Diese Fortschritte in der Gemeindeordnung fielen der wenige Monate später einsetzenden Reaktionszeit nicht zum Opfer.[12] Die Abschaffung der Lebenslänglichkeit der Bürgermeister konnte allerdings nicht durchgesetzt werden und gehörte in den folgenden Jahrzehnten zu den am heftigsten umstrittenen Fragen der württembergischen Gemeindeordnung. So legte beispielsweise der Tübinger Professor Albert Schäffle 1866 der württembergischen Kammer der Abgeordneten einen staatsrechtlichen Bericht vor, in dem er die Forderung nach Abschaffung zu untermauern suchte. Einerseits wurde sie erhoben, weil die «Lebenslänglichkeit» in einigen Gemeinden zu schweren Mißständen geführt hatte, andererseits, weil sie, wie Schäffle betonte, «in einer seit 1849 auf ganz demokratische Grundlage gestellten Gemeindeverfassung als die schreiendste Anomalie für demokratisches Augenmass erscheinen»[13] mußte. Schäffle beschränkte sich nicht auf eine Untersuchung der Rolle der lebenslänglich amtierenden Bürgermeister, sondern erarbeitete darüber hinaus eine vergleichende Darstellung der deutschen Gemeindeorganisationen. Er schloß trotz seiner Kritik mit der Feststellung, daß das württembergische Gemeindewahlrecht am demokratischsten sei und daß die Gemeindeverwaltung die meisten Aufgaben habe. Das württembergische Gemeinderecht stehe deshalb in beiderlei Hinsicht auf dem äußersten linken Flügel und bilde einen Kontrast zum Gemeinderecht anderer Staaten.

Besondere Bedeutung maß Albert Schäffle dabei den Gemeinde- und Ortsvorsteherwahlen zu. Es bestehe ein «das allgemeine Stimmrecht nahezu erreichendes Wahlsystem, ohne Beschränkung des Wahlrechtes durch Hausbesitz, Bürgerrecht, oder durch hohes Steuerminimum, ohne indirectes Wahlverfahren, ohne Wahl des Ortsvorstehers durch die geschäftskundigeren Gemeindecollegien selbst, ohne irgend welche Präpotenz des Einflusses des großen Besitzes».[14] Aus seinen vergleichenden Untersuchungen ergab sich für Schäffle der Befund: «Ausserhalb Württembergs wird die württembergische Gemeindeverfassung nicht selten als eine radicale angesehen.»[15]

2. *Demokratisierung der württembergischen Gemeinden im Kaiserreich?*

Die Gemeindeordnungen insbesondere der preußischen Provinzen blieben gegenüber der württembergischen weit zurück. Alle Versuche einer Reform, wie sie vor allem in den siebziger Jahren unternommen wurden, scheiterten am Widerstand des Preußischen Herrenhauses, so daß hier die Städteordnungen von 1853–56, von wenigen Ausnahmen wie Hessen-Nassau abgesehen, bis 1918 Bestand hatten.[16] Zu ihren umstrittensten Regelungen gehörte das Dreiklassenwahlrecht, das auch bei den Wahlen zum preußischen Abgeordnetenhaus angewandt wurde. Bereits Ende des 19. Jahrhunderts wurde allenthalben darüber geklagt, daß eine immer stärkere Verschiebung des Einflusses zugunsten der höher Besteuerten stattfinde. Infolge des «Anwachsens des Reichtums und seiner großen Kundbarkeit zufolge der eingeführten Selbsteinschätzung nimmt die Anzahl der Wähler der höhern Klassen, wenigstens in den großen Städten, bei dieser Art der Teilung bedeutend ab und die Masse der Wähler in der dritten Abteilung immer mehr zu. Es wurde daher (1892) von der Regierung eine Änderung des D[reiklassenwahlrechts] beabsichtigt.»[17] Bei dieser Absichtserklärung blieb es bis zum Untergang des preußischen Königreiches 1918. Vor allem in den preußischen Industriestädten im Westen hatte das Dreiklassenwahlrecht zur Folge, daß die Handvoll Wähler, die in der ersten Abteilung abstimmte, ein Drittel der Abgeordneten festlegte, während die über 90 Prozent der Wähler, die sich in der dritten Abteilung drängten, ebenfalls nur über ein Drittel der Abgeordneten entschied. Zwischen 1886 und 1894 war Krupp in Essen sogar der einzige Wähler in der ersten Abteilung.[18]

Die mit diesem Wahlrecht bezweckte Niederhaltung der Sozialdemokratie wurde weitgehend erreicht. Demgegenüber behinderte das ungleich breitere Kommunalwahlrecht Württembergs den Aufstieg der Sozialdemokratie in den größeren Städten kaum. So berichtete die sozialdemokratische *Schwäbische Tagwacht* Ende 1897 über die Heilbronner Gemeinderatswahl, die einen großen Fortschritt für die Sozialdemokratie gebracht hatte. Etwas mehr als 10% der Einwohner waren wahlberechtigt. Davon hatten über 70% abgestimmt, wobei die SPD die mit Abstand meisten unabgeänderten Stimmzettel erhalten hatte. «Der Ausfall dieser Wahl zeigt, daß, wenn die Arbeiter Heilbronns auch nur einigermaßen sich die Erwerbung des Bürgerrechts angelegen sein lassen [das eine Voraussetzung für die Wahlberechtigung, aber an keine hohen Bedingungen geknüpft war, T. S.], sie bald im Stande sind, einen direkten Einfluß auf die Gemeindeverwaltung auszuüben.»[19]

Beherrschendes Thema der kommunalpolitischen Debatte blieb auch zu Beginn des 20. Jahrhunderts die Lebenslänglichkeit des Ortsvorstehers. Immerhin wurde er seit 1891 «von den wahlberechtigten Gemeindebürgern auf Lebenszeit gewählt».[20] Im Rahmen der allgemeinen Verfassungsreformen im Südwesten zwischen 1904 und 1906[21] kam es auch zu einer Reform der württembergischen Gemeindeordnung. Zu diesem Zeitpunkt hatten diese Schritte einer Parlamentarisierung allerdings kaum gesamtdeutsche Bedeutung mehr, da sich die politischen Gewichte seit 1871 immer mehr nach Berlin und Preußen verlagert hatten. Die neue württembergische Gemeindeordnung, die mit dem 1. Dezember 1907 in Kraft trat, beseitigte endlich die seit mehr als 70 Jahren umstrittene Lebenslänglichkeit der Ortsvorsteher und nahm «auf die Verschiedenheit der grösseren und kleineren Gemeinden in weitem Umfange Rücksicht». Im übrigen ließ sie «den seitherigen Charakter der württembergischen Gemeindeverfassung und -verwaltung unberührt».[22]

Der württembergische Staatsminister des Innern, Johann von Pischek, hatte schon 1906 vor der Ersten Kammer in Stuttgart argumentiert, daß das Selbstverwaltungsrecht der Gemeinden im Unterschied zum Gesetzgebungsrecht, also dem Erlaß von Statuten, nicht weiter ausgedehnt werde. Schon nach dem Paragraphen 3 des Verwaltungsedikts von 1822 sei dies so weit gefaßt, «daß eine prinzipielle Ausdehnung des Selbstverwaltungsrechts, anders als bei dem Gesetzgebungsrecht, kaum möglich ist. Nur insofern macht sich eine Ausdehnung des Selbstverwaltungsrechts auch nach dem Entwurf geltend, als die Fälle, in welchen eine ausdrückliche Genehmigung der Staatsregierung zu bestimmten Beschlüssen der Gemeindeverwaltung erforderlich ist, eine gewisse Minderung erfahren.»[23]

Zu einer lebhaften Debatte in der Zweiten Kammer war es allerdings über den Antrag der Sozialdemokraten gekommen, «auch den weiblichen Gemeindeangehörigen das Bürgerrecht zu geben angesichts der immer stärker hervortretenden Gleichberechtigungsbewegung der Frauen». Dabei waren sich die Antragsteller durchaus darüber im klaren, «daß wir Sozialdemokraten bei der konservativen Gesinnung der Frauen wohl im Anfang keinen Nutzen haben werden, und daß der Nutzen viel mehr Ihren Parteien zu gut kommen wird. Das soll uns aber nicht hindern, auch für die Frau das gleiche Recht zu fordern wie für den Mann.»[24] Um wenigstens einen Einstieg in das Frauenwahlrecht zu erreichen, hatte sich die SPD darauf beschränkt, das Bürger- und damit das Wahlrecht nur für ledige und verwitwete Frauen zu beantragen, was ihr aber nicht nur keine

Unterstützung, sondern sogar den Vorwurf der Inkonsequenz einbrachte.

Der fortschrittliche Abgeordnete und spätere nachrevolutionäre württembergische Minister Theodor Liesching begründete die Ablehnung des Frauenwahlrechts ausführlich, wobei er zu Beginn seiner Ausführungen einräumte, daß ohne Zweifel einmal die Zeit kommen werde, wo die Frauenbewegung so stark werde, daß auch die Frauen an den politischen Geschicken des Landes aktiv teilnehmen würden. Allerdings, so fuhr Liesching fort, sollte eine derartig große Umwälzung allgemein durchgeführt werden, d.h. das Frauenwahlrecht sollte nicht auf die Gemeindewahlen beschränkt bleiben, sondern auch die Landtags- und Reichstagswahlen umfassen. Dabei betonte Liesching gleichzeitig, daß Württemberg in derartigen Dingen meist vorangehe. Sein Hauptargument gegen das Frauenwahlrecht war das angeblich mangelnde Interesse der Frauen selbst. «Ich bin nun der Ansicht, daß, wenn auch die Frauenbewegung in den Städten eine zahlreiche Anhängerschaft hat, doch die Mehrzahl unserer Frauen zur Zeit nicht das Bedürfnis [...] und nicht den Wunsch hat, am Gemeindewahlrecht teilzunehmen. Ich habe mich wiederholt überzeugt, daß gerade auch aus den einfachsten Verhältnissen heraus die Frauen sagen: nein, das wollen wir doch nicht. Sie fühlen, daß sie noch nicht die politische Schulung hinter sich haben, die sie dazu befähigte, an dem Wahlrecht richtig teilzunehmen.»[25]

Und doch bot auch das geltende württembergische Wahlrecht auf kommunaler Ebene die Möglichkeit spezifisch südwestdeutscher Formen politischen Handelns, ohne diskriminierende Eingriffe von staatlicher Seite. Die politische Zusammenarbeit über politische Spaltungslinien hinweg, um die es sich hierbei im besonderen handelte, konnte zwar nicht mehr das Interesse beanspruchen, das südwestdeutscher kommunaler Politik im Vormärz und der Revolution zugekommen war, dennoch begleitete stete Aufmerksamkeit, wenn nicht unverhohlene Skepsis von links wie von rechts gerade den Umgang mit der «königlich-württembergischen» oder der «großherzoglich-badischen Sozialdemokratie».[26] Nicht nur die badische Großblockpolitik oder die Teilnahme württembergischer Sozialdemokraten am Empfang des Landtags durch den König waren hiermit gemeint. Trotz des «grundsätzlichen Unterschiedes zwischen Gemeinde- und politischen Wahlen», den ein linksliberaler Abgeordneter noch 1919 machen zu können glaubte, standen hier vor allem auch kommunalpolitische Entwicklungen zur Debatte.[27] Ganz konkret wurde der württembergischen Regierung selbst ein zu großzügiger Umgang mit der SPD unterstellt. So berichtete der bayerische

Gesandte in Stuttgart im Mai 1911 nach München über die Stuttgarter Oberbürgermeisterwahl, bei der der SPD-Kandidat Lindemann nur knapp dem bürgerlichen Kandidaten Lautenschlager unterlegen war. Bei einem Sieg Lindemanns wäre, so der Gesandte, die Regierung vor die peinliche Frage gestellt worden, «ob sie die Wahl des Dr. Lindemann bestätigen soll oder nicht und nach dem, was mir noch gestern Abend der Minister des Innern von Pischek gesagt hat, bin ich nicht sicher ob er nicht die Bestätigung empfohlen hätte, namentlich wenn bei einem neuerlichen Wahlgange der socialistische Abgeordnete ein zweitesmal gesiegt hätte. Herr von Pischek hat die persönlichen Eigenschaften des Dr. Lindemann so gerühmt, dass es ihm jedenfalls sehr schwer geworden wäre, die Nichtbestätigung dieses Socialisten der Krone zu empfehlen.»

Obwohl ein sozialdemokratischer Oberbürgermeister der württembergischen Residenzstadt noch einmal ‹erspart› geblieben war, sah der bayerische Gesandte angesichts des herrschenden Kommunalwahlrechts für die Zukunft schwarz oder genauer gesagt rot. «Wenn nun diesmal noch die Gefahr eines socialistischen Bürgermeisters abgewendet werden konnte, so droht sie bei der nächsten Wahl, welche spätestens in 10 Jahren stattfinden muss. Das Gesetz, welches jedem 25jährigen Stuttgarter das Recht giebt sich an der Ortsvorsteherwahl zu beteiligen und welches die Stichwahl nicht kennt sondern die relative Majorität entscheiden lässt, wird – wenn es nicht abgeändert wird – bei der fortschreitenden Industrialisierung Stuttgarts den Socialisten den Sieg in die Hände spielen; von der Absicht das Gesetz zu ändern hört man aber einstweilen Nichts.»[28]

Drei Jahre später brach der Erste Weltkrieg aus. Zu Beginn des Krieges herrschte vor allem in der Nahrungsmittelversorgung, besonders der Städte, großes Chaos, da von einer kurzen Kriegsdauer ausgegangen wurde und sich die Ministerien nur schwer den neuen Erfordernissen anpassen konnten. Es ist deshalb kein Zufall, daß Vorschläge zur Verbesserung der Situation auch von kommunaler Seite kamen. So entwickelten Mitarbeiter der Stuttgarter Handelskammer um den jungen Fritz Elsas eine Denkschrift über eine einheitliche Organisation der gesamten Getreidewirtschaft. Daraufhin übertrug der Stuttgarter Oberbürgermeister dem gerade 25jährigen die gesamte Lebensmittelversorgung der Stadt. Elsas gelang es in den folgenden Jahren, seine Vorstellungen erfolgreich umzusetzen und der Stadt Stuttgart die beste Versorgung unter allen Städten vergleichbarer Größe im gesamten Reich zu garantieren.[29]

Insgesamt trug die wirtschaftliche Struktur Württembergs mit seiner Großstadt, mit seiner über das ganze Land verteilten Industrie und der damit einhergehenden engen Verflechtung von Stadt und Land, mit seiner großen Zahl an Pendlern und ‹Arbeiterbauern› dazu bei, daß gerade die Versorgungsprobleme im Krieg nicht die dramatische Form annahmen wie in anderen Großstädten und Industriegebieten des Kaiserreichs. Damit soll die Lage, die sich im Laufe des Weltkrieges verschärfte, nicht verharmlost werden. Die Delegitimierung des politischen Systems des Königreichs war aber 1918 bei weitem nicht so weit fortgeschritten wie beispielsweise in Preußen.

3. Kommunale Demokratie im Württemberg der Weimarer Republik

Die Revolution von 1918 führte im Unterschied zu 1848 nicht zum massenhaften Rücktritt von Bürgermeistern und Gemeinderäten. Zwar kam es verschiedentlich zu Auseinandersetzungen, wie der Vorstand der Vereinigung Württembergischer Ortsvorsteher bei einem Vergleich zwischen 1933 und 1918 Anfang Mai 1933 hervorhob: «Schlechte Charaktere glauben auch jetzt wieder, die Stunde für gekommen, in welcher sie ihr Schäfchen scheren und auch an den Beamten und den Ortsvorstehern ihr Mütchen kühlen wollen. Zum Teil sind es dieselben Elemente wieder, die ihr Unwesen schon 1918 getrieben haben.»[30] Die Veränderungen der Gemeindeordnung Anfang 1919 durch die Beratungen der Verfassunggebenden Landesversammlung machten aber eher den Eindruck einer organischen Weiterentwicklung als einer revolutionären Veränderung, was nach einem Blick auf die Entwicklung der württembergischen Gemeindeordnung seit dem 19. Jahrhundert kaum überraschen muß.

So betonte der Zentrumsabgeordnete Hanser, «daß wir in Württemberg den Ruhm in Anspruch nehmen dürfen, als *erster* deutscher Bundesstaat die Verhältniswahl bei politischen Wahlen eingeführt zu haben. Es geschah das für unsere Landtagswahlen bei der Verfassungsrevision von 1906 [...] sowie durch die Einführung der Proporzwahl bei den Gemeindewahlen mit mehr als 10.000 Einwohnern. Diese Grenze schien uns schon längst als zu hoch, und es war vorauszusehen, daß bei der nächsten sich bietenden Gelegenheit dieser Fehler korrigiert werden könnte.»[31] Auch bei der Abschaffung des Bürgerausschusses, d.h. der Einführung des ‹Einkollegialsystems›, wurde ausdrücklich Bezug auf Überlegungen genommen, die bereits 1906 angestellt worden waren. So faßte der sozialdemokratische Abgeordnete Schlegel die Einstellung der Verfassunggebenden Versammlung zu den verschiedenen geplanten Veränderungen zusammen, indem er betonte, daß «mit dem Wegfall des Bürgerausschusses [...] also so ziemlich alles einverstanden sein [dürfte]; weniger wohl mit der Einführung des Frauenwahlrechts und weniger noch mit dem Wahlrecht derjenigen, die mit dem 20. Jahr schon das Wahlrecht erhalten sollen».[32] Letztlich fiel in der neuen Gemeindeordnung – im Unterschied zu Baden – nicht nur der Bürgerausschuß weg, auch das Frauenwahlrecht fand Eingang, und selbst die Senkung des Wahlalters wurde erreicht. Das Verhältniswahlsystem wurde allgemein eingeführt, soweit es in den Orten überhaupt verschiedene Listen gab. Gerade in Dörfern war dies häufig nicht der Fall. Gewählt wurden die Gemeinderäte auf sechs Jahre, wobei alle drei Jahre die Hälfte neu bestimmt wurde. Auch das Kumulieren und Panaschieren wurde gestattet.[33]

Obwohl die ersten Jahre der Weimarer Republik auch in Württemberg zu schweren innenpolitischen Erschütterungen führten und vor allem die Inflation gerade die Kommunen vor völlig neue, kaum lösbare Aufgaben stellte, blieben die politischen Verhältnisse insgesamt stabil, in den Gemeinden ebenso wie im gesamten Land. So erfüllte sich auch die ‹Befürchtung› des bayerischen Gesandten von 1911 nicht, daß spätestens 1921 ein sozialdemokratischer Oberbürgermeister im Stuttgarter Rathaus regieren würde. Es blieb den Nationalsozialisten 1933 ‹vorbehalten›, den bürgerlichen Lautenschlager aus dem Amt zu vertreiben.

Da es weder über die Gemeinderatswahlen noch über die Bürgermeisterwahlen der Weimarer Republik landesweite Aufstellungen gibt, stehen allgemeine Aussagen in diesem Bereich immer unter einem gewissen Vorbehalt. Dennoch kann gesagt werden, daß es während der Weimarer Republik in keiner der größeren Städte des Landes, d.h. denjenigen mit einer Bevölkerung über 10.000 Einwohnern, einen sozialdemokratischen Bürgermeister gegeben hatte, von einem kommunistischen oder nationalsozialistischen ganz zu schweigen. Aber auch im Kleinstädten und Dörfern fanden sich nur wenige. Dies hing zum einen damit zusammen, daß v.a. in den kleineren Orten seit langem Fachbürgermeister aus der Verwaltungslaufbahn amtierten, was nicht zuletzt eine Folge der weitgehenden kommunalen Rechte war. Zum anderen aber hatte nach einer weitverbreiteten Meinung Parteipolitik auf dem Rathaus nichts zu suchen. So erklärte z.B. im Dezember 1931 der Vorsitzende des Gewerbevereins Hall, der mit den Nationalsozialisten sympathisierte, daß er bei den Gemeinderatswahlen «nicht Nazi-Sozi gewählt» habe, da er «auch fernerhin auf dem Standpunkt stehe, Parteipolitik gehöre nicht aufs Rathaus». Hier sollten «in erster Linie diejenigen Berufe und Stände vertreten sein, die auch die großen Gemeindesteuerlasten tragen müßten».[34] Diese letzten Gemeinderatswahlen der Weimarer Republik im Dezember 1931 spiegelten auf eindrucksvolle Weise die relative kommunalpolitische Stabilität des Landes wider. Dies gilt auch, wenn in Betracht gezogen wird, daß lediglich die Hälfte der Sitze zu vergeben war und daß eine der radikalen Parteien, wenn sie im Gemeinderat auf ein Viertel der Sitze gekommen wäre, immerhin 50% der Stimmen erhalten haben mußte. Weder den Nationalsozialisten noch den Kommunisten gelangen allerdings derartig hohe Stimmenergebnisse.

Die Kommunalwahlen waren in erster Linie Persönlichkeitswahlen, was durch die Möglichkeit des Kumulierens und Panaschierens unterstrichen wurde. Nicht anonyme Parteilisten wurden gewählt, auf denen festgelegt worden war, wer in den Gemeinderat einzog, sondern zumeist bekannte und geschätzte Persönlichkeiten, die wichtige Positionen im Vereins- und Verbandswesen der Stadt einnahmen oder große Industriebetriebe leiteten. In Isny im Allgäu beispielsweise zog auf der Liste des Zentrums der Gewerbevereinsvorstand in den Stadtrat, während der größte Arbeitgeber am Ort, für den sich «viele bürgerliche Wähler» in der Zentrumszeitung einsetzten, mit Hilfe einer Freien Wählervereinigung Gemeinderat wurde. In Schwenningen erhielt der Fabrikant und DDP-Landtagsabgeordnete Mauthe die höchste, sein Kollege Bruckmann in Heilbronn die zweithöchste Stimmenzahl. Ange-sehene Persönlichkeiten wurden gewählt, unabhängig davon, auf welcher Liste sie standen. So betonte die Zentrums-Zeitung in Isny, «daß die zugkräftigsten 3 Spitzenkandidaten der Wählervereinigung auch zahlreich aus unseren Reihen gewählt wurden».[35] Dies war keine Allgäuer Besonderheit, wie eine Aufstellung im *Reutlinger Generalanzeiger* bewies. In der Stadt hatten mehr als zwei Drittel der Wähler abgeänderte Stimmzettel abgegeben, d.h. Kandidaten gestrichen oder aus anderen Listen hinzugeschrieben. Selbst bei den Kommunisten gab es über ein Drittel veränderter Stimmzettel. Die meisten Änderungen fanden sich bei bürgerlichen Gruppierungen und Parteien. Aber auch bei den Nationalsozialisten wurden fast zwei Drittel der Wahlzettel abgeändert.[36]

Ein Gesamtergebnis der württembergischen Gemeinderatswahlen von 1931 wurde leider nie veröffentlicht; exakte Zahlenangaben für die einzelnen Parteien im ganzen Land sind daher nicht möglich. Der *NS-Kurier* in Stuttgart sprach zwar von einem Sturm auf die Rathäuser, sehr viel realistischer aber war die Einschätzung der Politischen Polizei, die von einem Anwachsen der NSDAP auf knapp 20% ausging, ein Ergebnis, das die Nationalsozialisten auf Reichsebene bereits im September 1930 erreicht hatten.

Trotz spektakulärer Gewinne in einigen evangelischen Kleinstädten war es der NSDAP nicht gelungen, die Kommunalwahlen durchgehend zu politisieren. In einigen ländlichen Oberämtern, z.B. in Brackenheim, Gerabronn, der württembergischen Hochburg der NSDAP, Welzheim, Waldsee, Spaichingen und Saulgau, traten die Anhänger Hitlers entweder nicht auf eigenen Listen an oder waren nicht gewählt worden. In einer Vielzahl weiterer Oberämter reichte es nur für einen Sitz in der Oberamtsstadt.[37] Einen besonders schweren Stand hatte die NSDAP – ebenso wie SPD und KPD – nach wie vor in ländlichen katholischen Gegenden, vor allem in Oberschwaben. Gewinne konnte sie besonders dort erzielen, wo es ihr gelang, örtliche Honoratioren für ihre Liste zu gewinnen. Die Stimmen für die Nationalsozialisten kamen vorwiegend von bürgerlichen Vereinigungen und Parteien.

Die Kommunalpolitik mit ihren konkreten Problemen führte in einigen Orten dazu, daß die Gegensätze zwischen Sozialdemokraten und Kommunisten sehr viel geringer ausgeprägt waren, als dies vor allem die KPD-Führung in Berlin wünschte. So mußten Anfang Januar 1932 die württembergischen KPD-Führer auf einer Sitzung unter Leitung von Walter Ulbricht zurücktreten, weil sie ihren Hauptkampf gegen die Nationalsozialisten und nicht gegen die SPD gerichtet hatten. Außerdem hätten sie mit Losungen wie «Kommunisten aufs Rathaus!» parlamentarische Illusionen geweckt. Nach Ansicht des Berliner ZKs reichten die Fehler «von der unpolitischen Kandidatenaufstellung und der Listenverbindung mit der SPD über prinzipienlose Mischmaschlisten bis zur direkten Liquidierung der Partei durch Bildung einer sogenannten ‹Vereinigten Arbeiterpartei› in einer Ortsgruppe. Diese örtliche Verbindung mit der Sozialdemokratie, sowie jede ungenügende Abgrenzung gegenüber der SPD, diskreditierte unsere Partei vor den Werktätigen und verhinderte jeden erfolgreichen Kampf gegen die Nazis.»[38]

Der vergleichsweise geringe Erfolg der radikalen Parteien auf kommunaler Ebene erklärt sich wesentlich dadurch, daß die wirtschaftliche Lage Württembergs in der Weltwirtschaftskrise erheblich über der des Reichsdurchschnitts lag. Wichtig war aber auch die relative Stabilität der politischen Verhältnisse auf Landesebene. Nicht unterschätzt werden dürfen ebenso die jahrzehntelangen positiven Erfahrungen mit einer sehr selbständigen Kommunalpolitik. Auf dieser Ebene zählte weniger die politische Parole als vielmehr die Arbeit vor Ort. Nicht Parteilisten gaben den Ausschlag, sondern Personen. Das Kommunalwahlrecht bevorzugte zudem Listenverbindungen, was den Reiz der Kooperation noch erhöhte. Die große Bedeutung der aufgestellten Persönlichkeiten zeigte sich auch daran, daß zwar der grundlegende Trend, die Stärkung der radikalen Randparteien, fast überall anzutreffen war, daß aber seine Ausprägung in den einzelnen Orten, trotz ähnlicher Konfessions- und Sozialstruktur, erheblich variierte.

Entgegen manchen Befürchtungen führte die Weltwirtschaftskrise mit ihren verheerenden sozialen Folgen, denen vor allem auf Gemeindeebene begegnet werden mußte, auch nicht zu einer massenhaften Abwahl der Bürger- und Oberbürgermeister, die die unpopulären Sparbeschlüsse durchsetzen mußten. Die meisten Wähler wußten offensichtlich sehr wohl zu unterscheiden zwischen den Fehlentwicklungen, die auf Gemeindeebene zu verantworten, und denjenigen, die auf staatlicher Ebene verursacht worden waren.

4. Kommunalpolitische Ordnung im ‹Dritten Reich›

Bei der Gleichschaltung durch die Nationalsozialisten im Frühjahr 1933 wurden überproportional viele Amtsinhaber belassen, weil ihre Legitimität durch Volkswahl vergleichsweise hoch war und weil ihre fachliche Kompetenz dies nahelegte. Allerdings bestanden an der Loyalität der Bürgermeister zum NS-System ohnehin kaum Zweifel, zumal im Sommer 1933 wieder, wie vor 1906, die Lebenslänglichkeit ihrer Amtsdauer eingeführt wurde.

Wie stark die Vorstellungen von kommunaler Selbstverwaltung in Württemberg verankert waren, zeigte sich bei der Entstehung der Deutschen Gemeindeordnung. Sowohl der Staatssekretär beim Reichsstatthalter, Waldmann, als auch der Hauptamtsleiter für Kommunalpolitik, Stümpfig, versuchten unter Hinweis auf die positiven Erfahrungen mit der Selbstverwaltung im Land zumindest einige Elemente davon in die neue Gemeindeordnung hinüberzuretten. So plädierte Waldmann für eine Art Wahl der Gemeinderäte, bei der die Wählbarkeit auf Mitglieder der NSDAP beschränkt werden sollte. Außerdem wollte er den Gemeinderäten ein Einspruchsrecht bei der Aufsichtsbehörde gegen Verfügungen des Ortsvorstehers einräumen. «Ohne ein solch beschränktes Wahlrecht zum Gemeinderat und ein solches Einspruchsrecht des Gemeinderats können wir ehrlicherweise von einer Selbstverwaltung nicht mehr reden.»[39] Auch beim Finanzausgleich und der Steuergesetzgebung sollte die Eigenverantwortung der einzelnen Gemeinde gefördert werden. Auch Stümpfig wollte weiterhin eine Mitwirkung der Bürgerschaft bei der Bestellung der Gemeinderäte und deren Beteiligung bei der Berufung des Bürgermeisters. «Wenn wir aus dem ganzen Volk ein Staatsvolk und aus dem Staat einen Volksstaat machen wollen, dann dürfen wir den die öffentlichen Lasten tragenden verantwortungsbewußten Bürger nicht von der Mitarbeit in der Verwaltung ausschließen, dies besonders nicht in der gemeindlichen Selbstverwaltung, an welcher der Einzelne unmittelbar interessiert ist.»[40] Immer wieder betonten Waldmann und Stümpfig, wie geordnet die kommunalen Verhältnisse in Württemberg während der Weimarer Republik gewesen waren.

Nun entsprachen die Vorstellungen von Waldmann und Stümpfig zwar in keiner Weise einer demokratischen Selbstverwaltung, aber selbst die von ihnen vorgeschlagene, sehr eingeschränkte Form der Selbstverwaltung stieß in Berlin nicht auf Gegenliebe. Ein Mitspracherecht der Bevölkerung oder eine stärkere Mitwirkung des Gemeinderats war in der Deutschen Gemeindeordnung nicht vorgesehen. Die Gemeinderäte spielten jetzt keine Rolle mehr. Das Führerprinzip beherrschte die Gemeinden, allenfalls existierte noch eine Rivalität zwischen zwei ‹Führern›, nämlich dem Bürger- oder Oberbürgermeister und dem Ortsgruppen- bzw. Kreisleiter. Waldmanns Vorstellungen litten darüber hinaus unter einem wesentlichen Denkfehler. Der Beibehaltung von demokratischen, eigenverantwortlichen Elementen, ja sogar von Resten einer Art von Gewaltenteilung auf kommunaler Ebene standen die vollständige Bevormundung und erzwungene Nichtbeteiligung an den Vorgängen auf Landes- und Reichsebene gegenüber. «Ganze Kerle», wie Waldmann schrieb, in den Gemeinden und «Hammelherden» auf den höheren Ebenen, dies konnte nicht funktionieren, zumal die Gemeinderäte und Ratsherren eben weniger nach ihrer persönlichen und fachlichen als vielmehr aufgrund ihrer politischen Qualifikation berufen wurden.

Auf der Gemeindeebene trat für die Nationalsozialisten noch ein weiteres Problem auf: Angesichts der geringen Mobilität und der totalen Presse- und Medienkontrolle konnten die Informationen oberhalb der Ortsebene weitgehend kanalisiert und bestimmt werden. Auf der Gemeindeebene aber war diese Art der Kontrolle nicht mehr möglich. Deshalb genossen die örtliche NSDAP und vor allem ihre Funktionäre häufig ein ungleich geringeres Ansehen als auf Landes- oder gar Reichsebene; Korruptionsfälle, Unfähigkeit von ‹Hoheitsträgern› oder ‹Vetterleswirtschaft› waren in einem Dorf oder in einer Kleinstadt nicht zu verheimlichen. Politische Konsequenzen hatte diese Situation allerdings nicht; der Hitler-Mythos[41] glich bis nahe an das Kriegsende alle örtlichen Defizite aus.

Eine neue Situation ergab sich bei Kriegsende, als die Kontakte zu übergeordneten Stellen weitgehend abgebrochen waren. Jetzt führten anscheinend die großen Probleme und die schwerwiegenden Entscheidungen in einigen Gemeinden zu einer größeren Beteiligung der Bevölkerung, ja sogar zu einer Befragung der Einwohner. In Westerstetten, Kreis Ulm, riefen der Bürgermeister und der Ortsgruppenleiter die Bevölkerung auf dem Rathaus zu einer Aussprache zusammen. Dabei wurde einmütig beschlossen, die Ortschaft kampflos zu übergeben, was nach einigen Schwierigkeiten auch gelang.[42] In Ohmenhausen bei Reutlingen verließen der Bürgermeister, sein Stellvertreter, der Ortsgruppenleiter und der Volkssturmführer fluchtartig den Ort, während die verbliebenen nationalsozialistischen Gemeinderäte sich weigerten, den Ort zu übergeben. Daraufhin wurde eine Volksabstimmung durchgeführt. Wer für die Übergabe war, trug sich auf einem Sammelbogen beim Gemeindepfleger ein. Offensichtlich schrieben sich viele in die Liste ein.[43] Aus Baden sind vergleichbare Fälle überliefert.

Selbst wenn man diese Einzelbeispiele nicht überbewertet, ist doch bemerkenswert, daß nach zwölf Jahren Nationalsozialismus in einigen Gemeinden bei einer für den Ort existenzbedrohenden Frage wie selbstverständlich basisdemokratische Entscheidungen gesucht und gefunden wurden. Es war sicher kein Zufall, daß es sich hierbei zumeist um relativ kleine Gemeinden handelte, in denen der dörfliche Zusammenhalt funktionierte oder die alten vornationalsozialistischen Honoratioren kooperierten.

5. Demokratie in der württembergischen Gemeinde nach 1945

Mit der Auflösung des Dritten Reiches waren Kreise und Gemeinden im Südwesten ab Anfang 1945 zunehmend auf sich allein gestellt. Diese Autonomie verstärkte sich in den ersten Wochen der amerikanischen und französischen Besatzung noch, da zentrale Strukturen, zumindest auf Landesebene, erst im Spätsommer 1945 entstanden. In den größeren Städten waren die führenden nationalsozialistischen Kommunalpolitiker wie die hohen NSDAP-Funktionäre vor den anrückenden Alliierten geflohen, während dies in kleineren Orten und vor allem in den Dörfern kaum der Fall war. Hier wurde, meist nach Rücksprache mit dem oder den Ortsgeistlichen, der bisherige Bürgermeister belassen oder ein neuer eingesetzt. Im Laufe des Sommers gingen dann vor allem die Amerikaner zunehmend nach einem eindeutigen Schema vor: Die Mitgliedschaft in der NSDAP war, unabhängig vom konkreten Handeln des Einzelnen in der Diktatur, entscheidend für die Entlassung. Die Franzosen agierten hier deutlich pragmatischer.

Den in einigen Orten unmittelbar nach Kriegsende entstandenen antifaschistischen Ausschüssen mit ihrer überwiegend linken Zusammensetzung standen Amerikaner und Franzosen gleichermaßen kritisch gegenüber, genauso übrigens auf deutscher Seite die alten Führer von Parteien und Gewerkschaften. Dauerhafter Einfluß war deshalb keinem dieser Antifa-Ausschüsse beschieden.[44] Auch wenn diesen Gruppen und Aktionsausschüssen nur eine kurze Lebensdauer beschieden war, zeigte sich doch gleichzeitig schon wenige Wochen nach Kriegsende, daß sich die Bürgermeister überfordert fühlten, sowohl ohne Anweisungen zentraler deutscher Behörden als auch ohne Rückhalt in der Bürgerschaft die anstehenden, schwierigen Aufgaben zu lösen. Es wurden deshalb in vielen Orten der amerikanischen wie der französischen Zone sogenannte Beiräte gebildet. Da es weder politische Parteien noch demokratisch gewählte Mandatsträger gab, kamen in erster Linie ehemalige Gemeinderatsmitglieder aus der Weimarer Zeit, aber auch Vertreter von Kirchen, Industrie und verschiedenen Berufsgruppen in die Beiräte. Der Heilbronner Oberbürgermeister Beutinger bezeichnete es bei der Einführung der Beiräte am 19. September 1945 als deren «Hauptaufgabe, als Verbindungsglied zwischen Bürgermeisteramt und Bevölkerung aufklärend zu wirken».[45]

Mit dem Einmarsch der Amerikaner und Franzosen im Südwesten waren die alten Länder Baden und Württemberg entlang der Autobahn Karlsruhe-Stuttgart-Ulm geteilt worden. Den nördlichen Teil hatten die Amerikaner zu dem neuen Land Württemberg-Baden zusammengeschlossen, während die Franzosen zwei kleine Länder schufen, nämlich Baden mit der Hauptstadt Freiburg und Württemberg-Hohenzollern mit der Hauptstadt Tübingen. Bei allen Demokratisierungsprozessen der folgenden Jahre schritten die Amerikaner voran, während die Franzosen einige Zeit später folgten. Die Gründungen politischer Parteien gingen allerdings von der sowjetischen Besatzungszone aus, wo bereits im Juni 1945 die KPD, die SPD, die CDU und die liberale LDP zugelassen worden waren. Im Unterschied zu den übrigen Zonen erlaubten die Amerikaner den Parteienaufbau nur von «unten» nach «oben». Spielräume für eigenständige Parteigründungen auf kommunaler Ebene – Ansätze dazu gab es auch in Württemberg[46] – waren aber nach der Vorentscheidung in Berlin dennoch nicht gegeben. So entstanden schließlich auch im Südwesten dieselben vier Parteien wie in der sowjetischen Besatzungszone.

Die Amerikaner machten aber die ersten Schritte auf dem Weg zu freien Wahlen. Vor allem der stellvertretende Militärgouverneur Lucius D. Clay engagierte sich dafür: «Ich war der Auffassung», schrieb er in seinen Erinnerungen, «daß es am zweckmäßigsten sei, eine politische Verwaltung von unten nach oben und nicht von der Spitze abwärts zu bilden; man mußte also nach und nach, von der

Ebene der Gemeinden bis zu jener der Länder, Wahlen abhalten. Meine Berater aus der Abteilung für Zivilverwaltung hatten die Abhaltung von Wahlen schon des längeren befürwortet, sie wurden jedoch merklich kühler, als ich nun einen bestimmten Termin festsetzen wollte. Das Wetter sei zu kalt, so daß die Wähler nicht zu den Urnen gehen würden, und der Zeitpunkt nach Beginn der Besatzung zu früh, als daß sich eine wirkliche politische Anteilnahme bis zur Bereitschaft, zu den Wahlurnen zu gehen, schon hätte entwikkeln können.»[47]

Trotz dieser Einwände hatte Clay bereits im September 1945 dem Kriegsministerium in Washington mitgeteilt, daß die Gemeindewahlen in der amerikanischen Zone im Januar, die Kreistagswahlen im März und die Wahlen in den Stadtkreisen im Mai 1946 stattfinden würden.[48] Clay wollte mit den Gemeindewahlen auch deshalb beginnen, weil auf dieser Ebene die Wähler die Kandidaten kannten. Sie würden hier ihre Entscheidung ohne Bindung an Parteiziele treffen und gleichzeitig Erfahrungen mit freien Wahlen sammeln, die es seit zwölf Jahren in Deutschland nicht mehr gegeben hatte.[49]

Interessanterweise kam es in Württemberg-Baden 1946 zu keinem einheitlichen Wahlverfahren. In den beiden Landesteilen orientierte man sich jeweils an den vor 1933 geltenden Wahlgesetzen. In Nordwürttemberg wurde kumuliert und panaschiert, ebenso ein Jahr später in Württemberg-Hohenzollern, in Nordbaden gab es ein Verhältniswahlverfahren mit gebundenen Listen.[50] Das Ergebnis war, daß in Nordbaden in erster Linie Parteien und in Nord- wie in Südwürttemberg in erster Linie Personen gewählt wurden. Der Anteil der aus politischen Gründen Ausgeschlossenen lag durchschnittlich bei etwas über 5%. In sehr wenigen kleineren Gemeinden wurde niemand aus politischen Gründen vom Wahlrecht ausgeschlossen, im Höchstfall waren es annähernd 30%.[51]

Die Gemeindewahlen von 1946 übertrafen die kühnsten Erwartungen Clays. Die Beteiligung lag bei weit über 80%. In Nordwürttemberg schnitten die Sonstigen, entsprechend der Kommunalwahltradition von vor 1933, am besten ab. Sie erhielten 42,6% der Stimmen und über 70% der Gemeinderatssitze. Stärkste Partei wurde die CDU, gefolgt von der SPD, der DVP und der KPD.[52] In einer öffentlichen Stellungnahme zu den Wahlen meinte der amerikanische Militärgouverneur Dawson, daß «das Volk die Bedeutung der Wahlen verstanden hat und nun die Bereitwilligkeit zeigt, die Verpflichtung auf sich zu nehmen, die ihm eine Demokratie auferlegt». Demgegenüber wiesen Vertreter von CDU und SPD auf die geringe Vorbereitungszeit, den Mangel an Parteiorganisationen und den eher unpolitischen Charakter der Wahlen hin.[53]

Nach einem internen Bericht der amerikanischen Militärregierung stärkte das Ergebnis dennoch die Anhänger eines Zwei-Parteien-Systems, da nur CDU und SPD eine weitverbreitete Anhängerschaft besitzen würden. Für die starke Stellung der CDU gab es aus Sicht der Amerikaner drei Gründe: 1. die Ablehnung von Extremismus, Radikalismus und einer linksorientierten Politik in jeder Form, 2. die Bejahung des Christentums im öffentlichen und privaten Leben und 3. den Versuch, sich hinter dem Mantel der Kirche zu verstecken und dort Schutz zu suchen.[54] Ganz ähnlich argumentierte etwas verbittert auch Kurt Schumacher kurz vor den Wahlen in einem Schreiben an den Stuttgarter SPD-Parteisekretär Max Denker: «Demokratie und Sozialismus sind die Forderungen der Stunde, aber Bürokratie und Bürgertum regieren die Stunde.»[55] Befriedigt war die Militärregierung darüber, daß jetzt die Gemeindeverwaltungen mit einer gewissen öffentlichen Unterstützung arbeiten konnten. Ob die Wahl allerdings erwachendes Interesse an einer demokratischen Selbstverwaltung widerspiegelte, erschien selbst den sonst so optimistischen Amerikanern als eher zweifelhaft.[56]

Bei den Gemeinderats- und Stadtratswahlen in den größeren Städten und Stadtkreisen spielten die Parteien, wie schon vor 1933, die ausschlaggebende Rolle. Hier lieferten sich deshalb CDU und SPD ein Kopf-an-Kopf-Rennen. In sieben württembergisch-badischen Städten wurde die CDU zur stärksten Partei, während in fünf die SPD die Nase vorn hatte.[57] Bis heute hat sich im übrigen kaum etwas an dieser Situation geändert. Bei den letzten Gemeinderatswahlen in Baden-Württemberg 1994 nahm der Anteil der Wählervereinigungen mit der Zunahme der Gemeindegröße kontinuierlich ab. In Gemeinden von bis zu 5000 Einwohnern erzielten die Wählervereinigungen deutlich mehr als 50%, bei weniger als 1000 Einwohnern sogar knapp 90%. In den Städten mit mehr als 150.000 Einwohnern sank ihr Anteil dagegen auf unter 10%.[58] Die schon zu Beginn des Jahrhunderts verwendete Parole, (Partei-)Politik habe auf dem Rathaus nichts verloren, hat offensichtlich bis heute ihre Popularität nicht eingebüßt, denn nur in den größeren Städten dominieren die Parteien.

Anders als bei den Gemeinderatswahlen wagten die Amerikaner 1946 die Volkswahl der Bürgermeister noch nicht. Sie wurden von den Gemeinderäten auf zwei Jahre gewählt, und erst 1948 wurden die Volkswahlen eingeführt. Obwohl es gerade bei Bürger- und Oberbürgermeisterwahlen, die sehr stark von lokalen Besonderheiten geprägt sind, nicht leicht ist, allgemeine Aussagen zu treffen, so ist doch unbestreitbar, daß 1948, nach zum Teil heftigen Auseinandersetzungen, ein starker Personalwechsel stattfand. In fast der Hälfte der Gemeinden wurden neue Bürgermeister gewählt. Entsprechend den jeweiligen Landestraditionen hatten in Nordwürttemberg über 90% als parteipolitisch neutral geltende Bewerber kandidiert, während es in Baden nicht einmal die Hälfte war. Ein Blick auf die Stadtkreise und größeren Städte macht diesen Personalwechsel besonders deutlich. Während in Nordbaden in drei von vier Stadtkreisen und in acht der elf größeren Städte der Bürgermeister bzw. der Oberbürgermeister wiedergewählt wurden, war dies in Nordwürttemberg nur in einem der drei Stadtkreise und in sieben der 25 größeren Städte der Fall.[59] Besonders umstritten waren die Wahlen, bei denen ehemalige nationalsozialistische Bürgermeister erneut kandidierten. Von wenigen Ausnahmen abgesehen, standen bei diesen ‹Wiederwahlen› fachliche und nicht politische Motive im Vordergrund. Die ‹alten‹ Bürgermeister wurden nicht deshalb wiedergewählt, weil sie bereits im Dritten Reich dieses Amt innegehabt hatten, sondern weil sie als qualifizierte Fachleute galten. Teilweise beugten sich sogar die französischen und deutschen Behörden dem örtlichen ‹Volkswillen›, indem sie die Wahl eines Bürgermeisters anerkannten, obwohl dieser aufgrund eines Säuberungsbescheides nicht wählbar gewesen wäre.[60]

Während sich 1948 die wiederbelebten demokratischen Strukturen auf Gemeindeebene behaupten konnten, blieben die führenden Pioniere der kommunalen Demokratie der Jahre zwischen 1945 und 1948 häufig ‹auf der Strecke›. Nur wenige Bürgermeister und Oberbürgermeister, die unmittelbar nach dem Einmarsch der Amerikaner und Franzosen noch im Amt waren bzw. neu ins Amt gekommen waren, konnten sich in diesem Amt bis in die fünfziger Jahre behaupten, zumindest in den größeren Städten. Die Oberbürgermeister von Stuttgart, Klett, und von Reutlingen, Kalbfell,[61] die von 1945 bis in die siebziger Jahre regierten, waren die Ausnahme und nicht die Regel.

Allerdings brachte die Nachkriegszeit kein stärkeres Engagement der Menschen in ihren Kommunen, so daß Mitte 1950 zumindest die Amerikaner mit der Entwicklung der kommunalen Selbstverwaltung noch nicht zufrieden waren. «Der deutsche Durchschnittsbürger beteiligt sich im allgemeinen noch immer nicht aktiv an der Arbeit der örtlichen Verwaltungen. In vielen Gemeinden unterlassen es die Beamten der Kommunalverwaltungen und die Gemeinderäte, sein Interesse hieran zu fördern. Die weitverbreitete Überzeugung, daß politische Parteien die Maßnahmen der Gemeindeverwaltungen nur von ihren Parteigesichtspunkten aus bestimmen, verstärkt die von vielen Beamten, besonders aber von den höheren Dienststellen der Landesregierungen herangezüchtete Meinung, daß man Verwaltungsprobleme den ‹Fachleuten› überlassen solle.» Mit Bürgerversammlungen, Foren, Diskussionsabenden und anderen Veranstaltungen versuchten die Amerikaner dieser Passivität entgegenzuwirken, was nach ihrer eigenen Einschätzung durchaus gelang. «Daß eine große Anzahl von Menschen die Probleme der Gemeinden mehr und mehr kennenlernt, ist ein ermutigendes Zeichen dafür, daß die demokratische Entwicklung in Deutschland in den Gemeinden die Unterstützung finden kann, die notwendig ist, um die hohen Grundsätze und Bestrebungen des westdeutschen Grundgesetzes zu verwirklichen.»[62]

Trotz vielfältiger Schwierigkeiten funktionierte also kommunale Demokratie in Württemberg nach 1945 wieder. Die kommunale Selbstverwaltung am Ende der Weimarer Republik war im Unterschied zu den staatlichen Ebenen am wenigsten diskreditiert, gerade in Württemberg. Man konnte deshalb personell und strukturell nach 1945 an positive und gelungene Demokratieerfahrungen anknüpfen. So berichtete Reinhold Maier in seinen Erinnerungen über die erste Landrätetagung in Murrhardt am 20. Juni 1945, «wie selbstverständlich die Versammlung die demokratischen Spielregeln handhabte. Wie wenn die zwölf Jahre Diktatur nie gewesen wären.»[63] Diese Aussage läßt sich ohne weiteres auch auf die kommunale Ebene übertragen.

Die starke Stellung der Kommunen, vor allem das kommunale Wahlrecht und die Direktwahl des Bürgermeisters in Württemberg[64] hatten sich bewährt und wurden deshalb nach der Gründung des Landes Baden-Württemberg auf das gesamte Land übertragen. In den letzten Jahren, verstärkt seit der Wiedervereinigung 1990, wird die Direktwahl des Bürgermeisters in immer mehr Bundesländern eingeführt. Allerdings wird inzwischen gerade auf kommunaler Ebene auch über neue Formen der Bürgerbeteiligung nachgedacht.

Die spezifisch württembergische Form der Kommunalordnung hat im 19. Jahrhundert ganz wesentlich zu einer Politisierung der Bürger beigetragen und auch die Integration der Vertreter neuer Schichten, wie der Industriearbeiter, in die Kommunalpolitik sehr erleichtert. Die liberalen Vereinigungen blieben in den Gemeinden «auch in Zeiten tiefster Resignation der fortschrittlichen Kräfte des Landes tätig», engagierten sich bei den Wahlen zu den verschiedenen Gemeindegremien. «Hier fanden die kleineren Kämpfe statt, durch die, wie ein Zeitgenosse des Vormärz bemerkte, die Entstehung jenes Großen allein erst möglich wurde.»[65]

Damit gingen von den Kommunen vor 1914 Impulse für die Demokratisierung des politischen Lebens im Land aus. Gleichzeitig haben die starke Stellung des Bürgermeisters und seine hohe Fachkompetenz gerade in den kleinen Gemeinden dazu geführt, daß Personal- und weniger Parteipolitik eine Rolle spielte. Die hohe Wertschätzung der württembergischen Kommunalpolitik bewährte sich in den Umbruchzeiten des Ersten Weltkriegs und der Weimarer Republik. Selbst im Dritten Reich wurde ihr, zumindest intern, eine hohe Qualität bescheinigt. Unter diesen Umständen nimmt es nicht wunder, daß der Neubeginn nach 1945 gerade auf kommunaler Ebene weitestgehend ein Wiederbeginn war. Die württembergische Kommunalpolitik hatte sich in den Augen der betroffenen Bürger bewährt. Die Rathäuser waren zu Schulen der Demokratie geworden, in denen neue Formen der Partizipation erprobt wurden. Diese Aufgabe können und müssen sie auch am Beginn eines neuen Jahrhunderts erfüllen.

Anmerkungen

Ich danke Dr. Paula Lutum-Lenger für ihre kritischen Anmerkungen und Ratschläge und Rose Prömm und Thomas Kärcher für ihre Unterstützung.

1 ‹Der Beobachter›, Nr. 3 vom 4. Januar 1847, 9.

2 *Otto Borst*, Demokratie in den Reichsstädten? in: ders. (Hrsg.), Südwestdeutschland. Die Wiege der deutschen Demokratie. (Stuttgarter Symposion Schriftenreihe Band 5. In Verbindung mit der Landeshauptstadt Stuttgart herausgegeben vom Haus der Geschichte Baden-Württemberg). Stuttgart 1997, 24–42, hier 42.

3 Zit. nach Quellen zum modernen Gemeindeverfassungsrecht in Deutschland, bearbeitet von *Christian Engeli* und *Wolfgang Haus*. (Schriften des Deutschen Instituts für Urbanistik Band 45). Stuttgart 1975, 161.

4 ‹Königlich-Württembergisches Staats- und Regierungs-Blatt›, Nr. 17 vom 14. März 1822, 131–189, hier 3, 133.

5 Ebd. 4, 133.

6 Ebd. 47, 146f.

7 *Manfred Hettling*, Reform ohne Revolution. Bürgertum, Bürokratie und kommunale Selbstverwaltung in Württemberg von 1800 bis 1850. Göttingen 1990, 135. Vgl. dazu allgemein *Raimund Waibel*, Frühliberalismus und Gemeindewahlen in Württemberg (1817–1855). Das Beispiel Stuttgart. (Veröffentlichungen der Kommission für Geschichtliche Landeskunde in Baden-Württemberg, Reihe B: Forschungen, 125. Band). Stuttgart 1992.

8 *Carola Lipp*, Aktivismus und politische Abstinenz. Der Einfluß kommunalpolitischer Erfahrung und lebensweltlicher Strukturen auf die politische Partizipation in der Revolution 1848/49, in: Christian Jansen/Thomas Mergel (Hrsg.), Die Revolutionen von 1848/49. Erfahrung-Verarbeitung-Deutung, Göttingen 1998, 97–126, hier 103.

9 ‹Der Beobachter›, Nr. 3 vom 4. Januar 1847, 10.

10 ‹Regierungs-Blatt für das Königreich Württemberg›, Nr. 37 vom 27. Juni 1848, 285.

[11] ‹Regierungs-Blatt für das Königreich Württemberg›, Nr. 38 vom 10. Juli 1849, 277/278.

[12] Vgl. zur Reaktionszeit in Württemberg allgemein *Dieter Langewiesche*, Liberalismus und Demokratie in Württemberg zwischen Revolution und Reichsgründung (Beiträge zur Geschichte des Parlamentarismus und der politischen Parteien Band 52). Düsseldorf 1974.

[13] *Albert Schäffle*, Beiträge zu einer vergleichenden Darstellung der deutschen Gemeindeorganisation, in: Zeitschrift für die gesamte Staatswissenschaft 22, 1866, 17–86, hier 17.

[14] Ebd. 69.

[15] Ebd. 70.

[16] *Ernst Rudolf Huber*, Deutsche Verfassungsgeschichte seit 1789. Band IV: Struktur und Krisen des Kaiserreichs. 2. Aufl. Stuttgart 1982, 361/62.

[17] Brockhaus' Konversations-Lexikon, Vierzehnte vollständig neubearbeitete Auflage, Fünfter Band, Berlin und Wien 1892, 500/01.

[18] *Helmuth Croon*, Das Vordringen der politischen Parteien im Bereich der kommunalen Selbstverwaltung, in: Kommunale Selbstverwaltung im Zeitalter der Industrialisierung. Stuttgart 1971, 15–58, hier 40/41.

[19] ‹Schwäbische Tagwacht›, Nr. 291 vom 14. Dezember 1897, 3. Allerdings hing der Erfolg der Sozialdemokratie zum Teil auch mit der Zersplitterung der bürgerlichen Gruppen zusammen, so daß er sich in den alle zwei Jahre stattfindenden Wahlen nicht immer in gleichem Maße wiederholen ließ.

[20] ‹Regierungsblatt für das Königreich Württemberg›, Nr. 14 vom 16. Juni 1891, 103.

[21] Vgl. dazu *Hans Fenske*, Endlich auf neuen Wegen. Die Verfassungsreformen von 1904 und 1906, in: Otto Borst (Hrsg.), Ein Jahrhundert beginnt. Baden und Württemberg 1900 bis 1914. (Stuttgarter Symposion Schriftenreihe Band 4. In Verbindung mit der Landeshauptstadt Stuttgart herausgegeben vom Haus der Geschichte Baden-Württemberg), Stuttgart 1996, 55–68.

[22] *K. von Göz*, Verfassungsrevision und Verwaltungsreform in Württemberg, in: Jahrbuch des öffentlichen Rechts der Gegenwart Bd. I, 1907, 254–316, hier 277.

[23] Verhandlungen der Württembergischen Kammer der Standesherren, 28. Sitzung vom 23. Februar 1906, 489/90.

[24] Verhandlungen der Württembergischen Kammer der Abgeordneten, 3. Sitzung vom 9. November 1904, 41/42.

[25] Ebd. 44.

[26] *Karl Weingärtner*, Die Großherzoglich-Badischen und die Königlich-Württembergischen Sozialdemokraten, in: Borst (Hrsg.), Ein Jahrhundert (wie Anm. 21), 155–179.

[27] Verhandlungen der Verfassunggebenden Württembergischen Landesversammlung, 7. Sitzung vom 30. Januar 1919, 149 (Abgeordneter von Mühlberger, DDP).

[28] Bayerisches Hauptstaatsarchiv, Bayerische Gesandtschaft Stuttgart Nr. 266. Vgl. dazu allgemein *Thomas Schnabel*, Die südwestdeutschen Bundesstaaten in bayerischen Gesandtschaftsberichten, in: Borst (Hrsg.), Ein Jahrhundert (wie Anm. 21), 20–44.

29 Vgl. dazu die Erinnerungen von Fritz Elsas im Stadtarchiv Stuttgart sowie deren ausschnittweise Veröffentlichung in *Manfred Schmid* (Hrsg.), Auf dem Stuttgarter Rathaus 1915–1922. Erinnerungen von Fritz Elsas (1890–1945). Stuttgart 1990.

30 ‹Württembergische Gemeindezeitung›, Nr. 10 vom 15. Mai 1933, 148.

31 Verhandlungen der Verfassunggebenden Württ. Landesversammlung, 11. Sitzung vom 6. März 1919, 246.

32 Verhandlungen der Verfassunggebenden Württ. Landesversammlung, 7. Sitzung vom 30. Januar 1919, 154.

33 Der Gemeinderat in Württemberg. Eine gemeinverständliche Darstellung. Bearbeitet nach dem Stand der Gesetzgebung auf den 1. Januar 1926. 3. Auflage Reutlingen o.J. (1926).

34 Stadtarchiv Hall 3/351, Bl. 102. Vgl. zum folgenden allgemein *Thomas Schnabel*, Württemberg zwischen Weimar und Bonn 1928 bis 1945/46. (Schriften zur politischen Landeskunde Baden-Württembergs Band 13). Stuttgart 1986.

35 ‹Stadt- und Landbote Isny› Nr. 300 vom 16. Dezember 1931.

36 ‹Reutlinger Generalanzeiger› vom 7. Dezember 1931.

37 Bundesarchiv Koblenz (BA) NS 25, Nr. 391.

38 ‹Süddeutsche Arbeiter-Zeitung›, Nr. 13 vom 18. Januar 1932, 1, in: Hauptstaatsarchiv Stuttgart (HStAS) E 151 II, Bü 217. Vgl. zum Verhältnis von SPD und KPD im Südwesten allgemein *Thomas Kurz*, Feindliche Brüder im deutschen Südwesten. Sozialdemokraten und Kommunisten in Baden und Württemberg von 1928 bis 1933. (Berliner Historische Studien, Bd. 23) Berlin 1996.

39 HStAS E 130b, Bü 991.

40 BA NS 25/392. Zu Waldmann und Stümpfig vgl. jetzt die beiden Biographien in: Michael Kißener/Joachim Scholtyseck (Hrsg.), Die Führer der Provinz. NS-Biographien aus Baden und Württemberg (Karlsruher Beiträge zur Geschichte des Nationalsozialismus 2). Konstanz 1997.

41 Vgl. dazu *Ian Kershaw*, Der Hitler-Mythos. Volksmeinung und Propaganda im Dritten Reich. (Schriftenreihe der Vierteljahrshefte für Zeitgeschichte Nummer 41). Stuttgart 1980.

42 HStAS J 170, Bü 18. Vgl. dazu allgemein *Thomas Schnabel*, „Die Leute wollten nicht einer verlorenen Sache ihre Heimat opfern“, in: Formen des Widerstandes im Südwesten 1933–1945, herausgegeben von der Landeszentrale für politische Bildung Baden-Württemberg und dem Haus der Geschichte Baden-Württemberg durch Thomas Schnabel unter Mitarbeit von Angelika Hauser-Hauswirth. Ulm 1994, 165–179.

43 Landeskirchliches Archiv Stuttgart 311a, Sonderbund IV, Kriegschroniken.

44 *Thomas Schnabel*, Die Wiederbelebung demokratischer Strukturen in den Kommunen nach 1945 dargestellt am Beispiel von Baden-Württemberg, in: Hans Eugen Specker (Hrsg.), Einwohner und Bürger auf dem Weg zur Demokratie. Von den antiken Stadtrepubliken zur modernen Kommunalverfassung. (Forschungen zur Geschichte der Stadt Ulm, Band 28). Ulm 1997, 209–245, hier 221–223.

45 Amtliche Bekanntmachungen für die Stadt und den Landkreis Heilbronn Nr. 14 v. 5. 10. 1945, 1.

46 *Schnabel*, Wiederbelebung (wie Anm. 44), 227–229.

47 *Lucius D. Clay*, Entscheidung in Deutschland. Frankfurt o. J. (1950), 106f.

48 *Conrad F. Latour/Thilo Vogelsang*, Okkupation und Wiederaufbau. Die Tätigkeit der Militärregierung in der amerikanischen Besatzungszone Deutschlands 1944–1947. Stuttgart 1973, 109.

49 *J. F. J. Gillen*, State and Local Government in West Germany, 1945–1953. With Special Reference to the U. S. Zone and Bremen. o. O. 1953, 8.

50 Wie wählte Württemberg-Baden? Ergebnisse der Wahlen des Jahres 1946, hrsg. von den Statistischen Landesämtern in Stuttgart und Karlsruhe. Karlsruhe 1947, 8.

51 Ebd. 9.

52 Ebd. 23–61.

53 ‹Stuttgarter Zeitung›, Nr. 10 vom 2. Februar 1946, 1.

54 HStAS Office of Military Government Württemberg-Baden, RG 260, 5/47–3/3. Weekly Military Government Report vom 3. 2. 1946.

55 Archiv der Sozialen Demokratie, Bestand Schumacher J 25.

56 *Earl F. Ziemke*, The U. S. Army In The Occupation of Germany 1944–1946. Washington D. C. 1975, 427.

57 Wie wählte (wie Anm. 50), 11.

58 Statistik von Baden-Württemberg Band 480, Heft 2, Teil B, 550/1.

59 Statistische Monatshefte Württemberg-Baden 3/1949, 14–16.

60 Regierungspräsidium Tübingen (die Akten befinden sich inzwischen im Staatsarchiv Sigmaringen) IV 3132, B 1–9.

61 *Hans-Georg Wehling/Manfred Nedele*, Oskar Kalbfell. Ein Oberbürgermeister und seine Stadt. Reutlingen 1997.

62 Amt des Amerikanischen Hochkommissars für Deutschland, 4. Vierteljahresbericht über Deutschland, 1. Juli–30. September 1950, 61/62.

63 *Reinhold Maier*, Ein Grundstein wird gelegt. Die Jahre 1945–1947. Tübingen 1964, 97.

64 *Hans-Georg Wehling/Hans-Jörg Siewert*, Der Bürgermeister in Baden-Württemberg. Eine Monographie. 2. Auflage Stuttgart 1987.

65 *Waibel*, Frühliberalismus (wie Anm. 7), VII.

Die Revolution von 1848/49 im geschichtspolitischen Diskurs der Bundesrepublik Deutschland. Entwicklungslinien von 1948/49 bis zur deutschen Einheit

Edgar Wolfrum

Als eine Folge der tiefen Brüche in der deutschen Nationalgeschichte hat es stets einen heftigen Streit um das Erbe der Revolution von 1848/49,[1] um ihre Bewältigung und Verdrängung, um Anknüpfungspunkte und Traditionen gegeben. Dieser Streit um die «Ideen von 1848» begann in der Restaurationszeit, spitzte sich im Deutschen Kaiserreich zu, gewann neue Konturen in der Weimarer Republik, wurde im «Dritten Reich» propagandistisch genutzt[2] und setzte sich nach 1945 in bislang unbekannten Dimensionen fort. Das Entstehen und Weiterexistieren zweier konkurrierender politischer Systeme auf deutschem Boden zwischen 1948/49 und 1990 führte jetzt zu einer Teilung der Vergangenheit.[3] Im Kampf der beiden deutschen Staaten um «fortschrittliche» Traditionen, um ein historisch legitimiertes Staatsbürgerbewußtsein und um eine gründungsmythische Herleitung spielte die Revolution von 1848/49 eine maßgebliche Rolle. Dieser deutsch-deutsche Streit stellte allerdings nur die eine Seite der Medaille dar. Die andere Seite war die innere Kontroverse um den Stellenwert von 1848/49 im Selbstverständnis der Bundesrepublik.

Geschichtskulturelle Konflikte sind keineswegs einzig und allein Historikerdebatten. Daher soll im folgenden die Revolution von 1848/49 unter der politischen, genauer: der geschichtspolitischen Perspektive – und nicht unter der gängigen historiographiegeschichtlichen – betrachtet werden. Der Blick richtet sich somit auf die Wechselwirkungen zwischen Politik und Wissenschaft und auf die Nutzung von Geschichte in politischen Prozessen.

In pluralistischen Gesellschaften, in denen es ein verbindliches Geschichtsbild nicht geben kann, ist Geschichte für die politischen Eliten – eines gewichtigen Teils der Deutungseliten – stets ein Feld verschiedener Traditionsangebote oder der Gesellschaftskritik. Sie ordnet die Selbstverständigungsdebatte und bildet eine Basis für verschiedene Handlungs-, Wahrnehmungs- und Deutungsschemata. Geschichte vermag, indem sie Traditionen legitimiert oder revidiert, indem sie Werthaltungen und Normvorstellungen transportiert, Orientierung zu geben. Prinzipiell formieren sich gruppenspezifische, gesellschaftliche und nationale Selbstverständnisse «immer auch in bezug auf historische Ereignisse, die dabei häufig verformt, heroisiert oder sakralisiert werden, soll doch aus ihnen ein positiver kollektiver Selbstwert entstehen».[4] Geschichtspolitik ist daher ein Handlungs- und Politikfeld, auf dem verschiedene Akteure die Vergangenheit mit spezifischen Interessen befrachten und politisch zu nutzen suchen. Es wäre eine Verengung, würde man in Geschichtspolitik nur einen negativen Vorgang sehen und sie gleichsam als eine Degenerationsform der historischen Erkenntnis und der reinen Vernunft verwerfen.[5] Grundsätzlich kann Geschichtspolitik, die in mancherlei Hinsicht eine politisch-pädagogische Aufgabe ist, sowohl «progressive», aufklärerische und emanzipatorische als auch «regressive», legitimatorische und traditionale Funktionen erhalten.[6]

Im geschichtspolitischen Diskurs zur Revolution von 1848/49 lassen sich für die (alte) Bundesrepublik Deutschland zwei große Phasen und ein kurzes, aber entscheidendes Zwischenglied unterscheiden: Zwischen 1948/49 und 1969 spielte nach einem Aufflakkern im Säkularjahr 1948 die Revolution gegenüber anderen Bezugsereignissen kaum eine Rolle; zwischen 1974 und 1990 geriet vor allem die Revolutionsforschung nachhaltig in Bewegung. Das Scharnier bildet die Zeitspanne zwischen 1969 und 1974, in welcher ein politisch vorangetriebener und heftig umkämpfter Paradigmenwechsel stattfand, der nichts geringeres war als ein Akt der Umgründung der Bundesrepublik. 1848/49 sollte aus dem Klammergriff der DDR befreit und für ein bundesrepublikanisches Staatsbürgerbewußtsein nutzbar gemacht werden. Auf diese Phase wird im folgenden das Hauptaugenmerk gelegt. Am Schluß des Beitrags soll verständlich werden, daß die Krise der politischen Kultur im vereinten Deutschland auch ein Erbe deutsch-deutscher Geschichtspolitik ist, da sich zweierlei Geschichtsbewußtsein in Ost und West herausgebildet haben, wobei jeweils dem Bild der Revolution von 1848/49 eine entscheidende Bedeutung zukommt.

1. Der Diskurs über 1848/49 und die Umgründung der Bundesrepublik nach 1969

Das Jahrzehnt nach dem Machtwechsel von 1969 war geprägt von außen- und innenpolitischer Reformeuphorie. Neue Ostpolitik und «Mehr Demokratie wagen» wurden zu Chiffren dieser zweiten formativen Phase der Bundesrepublik. Aber den Werte- und Generationswandel begleiteten zugleich neue Verunsicherungen. Der Ölschock und die Wirtschaftskrise warfen eine bange Frage auf: Wenn die bewährte «Reserveverfassung des Wirtschaftswunders» (Borchardt) außer Kraft gesetzt würde, was wären dann die Konsequenzen für den Zusammenhalt von Staat und Gesellschaft? Hinzu kam, daß die sozialliberale Aufbruchstimmung nach einiger Zeit in eine Krise des Parlamentarismus mündete und man von einer politischen Motivationskrise sprach. Mit dem mörderischen Terrorismus trat eine Krise der inneren Sicherheit hinzu. Konnte die Bundesrepublik, die von Skeptikern eine «Schönwetter-Demokratie» genannt wurde, diese Bewährungsproben überstehen, ohne Schaden zu nehmen?

Die Situation konnte sogar zusätzlich prekär erscheinen, weil mit der Anerkennung der DDR 1972 die Deutschlandpolitik zwar aus der Sackgasse herausgeführt und Bewegungsspielraum gewonnen wurde, die Frage nach dem Geschichts-, Staats- und Nationalbewußtsein der Bundesbürger sich aber nun in ganz neuer Form stellte. Drohte in dieser Identitätskrise der zweiten Demokratie gar die DDR Oberwasser zu gewinnen? Deren gründungsmythisches Konstrukt war denkbar einfach: Die DDR bedeute den Höhepunkt der Nationalgeschichte aller Deutschen. Dem traditionsstiftenden Griff der DDR nach der deutschen Geschichte und ihrem politischen Mythos vom historischen Sieger sowie der Verkörperung alles Edlen, Humanistischen und Revolutionären setzte der Westen lediglich Klagen über den «Verlust der Geschichte»[7] entgegen; die in der Publizistik unzählige Male gestellte Frage «Wozu noch Geschichte?»[8] zeugte von tiefer Verunsicherung. Die öffentliche Reputation der Geschichtswissenschaft war rapide gesunken. Die Folge davon schien ein verkümmertes Geschichtsbewußtsein der Bundesbürger und dieses wiederum eine latente Gefahr für den Bestand der Demokratie zu sein. Wie aber konnte das Selbstverständnis der Bundesrepublik definiert werden? «Mit dem Schwinden der Wiedervereinigungshoffnung, mit der Hinnahme einer auf den Status quo der Teilung Deutschlands und Europas gegründeten Ordnung für unbestimmte Zeit erhebt sich drängender noch als bisher die Frage: Wenn die Bundesrepublik nicht Kern eines wiederherzustellenden Nationalstaats ist – was ist sie dann?» – so zeitgenössisch Richard Löwenthal.[9]

Antwort durfte man vom einem „lebendigen Symbol“ des Staates[10] erwarten: vom Bundespräsidenten, der durch die Instrumente seines Amtes – Repräsentation, symbolische Akte und öffentlich gehaltene Reden – das politische Klima entscheidend zu prägen vermag. Noch stärker als der erste deutsche Bundespräsident, Theodor Heuss, wirkte der dritte, Gustav Heinemann, auf dem Gebiet der Geschichtspolitik. Heinemann besaß einen ausgeprägt politischen Zugang zur Geschichte. Historie und Tradition waren für ihn Aktionsfelder, in die es einzugreifen galt. Er hatte der ersten Phase der Bundesrepublik mit großer Reserve gegenübergestanden, war einer der erbittertsten innerparteilichen Gegner von Konrad Adenauer und dessen vorbehaltloser Westpolitik gewesen, hatte dann bei der Bundestagswahl von 1953 mit seiner eigenen Gesamtdeutschen Volkspartei völligen Schiffbruch erlitten und war daraufhin in die SPD eingetreten. Wie viele der «Wiedervereinigungssektierer»[11] aus den 50er Jahren ist Heinemann später zum Förderer einer Art von «Bundesrepublikanisierung», also einer Selbstanerkennung der Bundesrepublik geworden, die er auch mittels eines eigenen historischen Gedächtnisses unterstützen wollte, das es mit nachhaltigen geschichtspolitischen Initiativen zu erzeugen galt.

Den Auftakt dazu hätte der Bundespräsident nicht geschickter wählen können. Am 13. Februar 1970, nur ein gutes halbes Jahr nach Amtsantritt, sprach er bei der Schaffermahlzeit im Bremer Rathaus, die auf eine jahrhundertealte, ehrwürdige Tradition zurückblicken konnte. Bei der Veranstaltung, die nach eigentümlichen Riten ablief, versammelten sich mit dem Nimbus der Exklusivität einige Mäzenaten. Heinemann, der unter Konservativen als «Bilderstürmer» galt,[12] stimmte zunächst ein Hohelied auf die Tradition an, kam dann aber rasch zum Kern: «Traditionen sind [...] keineswegs das Privileg konservativer Kräfte. Noch weniger gehören sie in die alleinige Erbpacht von Reaktionären, obgleich diese am lautstärksten von ihnen reden.» Überall fand Heinemann in der deutschen Geschichte Freiheitsbewegungen: die Bauernaufstände im 16. Jahrhundert, das Hambacher Fest von 1832, die Revolution von 1848/49; dies alles hielt er für einen «ungehobene[n] Schatz», der es verdiene, im Bewußtsein der Deutschen verankert zu werden. Einer demokratischen Gesellschaft stehe es schlecht zu Gesicht, wenn sie in Revolutionären nichts anderes als meuternde Rotten sehen wollte, die von der Obrigkeit schnell gezähmt und in Schranken verwiesen wurden. «Es ist Zeit, daß ein freiheitlich-demokratisches Deutschland unsere Geschichte bis in die Schulbücher hinein anders schreibt.»[13]

Damit war ein Thema auf die öffentliche Agenda gesetzt, das die folgenden Jahre bestimmen sollte: Der im Grundgesetz vorgezeichnete Demokratisierungsprozeß müsse endlich in Schwung gebracht werden, und dies sei mit einer «Untertanengesinnung» nicht vereinbar. Freiheitliche Traditionen, staatsbürgerliches Selbstbewußtsein, Bürgertugenden, soziale und emanzipatorische Bewegungen – daran habe es in der Ära Adenauer gemangelt. Nicht nur die Rechts-, auch die Sozialstaatlichkeit der Bundesrepublik sollte nun ernstgenommen werden. Die zweite deutsche Demokratie stand, so legte es die sozialliberale Koalition nahe, erst am Anfang einer wirklich freiheitlichen Periode deutscher Geschichte. Dies stellte die demokratiepolitische Seite von Heinemanns Geschichtspolitik dar.

Im Januar 1971 trat die nationalpolitische Komponente hinzu. Heinemann fuhr noch schwereres Geschütz auf; der Konflikt eskalierte. Den 100. Jahrestag der deutschen Reichsgründung nutzte der Bundespräsident im Deutschen Fernsehen zu einer geschichtspolitisch grandios inszenierten Abrechnung mit Bismarcks Schöpfung. Heinemann, der «Bürgerpräsident», plazierte sich vor einer bildschirmfüllenden Reproduktion des gründungsmythisch bedeutsamen Gemäldes von Anton von Werner «Die Kaiserproklamation von Versailles».[14] Distinguiert gab das demokratische Staatsoberhaupt kund, daß ihm «nicht nach einer Hundertjahrfeier zumute» sei, denn Anlaß zum Feiern bestehe nicht. Bei der Ausrufung des Deutschen Reiches sei keiner der Teilnehmer der Revolution von 1848/49 dabeigewesen; Männer wie August Bebel und Wilhelm Liebknecht darbten damals in Gefängnissen; nur Fürsten, Generäle und Hofbeamten, keine Volksvertreter, hätten sich in Versailles eingefunden. Heinemann sah also das deutsche Nationalbewußtsein einseitig an monarchisch-konservative Kräfte gebunden; auf die deutsche Einheit sei keineswegs die Freiheit der Staatsbürger gefolgt. Der Bundespräsident forderte die Millionen von Zuschauern auf, ihr Geschichtsbild zu überprüfen und gegebenenfalls zu revidieren, denn, so schloß er: «Hundert Jahre Deutsches Reich – dies heißt eben nicht einmal Versailles, sondern zweimal Versailles, 1871 und 1919, und dies heißt auch Auschwitz, Stalingrad und bedingungslose Kapitulation.»[15]

Kaum waren die Fernsehkameras ausgeschaltet, brach ein Sturm der Entrüstung los. Die christlich-demokratische Union warf dem Präsidenten Amtsmißbrauch vor. Franz Josef Strauß hielt Heinemanns Kontinuitätsthese für sozialdemokratische Geschichtsklitterung; für diesen «Polit-Essay» müßten sich die Deutschen schämen.[16] Der Bundespräsident wurde mit dem Anwurf konfrontiert, er habe sich mit seiner Rede von Deutschland verabschiedet, das Wort von der «Reichsfeindschaft» und vom «vaterlandslosen Gesellen» machte die Runde. Herbert Wehner, Fraktionsvorsitzender der SPD, erinnerte zornentbrannt daran, daß schon einmal ein deutscher Präsident Opfer einer «öffentlichen Diffamierung» und Rufmordkampagne von rechts geworden sei: Friedrich Ebert.[17] Heinemann selbst hatte knapp vierzehn Tage später Gelegenheit, auf die Vorwürfe einzugehen: In seiner Gedenkrede zum 100. Geburtstag von Friedrich Ebert warnte er mit Blick auf die Deutschlandpolitik der sozialliberalen Koalition vor einer neuen Dolchstoßlegende: Wie zur Zeit Eberts müsse die Rechnung für den verlorenen Krieg wieder von denjenigen gezahlt werden, die keine Schuld auf sich geladen hätten – er spielte damit auf die Anerkennung der deutschen Zweistaatlichkeit und den Verlust der Ostgebiete an.[18] Rainer Barzel, Vorsitzender der CDU/CSU-Bundestagsfraktion, quittierte dies umgehend mit der Bemerkung, die Union gedenke Ebert als eines Mannes, der in schwerster Zeit die Einheit der Nation bewahrt habe – Heinemann hingegen gebe sie auf, so lautete die logische, wenn auch unausgesprochene Konsequenz seines Diktums.[19]

Diese geschichtspolitische Polarisierung, die mit Skandalisierungen und Diffamierungen einherging, ist nur vor dem Hintergrund der Kontroverse um die Neue Ostpolitik der Regierung Brandt/Scheel verständlich, die bis vor das Bundesverfassungsgericht getragen wurde. Sie hatte auch mehrere geschichtspolitische Dimensionen, darunter die Prämisse, daß die Teilung Deutschlands das durch Deutsche selbstverschuldete (aber nicht zwangsläufig unaufhebbare!) Urteil der Geschichte darstellte. Das Unheil begann in dieser Lesart nicht erst 1945 durch die Entscheidungen der Alliierten, sondern 1933, und dieses Katastrophendatum wiederum stand in der Kontinuität der deutschen Geschichte seit 1870/71. Die Positionslichter der Kontroverse waren 1848 und 1871. Der Grundlagenvertrag mit der DDR von 1972, so spitzte die CDU/CSU-Opposition ihre Ablehnung der Anerkennung der faktischen Zweistaatlichkeit zu, bedeute die Liquidierung des Bismarckreiches im 101. Jahr seines Bestehens, freilich in den Grenzen von 1937. Sie forderte ein Festhalten an der deutschen Staatsnation, wie sie sich nach 1871 entwickelt hatte.[20] Am Grabe Bismarcks in Friedrichsruh bei Hamburg betonte der CDU-Vorsitzende Kurt Georg Kiesinger, daß die Reichsgründung zwar nicht mit demokratischen Mitteln geschehen sei, gleichwohl aber dem Willen des deutschen Volkes entsprochen habe.[21] CDU-Generalsekretär Bruno Heck steuerte zur Debatte über die Oder-Neiße-Grenze mit Polen im Südwestfunk die Bemerkung bei: «Das Mißtrauen gegenüber der Ostpolitik der Regierung Brandt ist mit Sicherheit nicht nur durch das Einschwenken auf das Konzept der Sowjetunion begründet; ich glaube, das Volk spürt die Geschichtswidrigkeit dieser Politik.»[22] Hingegen argumentierte die sozialliberale Koalition mit dem Begriff der Kulturnation. Die historischen und vor allem demokratischen Wurzeln des deutschen Nationalverständnisses wurden im Jahr 1848, kaum dagegen im Datum der Reichsgründung gesehen. 1848 war dabei so bedeutsam, weil hier die deutsche Nation erstmals als politische Willensgemeinschaft in Erscheinung trat. Die Substanz der Nation sollte also bewahrt werden, aber eine Nation mußte nicht auch im gleichen Staat leben.

Bald verknüpfte Heinemann die demokratie- und nationalpolitischen Komponenten miteinander.[23] Freiheit und Frieden hatten demzufolge Vorrang vor der Wiedervereinigung. Die nationale Einheit der Deutschen sei, so schrieb der Bundespräsident den Bundesbürgern ins Stammbuch, weder ein Idealfall noch der Normalfall gewesen. Einheit und Freiheit bedingten einander nicht, und Einheit sei auch kein Wert an sich. Mit einem Vergleich goß Heinemann einmal mehr ganz bewußt Öl ins Feuer: 1648 seien die Schweiz und die Niederlande endgültig aus dem Reich ausgeschieden, gefolgt 1866 von Österreich. Die Rückkehr zu einem deutschen Einheitsstaat sei nicht wünschenswert, vielmehr müsse es um «gute Nachbarschaft» gehen. Heinemann forderte für die Bürger der DDR ein Selbstbestimmungsrecht und legte nahe – so sahen es jedenfalls seine Kritiker –, daß es zu einer «Bi-Nationalisierung» Deutschlands gekommen sei.[24] An der Aufforderung des Grundgesetzes zur Wiedervereinigung mußte ihm zufolge festgehalten werden, doch solange diese verwehrt blieb, führte kein Weg daran vorbei, daß beide deutschen Staaten in einen «friedlichen und nachbarschaftlichen Wettbewerb um die bessere Ordnung der öffentlichen Dinge» eintraten.[25]

Freilich konnte sich die Bundesrepublik mit viel mehr Recht als der zweite deutsche Staat auf fortschrittliche Traditionen berufen. Die offiziellen Feierlichkeiten in der Bundesrepublik zum 125. Jahrestag der Revolution von 1848/49 hoben auf das Dreigestirn: Grundrechte, Verfassungsstaat und allgemeiner Staatsbürgerbegriff ab. Die Regierungsparteien SPD und FDP versuchten, diese Traditionslinie in einen Verfassungspatriotismus einfließen zu lassen als Identifikationsangebot für die Bürger mit der postnationalen Demokratie. Infolge des innenpolitischen Streits wurde 1973 jedoch davon abgesehen, die Revolution von 1848/49, wie ursprünglich geplant, aufwendig zu feiern, etwa mit Bürgerparaden, Böllerschüssen und der Wiedergabe von Redeschlachten in der Paulskirche. Verschiedene politische Eklats gaben der Befürchtung recht, die Feiern könnten durch linke Gruppen gestört werden.[26] Am Ziel allerdings, die Revolution aus dem Klammergriff der DDR zu befreien, wurde festgehalten. Auf Heinemanns Initiative hin wurde 1974 in Rastatt die «Erinnerungsstätte für die Freiheitsbewegungen in der deutschen Geschichte» eröffnet und der «Gustav-Heinemann-Preis für die Schuljugend zum Verständnis deutscher Freiheitsbewegungen» geschaffen.[27] Sozialdemokraten und Liberale begriffen «1848/49», zugespitzt formuliert, als Bürgerrechtsbewegung. In ihren Augen verfremdete die DDR solche freiheitlichen Bewegungen zu Entwicklungsstufen des kommunistischen Zwangsstaates. «Unerträglich ist es, daß wir dem durch eigene Untätigkeit Vorschub leisten und uns so einen Teil unserer Geschichte entwenden lassen.»[28] Für zahlreiche sozialliberale Politiker war das Wesentliche der Revolution eine Symbiose von rechtsstaatlichem Liberalismus und sozialradikaler Demokratie – womit das Leitmotiv der Bonner SPD-FDP- Koalition anklang.[29]

2. *Der bundesrepublikanische Diskurs in der Defensive: 1848/49 im Griff der DDR 1948/49–1973*

Politik und Wissenschaft in der DDR erschienen Heinemanns geschichtspolitische Initiativen als Gefahr für den eigenen staatssozialistischen Geschichtsdiskurs. Vom sozialistischen Wissenschaftsverständnis – in dem die Politik den Forschungsbetrieb dekretierte – wurde auf das der offenen Gesellschaft der Bundesrepublik zurückgeschlossen. «Bürgerliche» und «rechtssozialdemokratische Ideologen», so die Mutmaßung, hätten nun den Auftrag, Revolutionen und Freiheitsbewegungen für (national-)politische Zwecke zu mißbrauchen.[30]

In der Doktringesellschaft DDR ließen sich in der Tat Geschichtspolitik und Geschichtswissenschaft nicht auseinanderhalten. Geschichtspolitik als öffentlicher Prozeß, in dem konkurrierende Interessengruppen um Deutungshegemonie ringen, kannte die DDR nicht; hier war eine normative Konformität vorgegeben. Die DDR war eine «durchherrschte Gesellschaft», ohne Begrenzung der Staatsmacht, ohne Gewaltenteilung und unabhängige Justiz. Statt politisch-weltanschaulichen Pluralismus und eigenständige intermediäre Institutionen gab es moderne Massenbeeinflussung, Propaganda und Repression, Verführung und Terror. Die SED verfügte über das Machtmonopol und damit über über eine durch Hegemonie institutionalisierte Ideologie. Von einer öffentlichen Meinung konnte nicht gesprochen werden, geschweige denn von öffentlicher Auseinandersetzung. Die Bevölkerung verfügte zwar über eine «substitutive Öffentlichkeitschance» mit den elektronischen Medien der Bundesrepublik, und insofern gelang die informationelle Selbstabschließung des Regimes nicht. Aber die Informationen aus dem Westen konnten nur für die private Meinungsbildung genutzt werden, und sie waren in der Öffentlichkeit tabuisiert.[31] Geschichte unterstand der Prärogative der Politik. Ihr Auftrag hieß Legitimationsbeschaffung für den SED-Staat. Die Propagierung eines monistischen Geschichtsbildes gehörte zu den Instrumentarien der Herrschaftssicherung und -legitimierung. Der grundsätzliche Unterschied der DDR-Historiographie zur westlichen Wissenschaftstradition lag im Strukturelement der Parteilichkeit, das jeder Infragestellung entzogen war. Oberstes Prinzip war die «Einheit von Wissenschaftlichkeit und Parteilichkeit» in Form einer gegenseitigen Durchdringung; die Rechtmäßigkeit der DDR war damit zugleich geschichtliche Gesetzmäßigkeit.[32]

Für beide deutsche Staaten war Geschichtspolitik – vor allem mit den deutschlandpolitischen Themen Nation und deutsche Identität – eine kostengünstige Ressource im Systemkonflikt. Für den Legitimationserwerb des politischen Systems hatte allerdings die Geschichtspolitik für die DDR-Diktatur eine weit wichtigere Funktion als für die Bundesrepublik, die, wie alle Demokratien, ein breites Angebot an Legitimationsinstanzen besaß. Demokratie, Rechts- und Sozialstaatlichkeit waren seit der zweiten Hälfte der 60er Jahre die bestimmenden Instanzen, die eine hohe Identifikation der Bevölkerung mit der Bundesrepublik gewährleisteten. Der Bedarf an zusätzlichen Legitimationsanleihen blieb somit begrenzt. Erklärtes Ziel des SED-Regimes war der Versuch, ein spezifisches kulturelles Erbe zu formieren und nach der wirtschaftlichen, politischen und sozialen Teilung Deutschlands dann, seit Ende der 60er Jahre, nun auch die kulturelle Teilung voranzutreiben. Wegen der fehlenden politischen Teilhabe des Staatsvolkes war die DDR auf Integrationsmechanismen transpolitischer Art angewiesen wie den «Antifaschismus» oder allgemein historische Traditionen, die dem Staat das Prädikat «besseres Deutschland» verleihen sollten.[33]

Der Revolution von 1848/49 kam dabei eine herausragende funktionale Bedeutung zu. Das SED-Regime hatte seit dem Säkularjahr 1948/49 die Revolution mit einem gewaltigen öffentlichen Aufwand, ja einem Staatskult in ihren Traditionsbestand einverleibt und eine Linie vom Kommunistischen Manifest, den Barrikadenkämpfen und der sozialen Revolution des Volkes bis hin zur Entstehung des «Arbeiter- und Bauernstaates» gezogen.[34] Die traditionsstiftende Großoffensive hatte sich im Gründungsaufruf der KPD vom Juni 1945 angekündigt, und sie war ein knappes Jahr später bei der Zwangsvereinigung von KPD und SPD zur SED ebenso dienstbar gemacht worden wie bei der seit 1948 forciert vorangetriebenen Umwandlung der SED in eine Partei neuen Typs.[35] Nach der Gründung der DDR im Oktober 1949 erschien das Kommunistische Manifest von Marx und Engels wie deren antizipierte Geburtsurkunde. Mit Marx' Diktum beanspruchte die SED von Ost-Berlin aus propagandistisch, für eine «unteilbare deutsche Republik» zu streiten; wie vor hundert Jahren in Frankfurt, so säßen nun im Bonner Bundestag die Spalter. Die Polemik gegen die Paulskirche – etwa mithilfe Lenins Verdikt von der «Frankfurter Schwatzbude» – mündete in eine permanente Diffamierung der Bonner parlamentarischen Demokratie. In der Lesart der SED war die Revolution von 1848/49 am «Verrat» der Bourgeoisie sowie an mangelnder politischer Einsicht und «Feigheit» des Kleinbürgertums gescheitert. Bereits damals habe sich eines der Grundübel deutscher Geschichte abgezeichnet, das auch 1918 die Revolution abgewürgt habe: der «sozialdemokratische Opportunismus». Einzig legitime Erbin der Revolution von 1848/49 – wie überhaupt aller fortschrittlichen und humanistischen Traditionen – war in dieser sozialistischen Meistererzählung die revolutionäre Arbeiterbewegung: Der sozialistische deutsche Staat wurzele in der revolutionären Tradition und sei der historische Sieger, der sein Gesellschaftssystem in Anlehnung an das sowjetische erfolgreich umgestaltet habe, sich für eine friedliche Koexistenz von Staaten stark mache und als Förderer aller Freiheitsbewegungen in der Welt auftrete.[36]

In der frühen Bundesrepublik hingegen verknüpften sich Revolutionsgeschichte und Gegenwartsdeutung über drei Interpretationsmuster. Verfassungsstaat und Parlamentarismus – so das erste dieser Muster, das bereits in den Beratungen des Parlamentarischen Rates 1948/49 aufgekommen war – sollten zwei Pfeiler einer Brücke sein, die die Bundesrepublik mit der Paulskirche verband.[37] Zu diesem Interpretationsmuster traten zwei weitere, viel stärker zeitbedingte hinzu, die mit den Begriffen Verwestlichung und Antitotalitarismus bezeichnet werden können.[38] 1848/49 hatte sich der Schatten des Zaren Nikolaus I. weit über Europa gelegt, mit langfristig verhängnisvollen Folgen. Hundert Jahre später war es, viel weiter und viel bedrohlicher, derjenige Stalins. Seine Eindämmung, die Verteidigung der Freiheit sowie die vorbehaltlose Westbindung mußten die Antwort sein.

Vor diesem Hintergrund wurde die Wiedererrichtung der Paulskirche in Frankfurt am Main betrieben. 1944 zerstört, sollte die Vollruine nach dem Willen des Magistrats der Stadt zur 100-Jahr-Feier der Revolution wiederhergestellt sein, als «Symbol für ein neues Deutschland, an das sich eine Fülle von Hoffnungen und Wünschen knüpft», wie es im Beschluß vom November 1945 hieß.[39] Der Wiederaufbau, der als «Rückkehr Deutschlands in die Familie der Völker» und als Ausdruck der «inneren Bereitschaft zur Einkehr und Wandlung» gefeiert wurde,[40] stellte den westdeutschen Höhepunkt im Reigen der gesamteuropäischen Festivitäten zum Säkularjahr dar.[41] Die Ideen von 1848/49 in der heutigen Zeit zu vollenden, heiße nichts anderes – so der hessische Ministerpräsident

Christian Stock – als die «Freiheit tief in die Seele unseres Volkes zu verankern» und das «heilige Gut der demokratischen Freiheit mit allen Kräften zu verteidigen und es nie wieder herzugeben».[42] Freiheit, Demokratie und Weltbürgertum bündelten sich im Bekenntnis zur westlichen Wertegemeinschaft.

Die Deutung, wonach ein Erfolg der liberalen Revolution 1848/49 – mit anderen Worten, eine rechtzeitige Verwestlichung Deutschlands – den Weg in die Katastrophe hätte verhindern können, vermochte weit in die politische Sphäre der Bundesrepublik in der Adenauer-Ära auszustrahlen, weil sie sich mit der Totalitarismustheorie verzahnte. Zu bestätigen schien sich die These, daß 1848 das liberale Bürgertum von links und von rechts bedroht gewesen sei und daß die Radikalen gleichermaßen zu den Stammvätern des Nationalsozialismus und des Kommunismus gehörten. Diese doppelte Diktaturerfahrung – überwundener Nationalsozialismus und gegenwärtiges SED-Regime – drückte dem geschichtspolitischen Diskurs in der Bundesrepublik seinen unverwechselbaren Stempel auf.

In der Selbstverständigungsdebatte der Bundesrepublik spielte freilich die 48er Revolution insgesamt keine entscheidende Rolle. Das Bismarckreich, der vollendete Nationalstaat, war bis Mitte der 60er Jahre die unverbrüchliche Bezugsgröße. Er galt, gerade auch von offizieller Seite, als die bewahrenswerte deutsche Tradition, während das «Dritte Reich» als «Betriebsunfall» aus der Kontinuität deutscher Geschichte ausgebürgert wurde. Nur zweimal flackerte 1848/49 im Bewußtsein bundesdeutscher Politik und Öffentlichkeit auf. Zuerst anläßlich des Aufstandes vom 17. Juni 1953 in der DDR, wo häufig die Linie von den revolutionären Arbeitern 1848/49 zu den aufständischen Bauarbeitern auf der Stalinallee gezogen wurde.[43] Sodann als die Kampagne gegen die Pariser Verträge und für den Vorrang der Wiedervereinigung in die von SPD und DGB unterstützte außerparlamentarische «Paulskirchen-Bewegung» mündete, die 1954 ein «Deutsches Manifest» gegen Westbindung und Verteidigungsbeitrag vorlegte. Aber die erhoffte Volksbewegung zugunsten gesamtnationaler, wiedervereinigungspolitischer Aktivitäten scheiterte daran, daß die Bundesbürger für dieses Ziel nicht zu bewegen waren. So war also, abgesehen vom Symbol der Paulskirche, die Revolution von 1848/49 aus dem öffentlichen Bewußtsein der Bundesrepublik bis zu Beginn der 70er Jahre völlig verdrängt, genauer: Sie wurde der DDR überlassen, die sie fest in ihrem herrschaftslegitimatorischen Klammergriff behielt und mit ihr gegen die «bürgerlichen Volksverräter», die «nationalen Spalter» und allgemein gegen die Institutionen der parlamentarischen Demokratie argumentierte.

3. Vereinigungskrise: Zwei Geschichtskulturen im vereinigten Deutschland

In der Bundesrepublik erregten die geschichtspolitischen Initiativen des Bundespräsidenten Gustav Heinemann nicht nur in der politischen, sondern auch in der wissenschaftlichen Arena erhebliches Aufsehen. Konservative Historiker unterstellten dem Bundespräsidenten eine Verherrlichung des Umsturzes, der zu einem anarchistischen Aufstand gegen den freiheitlichen Staat umfunktioniert werden könne. Heinemanns Oberlehrer-Ton wurde von fast allen Historikern für eine Zumutung und für eine Beleidigung der Zunft gehalten.[44] Die kritische Geschichtswissenschaft aber entdeckte nun die Revolution von 1848/49. Bis Ende der 80er Jahre kam es zu einer massiven Ausweitung und Pluralisierung der Revolutionsforschung.[45] In der politischen Sphäre blieb 1848/49 ebenfalls präsent. Die Revolution wurde zwar nicht in dem Maße zu einem staatsbürgerlichen Bezugspunkt, wie es sich die Befürworter eines Verfassungspatriotismus gewünscht hatten, aber die positiven Traditionen von 1848 blieben in der Erinnerung: die Grundrechte, der bürgerliche Verfassungsstaat, die Geburtsstunde des deutschen Parlamentarismus, die Vorzüge der Bundesstaatlichkeit, der allgemeine Staatsbürgerbegriff, im Fazit also eine zugleich liberale und demokratische Ordnung des Politischen. Das angenommene endgültige Ende des deutschen Nationalstaats und die Suche nach Brüchen in der deutschen Vergangenheit haben 1848/49 in der Diskussion gehalten und ebenso die Vermutung, dort könne der Nationalidee im Stande der politischen Unschuld begegnet werden. Nach der politischen «Wende» von 1982 zogen die oppositionellen Sozialdemokraten eine klare Linie von 1848/49 zur Entstehung der SPD. Auf die Revolution durfte sich nach ihrem Dafürhalten nicht berufen, wer sich dem Prinzip «Mehr Demokratie wagen» versagte.[46] Für die regierenden Konservativen avancierte Geschichte demgegenüber zum Stichwortgeber für das Erreichte. Die in ihr enthaltenen Hoffnungen und Utopien waren in dieser geschichtspolitischen Version entweder erfüllt oder aber widerlegt, sie selbst nurmehr Staffage für die Reflexion darüber, wie gut die Gegenwart sei. Die gesamtnationalen Deklamationen konnten nicht verdecken, daß in der Ära Kohl eine bis dahin unerreichte Affirmation der Bundesrepublik Deutschland stattgefunden hatte.

Das Erbe einer vierzigjährigen Teilung der Vergangenheit und der historischen Erinnerung beeinflußt die Gegenwart des neuen deutschen Nationalstaates nachhaltig. Die Revolution von 1848/49 war ein zentraler geschichtspolitischer Kristallisationspunkt der Systemkontroverse und ragt als solcher in die neue Bundesrepublik hinein. Ein wesentlicher Erklärungsfaktor für die Entfremdung unter den vereinten Deutschen und die weiter bestehende Vereinigungskrise ist, daß zwei Gesellschaften mit unterschiedlichen Geschichtskulturen zusammengekommen sind, Geschichtskulturen, die Einstellungen, Denkmuster und Erfahrungshorizonte der Menschen – wie ihr Geschichtsbewußtsein – geprägt haben. Die Geschichte der Bundesrepublik wird im Westen Deutschlands als große Erfolgsgeschichte erzählt. Parlamentarismus, freiheitliche und soziale Bürgerrechte stehen in der Rangordnung der Bundesbürger West oben an. Im Osten hingegen schlägt ein starkes Ressentiment gegen parlamentarisch-repräsentative Politikformen durch. Westdeutsche politische Parteien können in der Gesellschaft Ostdeutschlands kaum Fuß fassen. Für Ostdeutsche rangiert Gleichheit vor individueller Freiheit; bei Westdeutschen gilt das umgekehrte Verhältnis.[47] Die Omnipräsenz des Historischen hatte in der DDR eine Art von «zweiter Realität» geschaffen.[48] Vermittels eines Geschichtsbildes, das egalitäre Massenbewegungen und Revolutionen gegen «volksfeindliche» Haltungen des kapitalistischen Bürgertums und den «parlamentarischen Kretinismus» setzte, konnte der Glaube an die Legitimität des Realsozialismus gedeihen. Im Westen Deutschlands war es zu einer Art Bundesrepublikanisierung des Geschichtsbildes gekommen, das 1989 seinen Höhepunkt erreicht hatte, bevor die postnationale Demokratie unverhofft vom Nationalstaat eingeholt wurde. Heute steht die Vereinigungsgesellschaft vor einer schwierigen Aufgabe. Ein einheitliches Geschichtsbild kann und darf es in einer pluralistischen Gesellschaft nicht geben. Aber ein mehr oder minder übereinstimmendes Bild seiner Vergangenheit benötigt jedes Gemeinwesen. Unversöhnlich einander gegenüberstehende Geschichtsbilder von Teilkulturen können – zumal dann, wenn sie auf Legenden beruhen – den Grundkonsens der Nation auszehren. So gesehen bedarf eine demokratische Geschichtskultur der Pflege – durch kritische Intellektuelle, aber auch durch Politiker.

Anmerkungen

1 Forschungsüberblicke und neuere Darstellungen: *Dieter Langewiesche*, Die deutsche Revolution von 1848/49 und die vorrevolutionäre Gesellschaft. Forschungsstand und Forschungsperspektiven, in: Archiv für Sozialgeschichte 21 (1981), 458–498 (Teil I) und 31 (1991), 331–443 (Teil II); *Wolfram Siemann*, Die Revolution von 1848/49. 5. Aufl. Frankfurt/M. 1993; *Hans-Ulrich Wehler*,

Deutsche Gesellschaftsgeschichte. Bd. 2: Von der Reformära bis zur industriellen und politischen «Deutschen Doppelrevolution», 1815–1845/49. München 1987; *Wolfgang Hardtwig* (Hrsg.), Revolution in Deutschland und Europa 1848/49. Göttingen 1998; *Dieter Dowe/Heinz-Georg Haupt/Dieter Langewiesche* (Hrsg.), Europa 1848 – Revolution und Reform. Bonn 1998; *Christoph Dipper/Ulrich Speck* (Hrsg.), 1848. Revolution in Deutschland. Frankfurt/M. 1998.

2 Die Eliten des Deutschen Kaiserreichs hatten in 1848/49 zumeist eine Sackgasse der deutschen Geschichte gesehen, bestenfalls aber ein gescheitertes Vorspiel zur erfolgreichen Reichsgründung von oben durch Bismarck. Hingegen war die Sicht vieler bürgerlicher Demokraten und vor allem der Sozialdemokraten geprägt gewesen von einer Fundamentalkritik am Kaiserreich. Die alljährlichen, machtvollen Märzfeiern der Sozialdemokraten in Erinnerung an die Barrikadenkämpfer von Berlin waren zentraler Bestandteil der Gegenkultur zur offiziellen Staatssymbolik des Kaiserreichs gewesen, auf denen die als «Reichsfeinde» Stigmatisierten ihr Kontrastbild zur Gegenwart modelliert und ihre Zukunftshoffnungen beschworen hatten. In der Weimarer Republik waren die «Ideen von 1848» für die Demokraten zum Fluchtpunkt zwischen den politischen Extremen von links und rechts geworden, und die Grundrechte der Paulskirchen-Verfassung hatten eine Würdigung als Magna Charta des deutschen Volkes gefunden. Der Märzfeiern als Sinnbild revolutionärer Massenaktivität hatte sich nun die KPD bemächtigt. Im «Dritten Reich» wiederum propagierten die Nationalsozialisten die «Machtergreifung» und den «Anschluß» Österreichs als großdeutsche Vollendung der kleindeutsch halbierten Revolution von 1848. Siehe *Dieter Langewiesche* (Hrsg.), Die Deutsche Revolution von 1848/49. Darmstadt 1983, 1 ff.

3 Diese betraf keineswegs allein das «Dritte Reich» und den Widerstand gegen den Nationalsozialismus, wie die mittlerweile zahlreichen Forschungen leicht nahelegen könnten. Siehe *Jürgen Danyel* (Hrsg.) Die geteilte Vergangenheit. Zum Umgang mit Nationalsozialismus und Widerstand in beiden deutschen Staaten. Berlin 1995; *Peter Reichel*, Politik mit der Erinnerung. Gedächtnisorte im Streit um die nationalsozialistische Vergangenheit. München/Wien 1995; *Jeffrey Herf*, Divided Memory. The Nazi Past in the Two Germanys. Cambridge Mass. 1997.

4 *M. Rainer Lepsius*, Das Erbe des Nationalsozialismus und die politische Kultur der Nachfolgestaaten des «Großdeutschen Reiches», in: ders., Demokratie in Deutschland. Soziologisch-historische Konstellationsanalysen. Göttingen 1993, 229.

5 So gebraucht Jürgen Habermas den Begriff, vgl. dessen Laudatio für D.J. Goldhagen, Die Zeit, 14. 3. 1997.

6 Das Feld kann hier nur sehr knapp umrissen werden. Wissenschaft und Politik gehen unterschiedliche Wege; Politik, die eine viel größere Reichweite als die Wissenschaft hat, arbeitet mit (notwendigen) Vereinfachungen und Verkürzungen, mit einer Komplexitätsreduktion; sie bevorzugt ferner eine Selektivität und Partikularität. Zwischen Geschichtspolitik und Geschichtswissenschaft besteht somit einerseits ein Spannungsverhältnis; andererseits kommt freilich auch eine Doppelseitigkeit zum Ausdruck insofern Historie als «Geschichte in Politik» selektiv verwertet oder Historie in Form von «Ge-

schichte als Politik» in Deutungen zur aktuellen Disposition gestellt werden kann. Auch in der historisch-politischen Fachdiskussion können also geschichtspolitische Dimensionen durchschlagen und von dort aus in die Öffentlichkeit ausstrahlen. Die Nähe zu politischen Kontroversen zeigt dabei an, ob eine Debatte bereits im Ursprung ein geschichtspolitischer Vorgang war – wie der «Historikerstreit» – oder sich zu einem solchen erst entwickelte – wie die Fischer-Kontroverse. Ausführlichere Überlegungen in meiner Habilitationsschrift: Geschichtspolitik in der Bundesrepublik Deutschland. Der Weg zur bundesrepublikanischen Erinnerung. Darmstadt 1999.

[7] Dieser bekannte Titel des Buches von Alfred Heuß, das schon 1959 erschienen war, wurde als Schlagwort in der Debatte häufig aufgenommen.

[8] Siehe den Sammelband *W. Oelmüller* (Hrsg.), Wozu noch Geschichte? München 1977. Außerdem *Reinhart Koselleck*, Wozu noch Historie?, in: Historische Zeitschrift 212 (1971), 1–18; aus der publizistischen Debatte etwa *Jürgen Kocka*, Wozu noch Geschichte?, in: Die Zeit, Nr. 9., 3. 3. 1972.

[9] *Richard Löwenthal*, Vom kalten Krieg zur Ostpolitik, in: ders./Hans-Peter Schwarz (Hrsg.), 25 Jahre Bundesrepublik Deutschland – eine Bilanz. Stuttgart 1974, 693.

[10] *Theodor Eschenburg*, Zur politischen Praxis in der Bundesrepublik. Bd. I. München 1964, 130.

[11] So eine zeitgenössische Bezeichnung, die namentlich sozialdemokratische Verfechter eines gesamtdeutschen Nationalstaats meinte, vgl. Der Spiegel, 4. 5. 1955, «Wer reist nach Berlin?». Siehe auch *J. Müller*, Die Gesamtdeutsche Volkspartei. Entstehung und Politik unter dem Primat nationaler Wiedervereinigung 1950–1957. Düsseldorf 1990.

[12] Aus dieser Perspektive porträtiert ihn auch *Wolfgang Jäger*, Die Innenpolitik der sozial-liberalen Koalition 1969–1974, in: Karl Dietrich Bracher/Wolfgang Jäger/Werner Link, Republik im Wandel 1969–1974. Die Ära Brandt. Stuttgart 1986, 155 ff.

[13] Rede abgedruckt in: *Christoph Stölzl* (Hrsg.), Deutsches Historisches Museum. Ideen – Kontroversen – Perspektiven. Frankfurt/M., Berlin 1988, 28 ff.

[14] In fast allen großen Tageszeitungen wurden dieses Bild und Heinemanns Rede abgedruckt. Außerdem in einem Heftchen der Bundeszentrale für politische Bildung: *Gustav W. Heinemann*, Zur Reichsgründung 1871. Zum 100. Geburtstag des ersten Deutschen Reichspräsidenten Friedrich Ebert. Bonn 1971.

[15] Ebd. 4.

[16] Süddeutsche Zeitung, 21. 1. 1971, «Strauß attackiert Heinemann».

[17] Bild-Zeitung, 21. 1. 1971, «CDU: Da staunen doch wohl selbst die Genossen».

[18] Süddeutsche Zeitung, 5. 2. 1971, «Heinemann warnt vor ‹Dolchstoßlegende›».

[19] Ebd.

[20] Zur Neuen Ostpolitik siehe *Peter Bender*, Die «Neue Ostpolitik» und ihre Folgen. Vom Mauerbau bis zur Wiedervereinigung. 3. Aufl. München 1995; *Timothy Garton Ash*, Im Namen Europas. Deutschland und der geteilte Kontinent. München 1993.

[21] Neue Zürcher Zeitung, 18. 1. 1971, «Deutsche Rückblicke auf die Reichsgründung».

[22] Ebd.

[23] So anläßlich der 450. Wiederkehr des Wormser Reichstags, als er mit den obrigkeitsverherrlichenden Tendenzen des deutschen Protestantismus und der borussisch-protestantischen Sonderwegs-Ideologie des Deutschen Kaiserreichs ins Gericht ging. Vgl. Bulletin des Presse- und Informationsamtes der Bundesregierung, Nr. 59, 20. 4. 1971, 613 ff. Diesen Tenor nahm er im Oktober 1973 wieder auf. Vgl. seine Ansprache zum 325. Jahrestag des Westfälischen Friedens in Münster und Osnabrück. Siehe z. B. Kölnische Rundschau, 26. 10. 1973, «Einheit ist kein Wert an sich».

[24] Zur späteren Bi-Nationalisierungs-Kontroverse in der Bundesrepublik siehe *Heinrich August Winkler*, Nationalismus, Nationalstaat und nationale Frage in Deutschland seit 1945, in: ders./Hartmut Kaelble (Hrsg.), Nationalismus – Nationalitäten – Supranationalität. Stuttgart 1993, 22 ff.

[25] Kölnische Rundschau (wie Anm. 23).

[26] In der Autorenlesung «Revolution und Literatur», die in der Paulskirche stattfand, verquickte der Schriftsteller Ernst Herhaus Texte des Dichters Ferdinand Freiligrath mit Angriffen gegen die Bundesregierung und sah eine Parallele zwischen der Verfolgung der 48er Revolutionäre und der inhaftierten Terroristin Ulrike Meinhof. Bereits unmittelbar nach Beginn der Autorenlesung mit insgesamt zehn Schriftstellern hatte die maoistische KPD die Feier mit politischen Parolen gestört. Frankfurts Kulturdezernent Hilmar Hoffmann (SPD) hatte alle Mühe, die Veranstaltung zu Ende zu bringen. Vgl. u. a. Frankfurter Rundschau, 21. 5. 1973, «Ruhesitz. Paulskirchen-Revolutionsfeier 1973».

[27] In Rastatt hatte die badische Mairevolution von 1849 begonnen. Später waren dort Revolutionäre standrechtlich zum Tode verurteilt worden. Ansprache des Bundespräsidenten zur Eröffnung der Erinnerungsstätte: *Gustav W. Heinemann*, Die Freiheitsbewegungen in der deutschen Geschichte, in: Geschichte in Wissenschaft und Unterricht 25 (1974), 601–606. Zur Kritik am Museum: *Hartmut Boockmann*, Die «Erinnerungsstätte für die Freiheitsbewegungen in der deutschen Geschichte» in Rastatt, in: Geschichte in Wissenschaft und Unterricht 28 (1977), 285–291. Der erste, von der Körber-Stiftung geförderte Schülerwettbewerb, hatte die deutsche Revolution von 1848/49 zum Thema.

[28] Ebd. (Heinemann), 606.

[29] Das betraf insbesondere auch liberale Vertreter der «Freiburger Thesen», die einen «demokratischen und sozialen Liberalismus» von Rousseau bis Naumann, von Kant bis Keynes herleiteten, eine Demokratisierung der Gesellschaft und eine Reform des Kapitalismus forderten. Linksliberale wie Bundesinnenminister Werner Maihofer überhöhten die Freiburger Thesen und das Bündnis mit den Sozialdemokraten geradezu geschichtsphilosophisch. Vgl. etwa Maihofers Reflexionen zur ersten deutschen Republik, die 1848 im badischen Lörrach proklamiert worden war, in: Süddeutsche Zeitung, 27. 6. 1974.

[30] *Horst Bartel/Walter Schmidt*, Neue Probleme der Geschichtswissenschaft in der DDR. Zur bisherigen Auswertung des VIII. Parteitages der SED durch die Historiker, in: Zeitschrift für Geschichtswissenschaft 1972, 817.

[31] *Jürgen Kocka*, Ein deutscher Sonderweg. Überlegungen zur Sozialgeschichte der DDR, in: ders., Vereinigungskrise. Zur Geschichte der Gegenwart. Göttingen 1991, 104. Zum folgenden auch *M. Rainer Lepsius*, Die Institutionenordnung als Rahmenbedingung der Sozialgeschichte der DDR, in: *Hartmut Kaelble/Jürgen Kocka/Hartmut Zwahr* (Hrsg.), Sozialgeschichte der DDR. Stuttgart 1994, 17–29; *Richard Bessel/Ralph Jessen* (Hrsg.), Die Grenzen der Diktatur. Staat und Gesellschaft in der DDR. Göttingen 1996.

[32] Wichtige historische Fragen wurden durch Entschluß des Politbüros geklärt. Allerdings hat es unter herrschaftspragmatischen Aspekten erhebliche Wandlungen des Geschichtsbildes im Verlauf der Existenz der DDR gegeben, die jedoch häufig nicht ohne intellektuelle Klimmzüge zu bewerkstelligen waren. Siehe *Martin Sabrow* (Hrsg.), Verwaltete Vergangenheit. Geschichtskultur und Herrschaftlegitimation in der DDR. Leipzig 1997; *Sigrid Meuschel*, Legitimation und Parteiherrschaft in der DDR. Frankfurt/M. 1992, 59ff, 283ff.

[33] Siehe *M. Rainer Lepsius*, Die Teilung Deutschlands und die deutsche Nation, in: ders., Demokratie in Deutschland (wie Anm. 4), 196–228.

[34] Vgl. die Titelseiten des Neuen Deutschland, 17. 3. und 20. 3. 1948.

[35] Im Gründungsaufruf hieß es: «Mit der Vernichtung des Hitlerismus gilt es gleichzeitig, die Sache der Demokratisierung Deutschlands, die Sache der bürgerlich-demokratischen Umbildung, die 1848 begonnen wurde, zu Ende zu führen [...]» Zit. nach. *Rolf Steininger*, Deutsche Geschichte seit 1945. Bd. 1. Frankfurt/M. 1996, 188.

[36] Illustrierte Geschichte der deutschen Revolution 1848/49. Berlin (Ost) 1973. Seit dem Wechsel von Ulbricht zu Honecker 1971 gab es erhebliche Wandlungen, was den Standort der DDR anlangte. Die Verfassungsänderung von 1974 eleminierte alle Passagen, die auf die deutsche Einheit ausgerichtet waren. Statt dessen wurde die Theorie entworfen, daß sich in Deutschland nicht nur zwei Staaten, sondern zwei Nationen – Klassennationen – herausgebildet hätten. Statt deutscher Einheit wurde nun die sozialistische Gemeinschaft zum Bezugspunkt. Davon rückte man bald wieder ab und bemühte sich um eine emotionale Renaissance der wieder stärker «deutschen» Nation DDR, was seit Beginn der 80er Jahre in die «Tradition und Erbe»-Konzeption mündete, die sich dann durch eine differenziertere Forschungsentwicklung auszeichnete, was sich allerdings auf die massenmediale Vermittlung nur bedingt auswirkte.

[37] Siehe *Jörg-Detlef Kühne*, Die Reichsverfassung der Paulskirche. Vorbild und Verwirklichung im späteren deutschen Rechtsleben. Frankfurt/M. 1985.

[38] Hans Rothfels, der in den 30er Jahren nach Amerika hatte emigrieren müssen und in den 50er Jahren nach Deutschland zurückkehrte, schlug diesen Ton an. Für ihn bedeutete 1848 der weltgeschichtliche Wendepunkt in den Ost-West-Beziehungen. Damals sei es um die Schlüsselfrage gegangen, ob Mitteleuropa mit eigenen föderalen Strukturen zwischen Ost und West, aber auf der normativen Wertebasis einer freiheitlichen Gesellschaft, entstehen konnte. Damit wäre der Kontinent stabilisiert worden. Nach dem Zweiten

Weltkrieg, so Rothfels weiter, stellte Mitteleuropa ein Vakuum dar, in das die Sowjetunion mit ihrem ideologischen Kreuzzug hineingestoßen sei, die hinter dem Eisernen Vorhang eine «De-Westernisierungspolitik» betreibe. Der Westen agierte in den Augen Rothfels' zu defensiv und konnte seine politischen und ökonomischen liberalen Prinzipien nur mit Mühe gegen den totalitären Angriff schützen. Vgl. *Hans Rothfels*, 1848 – One Hundred Years After, in: The Journal of Modern History XX (1948), 291–319.

39 Vgl. Stadtkanzlei Frankfurt, Büro Paulskirche (Hrsg.), 1848–1948. Deutschlands Paulskirche. Frankfurt/M. 1948, 27.

40 Ebd. 13.

41 Siehe Atti e memorie del XXVII Congresso Nazionale de'll Istituto per la storia del Risorgimento italiano (Milano 19.–21. marzo 1948); *F. Fejtö* (Hrsg.), The Opening of an Aera: 1848. An Historical Symposion. London 1948; Actes du Congrès Historique du Centenaire de la Révolution de 1848. Paris 1948.

42 Die Paulskirche, so Frankfurts Oberbürgermeister Walter Kolb, sei nicht nur allen Deutschen, sondern ebenso allen Europäern ein «heiliges Monument», nicht nur eine «Ruhmesstätte der deutschen Demokratie», sondern ein «Denkmal deutscher und europäischer Geisteshaltung und Größe». Vgl. Deutschlands Paulskirche (wie Anm. 39), 11.

43 Siehe *Edgar Wolfrum*, Geschichtspolitik und deutsche Frage. Der 17. Juni im nationalen Gedächtnis der Bundesrepublik, in: Geschichte und Gesellschaft, 24 (1998), 381–410.

44 Vgl. *Immanuel Geiss*, Geschichte bis in die Schulbücher, in: Heinrich Böll/Heinz Gollwitzer/Carlo Schmid (Hrsg.), Anstoß und Ermutigung. Gustav W. Heinemann. Bundespräsident 1969–1974. Frankfurt/M. 1974, 37–55.

45 Vgl. die umfänglichen Sammelrezensionen von *Dieter Langewiesche* (wie Anm. 1).

46 So Willy Brandt anläßlich der 150. Wiederkehr des Hambacher Festes. Vgl. Frankfurter Rundschau, 17. 5. 1982, «Brandt: Hambach verschenkt».

47 *Jürgen Kocka*, Geteilte Erinnerungen. Zweierlei Geschichtsbewußtsein im vereinten Deutschland, in: Blätter für deutsche und internationale Politik, (1998), 104–111.

48 Vgl. *Martin Sabrow*, Geschichtskultur und Herrschaftslegitimation. Der Fall DDR, in: ders. (Hrsg.), Verwaltete Vergangenheit (wie Anm. 32), 15. Zu den Folgen der Nachwirkungen alter DDR-Geschichtsbilder *Heinrich August Winkler*, Kein Bruch mit Lenin. Die Weimarer Republik im Geschichtsbild von SED und PDS, in: ders., Streitfragen der deutschen Geschichte. München 1997, 107–122.

Die verhinderte Rebellion. Bauern, Genossenschaften und SED im Umfeld der Juni-Krise 1953 in der DDR

Ulrich Kluge

Die Geschichte der Landwirtschaft und der ländlichen Gesellschaft Deutschlands im 20. Jahrhundert ist die Geschichte eines langen und komplizierten Abschieds von traditionellen Arbeits- und Lebensweisen.[1] Im westlichen Deutschland verläuft dieser Abschied nun bereits seit über fünfzig Jahren in unterschiedlichen Etappen und mit deutlicher Verzögerung. In der DDR war dieser Abschied kurz und gewaltsam. In beiden Fällen handelte es sich um eine Geschichte der verpaßten Chancen einer behutsamen sozial- und kostenverträglichen Anpassung der Landwirtschaft an die moderne Volkswirtschaft. Im ländlichen Wirtschafts- und Gesellschaftsmilieu des 20. Jahrhunderts vollzog sich ein säkularer Wechsel traditioneller Verhältnisse: Im Vergleich zu anderen Wirtschaftssektoren erlebte die Landwirtschaft unter dem Einfluß verschiedener, zumeist widersprüchlicher Wirkungskräfte aus Wirtschaft, Politik, Gesellschaft und Kultur den umfassendsten Strukturwandel.

Die tiefgreifenden Veränderungen in den ländlichen Lebensregionen blieben lange weithin unbekannt. Die Konzentration auf die Industriegesellschaft, die Fabrikwelt und die städtischen Lebensverhältnisse verdrängte die ländliche Gesellschaft und bäuerliche Wirtschaftsweisen aus dem öffentlichen Blickfeld. Die Wirtschafts- und Sozialgeschichtsschreibung über das 20. Jahrhundert bemüht sich erst seit kurzer Zeit, das landläufige Bild von den Bauern als Opfer einer umfassenden Industrialisierung und Urbanisierung zu revidieren.[2] Das neue Bild von der ländlich-bäuerlichen Gesellschaft knüpft an die Verhältnisse des ausgehenden 19. Jahrhunderts an und betont den Anteil der bäuerlichen Landwirtschaft am Wirtschaftswachstum.[3] Betont werden ferner die Anfänge und eigenständige Entwicklung unternehmerischen Verhaltens, schließlich die soziale Differenzierung in den Dörfern, die wachsenden Unterschiede innerhalb der ländlichen Gesellschaft sowie der schrittweise Übergang zu Lebensentwürfen nach städtischem Vorbild. Diese Forschungen widersprechen der bisherigen Ansicht von den Bauern als fortschrittsfeindlicher Gesellschaftsgruppe im Modernisierungsprozeß. Mit dem neuen Dialog zwischen Agrarökonomie und Agrargeschichte wurde zunehmend deutlich, daß viele Auffassungen über die scheinbar so homogene «Bauerngesellschaft» der ländlichen Wirklichkeit im 20. Jahrhundert, insbesondere den Verhältnissen in den letzten 50 Jahren nicht mehr angemessen sind.[4] Der Modernisierungsprozeß der ländlich-bäuerlichen Gesellschaft verlief nicht überall in Deutschland gleichmäßig, sondern vielmehr in konfliktreichen Schüben. Auch verschwanden überlieferte Verhaltensweisen und kulturelle Traditionen nicht sogleich mit der Einführung moderner Wirtschaftsweisen, sondern blieben zumindest in abgeschwächter Form erhalten. Insgesamt stellte die Modernisierung für die Betroffenen einen Lernprozeß dar, der nicht von allen selbstverständlich akzeptiert wurde. Überdies entwickelten sich die Agrarstrukturen – in Abhängigkeit von den jeweiligen politischen Machtverhältnissen – in den beiden Teilen Deutschlands zwischen 1945/49 und 1989/90 sehr unterschiedlich.

In der wissenschaftlichen Literatur fand diese Differenz zwischen Bundesrepublik und DDR ein unterschiedliches Echo: Während die westdeutsche Variante[5] wegen der – aus interessenpolitischen Motiven erfolgten – künstlichen und kostspieligen Verzögerung der Anpassung an moderne Wirtschaftsweisen oftmals kritisiert wurde, lobte die DDR-Geschichtsschreibung die ostdeutsche Variante von Anfang an als «Weg zum Sozialismus».[6] In der westdeutschen Sicht der Entwicklung der DDR wiederum mischten sich Kritik und Bewunderung in oft eigentümlicher Weise.[7] Zum Teil ist der alte Ost-West-Gegensatz in der wissenschaftlichen Debatte über die Vorzüge und Nachteile der Entwicklung der DDR-Landwirtschaft auch in den 1990er Jahren noch sichtbar: Einige Historiker aus der DDR revidierten ihre alten Thesen nur punktuell; beibehalten wurde etwa die Vorstellung, das alte System der LPG sei wirtschaftlich stabil und solide gewesen, ohne dann allerdings erklären zu können, wieso es mit dem Ende der DDR auch zum Ende des LPG-Systems gekommen ist. Das Beharren auf den überkommenen Thesen dient hier vielmehr dazu, den Umbruch in den ländlichen Regionen der neuen Bundesländer als künstlich herbeigeführte Katastrophe im Zeichen der politisch importierten Marktwirtschaft zu kennzeichnen. Auch manche Argumentationen aus anderer politischer Sichtweise müssen auf Zweifel stoßen, etwa wenn an die Ungerechtigkeiten der Enteignungen von 1945 angeknüpft wird und in der Folge eine ostdeutsche Bäuerlichkeit beschworen wird, wie sie in Wirklichkeit nicht existiert hat. Diese Position läuft Gefahr, eine neue «Bauerntums-Ideologie»[8] zu befördern.

In der Forschung zu den Ereignissen vom Sommer 1953 wurde lange Zeit zu wenig berücksichtigt, daß die Vorgänge im ländlichen Bereich mehr waren als ein punktuelles Ereignis und als ein Problem der SED-Machtpolitik.[9] Generell wurde den Interessen der SED-Staats- und Parteiführung entscheidende Bedeutung beigemessen, wodurch zwangsläufig die Spezifika agrarischer Wirtschaftsprozesse in den Hintergrund rückten und teilweise sogar negiert wurden. Dadurch entstand ein verzerrtes Bild von der Lage in den ostdeutschen Dörfern.[10] In der bisherigen Beurteilung der Ereignisse und Zusammenhänge wurde vor allem zu wenig beachtet, daß sich die DDR-Landwirtschaft inmitten eines säkularen Strukturwandels befand. Von diesem Prozeß wurden alle europäischen Länder nur wenige Jahre nach dem Zweiten Weltkrieg erfaßt, wobei dessen Ursprung im ersten Drittel des 20. Jahrhunderts lag. Der Strukturwandel verlief unter den Bedingungen der Weltwirtschaftskrise ab 1929 und der Kriegswirtschaft regional zwar unterschiedlich, resultierte aber in den meisten europäischen Industriestaaten früher oder später in einer erhöhten Produktivität. Flächenbereinigung auf Kosten von Kleinstrukturen, neue Anbaumethoden, erhöhter Einsatz von Energie, Chemie und moderner Agrartechnik sowie eine Produktdiversifizierung förderten die Boden- und Kapitalproduktivität in historischer Einmaligkeit. In der DDR allerdings verzögerte sich diese Entwicklung, da die Bodenreform in der Sowjetischen Besatzungszone nach 1945 eher die Bildung von Kleinstrukturen in der Landwirtschaft beförderte. Unter sowjetischem Druck versuchten die SED-Politiker schließlich verstärkt, mit einer eigenen Agrarpolitik Anschluß an den kontinentalen Trend zu gewinnen. Die seit Beginn der deutschen Teilung existierende ostdeutsche Wirtschaftskrise mit ihren massiven Versorgungsproblemen zwang der DDR-Führung den risikoreichen Sprung in die Großflächenwirtschaft auf. Zu den wirtschaftlichen und sozialen Folgen dieser Entwicklung gehörte in spezifischer Weise der Gegensatz zwischen alter Bäuerlichkeit und genossenschaftlicher Großlandwirtschaft – ein Konflikt, der die Auseinandersetzungen in den ländlichen Regionen der DDR im Juni 1953 (und noch kurz danach) mitverursachte. Im folgenden wird der Versuch unternommen, die Landwirtschaft im Kontext des 17. Juni 1953 zu analysieren, wobei sich sowohl Unterschiede zu einer verklärenden Interpretation im Sinne eines «Bauerntums» wie auch zur Interpretation der Juni-Krise 1953 als Geschichte eines – im übrigen begrifflich unscharfen – «Widerstands» ergeben werden.

1. Die Ausgangslage: Versorgungsengpässe und Agrarpolitik 1952

Die Versorgung der Bevölkerung mit Grundnahrungsmitteln blieb in der DDR langfristig defizitär; die land- und ernährungswirtschaftlichen Ziele des Zweijahrplans und der jährlichen Vorgaben des sich anschließenden Fünfjahrplans wurden nicht erreicht. Sowjetische Hilfslieferungen aller Art, insbesondere der überdimensionierten Agrartechnik, erwiesen sich für die kleinstrukturierten Nutzflächen in der DDR als unbrauchbar. Auch die Dienste der Maschinen-Ausleih-Stationen (MAS) wurden von den Bauern nur zu einem Teil in Anspruch genommen; sie mißtrauten den störanfälligen und viel zu schweren Maschinen sowie den nicht immer zuverlässigen Leistungen der Traktoristen.[11] Selbst auf den Großflächen der Volkseigenen Güter (VEG) mißlang der Einsatz sowjetischer Großmaschinen – entweder aus Mangel an Ersatzteilen oder wegen der hohen Lohn- und Kraftstoffkosten.[12] Der «Tag der Bereitschaft» Anfang März 1952 offenbarte schließlich das Scheitern der Frühjahrsbestellung, noch bevor diese eigentlich richtig begonnen hatte.[13] Im Sommer 1952 klaffte in der Versorgung mit Nahrungsgütern eine gefährliche Lücke: Der Wert der Einfuhrgüter belief sich auf schätzungsweise 320 Mio. $; der Zuschußbedarf betrug bei Fleisch 50.000t, bei sonstigen Nahrungsfetten 170.000, bei Obst 373.000 und bei Futtergetreide 1 Mio. t. Dagegen beliefen sich die staatlichen Vorräte zur gleichen Zeit lediglich auf 100.000t. bei Brotgetreide, bei Hülsenfrüchten auf 39.000, Zucker 128.000 und Gemüse 250.000 t.[14] Hiervon mußten zudem die Rote Armee und die sowjetischen Zivilisten mitversorgt werden.

Um die Frage der Übertragbarkeit sowjetischer Agrarmethoden entbrannte zwischen der SED-Staats- und Parteiführung und ostdeutschen Agrarwissenschaftlern ein Streit, der auch langfristig nicht entschieden wurde. Eine genossenschaftliche Bearbeitung wurde in keinem Fall erwogen, wohl aber eine staatliche Treuhänderschaft, die von den VEG wahrgenommen werden sollte.[15] Da zudem über den genauen Umfang der verlassenen Hofstellen keine Klarheit bestand, sah sich das DDR-Landwirtschaftsministerium nicht in der Lage, konkrete Anweisungen zu geben, was mit den «devastierten» Betrieben geschehen sollte. Die Konflikte um den richtigen Weg in der Landwirtschaftspolitik wuchsen weiter, als Neubauern in neun Gemeinden zwischen Anfang und Mitte Juni 1952 Genossenschaftsbetriebe gründeten, um dem drohenden wirtschaftlichen Bankrott entgegenzuwirken.[16] Schon 1951 hatte es vereinzelte Initiativen genossenschaftlicher Selbstorganisation gegeben, die von der SED-

Führung nach anfänglichen Strafaktionen schließlich – mit Billigung der Sowjetischen Kontrollkommission – toleriert wurden. Den Hintergrund dieser Entscheidung hatte die wachsende Zahl verlassener Höfe gebildet. Die neuerliche Welle improvisierter Gründungen drohte nunmehr, die bestehende Agrarwirtschaftsordnung aufzulösen. Die SED-Partei- und Staatsführung wurde von dieser Entwicklung überrascht; sie besaß zu diesem Zeitpunkt kein umsetzbares eigenes Genossenschaftskonzept. Um dennoch die spontanen Gründungen der Neubauern in eine staatliche Organisation überzuführen, orientierten sich die SED-Spitzen weniger am sowjetischen Genossenschaftswesen als vielmehr an dem der osteuropäischen Volksdemokratien.[17] So konnte es zum Beschluß des Ministerrats vom 24. Juli 1952 kommen, der die «Vergünstigung und vordringliche Belieferung von Produktionsgenossenschaften» in Aussicht stellte. Diese Entscheidung, die die Auseinandersetzung um die Verteilung der knappen Güter, der Produktionsmittel und der Dienstleistungen der MAS gravierend verschärfte, begründete den kollektiven Unmut zahlreicher Bauern im Juni 1953 angesichts der staatlichen Agrarpolitik.

2. *Hintergrund der Genossenschaftsentwicklung bis zum Frühjahr 1953*

Die improvisierte Gründung von Produktionsgenossenschaften offenbarte ein tatsächlich viel älteres Problem. Der Umschichtungsprozeß in der DDR-Landwirtschaft begann nicht erst 1952/53, sondern bereits mit der offiziellen Beendigung der Bodenreform 1946. Bereits unmittelbar nach Abschluß der Enteignungs- und Umverteilungsaktion wurden von den Neubauern die ersten Flächen wieder zurückgegeben: 1946/47 waren dies insgesamt 14.552 ha, 1948 10.531 ha, 1949 11.103 ha, 1950 16.609 ha, 1951 14.250 ha, 1952 13.587 ha; nur ein kleiner Teil des Bodens konnte wieder neu vergeben werden. Am stärksten betroffen waren die Bezirke Schwerin, Rostock, Neubrandenburg, Cottbus, Magdeburg und Suhl. Die Rückgabe der Betriebe wurde offiziell begründet mit Todesfällen, Arbeitsunfähigkeit auf Grund hohen Alters oder Krankheit, fehlender Hofnachfolge wegen der Abwanderung junger Bauern in andere Berufe oder dem Wegzug aus dem Dorf.[18] Daß es sich in zahlreichen Fällen aber um einen – durch das hohe Ablieferungssoll verursachten – wirtschaftlichen Bankrott handelte, erwähnen die Quellen aus der Provenienz von Staat und Partei allenfalls am Rande. Ende 1952 waren bereits 7799 Neubauernhöfe verlassen, die zusammen 70.627 ha landwirtschaftliche Nutzfläche besaßen; damit betrug die Durchschnittsgröße der Wirtschaften 9,1 ha. Nur 1289 der Höfe verfügten über ein Wohnhaus, 1447 über einen Stall, lediglich 267 besaßen eine Scheune. Überwiegend besaßen die Bauernstellen Produktionsflächen mittlerer Bodenqualität (55%), 27% gehörten in die geringere Bodenklasse, nur 18% zur guten. Über zwei Drittel der Höfe hatten seit ihrer Gründung keine betriebstechnische Ausstattung erfahren (71%), ihnen fehlte der Inventarbesatz. Die Situation verschärfte sich 1953 noch, da die hohe Zahl unbesetzter Neubauernstellen innerhalb von sechs Monaten, von Ende 1952 bis Mitte Juni 1953, um fast 20% anwuchs.[19]

Vor diesem Hintergrund muß die Genossenschaftsbildung gesehen werden. Sie basierte zu einem erheblichen Teil auf existenzgefährdeten Betrieben. Bis Anfang März 1953 waren 4381 LPG-Betriebe entstanden.[20] Diese bewirtschafteten 616.728 ha Nutzfläche (davon 555.615 ha als Ackerland), somit wurden lediglich 9,5% der gesamten landwirtschaftlichen Nutzfläche (LNF) der DDR genossenschaftlich bewirtschaftet.[21] In den 53.942 Einzelwirtschaften arbeiteten 113.758 Personen, davon waren 53,3% Neubauern, 25,7% Landarbeiter, 18% Altbauern. Insgesamt handelte es sich um einen eher bescheidenen Start des Genossenschaftssystems, das bis zur vollen Entfaltung noch einen weiten Weg haben sollte. Die ersten LPG-Einrichtungen waren der SED-Führung gleichsam in den Schoß gefallen; sie waren nicht das Resultat einer gezielten Agrarpolitik – wie dies eine massive Propagandakampagne glauben machen wollte –, sondern Ergebnis agrarpolitischer Fehlentscheidungen.

3. Die Inszenierung des «Klassenkampfes» auf dem Land durch die SED

Die Entstehung der Genossenschaften und deren Bevorzugung bei der Versorgung 1952 spaltete die dörfliche Gesellschaft mehr als die bisherigen Belastungen seit Kriegsende. Kaum ein Dorf war von den sozialen Folgelasten des Krieges verschont geblieben; fast überall zwang die – ohnehin nur schleppend verlaufende – Integration der Flüchtlinge und Vertriebenen die Dorfbewohner zu Veränderungen. Die Kluft zwischen Alteingesessenen und Neuankömmlingen verschärfte sich zudem durch die ungleichen Wirtschaftsbedingungen.[22] Die Zuteilung von Bodenreformland verhieß solange keine gleichwertigen Entwicklungschancen wie die Neubauern von Produktionsmitteln, insbesondere Zugkraft, abhängig waren, die sich im Besitz Alteingesessener befanden. Zwar stand den Neuen der Weg in die Dorfgremien und -gemeinschaften theoretisch offen, doch begünstigte die Kombination von Amt, Besitz und gesellschaftlichem Ansehen in der Praxis die Altbauern. Daß mit dem 8. Mai 1945 die meisten Bürgermeisterposten mit «Antifaschisten» besetzt worden waren, änderte die traditionelle Klientelbildung nicht grundlegend. Den Neuen blieb vielerorts nur der Ausweg übrig, sich zu «Trotzgemeinschaften» zusammenzufinden und gleichsam den Weg negativer Selbstintegration zu beschreiten.

Der SED gelang es bis zur Jahreswende 1952/53 nicht, in den Dörfern politisch festen Fuß zu fassen. Sie galt als Erfüllungsgehilfe der sowjetischen Besatzungsmacht; dies verstärkte sich noch, als die Ablieferungspflicht für Kleinstwirtschaften über 0,5 ha LNF Anfang 1953 verschärft wurde.[23] Die Beschlüsse der II. Parteikonferenz der SED im Juli 1952 löste in den Dörfern keinen genossenschaftsbildenden Enthusiasmus aus, sondern führte stattdessen zu Irritation, die auch unter den örtlichen Parteifunktionären um sich griff, als die staatliche Reaktion auf die improvisierten LPG-Gründungen zunächst ausblieb. Auch die Agrarbehörden auf Kreisebene konnten ihre Hilflosigkeit nur schlecht verbergen. Diese für die SED ungünstige Lage versuchte die Partei- und Staatsführung durch die Schaffung des «Klassengegners» zu entschärfen. Dieser sollte – mit tatkräftiger Untersützung seitens der Sicherheitskräfte und Gerichte – für alle alten und neuen Konflikte im Dorf verantwortlich gemacht werden.[24] Als Sündenbock «entdeckte» die SED meist alteingesessene Bauern, besonders Großbauern, die ihren Ablieferungspflichten nicht nachgekommen waren und die nun beschuldigt wurden, mit «Westberliner Agenturen», namentlich dem *Bund freiheitlicher Juristen* in konspirativer Verbindung zu stehen. In zahlreichen – besonders häufig im Sommer 1952 stattfindenden – Schauprozessen gegen säumige Groß-, Mittel-, aber auch Kleinbauern demonstrierte die SED-Partei- und Staatsführung ihren Machtanspruch.[25] Als Stützpunkte der SED-Führung und des Staatssicherheitsdienstes für die politische «Säuberung» fungierten seit Ende 1952 die Politabteilungen der Maschinen-Traktoren-Stationen (MTS), in die die MAS umbenannt wurden. Opfer der Aktionen wurden auch zahlreiche SED-Funktionäre, die den agrarpolitischen Kurs des Politbüros zunächst zwar mitgetragen hatten, sich dann aber aus innerdörflicher Solidarität, verwandschaftlichen Bindungen und anderen Rücksichtnahmen gegen den «inszenierten Klassenkampf» wehrten.

Anfangs sahen sich die Mitglieder der Genossenschaften einem Spießrutenlaufen innerhalb des Dorfes ausgesetzt. Die «Habenichtse» galten als Versager und Schmarotzer, als wirtschaftliche und politische Randexistenzen, die sich der SED andienten, um ihre Existenz zu retten. Solange die erhofften Hilfen, insbesondere die bevorzugte

Gewährung von Dienstleistungen seitens der MTS, auf sich warten ließen, blieben die – sich hauptsächlich aus Neubauern rekrutierenden – Genossenschaften isoliert. Kaum ein Einheimischer wollte mit ihnen zu tun haben. Daß mit bloßer Agitation ein Ausbau der LPG nicht zu erreichen war, begriff die DDR-Führung sehr schnell. Die politischen Instrukteure, die in die Dörfer geschickt wurden, waren in den seltensten Fällen ausgebildete Agrarfachleute. Zwar nutzten sie die Gegensätze innerhalb der dörflichen Gemeinschaft geschickt aus und verschärften diese derart, daß sich aus manchen – zumeist von ihnen manipulierten – Vorgängen politische und wirtschaftliche Straftatbestände konstruieren ließen, doch erwiesen sich Sonderlieferungen von Produktionsmitteln wie Saatgut, Dünger, Vieh, Baumaterialien und Arbeitskleidung insgesamt als sehr viel wirksamer. Aber erst als die ersten Bauern – mehrheitlich waren es Großbauern – Hof und Vieh im Stich ließen und bei Nacht und Nebel flüchteten, schlug das Stimmungsbarometer in den Dörfern deutlich um. Die Aufgabe der bäuerlichen Wirtschaft, die oftmals über viele Generationen im Familienbesitz gewesen war, wurde als «Verrat» an der Dorfgemeinschaft betrachtet. Diese Einschätzung, die mehr einem Gefühl als rationaler Überlegung entsprang, teilten auch Bauern, die mit der SED-Agrarpolitik nicht einverstanden waren. Da nämlich die in den Westen Flüchtenden oftmals zu den erfolgreichen Groß- und Mittelbauern – und damit zur informellen Führungsgruppe in den Dörfern – gehörten, schwächte dies die traditionellen Eliten und setzte einen politischen und sozialen Umschichtungsprozeß in Gang. Auch zahlreiche Bürgermeister waren davon betroffen, die Mitglieder der SED waren, aber dennoch auf der Seite der Dorfelite standen. Die Entlassung dieser Dorfvorsteher durch die auswärtigen politischen Instrukteure der SED bedeutete einen weiteren Schritt in der Auflösung der alten Führungselite. Auch wenn dieser Prozeß 1952/53 noch in den Anfängen steckte, hatte die SED-Staats- und Parteiführung innerhalb kurzer Zeit dennoch beträchtliche Positionsgewinne erzielen können.

4. *Verschärfung der Krise: technische und organisatorische Defizite bei der Frühjahrsbestellung 1953*

Die Defizite, die bei der Herbstbestellung 1952 offenbar geworden waren, hatten sich zu Beginn der Frühjahrsbestellung 1953 noch vergrößert. In drei Bereichen waren die Schwächen besonders gravierend: beim Angebot an Arbeitskräften (a), bei der Qualität des Maschinenparks (b) und bei der Ausbildung der technischen Fachkräfte (c). Hinzukam, daß sich die Saatgut-Vermehrungsbetriebe mehrheitlich in großbäuerlicher Hand befanden, was angesichts der Mangelsituation zu einem verschärften politischen Kurs gegenüber den großen Hofbesitzern führte.[26]

a) Mit der Gründung der Genossenschaftsbetriebe sollte auch eine Änderung der Arbeitsstrukturen einhergehen. Die neuen Wirtschaftseinheiten beruhten nicht mehr auf der Familienarbeit, sondern waren – ebenso wie die Volkseigenen Güter – auf Fremdarbeitskräfte angewiesen, an denen aber generell großer Mangel herrschte. So entbrannte auf dem ländlichen Arbeitsmarkt zwischen dem Neubewerber LPG und dem bisherigen Arbeitgeber VEG ein heftiger Konkurrenzkampf um jede Arbeitskraft. Auch folgten die VEG-Leitungen der staatlichen Auflage, den LPG-Betrieben über die Anfangshürden zu helfen, nur sehr zögerlich. Konkret bedeutete dies, daß die neuen Genossenschaftsbauern in ihre LPG neben den Nutzflächen zunächst nur ihre eigene Arbeitskraft und die ihrer Familienangehörigen einbrachten; beides reichte gerade aus, um die Flächen zu bewirtschaften. Eine Loslösung vom ursprünglichen «Eigentum» fand somit bei diesen Bauern anfangs nicht statt; Grund und Boden wurden – entgegen den Zielen des SED-Agrarkonzeptes – nicht zur bloßen «Produktionsstätte» herabgestuft.[27]

b) Die staatlichen Agrarbehörden hatten den MTS die strikte Auflage erteilt, die in ihrem Umfeld entstandenen LPG bevorzugt mit sämtlichen verfügbaren Mitteln zu unterstützen. Allerdings reichten diese Mittel bei weitem nicht aus; zudem waren die Maschinen veraltet und reparaturanfällig. Die Verantwortung für den desolaten Zustand des Maschinenparks lag bei den MTS selbst, auch hieß es in der Betriebsordnung, daß die – wie der Landwirtschaftsminister Anfang 1953 der Zentralen Plankommission mitteilte – «durch den Einsatz schlecht reparierter Maschinen entstandenen Schäden von den verantwortlichen Mitarbeitern der MTS zu tragen sind. Das Gleiche gilt für die Wiederholung schlecht durchgeführter Arbeiten.»[28] Die größten Probleme ergaben sich bei der Bearbeitung des Bodens für das Saatbett. Staatliche Kontrolleure stellten fest, daß die Mechanik der Maschinen für diesen Arbeitsgang zu schwach konstruiert war. Bereits im Herbst hatten sich in diesem Bereich schwere technische Mängel gezeigt, etwa bei der in der DDR produzierten Kartoffelrodemaschine. Der große Propagandaaufwand, mit dem der Einsatz dieser Maschine mit dem verheißungsvollen Namen «Schatzgräber» gefeiert worden war, stand in keinem Verhältnis zu ihrem Effekt, da sie sich für schwere und mittelschwere Böden als völlig ungeeignet erwies.[29] Für die dringend erforderliche Konstruktion neuer Agrartechnik wiederum existierten zwar Pläne in den Entwicklungsbüros, jedoch keinerlei Konzepte, wie diese in den – nach der Demontage ohnehin nur teilweise wieder aufgebauten – industriellen Produktionsstätten umgesetzt werden könnten.[30]

c) Die Mängelliste setzte sich fort mit dem gravierenden Defizit an technischen Fachkräften. Die Ingenieurschulen Wartenberg und Nordhausen befanden sich Anfang 1953 noch im Aufbau; die landwirtschaftliche Fachschule Weimar bildete nur Fernstudenten aus, und die Fachschule in Wurzen bot lediglich einige wenige Lehrgänge an. So mußten die MTS-Brigadiere in Schnellkursen ausgebildet werden, die in den Spezialschulen von Sonneberg, Elsterwerda und Zittau stattfanden. Die improvisierten Ausbildungspläne sahen zunächst Lehrgänge im Eilverfahren für 900 Kombinefahrer vor. Fachlehrgänge dagegen für Traktoristen, Brigadiere und sonstige technische Hilfskräfte wurden erst ab Anfang 1953 eingerichtet. In dieser Notsituation erfanden die staatlichen Agrarbehörden den Typ des «Freundschaftsfahrers»; 25.000 derartiger Kräfte sollten aus dem ohnehin schon arg strapazierten Personalreservoir der LPG-Betriebe und aus der «werktätigen Bauernschaft» rekrutiert werden.[31] Innerhalb eines halben Jahres stellten die MTS 433 Agronomen ein, die sich zum überwiegenden Teil aus Funktionären und Angestellten der *Vereinigung der gegenseitigen Bauernhilfe* zusammensetzten. Die Beschäftigung weiterer 600 Agronomen war für 1953 vorgesehen; diese erhielten eine Ausbildung im zwei- bis vierwöchigen Eilverfahren in einer Spezialschule in Genshagen bei Berlin. Darüber hinaus fehlten auch Spezialkräfte in der Viehwirtschaft, sogenannte «Viehwirtschaftsberater»: Ein staatlicher Ausbildungsplan hatte intern keine Zustimmung gefunden, so daß die Sowjetische Kontrollkommission den DDR-Behörden schließlich Anfang 1953 ein gänzlich neues Konzept zur Vorgabe machte.[32] Die Notlage war inzwischen derart groß, daß das Landwirtschaftsministerium 120 eigene Mitarbeiter delegierte, die die Brigadeeinsätze zur Frühjahrsbestellung zu leiten hatten.[33] Insgesamt befand sich also das landwirtschaftliche Ausbildungssystem in einer grundlegenden Umorganisation. Wertvolle Zeit blieb ungenutzt, eine staatliche Kapazitätsberechnung löste die andere ab. Sonderlehrgänge wurden projektiert, in ihrer Gestaltung und ihren Lehrabsichten aber immer wieder korrigiert. Die anspruchsvolle Aufgabe, als «Fachkaderschmieden» für LPG-Vorsitzende, Buchhalter, Feldbaubrigadiere, Tierzuchtspezialisten und Veterinärhelfer zu fungieren,[34] erfüllten die Ausbildungskurse nur unzulänglich. Zudem nahmen nur noch sehr wenige LPG-Funktionäre das Angebot zur beruflichen Qualifizierung an einer auswärtigen Ausbildungsstätte an, als die Feldbestellung begann und jede Arbeitskraft benötigt wurde.[35]

Als sich gegen Februar 1953 herausstellte, daß die Planerfüllung für die Frühjahrsbestellung weit hinter dem Soll zurückbleiben würde, erhöhte das Landwirtschaftsministerium den politischen Druck. Die MTS wurden nun zur strikten Planerfüllung verpflichtet; zusätzlich wurde ihnen die Aufgabe übertragen, die Nutzflächen der inzwischen verlassenen Höfe mitzubewirtschaften. Sollten – was meistens der Fall war – für diese Zwecke die vorhandenen Mittel und Gerätschaften der MTS nicht ausreichen, so waren die «in Privatbesitz befindlichen Traktoren, Maschinen und Geräte heranzuziehen». Dies bildete den Auftakt zur «wilden Enteignung», für die sogar eine Prämie in Aussicht gestellt wurde, denn die – so hieß es – «über den [...] Plan hinausgeleistete Mehrarbeit wird entsprechend dem Grad der Planübererfüllung nach Bestätigung durch den Rat des Kreises durch die Deutsche Notenbank zusätzlich finanziert».[36]

5. Staatliche Agrarpolitik im Frühjahr 1953

Zwei Faktoren vor allem bildeten den Hintergrund der SED-Landwirtschaftspolitik im Frühjahr 1953: die Entwicklung der Landwirtschaft im westlichen Deutschland und die Versorgungsnöte der Bevölkerung in der DDR.

Was die Bundesrepublik betraf, so täuschte die allgegenwärtige Propaganda der SED gegen den «Adenauer-Staat» kaum darüber hinweg, daß die westdeutsche Wirtschaftsentwicklung, insbesondere im Agrar- und Ernährungssektor, in Wirklichkeit den Bauern in der DDR ein kaum erreichbares Vorbild war. Sie nutzten alle sich bietenden Gelegenheiten, um sich über die Modernisierung der Landwirtschaft «drüben» zu informieren. So diente etwa die alljährliche «Grüne Woche» in Berlin nicht nur als Fachmesse, sondern war zugleich Ort für Diskussionen über die Situation und weitere Entwicklung der Landwirtschaft in Deutschland. Zuweilen auch führte sie zu neuen Lebensentwürfen und war der auslösende Faktor für die Flucht in den Westen. Zwar zogen die SED-Informationspolitiker alle Register um herauszustellen, wie krisengefährdet die westliche Landwirtschaft sei. Doch die zunehmende Zahl flüchtender Bauern – allein 6600 zwischen Oktober 1952 und Februar 1953[37] – konterkarierte diese Bemühungen, etwa jeder siebte Flüchtling war zuvor in der Landwirtschaft tätig gewesen. Zudem zeigten die westdeutschen Anstrengungen bei der Integration ländlicher Flüchtlinge erste Erfolge. 40.500 gehörten im Juli 1953 zum landwirtschaftlichen Berufsfeld, davon waren etwa 26.000 bisher selbständig wirtschaftende Bauern.[38] Nicht alle von ihnen suchten oder fanden wieder einen vergleichbaren Arbeitsplatz im landwirtschaftlichen Milieu. Diejenigen Flüchtlinge, die sich in ihrer neuen Heimat einen Betrieb kleinerer bis mittlerer Größe aufbauten, behielten diesen längerfristig zumeist als Vollerwerb, mindestens jedoch als Nebenerwerbsstelle. Im Mittelpunkt der Agrarpolitik der Regierung Adenauer stand die «bäuerliche Familienwirtschaft»[39] mithin jener Betriebstyp, dem die SED-Politik den Kampf angesagt hatte; es überwog der klein- und mittelbäuerliche Betrieb.[40] Mit dem Begriff «Junkerland» konnten die ländlichen Wirtschaftsverhältnisse in der Bundesrepublik nur aus Sicht der DDR-Propaganda bezeichnet werden.

Anders als in der Bundesrepublik wurde die Situation in der DDR immer dramatischer. Im April und Mai 1953 drohte die öffentliche Versorgung der Bevölkerung mit Grundnahrungsmitteln zusammenzubrechen. Fett, Fleisch, Zucker, Eier, Milch und Kartoffeln waren noch rationiert, wobei etwa 80% der Menschen diese knappen Güter auf der «Grundkarte», der niedrigsten Zuteilungsstufe, bezogen. Die kurzfristige Freigabe des Handels mit Kartoffeln mußte 1952 wieder rückgängig gemacht werden; ebenso mußte der freie Zuckerverkauf in den HO-Läden eingestellt werden, da sich die Fehlmenge – selbst nach offiziellen Quellen – 1953 bereits auf 98.000t belief.[41] Überdies war mit einer Verschärfung der Notlage zu rechnen, denn aufgrund der Strukturveränderungen und sozialen Umschichtungen auf dem Land würden die neuen Ernteergebnisse vermutlich erheblich unter den Planzielen liegen. Die Lücken in der Versorgung mit Grundnahrungsmitteln ließen sich auch nicht durch Hilfe aus der Sowjetunion oder den Volksdemokratien schließen. So konnte insbesondere das Produktionsdefizit beim Getreide, vor allem Futtergetreide, nicht behoben werden, da die Sowjets ihre Ware lieber im Austausch für harte Devisen und hochwertige Technologie in die westlichen Länder verkauften, die sich nicht, wie Großbritannien, am Weltweizenpakt, einem globalen Liefer- und Abnahmekartell, beteiligten.[42]

Auf diese Probleme reagierte das DDR-Landwirtschaftsministerium mit einer Vielzahl von Beschlüssen, die darauf zielten, die LPG-Betriebe bei der landwirtschaftlichen Produktion zu unterstützen. Die meisten Entscheidungen und Versprechungen aber entbehrten der materiellen Substanz und blieben nur begrenzt wirksam. Neu strukturiert wurden etwa die Berufsausbildung und Qualifizierung der LPG-Mitglieder im Interesse einer «Mehrung der Bodenfruchtbarkeit und Steigerung der Erträge in der Feld- und Viehwirtschaft».[43] Die Spezialinstitute der *Deutschen Akademie der Landwirtschaftswissenschaften* (DAL) hatten Patenschaften zu übernehmen. Für die Vergrößerung der genossenschaftlichen Viehherden wurden Ankaufbeihilfen von 50% und die bevorzugte Versorgung mit Futtermitteln gewährt.[44] Um den Bedarf an Arbeitskräften für die Frühjahrsbestellung zu sichern, wurden auch Industriearbeiter herangezogen und neben dem Landwirtschafts- auch das Arbeits- und Finanzministerium in die Koordinierung des Notstandseinsatzes einbezogen.[45]

Diese Entwicklung führte auch zur Ausdehnung staatlicher Bürokratie: Auf Kreisebene etwa war bald eine Vielzahl von Referenten für genossenschaftliche Belange zuständig; auch die Anerkennung und Registrierung von Muster-Statuten gehörten dazu.[46] Deren Durchsetzung allerdings war ein längerer Prozeß, denn nicht von Anfang an gelang es, die LPG-Betriebe auf eine einheitliche Betriebsordnung und Tagesarbeitsnormen zu verpflichten. Von 242 registrierten LPG im Bezirk Magdeburg arbeiteten beispielsweise bis zum 31. 1. 1953 lediglich 52 auf der Basis des behördlich verordneten Musterstatuts, 68 hatten sich auf die Muster-Betriebsordnung verständigt, nur 45 aber nahmen die staatlich angeordneten Tagesarbeitsnormen an. Nur schwache Resonanz unter den Genossenschaften fand auch der Wettbewerb «Für hohe Ernteerträge». Bis Mitte März 1953 signalisierten lediglich 30% der LPG, meist aus Sachsen und Thüringen, ihre Teilnahme.[47] Verschärft wurden die Schwierigkeiten noch durch die hohen Investitionsforderungen der neuen Genossenschaften, die sich allein bei den geplanten landwirtschaftlichen Bauten in den Bezirken und Kreisen bis Anfang 1953 schon auf 75 Mio. M. beliefen.[48] Diese unerwarteten Forderungen stürzten die Finanzplanung der obersten Agrarbehörde um und beeinträchtigten auch die Finanzierung anderer Vorhaben.[49] Insgesamt entwickelten sich viele – propagandistisch herausgestellte – LPG-Erstgründungen schlechter als erwartet; bei der Mustergenossenschaft Worin (Kreis Seelow) wurde der Bankrott beispielsweise nur verhindert, weil das Landwirtschaftsministerium 22.000 M an außerordentlichen Mitteln in aller Stille dazuschoß.[50] Massive Kritik an der bisherigen Struktur und Organisation übte die Sektion Agrarökonomik bei der DAL und rief zur Bildung von «Produktionszonen» auf; und selbst von sowjetischer Seite erfuhr die Genossenschaftsentwicklung inzwischen herbe Kritik.[51]

Zu diesen Schwierigkeiten kam ein weiteres Problem für die SED-Politik hinzu, als zu Beginn der Frühjahrsbestellung in etlichen Dörfern Großbauern den LPG beitreten wollten, was in den Musterstatuten gar nicht vorgesehen war.[52] Den Großbauern ging es dabei weniger um die LPG als zukunftsweisende Betriebsform, vielmehr konnten sie über die Mitgliedschaft leichter in den Besitz der knappen Produktionsmittel gelangen. Massive politische Beeinflussung der «werktätigen Bauern» seitens der SED-Führung sollte diese

Entwicklung aufhalten. Ein durchschlagender Erfolg der staatlichen Säuberungskampagne zeichnete sich aber wenige Wochen vor dem 17. Juni 1953 nicht ab. Die Parteiführung reagierte nun, indem sie die «Klassengegnerschaft» der Großbauern betonte und die Inszenierung des «Klassenkampfes» auf dem Lande verstärkte: «Es ist selbstverständlich», hieß es, «daß der Klassengegner alles versuchen wird, die Sabotageakte während der Erntezeit noch mehr zu verstärken [...]. Um die Ernte zu schützen, sind nicht nur die staatlichen Sicherheitsorgane und die Volkspolizei restlos einzusetzen, sondern in den Genossenschaften ist ein breiter Selbstschutz durch Mobilisierung der Massenwachsamkeit zu organisieren.»[53]

Insgesamt zeigen die Vorgänge und Entwicklungen, daß im Mai 1953 von einer konfusen Agrarpolitik gesprochen werden muß, die neben anderen Schwächen auch durch starre und ineffektive Planung gekennzeichnet war. Die Genossenschaftsbewegung schien völlig unkontrollierbar geworden zu sein. Daraufhin zog Ulbricht die Notbremse und verfügte im Namen des SED-Zentralkomitees am 26. 5. 1953, daß «infolge des ernsthaften Zurückbleibens der Arbeit zur organisatorisch-wirtschaftlichen Festigung der landwirtschaftlichen Produktionsgenossenschaften im Dorfe hinter ihrem zahlenmäßigen Wachstum die Aufnahme neuer Mitglieder in die Genossenschaften bis zum Abschluß der Erntearbeiten eingestellt werden muß».[54]

6. Bäuerliche Opposition und die Juni-Krise 1953

Eine Rebellion der Bauern blieb im Juni 1953 aus, weil die propagierte Genossenschaftsbewegung nicht in eine Zwangskollektivierung der Landwirtschaft gemündet war.[55] Als immer mehr Bauern das Land zu verlassen drohten, revidierte die DDR-Führung den agrarpolitischen Kurs – gerade zeitig genug, um dem ersten kollektiven Unmut in den Dörfern die Spitze zu nehmen. So nahm Ulbricht der sich anbahnenden Opposition den Wind aus den Segeln, indem er – taktisch geschickt – an die traditionelle Bodenverhaftetheit der Bauern appellierte. Unter dem Eindruck der pessimistischen Berichte auf der Konferenz der LPG-Vorsitzenden und Aktivisten am 6./7. Juni 1953[56] versprach er am 9. Juni den Bauern, die zur Rückkehr bereit waren, den verlassenen Besitz zurückzugeben und auf die Treuhänderschaft zu verzichten. Darüber hinaus sollten sie in den Genuß all dessen kommen, was bisher Privileg der Genossenschaftsbauern gewesen war: Kredite und landwirtschaftliche Produktionsmittel. Ein Amnestieversprechen – in Straffällen wegen der Nichterfüllung des Ablieferungssolls und der Steuerschuld – rundete die Zusagen an die Bauern ab. Die ursprünglich lautstarke Propaganda für den «Aufbau des Sozialismus» war nur noch in leisen Tönen zu vernehmen.

Damit schien sich die Lage auf dem Land umzukehren: Zwar saß das Mißtrauen gegenüber der DDR-Führung bei den Bauern tief – und schwand auch mit dem «Neuen Kurs» nicht, doch eine offene Opposition blieb in dieser Situation aus.[57] Zum einen wollten die Bauern die Vergünstigungen, die ihnen versprochen waren, nicht aufs Spiel setzen, zumal zahlreiche LPG-Betriebe tatsächlich ausreichend mit Produktionsmitteln ausgestattet worden waren. Zum anderen schien beim neuen Subventionsschub das Augenmerk durchaus dem Einzelbauern zu gelten. Wenn ihm jetzt die versprochene staatliche Fürsorge tatsächlich zugute kommen sollte, würde – so war der vorherrschende Eindruck – «die Kirche wieder ins Dorf kommen». Die – im Zuge des Genossenschaftsausbaus errungenen – gesellschaftlichen Positionsgewinne der Neubauern in den Dörfern schienen wieder zugunsten der alten Dorfelite revidierbar zu werden. Im Mittelpunkt vieler Debatten unter den Dorfbauern stand die Frage, ob sich die DDR-Führung die kostspieligen LPG-Betriebe überhaupt auf Dauer – oder zumindest zeitweise – würde leisten können. So konnten die Verhältnisse kaum paradoxer sein: Aus den bevorzugten Genossenschaftsbauern waren plötzlich die Kostgänger und «Schmarotzer» geworden. Es gab Anzeichen, daß die SED-Staats- und Parteiführung endlich die ökonomische und soziale Bedeutung des individuell wirtschaftenden Bauern erkannt hatte. Die LPG-Betriebe schienen nun die Resultate eines zwar teuren, aber zumindest nur kurz andauernden gescheiterten Experimentes zu sein.[58] Am politischen Pranger standen nun SED-Bürgermeister, Agronomen, Instrukteure und MTS-Leiter – alle, die sich mit der Genossenschaftsbildung identifiziert und durch Fehlentscheidungen, Mißwirtschaft und politischen Radikalismus diskreditiert hatten.

In der Juni-Krise 1953 stellten die ostdeutschen Bauern, die sich standhaft gegen den Eintritt in die LPG gewehrt hatten, die Machtfrage nicht. Sie stellten sie nicht einmal, als sich das Blatt zugunsten einer «neuen Bäuerlichkeit» in der DDR gewendet zu haben schien: Beispielsweise erhielten die Genossenschaften des Typs I von der Deutschen Bauernbank keine Kredite mehr, weil sie diese mißbräuchlich für Vorschußzahlungen an ihre Mitglieder ausgegeben hatten, und nicht einmal die früheste Genossenschaftsgründung in der DDR, die Vorzeige-LPG Merxleben, konnte erfolgreich staatliche Sonderzahlungen für sich reklamieren.[59] Überdies lösten sich zahlreiche Genossenschaftsbetriebe wieder auf, allein von Ende Mai bis

Ende Juni 1953 waren es 351 Einrichtungen mit über 3000 Einzelwirtschaften.[60]

Der Schein allerdings trog: Innerhalb der SED-Staats- und Parteiführung unterlagen diejenigen Kräfte, die einen «Klassenkampf» mit umgekehrten Vorzeichen, nämlich zugunsten einer individuell wirtschaftenden Einzelbauernschaft, befürworteten. Statt dessen richtete die SED ihren agrarpolitischen Kurs auf die Großlandwirtschaft aus, womit sie sich in Übereinstimmung mit der Entwicklung der Landwirtschaft in Westeuropa meinte. Nur solange die Genossenschaften ihre Kinderkrankheiten – so glaubte die Mehrheit der SED-Staats- und Parteiführung – noch nicht überwunden hatten, würde die Produktivität der Groß- und Mittelbauern, die nach dem 17. Juni 1953 in einer dank politischer und materieller Mittel beruhigten Atmosphäre weiterarbeiteten, höher liegen als die der LPG-Betriebe. Dies bedeutete, daß die Tage der ostdeutschen Bäuerlichkeit gezählt waren, sobald die Genossenschaften günstig oder zumindest rentabler als bisher arbeiteten. Viele Anzeichen belegen, daß dies feststand: Sowohl die Moskauer als auch die SED-Staats- und Parteiführung zeigten sich von den großlandwirtschaftlichen Beispielen in Westeuropa und Übersee beeindruckt – auch wenn dies nicht offen zugegeben wurde. Der Einsatz sowjetischer Großmaschinen – Großmaschinen versprachen Großernten – war seit langem geplant und hing von der Schaffung zusammenhängender Flächen ab. Auch die DDR-Agrartechnologie in den Spezialinstituten der DAL hatte sich inzwischen auf den Produktionspfad nach sowjetischen Vorgaben begeben. Es fehlten lediglich noch die strukturellen Voraussetzungen für die systematische Anwendung der entprechenden Mittel. Auch ein massiver Bauernkrieg in der Juni-Krise 1953 hätte diese Entwicklung nicht aufhalten können.

Anmerkungen

[1] Die folgenden Ausführungen basieren hauptsächlich auf dem Quellenmaterial aus DDR-Beständen im Bundesarchiv Berlin und im Hauptstaatsarchiv Dresden. Für die freundliche Unterstützung meiner Bemühungen bedanke ich mich bei den Mitarbeitern und Mitarbeiterinnen beider Archive (Frau *Boissier*, Frau *Grüner*, Frau *Hessel*, Frau *Reußner*, Frau *Weißbach*, Herrn *Klein* und Herrn *Lange*) sowie bei den Bibliothekarinnen der landwirtschaftlichen Fachbibliotheken der Humboldt-Universität Berlin. Meinen Mitarbeitern am Dresdner Lehrstuhl und den Mitgliedern des Doktorandencolloquiums danke ich für ihre konstruktive Unbefangenheit im Umgang mit meinen Ansichten.

[2] *Paul Erker*, Ernährungskrise und Nachkriegsgesellschaft. Bauern und Arbeiterschaft in Bayern 1943–1983. Stuttgart 1990.

[3] *Hermann Priebe,* Die subventionierte Unvernunft. Berlin 1985, insbesondere 33–88.

[4] *Heinrich Becker* (Bonn), *Klaus Peter Krause* (Frankfurter Allgemeine Zeitung) und *Günther Schmitt* (Universität Göttingen) und die Redakteure der «Berichte über Landwirtschaft» (Bonn) haben auf ihre Weise direkt und indirekt zum Zustandekommen dieses Dialogs beigetragen.

[5] Dazu *Ulrich Kluge,* Vierzig Jahre Agrarpolitik in der Bundesrepublik Deutschland. 2 Bde. Hamburg 1989.

[6] *Volker Klemm u. a.* (Hrsg.), Von den bürgerlichen Agrarreformen zur sozialistischen Landwirtschaft in der DDR. Berlin [Ost] 1978.

[7] Z. B. *Hans Immler,* Agrarpolitik in der DDR. Köln 1971.

[8] *Hermann Priebe,* Unvernunft (wie Anm. 3), 33–88.

[9] *Angelika Klein,* Die Arbeiterrevolte im Bezirk Halle. Potsdam 1993; *Dieter Schulz,* Der Weg in die Krise 1953. Berlin 1993; *Armin Mitter,* «Am 17. 6. 1953 haben die Arbeiter gestreikt, jetzt aber streiken wir Bauern.» Die Bauern und der Sozialismus, in: Ilko-Sascha Kowalczuk, Armin Mitter u. Stefan Wolle (Hrsg.), Der Tag X – 17. Juni 1953. Die «Innere Staatsgründung» der DDR als Ergebnis der Krise 1952/53. Berlin 1995, 75–128.

[10] Allerdings hebt sich dieses Bild deutlich von den verfälschenden Interpretationen des 17. Juni 1953 durch die DDR-Historiographie und von den frühen, meist quellenarmen Analysen westdeutscher Provenienz ab. *Stefan Brant,* Der Aufstand. Vorgeschichte, Geschichte und Deutung des 17. Juni 1953. Stuttgart 1958; *Arnulf Baring,* Der 17. Juni 1953. Köln 1965.

[11] Bundesarchiv Berlin (BAB); DK-1/247, Bl. 70.

[12] BAB; DK-1/247, Bl. 5.

[13] BAB; DK-1/247, Bl. 16–44.

[14] BA Koblenz; B 116/8105, hierin: Agrarstatistische und ernährungswirtschaftliche Arbeitsunterlagen für die Sowjetische Besatzungszone, 2., überarbeitete Fassung, Bonn (Juli 1952).

[15] BAB; DY 30/J IV 2/3, Nr. 282 v. 10. 4. 1954, Tagesordnungspunkt (TOP) 25; Nr. 323 v. 11. 9. 1952, TOP 3; BAB; DK-1/205, Bl. 134–135.

[16] BAB; DK-1/1829, Bl. 3–6; 1830, Bl. 4; 1831, Bl. 12; 1832, passim; 1833, Bl. 3. Der Vorgang um diese improvisierten Gründungen ist komplex und kann hier nur angedeutet werden.

[17] BAB; DK-1/5687, Bl. 64–66 (Rumänien), Bl. 84–88 (Ungarn) usw.; BAB; DK-1/8626, Bl. 38–41.

[18] BAB; DK-1/8626, Bl. 16, Anlage 1; generell zur Struktur der ländlichen Gesellschaft nach der Bodenreform s. *Arnd Bauernkämper,* Von der Bodenreform zur Kollektivierung. Zum Wandel der ländlichen Gesellschaft in der sowjetischen Besatzungszone Deutschlands und der DDR 1945–1952, in: H. Kaelble, J. Kocka u. H. Zwahr (Hrsg.), Sozialgeschichte der DDR, Stuttgart 1994, 119–143.

[19] BAB; DK-1/8626, Bl. 13; BAB; DK-1/8626, Bl. 16, Anlage 2.

[20] Von diesen Betrieben gehörten 3137 zu Typ I, 222 waren als Typ II entstanden und 1022 als Typ III. Über die betriebsstrukturellen Unterschiede zwischen den drei Typen siehe *H. Bichler,* Landwirtschaft in der DDR. 2. Aufl. Berlin [West] 1982.

[21] BAB; DK-1/5877, Bl. 1.

[22] An einem regionalen Beispiel, das für weite Teile Ostdeutschlands typisch ist: *Jochen-Christoph Kaiser*, Klientelbildung und Formierung in einer neuen politischen Kultur, in: Arnd Bauerkämper (Hrsg.), Junkerland in Bauernhand? Durchführung, Auswirkungen und Stellenwert der Bodenreform in der Sowjetischen Besatzungszone. Stuttgart 1996, 119–131.

[23] BAB; DK-1/85, Bl. 253.

[24] BAB; DK-1/5877, Bl. 264.

[25] *Falco Werkentin*, Politische Strafjustiz in der Ära Ulbricht. Berlin 1995, 81.

[26] BAB; DK-1/5893, Bl. 57 (am Beispiel des Bezirks Dresden).

[27] BAB; DK-1/5893, Bl. 58 u. 61.

[28] BAB; DK-1/156, Bl. 566–569.

[29] BAB; DK-1/156, Bl. 563–565. Ähnliches galt für die ebenfalls aus eigener Produktion stammenden Traktoren «Aktivist» und «Brockenhexe», bei denen vor allem Ersatzteile fehlten. BAB; DK-1/452, Bl. 22.

[30] BAB; DK-1/452, Bl. 36.

[31] BAB; DK-1/452, Bl. 49–52.

[32] BAB; DK-1/156, Bl. 566–569.

[33] BAB; DK-1/156, Bl. 563–565.

[34] BAB; DK-1/452, Bl. 57–59.

[35] BAB; DK-1/819, Bl. 65.

[36] BAB; DK-1/540, Bl. 2–3.

[37] BA Koblenz; B 116/7281, hierin: «Vorschläge zu dem Problem der landwirtschaftlichen Flüchtlinge aus der sowjetischen Besatzungszone», hrsg. vom Bauernverband Berlin e. V. (27. 2. 1953).

[38] BA Koblenz; B 116/1391, hierin: Entwurf eines Memorandums «Erschließung von Siedlungsland zur Ansiedlung von heimatvertriebenen Bauern».

[39] *Kluge*, Vierzig Jahre (wie Anm. 5), Bd. I, (Ära Lübke, passim).

[40] Über 60,4% der Betriebe lagen in der Größenklasse 1–5 ha LNF. Im Gegensatz zur Weimarer Republik lag die Verschuldungsgrenze sehr niedrig, während die Verkaufserlöse zwischen 1948/49 und 1951/52 von 6,5 Mrd. DM auf 12 Mrd. DM gestiegen waren. Das Investitionskapital floß zu großen Teilen aus den Marshall-Plan-Gegenwertmitteln, Lastenausgleichsmitteln, Arbeitsbeschaffungs- und Sanierungsprogrammen sowie aus Länderdarlehen. In den kleinstrukturierten Anbaugebieten Süd- und Südwestdeutschlands führten großzügig finanzierte Flurbereinigungsaktionen zur Entstehung von rationell zu bearbeitenden Großflächen. Schließlich wurden bis 1953 aus öffentlichen Mitteln in Höhe von 564 Mio. DM rund 35.000 Siedlungsbetriebe durch Eigentumserwerb und Pachtung mit ca. 265.000 ha Gesamtfläche aufgebaut. – BA Koblenz; B 116/928, hierin: Exposé des Bundeslandwirtschaftsministers «Die finanzielle Entwicklung der Landwirtschaft und Ernährungswirtschaft in der Deutschen Bundesrepublik [!] seit der Währungsreform» (20. 3. 1953).

[41] BA Koblenz; B 116/8105, hierin: Bericht des Bundesministeriums für gesamtdeutsche Fragen «über die gegenwärtigen Versorgungsschwierigkeiten in der Sowjetzone bei wichtigen Grundnahrungsmitteln» (1. 4. 1953).

[42] *ELF-Sonderdienst* Nr. 17 v. 6. 5. 1953.

[43] BAB; DK-1/452, Bl. 31–34.

[44] Ebenso wurden die Handelskontore für Zucht- und Nutzvieh angewiesen, den LPG hochwertiges Vieh zu liefern; gleiches galt für Saatgut und Dünger. BAB; DK-1/452, Bl. 19 u. Rückseite, 26.

[45] BAB; DK-1/842, Bl. 3.

[46] BAB; DK-1/156, Bl. 566–569.

[47] BAB; DK-1/5877, Bl. 81.

[48] BAB; DK-1/5877, Bl. 235.

[49] BAB; DK-1/156, Bl. 392–93.

[50] BAB; DK-1/819, Bl. 229–230.

[51] BAB; DK-1/452, Bl. 89–90; BAB; DK-1/452, Bl. 94–95.

[52] BAB; DK-1/5877, Bl. 33 u. 39.

[53] BAB; DK-1/819, Bl. 172.

[54] BAB; DK-1/86, Bl. 5–7.

[55] In völliger Verkennung der tatsächlichen Vorgänge: *Armin Mitter,* Am 17. 6. 1953 (wie Anm. 9), 97.

[56] BAB; DK-1/1, Bl. 3–15.

[57] BAB; DK-1/76, ohne Blattnummerierung [9. 6. 1953].

[58] BAB; DK-1/205, Bl. 86–89.

[59] BAB; DK-1/819, Bl. 117–118.

[60] Diese Betriebe hatten 5775 Mitglieder und 31.839 ha LNF umfaßt, während sich in derselben Zeitspanne lediglich 40 LPG-Betriebe mit 615 Einzelwirtschaften, 3021 Mitgliedern und 13.113 ha LNF neu gebildet worden waren. BAB; DK-1/1834, Bl. 255.

Weder Revolution noch Reform.
Die DDR im Krisenjahr 1956 und die Intellektuellen

Gerhard A. Ritter

Im Jahr 1956 trafen in ungewöhnlichem Maße Ereignisse zusammen, die starke Auswirkungen auf das politische Klima und die geistigen Strömungen in Ost- wie Westeuropa hatten: in der Sowjetunion der XX. Parteitag der Kommunistischen Partei mit den Enthüllungen Chruschtschows über Despotie und Terrorismus Stalins, in Polen der von der Armee niedergeschlagene Posener Arbeiteraufstand, dann der Wechsel von einem moskauhörigen zu einem nationalen kommunistischem Regime, in Ungarn die Revolution und ihre blutige Unterdrückung durch sowjetische Truppen und schließlich im Nahen Osten die Suez-Krise mit der Intervention israelischer, französischer und britischer Truppen.[1]

1. Das Jahr 1956, die europäischen und die deutschen Intellektuellen

Vergleicht man die Reaktionen in West- und Ostdeutschland mit denen in anderen Ländern Europas, so gab es drei wesentliche Unterschiede. Erstens wurden hier die Ereignisse vor dem Hintergrund des Aufstands vom 17. Juni 1953 und dessen Niederwerfung gesehen. Wurde dieser lange Zeit als ein im wesentlichen von Arbeitern getragener, kurzer Aufstand für ein besseres Leben und mehr Menschlichkeit gesehen, wissen wir jetzt, daß der Volksaufstand, den man auch als «gescheiterte Revolution» bezeichnen kann,[2] von nahezu allen Kreisen der Bevölkerung – darunter aber nur wenigen Intellektuellen – gestützt wurde, daß die Unruhen sich über mehrere Wochen erstreckten und daß Forderungen nach einem völligen politischen, sozialen und wirtschaftlichen Wandel und der Wiedervereinigung Deutschlands eine wesentliche Rolle spielten. Dabei waren die Rufe nach Freiheit und Einheit unlösbar miteinander verknüpft. Das Trauma des 17. Juni 1953 bestimmte 1956 die Handlungen und das Denken beider Seiten: der Exponenten des SED-Regimes und der Kräfte, die eine Überwindung oder auch nur Reform des Regimes anstrebten. Zweitens gab es in der DDR 1956 zwar die Möglichkeit einer gewissen Lockerung des Regimes und einer gewissen Erweiterung des extrem eingeschränkten intellektuellen Freiraums; die Alternative eines spezifisch ostdeutschen Weges zum Sozialismus war allerdings nicht realistisch. Trotz aller Versuche, besonders seit den 1970er Jahren, eine separate Identität zu schaffen, wurde die DDR niemals eine Nation, weshalb auch der Weg zu einem nationalen Kommunismus, wie er etwa in Titos Jugoslawien, in China und wenigstens teilweise in Polen begangen wurde und 1968 in der Tschechoslowakei von Dubcek geplant war, der DDR nicht offenstand. Eurokommunistisches Denken, wie es sich etwa in Italien, Frankreich und Spanien entwickelte, hatte in der DDR keinen Boden. Eine Kombination von Demokratie und Sozialismus war ausgeschlossen, da freie Wahlen mit Sicherheit zum Zusammenbruch des Regimes, zur Wiedervereinigung und damit zur Übernahme eines kapitalistischen Systems geführt hätten. Drittens gab es in der Bundesrepublik im Gegensatz etwa zu Italien und Frankreich keine starke kommunistische Partei. Hier sahen linke Intellektuelle – mit wenigen, nicht repräsentativen Ausnahmen – in den sozialistischen Staaten nie nachahmenswerte Modelle. Darüber hinaus führten der Mangel an Demokratie und Freiheit und die vergleichsweise schlechte ökonomische Situation zu einem scharf kritischen Bild von der DDR, das, von Millionen von Flüchtlingen aus der «Zone» und engen Kontakten mit Ostdeutschen geprägt, durch die gewaltsame Unterdrückung des Volksaufstandes von 1953 nur noch bestätigt wurde. Es gab daher auch keinen erschütterten Glauben, keine enttäuschten Hoffnungen wie bei so vielen linken Intellektuellen anderer europäischer Länder, für die die Unterdrückung der ungarischen Revolution häufig den Anstoß zur Abwendung von der Sowjetunion, zum Bruch mit der kommunistischen Partei ihrer Staaten und zur Abwendung von kommunistischen Heilslehren bedeutet hatte. Die KPD, die in den letzten freien Reichstagswahlen vom 6. November 1932 fast 17 Prozent der Stimmen gewonnen hatte, war bei den Bundestagswahlen vom September 1953 auf 2,2 Prozent zusammengeschmolzen; die Partei war politisch tot, ehe sie unnötigerweise im August 1956 verboten wurde. Aus all diesen Gründen bildete das Jahr 1956 keine signifikante Zäsur im politischen Denken westdeutscher Intellektueller.

Ich werde mich daher im weiteren auf die Rückwirkungen der Erschütterungen in Osteuropa auf die Intellektuellen in der DDR beschränken. Als typischen westdeutschen Intellektuellen erwähne ich lediglich Karl Jaspers, später, bereits in Basel, ein prominenter Kritiker der Wiedervereinigungspolitik der Bundesrepublik: Für Jaspers war die ungarische Revolution ein Aufstand des Volkes gegen die Tyrannei, eine «echt revolutionäre Bewegung», die durch eine totalitäre Macht brutal unterdrückt wurde. Nach seiner Ansicht zeigten die Ereignisse aber auch die «neue Ohnmacht» des Westens angesichts der Atombombe und des Wissens, daß jede effektive Intervention zu einem Weltkrieg, und damit zur Zerstörung aller Zivilisation, und «vielleicht der Menschheit» hätte führen können. Seine Hoffnung, daß dauerhafte sittlich-politische Empörung selbst eine tyrannische Weltmacht schließlich zum Einlenken, zum Rückzug der Truppen und zur Gewährung von Freiheit bringen könne, blieb vage.[3]

Die Frage, ob «der Westen» tatsächlich keine Alternative zu seiner schwächlichen Ungarnpolitik hatte, kann hier nur andeutungsweise erörtert werden. Die USA hatten keine konkrete Strategie, die auf die Auflösung des Ostblocks zielte.[4] Eine Rede von Dulles vom 27. Oktober, die militärische Hilfe faktisch ausschloß,[5] mußte in Moskau als Signal verstanden werden, daß man freie Hand habe. Großbritannien und Frankreich waren durch die Suez-Aktion vollständig präokkupiert und hatten in Ungarn keine größeren eigenen Interessen; auch für die Vereinigten Staaten stand diese Krise und nicht Ungarn im Vordergrund. Selbst eine rechtzeitige Befassung der UNO mit der Situation in Ungarn wurde durch die Suez-Krise blockiert.[6] Heute erst wissen wir, daß seit dem 23. Oktober 1956 scharfe Kontroversen über die Ungarnpolitik im sowjetischen Politbüro stattgefunden haben,[7] in denen sich die «Tauben», die eine politische Lösung suchten, gegenüber den «Falken», die eine militärische Intervention forderten, durchsetzten. Erst am 31. Oktober, nachdem die sowjetischen Truppen Budapest verlassen hatten, gewannen die «Falken» die Oberhand. Chruschtschow, der nun für eine harte Haltung eintrat, nahm dabei ausdrücklich auf die Zuspitzung der Suez-Krise Bezug.[8] Die Militärs, die zudem den Abfall anderer Satellitenstaaten befürchteten, haben seitdem die militärische Intervention intensiv vorbereitet, die am 4. November begann. Es ist auch mit den neuen Quellen nicht möglich, die relative Bedeutung der verschiedenen Faktoren für die Änderung der sowjetischen Haltung zu bestimmen. Ausschlaggebend war sicher die Radikalisierung der Revolution in Ungarn,[9] wo Ministerpräsident Nagy am 30. Oktober die Bildung einer Koalitionsregierung mit Sozialdemokraten und Bürgerlichen verkündete und der von den Kommunisten zu lebenslänglicher Haft verurteilte Kardinal Mindszenty befreit wurde – die Aufkündigung des Warschauer Paktes und Proklamierung der ungarischen Neutralität erfolgte erst am 1. November. Vermutlich spielten auch die geänderte Position der chinesischen Kommunisten, die zunächst gegen, nun aber für eine militärische Intervention eintraten, und das Wissen, daß die Westmächte stillhalten würden, eine wichtige Rolle. Die Suez-Krise, auch wenn sie wahrscheinlich keine notwendige Bedingung für die Entscheidung zur Unterdrückung der ungarischen Revolution war, hat diese doch erleichtert: Sie lenkte die Aufmerksamkeit der Weltöffentlichkeit ab und löste vor allem in der Dritten Welt, durch den Rückfall Großbritanniens und Frankreichs in Methoden der Kolonialpolitik, das Gefühl unmittelbarerer Betroffenheit aus als die Entwicklungen in Ungarn.

In der westdeutschen Öffentlichkeit war die massive Empörung über das Vorgehen der Sowjets verbunden mit scharfer Kritik an den Aktionen der Israelis, Briten und Franzosen in Ägypten, mit denen man, so wurde argumentiert, den Ungarn in den Rücken gefallen sei und zudem dem moralischen Protest des Westens gegenüber der Sowjetunion den Boden entzogen habe. Zur Demonstration der Solidarität wurden die Flaggen auf Halbmast gesetzt; die Gewerkschaften riefen zu einer Arbeitsruhe auf; in West-Berlin marschierten erregte Demonstranten zum Brandenburger Tor, während von der anderen Seite die Volkspolizei ihre Gewehre auf die Menschenmenge richtete.[10] Am 8. November – vier Tage nach dem Beginn der sowjetischen Intervention – nahm der Bundestag eine Regierungserklärung entgegen, in der die Bewunderung für die in ihrem Freiheitskampf allein stehenden Ungarn zum Ausdruck kam und die moralische Verpflichtung anerkannt wurde, «immer auf der Seite derer zu stehen, die für die Freiheit eintreten und die Unterdrückung der Menschenrechte leidenschaftlich bekämpfen».[11] Eine konkrete Wirkung hatten die Proteste nicht.

2. *Die Herausforderung der SED durch den XX. Parteitag*

Wenden wir uns nun der DDR und hier zunächst der Sozialistischen Einheitspartei zu. Die vier Delegierten der SED, unter ihnen Walter Ulbricht, wurden auf dem XX. Parteitag der KPdSU von den vehementen Angriffen Chruschtschows auf Stalin am 24. Februar 1956 offenbar völlig überrascht. Wie die anderen Gastdelegierten und die Journalisten waren sie von der Geheimsitzung ausgeschlossen worden. Ihnen wurde aber noch in der Nacht auf den 25. Februar eine Übersetzung der Rede vorgelesen, die Karl Schirdewan, Sekretär im Zentralkomitee der SED und eines der wichtigsten Mitglieder des Politbüros, wörtlich mitschrieb. Ulbricht, der «kleine deutsche Stalin»,[12] war der erste nichtsowjetische Parteiführer, der sich der unerwarteten Situation resolut anpaßte. Offenbar dachte er, daß eine Flucht nach vorn die einzige Chance war, um sein politisches, wenn nicht sein physisches Überleben zu sichern.

Das Politbüro der SED beschloß daher am 29. Februar, nachdem Ulbricht über den XX. Parteitag berichtet hatte, eine «richtungsweisende» Arbeit über den Kongreß zu veröffentlichen.[13] Im «Neuen Deutschland» vom 4. März ging Ulbricht detailliert auf die neuen Thesen über den friedlichen Weg zum Sozialismus, die Möglichkeit der Verhinderung neuer Weltkriege und die friedliche Koexistenz des kapitalistischen und sozialistischen Systems ein. Eher beiläufig erwähnte er, daß auch der Personenkult, die Verstöße gegen das lenin'sche Prinzip der kollektiven Führung und die Verletzung der Gesetze der Sowjetunion, besonders in den Jahren 1936–1938 und nach dem Kriege, auf dem XX. Parteitag verurteilt worden waren. Er kritisierte gewisse theoretische Fehler Stalins, etwa die These von der Verschärfung des Klassenkampfes mit den Erfolgen des sozialistischen Aufbaus und die These von der notwendig gewaltsamen Unterdrückung des Widerstandes der Ausbeuterklasse beim Übergang zum Sozialismus, und erklärte schließlich trocken, daß man Stalin nicht mehr zu den «Klassikern des Marxismus» rechnen könne.[14] Wenig später verschärfte Ulbricht seine Kritik, indem er Stalin die ungenügende Vorbereitung der Sowjetunion auf den Krieg, Fehler in der Kriegführung, falsche Entscheidungen in der Landwirtschaftspolitik und der Politik gegenüber Titos Jugoslawien, Verstöße gegen die Gesetze und Willkür in der Verfolgung Andersdenkender vorwarf.[15] Im übrigen betonte er, daß die SED, fehlerhafte Ansätze schon bisher im Kollektiv korrigiert habe, wie etwa in Parteibeschlüssen gegen den Führerkult. In der Stellungnahme Ulbrichts findet sich kein Wort der Selbstkritik, keine kritische Reflexion über die Vergangenheit der SED, kein Hinweis auf die Notwendigkeit der Änderung des bestehenden Systems der DDR oder gar eines Führungswechsels. Die Strategie Ulbrichts war offensichtlich: Die Schuld für Fehlentwicklungen in der Sowjetunion sollte allein Stalin und dem dortigen Personenkult auferlegt werden. Dagegen sollte jede Diskussion darüber, ob Stalins Vergehen nicht Teil eines Systems waren, das offensichtliche Parallelen in anderen osteuropäischen Ländern hatte, peinlich vermieden werden, um nicht die Forderung nach einem Führungs- und Systemwechsel zu provozieren. Diese Taktik war durch die Personalisierung der Abrechnung mit dem Stalinismus durch Chruschtschow, der das Regime zu retten versuchte, indem er den alten Führer zur Verdammung freigab, vorgezeichnet worden.

Tatsächlich gab es aus den Reihen der völlig verunsicherten Mitglieder der SED scharfe Kritik an der Parteiführung – trotz der ungenügenden Information über die in der DDR nicht veröffentlichte Rede Chruschtschows. Sie wandte sich zum Teil – besonders galt das für einige der in der Verehrung Stalins erzogenen jungen Funktionäre – gegen die Verurteilung Stalins überhaupt, während einige der älteren aus taktischen Gründen lediglich eine weniger radikale, besser dosierte und propagandistisch vorbereitete Abkehr von Stalin vorgezogen hätten.[16] Sehr viel gefährlicher waren jedoch die zunehmenden Stimmen, die Personenkult, Diktatur und Bolschewisierung in der DDR selbst verurteilten und mehr oder weniger direkt mit der Forderung nach Absetzung der verantwortlichen Führer auf Ulbricht zielten.[17] Von vielen wurden bereits von der bevorstehenden 3. Parteikonferenz eine schonungslose Diskussion der Fehler, eine grundlegende Änderung der Politik und eine Ablösung Ulbrichts und seiner engsten Anhänger erwartet. Tatsächlich gelang es jedoch Ulbricht, die Parteiführung auf sich einzuschwören und durch eine detaillierte Regie – alle Reden mußten vorher im Manuskript vorgelegt werden[18] – eine Fehlerdiskussion, die man für den 17. Juni 1953 verantwortlich machte, zu verhindern. Auch Schirdewan, der mit zeitweiliger Rückendeckung führender sowjetischer Politiker auf eine Absetzung Ulbrichts hinarbeitete, stellte sich ausdrücklich hinter die Führung und betonte die Notwendigkeit der Einheit der Partei. Er hat später argumentiert, daß in der damaligen politischen Situation eine andere Haltung nicht möglich gewesen wäre, da die Partei vor Zerrissenheit bewahrt werden mußte und der Mehrheit der Mitglieder die neuen Denkansätze des XX. Parteitages, die auch auf innerparteiliche Demokratie hinausliefen, noch nicht bewußt gewesen seien.[19]

Wie immer man die Chancen einer Rebellion gegen Ulbricht und die Parteiführung zu diesem Zeitpunkt beurteilen mag, sicher ist, daß der richtige Moment in den folgenden Monaten verpaßt wurde. Allerdings waren Schirdewan, der mächtige Leiter der ZK-Abteilung „Leitende Organe der Partei und der Massenorganisationen" und seine Anhänger, unter ihnen der verhaßte Minister für Staatssicherheit, Ernst Wollweber, keine Reformer. Sie waren lediglich für den Sturz Ulbrichts, von dem sie sich durch unterschiedliche taktische und strategische Vorstellungen zur Stabilisierung der Diktatur unterschieden. Nach der Niederschlagung des Volksaufstandes in Ungarn wurden Schirdewan und seine Anhänger in der Parteiführung ins politische Abseits manövriert und konnten schließlich Anfang Februar 1958 durch Ulbricht vollends ausgeschaltet werden.[20] Die bereits Ende Januar 1956, also vor dem XX. Parteitag der KPdSU einberufene Parteikonferenz, deren Delegierten in einer geschlossenen Sitzung eine redigierte Fassung der Rede Chruschtschows von Schirdewan vorgelesen wurde, beschloß oder bestätigte Maßnahmen, die auf eine Verbesserung der wirtschaftlichen Leistung, eine gewisse Dezentralisierung der Verwaltung und die Hebung des Lebensstandards abzielten. Zu letzterem gehörten vor allem die Ankündigung einer Rentenerhöhung und eine Reduzierung der Arbeitszeit.[21] Die Kurskorrekturen dienten dem doppelten Zweck, die Bevölkerung stärker in die Bemühungen um eine Steigerung der wirtschaftlichen Effizienz einzubinden und einer möglichen Opposition gegen die Parteiführung den Wind aus den Segeln zu nehmen. Sie erfolgten jedoch ausschließlich von oben und nicht aufgrund einer offenen Diskussion der Delegierten der Parteikonferenz oder gar weiterer Kreise von Partei und Bevölkerung.

3. Mehr Demokratie? Die Unruhen von 1956 in der Gesellschaft der DDR und ihre Forderungen

Solche Diskussionen, deren Umfang, Intensität und Inhalt jetzt erst genauer eingeschätzt werden können,[22] waren jedoch 1956 nicht zu verhindern. In ihnen war die Kritik an Ulbricht, dessen Absetzung gefordert und erwartet wurde, zentral. Das Politbüro versuchte gegenzusteuern, indem es im *Neuen Deutschland* am 29. April 1956 erklärte, daß es in der SED, deren leninistische Geschlossenheit beschworen wurde, weder Personenkult noch Massenrepressalien gegeben habe.[23] Auf der 28. Tagung des Zentralkomitees der SED Ende Juli 1956, vier Wochen nach dem Arbeiteraufstand in Posen und nach der Absetzung des verhaßten stalinistischen Parteisekretärs Mátyás Rákosi in Ungarn, fand sich die Parteiführung schließlich bereit, zur Überwindung des Dogmatismus in der ideologischen Arbeit aufzurufen, frühere kritische Beschlüsse zum Titoismus aufzuheben und einige von der SED aus verschiedensten politischen Gründen strafrechtlich Verfolgte oder durch Parteistrafen gemaßregelte führende Mitglieder der Partei zu rehabilitieren.[24]

Die Unruhen in der DDR griffen auch auf die Arbeiterschaft einiger Betriebe über. Im Sommer und Herbst 1956, vor allem aber nach der Zuspitzung in Ungarn und Polen seit Mitte Oktober, kam es zu vielen kleinen Streiks.[25] Die Arbeiter beschränkten sich im allgemeinen auf soziale Forderungen. Die Führung der SED und die Staatssicherheitskräfte befürchteten jedoch nach dem Aufstand in Posen, dem Sieg der nationalkommunistischen Reformer unter Gomulka am 19./20. Oktober in Warschau und der revolutionären Entwicklung in Ungarn Ende dieses Monats, daß – wie im Juni 1953 – die sozialen in politische Forderungen umschlagen und eine breite Aufstandsbewegung auslösen könnten.

Nach der vom Zentralkomitee der SED als Niederwerfung eines «konterrevolutionären Aufstands» nachdrücklich unterstützten Intervention der sowjetischen Truppen in Ungarn[26] und einer Demonstration von Studenten der Humboldt-Universität vom 5. November nahm das Politbüro der Partei am 8. November einen Entschließungsentwurf über «Maßnahmen zur Unterdrückung konterrevolutionärer Aktionen»[27] an. Das Dokument enthielt ein detailliertes Szenario für die Repression aller Bestrebungen zur Gefährdung der Ruhe und Ordnung durch Einsatz der Volkspolizei, der bewaffneten Kräfte der Staatssicherheit und der Kampfgruppen der Betriebe in der ersten Instanz, der Nationalen Volksarmee in der zweiten und schließlich, wenn diese Kräfte nicht ausreichten, der sowjetischen Truppen in der DDR. Eine zentrale Sicherheitskommission unter Vorsitz von Ulbricht wurde zur «politischen und operativen Führung» des Kampfes mit diktatorischen Vollmachten im Krisenfall gebildet, ähnliche Einsatzleitungen wurden auf regionaler Ebene und in den großen Städten unter dem Vorsitz der ersten Sekretäre der SED geschaffen.

Tatsächlich war die Angst der SED-Führung unbegründet. Die Zentren der Unruhe und Opposition waren im Unterschied zu 1953 nicht die Betriebe, sondern die Universitäten und intellektuellen Zirkel, die weder die Kraft noch den Wunsch zur Auslösung eines Aufstandes hatten. Zur Untersuchung ihrer Gruppenbildungen und Pläne konnte hier neben Memoiren und Schriften von Beteiligten vor allem eine ausführliche, «streng vertrauliche» «Analyse der Feindtätigkeit innerhalb der wissenschaftlichen und künstlerischen Intelligenz»[28] herangezogen werden, die dem Zentralkomitee der SED auf ihrer 33. Sitzung vom 16.–19. Oktober 1957 vorgelegt worden war. Dabei muß in Rechnung gestellt werden, daß Quellen und Literatur die «sozialistisch» eingestellten Kritiker, die gefährlicher waren als die antikommunistischen und «bürgerlichen» Opponenten,[29] in den Mittelpunkt stellen und keineswegs auch nur alle innerparteilichen Reform- und Oppositionsbestrebungen erfassen. An den Universitäten gaben sich viele der Studenten nicht mit den öffentlichen Erklärungen über die Ergebnisse des XX. Parteitages zufrieden und verlangten eine Untersuchung der tieferen systemimmanenten Ursachen von Führerkult und Terror. Diese seien nicht allein in der Person Stalins, sondern im «Stalinismus» – ein von der Parteiführung streng abgelehnter Begriff – zu suchen.

Hinter der Forderung nach freier Diskussion paralleler Fehlentwicklungen in der DDR und der auch gegen Ulbricht gerichteten Kritik stand der Wunsch nach größerer Meinungs- und Veröffentlichungsfreiheit, nach mehr Demokratie. Studentenversammlungen und -gruppen, die natürlich derart weitgehende Forderungen nicht öffentlich erheben konnten, verlangten konkret vor allem die Abschaffung des Russischunterrichts, den Wegfall oder doch die Reduzierung des obligatorischen gesellschaftswissenschaftlichen Grundstudiums, ungehinderte Reisen in den Westen, freien Zugang zur westlichen Literatur und die Bildung unabhängiger Studentenvertretungen statt der offiziellen Organisation der FDJ an den Universitäten. Während diese Forderungen sich aus der spezifischen Situation der Studenten ergaben – auch wenn sie von der SED-Führung als politische Provokationen aufgefaßt wurden – wurde vereinzelt auch offener Widerstand gegen das Regime deutlich. In der Nacht vom 29. zum 30. Oktober wurde im Physikalischen Institut der Humboldt-Universität in Berlin ein «Aufruf an alle Studenten» angebracht, in dem dazu aufgefordert wurde, nach den Beispielen Polens und Ungarns einen Kampf für Freiheit, Unabhängigkeit und ein geeintes Vaterland zu initiieren. Die Unruhen kumulierten in den ersten Novembertagen in einer Vollversammlung von Studenten der Veterinärmedizin[30] und einer Ansammlung von etwa eintausend Studenten am Brandenburger Tor, die ihre Forderungen dem Staatssekretariat für Hochschulwesen überbringen wollten, aber von der Polizei nach West-Berlin abgedrängt wurden.[31] Neben Berlin waren vor allem Leipzig, Halle und Jena Zentren studentischer Unruhen. Als Reaktion erließ der Stellvertreter des Ministers für Staatssicherheit am 3. November 1956 eine *Richtlinie über die Abwehr feindlicher Tätigkeit gegen die Universitäten und Hochschulen der Deutschen Demokratischen Republik*, die zur Errichtung eines sehr viel intensiveren Systems der Überwachung der Universitäten und Studenten durch Verdichtung des Spitzelnetzes führte.[32] In der erwähnten «Analyse» wurden allein sieben «partei- und staatsfeindliche» Gruppierungen an den Universitäten behandelt.[33] Unter den wegen Staatsverbrechen und Verrat, Untergrundtätigkeit und Spionage im Jahre 1957 festgenommenen 87 Personen der intellektuellen Opposition waren 48 Studenten. Weitere 19 Verhaftete waren als Lektoren, Dozenten, wissenschaftliche Mitarbeiter, Assistenten, Aspiranten und Studentenpfarrer mit den Universitäten und wissenschaftlichen Institutionen verbunden.[34] Eine sehr viel größere Zahl von Studenten wurde relegiert.

4. *Die Gruppe Harich-Janka und ihr Projekt einer «sozialistischen Demokratisierung»*

In den intellektuellen Zirkeln der SED selbst kam die eindeutigste und aktivste Opposition von einer Gruppe um Wolfgang Harich.[35]

Harich war Dozent der Philosophie an der Humboldt-Universität, Chefredakteur der *Deutschen Zeitschrift für Philosophie* und Lektor des wichtigsten Verlages der DDR zur Publikation geisteswissenschaftlicher und belletristischer Literatur, des Aufbau-Verlages. Mit der Redaktion des *Sonntag*, des bedeutendsten kulturpolitischen Wochenblatts, war dieser das Zentrum der allerdings nur sehr locker verbundenen oppositionellen Gruppen. Wichtigste Mitglieder waren neben Harich der Leiter des Verlages, Walter Janka, der Chefredakteur des *Sonntag*, Heinz Zöger, und dessen Stellvertreter Gustav Just. Daneben spielte Manfred Hertwig, Redaktionssekretär der *Deutschen Zeitschrift für Philosophie* und gleichzeitig Assistent Kurt Hagers, eine Rolle. Kurt Hager, der auf der ZK-Sitzung vom Oktober 1957 vor allem wegen der Verbindung zu Ernst Bloch kritisiert wurde, war Professor für Philosophie an der Humboldt-Universität und ZK-Sekretär für Kultur und Wissenschaft.[36] Der als Aspirant der Akademie der Wissenschaften arbeitende Bernhard Steinberger wurde schließlich als Wirtschaftswissenschaftler herangezogen. Durch seine Vermittlung nahm auch der Rundfunkredakteur und Kommentator Richard Wolf die Beziehung zu Harich auf. Alle waren Mitglieder der SED. Besonders Harich und Hertwig standen in Verbindung zu Ernst Bloch und zu Georg Lukács.[37] Harich betreute deren Manuskripte, die starken Einfluß auf sein philosophisches Denken ausübten und ihn in seiner Kritik am DDR-Regime und Ulbricht bestärkten.[38] Harich ging es zunächst um größere Freiheit der intellektuellen Diskussion, die auch dem steril gewordenen Marxismus-Leninismus neues Leben einhauchen sollte.[39] Inspiriert durch eine Reise nach Polen im Mai 1956, wo er mit antistalinistischen Sozialisten in Berührung kam,[40] und informiert durch Lukács über die Situation in Ungarn, entwickelte er nach dem XX. Parteitag Ideen für eine grundlegende Reform der SED und eine Demokratisierung der DDR. Er sah diese vor allem als notwendige Vorbedingung für die deutsche Wiedervereinigung – sein zentrales politisches Ziel. Einen ersten schriftlichen Entwurf seiner Vorstellungen übergab er im Frühjahr 1956 Michael Voslensky, der damals Mitglied der sowjetischen Botschaft in Ostberlin war.[41] Im Herbst erörterte er seine politische Konzeption mit dem sowjetischen Botschafter Puschkin und in mehreren langen Gesprächen mit Vertretern der West-Berliner SPD und des von der DDR als «Agentenzentrale» abgelehnten Ostbüros der Partei. Offenbar als letzte Warnung wurde er am 7. November auch von Ulbricht zu einer kurzen Audienz empfangen, in der sich Ulbricht scharf gegen Lukács und andere ungarische Intellektuelle als «Verräter» wandte.[42]

Durch seine politischen Freunde ermutigt, schrieb Harich schließlich nach der Niederschlagung der ungarischen Revolution zwischen dem 22. und dem 25. November seine *Plattform für einen besonderen deutschen Weg zum Sozialismus* nieder. Während eine kürzere und in einigen Details verzerrte Fassung seiner Vorstellungen, die auf Notizen seiner Unterredungen mit einem Vertreter der Westberliner SPD in der Nacht vom 6. zum 7. November beruhte, am 25. März 1957 im *SBZ-Archiv* veröffentlicht wurde,[43] ist der volle, 50 Schreibmaschinenseiten umfassende Text der *Plattform* erst nach dem Zusammenbruch der DDR im Nachlaß von Ulbricht mit Randbemerkungen und Unterstreichungen gefunden und 1993 in einem Buch von Harich veröffentlicht worden.[44] Die *Plattform* sollte in ihren ökonomischen Teilen von Bernhard Steinberger korrigiert und ergänzt werden. Sie war als Grundlage für eine Diskussion zunächst durch die SED-Grundorganisation des Aufbau-Verlages gedacht und sollte nach der Reduzierung auf ein entschärftes Minimalprogramm an die Mitglieder des Zentralkomitees und die Bezirks- und Kreisleitungen der SED geschickt werden.[45] Harich wollte also nicht dem ungarischen Beispiel eines offenen Aufstandes folgen sondern orientierte sich am Vorbild Gomulkas in Polen für ein Vorgehen, das in Deutschland von einer an Kopf und Gliedern reformierten SED in Zusammenarbeit mit «progressiven Kräften» in der Bundesrepublik, besonders der SPD, betrieben werden sollte.[46] Harich wünschte keinen Bruch mit dem Marxismus-Leninismus, trat aber für seine Bereicherung durch bisher nicht gewürdigte oder verfemte Theoretiker wie Kautsky, Mehring, Luxemburg, Großmann, Korsch, Sternberg, den frühen Lukács, Lafargue, Labriola, Gramsci, Trotzki, Bucharin und Deborin ein.

Die SED sollte demokratisiert werden, indem sie sich dem Einfluß der Massen öffnete, die Stalinisten aus ihrer Führung entfernte und ihre Beziehungen zu jenen kommunistischen Parteien intensivierte, die bei der Überwindung der stalinistischen Periode die größten Fortschritte gemacht hatten – so die Jugoslawiens, Chinas, Polens, Ungarns, Italiens und der USA. Gedacht war weiter an Nennis sozialistische Partei in Italien. Die Reformen sollten eine «sozialistische Demokratisierung unter Leitung der SED» und gleichzeitig eine Verbesserung des Lebensstandards bewirken. Konkret vorgesehen waren die Wiedererrichtung der Länder, die Reduzierung der zentralen Bürokratie, die Dezentralisierung der Verwaltung und eine effektivere Kontrolle des Staatsapparates auf allen Ebenen durch gewählte Volksvertretungen. Diese sollten aber, einschließlich der Volkskammer, weiter nach «Einheitslisten des demokratischen Blocks der Parteien und Massenorganisationen» gewählt werden, wobei die Wähler allerdings unter den Kandidaten, deren Zahl über der der Abgeordneten liegen sollte, eine gewisse Auswahl hätten treffen können. Arbeiterräte sollten die Leitung der volkseigenen Betriebe entweder direkt oder durch die Kontrolle der Betriebsleiter übernehmen. Die Gewerkschaften, die an der Aushandlung von Tarifverträgen zu beteiligen waren, sollten als Vertreter der unmittelbaren Interessen der Arbeiter autonom sein und ein Streikrecht haben. Die Bauern sollten zur selbständigen Bewirtschaftung des Landes ermutigt, die forcierten Kollektivierungen gestoppt und unrentable «Kollektivwirtschaften» aufgelöst werden. Bei Beibehaltung des Primats des volkseigenen Sektors war an die Zulassung und Förderung kleiner und mittlerer privatkapitalistischer Betriebe in Industrie, Handwerk und vor allem im Handel gedacht. Die Mittelstandsparteien – die LDP und die NPD – sollten, wie auch die Bauernpartei, energischer als bisher die ökonomischen Interessen ihrer Klientel vertreten. Das doppelte Ziel der Zulassung privatkapitalistischer Elemente war dabei einerseits die Erhöhung des Lebensstandards und andererseits die Gewinnung des westdeutschen Mittelstandes für eine gesamtdeutsche Volksfrontpolitik. Weitere Forderungen der *Plattform* richteten sich auf die «Wiederherstellung der vollen Freiheit der wissenschaftlichen Lehre und Forschung», der Kunst und Literatur, allerdings unter Ausschluß «faschistischer und militaristischer Literatur», von «Kriegs- und Rassenhetze, Antisemitismus» und «einer gegen die Grundlagen der Staatsordnung gerichteten politischen Agitation». Auch sollten sich die Organe der öffentlichen Meinungsbildung fest in der Hand der «fortschrittlichen Kräfte» befinden und «keine Presse geduldet werden, die vom Kapital abhängig ist und reaktionäre politische Tendenzen vertritt». Völlige Religionsfreiheit sollte gewährt, die Selbständigkeit der Universitäten, Theater, Filmstudios und Verlage gesichert, und rechtsstaatliche Grundsätze sollten eingeführt werden. Das Ministerium für Staatssicherheit und die ihm nachgeordneten Dienststellen waren, ebenso wie die Nationale Volksarmee, zur Auflösung vorgesehen.

Das Programm sollte den Weg zur Wiedervereinigung Deutschlands bahnen, indem es die DDR für die «progressiven Kräfte» in Westdeutschland attraktiv machte. Harich hoffte, daß die Demokratisierung von SED und DDR der SPD helfen werde, die im September 1957 anstehenden Bundestagswahlen zu gewinnen, eine Regierung der Linken zu bilden und dann Demilitarisierung, Verstaatlichung der Schlüsselindustrien, Aufteilung des Großgrundbesitzes, sowie Austritt aus der NATO durchzusetzen.[47] In der weiteren Entwicklung sollte es in mehreren Etappen zu Verhandlungen zwischen den beiden deutschen Regierungen, zur Ausarbeitung eines gesamtdeutschen Wahlgesetzes, zur Aktionseinheit der deutschen Arbeiterparteien als Vorstufe ihrer späteren Vereinigung, zur Zulassung aller in beiden deutschen Staaten bestehenden Parteien und Massenorganisationen in ganz Deutschland, zur Wiedervereinigung durch freie, geheime, gesamtdeutsche Wahlen zu einer deutschen Nationalversammlung (allerdings mit getrennten Wahllisten), zur Ausarbeitung einer neuen Verfassung, zum Abschluß eines Friedensvertrages und zum Abzug aller Besatzungstruppen von deutschem Boden kommen. Als Resultat erwartete Harich eine Verbindung von Sozialismus und Demokratie in einem wiedervereinigten Deutschland.

Das Programm von Harich enthielt offensichtliche Widersprüche zu Prinzipien der liberalen Demokratie, zum Beispiel in der Kontrolle der Massenmedien und in der Beibehaltung von Einheitslisten. Harich überschätzte die Stärke der SPD und nahm nicht zur Kenntnis, daß diese etwa in der Frage der Wiedervereinigung von seinem Szenario abwich: Nach Meinung der SPD wie der anderen westdeutschen Parteien sollten freie gesamtdeutsche Wahlen den ersten und nicht den letzten Schritt darstellen. Allerdings war Harich dazu bereit, eine Art Führungsfunktion der SPD als stärkster Arbeiterpartei Deutschlands anzuerkennen. Harich legte seine Ideen Ende November in Hamburg der westdeutschen Presse dar, u.a. Rudolf Augstein. Der Herausgeber des *Spiegel* warnte Harich, den er als stark gefährdet einschätzte, vergeblich vor einer Rückkehr nach Ost-Berlin und stellte ihm finanzielle Unterstützung bei einem Verbleib in Aussicht.[48] Nach seiner Rückkehr nach Ostberlin am 29. November 1956 wurde Harich verhaftet. Das gleiche Schicksal erlitten am selben Tage oder in den folgenden Wochen und Monaten die anderen Mitglieder seiner Gruppe. In einem auf eine breite Öffentlichkeit zielenden Prozeß vom März 1957, dem ein weiterer im Juli folgte, wurden Harich und seine politischen Freunde wegen Bildung einer konspirativen staatsfeindlichen «Gruppe» mit dem Ziel einer Untergrabung und Beseitigung der volksdemokratischen Ordnung der DDR angeklagt. Harich wurde zu zehn Jahren Zuchthaus, sechs weitere Mitglieder der «Gruppe» – Hertwig, Steinberger, Janka, Zöger, Just und Wolf – wurden zu zwei bis sieben Jahren Zuchthaus verurteilt.[49]

5. *Reformpläne der wissenschaftlichen Intelligenz*

Ulbricht wollte mit diesen Schauprozessen die Intellektuellen einschüchtern und ein klares Signal geben, daß ideologischer Revisionismus oder Abweichen von der Parteilinie der Partei wie auch Angriffe auf ihn als Parteiführer nicht mehr toleriert würden. Die Prozesse waren aber auch Manöver im internen Machtkampf, in dem sich Ulbricht schließlich gegen Schirdewan durchsetzte, der sich für die Verlangsamung der sozialistischen «Umwälzung» und die offene Auseinandersetzung mit politischen Gegnern statt deren terroristischer Verfolgung eingesetzt und vergeblich vorgeschlagen hatte, daß man Harich und Janka die Gelegenheit geben sollte, ihre Auffassungen im Politbüro darzulegen.[50] Während der Untersuchungen hatte Harich, der «gewendet» zum Kronzeugen der Anklage wurde, in einem selbstgeschriebenen Lebenslauf auch Ernst Bloch schwer belastet. Bloch habe in der Vorgeschichte seiner «Verbrechen» eine «viel stärkere und verhängnisvollere Rolle gespielt als z.B. Janka und Just».[51] Bloch hatte 1949, nach der Rückkehr aus der erzwungenen Emigration, einen Lehrstuhl für Philosophie in Leipzig übernommen. Er wurde dort zum spiritus rector einer Gruppe von Assistenten und Studenten, die eine lebendige Debatte über die Weiterentwicklung des Marxismus führte. Obwohl er sich schon vorher gelegentlich am parteioffiziellen Dogmatismus gerieben hatte, wurde ihm erst nach den Ereignissen von 1956 der Widerspruch zwischen seiner Philosophie und dem dialektischen Materialismus bewußt. Während für die orthodoxen Marxisten die Sowjetunion bereits das Reich der Freiheit darstellte, war nach Blochs Philosophie, die er vor allem in den drei Bänden seines Hauptwerkes *Das Prinzip Hoffnung* (1954–1959) entfaltete,[52] die Weltgeschichte noch offen und konnte die Gegenwart immer durch eine bessere, «erträumte» Zukunft abgelöst werden. Für Bloch stand daher der Mensch, der nicht Erfüllungsgehilfe einer objektiven Gesetzmäßigkeit sei, sondern eine relative Freiheit der Entscheidung habe, im Mittelpunkt seiner Philosophie.[53] Blochs Weiterentwicklung und Revision des Marxismus fand im März 1956 ihren Niederschlag in einem bedeutenden Referat über *Freiheit, ihre Schichtung und ihr Verhältnis zur Wahrheit*, in dem er zur Gewinnung der «im nächsten Schritt mögliche[n] Freiheit» aufrief, und in einem Vortrag in der Humboldt-Universität im November über *Hegel und die Gewalt des Systems*, in dem er scharf mit Vulgär-Marxismus und Vulgär-Materialismus abrechnete und eine «Erfrischungsepoche des Marxismus» forderte.[54] Nach der Aufdeckung von Blochs Verbindungen zur Harich-Gruppe wurde seine Philosophie als ethischer Sozialismus verdammt.[55] Bloch selbst, den die SED-Führung offenbar als eigentlichen Kopf der «Gruppe» um Harich und Janka ansah,[56] entging aufgrund seines großen internationalen Ansehens der Verhaftung, wurde jedoch Ende März 1957 zwangsweise emeritiert.[57] Im August 1961 kehrte er nach dem Mauerbau nicht mehr von einer Reise nach Westdeutschland zurück und beschloß sein Leben 1977 als Professor in Tübingen. Einige seiner Schüler wurden verhaftet und verurteilt oder konnten sich, wie Richard Lorenz, der Verfolgung nur durch die Flucht nach Westdeutschland entziehen. Am härtesten traf es den Assistenten an der Philosophischen Fakultät der Universität Jena, Günther Zehm, der zu vier Jahren Zuchthaus verurteilt wurde.[58]

Neben der Philosophie gab es «revisionistische», antistalinistische Tendenzen, die auf eine Liberalisierung der Regimes der DDR hinausliefen, auch in der Geschichtswissenschaft, in der sie vor allem von Jürgen Kuczynski und, in Anlehnung an dessen Revision des Konzepts der «Parteilichkeit», zeitweise auch von Joachim Streisand vertreten wurden.[59] In den Naturwissenschaften wurde besonders von den Physikern Robert Havemann und Martin Strauss sowie Friedrich Herneck die Bedeutung des Dialektischen Materialismus für den Erkenntnisfortschritt bezweifelt oder doch relativiert und jede Art von Dogmatismus als wissenschaftsfeindlich bezeichnet.[60] Unter führenden Literaturwissenschaftlern lehnten besonders Alfred Kantorowicz und Hans Mayer die rigide Einschränkung der wissenschaftlichen Freiheit und der Meinungsäußerung ab.[61] Selbst im Rechtswesen gab es Ansätze zum Revisionismus.[62] Auf hohen intellektuellem Niveau standen Bestrebungen in den Wirtschaftswissenschaften, die Planung zurückzudrängen und damit die Produktivität der Volkswirtschaft zu steigern. Die Köpfe dieses ökonomischen Revisionismus waren Fritz Behrens, Leiter des staatlichen Zentralamtes für Statistik, und sein Mitstreiter Arne Benary.

Die von Behrens seit 1953 entwickelten Vorstellungen betonten die weitere Relevanz der Gesetze der klassischen Nationalökonomie, die Berücksichtigung marktwirtschaftlicher Faktoren bei der Abstimmung von Angebot und Nachfrage, sowie der Bestimmung von Preisen und die stärkere Ausrichtung der Wirtschaft auf die Rentabilität der einzelnen Betriebe.[63] 1956/57 hatten Behrens und Benary, durch das jugoslawische Modell der Arbeiterselbstverwaltung beeinflußt, ihre Ideen zu einem geschlossenen Konzept vervollständigt, das die Grundlagen der bisherigen Wirtschaftspolitik der DDR radikal in Frage stellte. Neben der Kritik an der Allmacht der zentralistischen Planungsbürokratie betonten sie die «Spontaneität der Massen», der durch die Arbeiterselbstverwaltung der Betriebe einerseits und eine stärkere Berücksichtigung der materiellen Interessen der Erwerbstätigen als Leistungsanreiz andererseits entsprochen werden sollte. Letzte Konsequenz des Abbaus der bürokratischen Planwirtschaft sollte das schrittweise «Absterben» des Staates sein, das schon Marx und Engels für die sozialistische Zukunftsgesellschaft vorhergesagt hatten. Faktisch sollten nach ihren Ideen die politisch-ideologischen Vorgaben durch Kriterien der ökonomischen Zweckmäßigkeit ersetzt und damit das Primat von Partei und Staat in der Wirtschaftspolitik aufgegeben werden. Obwohl die Konzeption von Behrens und Benary bereits auf der 30. Tagung des Zentralkomitees der SED vom Anfang 1957 von Ulbricht scharf angegriffen wurde, konnten sie sie noch in einer Sondernummer der *Wirtschaftswissenschaften* veröffentlichen, garniert durch Polemik gegen ihre Auffassungen in anderen Beiträgen.[64] Behrens mußte jedoch 1957 die Leitung des Zentralamtes für Statistik niederlegen und wurde schließlich zur Selbstkritik gezwungen. 1960 mußten er und Benary, der 1958 zur «Bewährung» in die «Produktion» versetzt worden war, ihre Konzeption widerrufen.[65]

Sehr viel schlechter erging es dem Agrarwissenschaftler Kurt Vieweg, der nach seinem Ausscheiden aus dem ZK der SED 1954 Direktor des Instituts für Agrarökonomik der Akademie der Landwirtschaftswissenschaften geworden war. Stark beeinflußt von der sozialdemokratischen Agrarpolitik Schwedens setzte er sich für die Förderung der Familienbetriebe, die Entproletarisierung der Landwirtschaftlichen Produktionsgenossenschaften, u. a. durch Gewinnbeteiligung der Genossenschaftsmitglieder, aber auch für die Auflösung unrentabler Genossenschaften ein. Vieweg, der mit seinen allerdings fast nur durch Polemiken seiner Gegner bekannt gewordenen Ideen bei den Bauern viel Unterstützung fand, sah sich im März 1957 nach dem Verlust seiner Funktionen und Kampagnen gegen ihn gezwungen, in die Bundesrepublik zu fliehen. Nach seiner Rückkehr aus persönlichen Gründen im Herbst wurde er zu einer zwölfjährigen Zuchthausstrafe verurteilt.[66]

6. Der Wunsch einer «sozialistischen Renaissance» bei den Schriftstellern

Die Auswirkungen der Ereignisse und Diskussionen des Jahres 1956 auf Schriftsteller können nur angedeutet werden. Am interessantesten ist die Frage nach der Haltung Bertolt Brechts. In seinen Gesprächen mit Vertretern der SPD Anfang November 1956 nahm Harich in Anspruch, daß Brecht, verbittert über die bestehenden Zustände in der DDR, bis zu seinem Tode (14. 8. 1956) mit seiner «Gruppe» stark sympathisiert und in ihr «die gesunden Kräfte der Partei» gesehen habe.[67] Auch in seiner schriftlichen Zeugenaussage vom 27. März 1957 betonte er, daß Brecht, «in den letzten Monaten seines Lebens von der Stalinkritik des XX. Parteitages der KPdSU aufs tiefste ergriffen», auf Janka und ihn einen «unheilvollen Einfluß» ausgeübt habe. Insbesondere habe er ihm auseinandergesetzt, «daß die Verbrechen Stalins nicht von Stalin allein, sondern von der Partei begangen worden seien» und «daß jetzt der ‹Stalinismus› überwunden werden müsse und daß dabei die Hauptaufgabe die Zerschlagung des ‹stalinistischen *Apparats*› sei».[68] Es ist wahrscheinlich, daß Harich die Position Brechts, der nach dem 17. Juni 1953 in seinem berühmten Gedicht *Die Lösung* den Generalsekretär des ostdeutschen Schriftstellerverbandes Kuba (Kurt Bartel) und damit implizit auch die DDR-Führung lächerlich gemacht hatte,[69] richtig wiedergegeben hat. Die Meinung von Hans Mayer, daß zu Lebzeiten von Brecht die Prozesse gegen Harich und Janka «nicht möglich» gewesen wären, überschätzt aber wohl doch die Furcht des Regimes vor dem Prestige des bedeutendsten und bekanntesten Schriftstellers in der DDR.[70]

Von den jüngeren Schriftstellern hat Gerhard Zwerenz, der von Bloch stark beeinflußt war, später berichtet, daß er nach dem XX. Parteitag auf eine «sozialistische Renaissance»,[71] eine Reform des Sozialismus von Innen setzte und hoffte, daß es der SED gelingen würde, «zwischen der Skylla des Stalin-Ulbricht-Terrors und der Charybdis eines alles hinwegfegenden und so den Gegenstoß der Sowjets herausfordernden Volksaufstandes hindurchzusteuern».[72] Er eckte vor allem mit einem im *Sonntag* veröffentlichten Gedicht mit dem Titel *Die Mutter der Freiheit heißt Revolution*[73] an und entzog sich nach der Vernehmung durch den Staatssicherheitsdienst und dem Verlust aller Publikationsmöglichkeiten im August 1957 einer Verhaftung durch die Flucht nach West-Berlin. Der mit Zwerenz eng verbundene Leipziger Schriftsteller Erich Loest, der ebenfalls an eine Reform der DDR von innen geglaubt hatte, wurde dagegen im November 1957 verhaftet und zu einer siebenjährigen Zuchthausstrafe verurteilt. Er siedelte 1981 in die Bundesrepublik über.[74]

Christa Wolf hat in der Zeitschrift *Sinn und Form* 1989 noch vor der «Wende» ausgeführt, daß ihr sentimentgeladenes, geschöntes und durch Schuldgefühle mitbestimmtes Bild der Sowjetunion erst durch den Schock des XX. Parteitages, der zerstörend und befreiend zugleich gewirkt habe, zerbrochen sei. «Meine eigene Gläubigkeit schwand dahin, künftig wollte ich zu meinen Erfahrungen stehen und sie mir durch nichts und niemanden ausreden, verleugnen oder verbieten lassen. – Sonst hätte ich ja übrigens niemals eine Zeile schreiben können.» Seitdem habe sie auf der Seite derer gestanden, «die es für sehr gefährlich hielten, wenn vorhandene Widersprüche nicht aufgedeckt werden».[75] Die Krise der DDR hat in den frühen Romanen von Uwe Johnson, der 1959 nach West-Berlin übersiedelte, eine besonders eindrucksvolle literarische Verdichtung erfahren. Nachdem in *Ingrid Babendererde* die Spannungen vor dem 17. Juni 1953 den Hintergrund lieferten, geben die *Mutmaßungen über Jakob*, der im Westen fremd und im Osten nicht mehr heimisch war, ein beklemmendes Bild der Wirklichkeit der DDR, in dem immer wieder auf die Ereignisse des Jahres 1956 Bezug genommen wird. In Stefan Heyms Roman *Collin* hat der Figur des Havelka in vielen Zügen Walter Janka als Vorbild gedient, der neben Harich die Schlüsselfigur der «Rebellion der Intellektuellen» war.

Seit einer Veröffentlichung in der Zeitschrift *Sinn und Form* von 1988[76] wissen wir, daß auch Johannes R. Becher, Minister für Kultur der DDR von 1954 bis zu seinem Tod 1958, nach dem XX. Parteitag im Manuskript des *Poetischen Prinzips,* das als Teil seiner *Bemühungen* im Juni 1956 dem Aufbau-Verlag übergeben wurde,[77] eine scharfe Abrechnung mit seinem Schweigen über die Verbrechen der Stalin-Ära vorgenommen hatte. Der Verzicht auf die Behandlung des Themas hätte ihm als Lebenslüge vorgeworfen werden können. Er wolle wiedergutmachen, was er durch sein Schweigen mitverschuldet habe. Er habe Stalin wie keinen anderen Lebenden verehrt. Er habe zwar auch von grauenhaften Vorgängen gewußt, sie sich aber damit zu erklären versucht, daß der Sozialismus in einem «rückständigen Land» zur Macht gekommen sei und sich dann gegen die «Nazibarbarei» wehren mußte. Diese «gesellschaftliche Heuchelei», die das Entsetzen verdrängte, könne nun ein Ende haben. Er hielt den XX. Parteitag für eine «Weltbegebenheit», deren Auswirkungen erst begonnen hätten. Der Grundirrtum seines Lebens habe in der gleichsam kleinbürgerlichen, spießerhaften Annahme gelegen, «daß der Sozialismus die menschlichen Tragödien beende und das Ende der menschlichen Tragik selber bedeute [...]. Wer vom Sozialismus schwärmt und träumt als von einem Erdenparadies und einem Glück für alle, der wird furchtbar belehrt werden.»[78] Zu den neuen Erkenntnissen gehöre, daß auch im Kommunismus Entartungen möglich und «Veränderungen revolutionärer Art» notwendig sein können. Becher hat diese mit *Selbstzensur* überschriebenen Absätze vor dem Druck 1957 nach dem Ende des «Tauwetters» wieder gestrichen.

Die neue intellektuelle Eiszeit zeigte sich auch im Verbot der Diskussionszirkel und Künstlerclubs, die als Zentren einer relativ offenen Aussprache 1956 entstanden waren und nun eines «partei- und staatsfeindlichen Charakters» bezichtigt wurden.[79] Zu ihnen zählten vor allem der Jacobiner-Club an der Humboldt-Universität und der vom Chefredakteur des Verlages «Volk und Welt», Fritz-Joachim Raddatz, bestimmte Donnerstag-Kreis im Klub der Kulturschaffenden in Berlin, der sich offenbar selbst in Nachahmung des berühmten Zirkels oppositioneller Intellektueller in Budapest als deutscher «Petöfi-Klub» verstand.[80] Ab dem November 1956 hatten kritische Intellektuelle in der DDR nur noch die Wahl, durch Überanpassung an die Parteilinie ihre «Sünden» abzubüßen, in die innere Emigration zu gehen oder in die Bundesrepublik zu fliehen.

7. Die DDR 1956: Weder Revolution noch Reform für mehr Demokratie

Seit dem Herbst 1956 gewannen die Stalinisten den Boden wieder, den sie in den ersten Monaten nach dem XX. Parteitag der KPdSU verloren hatten. Die Ereignisse in Polen, vor allem aber in Ungarn dienten ihnen als Rechtfertigung für ihre halsstarrige und unnachgiebige Politik. Das Denkmal Stalins in Ostberlin wurde erst 1961 beseitigt, und erst in diesem Jahr des Mauerbaus wurde auch Stalinstadt in Eisenhüttenstadt umbenannt. Versuchen wir abschließend, die Gründe zu benennen, warum es in der DDR im Unterschied zu Polen und Ungarn keinen Aufstand, keine Revolution gegeben hat und warum selbst die Versuche zu einer Reform vollständig fehlgeschlagen sind.

1. Nach dem 17. Juni 1953 war klar, daß das Regime alle Mittel nutzen würde, um einen Aufstand auch brutal niederzuschlagen und daß es dabei, wenn nötig, von der Sowjetunion militärisch unterstützt werden würde. Ebenso deutlich war, daß es unrealistisch gewesen wäre, mit einer Intervention des Westens zugunsten von Aufständischen in der DDR zu rechnen.

2. Die Kräfte für eine Reform der SED und der DDR von innen litten 1956 unter der Kluft zwischen Intellektuellen und Studenten auf der einen Seite und Bauern und Arbeitern auf der anderen. Das hing entscheidend damit zusammen, daß die polnische Variante eines nationalen Weges zum Kommunismus für die Bevölkerung in der DDR – im Unterschied zu relativ kleinen Gruppen sozialistischer Intellektueller – keine Attraktion hatte. Die große Mehrheit der Bevölkerung sah in der Vereinigung mit der Bundesrepublik den Weg, um politische Freiheit und Demokratie zu gewinnen und gleichzeitig ihre ökonomische und soziale Situation zu verbessern. Eine Synthese von Sozialismus und Demokratie im Rahmen der DDR war keine reale Alternative, da wirklich freie Wahlen mit einem Zusammenbruch dieses Staates und der Wiedervereinigung geendet hätten. Das bedeutet nicht, daß ein Sturz Ulbrichts und/oder eine gewisse Liberalisierung nicht möglich gewesen wären. Die Anhänger solcher Ideen in der SED konnten sich jedoch, wie der Zauberlehrling in dem berühmten Gedicht Goethes, leicht in der Posi-

tion finden, daß sie den Prozeß, den sie ausgelöst hatten, nicht mehr kontrollieren konnten.

3. Es gab keinen deutschen Gomulka in der SED. Weder Paul Merker,[81] der nach seiner Entlassung aus dem Zuchthaus im Januar 1956 und seiner teilweisen Rehabilitierung im Juli 1956 nach den Vorstellungen von Janka diese Rolle spielen sollte, noch Schirdewan, der Opponent Ulbrichts im Politbüro bis Februar 1958, waren als populäre Parteiführer und Regierungschefs geeignet. Keiner von beiden hatte eine breite Unterstützung in der SED oder gar in der Bevölkerung. Selbst wenn das der Fall gewesen wäre, hätte die Sowjetunion einen «polnischen Oktober» in der DDR, in der ihre militärische Präsenz viel stärker war und ihre dominierende Position durch den Sieg über Deutschland im Krieg viel besser legitimiert war, nicht zugelassen.

4. Die Opposition in der DDR war, von der Niederlage im Juni 1953 bis zum Mauerbau im August 1961, auch deshalb gedämpft, weil – im Gegensatz zu anderen Staaten des sowjetischen Blocks in Osteuropa – die Menschen die Möglichkeit hatten, sich dem Druck des Regimes durch die Flucht nach West-Berlin oder Westdeutschland zu entziehen, um sich mit den vollen Rechten deutscher Staatsbürger eine neue Existenz aufzubauen. In einer Zeit der Vollbeschäftigung und des Arbeitskräftemangels war das besonders für junge Menschen und Erwerbstätige mit relativ hohen Qualifikationen attraktiv.[82]

Als dieses Sicherheitsventil, das ökonomisch die DDR wesentlich schwächte, mit dem Mauerbau geschlossen wurde und die DDR sich in den folgenden zwei Jahrzehnten etwas stabilisieren konnte, fühlten sich die führenden Repräsentanten des Regimes sicherer und gaben auch den Intellektuellen etwas mehr Freiraum; die autonome Sphäre der Individuen, der Familien und der Kirchen wurde erweitert. Das rigorose System der Überwachung durch den Staatssicherheitsdienst wurde jedoch immer weiter ausgebaut und erst beseitigt, als durch den Wandel der internationalen Situation und der Politik der Sowjetunion sowie durch ökonomische Stagnation eine erneute Massenflucht über die von Ungarn und schließlich auch von der Tschechoslowakei geöffneten Grenzen in Gang gesetzt wurde, eine Welle mächtiger Demonstrationen die Öffnung der Mauer erzwang und die DDR in wenigen Monaten ihre Existenz verlor.

Für 1956 gilt jedoch, daß in der DDR eine demokratische Revolution wegen der Unnachgiebigkeit der Träger des Regimes, der überlegenen Machtmittel der intakten sowjetischen Streitkräfte in Deutschland und der Zurückhaltung des Westens nicht möglich war. Andererseits hätte eine demokratische Reform von innen, die über einen Machtwechsel in der SED-Spitze hinausging, wohl notwendig bald zum völligen Zusammenbruch der DDR geführt, da hier die Alternative eines nationalen Kommunismus niemals eine realistische Chance hatte.

Anmerkungen

1 Überarbeitete und erweiterte Fassung eines unter dem Titel «The Impact of 1956 on the German Political Intellighentzia» am 17. 10. 1996 gehaltenen Vortrages auf einer Konferenz der Universität Bologna über «Budapest '56: Cuore D'Europa»; der Verfasser dankt Ilko-Sascha Kowalczuk für Quellenhinweise, die Überlassung von Quellenmaterial und die kritische Lektüre eines Entwurfs des Aufsatzes. Das Manuskript wurde Ende 1997 abgeschlossen. Die seitdem erschienene Literatur konnte nicht mehr berücksichtigt werden.

2 So *Armin Mitter/Stefan Wolle*, Untergang auf Raten. Unbekannte Kapitel der DDR-Geschichte. München 1993 mit dem Kapitel: «Die gescheiterte Revolution des Jahres 1953» (S. 27–162). Zur ersten Verwendung des Begriffes vgl. *Armin Mitter*, Die gescheiterte Revolution – ein Beitrag zur Aufarbeitung und Analyse der Ereignisse vom Juni und Juli 1953, in: die Tageszeitung vom 10.7., 12.7. und 16. 7. 1991. – *Michael Gehler*, Von der Arbeiterrevolte zur spontanen politischen Volkserhebung: Der 17. Juni 1953 in der DDR im Urteil westlicher Diplomatie und Politik, in: Militärgeschichtliche Mitteilungen 54 (1995), 363–415, hier 414f. spricht von einem «vorrevolutionären Aufstand».

3 Vorwort von Karl Jaspers zu *Melvin J. Lasky*, Ein Weißbuch. Die ungarische Revolution. Die Geschichte des Oktober-Aufstandes nach Dokumenten, Meldungen, Augenzeugenberichten und dem Echo der Weltöffentlichkeit. Berlin 1958, 11–13.

4 Vgl. zur US-Politik: Foreign Relations of the United States (FRUS). 1955–1957. Bd. XXV: Eastern Europe. Washington 1990; *Bennett Kovrig*, The Myth of Liberation. East-Central Europe in U.S. Diplomacy and Politics since 1941. Baltimore/London 1973, bes. 173–222. Zur Kritik an der schwächlichen amerikanischen Politik vgl. auch *Henry Kissinger*, Die Vernunft der Nationen. Über das Wesen der Außenpolitik. Berlin 1994, 611f.; *Emilio Vasari*, Die ungarische Revolution 1956. Ursachen, Verlauf, Folgen. Stuttgart 1981, 372–378.

5 Text der Rede von Dulles in FRUS, Bd. XXV (wie Anm. 4), 317f.; *Kovrig*, Myth (wie Anm. 4), 181f.

6 *Kovrig*, Myth (wie Anm. 4), 194–210.

7 Vgl. *Hegedüs B. András* (Hrsg.), Döntés a Kremlben 1956. A szovjet pártelnökség vitái Magyarországról (Beschlüsse des Kremls 1956. Die Debatten des sowjetischen Politbüros über Ungarn). Budapest 1996. Diese Protokolle werden ausgewertet in: *Peter Gosztony*, Der Volksaufstand in Ungarn 1956, in: Aus Politik und Zeitgeschichte, B 37–38/96, 6. 9. 1996, 3–14.

[8] *András*, (Hrsg.), Döntés (wie Anm. 7), 62, zit. in *Gosztony*, Volksaufstand (wie Anm. 7), 10f.

[9] Zur Entwicklung der ungarischen Revolution vgl. jetzt vor allem *György Litván/János M. Bak* (Hrsg.), Die Ungarische Revolution 1956. Reform, Aufstand, Vergeltung. Wien 1994; *Hans Henning Hahn/Heinrich Olschowsky* (Hrsg.), Das Jahr 1956 in Ostmitteleuropa. Berlin 1996 und *Géza Alföldy*, Ungarn 1956. Aufstand, Revolution, Freiheitskampf. Heidelberg 1997.

[10] Vgl. *Lasky*, Weißbuch (wie Anm. 3), 290f.

[11] Verhandlungen des Deutschen Bundestages, 2. Wahlperiode, Bd. 32, 9260f.

[12] *Karl Schirdewan*, Aufstand gegen Ulbricht. Ein Kampf um politische Kurskorrektur, gegen stalinistische, dogmatische Politik. Berlin 1994, 77.

[13] *Mitter/Wolle*, Untergang (wie Anm. 2), 193.

[14] Abruck des Artikels in: *Josef Gabert/Lutz Prieß unter Mitarbeit von Peter Erler und Jutta Finkeisen* (Hrsg.), SED und Stalinismus. Dokumente aus dem Jahre 1956. Berlin 1990, 93–115.

[15] Druck der Rede nach dem Bericht im «Neuen Deutschland» vom 18. 3. 1956, in: ebd. 116–130.

[16] Vgl. *Carola Stern*, Portrait einer bolschewistischen Partei. Entwicklung, Funktion und Situation der SED. Köln 1957, 183f. Einen Eindruck von der «chaotischen Orientierungslosigkeit» im Parteiapparat nach dem XX. Parteitag vermitteln die Erinnerungen von *Fritz Schenk*: «Wer nachgibt, besiegelt das Ende des Sozialismus». Erinnerungen aus dem Krisenjahr 1956 und die ungarische Tragödie, in: FAZ, 6. 11. 1996. Schenk war damals als Sekretär und Büroleiter von Bruno Leuschner tätig, der nach Schenks Worten «als SED-Politbüromitglied, stellvertretender Ministerpräsident und Planungschef der bestimmende DDR-Wirtschaftsführer» war.

[17] Vgl. *Mitter/Wolle*, Untergang (wie Anm. 2) 195–198, 208–210; *Schirdewan*, Aufstand (wie Anm. 12), 80–83

[18] Vgl. *Heinz Zöger*, Die politischen Hintergründe der Harich-Prozesse. Bericht eines Beteiligten, in: SBZ-Archiv 11 (1960), 198–200.

[19] *Schirdewan*, Aufstand (wie Anm. 12), 84f.

[20] Ebd. 92–144; *Karl Wilhelm Fricke*, Opposition und Widerstand in der DDR. Ein politischer Report. Köln 1984, 112–116.

[21] Protokoll der Verhandlungen der 3. Parteikonferenz der Sozialistischen Einheitspartei Deutschlands 24. März bis 30. März 1956 in der Werner-Seelenbinder-Halle zu Berlin. 2 Bde. Berlin 1956, 152–160, 1007f., 1111f., 1121–1124.

[22] Für die Auswertung der jetzt zugänglichen regelmäßigen «Informationsberichte» des Ministeriums für Staatssicherheit vgl. *Mitter/Wolle*, Untergang (wie Anm. 2), bes. 209ff.

[23] Abdruck in: *Gabert/Prieß* (Hrsg.), SED und Stalinismus (wie Anm. 14), 134–145.

[24] Vgl. *Schirdewan*, Aufstand (wie Anm. 12), 85–89.

[25] *Mitter/Wolle*, Untergang (wie Anm. 2), bes. 219–224, 249–256; *Stefan Wolle*, Das MfS und die Arbeiterproteste im Herbst 1956 in der DDR, in: Aus Politik und Zeitgeschichte, B5/91, 25. 1. 1991, 42–51.

[26] Abdruck der «Erklärung zum Sieg der ungarischen Werktätigen über die Konterrevolution», in: Der deutsche Kommunismus. Dokumente, hrsg. und kommentiert von *Hermann Weber*. 2. Aufl. Köln/Berlin 1964, 501 f.

[27] Veröffentlicht in: *Joachim Krüger*, Votum für bewaffnete Gewalt. Ein Beschluß des SED-Politbüros vom November 1956, in: Beiträge zur Geschichte der Arbeiterbewegung 34 (1992), 75–85 (Text 81–85); Vgl. weiter *Mitter/Wolle*, Untergang (wie Anm. 2), 257–260.

[28] Die Analyse wurde aufgrund eines Auftrages des Politbüros vom MfS erstellt. Das in der «Stiftung Archiv der Parteien und Massenorganisationen» im Bundesarchiv (SAPMO, BArch., DY 30, IV 2/1/182/Bl. 62–153) liegende Dokument wurde inzwischen von *Ilko-Sascha Kowalczuk* mit einer Einleitung über dessen Entstehung, Diskussion und Bedeutung unter dem Titel «Frost nach dem kurzen Tauwetter: Opposition, Repressalien und Verfolgungen 1956/57 in der DDR. Eine Dokumentation des Ministeriums für Staatsicherheit» im Jahrbuch für Historische Kommunismusforschung 1997, 167–215, gekürzt veröffentlicht.

[29] Zu dem breiten Spektrum der Opposition vgl. vor allem *Ulrike Poppe/Rainer Eckert/Ilko-Sascha Kowalczuk* (Hrsg.), Zwischen Selbstbehauptung und Anpassung. Formen des Widerstandes und der Opposition in der DDR. Berlin 1995; *Ehrhart Neubert*, Geschichte der Opposition in der DDR 1949–1989. Berlin 1997; *Wilfriede Otto/Thomas Klein/Peter Grieder*, Visionen. Repression und Opposition in der SED (1949–1989). 2 Bde. Frankfurt/Oder 1996 sowie die interessante Fallstudie von *Patrik von zur Mühlen*, Der «Eisenberger Kreis». Jugendwiderstand und Verfolgung in der DDR 1953–1958. Bonn 1995.

[30] Zu der Entschließung der Vollversammlung, den spezifischen Ursachen der Opposition unter den Veterinärmedizinern und deren Unterdrückung vgl. die mit einer umfangreichen Einleitung versehene Dokumentation von *Ilko-Sascha Kowalczuk*, Die Niederschlagung der Opposition an der Veterinärmedizinischen Fakultät der Humboldt-Universität zu Berlin in der Krise 1956/57. Dokumentation einer Pressekonferenz des Ministeriums für Staatssicherheit im Mai 1957. Berlin 1997.

[31] *Mitter/Wolle*, Untergang (wie Anm. 2), 264–266.

[32] Ebd. 268–271

[33] Analyse (wie Anm. 28), Bl. 116–122.

[34] Ebd. Bl. 75 f.

[35] Zu Harich vgl. neuerdings *Siegfried Prokop* (Hrsg.), Ein Streiter für Deutschland. Das Wolfgang Harich-Gedenk-Kolloquium am 21. März 1996 im Ribbeck-Haus zu Berlin. Berlin 1996; *ders.*, Ich bin zu früh geboren. Auf den Spuren Wolfgang Harichs. Berlin 1997.

[36] *Kowalczuk*, Frost (wie Anm. 28), 169; Zu der Verbindung zwischen Hager und Hertwig vgl. *Kurt Hager*, Erinnerungen. Leipzig 1996, 219.

[37] Zu der von der jeweiligen Kulturpolitik geprägten Rezeption der Arbeit von Lukács, der vom «Marx der Ästhetik» zum Ideologen des Revisionismus wurde, um später wieder als bedeutender marxistischer Denker gefeiert zu werden, vgl. *Caroline Gallée*, Georg Lukács. Seine Stellung und Bedeutung im literarischen Leben der SBZ/DDR 1945–1985. Tübingen 1996. Für die Ver-

bindung von Harich zu Lukács vgl.: *Wolfgang Harich – Georg Lukács*, Briefwechsel, in: Deutsche Zeitschrift für Philosophie 45 (1997), 281–304.

[38] *Wolfgang Harich*, Keine Schwierigkeiten mit der Wahrheit. Zur nationalkommunistischen Opposition 1956 in der DDR. Berlin 1993, 13 f.

[39] Zur Philosophie Harichs in dieser Zeit insbes.: *Wolfgang Harich*, Das Rationelle in Kants Konzeption der Freiheit, in: Das Problem der Freiheit im Lichte des wissenschaftlichen Sozialismus. Protokoll der Konferenz der Sektion Philosophie der Deutschen Akademie der Wissenschaften zu Berlin vom 8.–10. 3. 1956. Berlin 1976, 65–75; Vgl. weiter *Helga Grebing*, Die intellektuelle Opposition in der DDR seit 1956. Ernst Bloch – Wolfgang Harich – Robert Havemann, in: Aus Politik und Zeitgeschichte, B 45/1977, 12. 11. 1977, 3–19, bes. 5–9.

[40] Vgl. *Manfred Hertwig*, Deformationen. Die Rebellion der Intellektuellen in der DDR, in: Reinhard Crusius/Manfred Wilke (Hrsg.), Entstalinisierung. Der XX. Parteitag der KPdSU und seine Folgen. Frankfurt/M. 1977, 477–484, hier 479.

[41] Ein Teil des «Studien zur weltgeschichtlichen Situation» überschriebenen Memorandums wurde im «Neuen Deutschland» vom 17. 10. 1996 veröffentlicht. Harich stellte darin unter anderem die Rückgabe der polnischen Ostgebiete von der Sowjetunion an Polen und des größeren Teils der deutschen Ostgebiete von Polen an die DDR zur Diskussion. Auch die Rückgabe von Kaliningrad (Königsberg) von der Sowjetunion an die DDR sollte «in Betracht gezogen werden». Vgl. weiter den Leserbrief von Dr. Reinhard Pitsch in der «Süddeutschen Zeitung» vom 28. 2. 1997.

[42] Vgl. *Harich*, Keine Schwierigkeiten (wie Anm. 38), 42–45, 69–77.

[43] Abdruck des Dokuments unter dem Titel «Die politische Plattform Harichs und seiner Freunde» in: *Weber* (Hrsg.), Der deutsche Kommunismus (wie Anm. 26), 598–603.

[44] *Harich*, Keine Schwierigkeiten (wie Anm. 38), 111–160. Der zeitgenössische Titel der Plattform lautete: «Über die Aufgaben der SED im Kampf für die Festigung ihrer Reihen, für die sozialistische Demokratisierung der DDR und für die friedliche Wiedervereinigung Deutschlands auf der Grundlage der Demokratie, des Sozialismus, der nationalen Souveränität und Unabhängigkeit und der Freundschaft mit allen Völkern». Das Exemplar im Nachlaß von Ulbricht hatte die irreführende handgeschriebene Aufschrift: Rede von K. Schirdewan auf der 26. Tagung der ZK der SED, 22. März 1956, Blatt 67–116. Ob die Aufschrift auf einen Fehler einer Mitarbeiterin des Archivs beruht oder sie darauf hindeutet, daß die «Plattform» im späteren Kampf Ulbrichts gegen Schirdewan verwendet wurde, ist nicht zu klären. Sicher ist jedoch, daß das Dokument von Harich verfaßt wurde (vgl. ebd. 254 f.).

[45] *Harich*, Keine Schwierigkeiten (wie Anm. 38), 64–69.

[46] Die folgende Darstellung und Analyse der Ideen Harichs beruht im Wesentlichen auf der in Anm. 44 erwähnten Plattform und wird nur in einigen Punkten – vor allem hinsichtlich der Rolle der SPD – durch das in Anm. 43 erwähnte Dokument ergänzt.

[47] Diese, an Westdeutschland vor der Wiedervereinigung gestellten Bedingungen finden sich in der Aufzeichnung des Vertreters der Berliner SPD über

seine Gespräche mit Harich (vgl. Anm. 43); in der von Harich selbst verfaßten Plattform (vgl. Anm. 44) erschienen nur der Austritt aus der NATO, die Aufhebung der Wehrpflicht sowie die Entlassung «führender Faschisten» aus dem Staatsdienst (137, 155) als Vorbedingungen, die «fortschreitende sozialistische Umgestaltung der Wirtschaftsverhältnisse in der Bundesrepublik» dagegen als Folge der Wiedervereinigung (157f.).

48 *Harich*, Keine Schwierigkeiten (wie Anm. 38), 79–81.

49 Zu den Verhaftungen, den Verhören und dem Prozeß vgl. neben *Harich*, Keine Schwierigkeiten (wie Anm. 38) weiter *Walter Janka*, Schwierigkeiten mit der Wahrheit. Reinbek bei Hamburg 1989; *ders.*, Spuren eines Lebens. Reinbek bei Hamburg 1992, 273ff.; Der Prozeß gegen Walter Janka und andere. Eine Dokumentation. Berlin 1990.

50 Vgl. *Schirdewan*, Aufstand (wie Anm. 12), 116–18. Auf den Zusammenhang des Harich-Prozesses mit den Auseinandersetzungen Ulbrichts mit Schirdewan weist auch *Zöger*, Hintergründe (wie Anm. 18) hin.

51 Vgl. Analyse (wie Anm. 28), Bl. 99. Vgl. weiter die Angriffe Harichs gegen Bloch in seiner schriftlichen Zeugenaussage vom 27. März 1957: «Zur Entwicklung der partei- und staatsfeindlichen Gruppierung im Aufbau-Verlag», in: Der Prozeß (wie Anm. 49), 56f.

52 *Ernst Bloch*, Das Prinzip Hoffnung. 3 Bde. Berlin 1954, 1955, 1959.

53 *Ernst Bloch*, Über Freiheit und objektive Gesetzlichkeit im Prozeß gesehen, in: *ders.*, Gesamtausgabe. Bd. 10: Philosophische Aufsätze zur objektiven Phantasie, Frankfurt/M. 1969, 531–567. Zur Bedeutung des Referats von Bloch vom März 1956 für die Intellektuellen des Ostblocks vgl. *Manfred Hertwig*, Der Umgang des Staates mit oppositionellem und widerständigem Verhalten. Die Opposition von Intellektuellen in der SED/DDR in den fünfziger Jahren (insbesondere 1953, 1956/7), ihre Unterdrückung und Ausschaltung, in: Materialien der Enquête-Kommission «Aufarbeitung von Geschichte und Folgen der SED-Diktatur in Deutschland» (12. Wahlperiode des Deutschen Bundestages), hrsg. vom Deutschen Bundestag, Bd. VII/1: Möglichkeiten und Formen abweichenden und widerständigen Verhaltens und oppositionellen Handelns, die friedliche Revolution im Herbst 1989, die Wiedervereinigung Deutschlands und Fortwirken von Strukturen und Mechanismen der Diktatur. Baden-Baden 1995, 873–895, bes. 883f.

54 Beide Vorträge in: *Bloch*, Gesamtausgabe. Bd. 10 (wie Anm. 53), 573–598, bzw. 481–500.

55 Vgl. *Martin Jänicke*, Der Dritte Weg. Die antistalinistische Opposition gegen Ulbricht seit 1953. Köln 1964, 116.

56 Vgl. die Ausführungen von Paul Verner, dem Leiter der Westabteilung des ZK in der ZK-Sitzung vom Oktober 1957, in: *Kowalczuk*, Frost (wie Anm. 28).

57 Zu der Überwachung und den Aktionen gegen Bloch und seine Schüler vgl. *Guntolf Herzberg*, Ernst Bloch in Leipzig: Der operative Vorgang «Wild», in: Zeitschrift für Geschichtswissenschaft 42 (1994), 677–693.

58 Vgl. dazu Analyse (wie Anm. 28), Bl. 100–108.

59 Vgl. ebd. Bl. 85; *Jänicke*, Dritte Weg (wie Anm. 55), 120–124; *Jürgen Kuczynski*, «Ein linientreuer Dissident». Memoiren 1945–1989. 2. Aufl. Berlin/

Weimar 1992 schreibt, daß die entscheidende Wendung in seinen «stalinistischen» Auffassungen nicht durch die Ereignisse vom Juni 1953 sondern erst 1956 mit der Rede von Chruschtschow auf dem XX. Parteitag erfolgte, «dann aber so gründlich, daß ich von da an immer wieder Schwierigkeiten mit der Partei hatte» (89). – Zu Kuczynskis «Revisionismus» vgl. weiter *Peter Christian Ludz*, Revisionistische Konzeptionen von 1956/7 in der «DDR», in: Moderne Welt 2 (1960/61), 353–365, bes. 355–360.

60 Vgl. *Jänicke*, Dritte Weg (wie Anm. 55), 124–126. Zu Havemann vgl. weiter *Robert Havemann*, Die Stimme des Gewissens. Texte eines deutschen Antistalinisten, hrsg. von Rüdiger Rosenthal. Reinbek bei Hamburg 1990, 17–37.

61 Vgl. Analyse (wie Anm. 28), Bl. 110–112, 94–96. Für Hans Mayer vgl. weiter: Ein Tauwetter, das keines war. Rückblick auf die DDR im Jahre 1956, in: *Crusius/Wilke* (Hrsg.), Entstalinisierung (wie Anm. 40), 431–455.

62 *Jänicke*, Dritte Weg (wie Anm. 55), 112–114.

63 Ebd. 62–66.

64 Vgl. das 3. Sonderheft der Zeitschrift «Wirtschaftswissenschaft»: «Zur ökonomischen Theorie und Politik in der Übergangsperiode» vom Mai 1957 mit den Artikeln von Behrens: «Zum Problem der Ausnutzung ökonomischer Gesetze in der Übergangsperiode» und Benary: «Zu Grundproblemen der politischen Ökonomie des Sozialismus in der Übergangsperiode», Jg. 5 (1957), 105–140, 62–94.

65 *Jänicke*, Dritte Weg (wie Anm. 55), 104–108.

66 Ebd. 64, 110–112; *Fricke*, Opposition (wie Anm. 20) 121; *Kurt Vieweg*, Ein Beitrag zur Ausarbeitung der Ökonomik der LPG, in: Einheit 11 (1956), 853–860; *Walter Appelt*, Die antisozialistische Konzeption Viewegs, in: Einheit 12 (1957), 802–812; *Ludz*, Revisionistische Konzeptionen (wie Anm. 59), 360–362; Vgl. zu Vieweg nun auch *Michael F. Scholz*, Bauernopfer der deutschen Frage. Der Kommunist Kurt Vieweg im Dschungel der Geheimdienste. Berlin 1997.

67 Plattform, in: *Weber* (Hrsg.), Der deutsche Kommunismus (wie Anm. 26), 598.

68 Der Prozeß (wie Anm. 49), 56f.

69 Kuba hatte nach dem 17. Juni 1953 den Undank des Volkes kritisiert, das die Wohltaten der Regierung nicht verdient habe. In seinem Gegengedicht «Die Lösung» schrieb Brecht: «Nach dem Aufstand des 17. Juni/Ließ der Sekretär des Schriftstellerverbands/In der Stalinallee Flugblätter verteilen/Auf denen zu lesen war, daß das Volk/Das Vertrauen der Regierung verscherzt habe/Und es nur durch verdoppelte Arbeit/Zurückerobern könne. Wäre es da/Nicht doch einfacher, die Regierung/Löste das Volk auf und/Wählte ein anderes?»; zitiert nach *Bertolt Brecht*, Werke. Zusammengestellt von Wolfgang Jeske. Band «Gedichte». Frankfurt/M. 1991, 509).

70 *Mayer*, Tauwetter (wie Anm. 61), 443. Im Prozeß gegen Harich durfte allerdings Brecht als Inspirator der Gruppe nicht erwähnt werden (*Harich*, Keine Schwierigkeiten [wie Anm. 38], 86).

71 *Gerhard Zwerenz*, Der Widerspruch. Autobiographischer Bericht. Berlin 1980, 193, Erstveröffentlichung Frankfurt/M. 1974. Zur Literatur der DDR und dem Verhältnis der Literatur zum Staat vgl. generell *Wolfgang Emmerich*,

Kleine Literaturgeschichte der DDR. Erweiterte Neuaufl. Leipzig 1996 sowie: Von Abraham bis Zwerenz. Eine Anthologie des Bundesministeriums für Bildung, Wissenschaft, Forschung und Technologie Bonn und des Ministeriums für Bildung, Wissenschaft und Weiterbildung des Landes Rheinland-Pfalz als Beitrag zur geistig-kulturellen Einheit in Deutschland. 3 Bde. Bonn 1995.

[72] Beitrag ohne Titel von Gerhard Zwerenz, in: *Horst Krüger* (Hrsg.), Das Ende einer Utopie. Hingabe und Selbstbefreiung früherer Kommunisten. Eine Dokumentation im zweigeteilten Deutschland. Olten/Freiburg i. Br. 1963, 175–193, hier 185.

[73] Die letzte Strophe des Gedichtes, über dessen zu stark abwiegelnde Schlußzeile er sich ärgerte, lautete: «Ihr schliefet den Schlaf der Ungerechten,/ Erwacht, und laßt uns gemeinsam/besser fechten!/Die Mutter der Freiheit heißt Revolution./Die Freiheit ist Tochter,/Partei ist der Sohn.»; Abgedruckt in: *Zwerenz,* Widerspruch (wie Anm. 71), 196.

[74] Vgl. zu Loest seine Autobiographie: Durch die Erde ein Riß. Ein Lebenslauf. Hamburg 1981.

[75] *Therese Hörnigk*, Gespräch mit Christa Wolf, in: Sinn und Form 41 (1989), 243–272, Zitate 254, 261.

[76] *Johannes R. Becher*, Selbstzensur, in: Sinn und Form 40 (1988), 543–551.

[77] *Johannes R. Becher*, Das poetische Prinzip, in: ders., Gesammelte Werke, hrsg. vom Johannes-R.-Becher Archiv der Deutschen Akademie der Künste zu Berlin. Bd. 14: Bemühungen II. Berlin/Weimar 1972, 251–651.

[78] *Becher*, Selbstzensur (wie Anm. 76), 550.

[79] Vgl. den Abschnitt «Bildung von offiziellen Organisationen und Publikationsorganen partei- und staatsfeindlichen Charakters», in: Analyse (wie Anm. 28), Bl. 63–74.

[80] Ebd. Bl. 64.

[81] Zu Merker, dem schärfsten Opponenten der antisemitischen Tendenzen in der SED vgl. *Jeffrey Herf*, Antisemitismus in der SED. Geheime Dokumente zum Fall Paul Merker aus SED- und MfS-Archiven, in: VfZ 42 (1994), 635–637; *Mario Kessler*, Zwischen Repression und Toleranz. Die SED-Politik und die Juden (1949 bis 1967), in: Jürgen Kocka (Hrsg.), Historische DDR-Forschung. Aufsätze und Studien. Berlin 1993, 149–167, bes. 154–159.

[82] Vgl. dazu *Helge Heidemeyer*, Flucht und Zuwanderung aus der SBZ/DDR 1945/1949–1961. Die Flüchtlingspolitik der Bundesrepublik Deutschland bis zum Bau der Berliner Mauer. Düsseldorf 1994.

«Herzlich Willkommen in diesem ergötzlichen Chaos». Die Anfänge der Treuhandanstalt aus der Sicht von Mitarbeitern. Eine Dokumentation

Wolfram Fischer

Der Beitritt der Deutschen Demokratischen Republik zur Bundesrepublik Deutschland, wie die Wiedervereinigung im Jahr 1990 staatsrechtlich korrekt bezeichnet werden muß, hatte viele Facetten. Eine davon war die Umstellung der Zentralverwaltungswirtschaft der DDR zu einer Marktwirtschaft als Voraussetzung für eine wirtschaftliche Integration Ostdeutschlands. Als wichtigster Agent dieser Umstellung diente rund viereinhalb Jahre die Treuhandanstalt. Ihr ursprünglicher, noch von der Regierung Modrow formulierter Auftrag bestand freilich nicht in der Privatisierung, sondern in der Dezentralisierung der Staatsunternehmen der DDR. Erst die Regierung de Maizière formulierte mit dem Treuhandgesetz vom 17. Juni 1990 die Privatisierung als Hauptaufgabe der Treuhandanstalt.[1]

Als übergeordnetes Ziel der Treuhandanstalt kann man seitdem die Heranführung der Wirtschaftsordnung der DDR an die der Bundesrepublik bezeichnen. Sie leistete damit auch einen Beitrag zur Einführung einer liberalen Demokratie in Ostdeutschland. Denn obwohl im Grundgesetz der Bundesrepublik Deutschland eine bestimmte Wirtschaftsordnung nicht vorgeschrieben wird, so gilt doch eine marktwirtschaftliche Ordnung – ob mit oder ohne Zusatz «sozial» – als die einzige mit einer freiheitlichen politischen Verfassung, welche die bürgerlichen Rechte wie das Privateigentum – auch an Produktionsmitteln – garantiert, zu vereinbarende Wirtschaftsordnung.[2] Die tägliche Arbeit der Treuhandanstalt war jedoch eher die einer Konkursverwaltung: Es galt, ein bankrottes Staatsunternehmen durch Entflechtung, Privatisierung und Sanierung in lebensfähige Unternehmen umzuwandeln, die eine Chance hatten, sich im weltweiten Wettbewerb zu behaupten.

Diese Arbeit wurde von zunächst 30–40, auf dem Höhepunkt im Jahr 1993 von rund 4000 Mitarbeitern durchgeführt, die teils aus dem Westen, teils aus dem Osten – und hier vor allem aus den Ministerien bzw. der Zentralen Planungskommission der DDR – kamen und die sich mit großem Enthusiasmus einer gemeinsamen Aufgabe unter schwierigsten Bedingungen stellten. Wie sie diese Arbeit erlebten, haben rund 50 Mitarbeiter der Anstalt in Interviews geschildert, die die Grundlage dieses Beitrags bilden.[3] Ausgewählt wurden hier ihre Äußerungen zu den Anfangsbedingungen der Tätigkeit in der Treuhandanstalt. Zunächst werden die Erfahrungen mit dem Aufbau von Organisation und Verwaltungsstruktur aus westlicher Sicht, dann aus östlicher Sicht dokumentiert.

1. «Lieber grob und schnell als filigran und langsam.» Arbeitsbedingungen und Organisationsaufbau aus westlicher Sicht

«Herzlich Willkommen in diesem ergötzlichen Chaos». Mit diesen Worten begrüßte Anfang November der zuvor in der Software-Branche in München tätig gewesene Leiter der Berliner Niederlassung der Treuhandanstalt, einer der fünfzehn am 4. Oktober 1990 als Leiter eingesetzten westdeutschen Manager, den aus Stuttgart anreisenden Vorstandsvorsitzenden einer Lebensversicherung. Dieser berichtete über den ersten Eindruck:

«Ich marschierte dann am nächsten Tag zu Herrn C., ich werde das nie vergessen, der in einem Zimmer saß [...] von diesem entzückenden sozialistischen Charme [...], in einer ganz bestimmten Art und Weise so ein wenig an die 50er Jahre erinnernd und alles sehr stark genormt.»[4]

Der Versicherungsmann war bei einer «Kanzlerrunde», in der der Bundeskanzler den Einsatz von hundert Managern für die Treuhandanstalt gefordert hatte, von einem Kollegen als geeignet genannt worden, weil er gleich nach der Wende, noch ehe die Wiedervereinigung absehbar war, die Geschäfte seiner Versicherung auf die DDR ausgeweitet und ostdeutsche Mitarbeiter eingestellt hatte. Daher war er viel in der untergehenden DDR gereist und schien kenntnisreicher als andere. Nun sollte er zunächst den Grundstücksverkauf im Ostteil Berlins in Gang bringen.

Etwa zur gleichen Zeit, am 12. November 1990, kam ein vielseitig erfahrener Geschäftsführer von Konzerngesellschaften als Direktor Privatisierung – später Direktor Dienstleistungen – zur Treuhandanstalt. Sein Bericht über die Anfangstage klingt ganz ähnlich:

«Der Anfang war absolut chaotisch. Als ich angefangen habe und in das Büro des für mich zuständigen Vorstandsmitgliedes kam, sagte man mir, ‹Oh Gott, wo kommen Sie denn her?› ‹Mit Ihnen haben wir überhaupt nicht gerechnet.› sagte mir der persönliche Referent, ‹Und ich weiß auch gar nicht, wo ich Sie lassen soll›. [...] ‹Setzen

Sie sich vielleicht da erstmal in diese Besenkammer und lesen Sie hier eine Zusammenstellung [...] über das, was wir bisher hier in der Treuhandanstalt als Leitlinien, als Grundsätze haben.› Das setzte sich zusammen aus ein paar Notizen, aus sogenannten Richtlinien oder Leitlinien der Privatisierung, war also mehr ein fragmentarisches Werk. Das habe ich mir dann zwei Stunden etwa angesehen. Der Betreffende hat mich inzwischen vergessen, dann habe ich mich aber wieder in Erinnerung gebracht, und dann hat er gesagt, ‹Jaja, heute Nachmittag habe ich was für Sie und dann setzen wir Sie auch irgendwohin.› So kam das dann auch, und ich fand also einen Platz vor, irgendwo am Alexanderplatz, war auch gar nicht so schlecht, – denn ich hatte einen Vorgänger, der wohl gerade vorher das Haus verlassen hatte. [...] Was ich allerdings nicht vorfand, war irgendeine Basis für die Arbeit. Die Sekretärin, die dort saß, die saß das erste Mal dort [...], und wir beide saßen vor im wesentlichen leeren Aktenschränken und haben gesagt, ‹Na, dann kucken wir mal, was denn so anliegt.› »[5]

Auch ein eben aus Altersgründen aus dem aktiven Dienst bei der bundeseigenen Industrieverwaltungs-AG ausgeschiedener und vom Bundesfinanzministerium für die Treuhandanstalt angeworbener westdeutscher Manager machte die gleichen Erfahrungen. Er sollte das Rechnungswesen aufbauen. Auf seine Frage: «Was finde ich denn da eigentlich vor?», erhielt er die Antwort: «Vorfinden tun Sie gar nischt, gehen Sie da mal von aus, Sie fangen bei Null an.» Trotzdem, so meinte er, habe man eine Vorstellung und erwarte, etwas werde wohl schon da sein. «Aber meine Erwartungen oder das, was man mir sagte, wurden noch weit übertroffen, es war nämlich tatsächlich nichts da.»[6]

Detaillierter erinnert sich ein zuvor als Vermögensverwalter und Betriebsberater tätig gewesener Westdeutscher an seinen Anfang als Abteilungsleiter. Er hatte schon im August 1990, kurz ehe Detlev Rohwedder die Leitung der Anstalt übernahm, im Auftrag eines Klienten die Treuhandanstalt aufgesucht, aber keinen Ansprechpartner gefunden. Als er im September wieder kam, gelang es ihm auch in drei Tagen nicht, einen Zuständigen zu finden, und er meinte damals: «Also die Treuhand wird das nie packen, die vergessen wir mal.»[7] Erst als er im Oktober hörte, daß Frau Breuel, die er kannte, in die Anstalt eingetreten war, faßte er wieder Zutrauen. Bei einem Anruf sagte ihm ein Mitarbeiter Frau Breuels: «Also wir brauchen im Augenblick keinen, der was kaufen will, denn keiner weiß, was es zu kaufen gibt, aber wir brauchen dringend Leute, die helfen können.» So entschloß er sich zu helfen. Sehr schnell nach diesem Gespräch fing er an.

«Eine Einweisung, was man machen sollte, gab es überhaupt nicht. Mir wurde als Arbeitsplatz ein Großraumbüro angeboten, in dem 8 Tische standen und 8 DDR-Telefone, und da drin saß der ehemalige Chef der Innenrevision von VW, der pensioniert war. Außerdem saß da ein junger Jurist von Audi, der für vier Wochen von Audi abgestellt war, irgend was zu machen. Ich kam also in diesen Raum rein, und dauernd klingelten Telefone. Und da ich sah, daß die anderen es gar nicht bewältigen konnten, habe ich die Anrufe dann auch angenommen. Damals lief gerade die erste Erhebung über die Firmen, die wir überhaupt haben. [...] Die Dokumentation hatte [einen] Erfassungsbogen [...] an die Firmen 'rausgeschickt und hatte unglücklicherweise, oder glücklicherweise, wie man will, für Rückfragen zwei Telefonnummern in diesem Großraumbüro angegeben. Die Mannschaft war längst verschwunden, ganz woanders hin, die Nummern stimmten nicht mehr, und dann haben wir [...] gesagt, gut, die Fragen beantworten wir.»[8]

Mitte September 1990 fing auch ein höherer Beamter aus dem bayerischen Finanzministerium bei der Treuhandanstalt als Direktor für sektorale und regionale Strukturen an. Er berichtet:

«Ich habe also in München erfahren, daß hier dieses Angebot besteht, habe das ziemlich rasch angenommen und habe dann eine Woche Zeit gehabt für meine Zusage, das war ein Freitag, der 11. September, und am 17. habe ich angefangen und hatte also 5 Arbeitstage Zeit, meine Arbeiten in München abzuschließen. – Das habe ich in einem Kraftakt relativ rasch gemacht – und habe einen Großteil meiner Zeit in München damit verwandt, pausenlos zu telefonieren, Leute zu suchen, von denen ich wußte, sie haben eine gewisse Kompetenz auf dem Gebiet der Regionalpolitik, die haben mit Wirtschaftsförderung Erfahrung, weil ich der Meinung war, ich brauche Leute, die Mittelstandsförderung, Regionalförderung gemacht haben, aus dem Wirtschaftsministerium, aus der Industrie- und Handelskammer. Ich habe rumtelefoniert, im Wirtschaftsministerium, im Bundeswirtschaftsministerium, bei den IHKen, im Grenzgebiet, im Zonenrandgebiet, Bayreuth, Coburg, Würzburg. Und wie ich dann am Freitag meine Sachen gepackt habe, da hatte ich eine Liste von vier oder fünf Namen, wo ich dachte, ‹Aha, jetzt gehst du nach Berlin und hast schon mal fünfe, drei werden schon kommen›. – Es ist kein einziger gekommen. [...] Das war also wirklich zum Verzweifeln. Die Treuhandanstalt insgesamt bestand, wenn ich mich richtig erinnere, so aus 180 Leuten in der Zentrale, davon waren wahrscheinlich 20 Westdeutsche, vielleicht, wenn es hochkommt. [...] Und das Ganze fand statt am Alex, in einem [...] räumlichen Chaos, also anders kann man das, wenn man an geordnete Verhältnisse gewöhnt ist, nicht beschreiben. Als ich kam, da gab es überhaupt kein Zimmer. Es gab kein Zimmer, in dem ich hätte sitzen können. Ich habe dann einfach ein Zimmer belegt, an dem ein anderer Name stand, und da hieß es, der sei zur Zeit nicht da. Der gehörte auch gar nicht zur Treuhandanstalt, der gehörte zum Wirtschaftsministerium [...], dessen Zimmer habe ich dann belegt. Es entstanden richtige Raufereien um Zimmer. Dann hatten wir ein Zimmer uns reserviert für neue Mitarbeiter, ich hatte ein Zimmer, da habe ich eine Wand reinmachen lassen, damit wir neue Zimmer gewinnen, und dann waren wir verteilt auf zwei oder drei Stockwerke mit 80 Meter zu laufen. Zu[m Vorstand] hatte ich 200 Meter, ein Weg, 200 Meter. Und wenn ich da hinterlief und er hatte dann gerade ein längeres Telefongespräch, dann bin ich die 200 Meter wieder zurückgelaufen. [...] Und die Arbeitszeiten, die da üblich waren. – Ich meine, es ist ja heute noch verrückt, – die Ossis haben sowieso ganz andere Arbeitszeiten, die haben immer um sieben angefangen und haben dann aber trotzdem bis spätabends gearbeitet, und wir, gut, wir waren im Hotel, im Palasthotel, da waren eine ganze Menge Leute, wir waren um halb acht, acht im Büro, und um zehn, halb elf [abends] ging man dann raus und noch irgendwo an der Ecke unten, da gab es eine Würstchenbude, die hatte die ganze Nacht offen. Ja, und die erste Frage war, was sollen wir eigentlich tun [...] und zweitens, wo kriegen wir die Leute her? Mit sechs Ländern sich in Verbindung zu setzen ohne Leute, das war nicht zu machen. Und das war schon zum Verzweifeln. Das kann man sich wahrscheinlich rückblickend gar nicht mehr vorstellen. Gleichzeitig hat mich [der Vorstand] hier sofort in Beschlag gelegt mit diversen Sonderaufträgen, mit Teilnahme an x Besprechungen, die dann hinterher nachzuarbeiten waren. Diese Dreifachbelastung, Leute suchen, die eigene Arbeit strukturieren und sofort in operative Dinge einsteigen, das war eigentlich unmöglich. Und ich bin auch hier angekommen und habe gesehen, wie der Vorstand gearbeitet hat, jeden Dienstag Vorstandssitzung, auf die Schnelle die Vorlagen vorbereitet, in keiner Weise so vorbereitet, wie in einem Ministerium man das gewöhnt ist. – Und [ich] habe mir gesagt, das kann doch gar nicht wahr sein, wie die hier arbeiten. Die müßten doch erstmal drei Monate sich zurücklehnen, nicht zurücklehnen, aber drei Monate stop machen, sagen, ‹Sendepause, wir organisieren uns, wir schaffen das Personal, wir beschreiben die Abläufe, und dann geht es los›. Das war aber nicht möglich, es war nicht möglich, sich den andrängenden Arbeiten zu entziehen. Es war nicht möglich, den Investoren zu sagen, in drei Monaten könnt ihr wiederkommen, inzwischen machen wir gar nichts, sondern das mußte alles gleichzeitig gemacht werden. – Ja, Frau Breuel, wie die dann kam und das gesehen hat, die hatte überhaupt kein Zimmer, irgendwo hat sie es rekrutiert, hat gesagt, ‹Das ist jetzt hier mein Zimmer, das gefällt mir, hier bleibe ich›. Und – als nächstes kam dann Telefon 'rein, und dann wurde es so ein bißchen hergerichtet. [...] Und dann muß man sich die technischen Bedingungen vorstellen. PCs und so, keine Rede. Schreibmaschinen, ganz normale. Und das Telefon, wir hatten glaube ich, zehn Westleitungen für 180 Leute. Und ab halb neun konnte man nicht mehr telefonieren. Ich habe bestimmt am Tag eine Stunde vertan mit wählen, weil ich dann doch versucht habe, irgendwo mal hindurchzukommen. Und ich habe dann abends, irgendwann spätabends habe ich mir eine Liste der Telefonate gemacht, die ich den nächsten Tag machen muß, und habe für die dann noch Prioritäten gemacht, weil ich wußte, von 20 kriege ich höchstens von halb acht bis halb neun sieben oder acht durch, die müssen als erste gemacht werden. Ab halb neun war Schluß. War kein Rauskommen mehr. Da konnte man dann dauernd wählen, man konnte es probieren, aber – es war aussichtslos. Also das, das waren schon Arbeitsbedingungen, die waren unglaublich. Und später, wie dann das Personal sich so verstärkt hat, auch meine Mitarbeiter, da waren dann von mir *in einem* Raum sechs Leute, glaube ich, zwei Sekretärinnen und vier Mitarbeiter, die hatten ein Osttelefon und ein Westtelefon. Und das Westtelefon wurde dann an einer langen Schnur durch diesen Raum 'rumgereicht, dem, der es gerade brauchte, und die anderen, die mußten dort arbeiten, obwohl einer immer telefoniert hat. Also das waren schon Bedingungen, wo die Leute, [...] schon großen Enthusiasmus mitbringen [mußten].»[9]

Es waren also nicht nur die grundsätzlichen Fragen des Organisationsaufbaus und der Mitarbeitergewinnung, sondern immer wieder die ganz primitiven Arbeitsmöglichkeiten, mit denen sich auch Vorstände und Direktoren noch in den ersten Wochen und Monaten herumschlagen mußten, nachdem Rohwedder, der zuvor Vorsitzender des Verwaltungsrates war, die Leitung der Anstalt am 20. August 1990 selbst übernommen hatte.

Drei Aufgaben schienen den aus dem Westen kommenden Managern und Beamten vordringlich, und alle drei mußten gleichzeitig erledigt werden: der Aufbau einer Organisationsstruktur, die Anwerbung von qualifiziertem Personal und eine Bestandsaufnahme der Betriebe und Vermögen, die die Treuhand verwalten und privatisieren sollte. Am Tag, an dem Dr. Gohlke, der fünf Wochen lang versucht hatte, die Aufgaben sozusagen im Alleingang anzupacken, das Handtuch warf, traf ein Beamter aus dem niedersächsischen

Wirtschaftsministerium ein. Eigentlich war er abgestellt worden, um den Wirtschaftsminister der DDR zu beraten. Als er in Berlin eintraf, fand er jedoch heraus, daß Ministerpräsident de Maizière seinen Wirtschaftsminister eben entlassen und den Staatssekretär Dr. Halm beauftragt hatte, nebenamtlich als Vizepräsident beim Aufbau der Treuhandanstalt mitzuwirken. Dort, und nicht in seinem Ministerium, fand ihn der Niedersachse und entschloß sich, gleich an Ort und Stelle zu bleiben. Er berichtet:

«Die damalige Situation war so: Der Vorstand bestand zu der Zeit noch aus vier Mann, es waren auf östlicher Seite Wolfram Krause, verantwortlich schon damals für Finanzen, Dr. Halm, verantwortlich für Personal, Sondervermögen und Landwirtschaft und Forsten, und alles, was sonst nicht richtig unterzubringen war. Dann gab es Herrn Schirner von Daimler Benz, der für die Privatisierung zuständig war, und es gab Herrn Dr. Wild aus Bayern, der für die Sanierung zuständig sein sollte. Und es gab, wie gesagt, einen Präsidenten namens Gohlke, der gerade das Haus verlassen hatte. So. Und ich erinnere mich noch sehr gut, daß wir am nächsten Tage waschkörbeweise Post bekamen, aber es gab niemanden, dem wir das hätten geben können. Es existierte also kein Apparat, weder für den Bereich Sondervermögen, noch für den Bereich Landwirtschaft, *nichts.* Gar nichts. Wir waren mutterseelenallein und daraus resultierte auch die erste Aufgabe, wir mußten zunächst einmal eine Art von Organisationsstruktur schaffen, und mit dieser Aufgabe wurde ich dann betraut. Denn inzwischen war es Mittwoch geworden, und am Mittwochabend erfuhren wir, daß der Kanzler Herrn Rohwedder offenbar hatte überzeugen können, daß er selbst aus dem Sessel des Verwaltungsratsvorsitzenden in das Präsidentenamt der Treuhandanstalt wechseln sollte, und dazu hatte er sich dann am Mittwochabend bereit erklärt. Ich vergesse nicht die Meldungen aus dem Radio damals, als er gefragt wurde und sagte, ‹Jawohl, ich habe mich bereit erklärt, das zu machen›, und am nächsten Mittag tauchte er dann auf in der Treuhandanstalt.

Das Erste, was ich zu tun hatte, war eine erste Organisationsstruktur für das Unternehmen zu entwerfen. [...] Das war der Einstieg. Und dann haben wir als nächstes sehr rasch beginnen müssen, Fachleute an Bord zu holen. Denn es war zu diesem Zeitpunkt noch kein Gedanke daran, etwa ganz konkret loszugehen und einzelne Firmen zu verkaufen, sondern Sie müssen sich das etwa so vorstellen, daß wir zu diesem Zeitpunkt noch praktisch keine Ahnung hatten, was wir überhaupt geerbt hatten. Wir kannten die Namen, wir wußten in etwa die Größenordnung, es war uns eine Liste bekannt von 44.000 Betrieben und Betriebsteilen volkseigener

Betriebe. Das war die Masse, die wir aus dem industriellen und gewerblichen Erbe bekommen hatten. Wir wußten, daß wir etwa zwei Drittel aller Forsten der DDR bekommen hatten. Wir wußten, daß uns das gesamte Parteien- und Massenorganisationsvermögen der ehemaligen DDR-Nomenklatura anvertraut worden war, wir wußten, daß wir aus dem Bereich der Landwirtschaft etwa einige Millionen Hektar Streubesitz, volkseigene Güter, sonstige volkseigene Grundstücke geerbt hatten. Wir kannten sie nicht, nirgendwo gab es eine Aufstellung darüber, *nichts* war da. Wir wußten nur eines: die Lage der gesamten Wirtschaft war äußerst prekär.

Wir haben also versucht, Leute anzuheuern, und was lag näher, als zunächst den Versuch zu machen, über die 125 handverlesenen Modrow-Leute, aus denen die Treuhand hier in Berlin bis dahin bestand, geeignete und qualifizierte Leute zunächst einmal aus den Ministerien der DDR zu rekrutieren, die die Verhältnisse vor Ort kannten, ohne daß wir von ihnen erwarten konnten, daß sie Erfahrungen [...] in der Marktwirtschaft hatten, sondern uns war zunächst einmal daran gelegen, *mußte* daran gelegen sein, Leute an Bord zu haben, die uns über die Verhältnisse *hier* Auskunft geben konnten. Das haben wir so gut es ging getan. Ich erinnere mich gut, daß ich [...] mehrfach in verschiedenen Ministerien der DDR gewesen bin, um Leute zu akquirieren, die für uns geeignet erschienen. [Dabei] war ein Mann, der sich in diesen Ministerien hervorragend auskannte, er war nämlich selber einmal zu Honeckers Zeiten stellvertretender Minister für Glas- und Keramikindustrie gewesen und hatte '89, als sich die ersten Wendeanzeichen zeigten, sein Parteibuch und sein Portepee abgegeben und hat gesagt, für mich ist dieser Komplex in meinem Leben beendet, ich will nicht mehr Minister sein, ich will auch keine Funktion mehr haben, ich will keine Privilegien mehr haben, für mich ist das zu Ende. Ich werde jetzt meine Kraft dazu einsetzen, den Karren, den ich selber mit in den Dreck gefahren habe – dieser Satz hat mir sehr imponiert – wieder flott zu machen. Und daran arbeitet er noch heute, in unseren Reihen, hier in der Treuhandanstalt. [...] Wir haben einige sehr passable jüngere Leute gefunden aus den Ministerien, die auch heute noch hier in der Treuhand werken. Also insofern haben wir bestimmt keinen Mißgriff getan im ersten Zugriff, aber es war natürlich klar, daß uns das auf Dauer gar nicht genügen würde. Die damals noch zaghaften Appelle an Manager und Industrielle in Westdeutschland hatten nur eine relativ geringe Resonanz in der Anfangsphase; erst als wir die ersten Ergebnisse eines Headhunters, den wir beauftragt hatten, bekamen, hatten wir etwa eine Auswahl von ungefähr achthundert Leuten, die sich interessiert gezeigt hatten. Und der [dafür zuständige] Kollege, der wenige Wochen später kam und zunächst den Personalsektor abdecken mußte, der hat dann in Tag- und Nacht-Interviews die Leute rekrutiert für den Apparat insgesamt, und jeder von uns hat in seinem Apparat dann auch noch versucht, Leute zu implantieren, wo er sie greifen konnte und wo sie bereit waren. Das war alles nicht ganz einfach, weil wir weder eine Vorstellung hatten, wie lang unsere Arbeit angelegt sein würde, noch eine Vorstellung darüber hatten, welche Qualifikationen wir letztendlich gebrauchen würden, sondern wir haben so ein bißchen Generalisten gesucht, wir haben nach Leuten mit viel Erfahrung gesucht, weil wir gesagt haben, das kann nie schaden. [...] Wir haben also nach Leuten gesucht, die sich im Leben ein bißchen auskannten, keine blutjungen Anfänger, sondern Erfahrene. Und wir sind eigentlich insgesamt recht gut damit gefahren.

Konkret aber, um mit der Arbeit fortzuschreiten, war es notwendig, angesichts dieser Situation, die durch die Währungsunion eingetreten war, die Firmen, die wir noch gar nicht kannten, von denen wir keine Eckdaten wußten, erst einmal davor zu bewahren, daß sie irgendwo gegen den Baum fuhren. Wir haben naturgemäß Liquiditätskredite verstreut, auf Anforderung durch diese Firmen, ohne zu wissen, ob die wirklich Geld brauchten, ob die in einer ganz prekären Situation waren oder ob sie sich gesundstoßen wollten mithilfe des Geldes, was wir da über Land einfach im großen Bogen geworfen haben; es war einfach notwendig, um zu verhindern, daß größere Zusammenbrüche entstanden. *Wir wußten nichts.*

Das erste, was wir machen mußten, war also eine Art Stammdatenerhebung über die Betriebe, um überhaupt einigermaßen erkennen zu können, womit wir es zu tun hatten und wie die aktuelle Situation der einzelnen Betriebe war. Zwar hatten wir die rechtlichen Grundlagen, es gab ja dieses Transformationsgesetz, was spätestens zum ersten siebten alle noch nicht freiwillig in GmbHs oder Aktiengesellschaften umgewandelten Kombinate und Betriebe zu GmbHs und Aktiengesellschaften machen sollte, aber deswegen *funktionierten* sie ja nicht wie GmbHs und Aktiengesellschaften, denn die Verantwortlichen waren sich ihrer neuen Rolle in einer zivilrechtlichen Wirtschaftsstruktur ja gar nicht bewußt, die mußten wir ja auch erstmal darüber aufklären. Und wie machen Sie das, wenn Sie also keine Organisation haben, aber Sie haben Zigtausende von Geschäftsführern herumlaufen, von denen Sie persönlich gar keinen kennen, oder erst einen oder zwei, weil die zufällig bei Ihnen vorm Schreibtisch auftauchten und gesagt haben, ich brauche eine Million, sonst muß ich morgen dicht machen. Dann mußten wir also relativ blind erst einmal das Geld unter die Leute [bringen], um das

Schlimmste zu verhüten. Ich würde das auch heute [...] immer noch für gerechtfertigt halten, wir haben das ja dann abgestuft gemacht; in dem zweiten Monat, im August haben wir ja nur noch 41% der von den Firmen angeforderten und erwünschten Mittel ausgegeben und haben also schon die Rückkopplung gesucht, um zu wissen, ob die das wirklich benötigen oder nicht. Aber wir haben letztendlich erst im November 90 einigermaßen den Rücklauf der Stammdatenerhebung bewältigen können, und von da an konnten wir eigentlich erst sagen, wir wissen wenigstens annäherungsweise über den Zustand unseres Unternehmens Bescheid. Vorher konnten wir das eigentlich nicht behaupten, sondern da kannten wir nur Einzelfälle, das waren die, die ganz konkret auf uns zugekommen waren, weil sie Bedürfnisse hatten. Und währenddessen haben natürlich Teilbereiche des Unternehmens durchaus versucht zu privatisieren. Es gab erste Kaufinteressenten, das waren zumeist solche Betriebe aus dem Westen der Republik, die schon alte Handelsbeziehungen hatten, die also die Firmen, die sie haben wollten, schon kannten aus der Zeit vor der Wende. Und die haben nicht selten in dieser Anfangsphase auch sehr günstig kaufen können, weil wir ja auch noch keine Ahnung hatten, wie Anlagevermögen, Immobilien, und was dort alles damit verbunden war, überhaupt zu bewerten war, auch darüber gab es für uns noch *nichts*. Einen Markt gab es sowieso nicht, den gibt es auch heute erst in Ansätzen, aber wir hatten auch noch gar keine Kriterien entwickelt.

Das nächste, was passiert ist, wir haben uns bemüht so etwas wie eine erste Privatisierungsrichtlinie für uns selbst zu entwerfen. Eine Richtschnur, an die wir uns halten wollten, wenn wir überhaupt verkaufen. Daran haben wir gearbeitet. Das war eine Phase, in der wir auch noch an mehreren Fronten zugleich tätig waren oder zumindest auch Einflüssen unterlegen waren, auf die wir selber gar nicht einwirken konnten. Zunächst einmal tagte, fast in Permanenz, zur gleichen Zeit immer noch die Volkskammer. Stellen Sie sich meine ganz persönliche Situation vor, ich assistierte also dem amtierenden Wirtschaftsminister. Die Produktion von Gesetzen und Verordnungen in der Volkskammer lief auf höchsten Touren, die haben gearbeitet, ich halte dieses Parlament für eines der fleißigsten, was es je auf der Welt gegeben hat. Die haben gearbeitet wie wahnsinnig. Und das lief dann aber für uns so ab, daß ich bis zehn, elf Uhr im Büro saß, Briefe machte, Antworten schrieb, irgendwelche Expertisen anfertigte, für irgendwelche Teilprobleme unseres Unternehmens, dann war Halm schon längst drüben im Parlament und mußte Rede und Antwort stehen. Um zehn, elf habe ich dann meine Kladden gepackt, bin 'rübergezogen. Und da hat es Nächte gegeben, da sind wir um drei, vier aus dem Parlament gekommen, sind wieder 'rübergegangen, in den Alexanderplatz, haben uns rasiert und haben uns wieder an den Schreibtisch gesetzt, haben überhaupt kein Bett gesehen. Und das ist also wochenlang so gegangen, bis dann die erlösende Situation eintrat, daß wir wußten, aha, wir sind jetzt mit dem Einigungsvertrag soweit. Das war wie eine Befreiung. Von dem Moment an hat es auch eine spürbare Entlastung in der Volkskammer gegeben, das war, als ob den Leuten eine Last von den Schultern gefallen war. Da waren sie plötzlich alle sehr glücklich und stolz, daß sie dann doch einen Einigungsvertrag zustandegebracht haben. Weil sie gedacht haben, damit haben wir doch ein Stück Identität gerettet. Und so erinnere ich mich natürlich auch an den dritten Oktober. Ich bin [...] nächtens, um Mitternacht unter dem Brandenburger Tor gestanden und habe dieses Feuerwerk miterlebt, und das sind so Situationen, die bleiben lebenslänglich haften, das sind Erinnerungen, dafür hat es sich schon gelohnt, monatelang wie ein Idiot zu arbeiten, ohne überhaupt auf die eigene Gesundheit zu achten, ohne auf die Uhr zu kucken. Wir hatten da oben, in der achten Etage eine Klimaanlage, die lief Tag und Nacht auf 26 Grad. Ob es draußen schneite, ob es regnete, ob die Sonne schien, ob es Mittag war, ob es Mitternacht war, es waren immer 26 Grad. Sie können sich das nicht vorstellen, das war wie in einem Brutkasten. Wir haben da immer nur mit aufgekrempelten Ärmeln ohne Jackett gesessen und wir haben das überhaupt nicht mehr gespürt. Das ist also eine so starke, auch innere Anspannung, bei all den handelnden Leuten gewesen, bis hin zu Rohwedder, wir waren ja nur so ein kleines Häuflein. Wir paßten alle bei Rohwedder an einen Tisch. Wir waren keine zehn Mann. Und ich denke mal, diese Situation war vielleicht diejenige, die stärkste Anspannung von uns forderte, nach dem dritten Oktober war das dann alles etwas leichter [...].

Von November bis März ist die Organisation der Treuhand aufgeblüht mit einem gewaltigen Tempo. Wir haben praktisch über Nacht immer um fünfzig oder hundert Mann zugenommen, das ging in einem *Wahnsinns*tempo, hatte also auch erhebliche logistische Probleme. Wir hatten hier keine Büroräume. Wir drückten aus der achten Etage *alle* anderen Mitmieter aus diesem Haus praktisch von Etage zu Etage 'raus. Wir drückten immer von oben, dann waren wir in der siebten, dann waren wir in der sechsten, dann waren wir in der fünften, dann waren wir in der vierten. Und hinter uns kamen die Maler und Putzer, da wurde Tag und Nacht gearbeitet. In den Büros waren die am Sonntag und nachts am Pinseln und Leitungen legen und Telefone, das war erstaunlich. Der Kollege, der diese Organisation gemacht hat, bis hin zu dem Umzug, hat damals wochenlang kein Bett gesehen, der hat Tag und Nacht gezaubert. Der hatte immer hunderte von Handwerkern sofort parat, auf Zupfiff gingen die los, und dann hieß das nur: Morgen früh um acht müssen zehn Büros fertig sein, dann waren die am nächsten Morgen fertig. Die Farbe war noch nicht ganz trocken, es standen Möbel drin, es waren Telefonanschlüsse da, die Fenster waren frisch geputzt und die Wände waren frisch gestrichen, Fußboden war neu 'reingelegt, war alles da. Das war also wirklich ein Wunderwerk, das mußte man beobachten, für mich war das faszinierend zu sehen.»[10]

Alle Mitarbeiter und Beobachter der Treuhandanstalt stimmen darin überein, daß diese mit dem Eintritt Rohwedders in die direkte Leitung am 20. August 1990 ihren entscheidenden Anstoß bekam. Der erste Personaldirektor, von Rohwedder – noch in seiner Eigenschaft als Vorsitzender des Verwaltungsrates – bei einem Gespräch in der Lufthansa-Lounge in Köln rekrutiert, schildert dies so:

«Mit Dr. Rohwedder kam Stimmung auf. Nun ging es Schlag auf Schlag. Gezielt ging er die elementaren Fragen und kritischen Erfolgsfaktoren an: 1. Auftrag der Treuhandanstalt, 2. Organisation der Treuhandanstalt, 3. Personelle Ausstattung der Treuhandanstalt. Der Auftrag ergab sich unmittelbar aus dem Treuhandgesetz, und zwar zwingend. Zum Teil auch die Organisation, insbesondere die Aufbauorganisation. Die Ablauforganisation dagegen konnte und mußte von Grund auf neugestaltet werden. Rohwedder war bei all seiner intellektuellen Brillanz, seiner Parkettsicherheit im politischen und industriellen Bereich und seiner strategischen Denke aber auch ein handfester Pragmatiker, ein Macher, bis hin zur Hemdsärmeligkeit. Er hatte einen kristallklaren Blick für das Wesentliche und wirklich Wichtige und auch die Überzeugungskraft und Motivationsstärke, die erforderlichen Maßnahmen mit Vehemenz in die Tat umzusetzen.

Schnell war mit Hilfe der Unternehmensberatungsfirmen Roland Berger und Mc Kinsey die erste Aufbauorganisation der Treuhandanstalt konfiguriert: Mit Ausnahme der geographischen, dezentralen Ausrichtung im Bereich der 15 Niederlassungen, eine rein funktional orientierte Organisation [...].

Diese Organisationsform war ein erster Ansatz, die Maschine zum Laufen zu bringen. Jedem der damals Beteiligten war klar, daß dies nicht der geniale Wurf sein konnte, der lange Bestand haben würde. Zu unklar und unübersichtlich war die Situation, zu einzigartig der Auftrag der Treuhandanstalt, sui generis, sozusagen. Es gab keine Erfahrungsmuster aus der Vergangenheit, kein in der Praxis erprobtes und bewährtes Konzept, das Pate hatte stehen können für die monumentale Aufgabe, eine komplette Volkswirtschaft von der zentralen Plan- und Kommandowirtschaft in die soziale Marktwirtschaft überzuführen. Alles mußte sehr schnell gehen. Zeit, so fühlten wir damals alle, würde der wichtigste zu beherrschende Faktor überhaupt sein, wollten wir Erfolg haben. Unvergessen bleibt mir Rohwedders exakt auf den Punkt gebrachte Situationsanalyse: ‹Es kommt mir vor, als müßten wir mit einem kleinen Schäufelchen den Mont Blanc abtragen.› Mitte August 1990 beschäftigte die Treuhandanstalt gerade 430 Mitarbeiter, 180 Mitarbeiter in der Zentrale am Alexanderplatz 6 und 250 Mitarbeiter in den 15 Außenstellen, geographisch identisch mit den ehemaligen politischen Bezirken.

Dr. Rohwedder durfte also keine Zeit verlieren. Die Handlungsmaxime lautete: Lieber grob und schnell als filigran und langsam. Da wir Neuland betraten, feierte das Prinzip ‹Learning by doing› fröhliche Urständ. Lernfähigkeit und Lernwilligkeit waren somit implizit wichtige Anforderungen an die aufzubauende Führungsmannschaft ebenso wie die Fähigkeit, unorthodoxe Maßnahmen zu ergreifen und außergewöhnliche Wege zu gehen, um die Sache zu einem schnellen, greifbaren Erfolg zu bringen.

Ab dann begann eine sehr schwierige, aber auch faszinierende Zeit für mich. Der 16-Stunden-Tag wurde zur Regel, die Wochenendarbeit ebenso. Aber das ist nur ein quantitativer Aspekt, der die Dramatik des Geschehens und die außergewöhnliche Krisensituation nicht annähernd widerspiegeln kann. Es brannten immer mindestens zehn Feuer gleichzeitig, die ich nicht alle auf einmal löschen konnte. Die Kunst des Überlebens bestand darin, herauszufinden, welches der gleichzeitig bestehenden akuten Managementprobleme zuerst angegangen und gelöst werden mußte, um größeren Flurschaden zu vermeiden [...].

Das Hauptproblem der Männer der ersten Stunde war nicht so sehr die intellektuelle Durchdringung der anstehenden Probleme und deren Bewältigung durch geeignete Maßnahmen, sondern das Fertigwerden mit dem Phänomen Masse. Wer das nicht selbst am eigenen Leibe verspürt hat, kann nicht beurteilen, welcher Kraft und welchen Beharrungs- und Stehvermögens es bedarf, nicht zu kapitulieren vor einer scheinbar nicht zu bewältigenden Anzahl von Vorgängen, die alle einer dringenden Entscheidung bedürfen. Urteilskraft, Entscheidungsfreude, Risikobereitschaft und Durchsetzungsvermögen waren in dieser Situation die unverzichtbaren Eigenschaften eines jeden Mitarbeiters. Nie vorher in meiner langjährigen industriellen Praxis war mein Gestaltungs- und Entscheidungsspielraum so groß. Und das gilt sicherlich für alle, die im Herbst 1990 den Aufbau und die Entwicklung der Treuhandanstalt vorantrieben.»[11]

2. «Es gab da ein verdammtes Hin und Her...». Mitarbeiterauswahl und Verwaltungsanfänge aus östlicher Sicht

Bisher sind westdeutsche Manager und Beamte zu Wort gekommen, die im Spätsommer oder Herbst 1990 ihre Arbeit aufgenommen haben. Wie sahen die Ostdeutschen, die schon ab März 1990 in die noch von Modrow gegründete Anstalt einrückten, ihre Anfänge? Sie setzen z.T. bemerkenswert andere Akzente. Das Chaos im Innern der Anstalt erschien ihnen möglicherweise geringer als das im Lande. Auch fiel ihnen die Einrichtung des Arbeitsplatzes, das Fehlen von Telefonleitungen, Kopierern und Computern wohl weniger ins Auge. Ihnen fehlten klare Zielvorgaben, da es erst nur um die Verwaltung und Dezentralisierung der Staatsbetriebe ging, während sich nach dem April die Ereignisse überschlugen und die leitenden Personen zweimal ausgewechselt wurden. Der erste Präsident, Dr. Moreth, wurde im Juni abgelöst; danach entstand ein Interregnum von einem Monat, und der zweite Präsident, Dr. Gohlke, schon ein Westdeutscher, warf nach nur fünf Wochen das Handtuch. Moreth, der der Liberaldemokratischen Partei der DDR angehörte, brachte einen Mitarbeiter aus der gleichen Partei mit, der somit die ersten Anfänge im März/April 1990 erlebte. Er berichtete im Januar 1993 über diese Anfänge:

«Ich war damals [...] Leiter des Sekretariats der Treuhand und war also zuständig für all jene Dinge, damit die Treuhand eben ins Leben gerufen wurde. Wir haben insbesondere aus dem Bestand der Mitarbeiter der damaligen zentralen Dienststellen des Ministeriums Wirtschaft und Finanzen Mitarbeiter gewonnen, auch Mitarbeiter natürlich aus den Industrieministerien, die in diesem Tagen, praktisch ausgestattet mit den *Kenntnissen* dieser Wirtschaft, in die Treuhand kamen. Es war einfach ein Unding, auf das Wissen dieser Leute zu verzichten, man brauchte sie. Die kannten die zentral geleitete Wirtschaft, die kannten die Unternehmen, die wußten, was produziert wird, die kannten die Chancen dieser Produkte am Markt. Und ich bin nach wie vor der Meinung, daß es richtig war, sich in jenen Tagen auf Kräfte, die *bereit* waren, diesen Schritt mitzugehen, zu verlassen. Und ich muß sagen, also wir alle, die wir ja aus den damaligen zentralen Ministerien in die Treuhandanstalt übernommen wurden, uns war klar, daß die Grenzen der zentral geleiteten Kommandowirtschaft erreicht waren. Es gab kein Vorwärts mehr. Die wissenschaftlich-technische Revolution war ja in einem Maß an uns vorbeigegangen, daß mit dieser Wirtschaft [...] kein Blumentopf mehr zu gewinnen war. Und das war eigentlich auch der Ursprung für den [...] Enthusiasmus, den wir mitgebracht haben: Aus dieser Wirtschaft soviel wie möglich herauszuholen ohne größere Verluste, mit den Erfahrungen, die es in der alten Bundesrepublik bei der Organisierung der Wirtschaft gab.

Der erste große Arbeitsaufwand, der auf uns zukam, war [...], daß wir uns alle mit den neuen rechtlichen Bestimmungen vertraut gemacht haben. Keiner von uns kannte das GmbH-Gesetz, keiner von uns kannte das Gesetz über eine Aktiengesellschaft, ich rede schon gar nicht von Mitbestimmungsrechten und so weiter. [...] Wir haben uns Literatur beschafft, haben uns mit diesem Problem beschäftigt, um überhaupt in die Inhalte hereinzufinden. Und ich muß sagen, daß hier auch schon erste Mitarbeiter aus dem Wirtschaftsministerium der alten Bundesrepublik, aus dem Finanzministerium zu uns gekommen sind, die geholfen haben. Das war der erste Schritt. Es ist ja in diesem Gesetz festgelegt, daß möglichst zügig die Unternehmen in Kapitalgesellschaften umgewandelt werden. Und ich muß sagen, dieser Prozeß lief außerordentlich schleppend ab; bis Ende April gelang es dieser Treuhandanstalt, mit den wenigen Leuten, die sie hatte – wir waren Ende April etwa 90 Mitarbeiter – 15 bis 20 Kapitalgesellschaften zu bilden. Na gut, nun kann man sagen, innerhalb von sechs Wochen ist das eine ansehnliche Größenordnung, aber andererseits ist das natürlich, gemessen an den 8000 Betrieben und Kombinaten, die zu wandeln waren, ein Tropfen auf dem heißen Stein. Schon damals wurde sichtbar, so kann das nicht weitergehen, das *kann* nicht der Weg sein. Wenn wir so weitermachen, dann ist man irgendwann in 10, 15 Jahren durch. Das geht nicht, die Verluste sind dabei zu groß. Nun kann man sagen, das hat an der mangelhaften Arbeit gelegen, aber das hat meiner Meinung nach eben daran gelegen, daß es einfach unklar war, welche Voraussetzungen zu schaffen waren. Das Eigentum mußte bewertet werden, wir mußten Eröffnungsbilanzen erstellen und und und. Und es waren ja auch keine Leute da, die das, offen und ehrlich, ordentlich gemacht haben. Und deshalb war dieser Prozeß also doch ein bißchen kompliziert. Und es entstand praktisch in jenen Tagen die Idee, die Wandlung per Gesetz vorzunehmen, und das ist ja auch in den Folgemonaten so gemacht worden [...].

Meine Aufgabe bestand darin, die organisatorischen Voraussetzungen zu schaffen [...], die ersten technischen und organisatorischen Probleme zu meistern und die Räume zu besorgen, die Möbel zu besorgen, die Technik heranzuschaffen, und alles das zu tun, damit die Arbeit in Schwung gerät. Nachdem die ersten Mitarbeiter in der

Treuhand im März '90 da waren, war es an der Zeit, ein anderes Gebäude zu erschließen. Wir sind dann Ende März '90 in das ehemalige Gebäude des Ministeriums Außenwirtschaft gezogen, Unter den Linden 36/38. Dort wurde die erste Etage geräumt, und wir sind dort mit unseren 40, 50, 60, dann eben wie gesagt 90 Mann eingezogen. Und leider ist dann in den Tagen, nachdem wir uns nun dort gerade mal so eingelebt hatten, auch noch der Wirtschaftsminister eingezogen, der nach den Wahlen am 18. März 90 gewählt wurde. Er wollte sein Ministerium aufbauen, und wir wollten die Treuhand aufbauen, und es war schon absehbar, einer mußte das Haus verlassen, und da auch deutlich wurde, daß die Treuhandanstalt mit dem bisherigen Umfang an Mitarbeitern das nicht meistern konnte, ist dann festgelegt worden, schaut euch irgendwo was anderes in dieser Stadt an, und wir müssen uns auf ein gewaltiges Pensum an Arbeit einstellen. Ich muß aber sagen, auch damals noch, obwohl wir schon nüchtern die Probleme einschätzen konnten, hatte *keiner* von uns gedacht, daß das mal ein so *riesiger* Aufwand wird, ein so riesiger Verwaltungsaufwand auch notwendig ist, um die Voraussetzung für die Umwandlung in Kapitalgesellschaften und dann die Privatisierung der Wirtschaft der damaligen DDR zu schaffen. Wir sind damals teilweise vor völlig neue Aufgaben gestellt worden. Sie müssen sich vorstellen, wir wollten hier die Wirtschaft wandeln, mußten tägliche Kontakte mit den alten Bundesländern pflegen und hatten keine Kommunikation. Das Telefonnetz war ja gespalten. Wie also nun telefonieren? Wir sind damals des öfteren 'rübergefahren nach Westberlin und sind drüben in die öffentlichen Telefonzellen, um nach Bonn zu telefonieren. Das war weniger beschwerlich, als sich eine Stunde an die Telefone zu hängen und irgendwie eine der wenigen Leitungen zu bekommen 'rüber nach [West-]Berlin und dann ins alte Bundesgebiet. Dann haben wir uns die ersten Funktelefone angeschafft, die haben sie uns aus Bonn mitgebracht, aber die Zeit war ja sehr schnellebig, das ging ja auch nur wenige Tage, weil auf diesen Ausweg haben sich auch andere eingestellt, und das C-Netz war innerhalb von wenigen Tagen überlastet, und man bekam also auch hier keine freie Leitung mehr. Früh und abends war das möglich, aber in den normalen gängigen Bürozeiten war das Netz überlastet, das war nicht drin.

Ich rede schon gar nicht von solch exzellenten Dingen wie Fax. Also für mich persönlich, ich wußte zwar technisch, was ein Fax ist, aber ich hatte noch nie so ein Fax-Gerät gesehen, weil wir es damals in der DDR nicht hatten. Wir haben unser Telefon mit der Wählscheibe gehabt und als Nachrichtenübermittlung den normalen Fernschreiber [...]. Also das war ein riesiges Problem, diese Kommunikation auf die Beine zu stellen. Und wir haben dann, in engem Zusammenwirken mit Leuten des damaligen Fernmeldeamts hier in der ehemaligen DDR und mit Hilfe der zuständigen Stellen der Oberpostdirektion in [West-]Berlin, mit dem Fernmeldeamt II insbesondere, versucht, Leitungen zu bekommen. Die nannten sich damals Ausnahmehauptanschlüsse. Also praktisch Leitungen zu legen, mit denen wir wie vom Territorium Westberlins aus in das Bundesgebiet telefonieren konnten. Sie müssen sich vorstellen, da ist eine Leitung vom Potsdamer Platz 'rübergelegt worden bis Unter die Linden, und dort hatten wir dann also einen Apparat und mit diesem Apparat, das war der sogenannte Westapparat, konnten wir dann also überall hintelefonieren. So ging das los, einer, dann zwei, und dann waren auch alle schon stolz, daß wir eine solche Errungenschaft hatten. Ich habe mich damals wirklich persönlich unwahrscheinlich gerade hinter diese Sache geklemmt, weil ich mir gesagt habe, ohne Kommunikation sind wir hier verloren. Und dann ging das Schritt für Schritt weiter, und dann haben wir gesagt, nun haben wir eine Leitung, jetzt können wir natürlich auch Fax nutzen. Dann sind wir 'rübergefahren zu Wegert und haben uns da im Laden für 2000 Mark in der Tasche ein Fax geholt, haben den angebaut [...]. Dann mußten wir umziehen, Ende Mai kam die Idee, ‹Schaut Euch was an in Berlin!›. Frei wurde eine Etage im Haus Alexanderplatz 6. Das war das ehemalige Gebäude des Ministeriums für Elektrotechnik/Elektronik der [...] DDR. Das Haus sollte frei werden, war aber noch nicht frei. Und es war für mich damals nicht einfach, die Mitarbeiter förmlich aus ihren Büros zu drängen und zu sagen, ‹Ja nun geht mal nach Hause, die Treuhand braucht Platz, wir müssen hier einziehen›. Da gab es noch viele Mitarbeiter, die sich da so ein bißchen an ihren Plätzen festhielten. Aber wir *mußten* ja beginnen zu arbeiten. Und auch in diesem Haus, das war eine derart triste, nüchterne, fast schon abschreckende Atmosphäre, es ist ja über Jahre wenig in diesem Haus gemacht worden. Es standen einfach keine Mittel zur Verfügung, um ordentlich ausgestattete, schöne Büros zu schaffen. Da waren zwar zwei, drei Ministerbüros, die einigermaßen in Ordnung waren, aber alles andere war Blümchentapete und PVC-Belag und abgeschabte Möbel und keine funktionierenden Tischkästen. Also es war schon eine triste Atmosphäre. Wir wollten und konnten unter diesen Bedingungen nicht weiterarbeiten, deshalb sagte man, bevor wir da drüben im Alex 6 einziehen, machen wir zumindest das Notdürftige. Wir haben mit wirklich sehr sehr wenig Mitteln eine Malerfirma 'rangeholt, die uns zumindest erstmal die Blümchentapete übermalt hat, ein bißchen hell, ein bißchen schön, ein bißchen freundlich, die uns ein paar schöne Leuchten an die Decke gemacht hat, damit es hell wird. Wir haben uns damals auch die ersten elektronischen Schreibmaschinen mit Speicher gekauft, das mußte sehr schnell gehen, so daß man dort ordentlich beginnen konnte zu arbeiten. Das war ja auch die Zeit, im Juni '90, als die ersten Mitarbeiter sowohl aus den staatlichen Dienststellen, aus den Behörden als auch aus den Unternehmen der alten Bundesländer zu uns kamen, um mit ihrer Hilfe, mit ihrem Wissen der Tätigkeit der Treuhandanstalt ein neues Tempo, einen neuen Inhalt und auch mehr Sachkenntnis zu verschaffen. Man muß sich einmal vorstellen – ich will nicht schlecht über mich und über uns damals reden –, aber es kann ja gar nicht sein, daß wir, die wir über Jahre die Planwirtschaft versucht haben voranzutreiben, jetzt nun plötzlich die Marktwirtschaft organisieren konnten, das war überhaupt nicht drin. Und wir waren deshalb froh, daß in jener Zeit Experten aus den alten Ländern zu uns kamen und uns hier geholfen haben, die richtige Richtung zu gewinnen. Wir haben in diesen Tagen auch einen ganz wunderbaren Kontakt gehabt. Sie müssen sich vorstellen, wir waren ja alle noch beseelt von dem Aufschwung, der Dynamik und der Begeisterung der Öffnung der Mauer, den Wahlen und der Währungsreform und so weiter, und mit diesem Enthusiasmus und dieser sehr aufgeschlossenen Haltung gab es absolut keine Tabus. Da sind wir gemeinsam an die Arbeit gegangen, und ich muß sagen, das war eine sehr schöne Atmosphäre. [...] Wissen Sie, was mich so beeindruckt hat, die Herren sind eben nicht gekommen, um uns von oben herab zu belehren, sondern die sind völlig normal zu uns gekommen, wußten, daß sie hier eine riesige Arbeit zu leisten haben und haben stundenlang gesessen, um Möglichkeiten und Wege zu suchen, die Betriebe zu wandeln, die Betriebe zu privatisieren, Arbeitsplätze zu erhalten, die Produktion aufrechtzuerhalten. Das war schon eine gute Sache.

Nachdem wir im Alexanderplatz saßen, ging es eigentlich Schlag auf Schlag. Nachdem klar war, wie die Arbeit weiter voranzutreiben ist, also daß es darauf ankam, den *nächsten* Schritt zu gehen, nicht nur die Betriebe irgendwie zu wandeln, und die Treuhandanstalt auf Dauer aufrechtzuerhalten – das war wahrscheinlich der ursprüngliche Sinn – wurde eigentlich klar, es muß sofort der Schritt gegangen werden, die Wirtschaft auch zu privatisieren. Das ist auch meine feste Überzeugung, weil nur durch eine privat gelenkte und gesteuerte Wirtschaft die höchste Effektivität erreicht wird. Solange der Staat die Hände dazwischen hat, wird das Betriebsergebnis verfälscht. Und deshalb verstehe ich auch das Leitmotiv, das damals Rohwedder formuliert hat, er sagte, die Privatisierung ist der beste

Weg, um die Kommandowirtschaft auf die freie Wirtschaft einzustellen. Also wir müssen *schnell*, natürlich auch behutsam, privatisieren. Weil das der schnellste, billigste, manchmal allerdings auch sehr opferreiche Weg ist, um die Wirtschaft hinüberzuretten. Das war Anfang Juli. Und dann überschlugen sich die Ereignisse, wie ich sagte. Dann ging das Schritt für Schritt nach oben. Dann wurde nach den effektivsten Leitungsstrukturen in der Treuhandanstalt gesucht. Wie bauen wir das Ding auf? Wird es nach Industriebereichen aufgebaut, wird es nach funktionalen Bereichen aufgebaut? Also es gab da ein verdammtes Hin und Her, es wußte eben keiner so recht, bildet man einen Bereich Schwerindustrie oder geht man quer durch und bildet nur nach funktionellen Bereichen, also einen Bereich Finanzen, einen Bereich Privatisierung, einen Bereich Reprivatisierung oder geht man nach Industriebranchen vor, und bildet innerhalb dieser Industriebreiche funktionelle Bereiche. Wie man auch die Struktur damals diskutiert hat, ich kann das nicht beurteilen, das müßten andere sagen, die damals im Vorstand waren, die darüber entschieden haben. Aber Fakt ist, *mehr Leute wurden gebraucht.* [...] In den Monaten August, September ist die Treuhand monatlich, man kann fast sagen, immer wieder um 50–100 gewachsen. Also wenn wir im Mai/Juli noch 90 oder 110 waren, dann waren wir im Juli an die 200, im August an die 250, im September ging das auf die 300 zu, wir waren Ende 90 knapp 600 Mann. Die Räume in den anderthalb Etagen im Alex 6 waren zu wenig, ich rede schon gar nicht von den generellen Bedingungen in diesem Hause. Dr. Rohwedder fragte [mich]: ‹Sie kennen Berlin, Sie kennen die alten Regierungsstellen, wo könnte man denn in dieser Stadt Berlin hinziehen?› Also nach Westberlin wollten wir nicht, schon aus Prinzip nicht. Außerdem hat es ja hier Regierungsgebäude gegeben, die leergestanden haben.»[12]

Rohwedder entschied sich unter drei Möglichkeiten, die ihm vorgeschlagen wurden, für das Haus der Ministerien, das frühere Reichsluftfahrtministerium, das der endgültige Sitz der Treuhandanstalt werden sollte.

Ähnlich sachlich wie ihr Kollege berichtete die erste Leiterin der Haushalts- und Rechnungsabteilung. Die Mittvierzigerin hatte in der DDR die 10-klassige polytechnische Oberschule besucht, danach eine Bankkaufmannslehre gemacht, einige Zeit bei der Sparkasse gearbeitet und war dann im Ministerium für Außenhandel tätig gewesen. 1985 hatte sie zusätzlich ein Fernstudium begonnen, das sie zu Beginn des Jahres 1990 als Finanzökonomin abschloß. Am 1. April 1990 trat sie in die Treuhandanstalt ein. Anfang 1993 wurde sie interviewt:

«Ich habe hier bei der Treuhandanstalt angefangen, auf dem Gebiet des Haushalts zu arbeiten, als Alleinunterhalter. Das begann am 1. 4. 1990, da bin ich in die Treuhandanstalt eingetreten, und da gab es auf dem Gebiete des Haushalts und des Rechnungswesens noch gar nichts. Das heißt, ich mußte also loslaufen, mußte die ganzen Voraussetzungen erst einmal schaffen, bei der Bank ein Konto eröffnen, eine Betriebsnummer beschaffen, eine Steuernummer beschaffen und alles, was eben so dazugehört. Wir mußten dann ganz schnell einen Haushaltsplan aufstellen, den beim Ministerium der Finanzen einreichen, damit uns dieses Ministerium auch die entsprechenden Mittel zur Verfügung gestellt hat, damit wir überhaupt erst einmal zahlungsfähig wurden, denn es drängte ja auf der ganzen Linie. Die Treuhandanstalt hatte seit dem 15. März gearbeitet, und es gab nichts. Es gab kaum Ausstattung und ganz schlechte Technik. [...] Als dann die Möglichkeiten da waren, Technik auch auf direktem Wege zu kaufen in Westberlin, haben wir das dann auch gemacht. Wir sind losgefahren und haben die ersten Schreibmaschinen, die ersten Kopiergeräte, die ersten Rechenmaschinen und alles mögliche eingekauft, um die Treuhandanstalt erst einmal Schritt für Schritt arbeitsfähig zu machen und nicht nur die Zentrale, auch die Niederlassungen mitversorgt, weil da die Engpässe noch viel größer waren als hier in Berlin. Wir hatten hier mehr Möglichkeiten, Sachen heranzuschaffen als unsere Niederlassungen, die haben unter noch viel schlechteren Bedingungen angefangen [...].

Dann kam nach kurzer Zeit eine weitere Aufgabe auf uns zu, von der ich zunächst einmal nicht gewußt habe, daß es mal meine Aufgabe werden wird, weil sich ja auch ein anderer Finanzbereich inzwischen gegründet hatte, aber Sie wissen, in den Anfängen ging ja alles recht drunter und drüber. Auf jeden Fall hatte ich auf einmal die Aufgabe, Konten einzurichten für die Zahlungseingänge, die die Treuhandanstalt erwartet; das Reprivatisierungsgeschäft ging los, es kamen die ersten Verträge zustande, es wurden die ersten Zahlungseingänge erwartet. Nun konnten wir nicht dieses Haushaltsgeschäft mit dem operativen Geschäft der Treuhandanstalt vermischen. Nun bin ich wieder losgelaufen, habe wieder Konten eingerichtet, wir haben sie dann den Privatisierern zur Verfügung gestellt, damit die Kontonummern auch in die Verträge aufgenommen werden konnten. Dann kam es zu den ersten Überweisungen an die Treuhandanstalt [...].

Ab 1. Oktober sollten wir uns dann nach dem neuen Treuhandgesetz selbst finanzieren. Und dann kam der große Knall, dann hatte nämlich die Treuhandanstalt gar nichts mehr [...] Wir sind dann zum Alex umgezogen [...] und da standen wir dann vor dem

Nichts. So, und dann wurde es mir also doch ziemlich prekär, die ganze Lage, und ich habe dann auch sehr massiv zum Ausdruck gebracht, daß es so nicht weitergehen kann, daß wir ja nicht wie in Urzeiten manuell buchen können, das haben wir nämlich gemacht, die erste Zeit. Wir haben uns selber Kontenkarten beschafft, die nachgedruckt und immer handschriftlich alles erfaßt, was über unsere Bankkonten kam, also manuell gebucht. Also wirklich wie in Großvaters Zeiten. Ich habe dann versucht, aus meinem ehemaligen Arbeitsteam nach und nach Mitarbeiter nachzuziehen, was mir auch gelungen ist. Es war natürlich ein bißchen schwierig, man bekam zu diesem Zeitpunkt kaum Finanzbuchhalter. Wenn Sie die Zeitung aufgeschlagen haben, jedes Unternehmen suchte Finanzbuchhalter, die nach Möglichkeit auch mit dem neuen Recht vertraut waren, und das war außerordentlich schwierig. Aber ich kannte aus meinem Berufsleben doch sehr viele Leute, wo ich meinte, daß sie sich sehr schnell reinfinden werden, und das habe ich dann auch versucht, habe realisiert, was zu realisieren war und habe dann eine komplette Gehaltsbuchhaltung aufgebaut hier in der Treuhandanstalt. Und dann kam zu meinem Glück, ich möchte fast sagen, zu meiner Rettung, im Oktober 1990 [ein westdeutscher Industriemanager] in die Treuhandanstalt. [...] Und [er] hat dann mit sehr sehr viel Engagement Leute beschafft, die mich unterstützt haben beim Aufbau des Rechnungswesens. Er hat Leute eingestellt. [...] Er hat die Treuarbeit aus Hamburg hierher gebeten, die uns mit Beratern zur Verfügung stand, mehrere Jahre, ich glaube zwei Jahre. [...] Und dann ging es auch langsam los mit der Beschaffung von Technik, dann hat man inzwischen gemerkt, wie prekär die Situation ist. Und [mein Vorgesetzter] hat dies natürlich auch immer lautstark kundgetan, daß es hier nichts gibt. Wobei ich dazu sagen muß, wir haben in dieser Phase immer schön fleißig manuell weitergebucht, denn wir mußten ja das Geschäft in der Hand behalten, es durfte uns ja nun nicht entgleiten.

Es ist uns dann gelungen, wir haben eine Firma gesucht, eine Softwarefirma zunächst einmal, die uns Software für eine Finanzbuchhaltung angeboten hat. Wir sind zu Messen gefahren und haben verschiedenes angeschaut und haben dann festgestellt, daß es eigentlich keine Softwarefirma in Deutschland gab und auch im Ausland nicht, die uns richtig für die Treuhandanstalt entsprechende Software bieten konnte. [...] Wir hatten ja das Vermögen der ehemaligen DDR zu veräußern und auch aufzunehmen. Und da sind wir natürlich sehr schnell in den verschiedensten Richtungen an Milliardengrenzen gestoßen, und es gab keine Software, wo wir Milliardenbuchungen durchführen konnten. Wir haben dann eine

Firma gefunden, die uns eine PC-Software zur Verfügung stellen konnte und die uns versprochen hat, innerhalb von zwei Monaten diese Software so zu modifizieren, daß die Treuhandanstalt sie verwenden kann. Wir waren uns aber zum damaligen Zeitpunkt schon gleich darüber im klaren, daß diese PC-Lösung auf gar keinen Fall die Endlösung sein kann, weil ja das Finanzgeschäft der Treuhandanstalt absehbar sich *wesentlich* erweitern würde. Wir haben dann begonnen [...] die PCs zu beschaffen, den Server zu beschaffen. [...] Wir hatten in den ersten Anfängen immer Interimslösungen, [...] die wir dann später verworfen haben. [...] Wir waren dann im Januar '91, Ende Januar, Anfang Februar, in die Lage versetzt, erstmalig loszubuchen. Da war dann alles installiert, so vielleicht fünf oder sechs PCs, dann einen entsprechenden Server dazu, also ich muß schon sagen, es war so richtig ein bißchen abenteuerlich, was wir da gemacht haben. Wir haben unsere Leute in einigen Stunden geschult, an einem Vormittag, und dann ging es am nächsten Tag gleich heiß los und [wir] waren überglücklich, als der erste Monatsabschluß zustande kam. [...] Wir haben dann versucht, in Form von Sammelbuchungen, uns das zum Jahresende 1990 sehr zu vereinfachen und trotzdem alles schnell über die Bühne zu kriegen, denn das Jahr '91 war ja bereits angelaufen. Wir hatten aber den ganzen Riesenkomplex, der sich bereits hochgeschaukelt hatte seit 1. September 1990, was dieses Kreditgeschäft anbelangt, dieses ganze Bankgeschäft [...] Kreditaufnahmen, Kredittilgungen. Das ging immer von Bank zu Bank. Heute hat er dort bessere Konditionen bekommen, und dann wurden da wieder Kredite aufgenommen, dafür wurden die anderen abgelöst, und so ging das eben doch recht zügig drunter und drüber. Das ganze Geschäft mußte natürlich Beleg für Beleg hochgearbeitet, eine ordentliche Nachweisführung im Rechnungswesen geschaffen werden. Das war eine Riesenaufgabe, dafür habe ich damals eine ausgezeichnete Mitarbeiterin eingestellt, [...] so daß wir wirklich im April ungefähr den ersten Jahresabschluß 1990 machen konnten. Dann haben wir uns dem 91er Geschäft gewidmet, natürlich hat es inzwischen sehr zugenommen das ganze operative Geschäft. Wir haben ständig nachgerüstet, ständig neue Mitarbeiter eingestellt, wir waren zum Schluß bei über 60 PCs, mit einem riesengroßen Server. Dieses System, das uns zur Verfügung stand, das war kurz vorm Krachen im vergangenen Jahr. Wir mußten die 90er Daten löschen, wir mußten viele Dateien löschen, die uns vielleicht nochmal dienlich gewesen wären, aber das PC-System hat eben nicht mehr verkraftet. Und wir mußten dann ganz schnell, und zwar jetzt im Jahr 1992, zur Großrechnerlösung übergehen. Wir haben dann begonnen, im Januar 1992, so richtig das Übergangsgeschäft zur SAP zu betreiben. Und es ist uns gelungen – wirklich jeder in diesem Hause, der etwas Großrechnerverstand besaß und ein Gefühl für Rechnungswesen, ein Gefühl für Technik, der hat uns für verrückt erklärt, hat gesagt, ‹Das schafft Ihr nie›. Aber wir haben es wirklich geschafft, allerdings in Tag-und-Nacht-Arbeit, zum 1. 7. SAP in der Treuhandanstalt einzuführen. Was für uns natürlich eine riesige Arbeitserleichterung ist, aber trotzdem wir das System zum Laufen bekommen haben, haben wir noch, und das merken wir also jeden Monat, irgendwelchen Handlungsbedarf, Änderungen, um eben das System noch effizienter zu nutzen, wir haben da sicherlich auch für die Perspektive sehr viel zu tun, um Auswertungen zu verbessern, um dem Informationsbedarf für dieses Haus besser gerecht zu werden und ähnliches.

Parallel dazu gab es natürlich die Aufgabenstellung, die die Grundsatzabteilung geleistet hat, wie die Aufstellung der ganzen Grundsatzmaterialien, wie Kontenplan, Kostenstellenplan, Kostenträgerrechnung einführen und so weiter. Wobei wir keine klassische Kostenstellen- und Kostenträgerrechnung haben, wie es die in einem Unternehmen der privaten Wirtschaft gibt, sondern wir nutzen die Kostenstellenrechnung, um unternehmensbereichsweise Kosten aufzufriemeln, oder um auch zu sagen, der Kostenträger X ist die Treuhandnummer sowieso, und das Unternehmen hat soundsoviel Erlöse gehabt und hat uns soundsoviel inzwischen gekostet. Grundsatzmaterialien wurden von der Abteilung F R3 erarbeitet, deren Leiter hat unheimlich viel Berufserfahrung mitgebracht, und er war für meine Person eine riesige Hilfe, ansonsten hätten wir das hier alles gar nicht so durchgestanden. Und natürlich das Engagement [meines Chefs aus dem Westen]; er hat sich wirklich überall in die Bresche geschmissen, wo Not am Mann war, hat er dafür gesorgt, daß bestimmte Sachen mit der entsprechenden Priorität durchgesetzt wurden.»[13]

Voller Selbstbewußtsein schilderte hingegen der Leiter der Dokumentation, ein langjähriger Mitarbeiter der Staatlichen Plankommission der DDR, die Tätigkeit seiner Abteilung. Er war am 6. April 1990 in die Treuhandanstalt eingetreten und arbeitete mit zehn Mann daran, den Bestand an Betrieben zu dokumentieren. Er berichtet:

«Diese Treuhandanstalt und ihre fünfzehn Außenstellen, jetzt Niederlassungen, haben bis zum 30. Juni von diesen rund 8000 volkseigenen Betrieben etwa 3000 volkseigene Betriebe in etwa 3500 Kapitalgesellschaften umgewandelt, körperlich am Ort der Zentrale und in den fünfzehn Außenstellen. Und unsere erste Aufgabe als Dokumentation war, diese Umwandlungen zu dokumentieren, eine erste Statistik, eine erste Übersicht über das Mengengerüst der Unternehmen aufzubauen. Ganz einfach, was war das für ein Volkseigener Betrieb, wie heißt er als Kapitalgesellschaft [...], wo ist der Sitz, wie ist sie überhaupt zu erreichen, was ist ihr Gegenstand, ihre Branche, ganz grob, wer ist Vorstandsvorsitzender, wer ist Geschäftsführer. – Wenig genug Daten, weil uns das Mengengerüst erschlagen hat. In dieser Anstalt sind in den Mai- und Junitagen dreißig, vierzig, fünfzig und noch mehr Umwandlungen vollzogen worden pro Tag. Und in diesen ersten Wochen waren wir auch verantwortlich, die uns eingereichten Entwürfe der Umwandlungsdokumente – also Gründungsbericht, Entwurf Gesellschaftsvertrag, Bilanzen – auf Vollständigkeit und inhaltliche Richtigkeit im Groben zu überprüfen, ehe sie in die Umwandlungsteams gegeben wurden. Das haben wir am Tag sechs, sieben, acht Stunden betrieben und dann den Rest des Tages, also den Abend, dazu genutzt, die Dokumente richtig zu ordnen, bei uns einzustellen und die Statistik zu führen mit diesen wenigen Angaben. Und noch im April, Mai gab es ja die Vorstellungen, daß es gelänge bis 30. 6. 1990 entsprechend dem Gesetz alle 8000 volkseigenen Betriebe in Kapitalgesellschaften umzuwandeln. Das Treuhandgesetz vom 17. 6. verwandelte dann per Dekret den Rest, den großen Rest der volkseigenen Betriebe in Kapitalgesellschaften. Der Monat Juni war bei uns davon bestimmt, Abrechnung gemeinsam mit den Niederlassungen zu machen, was ist denn bis 30. 6. umgewandelt worden. Das hat weit in den Juli hinein gedauert, und wir haben dann Ende Juli, Anfang August ein erstes Verzeichnis vorgelegt: Kapitalgesellschaften in der Treuhand. Damals war ersichtlich, aus 3000 volkseigenen Betrieben waren 3500 Kapitalgesellschaften entstanden [...].

Herr Rohwedder als Verwaltungsratsvorsitzender und Herr Gohlke als Vorstandschef haben Mitte Juli schon die ersten Fragen zum Mengengerüst an uns gestellt, an die kleine Dokumentation. Und von diesem Tage an waren wir Mode. Diese Einschätzung, es wird sich letztlich um ein Mengengerüst zwischen neuneinhalb und zehntausend Unternehmen handeln, mit denen die Anstalt umgehen muß, konnten wir eigentlich über viele Monate aufrecht erhalten. Natürlich, wenn man eine Frage beantwortet, kommt die nächste Frage. Und Herr Rohwedder wollte natürlich wissen, ja was ist denn das für eine Struktur. Also die erste Frage, wieviel Aktiengesellschaften, wieviel GmbHs sind es denn, wie viele Konzerne und Holdings. [...] Und nun können Sie sich vorstellen, bei etwa eingeschätzten neuneinhalb oder zehntausend Betrieben, was das für Giganten sein sollten. Und dieses Bild wollte der Vorstand von uns haben. Das geht in mein Ressort. Und das Bild haben wir ihm gemacht. Und das war fertig am 13. August.»[14]

Reflektierter und grundsätzlicher betrachtete ein anderer Mitarbeiter der Dokumentation, der ebenfalls aus der Staatlichen Plankommission der DDR kam, denselben Vorgang. Er hatte sich mit Input-Output-Tabellen befaßt und gehörte 1989 zu den Wirtschaftsreformern, die Pläne für eine Dezentralisierung der volkseigenen Betriebe und ihre schrittweise Einführung in die Marktwirtschaft machten. Alles dies wurde durch die außerordentliche Beschleunigung des Verfalls der DDR und die Annäherung an die Bundesrepublik im Frühjahr 1990 über den Haufen geworfen. Gefragt, wie er zur Treuhand gekommen sei, antwortete er:

«Da nun die Wirtschaftsreform nicht mehr ging, sind wir sozusagen als unsere kleine Arbeitsgruppe plötzlich in der Treuhand gewesen, das ging eigentlich problemlos, und in der Treuhand habe ich dann hier in dieser Abteilung meine Startposition eingenommen, [...] wenngleich die auch nicht am ersten Tag funktionierte. Wir waren ja nach der Verordnung über die Umwandlung, besonders im März, konfrontiert damit, daß die Unternehmen alle herkamen. Wir saßen ganz zu Anfang noch im ehemaligen Gebäude des Ministerrats in der Klosterstraße und haben dort die ersten Dokumente ausgearbeitet für die Umwandlung. Also die Musterstatuten, Mustersatzungen für GmbH und Aktiengesellschaften, schon damals mit einem größeren Kreis von Spezialisten – Juristen, Wirtschaftsjuristen. Und dort kamen auch schon die ersten Unternehmen an mit ihren Umwandlungsunterlagen und wollten nun umgewandelt werden. [...] Und in diesem relativ kleinen Kreis wurde dann diese Umwandlung vollzogen, in einem mehr oder weniger, nicht feierlichen Akt, aber einem ernsten Vorgang, wobei dann auch gleich die Diskussion geführt wurde über die Perspektive dieser Unternehmen, was sie zu tun hätten, um marktwirtschaftlich voranzukommen, ihre Unternehmensstrategie auszuarbeiten. Wir zogen dann von der Klosterstraße Unter die Linden in das ehemalige Ministerium für Außenhandel. Und dort begann dann die Sache dramatisch zu werden. Wir waren immer noch recht wenige, aber es wurden immer mehr Unternehmen, die Unter die Linden kamen mit diesen recht umfänglichen Umwandlungsunterlagen, wobei immer zu berücksichtigen ist, daß das alles völliges Neuland war, angefangen von den Gesellschaftsverträgen über solche Umwandlungserklärungen, über den Umgang mit einem Notar. Das war ein sehr intensiver Lernprozeß, der mit großem Engagement von uns und auch von den Unternehmen betrieben wurde; sie kamen mitunter zwei-, dreimal, um fehlende Unterlagen zu bringen. Die erste war die Umwandlung des VEB Elektromaschinen in Dresden, ein Kombinat mit 10 oder 15 Töchtern. Das war dann so ein halber kleiner Transporter mit Unterlagen. Und dann war es ganz schlimm, wenn mal eine Seite ausgewechselt werden mußte, es war also ein, sowohl vom Arbeitsaufwand her als auch von dem Lernprozeß ein sehr interessanter Vorgang, und ich muß sagen, ich war daran beteiligt. Da hatten wir noch nicht so sehr den Aufbau einer Dokumentation im Auge, bloß wurde uns dann bewußt, wir müssen hier mal irgendwie Ordnung schaffen. Das Zeug stapelte sich in den Zimmern, so daß wir kaum noch Platz hatten, an unsere Tische 'ranzukommen, die Bearbeitungszeiten wurden immer länger, wir hatten auch nur zwei Notare, die diese Umwandlungen ja beurkunden mußten, später sind wir dann auf Westberliner Notare übergewechselt, die das begutachtet haben, weil einfach dieser Engpaß nicht mehr aushaltbar war. Und dann haben wir eben begonnen, diese Dokumentation aufzubauen [...].»[15]

Deutlich distanzierter äußerte sich auch eine jüngere Juristin aus Ost-Berlin zu den ursprünglichen Zielen der Reformer und der ursprünglichen Aufgabenstellung für die Treuhandanstalt. Sie hatte ihr Studium 1975 abgeschlossen und bis Anfang 1990 bei Vertragsgerichten in Berlin gearbeitet.

«Das war ein DDR-spezifisches Organ, was in etwa vergleichbar ist mit der Aufgabe der jetzigen Kammern für Handelssachen. [...] Nach der Wende, als diese Strukturen so ein bißchen zusammenbrachen oder die Zukunft, die Entwicklung ungewiß war, habe ich mich dann neu orientiert. Von Anfang an hat mich die Aufgabe der Treuhandanstalt gereizt. Ich meinte, daß das juristisch etwas Anspruchsvolles ist, etwas Interessantes, und ich meinte, – und damit habe ich zum Glück Recht behalten –, daß das auch etwas Zukunftsträchtiges sein konnte. Ich persönlich habe Ende März, Anfang April in der Treuhandanstalt begonnen zu arbeiten, von Anfang an in der Rechtsabteilung [...] Man muß die Konzeption der Treuhandanstalt, die Entstehung, die Entwicklung von Anfang an und heute erst recht, im politisch-wirtschaftlichen Umfeld sehen, auch nur so ist sie darstellbar. Ende '89, Anfang '90 [...] brach ja im Grunde die gesamte Leitungshierarchie in der DDR auf politischem Gebiet, aber auch auf wirtschaftlichem Gebiet zusammen, und das wurde auch offensichtlich, wurde in allen Kreisen offensichtlich. Bis auf die noch an der Macht befindliche SED/PDS hat sich auch keiner mehr Illusionen gemacht. Es war also die Frage: wie weiter? Es gab die Vorstellung, Reformierung der DDR, auch der DDR-Wirtschaft, mit neuen Ideen, neuen Gedanken. Es gab das andere Extrem, die Linie schnellstmögliche Entwicklung zu Gesamtdeutschland, Vertreter damals die DSU. Und es gab zwischen diesen beiden Polen – meines Erachtens bei der überwiegenden Mehrheit der Bevölkerung, auch den aus der SED inzwischen ausgeschiedenen Mitgliedern – die Linie, man wollte einen neuen, demokratischen Staat, aber einen sozialistischen Staat errichten. Also ein Abschied von der DDR hatte in der Mehrheit sich noch nicht durchgesetzt. Am 1. 3. 90 wurde von der Modrow-Regierung der Beschluß zur Bildung der Treuhandanstalt erlassen. Die Vorstellungen waren damals ein bißchen nebulös. Es ging um die Wahrung des Volkseigentums. Wahren heißt immer Schutz, Schutz vor wem eigentlich, das blieb offen. Auf jeden Fall wollte man sich seinerzeit [auch von der Modrow-Regierung] mit diesem Beschluß die Option Sozialismusentwicklung offen halten, und es sollte gesichert werden, daß die Basis ‹Volkseigentum› erst einmal unverändert blieb. Klar war – mit dem Beschluß ging ja die Verordnung zur Umwandlung der Kombinate in Betriebe einher – die sogenannte Umwandlungsverordnung, daß man die Struktur der volkseigenen Betriebe und Kombinate ändern wollte. Sie sollten in GmbH's und Aktiengesellschaften umgewandelt werden, und klar war auch, zumindest stand es im Beschluß so drin, daß die Treuhandanstalt keine wirtschaftsleitende Funktion übernehmen sollte. Also ein Schritt weg von der Kommandowirtschaft war schon angedacht. Ansonsten gab es außer dem definierten Umwandlungsauftrag nur sehr unklare Vorstellungen über eine wirtschaftspolitische Zielrichtung. Es war damals das Schlagwort, ‹mehr Markt, weniger Plan›, aber richtig Marktwirtschaft wollte man auch nicht, also nach dem Motto, ein bißchen schwanger. Was letztlich nicht ging, und was sich natürlich auch belastend auswirkte für die Arbeit. Rein formal, vom Beschluß her, von der rechtlichen Regelung her sollte die Treuhandanstalt am 1. März '90 ihre Arbeit aufnehmen. Der richtige Arbeitsbeginn, nachdem sich das räumlich sortiert hatte, nachdem die ersten Mitarbeiter da waren, war ungefähr Ende März, Anfang April. Im damaligen Außenwirtschaftsministerium Unter den Linden war der erste Sitz der Treuhandanstalt, [...] in einem repräsentativen Gebäude – aber uralten Möbeln. Die Vormieter hatten die relativ modernen Büromöbel erst einmal im Keller deponiert, vielleicht mit dem Hintergedanken, vielleicht kommen wir eines Tages wieder. Ich kann mich noch gut erinnern, ich hatte so einen alten, abgeschabten Schreibtisch, noch mit solchen Rolljalousien an der Seite, die aber nicht aufgingen. Unter diesen Arbeitsbedingungen begannen wir zu arbeiten. Das Konzept war, wie gesagt, unklar, es war auch unklar, was diese Vermögensübertragung, die ja in dem Beschluß geregelt war, auf die Treuhandanstalt, eigentlich praktisch bedeuten sollte.

Wir konzentrierten uns damals auf die Umwandlung. Da gab es eine Marschrichtung, da gab es eine Rechtsvorschrift, und das waren konkrete Aufgaben. Die Unklarheit, die auf dieser Ebene vorhanden war, war natürlich auch in den Betrieben vorhanden, die wußten genauso wenig, wo es lang gehen soll. Im übrigen waren sie dran gewöhnt, daß die Order von oben kam. So waren sie auch – das ließ sich nun nicht so schnell aus den Köpfen rausbringen – ständig bemüht, ihre Konzepte von uns absegnen zu lassen. Es war jedenfalls noch ein bißchen eigenartig, diese ganze Konzeption. Im übrigen muß man heute aus der Rückschau sagen, daß der damalige Führungsstil in der Treuhandanstalt natürlich auch geprägt war von den Menschen, die dort gearbeitet haben. Es wurde zwar stets postuliert, wir machen keine Wirtschaftsleitung mehr, wir sind kein wirtschaftsleitendes Organ mehr, wir sind kein Ableger der Plankommission, aber in praxi muß man schon sehen, daß alle Leiter der Treuhandanstalt jahrzehntelang geprägt waren von der zentralen Kommandowirtschaft, und ein solcher Arbeitsstil ist nicht so schnell ablegbar. [...] Hinzu kam, daß diese Konzeptionslosigkeit natürlich auch dazu führte, daß man gegenüber westdeutschen Beratern sehr gläubig war. Wir hatten von Anfang an von führenden Banken und von Konzernen Berater. Jedes Wort, was die sagten, jeder Vorschlag, den die machten, wurde aufgesogen wie ein Schwamm und möglichst auch gleich umgesetzt. Das war nicht immer so gut [...].

Dann kam irgendwann Ende April oder Anfang Mai, ich weiß nicht mehr so genau, die Regierungserklärung de Maizière, als die Regierung gebildet war. Ich erinnere mich, das war so wichtig für uns, wir haben am Schreibtisch gesessen und das Radio nebenbei und haben an diesem Tag nur Regierungserklärung gehört. Zunächst mal Erleichterung: Die Treuhandanstalt wird weiterexistieren; auch ein bißchen ein klareres Ziel, Entwicklung in Richtung Marktwirtschaft. Die Frage natürlich, was ist Marktwirtschaft, wie kann man sie gestalten aus der Planwirtschaft heraus, blieb zunächst offen. Wir haben dann auch erstmal die Marktwirtschaft an Formeln festgemacht. Für uns alle war klar, also Marktwirtschaft sind jedenfalls keine volkseigenen Betriebe und keine volkseigenen Kombinate, also das heißt, Umwandlung, die ja schon unser täglich Brot war, zu forcieren. Diese ganze Zielrichtung wurde mit dem ersten Staatsvertrag konkretisiert, es war dann klar, daß das ein ganz bedeutsamer Stichtag ist. Wir meinten, also es darf dann ab 1.7. keine VEBs und keine Kombinate mehr geben, wir müssen die zumindest von der äußeren Form her, von der Rechtsform her in Kapitalgesellschaften umgewandelt kriegen. Das ging nach dem Procedere der Umwandlungsverordnung nicht so schnell, immerhin 8000 Kombinate und Betriebe, mit, ich glaube, 45.000 Produktionsstätten waren es, die damals zu uns gehörten. Es wurde zwar forciert mit Zielprämien und und und gearbeitet – aber wie auch immer, es war absehbar, daß das auf diesem Wege nicht zu schaffen ist bis zum 1. Juli. Aus dieser Situation heraus wurde die Idee der Zwangsumwandlung, oder der Umwandlung kraft Gesetzes geboren [...].

Es stand bei dieser Idee schon die Grundfrage, Entflechtung oder nicht Entflechtung. Es war klar geworden, daß unsere schwerfälligen, nicht leitbaren, sortimentsmäßig auch völlig unlogisch strukturierten Unternehmen in Form von Kombinaten, mit zum Teil immensen Wasserköpfen wirtschaftlich unsinnig sind, das war bereits erkannt worden, daß die wirtschaftlich keinen Sinn machen. Es gab andererseits [...] ein ungeheuer starkes Bestreben der Betriebe und der Betriebsleiter nach wirtschaftlicher und juristischer Selbständigkeit. Die wollten weg von der alten Leitung, die wollten um jeden Preis aus dem Diktat raus, man wollte etwas Eigenes machen. Und dem hatten wir ja auch bei der Handumwandlung, sage ich mal, nach der Umwandlungsverordnung, Rechnung getragen. Wir hatten da gespalten und entflochten und gesplittet, so wie sie es wollten. Wir Juristen waren zwar immer dagegen, aber die Macht der Praxis hat alles hinweggefegt, also unsere Leute haben das gemacht. [...] Es mischten sich dann aber diverse westliche Berater wieder ein und sagten, macht keinen Fehler, zerschlagt nicht eure bestehenden Konzerne, also eure bestehenden Kombinate, international gibt es den Trend zur Konzernbildung. Diese Vorschläge fanden Gehör. Man hat leider nicht einmal versucht, einen brauchbaren Mittelweg zwischen diesen beiden Extremen zu suchen, sondern hat im Grunde die bestehende Kombinatsstruktur festgeschrieben, indem man dann die Umwandlung durch das Modell ‹Aktiengesellschaft gleich Kombinat, also Holding, und VEB gleich GmbH als dieser Holding zugeordnete Betriebe› festgeschrieben hat. Das heißt, man kann ganz bösartig sagen, im Grunde wurde in der Nacht vom 30. 6. zum 1. 7., als das Gesetz in Kraft trat, die DDR-Volkswirtschaft in ihrer bisherigen Struktur bloß umbenannt, sie wurde nicht umstrukturiert. Aber man hatte nicht gerechnet mit dem Wunsch der Betriebe nach Spaltung, nach Selbständigkeit, nach Auflösung. Der war mit dieser Gesetzesregelung nicht aufzuhalten. Und da es das Gesetz nicht vorsah, haben sie es halt eigenständig gemacht, haben sich selbständig neu organisiert.

Mit den neuen Aufgaben durch das Treuhandgesetz kam dann auch eine neue Struktur der Treuhandanstalt, eine neue Leitung. Im übrigen fiel in dieses Umfeld kurz vorher auch der erste Umzug. Wir zogen von dem Gebäude Unter den Linden in das sogenannte

Haus der Elektrotechnik am Alex. Das war unser erster, aber nicht unser letzter Umzug. Erstmals profimäßig, mit Umzugskisten und so weiter. Unsere Euphorie aber, daß wir ins Herz der Hauptstadt zogen, legte sich bald wieder, als wir die Großraumbüros dort sahen. Das waren riesige Räume über halbe Etagen, die durch ein Meter fünfzig hohe Schallschutzwände in Buchten abgeteilt waren. Die Schallschutzwände schützten vor allem möglichen, bloß nicht vor Schall. Es war ständig ein Geräuschpegel, ein undefinierbares Summen, aber auf jeden Fall ein akustisch sehr belastender Zustand in diesem Bereich. Im übrigen, waren diese Buchten nicht etwa Einzelbüros, sondern da saßen fünf bis sieben Mitarbeiter in diesen ‹Gemeinschaftsbüros›. Jeder davon mußte ständig telefonieren, Besucher wurden empfangen, man mußte miteinander reden, *also das war das blanke Chaos.*»[16])

Es ist deutlich geworden, daß jüngere, unbefangenere, nicht von einer jahrelangen Mitarbeit im Regierungsapparat der DDR geprägte Mitarbeiter auch aus dem Osten die Situation ganz ähnlich beurteilten wie die aus dem Westen. Ich würde wagen, dies zu verallgemeinern. Der Unterschied zwischen selbständig Denkenden in Ost- und Westdeutschland ist nicht so groß, wie er oft gemacht wird. Sie lebten zwar in unterschiedlichen politischen und wirtschaftlichen Systemen, behielten aber ihre eigene Urteilskraft. Deutlich wird freilich auch, unter welchen ganz konkreten Anfangsschwierigkeiten die Arbeit der Treuhandanstalt stand. Sie hatte nicht nur die große Aufgabe, staatlich Produktionskonglomerate in privatwirtschaftlich lebensfähige Unternehmen umzuwandeln, sondern mußte gleichzeitig die elementarsten Bedingungen ihrer eigenen Existenz schaffen, von der Herrichtung von Büroräumen, über die Einrichtung eines Kommunikationsnetzes bis zur Planung der eigenen Organisation und der Anwerbung geeigneter Mitarbeiter. Bei einer Bewertung ihrer Arbeit darf dies nicht übersehen werden.

Anmerkungen

1 Gesetzblatt der DDR 1990 I, 300ff. Zur Entstehungsgeschichte siehe *Wolfram Fischer/Harm Schröter*: Die Enstehung der Treuhandanstalt, in: Fischer, Wolfram/Herbert Hax/Hans Karl Schneider (Hrsg.), Treuhandanstalt. Das Unmögliche wagen. Forschungsberichte. Berlin 1993, 17–40.

2 Vgl. dazu u.a. die Beiträge verschiedener Autoren zum Teil A: «Die Wirtschaftssysteme» in den Materialien zum Bericht zur Lage der Nation im geteilten Deutschland. Bundesministerium für innerdeutsche Beziehungen 1987, 1–240.

[3] Die Interviews wurden im Auftrag der Treuhandanstalt unter Leitung von Prof. Kohli (Freie Universität Berlin) zwischen Juli 1992 und Februar 1993 von Dipl. Soz. Rost durchgeführt, der mir die Transkriptionen dankenswerter Weise zur Verfügung stellte. Ich habe sie bisher zweimal unter unterschiedlichen Gesichtspunkten ausgewertet: «Da mußt Du dabeigewesen sein ...» Die Treuhandanstalt aus der Sicht ihrer Mitarbeiter, in: Wilfried Feldenkirchen, Frauke Schönert-Röhlk und Günther Schulz (Hrsg.), Wirtschaft – Gesellschaft – Unternehmen. Festschrift für Hans Pohl zum 60. Geburtstag 2. Teilband (Vierteljahrsschrift für Sozial- und Wirtschaftsgeschichte, Beiheft Nr. 120b), Stuttgart 1995, 552–567; «Es wäre schön, wenn die Treuhand Deutschland wäre». Die Zusammenarbeit von Ost und West in der Treuhandanstalt, in: Christian Jansen, Lutz Niethammer und Bernd Weisbrod (Hrsg.), Von der Aufgabe der Freiheit. Politische Verantwortung und bürgerliche Gesellschaft im 19. und 20. Jahrhundert. Festschrift für Hans Mommsen zum 5. November 1995. Berlin 1995, 579–598. Auslassungen sind durch [...] gekennzeichnet, in der freien Rede oft vorkommende Füllworte und Floskeln wie «dann», «wohl», «naja», «im Prinzip» stillschweigend ausgelassen, kleine für das Verständnis notwendige Ergänzungen in [ ], besondere Betonungen des Interviewten kursiv gesetzt.

[4] Interview Nr. 45, Zeile 58–82.

[5] Interview Nr. 4, Zeile 10–43.

[6] Interview Nr. 5, Zeile 25–32.

[7] Interview Nr. 8, Zeile 24f.

[8] Interview Nr. 8, Zeile 42–82.

[9] Interview Nr. 11, Zeile 31–165.

[10] Interview Nr. 2, Zeile 83–829.

[11] Interview Nr. 3, Zeile 51–290.

[12] Interview Nr. 41, Zeilen 45–380.

[13] Interview Nr. 33, Zeilen 34–364

[14] Interview Nr. 1, Zeile 10–119

[15] Interview Nr. 17, Zeilen 171–306.

[16] Interview Nr. 34, Zeile 14–348.

Europäische und nationale Identität seit dem Zweiten Weltkrieg

Hartmut Kaelble

Die Nation erlebt in der Forschung der europäischen Historiker eine Renaissance.[1] Ihre Ursprünge, ihre Erfindung, ihre Symbole und Emotionen treiben die Historiker mehr als früher um. Historiker sehen dabei in der jüngeren Zeit die nationale Identität zwar immer noch als eine widersprüchliche, für zwei Weltkriege mitverantwortliche, dadurch belastete Einstellung, aber doch zunehmend auch als ein menschliches Regelverhalten, als einen Grundbestandteil der modernen sozialen Organisation an. Nationale Identität als Normalität bekommt mehr Raum in den Argumenten. Anthropologische und kulturgeschichtliche Ansätze gewinnen in der Forschung der Historiker an Gewicht. Denkmäler, Staatsbegräbnisse, Erinnerungsorte, nationale Feiertage und Sport werden in der Nationalismusforschung häufiger untersucht. Soziale Trägerschichten, innere und äußere Ausgrenzungen durch den Nationalismus, die Spannungen zwischen Nationalismus und Aufklärung, zwischen Nationalismus und Demokratie, die Brücken, die der Nationalismus zum Nationalsozialismus baute, werden weniger oft thematisiert.

Die Geschichte der europäischen Identität findet dagegen weit seltener die Aufmerksamkeit der Historiker. An ihrer Geschichte versuchen sich eher Wissenschaftler aus anderen Disziplinen: Politologen wie Herfried Münkler und Gerard Galanty, Soziologen wie Edgar Morin und Richard Münch, Philosophen wie Philippe Nemo oder Chantal Millon-Delsol, Arabisten wie Rémy Bragué oder Literaturwissenschaftler wie Paul M. Lützeler.[2] Wenn Historiker sich dafür interessieren, sind es nicht unbedingt Historiker des *mainstream,* sondern Spezialisten der außereuropäischen Geschichte oder der internationalen Beziehungen jenseits der reinen Diplomatiegeschichte, der Geschichte der Ideen oder der internationalen Sozialgeschichte. Die Ideengeschichte herrscht vor, ergänzt vor allem durch die Analyse von Umfragen, selten durch eher kulturgeschichtliche Untersuchungen von Erinnerungsorten, von Erfahrungen des Fremden, von Symbolen.[3]

Die Zusammenhänge von europäischer und nationaler Identität in der jüngsten Geschichte werden so gut wie nicht untersucht, meist nur gestreift.[4] Gleichzeitig kommt man um den Tatbestand nicht herum, daß nationale und europäische Identität im heutigen Europa ein enges Wechselverhältnis eingegangen sind, daß sie aufeinander wirken. In der jüngsten Geschichte nationale ohne europäische Identität und europäische ohne nationale Identität zu untersuchen heißt eng miteinander verwachsene Entwicklungen künstlich zu trennen. Ein entscheidender Grund dafür, daß dieser Zusammenhang bisher trotzdem kaum untersucht wurde, liegt in dem Maßstab, an dem die europäische Identität gemessen wird: Die europäische Identität wird meist als eine Art nationaler Identität auf europäischer Ebene, eine Art Replay, betrachtet und es wird erwartet, daß eine volle europäische Identität dieselben Emotionsbindungen und dieselbe Wirksamkeit in der Öffentlichkeit wie die nationale Identität besitzen müsse. Die einen hoffen, daß die europäische Identität dieselbe Bindung wie nationale Identität gewinnen wird; die anderen befürchten, daß eine bindende europäische Identität in dieselben Sackgassen und Katastrophen wie die nationale Identität vor allem während der ersten Hälfte des 20. Jahrhunderts führen könnte. Aus beiden politischen Blickrichtungen wird die heutige europäische Identität explizit oder implizit häufig an der nationalen Identität gemessen, an ihrer Gefühlsbindung, an ihrer öffentlichen Präsenz in Symbolen, in öffentlichen Diskursen, in Erinnerungsorten, in Hauptstädten, im Sport, an ihrer Prägung der geographischen Denkhorizonte der Bürger, an ihrer jüngeren demokratischen politischen Kultur. Da sie an diesem Maßstab gemessen schwach ausfällt, wird sie als politische quantité négligable, eine Kopfgeburt, je nach Blickrichtung oft auch als eine Art Enttäuschung oder aber Beruhigung angesehen. So gut wie nie wird gefragt, ob sich die europäische Identität vielleicht anders entwickelte und eine andere Natur hat als die nationale Identität. Es bleibt darüber hinaus auch oft unklar, mit welcher nationalen Identität sie verglichen wird, der des frühen 19. Jahrhunderts, des frühen 20. Jahrhunderts oder der heutigen nationalen Identität.

Aus diesem Grunde möchte ich in diesem Essay zuerst nicht auf Zusammenhänge zwischen nationaler und europäischer Identität eingehen, sondern im Gegenteil mit den grundlegenden historischen Unterschieden der Natur der beiden Identitäten beginnen. Danach werde ich den Zusammenhang beider Identitäten, die Doppelidentität, behandeln und am Ende diese Doppelidentität aus ihrer unterschiedlichen Entwicklung seit dem Zweiten Weltkrieg zu erklären versuchen. Weil die Beziehungen zwischen diesen beiden Identitäten bisher kaum verfolgt wurden, kann ich diese Entwicklung in den vergangenen rund fünfzig Jahren nur skizzieren, muß dabei oft hypothetisch bleiben.[5]

1. *Kontraste zwischen nationaler und europäischer Identität*

Europäische Identität und nationale Identität in Europa lagen und liegen weit auseinander. Sie unterscheiden sich in mehreren wesentlichen Elementen ihres Grundcharakters. Die europäische Identität kann nicht einfach als eine Wiederholung des Nationalismus in einem weiteren geographischen Raum angesehen werden. Die europäische Identität läßt sich daher auch nicht immer mit den Methoden untersuchen, die die Nationalismusforschung entwickelt hat. Sieben wesentliche historische Unterschiede zwischen nationaler und europäischer Identität lassen sich festmachen:

1. Das moderne europäische Selbstverständnis orientierte sich stärker als die Nationalismen an klar bestimmten Zielen wie Demokratisierung, innere Friedenssicherung und internationale Verantwortlichkeit, Wohlstand und soziale Sicherheit. Die europäische Identität stützt sich daneben anders als die Nationalismen kaum auf Symbole wie Denkmäler, Hymnen, Mythen, Feiertage, Straßennamen, die Hauptstadt, Sportveranstaltungen, vor allem auch nicht, wie viele Nationalismen, auf eine einheitliche Sprache. Emotionen binden an Nationen, aber viel weniger an Europa. Sicher sollte man diese Unterschiede nicht überziehen, sie bleiben aber doch markant: Auch nach dem Zweiten Weltkrieg verband sich das europäische Selbstverständnis keineswegs immer mit diesen Zielsetzungen, auch nicht immer mit der Demokratisierung. Die europäische Identität wurde jedoch weit seltener als die Nationalismen gegen Demokratien instrumentalisiert. Unabhängig davon verwendet in der jüngsten Gegenwart auch die Europäische Union Symbole; eine eigene europäische Geschichtsschreibung beginnt sich – in der Regel autonom gegenüber den europäischen Institutionen – zu entwickeln.[6] Europäische Symbole bleiben allerdings seltener als nationale Symbole.

2. Das moderne europäische Selbstverständnis entstand nicht wie viele Nationalismen aus einer militärischen Auseinandersetzung oder einer gewaltsamen Widerstandsaktion gegen eine andere Nation, wie die amerikanische Identität in den Auseinandersetzungen mit England während der amerikanischen Revolution, die deutsche Identität in den napoleonischen Kriegen, die dänische Identität in den militärischen Konflikten mit Deutschland, die italienische oder tschechische Identität im Ringen mit der Habsburger Monarchie.[7]

Die moderne europäische Identität entstand vielmehr als Lehre aus zwei innereuropäischen Kriegen. Nicht ein militärischer Sieg oder eine heroische Niederlage gegen Andere, sondern innere Kriegsverheerungen sind das Geburtsmerkmal des modernen europäischen Selbstverständnisses.

3. Dieses Selbstverständnis ist gleichzeitig weit älter und jünger als die europäischen Nationalismen. Europäische Identitäten entwikkelten sich schon in der Entstehungszeit Europas während des Mittelalters.[8] Das moderne europäische Selbstverständnis ist dagegen kein Produkt des 19. Jahrhunderts wie der Nationalismus, sondern eine Konsequenz des katastrophalen ersten Teils des 20. Jahrhunderts, nicht viel älter als ein halbes Jahrhundert. Es bezieht sich daher auch auf einen anderen historischen Kontext.

4. Das moderne europäische Selbstverständnis baute zudem nicht – wie oft das nationale Selbstverständnis gegenüber den Regionen – auf Abschwächung, Marginalisierung, Eliminierung seiner Mitgliedsländer auf. Die europäische Identität entstand nicht *statt,* sondern *neben* nationalstaatlichen Bindungen und baut oft auf ihnen auf, erhält sie, verändert sie auch. Sie ist normalerweise eine Mehrfachidentität, entstand nur in Verbindung mit anderen Identitäten. Die innere Vielfalt ist ein wesentlicher Bestandteil des europäischen Selbstverständnisses. Anders als in nationalen Identitäten, in denen die Eroberung, Annektierung, Unterwerfung, Assimilierung einzelner Regionen in der Regel Kernbestandteile der Geschichte sind und in denen die regionalen Identitäten, die regionale Sprache, die regionalen Autonomien, die regionale Bildung und die regionalen Eliten zurückgedrängt wurden, entstand die Europäische Union durch freiwilligen Zusammenschluß, durch Beitritt von Nationalstaaten, nicht selten durch Volksabstimmungen. Symbol dafür ist vor allem das eigentliche Machtzentrum der Europäischen Union, der Europäische Rat, die Versammlung der nationalen Regierungschefs. In keiner europäischen nationalstaatlichen Verfassung des 19. Jahrhunderts, auch nicht in den föderalen Verfassungen, war das föderale Organ das eigentliche politische Machtzentrum und damit vergleichbar mit dem Europäischen Rat. Es sei angemerkt, daß sich das moderne europäische Selbstverständnis auch grundsätzlich von den Vielvölkeridentitäten wie der Habsburger Monarchie, der Sowjetunion oder Jugoslawien unterscheidet. Auch diese europäischen Vielvölkerstaaten beruhten auf der Hegemonie einer Nation über andere Nationen und krankten deshalb an besondersartigen Spannungen zwischen Nationalismen und Vielvölkeridentität. Die europäische Identität entstand als explizites Gegenmodell gegen einen Extremfall eines Vielvölkerregimes, gegen den rasch gescheiterten Versuch Hit-

lers, Europa unter die militärische Herrschaft einer einzelnen Nation zu zwingen.

5. Das moderne europäische Selbstverständnis sieht sich auch viel weniger als die Nationalismen als Modell. Das Nationalbewußtsein versteht sich in der Regel als Ende der Geschichte, als ein Prinzip, nach dem sich die ganze Welt organisieren wird und mit dem die höchste Entwicklungsstufe von sozialen Gruppierungen erreicht ist. Dagegen verbindet sich mit dem europäischen Selbstverständnis seltener die Erwartung, daß sich der Rest der Welt ähnlich wie Europa organisiert.

6. Das europäische Selbstverständnis hat sich in seinen verschiedenen Arten seit dem späten 18. Jahrhundert anders entwickelt als das nationale Selbstverständnis in Europa. Man kann fünf Arten des europäischen Selbstverständnisses unterscheiden: die Überlegenheitsidentität, die auf dem Anspruch aufbaut, daß Europa in Politik, Wirtschaft und Kultur allen anderen Zivilisationen auf Dauer überlegen ist und in der weltweiten Zivilisationsentwicklung der Pionier ist; die Bedrohungsidentität, die um die Angst vor einer militärischen, wirtschaftlichen oder kulturellen Bedrohung durch andere Zivilisationen kreist und Europa in einem Abwehrkampf sieht, das Verhältnis zwischen Europa und anderen Zivilisation nach einem Freund-Feind-Schema interpretiert; die verstehende Identität, die Europa weder überlegen noch bedroht sieht, sondern von einer Andersartigkeit anderer Zivilisation ausgeht und entweder von den Vorzügen anderer Zivilisationen zu lernen oder sie besser zu verstehen versucht; die Modernisierungsidentität, die in einem weltweiten Prozeß der Modernisierung Europa als eine moderne Gesellschaft, aber nicht als die modernste Gesellschaft sieht und im Kontrast zur Überlegenheitsidentität auch ein rasches Nachziehen weniger entwickelter Gesellschaften für möglich hält; schließlich die Identität der inneren Vielfalt, die anders als die übrigen Identitäten den Blick nicht nach Außen, sondern in das Innere Europas lenkt und die innere europäische Vielfalt der Sprachen, Machtzentren, Kulturen, Institutionen, Strukturen, Entwicklungspfade als einzigartig im Vergleich zu anderen Zivilisationen ansieht, manchmal auch als Hauptmotor für die einzigartige Pionierrolle Europas in der Weltgeschichte. Die moderne europäische Identität mit ihren demokratie-, friedens- und wohlstandsorientierten Zielsetzungen verband sich vor allem mit den letzten drei Arten des europäischen Selbstverständnisses.

Diese verschiedenen Arten von europäischen Identitäten sind nicht einfach eine Wiederholung von nationalen Identitäten. Sie sind vielmehr besondersartig europäisch, und zwar schon deshalb, weil sie den Vergleich mit außereuropäischen Zivilisationen, dem Islam, den USA, Asien, Afrika ziehen, während sich die nationalen Identitäten in Europa dagegen in der Regel mit anderen *europäischen* Nationen vergleichen. Andersartig sind die europäischen Identitäten weiterhin deshalb, weil auch jede einzelne Art dieses europäischen Selbstverständnisses keine simple Wiederholung von nationalen Identitäten ist. Die europäische Überlegenheitsidentität verband sich zwar oft mit nationalen Überlegenheitsgefühlen, war aber häufig radikaler, uneingeschränkter, sicherer und naiver als nationale Überlegenheitsgefühle; die Bedrohungsidentität, die von manchen Sozialwissenschaftlern etwas vorschnell als Rückgrat jeder Identität angesehen wird und in der sich europäische und nationale Identitäten tatsächlich noch am ehesten ähneln, spielte im europäischen Selbstverständnis keine so prägende und verhängnisvolle Rolle wie in den nationalen Identitäten, drehte sich oft auch um andere, subtilere, nicht einfach militärische Arten von Bedrohung; die Identität der Andersartigkeit, die sich sicher auch unter den nationalen Identitäten findet, spielte im europäischen Selbstverständnis eine größere Rolle und bedeutete gleichzeitig einen größeren Schritt, weil sie den Europäern fremdere Zivilisationen erschloß als die oft benachbarten Nationen bei nationalen Identitäten; die europäische Identität der Andersartigkeit war jedenfalls schon im 19. Jahrhundert häufig zu finden. Die Modernisierungsidentität prägt die europäische Identität vor allem seit den 1950er Jahren ganz entscheidend, vielleicht sogar tiefgreifender als die nationalen Identitäten in Europa. Die Identität der inneren Vielfalt ist eine besondersartige europäische Identität, die in der nationalen Identität selten eine vergleichbare Rolle spielt, jedenfalls außerhalb des deutschen Sprachraums.[9]

7. Das moderne europäische Selbstverständnis bezieht sich darüber hinaus auch auf andere Institutionen als die nationalen Identitäten. Die nationalen Identitäten orientierten sich an etablierten, jahrzehnte- oder sogar jahrhundertealten Institutionen des jeweiligen Staates. Dort wo ganz neue Staaten entstanden wie etwa nach dem Zweiten Weltkrieg die alte Bundesrepublik, wurden sie in die Geschichte nationalstaatlicher Institutionen eingeordnet. Die europäische Identität konnte sich dagegen nicht auf derartige wirklich europäische Institutionen beziehen. Die Montanunion von 1950 und die EWG von 1957 boten kaum einen solchen Bezugspunkt, da sie nur kleinere, wenn auch wichtige Teile Europas organisierten. Erst seit den 1980er Jahren, nach dem Beitritt Großbritanniens und der iberischen Halbinsel, gehörte eine Mehrheit der Europäer zur EG. Erst seit dieser Zeit konnte die Europäische Union als eine Institution angesehen werden, die Europa repräsentiert. Aber auch die

Europäische Union der 1980er und 1990er Jahre besitzt weit weniger Entscheidungskompetenzen, als ein Nationalstaat sie beansprucht. Die europäische Identität hatte daher im Gegensatz zu den nationalen Identitäten während des Großteils der Nachkriegszeit immer etwas Idealistisches, Konstruiertes, Alltagsfernes, auch Technokratisches. Sie bezog sich lange nicht wie die nationale Identität auf handfeste politische Entscheidungen, Konflikte, klare Interessen, die den Alltag und das Denken der Masse der Europäer prägten. Sie war lange Zeit nicht wie die nationale Identität eine entscheidende und prägende Größe in der alltäglichen Öffentlichkeit, erschien deshalb immer abstrakter und leichtgewichtiger als die nationale Identität, freilich auch offener, formbarer, unbelasteter.

Nationale und europäische Identität unterschieden sich nicht nur. Sie wurden von Europäern auch nicht selten als unvereinbare Kontraste aufgefaßt. Es gibt eine ganze Reihe sehr unterschiedlicher Situationen, in denen nationale und europäische Identität nicht als Doppelidentitäten, sondern als Gegenidentitäten angesehen wurden. Diese Situationen sind allerdings bisher kaum untersucht. Eine solche Situation war der Übergang von der faschistischen oder nationalsozialistischen Diktatur zur Demokratie. Das nationale Selbstbild war in solchen Situationen stark durch die Verbrechen und Demokratiezerstörung der jeweiligen Diktatur bestimmt. Europa wurde dagegen mit westlicher Demokratie, Toleranz, Weltoffenheit, Wohlstand verbunden. Das Europabild in der deutschen Nachkriegszeit stand in einem solchen Kontrast zum diskreditierten deutschen Selbstbild. Das spanische Europabild in der spätfrankistischen Ära der 1960er und frühen 1970er Jahre stand in ähnlichem Gegensatz zum spanischen Selbstbild. Ganz anders der Kontrast zwischen europäischer Identität und nationaler Identität in Großbritannien und den skandinavischen Ländern, wo das nationale Parlament oder die nationale Zivilgesellschaft als Bollwerk der Demokratie, Europa häufig eher als technokratische Demokratiegefahr angesehen wurde und dadurch diese Gegenidentitäten einen ganz anderen Sinn besaßen.

2. Die heutige Doppelidentität in Europa

Trotz der starken Unterschiede zwischen nationaler und europäischer Identität verbanden viele Europäer in der jüngsten Geschichte beide Identitäten miteinander. Es entwickelte sich allmählich eine Doppelidentität: Eine Mehrzahl von Europäern in der Europäischen Union betrachtet sich in der Gegenwart als Europäer und gleichzeitig als Bürger ihres eigenen Landes. In der Gesamtheit der Union entschieden sich Mitte der 1990er Jahre knapp über die Hälfte der Unionsbürger für eine solche Doppelidentität. Nur ein starkes Drittel der Unionsbürger fühlte sich weiterhin ausschließlich an die Nation, nur ungefähr jeder Vierzehnte ausschließlich an Europa gebunden.

Allerdings war diese Doppelidentität unter den Mitgliedsländern der Europäischen Union sehr ungleich verteilt. In den skandinavischen Ländern, in Großbritannien und Österreich entschieden sich die Bürger weit seltener für die Doppelidentität als für die rein nationale Identität. Den schwächsten Rückhalt fand die Doppelidentität in Großbritannien und Schweden, wo sich nur ein Drittel der Bürger für sie, dagegen fast zweimal so viele Bürger für die rein nationale Identität entschieden. In Frankreich, Italien, den Beneluxländern, Deutschland, also in den sechs Gründungstaaten der EWG von 1957, aber auch in den iberischen Ländern und in Irland wählte dagegen eine klare Mehrheit der Bürger die Doppelidentität. In diesen Ländern fühlte sich nur jeder fünfte bis dritte Bürger allein seiner nationalen Identität verbunden.[10] Diese Doppelidentität ist kein reines Konstrukt von Umfragen. Europäer sind sich der Doppelidentität offensichtlich durchaus bewußt. In Ländern wie Frankreich, Spanien, Italien, Deutschland, in denen sich eine Mehrheit der Bürger an eine Doppelidentität gebunden fühlte, hielten die meisten Bürger die nationale und europäische Identität für komplementär. Nur eine Minderheit hielt beide Identitäten für unvereinbar. In Großbritannien dagegen wurden beide Identitäten meist eher als Gegensatz und Widerspruch angesehen.[11] Gleichzeitig entwikkelten sich auch Symbole mit einer doppelten, nationalen und europäischen, Bedeutung: Erinnerungsorte an die Weltkriege wie Verdun oder Erinnerungsgedenktage wie der 8. Mai 1945, die eine nationale und europäische Bedeutung erhielten; die Kombination von nationaler und europäischer Flagge vor öffentlichen Gebäuden; Autokennzeichen, bei denen die nationale Eigenart mit der europäischen Flagge verknüpft ist; Europabriefmarken, die das gemeinsame europäische Thema in nationalen Varianten bringen; Waren, die gleichzeitig mit einem Land und mit europäischem Konsum assoziiert werden. Diese Doppelidentität ist allerdings bisher kaum untersucht. Wir wissen wenig darüber, wann sie entstand und wie sie sich in den vergangenen Jahrzehnten und im Umbruch von 1989/90 veränderte.

Zwei Fragen werden unter Experten immerhin diskutiert. Die erste Frage dreht sich darum, welches Gewicht die europäische Identität in dieser Doppelidentität besitzt. René Girault weist zu Recht darauf hin, daß innerhalb dieser Doppelidentität die nationale Identität eine eindeutige Priorität besitzt, schon deshalb, weil die öffentlichen Diskurse und auch die öffentlichen Symbole wie Feiertage, Sozialbeiträge, Militärdienst, Währung bisher weiterhin national geblieben sind. Umfragen stützen seine Position. Die Befürworter der Doppelidentität geben, wenn sie eine Rangordnung der Identitäten aufstellen sollen, ganz überwiegend – rund fünf von sechs Anhängern der Doppelidentität – zuerst die nationale Identität und dann erst die europäische Identität als ihre Bindung an.[12] Selbst hinter ihre regionale Identität stellen die meisten Europäer die europäische Identität zurück.[13] Das bedeutet allerdings nicht, daß die Europäer dem Nationalstaat auch in den politischen Entscheidungen durchweg den Vorzug geben. In wichtigen Fragen wollen sie nicht ihren eigenen Nationalstaat, sondern die Europäische Union entscheiden lassen. Entscheidungen der Europäischen Union bevorzugten die meisten Bürger in den neunziger Jahren in der Außenpolitik, in der Verteidigung, in der Zusammenarbeit mit der Dritten Welt, im Umweltschutz, im Kampf gegen Drogen, in der Einwanderungspolitik, im Kampf gegen Arbeitslosigkeit, in der Forschung und Wissenschaft, in der Währungspolitik, nationalstaatliche Entscheidungen dagegen in der Medienpolitik, im Datenschutz, in der Gesundheitspolitik, im Arbeitsschutz, in der sozialen Sicherheit und in der Bildung.[14] Das Vertrauen in nationale und europäische Institutionen war 1995 zudem grundsätzlich recht ähnlich.[15] Selbstverständlich darf man solche Umfragen nicht überinterpretieren. Wenn es wirklich zu Kompetenzverlagerungen aus den Nationalstaaten in die Europäische Union kommt, reagieren die Bürger oft anders als bei eher unverbindlichen Umfragen. Die massiven Ängste, die die europäische Währungsunion erzeugte, sind ein Beispiel dafür. Umgekehrt befürworten die Europäer europäische Entscheidungen auch in Politikbereichen, die sie eigentlich dem Nationalstaat vorbehalten, vorausgesetzt die Entscheidungen der Union leuchten ihnen ein. Die Gleichheit von Frauen und Männern ist ein Beispiel dafür. Außer den Schweden sind Europäer in allen EU-Ländern mehrheitlich dafür, daß dieses Grundrecht weiterhin von der Europäischen Union gesichert wird.[16] Auf jeden Fall sind die Erwartungen der europäischen Bürger an die europäische Union hoch.

Es gibt daher einen paradoxen Gegensatz zwischen der begrenzten Identifizierung mit der Europäischen Union und diesen hohen Erwartungen in ihre politischen Entscheidungen. Wie sich dieses Paradox erklärt, ist noch offen. Es kann sein, daß es einfach seine Zeit braucht, bis sich die europäischen Bürger mit den europäischen Institutionen identifizieren, da sie sie erst seit kurzem in ihrem Alltagsleben spüren. Darauf wird zurückzukommen sein. Es kann aber auch sein, daß die europäischen Bürger zwar steigende Erwartungen in die Europäische Union setzten, sich aber gleichzeitig von ihr in den 1990er Jahren in zwei fundamentalen Bereichen enttäuscht fühlten: zum einen in ihren Erwartungen auf einen steigenden Wohlstand durch den europäischen Markt, der stattdessen seit den 1980er Jahren eine besonders hohe Arbeitslosigkeit aufweist; zum anderen in ihren Erwartungen im Hinblick auf die europäische Friedenssicherung, die durch die Greuel in Jugoslawien enttäuscht wurden, wobei die fehlende Kompetenz der Europäischen Union beim Bürger kaum zählte. Es mag lange Zeit dauern, bis diese Enttäuschungen kompensiert werden. Es kann aber auch sein, daß für die politische Identifizierung der europäischen Bürger in den letzten Jahrzehnten Solidaritätsinstitutionen ausschlaggebend waren, die der Nationalstaat mit seinen wohlfahrtsstaatlichen und anderen Leistungen besitzt, die europäische Union dagegen nicht oder höchstens in der begrenzten Solidarität mit der kleinen Gruppe der Landwirte. Es kann schließlich auch sein, daß die Europäische Union die Erwartungen der europäischen Bürger in vielen Kompetenzbereichen durchaus erfüllt, aber nicht genügend gezwungen ist, ihre Leistungen den europäischen Bürgern nachzuweisen und zu erklären, weil sich die Europäische Kommission anders als die nationalen Regierungen keinem Wahlkampf zu stellen hat und weil sich zudem eine europäische Öffentlichkeit bisher nur sehr begrenzt entwickelte. Es kann schließlich auch sein, daß die europäische Identität der europäischen Bürger nur in bestimmten Konstellationen wie in öffentlichen Debatten über europäische Entscheidungen oder bei persönlicher Erfahrung außereuropäischer Gesellschaften auf Reisen oder den Begegnungen mit Waren, Besuchern, Institutionen aus außereuropäischen Ländern in der eigenen Gesellschaft mobilisiert werden und diese Situationen im Alltag selten auftreten.[17] Jedenfalls bedeutet die höhere Priorität, die die Europäer der nationalen Identität geben, für sie nicht gleichzeitig auch eine höhere Priorität für Entscheidungskompetenzen des Nationalstaats.

Eine zweite Frage hat mit den Inhalten der europäischen Identität zu tun. Hinter der Diskussion von europäischer und nationaler Identität steht oft unausgesprochen die Annahme, daß die nationale Identität eher nach außen abschließend, oft vorurteilsbeladen und aggressiv gegenüber anderen Nationen, häufig provinziell ist, während die europäische Identität eher eine kosmopolitische Öffnung nach außen, Toleranz, Verständnis für andere Zivilisationen bedeutet. Ronald Inglehart hatte in den 1960er Jahren Umfragen über die europäische Identität in dieser Richtung interpretiert. Er versuchte zu zeigen, daß die Anhänger der europäischen Integration eher weltoffen, menschenrechtsorientiert, für politische Partizipation, «post-materialistisch», im übrigen auch eher jung waren und sich in all dem von den Gegnern der europäischen Integration unterschieden, die eher an Ordnung, Wohlstand, an «materialistische» Werte dachten. René Girault sah dagegen in den frühen neunziger Jahren die Gefahr einer ganz anderen europäischen Identität, einer «defensiven Solidarität», der Abschließung Europas nach außen, des Protektionismus, der Ablehnung der Immigration, dem rigiden Verharren auf dem Erreichten, also einer Annäherung der europäischen Identität an einen defensiven Nationalismus.[18] Die Debatten über die «Festung Europa» und über den Orientalismus sehen ähnliche Gefahren. Wie stark die Weltoffenheit oder die Abschließung die Entwicklung der europäischen Identität in den letzten Jahrzehnten bestimmten, ist ebenfalls dringend genauer zu untersuchen.

3. Die Annäherung der europäischen und der nationalen Identität seit dem Ende des Zweiten Weltkriegs

Diese Doppelidentität entstand aus einer Annäherung. Das europäische Selbstverständnis und die nationalen Identitäten in Europa veränderten sich seit dem Zweiten Weltkrieg tiefgreifend, beide in verschiedener Weise. Am Ende kamen sie sich aus unterschiedlichen Richtungen und auf verschiedenen Wegen näher, ließen sich leichter in einer Doppelidentität verbinden, wenn auch mit den genannten großen Variationen zwischen den einzelnen europäischen Ländern. Diese Annäherung von nationaler und europäischer Identität beruhte auf Veränderungen der europäischen und der nationalen Identität, also auf historischen Umständen, die nicht von Dauer sein müssen.

Zuerst zu den Veränderungen des europäischen Selbstverständnisses seit 1945, das nur in groben Linien ohne die vielfältigen Differenzierungen zwischen den einzelnen Ländern und zwischen den unterschiedlichen Arten des europäischen Selbstverständnisses nachgezeichnet werden kann. Jede der Veränderungen des europäischen Selbstverständnisses war für den Zusammenhang zwischen europäischer und nationaler Identität wichtig. Vier Veränderungen erscheinen besonders bedeutsam.

Eine erste Veränderung der europäischen Identität, die in den europäischen Ländern allerdings ganz unterschiedlich intensiv war, war der Rückgang des Europaenthusiasmus der Nachkriegszeit, der breiten europäischen Bewegungen, der Vorstellung von einem idealen, fortschrittlichen, aufgeklärten, demokratischen Europa als Kontrast zur düsteren damaligen europäischen Wirklichkeit. Die europäischen Bewegungen mobilisierten in der Nachkriegszeit Zehntausende von Europäern. Zahlreiche Schriftsteller und Intellektuelle verfaßten Manifeste zur europäischen Einheit. Dieser Europaenthusiasmus hielt sich allerdings in den meisten Ländern nur einige Jahre. Europa, die Entwicklung der europäischen Zivilisation, die europäischen Einheitspläne wurden danach in der breiten Öffentlichkeit immer weniger diskutiert. Die Europabewegungen schwächten sich ab. Die europäischen Entscheidungen wurden in recht geschlossenen Zirkeln von Politikern und Spitzenbeamten gefällt, zu denen manchmal auch einzelne Unternehmer, Gewerkschafter, Intellektuelle gehörten. Dieser Rückgang des Europaenthusiasmus fand überwiegend in den fünfziger Jahren statt, nur in wenigen Ländern später, so etwa in Spanien erst nach dem Zusammenbruch des Franko-Regimes und nach dem Beitritt zur EG.[19]

Der Rückgang des Europaenthusiasmus hatte verschiedene Gründe. Zu ihnen gehörte der kalte Krieg, der die Welt und vor allem auch Europa rigide in liberalen Westen und kommunistischen Osten teilte und damit Pläne oder Vorstellungen eines einheitlichen Europas nur noch als ferne Zukunftsutopie erscheinen ließ. Zu diesen Gründen gehörten auch die ersten Ansätze zur europäischen Integration, die in der EWG mit der Schaffung eines Wirtschaftsmarkts aus sechs Ländern in der Hoffnung begann, daß sich daraus eine politische Union entwickeln würde. Diese EWG war vielen Intellektuellen zu enttäuschend eng, zu materiell, zu kulturfern und lohnte in ihren Augen ein öffentliches Engagement nicht mehr. Zu den Gründen für den Rückgang des Europaenthusiasmus gehörte aber auch die Rückkehr des Vertrauens in den Nationalstaat, die in den einzelnen europäischen Ländern und in den verschiedenen politischen Milieus in unterschiedlicher Weise erfolgte, teils über die Stabilisierung der europäischen Demokratien, teils über den Aufschwung des Wohlfahrtstaates, teils über den wirtschaftlichen Wiederaufbau und die wirtschaftliche Modernisierung durch den Nationalstaat, teils über eine – allerdings rasch gescheiterte – Wiederbelebung der Kolonialreiche, teils über eine Rückkehr zu nationalen Symbolen und zu öffentlichen Formen des nationalen Glanzes. Der Rückgang des Europaenthusiasmus bedeutete daher auch eine Abmilderung scharfer antagonistischer Spannungen zwischen europäischer Identität und nationaler Identität, zwischen einem Europabild, das wirtschaftlichen und politischen Fortschritt, Demokratie, Wohlstand, internationale Friedenssicherung verkörperte und einem nationalen Selbstbild der Demokratiezerstörung, des wirtschaftlichen Desasters, der militärischen Niederlage. In Deutschland, Italien, Spanien, Portugal waren diese Spannungen zwischen europäischer und nationaler Identität scharf und dauerhaft, milderten sich aber allmählich ab.

Eine zweite Veränderung des europäischen Selbstverständnisses erleichterte ebenfalls die europäische und nationale Doppelidentität: In einem langsamen Prozeß während der 1960er und 1970er Jahre veränderte die öffentliche Debatte über Europa ihren Grundcharakter in zwei Richtungen. Europa verlor auf der einen Seite sein Krisenimage, das sein öffentliches Bild seit dem Ersten Weltkrieg in hohem Maße geprägt hatte. Europa war entweder als eine Zivilisation in der Krise oder als eine alternative Utopie gesehen worden, über die nur in Krisenzeiten gesprochen wurde. Seit den 1960er und 1970er Jahren wurde dagegen über Europa auch außerhalb von Krisenzeiten diskutiert. Gleichzeitig veränderte sich das europäische Selbstverständnis in einem anderen grundlegenden Sinn: Europa wurde von den Europäern nicht mehr als die fortgeschrittenste, allen anderen überlegene, führende Zivilisation, und außereuropäische Gesellschaften wurden nicht mehr grundsätzlich und durchweg als unterlegen angesehen. Zweifel an der europäischen Suprematie entstanden zwar schon seit dem Ersten Weltkrieg. Aber erst der endgültige Zusammenbruch der großen Kolonialreiche in den drei Jahrzehnten nach dem Zweiten Weltkrieg, von der Unabhängigkeit Indiens bis zum Zusammenbruch des portugiesischen Kolonialreichs in der «Nelkenrevolution», trieb dem europäischen Selbstverständnis diese Überlegenheitsgefühle endgültig aus. Mit diesen beiden Entwicklungen näherte sich das europäische Selbstverständnis ebenfalls den europäischen nationalen Identitäten an bzw. wandelte sich in den Ländern mit Kolonien ähnlich wie die nationalen Identitäten.[20]

Einen dritten grundlegenden Wandlungsprozeß des europäischen Selbstverständnisses, der ebenfalls scharfe Kontraste zwischen europäischen und nationalen Identitäten abmilderte, bildete die allmählich wachsende Politiknähe des europäischen Selbstverständnisses seit den 1960er Jahren. Die lebhafte Debatte, die Europäer im 19. Jahrhundert und im Großteil des 20. Jahrhunderts über die europäische Zivilisation, Kultur, Gesellschaft, Wirtschaft geführt hatten, war auf großer Distanz zu politischen Entscheidungen abgelaufen. Auf europäischer Ebene hatte es kein politisches Machtzentrum gegeben, mit dessen Entscheidungen sich diese Debatte über Europa hätte befassen können, und die Entscheidungen der nationalen Regierungen waren meist zu sehr unter engeren nationalen Prämissen gefallen, als daß man von wirklich europäischen Entscheidungen von europäischer Tragweite hätte sprechen können. Die Debatte über Europa war deshalb politikfern, nicht unpolitisch, aber eben doch auf großer Distanz zu politischen Entscheidungen geblieben, nicht selten eine bewußte kulturelle Kompensation für ein fehlendes politisches Entscheidungszentrum Die Debatte über die politische Einheit Europas war gleichzeitig lange Zeit eine Debatte am Rande der damaligen Öffentlichkeit gewesen, wurde nur in den zwanziger Jahren vorübergehend während der Ära Briand und Stresemann von den inneren Zirkeln der Macht aufgenommen, blieb aber meist noch dem Konzept des Gleichgewichts zwischen souveränen Staaten verhaftet.[21] Mit der allmählichen Entstehung eines europäischen Machtzentrums in Brüssel wurden die Debatten über Europa auch politiknäher.

Eng verbunden mit diesem Wandel füllte sich das europäische Selbstverständnis auch mit spezifischen politischen Zielen. Schon in der Zwischenkriegszeit und der unmittelbaren Nachkriegszeit entwickelten Europäer zwar in bestimmten Situation Hinweise auf ein ausgeprägtes europäisches Selbstverständnis. So schrieb 1947 – um nur ein Beispiel zu nennen – Simone de Beauvoir bei einem USA-Besuch: «Das Wort ‹Europäer›, das ich nie in Frankreich gebrauchte, hier kommt es mir über die Lippen. Beendete ich eine Diskussion mit Amerikanern, dann schienen mir Italiener, Spanier, Franzosen, deutsche Juden alle die Kinder eines Vaterlands zu sein, das auch das meine ist: Sie alle hatten den Sinn für die gleichen Werte, für das Wechselspiel aus Frage und Diskussion.»[22] Welche einzelnen Werte hinter diesem europäischen Selbstgefühl standen, blieb freilich in der Regel unklar. Erst in den Jahrzehnten danach füllte sich dieses europäische Selbstgefühl, beginnend in den 1950er Jahren, allmählich mit klareren politischen Inhalten, zu denen innereuropäische Friedenssicherung, Sicherung der Menschenrechte und der Demokratie, wirtschaftlicher Wohlstand, oft auch soziale Sicherung gehörten. Auch mit dieser politischen Präzisierung näherte sich das europäische Selbstverständnis den nationalen Identitäten in Europa an, die sich nach dem Zweiten Weltkrieg ebenfalls immer mehr mit solchen Zielen verbanden, sich darin zwar nicht völlig anglichen, aber doch in einigen Grundpositionen näherten.

Eine weitere und letzte tiefgreifende Veränderung, die europäisches Selbstverständnis und nationale Identität annäherten, war schließlich die massive Mobilisierung der öffentlichen Meinung über europäische Entscheidungen und das Eindringen der europäischen Themen in den Alltag seit der zweiten Hälfte der 1980er Jahre. Die öffentliche Debatte über Europa belebte sich ganz unverkennbar. Während die 1960er und 1970er Jahre eher eine Zeit des Schweigens über Europa in der allgemeinen Öffentlichkeit waren und sich nur Spezialisten für dieses Thema erwärmten, begannen nun Intellektuelle intensiv über die europäische Zivilisation, über die europäischen Institutionen, über «Eurosklerose», über das europäische Modell zu diskutieren. Ein wichtiger Grund dafür war, daß die Europäische Union nun die meisten westeuropäischen Länder umfaßte, seit 1989/90 auch mittelost- und osteuropäische Länder aufnehmen will und daher wirklich Europa zu repräsentieren beginnt. Gleichzeitig spürten auch die Bürger deutlicher, daß die Europäische Union etwas für ihren Alltag bedeutet. Die immer stärkere Durchsetzung vielsprachiger Warenauszeichnung, die Beseitigung der Personenkontrollen an den Grenzen und der Zollkontrollen im Warenverkehr, die zunehmende Bedeutung der Entscheidungen des Europäischen Gerichtshofs, die rasche Verbreitung der europäischen Fahne nicht nur an offiziellen Gebäuden, sondern auch in der Werbung, die neue Unterscheidung zwischen den Mitbewohnern aus anderen Ländern der Europäischen Union, die aus dem Lichtkegel der öffentlichen Aufmerksamkeit verschwanden, und den außereuropäischen Immigranten, die Planung der europäischen Währung, auch das allererste Auftreten von europäischen Medien, Radios, Fernsehstationen und Zeitungen ließen die Europäische Union nicht nur als eine schemenhafte, ferne Bürokratie, sondern mehr und mehr als eine alltagsnahe Institution erscheinen. Dieses langsame Eindringen der Europäischen Union in den Alltag der Bürger war zum Teil eine zielgerichtete Veränderung durch die Brüsseler Politik. Der negative oder knappe Ausgang der Referenden in Dänemark und Frankreich, die Widerstände gegen den Binnenmarkt und den Vertrag von Maastricht machten deutlich, daß die Entscheidungen über die Weiterentwicklung der Europäischen Union nicht mehr wie zuvor in kleinen Zirkeln von Politikern, hohen Beamten und Experten gefällt wurden, sondern die Bürger über Wahlkämpfe und Volksabstimmungen mehr Einfluß gewannen. Die stärkere Bindung der Bürger an die Europäische Union wurde zu einem neuen politischen Ziel. Die Brüsseler Politik versuchte deshalb, Symbole zu entwickeln. Die europäische Fahne wurde in diesem Sinn ein Erfolg, die europäische Hymne und die europäischen Bauten in der Hauptstadt Brüssel dagegen nicht. Die Europäische Kommission versuchte weiterhin, ein eigenes Profil in neuen Themen wie etwa der Umwelt, der Gleichheitsrechte für Frauen zu gewinnen, wiederum zum Teil mit Erfolg. Die Kommission versuchte schließlich auch, die Europäische Union als soziale Union zu konstituieren, soziale Grundrechte in die europäischen Verträge aufzunehmen, ein Programm zur Bekämpfung der Arbeitslosigkeit zu entwickeln, ein Programm für den Studentenaustausch aufzubauen. Auch die Entstehung einer europäischen Währung bat nicht nur wirtschaftliche Hintergründe, sondern ist auch als ein Symbol im Alltag der Europäer gedacht. Man kann allerdings diese größere Bedeutung der Europäischen Union für den Alltag der Europäer nicht nur aus diesen Absichten der Brüsseler Politik erklären. Sie wurde auch von der europäischen Zivilgesellschaft und vielen europäischen Bürgern gewollt und vorangetrieben. Auf jeden Fall brachte auch sie die europäische Identität den nationalen Identitäten näher.

Nicht nur die europäische Identität wandelte sich dem Ende des Zweiten Weltkriegs. Auch die nationalen Identitäten veränderten sich in Europa. Obwohl dabei die Unterschiede zwischen den einzelnen Nationen groß sind, soll doch versucht werden, grobe Tendenzen des Wandels der nationalen Identitäten in Europa nachzuzeichnen. Fünf Veränderungen erscheinen besonders wichtig und erklären mit, warum eine europäische Doppelidentität in den 1980er und 1990er Jahren entstand und sich frühere scharfe Widersprüche zwischen nationaler und europäischer Identität abgemildert haben.

Erstens waren die nationalen Identitäten durch die nationalstaatlichen und nationalen Konflikte des frühen zwanzigsten Jahrhunderts, vor allem durch den Zweiten Weltkrieg, auf lange Zeit diskreditiert. Im einzelnen gab es dabei große Unterschiede zwischen den Ländern. In Deutschland war die nationale Identität durch den rassischen Nationalismus des NS-Regimes und seine Verbrechen schwer belastet, in Italien und in Ungarn durch die Beteiligung am Zweiten Weltkrieg und durch die Koalition mit NS-Deutschland, in Spanien und Portugal durch die Diktaturen. Auch in den vom NS-Deutschland besetzten west- und osteuropäischen Ländern wurde nationale Identität diskreditiert, weil der Nationalstaat in der militärischen Auseinandersetzung mit NS-Deutschland offensichtlich allein nicht in der Lage war, seine Selbstständigkeit zu erhalten. Nur in wenigen europäischen Ländern, vor allem in Großbritannien, dem einzigen europäischen Land, das vom NS- Regime militärisch bekämpft wurde, ohne von ihm besetzt zu werden, überstand die nationale Identität den Zweiten Weltkrieg unbelastet, sogar gestärkt.

Die Diskreditierung der nationalen Identität war allerdings nicht von Dauer. In der Form des Wohlfahrts- und Leistungsstaats in Westeuropa und in der Form der Planwirtschaft in Osteuropa erlebte der Nationalstaat einen starken und unerwarteten Kompetenzzuwachs. Nationale Identitäten stabilisierten sich in Europa auch in der Form von wohlfahrtsstaatlichen Solidargemeinschaften. Trotzdem blieb nach den europäischen Erfahrungen der katastrophalen ersten Jahrhunderthälfte in einer Reihe europäischer Länder ein politisches Mißtrauen gegen den antagonistischen Nationalismus erhalten, der in den Beziehungen zu anderen Ländern und zu Minoritäten im eigenen Land in Freund-Feind-Schemata dachte und immer eine Bedrohung des innereuropäischen Friedens sein konnte. Diese sich selbst mißtrauende nationale Identität verband sich leichter als der klassische Nationalismus mit supranationalen europäischen Institutionen.

Ein zweiter fundamentaler Wandel der nationalen Identität traf nicht alle Europäer, aber doch einen beträchtlichen Teil der Westeuropäer: Der Zusammenbruch der Kolonialreiche in den dreißig Jahren nach dem Zweiten Weltkrieg bedeutete für eine ganze Reihe von Ländern, für Großbritannien, Frankreich, Spanien, Portugal, die Niederlande, Belgien nicht nur eine oft schwere innere politische Erschütterung. Die nationale Identität dieser Länder orientierte sich auch geographisch um, konzentrierte sich auf Europa, schloß nicht mehr die Kolonien und die von Europäern bewohnten Überseeterritorien ein. Die mentale Geographie europäisierte sich. Auch damit wurden die Voraussetzungen für eine Verbindung von nationaler und europäischer Identität günstiger. In Deutschland, das 1945 längst keine Kolonien mehr besaß, lief ein paralleler Prozeß in den Beziehungen zu Osteuropa ab. Der Zusammenbruch des NS-Regimes und der Aufbau des Sowjetimperiums schnitten Deutschland von seiner früheren hegemonialen osteuropäischen Einflußzone ab, die zwar nur in kleineren Teilen eine formale Vorherrschaft, aber doch von deutscher Seite oft als eine informelle Suprematie angesehen wurde. Mit den Verbrechen der NS-Besatzung war diese deutsche Vorherrschaft, die schon in der Folge des Ersten Weltkriegs eingeschränkt war, auf Dauer diskreditiert. Nach dem Zusammenbruch des Sowjetimperiums knüpfte daher die deutsche Politik nicht an diese Suprematietraditionen an, sondern orientierte sich trotz des starken wirtschaftlichen deutschen Einflusses an einem partnerschaftlichen Verständnis der europäischen Beziehungen. Auch diese neue Haltung gegenüber den osteuropäischen Ländern war eine entscheidende Voraussetzung für die europäische Doppelidentität.[23]

Ein dritter fundamentaler Wandel war die Veränderung der nationalen Identitäten durch Abschwächung des klassischen souveränen Nationalstaates und die Entstehung des manchmal als weich bezeichneten, heutigen europäischen Nationalstaats. Mehrere längerfristige Veränderungen des Nationalstaats nach dem Zweiten Weltkrieg sind damit gemeint. Eine erste Veränderung betraf die internationalen Beziehungen. Die klassische Autonomie der nationalstaatlichen Außen- und Verteidigungspolitik wurde durch ein neues Konzept ersetzt, das nicht mehr auf dem Prinzip der Balance zwischen völlig souveränen europäischen Mächten beruhte, das seit dem Wiener Kongreß von 1815 als Kontrast zum Napoleonischen Europa dominiert hatte, sondern vielmehr auf der Idee der Friedenssicherung durch wechselseitige Kontrolle der Nationalstaaten über supranationale Institutionen und damit auf einem Verzicht von nationalstaatlicher Souveränität. Dieses Konzept war zuerst bestimmend für die Montanunion, die nach der Idee des Schuman-Plans eine Friedenssicherung durch eine wechselseitige Kontrolle der militärisch wichtigsten Industrien bedeutete. Es prägte ebenso die EWG. Dieses Konzept stand auch hinter der NATO, in der allerdings die wechselseitige Kontrolle durch die Supremastie der USA und die begrenzte Kontrolle der USA durch die Europäer eingeschränkt war. Eine zweite Veränderung drehte sich um die internationalen Wirtschaftsbeziehungen. Unter bewußtem Bruch mit der Zwischenkriegszeit entstand ein neues Konzept, das auf eine Liberalisierung des Welthandels, auf einen Abbau der Zoll- und anderer nichttarifärer Handelsschranken zielte und damit ebenfalls die Autonomie und Souveränität der nationalstaatlichen Außenwirtschaftspolitik einschränkte. In der Liberalisierung des Welthandels wurde ein neues Instrument zur Schaffung von allgemeinem Wohlstand gesehen. Am weitestgehenden verwirklicht wurde dieses Konzept in der europäischen Integration, wiederum zuerst in der Montanunion und später in der EWG, in der Zölle völlig abgeschafft und gleichzeitig die Entscheidungen über die Außenzölle von den Nationalstaaten auf die supranationalen europäischen Institutionen übertragen wurden. In milderer Form – ohne formelle Abgabe von Souveränitätsrechten – wurde dieses Konzept in den weltweiten Zollreduzierungsprogrammen des GATT vor allem von der amerikanischen Regierung durchgesetzt. Dieses Konzept war Teil der *Pax Americana,* der Verbindung von Liberalisierung der Weltwirtschaft, der Schaffung weltweiten Wohlstands und der weltweiten Stabilisierung der Demokratie. Diese *Pax Americana* beruhte nicht auf juristischen Souveränitätsverzichten, stellte aber doch eine moralische Einschränkung der außenwirtschaftlichen Autonomie der Nationalstaaten dar.

Eine Abkehr vom klassischen Nationalstaat bedeutete aber auch drittens der Übergang vom reinen Ordnungsstaat, der Regeln des Zusammenlebens der Bürger sicherte, zum Leistungsstaat, der massiv in die Wirtschaft und Gesellschaft intervenierte, materielle Leistungen in vieler Hinsicht anbot, massiv umverteilte und dabei gleichzeitig viel stärker auf Mitentscheidungen von Verbänden und Nichtregierungsorganisationen angewiesen war. Dieser Prozeß begann schon vor dem Zweiten Weltkrieg. Die wichtigsten neuen Bereiche nach dem Zweiten Weltkrieg waren der moderne Wohlfahrtstaat und die wirtschaftliche Modernisierungspolitik der europäischen, west- wie osteuropäischen Staaten. Dieser Übergang bedeutete nicht nur mehr staatliche Intervention, sondern zumindest in Westeuropa auch eine Abschwächung der staatlichen Entscheidungsautonomie gegenüber nichtstaatlichen Organisationen. Insgesamt wäre es auch für Westeuropa ein grundlegendes Mißverständnis, diese Abkehr vom klassischen Nationalstaat als eine Einschränkung oder Schwächung zu sehen. Das Schlagwort vom «weichen» Nationalstaat kann in die Irre führen. Der europäische Nationalstaat gewann in der Entwicklung der Wohlfahrts- und Modernisierungspolitik erheblich an Kompetenzen hinzu, auch wenn er dafür Abstriche an seinem Entscheidungsmonopol, wenn dies je bestand, akzeptieren mußte. In der Außen-, Verteidigungs- und Außenwirtschaftspolitik verlor er zwar Souveränitätsrechte, aber die europäischen Regierungen gewannen gleichzeitig über die neuen supranationalen Institutionen erheblich an Einfluß. Die Bürger folgten in ihren Vorstellungen von der Aufteilung von europäischen und nationalen Entscheidungskompetenzen diesem Wandel. Auch dieser grundlegende Wandel des Nationalstaats erleichterte die Verbindung von nationaler und europäischer Identität.[24]

Ein vierter Wandel mag mit der Entstehung dieses «weichen» zusammenhängen: Die Einstellung der Europäer zu anderen europäischen Nationen begannen sich ebenfalls zu wandeln. Die meisten Europäer sahen ihre eigene Nation immer weniger in einem erbarmungslosen Kampf mit anderen Nationen um Territorien und Grenzen, um internationalen kulturellen Einfluß, um Weltmachtstellung, sondern eher in einer interessengebundenen Zusammenarbeit, in der es um Konkurrenz, aber auch um Kompromisse und gemeinsame Projekte ging. Das Vertrauen in andere Nationen nahm zu. Diese Einstellung breitete sich sicher nicht überall in Europa aus, sie ließ sich in den 1970er und 1980er Jahren in Griechenland überhaupt nicht und in Italien nur begrenzt finden. Die Europäer, die das Vertrauen besaßen, schlossen in dieses auch nicht alle Länder ein, jedenfalls nicht die UdSSR oder China, in den 1970er und 1980er Jahren nicht einmal die südeuropäischen Länder.[25] Aber das grundsätzliche Selbstverständnis als Nation und die grundsätzliche Einstellung zu anderen Nationen hatte sich gewandelt und erleichterte ebenfalls die Verbindung von europäischer und nationaler Identität.

Ein fünfter Wandel der nationalen Identität hat mit dem Prozeß der Individualisierung zu tun, der seit den 1970er Jahren besonders die westeuropäischen Gesellschaften prägte und der eine Lockerung der Bindungen und Loyalitäten an große Organisationen verschiedener Art, an Kirchen, an Gewerkschaften, an Berufsorganisationen, aber eben auch an den Nationalstaat einschloß und dagegen kleinräumige Loyalitäten gegenüber der Familie, dem Freundeskreis, dem Wohnort erheblich verstärkte. Dieser Prozeß fand nicht in allen europäischen Ländern in gleicher Weise statt, lockerte auch nicht überall die Bindungen an die Nation. Umfragen zeigen, daß sich die Identifizierung mit der Nation zwischen den 1970er Jahren und den frühen 1990er Jahren vor allem in Westdeutschland, Italien, Frankreich, Belgien, den Niederlanden, Portugal abschwächte und 1990 in osteuropäischen Ländern wie Tschechien, Bulgarien, Estland niedrig war, dagegen sich in den skandinavischen Ländern, in Großbritannien, in Spanien, in Österreich, in Irland, in Griechenland kaum veränderte bzw. stärker blieb und auch in manchen osteuropäischen Ländern wie Polen, Ungarn, Litauen, Lettland nach 1990 hoch war.[26] Dieser Prozeß der Individualisierung, der unter Sozialwissenschaftlern umstritten ist und unterschiedlich interpretiert wird, scheint jedenfalls den absoluten Loyalitätsanspruch der Nation in einer ganzen Reihe von Ländern gemildert zu haben und erleichterte dadurch ebenfalls die Verbindung von nationaler und europäischer Identität.

Diese vielfältige Annäherung der europäischen und nationalen Identität war insgesamt keine Angleichung. Unterschiede verschwanden nicht. Vor allem muß diese Nähe nicht auf Dauer bestehen bleiben. Drei Entwicklungen können diese Doppelidentität wieder auseinandertreiben. Bedroht werden kann die Doppelidentität erstens durch eine europäische Identität, die ihre inhaltlichen Ziele der Demokratiestabilisierung, der innereuropäischen Friedenssicherung, des Wohlstands und der sozialen Sicherung der Bürger wieder aufgibt und zu einem bloß emotionalen Gemeinschaftsgefühl oder einer reinen Bedrohungsidentität verfällt, die sich nur aus äußeren Gefahren, nicht mehr aus eigenen Inhalten heraus definiert. Auch zwischen einer solchen ziellosen europäischen Identität und nationalen Identitäten, die weiterhin an den genannten Zielen orientiert sind, würden zunehmende Widersprüche und Spannungen entstehen. Die Verbindung zwischen nationaler und europäischer Identität würde dadurch auch zunehmend gefährdet. Eine zweite Bedrohung der Doppelidentität wäre eine europäische Identität, die in die Zeiten der innereuropäischen Hegemonie einer Nation über die anderen europäischen Nationen zurückfällt und eine Hierarchie zwischen Führungsnationen und geführten Nationen aufstellt. Die Identitäten der Nationen, die einer solchen Hegemonie unterworfen wären, würden sehr bald in Spannung und Konflikt zu einer derartigen hegemonialen europäischen Identität geraten. Die Doppelidentität würde in einigen Ländern auseinanderfallen, in anderen Ländern zu einer hegemonialen Ideologie degenerieren. Eine dritte Bedrohung der Doppelidentität wäre eine Wiederzunahme des Denkens in nationalen Antagonismen und ein Rückfall in die früheren Vorstellungen von gnadenlosen und naturgegebenen Konflikten zwischen den europäischen Nationen. Die europäische Identität würde dadurch mehr und mehr inhaltsleer oder auf politisch belanglose Randphänomene verdrängt. Europäische und nationale Identität würden unvereinbar werden. Diese drei Bedrohungen der Doppelidentität sind aber derzeit nicht akut. In der nahen Zukunft erscheint deshalb eine Auflösung der Doppelidentität nicht wahrscheinlich. Es ist im Gegenteil nicht ausgeschlossen, daß sie auch im Norden Europas, in Großbritannien und auch in Österreich langsam breitere Unterstützung in der Bevölkerung bekommt.

Anmerkungen

[1] *Heinrich A. Winkler,* 1989/90: Die unverhoffte Einheit, in: ders./Carola Stern (Hrsg.), Wendepunkte deutscher Geschichte 1848–1990. Frankfurt/M. 1994, 193–226; ders., Rebuilding of a Nation: The Germans Before and After Unification, in: ders./u.a.(Hrsg.), In Search of Germany. New Brunswick/ London 1996, 59–78; *ders./Hartmut Kaelble* (Hrsg.), Nationalismus – Nationalitäten – Supranationalität. Stuttgart 1993; *Hagen Schulze,* Staat und Nation in der europäischen Geschichte, München 1994; *Etienne François/Hannes Siegrist/ Jakob Vogel* (Hrsg.), Nation und Emotion: Deutschland und Frankreich im Vergleich, 19. und 20. Jahrhundert. (Kritische Studien zur Geschichtswissenschaft, Bd. 110) Göttingen 1995; *Wolfgang Hardtwig,* Nationalismus und Bürgerkultur in Deutschland 1500–1914: Ausgewählte Aufsätze. Göttingen 1994; *Herfried Münkler*, Nationenbildung, Die Nationalisierung Europas im Diskurs humanistischer Intellektueller. Berlin 1997; *Jürgen Kocka*, Vereinigungskrise: zur Geschichte der Gegenwart. Göttingen 1995; *Benedict Anderson*, Die Erfindung der Nation: zur Karriere eines erfolgreichen Konzepts. 2. Aufl. Frankfurt/M. 1993; *Ernest Gellner,* Nationalismus und Moderne. Berlin 1991; *Shmuel N. Eisenstadt*, Die Konstruktion nationaler Identitäten in vergleichender Perspektive, in: Bernhard Giesen (Hrsg.), Nationale und kulturelle Identität. Studien zur Entwicklung des kollektiven Bewußtseins in der Neuzeit. Frankfurt/M. 1991, 21–38; *Konrad Jarausch* (Hrsg.), After Unity. Reconfiguring German Identities. (Modern German Studies: A Series of the German Studies Association, Bd. 2) Oxford 1997; *Georg Elwert*, Nationalismus und Ethnizität. Über die Bildung von Wir-Gruppen, in: Kölner Zeitschrift für Soziologie und Sozialpsychologie 41 (1989), 417–439; *ders.*, Artikel «Deutsche Nation», in: Bernhard Schäfers/Wolfgang Zapf (Hrsg.), Handwörterbuch zur Gesellschaft Deutschlands. Opladen 1997; *René Girault*, Peuples et nations d'Europe au XIX siècle. Paris 1996; *Bernard Michel/Nicole Pietri/Marie-Pierre Rey*, L'Europe des nationalismes aux nations. Autriche-Hongrie, Russie, Allemagne. Paris 1996; *André Guillaume/Jean-Claude Lescure/Stéphane Michonneau*, L'Europe des nationalismes aux nations. Espagne, Irlande, Italie. Paris 1996; *Jean-Jacques Becker/Stéphane Audoin-Rouzeau*, La France, la nation, la guerre, 1850–1920. Paris 1995; *Eric J. Hobsbawm*, Nationen und Nationalismus. Mythos und Reali-

tät seit 1780. München 1991; *Mary Fulbrook* (Hrsg.), National histories and European history. Oxford 1993; *Stuart Woolf* (Hrsg.), Nationalism in Europe. From 1815 to the Present. A reader. London 1995; *Brian Jenkins/Spyros A. Sofos*, Nation and Identity in Contemporary Europe. London 1996; *François Chabod*, L'idea di nazione. 9. Aufl. Rom 1997; wieder gelesene Klassiker: *Karl W. Deutsch*, Nationenbildung – Nationalstaat – Integration. Düsseldorf 1972; *Theodor Schieder* (Hrsg.), Sozialstruktur und Organisation europäischer Nationalbewegungen. München 1971. – Für Kritik und Anregungen danke ich Alexander Schmidt-Gernig, Klaus-Peter Sick und Clemens Wurm.

[2] *Herfried Münkler*, Europa als politische Idee. Ideengeschichtliche Facetten des Europabegriffs und deren aktuelle Bedeutung, in: Leviathan 19 (1991), 521–541; *ders.*, Reich, Nation, Europa. Modelle politischer Ordnung. Weinheim 1996; *Gerard Galanty*, Inventing Europe. Idea, Identity, Reality. London 1995; *Gesine Schwan*, Europa als Dritte Kraft, in: Peter Haungs (Hrsg.), Europäisierung Europas? (Veröffentlichungen der Deutschen Gesellschaft für Politikwissenschaft, Bd. 6) Baden-Baden 1989, 13–40; *Edgar Morin*, Penser l'Europe. Paris 1987; *Richard Münch*, Das Projekt Europa. Zwischen Nationalstaat, regionaler Autonomie und Weltgesellschaft. Frankfurt 1993; *Philippe Nemo*, Athènes, Rome, Jérusalem: trois éléments de l'identité européenne, in: ders. (Hrsg.), The. European Union and the Nation-State. Paris 1996, 247–299; *Chantal Millon-Delsol*, L'irrévérence. Essai sur l'esprit européen. Paris 1993; *Rémi Brague*, Europe, la voie romaine. Paris 1992; *Paul M. Lützeler*, Die Schriftsteller und Europa. Von der Romantik bis zur Gegenwart. München 1992. – Dieser Aufsatz enthält Ergebnisse eines größeren Projektes zur Geschichte des europäischen Selbstverständnisses in der Forschergruppe «Historisch-sozialwissenschaftlicher Vergleich» an der Humboldt-Universität: vgl. *Hartmut Kaelble*, Die Entstehung des modernen europäischen Selbstverständnisses im 19. und 20. Jahrhundert, vorauss. 2000; zudem: *Alexander Schmidt-Gernig*, Gibt es eine «europäische Identität»? Konzeptionelle Überlegungen zum Zusammenhang transnationaler Erfahrungsräume, kollektiver Identitäten und öffentlicher Diskurse in Westeuropa seit dem Zweiten Weltkrieg, in: *Hartmut Kaelble/Jürgen Schriewer* (Hrsg.), Diskurse und Entwicklungspfade. Gesellschaftsvergleiche in Geschichts- und Sozialwissenschaften, Frankfurt/M. 1998; *Elfi Bendikat*, Die Idee der «europäischen Stadt». Reflexionen zur Stadtgestaltung in Deutschland und Frankreich im ausgehenden 19. Jahrhundert bis zum Ersten Weltkrieg, in: *Hartmut Kaelble/Jürgen Schriewer* (Hrsg.), Gesellschaften im Vergleich, Frankfurt/M. 1998, 431–446; zudem die Projekte von Sabine Haustein über die Einheitlichkeit und Vielfalt des europäischen Konsums in den 1950er und 1960er Jahren, von Martin Kirsch über die Auslandserfahrungen und die europäische Identität von europäischen Wissenschaftlern von der Zwischenkriegszeit bis in die 1970er Jahre und von Alexander Schmidt-Gernig über die europäische Zukunftsforschung und das europäische Selbstverständnis.

[3] Vgl. *Jürgen Osterhammel*, Distanzerfahrung. Darstellungsweisen des Fremden im 18. Jahrhundert, in: Hans-Joachim König/Wolfgang Reinhard/Reinhard Wendt (Hrsg.), Der europäische Beobachter außereuropäischer Kulturen. Zur Problematik der Wirklichkeitswahrnehmung. Berlin 1989, 9–42; *ders.*, Kultu-

relle Grenzen in der Expansion Europas, in: Saeculum 46 (1995), 101–138; *Pierre Nora,* Les «lieux de mémoires» dans la culture européenne, in: Europe sans rivage. Symposium international sur l'identité culturelle européenne. Paris 1988, 38–42; *Carole Lager,* L'Europe en quête de ses symboles. Bern 1995 (politologische Untersuchung der Entscheidungen über die europäische Fahne); *Wolfgang Schmale,* Scheitert Europa an seinem Mythendefzit? Bochum 1996; *Peter M. R. Stirk* (Hrsg.), European Unity in Context. The Interwar Period London/New York 1989; *Gesine Schwan,* Europa als Dritte Kraft (wie Anm. 2); *Jean-Baptiste Duroselle,* L'idée d'Europe dans l'histoire, in: Yves Léonard (Hrsg.), La France et l'Europe. Paris 1990, 3–11; *Edoardo Tortarolo,* Europa. Zur Geschichte eines umstrittenen Begriffs, in: Armin von Bogdandy (Hrsg.), Die europäische Option. Baden-Baden 1993; *Wifried Loth,* Rettungsanker Europa? Deutsche Europa-Konzeption vom Dritten Reich bis zur Bundesrepublik, in: Hans-Erich Volkmann (Hrsg.), Ende des Dritten Reiches – Ende des Zweiten Weltkrieges. Eine perspektivische Rückschau. München 1995, 201–221; *Helga Grebing,* Nationale und zivilisatorische Identität in Europa, in: Gewerkschaftliche Monatshefte 46 (1995), 110–120; *Elisabeth du Réau,* L'idee d'Europe au XXe siècle. Des mythes aux réalités. Paris 1996; *François Crouzet/François Furet* (Hrsg.), L'Europe dans son histoire. La vision d'Alphonse Dupront. Paris 1998; als Forschungsberichte mit weiteren Hinweisen besonders auch auf ideengeschichtliche Arbeiten: *Hartmut Kaelble,* Europabewußtsein, Gesellschaft und Geschichte: Forschungsstand und Forschungschancen, in: Rainer Hudemann/Hartmut Kaelble/Klaus Schwabe (Hrsg.), Europa im Blick der Historiker. Europäische Integration im 20. Jahrhundert: Bewußtsein und Institutionen. (Historische Zeitschrift, Beih. 21) München 1995, 1–29; *ders.,* The History of the European Consciousness, in: Ragnar Björk/Karl Molin (Hrsg.), Societies made up of History. Essays in Historiography, Intellectual History, Professionalisation, Historical Social Theory and Proto-Industrialisation. Edsbruk 1996, 55–74; überarbeitete Version in: Philippe Nemo (Hrsg.), The European Union and the Nation-State. Paris 1997, 77–98.

[4] Vgl. etwa *René Girault,* Chronologie d'une conscience européenne, in: ders. (Hrsg.), Identité et conscience européenne au XXe siècle. Paris 1994, 171–201, hier 188ff.; *Helga Grebing,* Nationale und zivilisatorische Identität (wie Anm. 3), 116ff.; *Joseph Rovan/Gilbert Krebs* (Hrsg.), Identités nationales et conscience européenne (Publications de l'Institut d'Allemand d'Asniéres. Paris 1992 (einzelne Passagen); *Michael Geyer,* Historical fictions of autonomy and the Europeanization of national history, in: Central European History 22 (1989), 316–342; *Anthony Smith,* National identity and the idea of European unity, in: International Affairs 1 (1992), 55–76; *Alan S. Milward,* Allegiance. The past and the future, in: Journal of European Integration History 1 (1995), 7–19; vgl. auch *Horst Gies,* Nation und Europa im Geschichtsunterricht Deutschlands. Bad Schwalbach 1997; *Falk Pingel* (Hrsg.), Macht Europa Schule? Die Darstellung Europas in den Schulbüchern der Europäischen Gemeinschaft. (Studien zur internationalen Schulbuch-Forschung, Bd. 84) Frankfurt/M. 1995.

[5] Ich stütze mich dabei primär auf die in der breiten Öffentlichkeit vor allem von Intellektuellen geführten Debatten und muß offen lassen, wie weit in

geschlosseneren und bisher wenig erforschten Zirkeln die Entwicklung der Identitäten anders aussah.

[6] Vgl. einige Beispiele zum jüngeren Nachdenken über eine europäische Geschichtsschreibung: *Heinz Duchhardt/Andreas Kunz* (Hrsg.), Europäische Geschichte als historiographisches Problem. (Veröffentlichungen des Instituts für Europäische Geschichte Mainz; Abteilung Universalgeschichte, Beih. 42) Mainz 1997; *René Girault,* Das Europa der Historiker, in: Rainer Hudemann/ Hartmut Kaelble/Klaus Schwabe (Hrsg.), Europa im Blick der Historiker (wie Anm. 3), 55–90; *Mary Fulbrook,* Introduction: States, Nations and the Development of Europe, in: dies. (Hrsg.), National histories (wie Anm. 1), 1–17, hier 9ff.; *Norman Davies,* Europe. A History. Oxford 1997, 16ff.; *Richard Evans,* Doing the Continental, in: The New York Review of Books, 15. Mai 1997, 30–34; *François Crouzet/François Furet* (Hrsg.), L'Europe dans son histoire (wie Anm. 3); *Michael Mitterauer,* Die Entwicklung Europas – ein Sonderweg? Wien 1999.

[7] Was ich mit dem *modernen,* seit der Zwischenkriegszeit ganz allmählich entstehenden europäischen Selbstverständnis meine, werde ich im Laufe dieses Essays klären.

[8] Vgl. *Krzysztof Pomian,* Europa und seine Nationen. Berlin 1990; *Herfried Münkler,* Reich, Nation, Europa (wie Anm. 2), 116ff.; *Wolfgang Reinhard,* Der «Andere» als Teil der europäischen Identität. Vom «Barbaren» zum «edlen Wilden», in: Mariano Delgado/Matthias Lutz-Bachmann (Hrsg.), Herausforderung Europa. Wege zu einer europäischen Identität. München 1995, 132–152; *François Crouzet/François Furet* (Hrsg.), L'Europe dans son histoire (wie Anm. 3).

[9] Vgl. eingehender zu diesen Arten der europäischen Identität: *Hartmut Kaelble,* Modernes europäisches Selbstverständnis (wie Anm. 2), Kapitel 2.

[10] Vgl. Eurobarometer 42.1995, 66 (Feld: Dezember 1994) und 43.1995, 2, 6 (Feld: April-Mai 1994); 44.1996, 36 (Feld: Dezember 1995); die Frage lautete: «Sehen Sie sich in der nahen Zukunft nur als Deutsche(r), als Deutsche(r) und als Europäer(in), als Europäer(in) und Deutsche(r), nur als Europäer(in)?» (Eurobarometer, 44.1996, B 22); in späteren Eurobarometern wurde diese Frage wieder aufgegeben bzw. die Ergebnisse nicht publiziert.

[11] *René Girault,* Chronologie d'une conscience européenne (wie Anm. 4), 188f.

[12] Eurobarometer (wie Anm. 10); vgl. auch 45.1996 (Doppelidentität stand bei dieser Umfrage nicht mehr zur Wahl).

[13] Eurobarometer 44.1996, 87, 45.1996, 87, B 82.

[14] Eurobarometer 32.1989, 62; 34.1990, 22 (weiter kontinuierlich in jeder Nummer des Eurobarometers mit wachsender Differenzierung der Bereiche).

[15] Vgl. Eurobarometer 44.1996 (Feld 1995), 66.

[16] Eurobarometer 43.1995, 42.

[17] Bei Umfragen Mitte der 1980er Jahre gab rund jeder zweite Bürger der Europäischen Union an, sich immer oder manchmal als Europäer oder als europäischer Bürger zu fühlen. Leider wurde nicht gefragt, unter welchen Umständen diese Identifizierung mit Europa aktiviert wurde (Eurobarometer 27.1987, A 88).

18 *Ronald Inglehart,* An End to European Integration?, in: The American Political Science Review 61 (1967), 91–105.; *ders.,* Changing value priorities and European Integration, in: Journal of Common Market Studies 10 (1971/72), 1–36. Allerdings schwächten sich diese Eigenarten der Befürworter der europäischen Integration in den 1970er und 1980er Jahren ab. Vgl. *Ronald Inglehart/Jacques-René Rabier/Karlheinz Reif,* The Evolution of Public Attitudes Toward European Integration 1970–1986, in: Journal of European Integration 10 (1987), 135–155; *René Girault,* Chronologie ä une conscience europeenne (wie Anm. 4), 190f.

19 Vgl. zum Niedergang des Europaenthusiasmus der Nachkriegszeit: *René Girault,* Chronologie d'une conscience européenne (wie Anm. 4). Girault sieht vor allem auch die zwanziger Jahre als Zeit der wichtigen europäischen Ideen; *Richard Swedberg,* The Idea of «Europe» and the Origin of the European Union – a Sociological Approach, in: Zeitschrift für Soziologie 23 (1994), 378–387; *Wilfried Loth,* Rettungsanker Europa? (wie Anm. 3); *Paul M. Lützeler,* Die Schriftsteller und Europa (wie Anm. 2), 402ff.; *Hans-Ulrich Thamer,* La conscience européenne en Allemagne apres 1945, in: Joseph Rovan/Gilbert Krebs (Hrsg.), Identites nationales et conscience européenne. Paris 1992, 118–121.

20 Vgl. *Hartmut Kaelble,* Modernes europäisches Selbstverständnis (wie Anm. 2), Kapitel 3.

21 Der Mitherausgeber dieses Bandes, Klaus-Peter Sick, wird in seiner *thése* zeigen, daß sich in der Umgebung Briands ein Verständnis von internationalen Beziehungen entwickelte, das mit dem klassischen Souveränitätsverständnis des Nationalstaates brach: Vgl. *Klaus-Peter Sick,* Le libéralisme en crise. Emmanuel Berl, Alfred Fabre-Luce et Bertrand de Jouvenel 1918–1947. Thése d'Histoire, Institut d'Etudes Politiques-Paris, 1999.

22 *Simone de Beauvoir,* Amerika – Tag und Nacht. Reisetagebuch 1947. Hamburg 1988, 77.

23 Vgl. *Dietrich Geyer,* Osteuropäische Geschichte und das Ende der kommunistischen Zeit. Heidelberg 1996; *Klaus Zernack,* Osteuropa. Eine Einführung in seine Geschichte. München 1977.

24 Vgl. dazu: *Armin von Bogdandy* (Hrsg.), Die europäische Option. Baden-Baden 1993; *Alan S. Milward,* The European Rescue of the Nation-State. London 1992; *ders*/u.a., The Frontier of National Sovereignty. History and Theory 1945–1992. London 1994.

25 Leider läßt sich der Prozeß der Entstehung dieser neuen Einstellung zu anderen europäischen Nationen nach dem Zweiten Weltkrieg nicht im einzelnen verfolgen. Nur das Ergebnis dieses Prozesses ab den 1970er und 1980er Jahren ist erkennbar: vgl. *Ronald Inglehart/Jacques-René Rabier,* La confiance entre les peuples: déterminants et conséquences, in: Revue française de science politique 34 (1984), 5–47; Eurobarometer 14.1980, 38ff.; *Ronald Inglehart,* Trust between Nations. Primordial Ties, Societal Learning and Economic Development, in: Karlheinz Reif/Ronald Inglehart (Hrsg.), Eurobarometer. The Dynamics in European Public Opinion. Essays in Honour of Jacques-René Rabier. London 1991, 145–184; *Jürgen Hofrichter/Oskar Niedermayer,* Cross-Border Social European Integration: Trust Between the Peoples of EC Member States and its Evolution over Time (Report Prepared on Behalf of Survey,

Research, Analyses; Directorate General for Information, Communication, and Culture of the Commission of the European Communities, Final Report July 1991).

[26] *Göran Therborn,* European Modernity and Beyond. The Trajectory of European Societies, 1945–2000. London 1995, 278 ff.; *Ronald Inglehart,* Culture Shift in Advanced Industrial Society. Princeton 1989, 411 ff.; für 1994 (nur Länder der EU): Eurobarometer 42.1995, B 51; vgl. für das Konzept der Individualisierung: *Henri Mendras,* La Seconde revolution franqaise, 1965–1984. Paris 1988; *ders.,* L'Europe des européens. Paris 1997, 108 ff.; *Ulrich Beck,* Risikogesellschaft, Frankfurt/M. 1986, 121 ff.

Der lange Weg der deutschen Protestanten in die Demokratie

Kurt Nowak

«Démocratie signifie gouvernement par le peuple (demos), mais tout gouvernement par le peuple n'est pas démocratique.» Auf diesen prägnanten Satz bringt Jean-Paul Willaime, in Paris und Strasbourg lehrender Historiker und Soziologe des Protestantismus, das Problem der Demokratie.[1] Demokratie im Sinne unserer politischen Kultur umfaßt neben dem Prinzip der Volkssouveränität als weitere Kernelemente das freie Wahlrecht, den Rechtsstaat, die Gewaltenteilung und die Garantie der Menschenrechte.

Hervorgehobene Bedeutung bei der Entstehung der modernen Demokratie wird der Reformation des 16. Jahrhunderts und dem Puritanismus des 17. Jahrhunderts zugeschrieben. Es sind ganze Serien von Argumenten, die dabei eine Rolle spielen. Sie reichen von den autoritätskritischen Fermenten, die im persönlichen Umgang der Christen mit der Bibel enthalten waren, bis zur Theorie von der Auflösung hierokratischer Herrschaftsstrukturen durch die Lehre von den beiden Regierweisen Gottes. Spezielle Schubkräfte der Demokratie, so heißt es, habe der Puritanismus im Zeitalter der englischen Revolution entfaltet.

Diese «Whig interpretation of history» stieß in der jüngeren britischen Geschichtsschreibung vielfach auf Kritik.[2] Offenbar diente sie zu bestimmten Teilen der rückwirkenden historischen Legitimation demokratischer Identitäten. Luther, Calvin, Zwingli waren keine Demokraten. Die puritanische Revolution des 17. Jahrhunderts enthielt neben ihrer demokratischen Dynamik auch antidemokratische Blockaden. Die Differenzierung der englischen und amerikanischen Entwicklung geht mit Bemühungen um genauere Wahrnehmung der kontinentalen, insbesondere der deutschen Demokratiegeschichte einher. Manche Entwicklungen in Deutschland sind mit den Entwicklungen der politischen Systeme anderer Länder vergleichbar, andere nicht. Vergleichbar ist z.B. die Umformung des absolutistischen Territorialstaats der Frühen Neuzeit zum Staat des aufgeklärten Absolutismus im 18. und zur konstitutionellen Monarchie im 19. Jahrhundert. Eine deutsche Sonderentwicklung ist hingegen das Schicksal der ersten deutschen Demokratie: ihr Umkippen in die NS-Diktatur. Was die Zeit nach 1945 angeht, also die «doppelte Staatsgründung» und die vierzigjährige Existenz von zwei politischen Systemen auf deutschem Boden, so waren sie Teil eines Prozesses, der von der Weltpolitik nach dem Sturz des Dritten Reiches bestimmt war, insofern «deutscher Sonderweg» nur noch im konsekutiven Sinne.

1. Volkssouveränität

Betrachtet man die Kernelemente der modernen Demokratie, wird schnell deutlich, daß die Schicksalsfrage der Demokratie nicht einfach im «Ja» oder «Nein» zum Prinzip der Volksherrschaft liegt. Nicht jede «Demokratie» ist demokratisch. Erst die Verbindung der Volkssouveränität mit der Agenda eines neuzeitlich-modernen Verständnisses des Politischen macht die Demokratie zu dem, was sie ist oder sein soll. Demokratische Defizite bilden sich dort, wo die Kernelemente des demokratischen Systems nicht oder nur unzureichend zueinander ins Verhältnis gesetzt werden und zugleich selber unbestimmt bleiben.

Die Auseinandersetzung des deutschen Protestantismus mit dem ‹Volk› war seit dem Beginn der politischen Moderne um 1800 nicht unproduktiv. Man muß sie sogar als recht lebhaft bezeichnen, freilich auf eine nicht selten problematische Art und Weise. Lenken wir zunächst den Blick auf die 1790er Jahre, in das Zeitalter der Französischen Revolution. In seiner Rede vom 2. Januar 1792 vor dem Jakobinerklub entwickelte Robespierre eine Stufentheorie der Revolution. Die Revolutionen der neueren Geschichte, so Robespierre, begönnen durchweg mit einem revolutionären Akt der höheren Schichten: des Adels, der Parlamentarier, der Geistlichkeit, der Reichen. Doch solche Anfänge seien nicht das Ende der Revolution und schon gar nicht ihr Ziel. Erst wenn das Volk souverän sei, befinde sich die Revolution auf ihrer historischen Höhe.[3]

War die Veränderung der Richtung der Französischen Revolution seit 1792, wie der frühe François Furet meinte, ein «dérapage», war sie, sozusagen, aus dem Ruder gelaufen? Vernichtete die Volksrevolution den Aufbau der konstitutionellen Monarchie, deren Verfassung am 3. September 1791 verabschiedet und einige Tage später vom König unterzeichnet worden war? Die Beurteilung der Lage in Frankreich fiel den protestantischen Zeitgenossen der 1790er Jahre nicht leicht – weder in ihrer aktuellen noch in ihrer prinzipiellen Dimension. Warum sollte die Herrschaft des Volkes, die in

Wahrheit die Herrschaft der Jakobiner war und alsbald eine über alle Ufer tretende «terreur» erzeugte, besser sein als der konstitutionell-monarchische Reformweg?

Die Phase des «dérapage» (ein Begriff, von dem Furet 1978 in *Penser la Révolution française* wieder abrückte) war eine historische Stunde, die die Geister schied. Das Volk, in der Aufklärungsliteratur des 18. Jahrhunderts als gutartig und bildsam hingestellt, schien plötzlich die Fratze eines Ungeheuers zu tragen. Der Schock über die Radikalisierung der Revolution saß tief. In Teilen des bildungsaristokratischen und monarchischen Protestantismus wirkte er bis in das 20. Jahrhundert nach. Aus dieser Schockerfahrung formierte sich eine konservative Gegenwelt. Ihr Einfluß auf die deutsche Demokratiegeschichte war ambivalent. Im 19. Jahrhundert stemmten sich die Konservativen gegen die Mitsprache des Volks im politischen System. Auch nach Errichtung der Weimarer Republik im Jahr 1919 vermochten sie in der Volksherrschaft nur ein Unglück zu sehen. Andererseits waren es gerade auch Konservative, die zur «völkischen Revolution» von 1933 auf Distanz gingen und den nationalsozialistischen «Volksstaat» ablehnten.

In den protestantischen Reaktionen auf die Französische Revolution war aber noch etwas anderes sichtbar: der Versuch zu besonnener Beurteilung des Volkes. Mancher protestantische Theologe und Publizist nannte das Volk verführt: «[...] es gieng anfänglich recht gut. Die Freude währete aber nicht lange: so mischten sich Leute drein, die das Kind mit dem Bade ausschütteten, und eine weit schrecklichere Tyranney einführeten, als jemals in Frankreich gewesen war. Nun sitzt das arme Volk im Elende bis an die Ohren und weiss sich nicht zu rathen noch zu helfen.»[4] Andere Kirchenmänner und Theologen verwahrten sich gegen die Beschimpfung des Volkes als Pöbel. «Nur ein Stand exsistirt im Staate, Volk (nicht Pöbel); zu ihm gehört der König sowohl als der Bauer; jeder auf seiner Stelle, in dem ihm bestimmten Kreis [...]. Jede andre Anwendung und Theilung dieses vortrefflichen Namens ist und bleibe ewig ein Schimpfwort.»[5]

Die Spaltung der protestantischen Meinungen über das «Volk» war für die weitere Entwicklung von erheblicher Bedeutung. Klar war in den 1790er Jahren bereits, daß die Staats- und Gesellschaftspyramide des Ancien Régime durch die Revolution so erschüttert war, daß sie durch einen Rekurs auf die Tradition nicht wiederhergestellt werden konnte. Wie war mit der neu in die Geschichte eingetretenen Macht des Volkes umzugehen? Sollte das Prinzip der Souveränität noch einmal auf die Monarchie konzentriert werden? Sollten die politischen Entwicklungen wirklich immer nur aus der

Hoheit des Monarchen fließen? So dachten Haller in seiner *Restauration der Staatswissenschaft* und Hengstenberg in der *Evangelischen Kirchen-Zeitung*. Sie standen damit auf verlorenem Posten. Bestand der Zukunftsweg in der Vermittlung von Monarchie, Bürgergesellschaft und Volk? Das war Schleiermachers Konzept. Zu einem ziemlich frühen Zeitpunkt wies es auf jenen historischen Kompromiß hin, der (mit mancherlei Rückschlägen) die deutsche Geschichte des 19. und frühen 20. Jahrhunderts bestimmte: die konstitutionelle Monarchie. In die konstitutionelle Monarchie, die nach 1815 zunächst noch als gefährliche Neuerung galt, hat sich der Protestantismus im letzten Drittel des 19. Jahrhunderts nach der Reichsgründung «von oben» breit eingelebt. Die protestantische Mehrheitsgesellschaft der Jahre 1871–1918 war nicht monarchistisch, sie war konstitutionell und monarchisch.

Die Zeit zwischen 1815 und 1918 war im Ganzen eine langanhaltende historische Atempause der deutschen Demokratiegeschichte. Die wahre Stunde der Entscheidung kam im November 1918. Das Problem der Volkssouveränität stellte sich jetzt in alternativloser Schärfe. Der Kompromiß zwischen Konstitutionalismus und Monarchie war verbraucht, die Monarchie diskreditiert. Nur politische Nostalgiker standen weiterhin zu Kaiser und Reich. Anfangs bildeten sie noch eine Mehrheit, die aber schnell hinwegschmolz.

Protestanten mit scharfem politischem Blick hatten schon während des Kaiserreichs gesehen, daß in der konstitutionellen Monarchie der demokratische Volksstaat verpuppt war. Sie stellten sich 1918/19 ohne größere Umstände auf den Boden der Republik. Wie unausweichlich diese historisch-politische Logik war, zeigte sich einige Jahre später. Der Königsberger Kirchentag von 1927 ließ in seiner «Vaterländischen Kundgebung» verlauten, die Kirche sei nach «bestem Wissen und Gewissen» zum Dienst am republikanischen Staatsganzen bereit. Im Vorentwurf der «Kundgebung» war sogar die Rechtmäßigkeit der Weimarer Staatsform unterstrichen, obschon die Republik aus einem revolutionärem Bruch mit der bisherigen Ordnung hervorgegangen war.[6] Lange hielt das kirchenoffizielle Vernunftrepulikanertum freilich nicht vor. Ihm fehlte der theologische und staatsethische Unterbau.

In die Geschichte der konstitutionellen Monarchie und der demokratischen Republik ist noch eine zweite eingelagert, deren Spur in die Diktatur führte. Man kann sie eine Geschichte des demokratischen Antidemokratismus nennen. Ihre Anfänge liegen ebenfalls im Zeitalter der Französischen Revolution. Charakterisiert ist sie durch eine metapolitische Umbestimmung des Volks – durch eine Umbestimmung, die sich mit der Suggestion eines angeblich besseren und tieferen Verständnisses von Volksherrschaft als in den westlichen Demokratien verband.

Ein exemplarischer Text des demokratischen Antidemokratismus ist Emanuel Hirschs Aufsatz *Vom verborgenen Suverän*, geschrieben 1932/33 im Übergang der Demokratie in die Diktatur.[7] Er wirkt aus dem Abstand der Zeit wie ein Prisma, in dem sich die volksmetaphysischen Gedankenwelten von mehr als einhundert Jahren bündeln. Hirsch bestritt dem Staatsvolk der Weimarer Verfassung, also der Gesamtheit der mündigen und wahlfähigen Bürger, die Qualität Volk. Im Weimarer Staatsvolk vermochte er nur eine atomisierte Masse von Individuen zu erkennen. Hirsch sprach dieser Masse die politische Gestaltungskraft ab. Die *volonté de tous* könne nicht die *volonté générale* sein, die mechanistische Feststellung des Mehrheitswillens an der Wahlurne nicht der authentische Volkswille. Hirsch feierte das Volk als eine von der Zeitlichkeit in die Ewigkeit hinüberspielende Wirklichkeit. Sie umschloß nach seiner Meinung die Toten, die Lebenden und selbst die noch ungeborenen Geschlechter. Dieser «verborgene Suverän» garantierte, wie Hirsch fand, eine höherwertige Form des Politischen. In den westlichen Demokratien seien Staat, Volk, Politik und Nation zu bloßen politischen Regelungsmechanismen verkommen, eine These, mit der Hirsch in die Nähe des Neokonservatismus wie des Nationalsozialismus rückte. Prinzipien der Französischen Revolution scheinen hier aufgenommen und zugleich pervertiert.

Tatsächlich läßt sich die «deutsche Revolution» von 1933 in einigen Punkten als völkische Antwort auf die «Ideen von 1789» interpretieren. Im Aufruf der Reichsregierung an das deutsche Volk vom 1. Februar 1933 finden sich Sätze, von denen man ohne Kenntnis des Kontexts meinen könnte, sie stammten aus der Französischen Revolution: Viele der besten Männer und Frauen sähen «die Einheit der Nation dahinsinken und sich auflösen in ein Gewirr politisch-egoistischer Meinungen [...]. Die versprochene Gleichheit und Brüderlichkeit erhielten wir nicht, aber die Freiheit haben wir verloren.» Der Aufruf stilisierte den greisen Reichspräsidenten zu einem republikanischen Geronten, der dem Volk die «Hände zum gemeinsamen Bund schloß», während die nationalen Führer «Gott, unserem Gewissen und unserem Volke gelobten, die uns damit übertragene Mission als nationale Regierung entschlossen und beharrlich zu erfüllen».[8]

Monarchie, Konstitutionalismus, Vernunftrepublikanertum und «deutsche Revolution» machen zwischen 1789 und 1933 unterschiedliche Spielarten des Umgangs mit «dem Volk» sichtbar. Ein durchweg konfrontatives Verhältnis entwickelten nur jene Ultrakonservativen, die das Prinzip «Obrigkeit» unbeirrt auf die Monarchie auslegten. Ansonsten dominierten Mischungsverhältnisse, die zweimal zu einer gewissen Eindeutigkeit gelangten, und zwar *e contrario*: mit der Errichtung der ersten deutschen Republik 1919 und mit der «nationalen Revolution» im Jahr 1933. Der «nationalsozialistische Volksstaat» von 1933 war der katastrophale Beweis dafür, daß Begriff und Inhalt von «Volksherrschaft» und «Demokratie» nicht identisch sind.

2. *Rechtsstaat*

Im Grundgesetz der Bundesrepublik Deutschland liegt auf der Volkssouveränität weniger Gewicht als auf der Betonung der anderen Elemente der Demokratie. Die Demokratie-Denkschrift der EKD von 1985 formuliert: «Freiheit und soziale Gerechtigkeit brauchen zu ihrer Entfaltung das Recht. Deshalb ist der demokratische Staat auf Rechtsstaatlichkeit angewiesen».[9] Das Recht ist das Herzstück des demokratischen Staates wie jedes anderen politischen Systems, wobei der demokratische Staat heute als besonders geeignet für die Setzung und Wahrung des Rechts gilt.

In der jüngeren und jüngsten Geschichte des deutschen Protestantismus finden sich Umkehrungen des Satzes «Recht vor Macht» in den Satz «Macht vor Recht» als bedrückender Ausdruck machtstaatlicher Exaltation. Sie als charakteristisch für den deutschen Protestantismus im Ganzen zu bezeichnen, wäre allerdings zu einfach. Urgestein der protestantisch-reformatorischen Überlieferung ist im Gegenteil die Auffassung, daß der Staat gerade nicht *potestas legibus soluta* sei. Zwischen der Reformation und dem Rechtsstaat gibt es feste und stete Verbindungen, die sich bis in die Proteste der Bekennenden Kirche gegen den nationalsozialistischen Staat durchhalten. Nicht das mangelnde Wissen um den Staat als Rechtsstaat war das protestantische Problem, vielmehr die mangelnde Wahrnehmung dessen, daß dieser Rechtsstaat auch formaler Befestigung bedarf.

Friedrich Julius Stahl, als Theoretiker des Rechtsstaats in der Weimarer Republik von den verfassungstreuen Staatslehrern hoch geschätzt, vertrat die Auffassung, der Rechtsstaat sei kein bestimmter Typ des Staats. Er bezeichne lediglich die «Art» und den «Charakter» der Staatsverwirklichung.[10] Stahls Rechtsstaatslehre mochte so lange ihre Berechtigung haben, wie sie in eine staatliche Wirklichkeit mit hoher rechtlicher Regelungsdichte eingebettet war und solange ein klares Bewußtsein von den Strukturen moderner Gesellschaften fehlte. In der pluralistischen Massengesellschaft mußte die Schwäche dieses Rechtsstaatsbegriffs allerdings offenkundig werden. Ulrich Scheuner sprach hier von einer «verhängnisvollen Schwäche der deutschen Staatsauffassung»: Sie bahne den Weg zur Anschauung von der «rechtlichen Unbeschränktheit oder sogar Unbeschränkbarkeit der Staatsgewalt».[11] Außerdem erzeugte sie Suggestionen der Rechtsgemeinschaft sowie des Staats- und Gemeinwohls ohne den Rückhalt formaler Kontrollinstanzen. Die Freigabe des Staatshandelns im Vertrauen auf seinen sittlichen Zweck und die Ermunterung an die Bürger zum selbstlosen Dienst am Gemeinwesen ohne weitere formale Vorkehrungen ist eine problematische, mehr noch: eine gefährliche politische Idee. In kleinen Kreisläufen der sozialen Organisation mag sie funktionieren. In Massengesellschaften ist sie unbrauchbar. Der moderne demokratische Rechtsstaat bedarf mehr als der «frommen Verstaatlichung des Gewissens».[12]

Rechtsstaat meint formal die Einhaltung der gesetzlichen Ordnung nach «Wortlaut und Zweck», inhaltlich die «Wahrung des Rechts» und dessen ungeschmälerte Inanspruchnahme. Benötigt wird eine «Ethik der Machtordnungsverhältnisse».[13] Der Rechtsstaat hat sich also greifbar und handhabbar zu machen. Gerade in der formalen Unterbestimmung des Rechtsstaats bestand die folgenreiche Schwäche des deutschen Protestantismus. Daß dieser die Unterbestimmung im Vergleich mit westlichen Machtordnungsverhältnissen als Höherbestimmung verstand, erklärt manche Fehlentscheidung. Wenn man in Frankreich nach 1871 fand, der Protestantismus verspiele seinen Kredit durch das Einfluten in den bismarckisch-wilhelminischen Machtstaat, in den «brutalen germanischen Giganten», dann lautete die Antwort, die Franzosen verstünden nichts von der besonderen Staatskultur in Deutschland. Ähnliches wurde auch 1933 wieder als Antwort auf kritische Stimmen aus dem Ausland gegeben.

Das protestantische Defizit bei der «Ethik der Machtordnungsverhältnisse» blockierte sogar nach dem Sturz des Dritten Reiches noch Zugänge zur Demokratie. In den westlichen Besatzungszonen waren anfänglich starke Bedenken und Widerstände gegen die Demokratie lebendig. Martin Niemöllers Ansicht, «that Christianity has a closer affiliation with true democracy than with other kind of Government», war damals nicht mehrheitsfähig.[14] Wie schwankend das politische Urteil war, belegt Karl Barths Bericht über seine Deutschlandreise vom 19. August bis 4. September 1945. Wer die «geistige Geschichte und Verfassung Deutschlands» kenne, urteilte Barth, werde selbst von den Theologen der Bekennenden Kirche kein «positives Verständnis» der Demokratie erwarten. «Ich durfte immerhin konstatieren, daß die Gedanken in diese Richtung in Bewegung gekommen sind.»[15] Die Bewegung der Gedanken zielte indes in Teilen der evangelischen Nachkriegskirche auf etwas ganz anderes, nämlich auf eine grundlegende Neuordnung des politischen Lebens jenseits aller bisherigen Systeme. Über großräumige Visionen kamen diese Gedanken nicht hinaus. Die Träume von einer neuen Ordnung mochten achtbar sein, illustrierten aber neuerlich die protestantische Schwäche bei der «Ethik der Machtordnungsverhältnisse».

In der Sowjetischen Besatzungszone und nachmaligen DDR war die Vernunft des Politischen frühzeitig ausgebremst. Deshalb fällt es schwer, die demokratischen Potentiale des ostdeutschen Protestantismus zu beurteilen. Seine historische Leistung liegt vor allem in der Abwehr diktaturstaatlicher Zugriffe der SED, nicht in der Hinarbeit auf eine zukünftige rechtsstaatliche Demokratie. In seinem politischen Kontext hatte der DDR-Protestantismus kaum eine Chance, ältere Bestände protestantischer Staatsethik kritisch zu revidieren. Wenn die bisherigen Analysen nicht täuschen, blieb er in wenig ergiebigen Ideen befangen, etwa jener Idee der Staats- und Gesellschaftsregulierung durch den guten Willen aller Beteiligten. Dieses ältere protestantische Erbe verbanden die Kirchen mit dem Staat und der Gesellschaft der DDR. «Ich meine Ihnen versichern zu können», hieß es in der Ansprache des Vorsitzenden der Konferenz der Evangelischen Kirchenleitungen in der DDR an den Staatsratsvorsitzenden Honecker vom 11. Februar 1985, «daß gerade auch unter den christlichen Bürgern unseres Landes eine Bereitschaft, ja ein Bedürfnis lebendig ist, bei den vielfältigen Aufgaben der Ausgestaltung der sozialistischen Gesellschaft – verantwortlich und ihren persönlichen Gaben gemäß – beteiligt zu bleiben.»[16] Das waren Bekundungen des «good will» über einem Abgrund von strukturellen Unsicherheiten und Unwägbarkeiten. Die DDR war ein politisches System ohne intermediäre Organisationen und demokratische Öffentlichkeit[17] – denkbar schlechte Voraussetzungen zur Entwicklung einer «Ethik der Machtordnungsverhältnisse». Dem DDR-Protestantismus politisches Versagen vorzuwerfen ist möglich, zeugt aber von wenig Verständnis für seine spezifische Ausgangslage und seinen lebensweltlichen Kontext.

3. Anthropologischer Wertewandel

Das Ziel der Demokratie besteht darin, die Freiheit und Selbstbestimmung der Bürger zu verwirklichen. Dazu sind nicht nur institutionelle Vorkehrungen erforderlich, so unverzichtbar sie bleiben. Die innere Voraussetzung für Demokratie ist die Mündigkeit der Bürger. Die Demokratie lebt aus dem Vertrauen in die humanen

Möglichkeiten des Menschen, in seine Fähigkeit zur Gemeinschaft, seinen Mitgestaltungswillen, seine Vernunft.

In der Tat war die Durchsetzung der neuzeitlich-modernen Demokratie mit einem Wandel des Menschenbildes verbunden. Unterschiedliche Anthropologien begründen unterschiedliche «patterns of thought» und schlagen bis in das Verständnis von Gesellschaft und Staat durch.[18] So stand im deutschen Protestantismus die Lehre vom «starken Staat» im Zusammenhang mit der theologischen Überbetonung der «Sündhaftigkeit und Fehlbarkeit» des Menschen. Dieser einseitige Blick auf die Schwäche und Gefährdung des Menschen durchzieht die protestantische Ethik von der Frühen Neuzeit über die Französische Revolution bis in das 20. Jahrhundert. So betonte die EKD in ihrer Denkschrift von 1986, daß eine «solche einseitige theologische Sicht [...] der Korrektur [bedürfe]; denn diese Sicht hat in der Kirche zu einer tiefen Skepsis gegenüber der modernen Demokratie bis hin zu ihrer grundsätzlichen Ablehnung geführt».[19]

Luther hatte der weltlichen Obrigkeit ihre eigene, kirchlich unableitbare Würde zugesprochen. Aber mußte die Betonung dieser Würde im Kontext des Theorems vom «schwachen Menschen» den «starken Staat» nach sich ziehen? Theologen der altprotestantischen Orthodoxie des 16./17. Jahrhunderts wie J.B. Carpzov, Johann Gerhard und Balthasar Meisner steigerten Luthers Gedanken der Eigenwürde zur Idee vom Eigenrecht des Staates. Historisch gesehen standen sie in einer Kampfposition gegen die Jesuiten Suarez und Mariana sowie gegen Kardinal Bellarmin. Sie bekämpften volksrechtliche Theorien, in denen das Ansehen der weltlichen Obrigkeit gemindert, dasjenige des Papsttums aufgewertet war. Die antipapistische Stoßrichtung erklärt die altprotestantische Haltung jedoch nicht allein.

Nicht minder wichtig war deren Anthropologie, eine Sicht der Untertanen, die an die «banausioi» des Aristoteles erinnerte.[20] Tatsächlich stand die Beharrungskraft obrigkeitlichen Denkens im Wechselverhältnis zur Anschauung von der Schwäche des Menschen, und dies nicht allein in der lutherischen Konfessionskultur; auch die Grenze der Demokratiefähigkeit des englischen Puritanismus wurde durch sie markiert.

Die Fronten verhärteten sich im 18. Jahrhundert in den Auseinandersetzungen protestantischer Theologen mit dem Menschenbild der Aufklärung. Nicht einmal Johann Joachim Spalding, der populärste Theologe der deutsch-protestantischen Aufklärung, sah sich in der Lage, die ansonsten auch von ihm geschätzten Bürgertugenden wie Gerechtigkeit, Aufrichtigkeit, Menschenliebe und Berufsfleiß in eine Theorie des politisch mündigen Individuums umzuprägen.

Spalding empfahl die Religion als Mittel der Abwehr gegen Aufruhr und Empörung. Sie fordere zur Treue gegen den Regenten auf und helfe über die Ungerechtigkeit der Welt hinweg. Der Anthropologie der Aufklärung, sofern sie nicht ein Bild des Menschen darbot, das mit der christlichen Tradition (noch) vereinbar schien, wurde der polemische Stempel des «eudämonistischen Individualismus» aufgedrückt. Eudämonismus meinte das Streben nach materieller Wohlfahrt und nach Individualismus sowie den Drang nach Selbstverwirklichung, dem die Fähigkeit zu Demut und Gehorsam fehlte. Im Rahmen solcher Axiome erschien die Demokratie als das politische Instrument eines ungebremsten Eigennutzes. Protestantische Kommentare zur Französischen Revolution, zur Revolution von 1848 und auch noch zur Novemberrevolution von 1918 lesen sich wie die Illustration solcher Denkfiguren.

Möglicherweise ist der Wandel der protestantischen Anthropologie, also das «Ja» zur politischen Mündigkeit des Bürgers, ein Produkt der «Verwestlichung» der deutschen protestantischen Kultur in der Zeit nach 1945.[21] Jetzt gewann der Protestantismus den Anschluß an ein verändertes Menschenbild. *Sub specie Dei* bleibt der Mensch ein Mängelwesen, das jedoch humane Fähigkeiten besitzt. Abgebaut wurde zugleich eine Denkkategorie, die auf den deutschen Idealismus zurückgeht. Gemeint ist die schon erwähnte Suggestion, die Teilhaber des Gemeinwesens wüßten sich durch Gewissen, Pflicht, Gottesfurcht und historische Einsicht tiefer und nachhaltiger an gemeinschaftliche Zwecke gebunden, als es die politische Pragmatik der westlichen Systeme zustandebrächte.

Eine weitere Wandlung erfuhr die protestantische Anthropologie durch die Gewinnung von Dissensfähigkeit. Der Ausgleich (und vorher: das Aushalten) von Dissens gehört zu den Elementen der Demokratie, ohne die sie nicht lebensfähig ist. Dissensfähigkeit besitzt psychologische, theologische, rechtliche und staatspolitische Aspekte. In ihrem Kern verweist sie auf die *tolerantia Dei*. Ihr soll ein tolerantes Verhalten in den mitmenschlichen Beziehungen entsprechen. Gotteslehre und Menschenbild gehen hierbei ein intimes Verhältnis ein.

Im Übergang zur modernen Massengesellschaft am Ende des 19. Jahrhunderts erschien dagegen die Demokratie, politische Organisationsform der Toleranz auf allen Stufen der Gesellschaft und der individuellen Lebensstile, noch häufig als Platzhalter einer Anarchie der Werte. Demokratie und Kulturzersetzung wurden in einem Atemzug genannt. Dem deutschen Protestantismus war seine frühere Dissenskultur verlorengegangen. Die «Evangelici» des 16. Jahrhunderts hatten von Kaiser, Reich und Papst die Zulassung ihrer religiösen Option gefordert, und in der Behauptung ihrer Ansprüche waren sie auf Dissensfähigkeit des damaligen politisch-religiösen Systems angewiesen. Nach der Befriedung der Religionsparteien im Augsburger Religionsfrieden von 1555 und im Westfälischen Frieden 1648 ging das protestantische Wissen um die Notwendigkeit des Dissens jedoch wieder verloren. Der protestantische Konfessionsstaat war ebensowenig tolerant wie der katholische. So erscheint in der historischen Langzeitperspektive das Bekenntnis zur Toleranz als eine Anknüpfung an frühes Dissenswissen in grundlegend veränderten Verhältnissen.

Auf den Protestantismus der DDR hat die «Westernization» während der Jahre der Spaltung 1949–1989 lediglich als «Sickerkultur» eingewirkt. Freilich fehlte der Erfahrung der Demokratie lange Zeit der breite lebensweltliche Zusammenhang. Diese Tatsache erklärt, weshalb zwischen den politischen Kulturen in den alten und neuen Bundesländern bis heute ein Gefälle besteht. Demokratie kann nicht nur gedacht oder aus zweiter Hand geliefert werden; sie muß und will gelebt sein. Der volle Geschmack an ihr entsteht durch vollständigen und wahrscheinlich längerfristigen Gebrauch. Regressionen in vordemokratische Staatsideen und dissensfreie Gesellschaftsharmonie scheinen im Protestantismus der neuen Bundesländer weniger auf Affinitäten zum «real existierenden Sozialismus» zurückzuführen zu sein als auf unabgeklärte politisch-kulturelle Mentalitäten aus der protestantischen Tradition. Gleichwohl sollten die demokratischen Potentiale, die in den evangelischen Kirchen der DDR vorhanden waren, nicht übersehen oder geringgeschätzt werden. Die «Zehn Artikel über Freiheit und Dienst der Kirche» vom 8. März 1963, wohl das bedeutendste Dokument des DDR-Protestantismus, waren eine förmliche Magna Charta der Demokratie und der Menschenrechte. Selbst das Thema Widerstand war angesprochen. «Wir handeln im Ungehorsam, wenn wir für die Wahrheit nicht einstehen, zum Mißbrauch der Macht schweigen und nicht bereit sind, Gott mehr zu gehorchen als den Menschen» (Artikel V). Im Angesicht des undemokratischen SED-Staates wuchsen den Kirchen demokratische Einsichten zu. Insofern war der SED-Staat wider Willen für die Kirchen eine Erziehungsdiktatur in Sachen Demokratie. Gebremst war die kirchliche Demokratieentwicklung durch den geistlichen Imperativ, zu prüfen, «wo wir nach Gottes Willen der Erhaltung des Lebens dienen können». Auch die DDR sollte, wie die landläufige Formel lautete, kein weißer Fleck auf Gottes Landkarte sein. Statt Opposition war «kritische Solidarität» die leitende Maxime.

4. Evangelische Christen als Demokraten

Wenn es um evangelische Schwierigkeiten mit der Demokratie geht, dann rangieren Volkssouveränität und Rechtsstaat wahrscheinlich nicht an erster Stelle. Seit dem 19. Jahrhundert betonten Theologen und Juristen immer wieder, das Evangelium sei offen für alle Staatsformen. Auch wenn diese Aussage häufig im Widerspruch zum tatsächlichen Verhalten der Christen stand, war sie nicht bloß wohlfeile Rhetorik. Christen sind mit der Demokratie nicht auf Gedeih und Verderb verbunden. Andererseits sollten wir ihre Vorzüge klar ins Auge fassen. Unter allen Staatsformen sprechen die meisten Argumente für die Demokratie. Sie ermöglicht am ehesten die gemeinsame und kontrollierte Handhabung der Macht.

Von der Weimarer Republik wird gesagt, sie sei eine Demokratie ohne Demokraten gewesen. Der demokratische Staat enthält noch nicht die Garantie, daß er gelingt. Die Demokratie ruft zu aktiver Teilhabe auf. Aktive Teilhabe heißt erstens, auf die Vernünftigkeit und auf die Rechtsförmigkeit der politischen Prozeduren zu achten. Der scheinbare Formalismus der «Machtordnungsstrukturen» gehört zur Substanz der Demokratie. Aktive Teilhabe heißt zweitens, sich in der Gemeinschaft der Demokraten nicht als «Funktionswesen» zu verstehen. Wir sind Menschen unter Menschen. Die bittere ostdeutsche Klage, wir erhofften Gerechtigkeit und bekamen den Rechtsstaat, mahnt die menschliche Seite der Demokratie an. Der Staat ist nicht schon so gut wie seine «Machtordnungsstrukturen». Er gelingt erst durch die Menschlichkeit, die wir in ihn einbringen. Aktive Teilhabe kann schließlich drittens heißen: Schaffung von überzeugenden Symbolen der Demokratie. Symbole dienen der Identität. Häufig scheinen sie von selber aufzutauchen. Sie sind plötzlich da, und keiner weiß so recht, wie sie entstanden sind. Tatsächlich unterliegen auch sie unserer Verantwortung. Historisch kommen die evangelischen Christen in Deutschland aus einer langen antidemokratischen Tradition. Auf dem schwierigen Gebiet der politischen Symbolik sind wir deshalb zu besonderer Sensibilität herausgefordert.

Anmerkungen

[1] *Jean-Paul Willaime,* Démocratie, in: Encyclopédie du Protestantisme. Paris/Genf 1995, 352.

[2] Näheres bei *Immo Meenken,* Reformation und Demokratie. Zum politischen Gehalt protestantischer Theologie in England 1570–1660. Stuttgart-Bad Cannstatt 1996, 35ff (Quaestiones 10).

[3] *Ernst Schulin,* Die Französische Revolution. München 1988, 117f.

[4] *Christian Gotthilf Salzmann*, Christliche Hauspostille. Band 4. Schnepfenthal 1793, 367.

[5] So Johann Gottfried Herder (Zurückbehaltene und ‹abgeschnittene› Briefe, in: Sämmtliche Werke, hrsg. von Bernhard Suphan. Band 18. Berlin 1883, 303–356; hier 308).

[6] *Kurt Nowak*, Evangelische Kirche und Weimarer Republik. Zum politischen Weg des deutschen Protestantismus zwischen 1918 und 1932. 2. Aufl. Weimar und Göttingen 1988, 173–177.

[7] *Emanuel Hirsch*, Vom verborgenen Suverän, in: Glaube und Volk 2 (1933), 4–13. «Suverän» ist eine «Eindeutschung» Hirschs.

[8] Die nationalsozialistische Revolution. Tatsachen und Urkunden, Reden und Schilderungen. 1. August 1914 bis 1. Mai 1933, hrsg. von Walther Gehl. Breslau 1933, 71–76; hier 71, 73 (Hirts Deutsche Sammlung. Gruppe II: Ereignisse).

[9] Evangelische Kirche und freiheitliche Demokratie. Der Staat des Grundgesetzes als Angebot und Aufgabe. Eine Denkschrift der Evangelischen Kirche in Deutschland. 3. Aufl. Gütersloh 1986, 25.

[10] Zu Stahl als Wegbereiter des modernen Rechtsstaatsprinzips *Dieter Grosser*, Grundlagen und Struktur der Staatslehre Friedrich Julius Stahls. Köln/Opladen 1963.

[11] *Ulrich Scheuner*, Begriff und Entwicklung des Rechtsstaats, in: Macht und Recht. Beiträge zur lutherischen Staatslehre in der Gegenwart, hrsg. von Hans Dombois und Erwin Wilkens. Berlin 1956, 77–88; hier 85f.

[12] *Klaus Tanner*, Die fromme Verstaatlichung des Gewissens. Zur Auseinandersetzung um die Legitimität der Weimarer Reichsverfassung in Staatsrechtswissenschaft und Theologie der zwanziger Jahre. Göttingen 1989 (Arbeiten zur kirchlichen Zeitgeschichte B 15).

[13] *Trutz Rendtorff*, Vielspältiges. Protestantische Beiträge zur ethischen Kultur. Stuttgart/Berlin/Köln 1991, 73–79.

[14] *David Cairns*, The German Reaction to Defeat. An Address given to the Seventh Meeting of the British Council of Churches on Wednesday, Oktober 3rd, 1945, in: Clemens Vollnhals (Bearb.), Die evangelische Kirche nach dem Zusammenbruch. Berichte ausländischer Beobachter aus dem Jahre 1945. Göttingen 1988, Nr. 47, 164–171; hier 171 (Arbeiten zur kirchlichen Zeitgeschichte A 3).

[15] *Karl Barth*, Bericht über eine Deutschlandreise, 19. August bis 4. September [1945], erstattet an die Organisation I der amerikanischen Armee in Deutschland, in: ebd. Nr. 33 (112–120; hier 113).

[16] Ansprache von Landesbischof Hempel an den Staatsratsvorsitzenden Erich Honecker am 11. Februar 1985, in: Gemeinsam unterwegs. Dokumente aus der Arbeit des Bundes der Evangelischen Kirchen in der DDR 1980–1987. Berlin 1989, 261–268; hier 262.

[17] *M. Rainer Lepsius*, Die Institutionenordnung als Rahmenbedingung der Sozialgeschichte der DDR, in: Hartmut Kaelble u. a. (Hrsg.), Sozialgeschichte der DDR. Stuttgart 1994, 17–30; hier 28.

[18] *Meenken*, Reformation und Demokratie, (wie Anm. 2), 197.

[19] Evangelische Kirche und freiheitliche Demokratie, (wie Anm. 9), 16.

[20] Vgl. *Hans Leube*, Staatsgesinnung und Staatsgestaltung im deutschen Protestantismus, in: Robert Jelke (Hrsg.), Das Erbe Martin Luthers und die gegenwärtige theologische Forschung. Theologische Abhandlungen D. Ludwig Ihmels zum 70. Geburtstage am 29. 6. 1928 dargebracht von Freunden und Schülern. Leipzig 1928, 135–164; hier 144 (in Anlehnung an das Urteil von Friedrich Fries über J. A. Calovs Meinung über das unpolitische Volk).

[21] Einführende Darstellung zu einem größeren Forschungsprojekt, das sich mit der «Westernization» befaßt, bei *Anselm Doering-Manteuffel*, Wie westlich sind die Deutschen?, in: Historisch-politische Mitteilungen. Archiv für Christlich-Demokratische Politik 3 (1996), 1–38.

Namenregister

Die Autoren

Johannes Bähr, geb. 1956, ist Privatdozent an der Freien Universität Berlin und Mitarbeiter des Hannah-Arendt-Instituts für Totalitarismusforschung e.V. an der Technischen Universität Dresden.

Elisabeth Botsch, geb. 1957, ist Wissenschaftliche Mitarbeiterin der Friedrich-Ebert-Stiftung in Paris und Lehrbeauftragte am Institut d'Etudes Politiques/Paris.

Wolfram Fischer, geb. 1928, ist Professor Emeritus für Wissenschafts- und Sozialgeschichte an der Freien Universität Berlin.

Dieter Gosewinkel, geb. 1956, ist Habilitand am Friedrich-Meinecke-Institut der Freien Universität Berlin.

Christoph Jahr, geb. 1963, ist Wissenschaftlicher Mitarbeiter am Lehrstuhl für Neueste Geschichte an der Humboldt-Universität zu Berlin.

Hartmut Kaelble, geb. 1940, ist Professor für Sozialgeschichte an der Humboldt-Universität zu Berlin.

Wolther von Kieseritzky, geb. 1960, ist Wissenschaftlicher Mitarbeiter des Editionsprojekts – «Berliner Ausgabe» – der Schriften, Reden und Briefe Willy Brandts (Bundeskanzler-Willy-Brandt-Stiftung).

Ulrich Kluge, geb. 1935, ist Professor für Wirtschafts- und Sozialgeschichte an der Technischen Universität Dresden.

Eberhard Kolb, geb. 1933 ist Professor Emeritus für Mittlere und Neuere Geschichte an der Universität zu Köln.

Kurt Nowak, geb. 1942, ist Ordinarius für Kirchengeschichte an der Theologischen Fakultät der Universität Leipzig.

Gerhard A. Ritter, geb. 1929, ist emeritierter Professor für Neuere und Neueste Geschichte an der Ludwig-Maximilians-Universität München.

Thomas Schnabel, geb. 1952, ist Leiter des Hauses der Geschichte Baden-Württembergs.

Klaus-Peter-Sick, geb. 1962, war von 1991–1997 Wissenschaftlicher Mitarbeiter am Lehrstuhl für Neueste Geschichte der Humboldt-Universität zu Berlin und arbeitet als Historiker in Berlin.

Rüdiger von Treskow, geb. 1962, ist Referent im Geschäftsbereich des Bundeskanzleramts.

Siegfried Weichlein, geb. 1960, ist Wissenschaftlicher Assistent am Lehrstuhl für Neueste Geschichte der Humboldt-Universität zu Berlin.

Edgar Wolfrum, geb. 1960, ist Wissenschaftlicher Assistent am Fachbereich Politische Wissenschaft/Historische Grundlagen der Politik an der Freien Universität Berlin.

Wolfgang Zollitsch, geb. 1954, lebt als Historiker in Brüssel.